浙江省统计局 国家统计局浙江调查总队 · 编
ZHEJIANG STATISTICS BUREAU NBS SURVEY OFFICE IN ZHEJIANG

2014 浙江统计年鉴

ZHEJIANG STATISTICAL YEARBOOK

中国统计出版社
China Statistics Press

图书在版编目(CIP)数据

浙江统计年鉴. 2014 : 汉英对照 / 浙江省统计局, 国家统计局浙江调查总队 编.
—北京 : 中国统计出版社, 2014.8
ISBN 978-7-5037-7219-1

Ⅰ. ①浙…
Ⅱ. ①浙… ②国…
Ⅲ. ①统计资料－浙江省－2014－年鉴－汉、英
Ⅳ. ①C832.55-54

中国版本图书馆CIP数据核字(2014)第188712号

浙江统计年鉴——2014

作　　者/ 浙江省统计局　国家统计局浙江调查总队
责任编辑/ 余竞雄　胡　东
装帧设计/ 王美福
出版发行/ 中国统计出版社
地　　址/ 北京市丰台区西三环南路甲6号　邮政编码/100073
电　　话/ 邮购（010）63376909　书店（010）68783171
网　　址/ http://csp.stats.gov.cn
印　　刷/ 杭州恒力通印务有限公司
经　　销/ 新华书店
开　　本/ 890㎜×1240㎜　1/16
字　　数/ 142 千字
印　　张/ 42
印　　数/ 1-4000册
版　　别/ 2014年8月第1版
版　　次/ 2014年8月第1次印刷
定　　价/ 498.00元

本书附同版本CD-ROM一张，光盘内容以书面文字为准。
如有印装差错，由本社发行部调换。

《浙江统计年鉴－2014》编辑委员会和编辑部

Editorial Board and Editorial Department of Zhejiang Statistical Yearbook-2014

·编辑说明·

一、《浙江统计年鉴-2014》是一部全面反映浙江国民经济和社会发展情况的资料性年刊，本年鉴收录了浙江及各市、县2013年经济和社会各方面大量的统计数据，以及改革开放以来浙江主要统计数据。

二、全书内容分为18部分，即：1.综合；2.人口和就业人员；3.固定资产投资；4.价格；5.人民生活；6.农业；7.工业和能源；8.建筑业；9.交通运输和邮电通信业；10.批发、零售贸易和餐饮业；11.对外经济贸易和旅游；12.财政、金融和保险；13.城市建设和生态环境；14.教育、科技、专利、测绘和标准计量；15.文化、体育和卫生；16.档案、司法、社会福利和工会组织；17.各市、县国民经济主要指标；18.附录(企业统计情况、开发区(园区)统计情况、投入产出表及部分企业简介)。为便于读者使用，部分统计表下作了简要注释，每篇章后附有《主要统计指标解释》。

三、本年鉴对过去发表的统计资料重新予以核实，凡与本年鉴数据有出入的，以本年鉴为准。

四、本年鉴凡带续表的资料，如有注解均注在最后一张续表的下方。

五、本年鉴中符号使用说明："…"表示数据不足本表最小单位数；"#"表示其中主要项；"空格"表示该项统计指标数据不详或无该项数据。

《浙江统计年鉴》自公开出版以来，受到了社会各界的关心和支持，对年鉴编辑工作提出了许多宝贵意见，对此我们深表谢意。为进一步提高统计年鉴的编辑水平，欢迎读者继续对年鉴的不足之处给予批评和指正。

· Preface ·

Zhejiang Statistical Yearbook 2014 is an annual statistics publication, which contains very comprehensive statistics of Zhejiang's social and economic development in 2013 and selected data since China adopted the policy of reforming and opening to the outside world.

The yearbook is composed of 18 parts. 1. General Survey 2. Population and Employment 3. Investment in Fixed Assets 4. Prices 5. People's Livelihood 6. Agriculture 7. Industry and Energy 8. Construction 9. Transportation, Posts and Telecommunications 10. Wholesale and Retail Sale Trade and Catering Trade 11. Foreign Economy and Trade, Tourism 12. Public Finance, Banking and Insurance 13. City Construction and Environment 14. Education, Science, Patent, Surveying and Mapping and Standard Calculating 15. Culture, Sports and Public Health 16. Archives, Judicature, Social Welfare and Labour Union 17. Major Indicators of National Economy by City and County 18. Appendix. In addition, brief notes are placed at lower part of some tables and explanatory notes on main indicators are provided at end of each part.

The statistics in former statistical yearbook have already been checked. The data in Zhejiang statistical yearbook 2014 shall be regarded as authentic ones. The footnotes are placed at the last page, if the table is a continued one.

Notations used in this yearbook:

"…" indicates that the figure is not large enough to be measured with the smallest unit in the table. "#" indicates the major items of the total. "blank" indicates that the data is unavailable.

Since published openly, Previous Editions of Zhejiang Statistics Yearbook have enjoyed wide concern and support, all circles have made many valuable suggestions, and we express heartfelt thanks. In order to improve yearbook editorial level, we welcome all candid comments and criticism from our readers.

目录
CONTENTS

一、综　合
Chapter 1 GENERAL SURVEY

二、人口和就业人员
Chapter 2 POPULATION AND EMPLOYMENT

三、固定资产投资
Chapter 3 INVESTMENT IN FIXED ASSETS

四、价 格
Chapter 4 PRICES

五、人民生活
Chapter 5 PEOPLE'S LIVELIHOOD

六、农 业
Chapter 6 AGRICULTURE

七、工业和能源
Chapter 7 INDUSTRY AND ENERGY

八、建筑业
Chapter 8 CONSTRUCTION

九、交通运输和邮电通信业
Chapter 9 TRANSPORTATION, POSTS AND TELECOMMUNICATIONS

十、批发、零售贸易和餐饮业
Chapter 10 WHOLESALE AND RETAIL TRADE AND CATERING TRADE

十一、对外经济贸易和旅游
Chapter 11 FOREIGN ECONOMY AND TRADE, TOURISM

十二、财政、金融和保险
Chapter 12 PUBLIC FINANCE, BANKING AND INSURANCE

十三、城市建设和环境保护
Chapter 13 CITY CONSTRUCTION AND ENVIRONMENT

十四、教育、科技、专利、测绘和标准计量
Chapter 14 EDUCATION, SCIENCE, PATENT, SURVEYING AND MAPPING AND STANDARD CALCULATING

十五、文化、体育和卫生
Chapter 15 CULTURE, SPORTS AND PUBLIC HEALTH

十六、档案、司法、社会福利和工会组织
Chapter 16 ARCHIVES, JUDICATURE, SOCIAL WELFARE AND LABOUR UNION

十七、各市、县国民经济主要经济指标
Chapter 17 MAJOR INDICATORS OF NATIONAL ECONOMY BY CITY, PREFECTURE AND COUNTY

2014

浙江统计年鉴

ZHEJIANG STATISTICAL YEARBOOK

CHAPTER 1

综 合

General Survey

1-1 国民经济和社会发展总量与速度
Main Aggregate Indicators of National Economic and Social Development and Their Related Indices

指标		Item		1978	1990	2000	2007	2008
人口		**Population**						
年末总人口	(万人)	Year-end Population	(10000 persons)	3750.96	4234.91	4501.22	4659.30	4687.85
年末就业人员数	**(万人)**	**Year-end Employment**	**(10000 persons)**	**1794.96**	**2554.46**	**2726.09**	**3405.01**	**3486.53**
全省生产总值	**(亿元)**	**Gross Domestic Product**	**(100 million yuan)**	**123.72**	**904.69**	**6141.03**	**18753.73**	**21462.69**
第一产业		Primary Industry		47.09	225.04	630.98	986.02	1095.96
第二产业		Secondary Industry		53.52	408.18	3273.93	10154.25	11567.42
第三产业		Tertiary Industry		23.11	271.47	2236.12	7613.46	8799.31
人均生产总值	**(元)**	**Per Capital GDP**	**(yuan)**	**331**	**2138**	**13415**	**36676**	**41405**
交通运输		Transportation						
旅客周转量	(亿人公里)	Turnover Volume of Passenger Traffic	(100 million passenger-km)	66.68	257.29	606.73	1026.50	1118.60
货物周转量	(亿吨公里)	Turnover Volume of Freight Traffic	(100 million ton-kil)	164.19	400.65	1199.74	4962.4	5476.30
固定资产投资总额	**(亿元)**	**Investment in Fixed Assets**	**(100 million yuan)**				**7704.90**	**8550.71**
财政收支		**Finance**						
财政总收入	(亿元)	Financial Revenue	(100 million yuan)	27.45	101.59	658.42	3239.90	3730.1
#地方财政收入	(亿元)	Local Financial Revenue	(100 million yuan)	27.45	101.59	342.77	1649.50	1933.4
财政支出	(亿元)	Financial Expenditure	(100 million yuan)	17.43	80.23	431.3	1806.79	2208.58

2009	2010	2011	2012	2013	指数 Indices(2013 年为以下各年%)(2013 as Percentage of the Following Years)			1979－2013 年平均增长(%)Average Annual Growth Rate (%)	2009－2013 年平均增长(%)Average Annual Growth Rate (%)
					1978	2008	2012		
4716.18	4747.95	4781.31	4799.34	4826.89	128.7	103.0	100.6	0.7	0.6
3591.98	**3636.02**	**3674.11**	**3691.24**	**3708.73**	**206.6**	**106.4**	**100.5**	**2.1**	**1.2**
22990.35	**27722.31**	**32318.85**	**34665.33**	**37568.49**	**6298.0**	**155.3**	**108.2**	**12.6**	**9.2**
1163.08	1360.56	1583.04	1667.88	1784.62	369.9	112.1	100.4	3.8	2.3
11908.49	14297.93	16555.58	17316.32	18446.65	13171.0	152.5	108.4	15.0	8.8
9918.78	12063.82	14180.23	15681.13	17337.22	7995.2	164.5	108.7	13.3	10.5
43842	**51711**	**59249**	**63374**	**68462**	**4290.0**	**146.7**	**107.8**	**11.3**	**8.0**
1152.4	1250.74	1296.25	1317.58	1025.10					
5659.8	7117.04	8634.82	9183.30	8949.57					
9906.46	**11451.98**	**14077.25**	**17095.96**	**20194.07**		**236.2**	**118.1**		**18.8**
4122.04	4895.41	5925.00	6408.49	6908.41	25167.2	185.2	107.8	17.1	13.1
2142.5	2608.47	3150.80	3441.23	3796.92	13832.1	196.4	110.3	15.1	14.5
2653.35	3207.88	3842.59	4161.88	4730.47	27141.6	214.2	113.7	17.4	16.5

续表 Continued

指标		Item		1978	1990	2000	2007	2008
贸易		**Trade**						
社会消费品零售总额	（亿元）	Total Retail Sales of Consumer Goods	（100 million yuan）	46.86	353.75	2553.59	6271.32	7533.30
进出口总额	（亿美元）	Total Imports and Exports Value	（USD100 million）	0.7	27.73	278.33	1768.56	2111.09
#出口总额	（亿美元）	Total Exports Value	（USD100 million）	0.52	21.89	194.43	1282.73	1542.67
价格指数		**Price Indices**						
居民消费价格指数（上年＝100）		General Consumer Price Index（preceding year＝100）			102.1	101.1	104.2	105.0
城乡居民收入		**Living Standard**						
城镇居民人均可支配收入	（元）	Per Capital Disposable Income of Urban Households	（yuan）	332	1932	9279	20574	22727
农村居民人均纯收入	（元）	Per Capital Annual Net Income of Rural Households	（yuan）	165	1099	4254	8265	9258
教育和文化		**Education and Culture**						
高等学校在校学生数	（万人）	Students Enrollment in Institutions of Higher Education	（10000 persons）	2.4	6	22.2	80.9	86.8
普通中学在校学生数	（万人）	Student Enrollment in Regular Secondary Schools	（10000 persons）	214.7	169.6	249.6	266.6	269.8
小学在校学生数	（万人）	Students Enrollment in Primary Schools	（10000 persons）	501.4	372.4	353.8	335.5	332.3
报纸出版数量	（万份）	Number of Newspapers Published	（10000 copies）	24080	66865	173526	291048	298677
杂志出版数量	（万份）	Number of Magazines Published	（10000 copies）	393	4716	8736	8082	7407
图书出版数量	（万份）	Number of Books Published	（10000 copies）	12033	19596	27014	25656	29564

注：1.本表价值量指标按当年价格计算，发展速度按可比价格计算。
2.城镇居民人均可支配收入，农村居民人均纯收入发展速度均已扣除价格变动因素。
3.2013 年起交通运输指标按新口径统计。

2009	2010	2011	2012	2013	指数 Indices(2013 年为以下各年%)(2013 as Percentage of the Following Years) 1978	2008	2012	1979－2013 年平均增长(%)Average Annual Growth Rate (%)	2009－2013 年平均增长(%)Average Annual Growth Rate (%)
8622.26	10245.40	12028.00	13588.34	15225.54	32491.5	202.1	112.0	18.0	15.1
1877.35	2535.33	3093.78	3124.03	3357.89	479698.6	159.1	107.5	27.4	9.7
1330.10	1804.65	2163.49	2245.19	2487.46	478357.7	161.2	110.8	27.4	10.0
98.5	103.8	105.4	102.2	102.3					
24611	27359	30971	34550	37851	1524.3	147.4	107.1	8.1	8.1
10007	11303	13071	14552	16106	1747.8	152.0	108.1	8.5	8.7
91.0	93.3	95.9	98.7	101.7	4204.1	117.2	103.1	11.3	3.2
262.3	255.2	244.5	236.9	232.2	108.2	86.1	98.0	0.2	-2.9
325.1	333.3	344.1	346.7	349.6	69.7	105.2	100.8	-1.0	1.0
314033	325048	359090	347100	346280	1438.0	115.9	99.8	7.9	3.0
7596	7201	8001	8312	8149	2073.5	110.0	98.0	9.0	1.9
31221	28179	32608	37250	38491	319.9	130.2	103.3	3.4	5.4

1. Figures in value terms are calculated at current price, while the indices and growth rates are calculated at comparable price.
2. The indices of per－capital Annual Disposable income of urban households and per－capital Annual net income of rural households are deducted the factor of changes in price.
3. The data of transportation are adjusted since 2013.

1－2 国民经济社会发展结构指标
Structural Indicators of National Economic and Social Develpoment

单位:%(%)

指标	Item	1978	1990	2000	2007	2008	2009	2010	2011	2012	2013
人口	**Population**										
城乡结构	Urban and Rural Structure										
城镇	Urban	14.5	31.2	48.7	57.2	57.6	57.9	61.6	62.3	63.2	64.0
乡村	Rural	85.5	68.8	53.3	42.8	42.4	42.1	38.4	37.7	36.8	36.0
性别结构	Sexual										
男	Male	51.9	51.8	51.5	51.0	51.0	50.9	51.4	51.3	51.5	50.7
女	Female	48.1	48.2	48.5	49.0	49.0	49.1	48.6	48.7	48.5	49.3
就业	**Employment**										
产业结构	Industrial Structure										
第一产业	Primary Industry		53.2	35.6	20.1	19.2	18.3	16.0	14.6	14.1	13.7
第二产业	Secondary Industry		29.8	35.5	46.8	47.6	48.1	49.8	50.9	51.0	50.0
第三产业	Tertiary Industry		17.0	29.0	33.1	33.2	33.6	34.2	34.6	34.9	36.3
国民核算	**National Accounting**										
生产总值产业结构	Industrial Structure of GDP										
第一产业	Primary Industry	38.1	24.9	10.3	5.3	5.1	5.1	4.9	4.9	4.8	4.8
第二产业	Secondary Industry	43.3	45.1	53.3	54.0	53.9	51.8	51.6	51.2	50.0	49.1
第三产业	Tertiary Industry	18.7	30.0	36.4	40.6	41.0	43.1	43.5	43.9	45.2	46.1
居民消费结构	Structure of Resident Consumption										
农村居民	Rural Consumption	75.3	58.6	39.6	29.7	29.3	28.8	30.3	31.5	32.7	
城镇居民	Urban Consumption	24.7	41.4	60.4	70.3	70.7	71.2	69.7	68.5	67.3	
固定资产投资结构	Structure of Investment in Fixed Assets										
城镇	Urban		51.0	68.3	71.2	70.3	69.4	68.2	73.5	71.2	71.5
乡村	Rural		49.0	31.7	28.8	29.7	30.6	31.8	26.5	28.8	28.5
财政	**Government Finance**										
财政收入结构	Strucure of Government Revenue										
中央	Central Enterprises			47.9	49.1	48.2	48.0	46.7	46.8	46.3	45.0
地方	Local Governments			52.1	50.9	51.8	52.0	53.3	53.2	53.7	55.0
利用外资	**Utilization of Foreign Capital**										
实际利用外资结构	Structure of Foreign Capital Actually Utilized										
对外借款	Loans From Abroad		69.6	35.0	8.3	15.5	6.9	13.0	22.9	17.7	
外商直接投资	Direct Investment By Foreign Entrepreneurs		29.8	64.8	72.4	81.0	91.4	83.2	75.8	80.6	
外商其他投资	Other Investment By Foreign Entrepreneurs		0.5	0.2	19.3	3.5	1.7	3.8	1.3	1.7	

续表 1 Continued 单位:%(%)

指标	Item	1978	1990	2000	2007	2008	2009	2010	2011	2012	2013
产业	**Industrial**										
农业	**Agriculture**										
农林牧副渔业产值结构	Structure of Gross Output Value of Agriculture										
农业	Farming	77.4	59.4	49.3	46.1	45.7	46.9	47.9	45.4	46.3	47.1
林业	Forestry	3.0	4.7	5.2	6.0	6.0	6.3	5.5	5.3	5.3	5.0
牧业	Animal Husbandry	14.3	23.7	17.4	23.0	23.5	21.6	20.6	21.6	20.7	19.3
渔业	Fishery	5.3	12.2	28.1	23.2	22.9	23.2	24.0	25.9	25.8	26.7
农林牧渔服务产值	Services for Agriculture				1.8	1.9	1.9	1.9	1.8	1.9	1.9
工业	**Industry**										
规模以上工业总产值结构	Structure of Gross Output Value of Industry Above Designated Size										
轻工业	Light Industry	60.2	65.2	54.1	43.0	41.5	41.9	40.7	38.9	39.3	39.3
重工业	Heavy Industry	39.8	34.8	45.9	57.0	58.5	58.1	59.3	61.1	60.7	60.7
建筑业	**Construction**										
建筑业总产值结构	Structure of Gross Output Value of Construction										
国有企业	State - owned Enterprises		25.4	10.6	2.3	1.9	1.6	1.0	1.1	1.1	0.6
集体企业	Collective Owned Enterprises		74.6	28.6	1.4	1.3	1.2	1.1	1.0	1.1	0.9
其他	Others			60.8	96.3	96.8	97.2	97.9	97.9	97.8	98.5
交通运输业	**Transportation**										
货运量结构	Structure of Freight Traffic										
按运输方式分	By Means of Transportation										
铁路	Railways	16.7	5.1	2.6	2.3	2.1	2.3	2.3	2.3	2.0	2.1
公路	Highways	31.8	68.3	73.5	64.4	65.4	63.3	60.6	58.5	59.4	57.1
水运	Waterways	51.5	26.6	23.9	33.3	32.5	34.4	37.1	39.2	38.6	40.8

续表 2 Continued 单位:%(%)

指标	Item	1978	1990	2000	2007	2008	2009	2010	2011	2012	2013
国内商业	**Domestic Trade**										
社会消费品零售总额构成	Composition of Retail Sales of Comsumer Goods										
批发和零售业	Wholesale and Retail Trade	93.0	90.9	87.5	87.5	88.7	88.9	88.9	88.8	89.1	89.1
餐饮业	Catering Services	3.9	4.5	9.3	11.5	10.7	10.5	10.3	10.4	10.6	10.3
其他	Others	3.1	4.6	3.2	0.9	0.7	0.6	0.8	0.8	0.3	0.6
对外经济贸易	**Foreign Trade**										
出口商品结构	Structure of Exports										
初级产品	Primary Goods		26.2	10.1	3.8	3.6	3.5	3.5	4.1	4.5	4.2
工业制成品	Manufactured Goods		73.8	89.9	96.2	96.4	96.5	96.5	95.9	95.5	95.8
进口商品结构	Structure of Imports										
初级产品	Primary Goods		17.8	24.2	21.1	25.7	25.2	26.3	30.0	31.2	32.8
工业制成品	Manufactured Goods		82.2	75.8	78.9	74.3	74.8	73.7	70.0	68.8	67.2
国际旅游	**International Tourism**										
来华旅游人数结构	Structure of Tourists										
外国人	Foreigners		23.5	57.2	67.2	67.8	66.2	65.3	66.6	65.9	66.6
港澳台同胞	Hong Kong and Macao Compatriots, Taiwan Compatriots		69.0	42.8	32.8	32.2	33.8	34.7	33.4	34.1	33.4
教育、科技、文化	**Education, Science and Culture**										
在校学生结构	Structure of Student Enrollment										
大学生	College and University Students		1.1	3.2	10.7	11.5	12.2	13.7	14.0	14.5	14.9
中学生	Secondary School Students		32.9	43.9	44.9	44.7	44.3	37.4	35.7	34.7	34.0
小学生	Primary School Students		66.0	52.9	44.4	43.8	43.5	48.9	50.3	50.8	51.1

续表 3 Continued 单位:%(%)

指标	Item	1978	1990	2000	2007	2008	2009	2010	2011	2012	2013
专任教师结构	Full-time Teachers By Type										
大学生	College and University Students	1.9	4.6	5.8	11.1	11.3	11.4	12.6	12.8	13.0	13.3
中学生	Secondary School Students	36.3	41.5	45.2	48.7	49.1	49.3	45.1	44.6	44.0	43.3
小学生	Primary School Students	61.8	53.9	49.0	40.2	39.6	39.3	42.3	42.6	43.0	43.4
生活	**People's Livelihood**										
城镇居民消费结构	Consumption Structure of Urban Residents										
食品	Food			39.2	34.7	36.4	33.6	34.3	34.6	35.1	34.4
衣着	Clothing			8.1	10.0	10.2	9.7	10.1	10.5	9.8	9.6
家庭设备用品及服务	Household Facilities, Articles and Services			9.4	4.7	4.7	5.0	5.1	5.4	5.4	6.0
医疗保健	Medical Services			7.7	6.1	6.2	5.9	5.8	6.1	5.7	5.4
交通和通讯	Transportation and Communications			8.9	17.6	15.8	19.7	19.2	18.2	19.2	19.6
娱乐教育、文化	Recreation, Education and Culture			13.1	15.3	14.5	13.7	14.5	13.8	13.9	12.3
居住	Residence			8.6	8.3	8.8	8.9	7.9	7.4	7.2	8.6
其他商品和服务	Others			5.1	3.3	3.4	3.5	3.1	4.0	3.7	4.1
农村居民消费结构	Consumption Structure of Rural Residents										
食品	Food			43.5	36.4	38.0	37.4	35.5	37.6	37.7	35.6
衣着	Clothing			5.2	6.2	6.2	6.3	6.3	6.9	7.1	7.2
家庭设备用品及服务	Household Facilities, Articles and Services			4.5	5.3	5.0	4.8	4.8	5.5	5.5	4.8
医疗保健	Medical Services			6.2	7.2	7.2	8.3	7.8	8.8	7.2	8.0
交通和通讯	Transportation and Communications			8.5	11.8	11.0	11.7	12.7	13.1	14.3	16.1
娱乐教育、文化	Recreation, Education and Culture			10.2	11.4	10.4	10.9	9.5	8.6	8.6	8.9
居住	Residence			18.0	19.6	20.2	18.5	21.4	17.2	17.3	16.5
其他商品和服务	Others			3.9	2.1	2.0	2.1	2.0	2.3	2.3	2.9

注：工业总产值 1978－1995 为乡及乡以下独立核算工业企业,2000－2013 年为规模以上工业企业。
The gross industrial output value from 1978 to 1995 is calculated by industrial enterprises at township level and above, and the figures from 2000 to 2013 refers to industrial enterprises above designated size.

1－3 人均主要工农业产品产量(1978－2013 年)
Per Capita Output of Major Industrial and Agricultural Products(1978－2013)

年份	粮食 (公斤) Grain (kg)	棉花 (公斤) Cotton (kg)	油料 (公斤) Oil－bearing Crops (kg)	糖料 (公斤) Sugar Crops (kg)	茶叶 (公斤) Tea (kg)	水果 (公斤) Fruit (kg)	猪牛羊肉 (公斤) Pork, Beef and Mutton (kg)	水产品 (公斤) Aquatic Products (kg)
1978	393.44	1.95	5.92	17.20	1.57	3.92	11.33	23.47
1980	376.81	2.18	7.58	15.43	1.98	5.91	18.52	21.46
1985	404.18	2.03	11.02	27.43	2.32	11.12	19.10	26.13
1986	396.34	1.87	10.60	32.63	2.58	12.85	20.03	28.94
1987	387.97	1.60	9.68	26.56	2.83	17.32	18.60	30.52
1988	374.78	1.05	10.39	20.01	3.09	12.45	19.56	30.92
1989	371.01	1.00	9.14	16.74	2.81	23.57	19.67	30.84
1990	375.68	1.52	11.45	14.87	2.77	25.35	20.28	32.92
1991	386.05	1.77	10.72	16.19	2.69	31.66	20.13	35.57
1992	363.51	1.39	11.72	17.55	2.79	23.95	22.73	39.72
1993	334.03	1.35	8.97	18.43	2.84	34.63	22.74	44.02
1994	324.46	1.28	7.99	16.21	2.47	40.64	22.68	59.62
1995	328.53	1.43	11.48	15.11	2.34	49.28	23.61	73.03
1996	345.91	1.56	11.88	14.57	2.26	51.91	16.85	78.03
1997	338.58	1.08	11.08	13.61	2.31	61.07	18.44	90.61
1998	323.64	1.46	8.02	13.97	2.55	46.55	19.05	95.33
1999	312.52	0.91	12.14	15.94	2.64	62.64	19.27	99.33
2000	266.91	0.65	12.91	21.97	2.60	84.89	22.65	104.70
2001	228.64	0.67	12.38	22.53	2.56	109.82	23.65	100.51
2002	201.87	0.47	9.88	23.87	2.91	105.39	25.12	101.14
2003	168.01	0.44	9.09	25.73	2.76	118.00	25.37	100.24
2004	173.82	0.47	9.97	21.73	2.84	129.23	26.93	100.91
2005	167.49	0.44	10.11	18.15	2.91	116.57	26.31	97.57
2006	156.12	0.47	7.08	17.39	3.03	128.00	21.65	83.08
2007	145.71	0.50	6.44	17.01	3.13	135.00	22.39	81.19
2008	149.61	0.54	7.96	16.48	3.13	144.28	25.02	76.89
2009	150.49	0.54	8.25	15.52	3.19	135.85	24.97	81.92
2010	143.75	0.55	7.36	13.86	3.04	130.82	25.17	89.15
2011	143.29	0.59	7.31	13.04	3.11	130.59	25.45	94.56
2012	140.55	0.55	6.99	12.81	3.19	128.45	26.02	98.52
2013	133.49	0.51	6.87		3.07	130.17	25.75	100.19

续表 Continued

年份	布 （米） Cloth （m）	纱 （公斤） Yarn （kg）	原煤 （公斤） Coal （kg）	发电量 （千瓦小时） Electricity （kw. h）	成品钢材 （公斤） Steel （kg）	水泥 （公斤） Cement （kg）
1978	9.28	1.95	42.71	135.66	8.58	48.54
1980	12.81	2.47	37.56	213.83	15.14	59.85
1985	21.79	3.93	37.55	329.14	15.80	199.44
1986	27.73	4.31	36.46	365.89	17.01	246.43
1987	27.64	4.89	35.23	422.43	18.70	296.90
1988	30.85	5.46	34.51	458.95	17.41	316.97
1989	29.91	5.15	34.30	478.23	18.36	307.44
1990	37.09	4.77	32.45	494.23	19.27	317.39
1991	31.85	4.78	32.76	570.41	21.80	381.81
1992	30.96	5.77	33.67	674.23	27.94	460.03
1993	41.03	5.53	32.24	717.55	32.15	517.72
1994	41.92	5.44	29.88	767.05	38.53	623.49
1995	74.55	6.51	28.76	921.77	61.13	749.64
1996	36.38	6.42	27.97	1022.52	53.47	808.92
1997	84.67	7.47	26.07	1101.22	61.53	777.57
1998	23.66	6.73	20.63	1109.71	57.33	771.21
1999	27.87	7.10	18.57	1185.80	59.92	851.53
2000	36.10	7.62	16.27	1393.36	65.15	944.64
2001	49.74	8.37	15.30	1516.66	78.78	1017.63
2002	67.21	10.14	15.47	1637.42	85.18	1208.35
2003	88.80	11.90	14.41	2060.89	109.42	1479.69
2004	178.84	18.76	11.51	2461.52	170.42	1788.19
2005	168.70	19.45	8.33	2728.81	144.61	1780.82
2006	193.73	23.02	2.68	3302.51	227.29	1977.02
2007	224.67	28.64	2.41	3688.68	310.70	2062.35
2008	263.29	32.44	2.53	3590.96	375.44	1960.54
2009	265.49	37.30	2.52	4182.48	449.93	2058.85
2010	296.57	40.08	2.81	4656.20	528.37	2103.21
2011	267.49	36.38	2.76	5078.13	574.96	2218.98
2012	261.49	42.22	2.74	4961.33	613.72	2106.92
2013	279.10	43.49		5244.82	695.42	2266.80

注：2003 年起按常住人口计算。
Data in this table is calculated at permanent residence since 2003.

1－4 平均每天主要社会经济活动
Indicators of Average Daily Social and Economic Activities

指标	Item	1978	2000	2007	2008	2009	2010	2011	2012	2013
平均每天创造财富	**Daily Production**									
生产总值 （亿元）	Gross Domestic Production （100 million yuan）	0.34	16.82	51.38	58.80	62.99	75.95	88.54	94.97	102.93
第一产业	Primary Industry	0.13	1.73	2.70	3.00	3.19	3.73	4.34	4.57	4.89
第二产业	Secondary Industry	0.15	8.97	27.80	31.69	32.63	39.17	45.36	47.44	50.54
#工业	Industry	0.13	8.07	24.91	28.30	28.82	34.68	40.23	42.02	44.85
建筑业	Construction	0.02	0.90	2.91	3.39	3.81	4.49	5.13	5.42	5.69
第三产业	Tertiary Industry	0.06	6.13	20.86	24.11	27.17	33.05	38.85	42.96	47.50
财政收入 （亿元）	Financial Revenue （100 million yuan）	0.08	1.80	8.88	10.22	11.29	13.41	16.23	17.56	18.93
粮食 （万吨）	Grain （10000 tons）	4.02	3.28	2.20	2.12	2.16	2.11	2.14	2.11	2.01
棉花 （万吨）	Cotton （10000 tons）	0.02	0.01	0.01	0.01	0.01	0.01	0.01	0.01	0.01
油料 （万吨）	Oil－bearing Crops （10000 tons）	0.06	0.16	0.12	0.11	0.12	0.11	0.11	0.10	0.10
猪牛羊肉产量（万吨）	Meat （10000 tons）	0.12	0.28	0.31	0.36	0.36	0.37	0.38	0.39	0.39
水产品 （万吨）	Aquatic Production （10000 tons）	0.24	1.29	1.14	1.09	1.18	1.31	1.41	1.48	1.51
原煤 （万吨）	Coal （10000 tons）	0.44	0.20	0.03	0.04	0.04	0.04	0.04	0.04	
发电量（亿千瓦小时）	Electricity （100 million km.h）	0.14	1.71	5.17	5.10	6.01	6.84	7.60	7.44	7.90
成品钢材 （万吨）	Steel Production （10000 tons）	0.09	0.80	4.35	5.33	6.46	7.76	8.61	9.21	10.48
水泥 （万吨）	Cement （10000 tons）	0.50	11.61	28.89	27.84	29.58	30.89	33.21	31.62	34.14
每天消费量	**Daily National Consumption**									
最终消费 （亿元）	Final Consumption Expenditure （100 million yuan）	0.21	8.63	23.62	26.93	29.77	34.97	41.21	45.23	
居民消费	Resident Consumption	0.20	6.39	17.83	20.26	22.80	26.84	31.90	34.24	
#农村居民	Rural Residents	0.15	2.53	4.35	4.77	5.20	6.07	7.03	7.66	

续表 Continued

指标		Item		1978	2000	2007	2008	2009	2010	2011	2012	2013
城镇居民		Urban Residents		0.05	3.86	13.48	15.49	17.59	20.77	24.87	26.57	
政府消费		Government Consumption Expenditure		0.02	2.24	5.78	6.67	6.97	8.13	9.31	11.00	
社会消费品零售总额	（亿元）	Total Retail Sales of Consumer Goods	(100 million yuan)	0.13	7.00	17.18	20.64	23.62	28.07	32.95	37.23	41.71
每天其他经济活动		**Other Daily Economic Activities**										
资本形成总额	（亿元）	Gross Capital Formation	(100 million yuan)	0.09	7.27	23.73	25.55	29.06	35.48	40.39	42.36	
固定资产形成		Fixed Capital Formation		0.06	6.21	21.90	24.10	28.00	33.15	37.87	40.02	
存货增加		Changes in Stock		0.03	1.06	1.83	1.45	1.06	2.33	2.52	2.34	
竣工住宅面积	（万平方米）	Residential Buildings Completed	(10000 sq. m)		17.61	21.26	23.26	23.62	25.14	11.57	11.44	12.86
客运量	（万人）	Passenger Traffic	(10000 persons)	56	340	520	595	609	624	635	642	375
货运量	（万吨）	Freight Traffic	(10000 tons)	23	205	420	402	414	467	509	523	515
沿海主要港口货物吞吐量	（万吨）	Cargo Handled at Principal Seaports	(10000 tons)	2.4	53.8	157.4	176.8	195.8	216.0	237.5	254.1	275.6
邮电业务量	（万元）	Business Volume of Postal and Telecommunications Services	(10000 yuan)	19	8879	36358	42349	45654	54026	24601	28055	32290
进出口总额	（万美元）	Total Imports and Exports	(USD 10000)		7625	48448	57838	51434	69461	84766	85590	92013
出口总额		Exports			5327	35150	42265	36441	49442	59277	61512	68165
进口总额		Imports			2298	13299	15573	14993	20019	25490	24078	23847
实际利用外资额	（万美元）	Foreign Capital Actually Used	(USD 10000)		682	3923	3411	2980	3624	4219	4445	3879
每天人口变动和婚姻		**Daily Population Changes and Marriages**										
出生	（人）	Births	(person)	1856	1318	1428	1422	1442	1509	1415	1517	1505
死亡	（人）	Deaths	(person)	596	784	766	784	789	814	807	827	819
结婚	（对）	Marriages	(couple)		1052	1043	1134	1172	1182	1208	1211	1157
离婚	（对）	Divorces	(couple)		56	184	202	227	240	248	269	296

注：1. 本表价值量指标按当年价格计算。The data in Value terms in the table are calculated at current price.
2. 邮电业务总量 1978—2000 年按 1990 年不变价计算，2001 年开始按 2000 年不变价计算，2011 年起按 2010 年不变价计算。Business volume of post and telecommunications from 1978 to 2000 were calculated at constant price of 1990, at constant price of 2000 from 2001 to 2010, at constant price of 2010 since 2011.
3. 2013 年起交通运输指标按新口径统计。The data of transportation are adjusted since 2013.

1－5 全省生产总值(1978－2013年)
Gross Domestic Product(1978－2013)

年份	全省生产总值(亿元) Gross Domestic Product (100 million yuan)	第一产业 Primary Industry	第二产业 Secondary Industry	#工业 Industry	#建筑业 Construction	第三产业 Tertiary Industry	人均生产总值(元) Percapita GDP (yuan)
1978	123.72	47.09	53.52	46.97	6.55	23.11	331
1979	157.75	67.56	64.07	55.59	8.48	26.12	417
1980	179.92	64.61	84.07	73.71	10.36	31.24	471
1981	204.86	69.06	94.68	84.08	10.60	41.12	531
1982	234.01	84.88	98.44	87.21	11.23	50.69	599
1983	257.09	82.89	113.12	102.55	10.57	61.08	650
1984	323.25	104.40	141.48	127.91	13.57	77.37	810
1985	429.16	123.88	198.91	178.68	20.23	106.37	1067
1986	502.47	136.29	230.89	206.63	24.26	135.29	1237
1987	606.99	159.41	281.47	249.69	31.78	166.11	1478
1988	770.25	195.68	354.39	315.36	39.03	220.18	1853
1989	849.44	210.95	386.25	346.50	39.75	252.24	2023
1990	904.69	225.04	408.18	363.74	44.44	271.47	2138
1991	1089.33	245.22	494.11	438.36	55.75	350.00	2558
1992	1375.70	262.67	653.43	581.73	71.70	459.60	3212
1993	1925.91	315.97	983.96	876.26	107.70	625.99	4469
1994	2689.28	438.65	1398.12	1243.37	154.75	852.52	6201
1995	3557.55	549.96	1854.52	1645.51	209.01	1153.07	8149
1996	4188.53	594.94	2232.17	1983.90	248.27	1361.43	9552
1997	4686.11	618.90	2554.57	2285.24	269.33	1512.64	10624
1998	5052.62	609.30	2766.95	2484.97	281.97	1676.38	11394
1999	5443.92	606.31	2974.74	2679.68	295.06	1862.87	12214
2000	6141.03	630.98	3273.93	2945.70	328.23	2236.12	13415
2001	6898.34	659.78	3572.88	3181.93	390.94	2665.68	14664
2002	8003.67	685.20	4090.48	3640.84	449.64	3227.99	16841
2003	9705.02	717.85	5096.38	4462.97	633.42	3890.79	20149
2004	11648.70	814.10	6250.38	5491.33	759.05	4584.22	23817
2005	13417.68	892.83	7164.75	6344.71	820.03	5360.10	27062
2006	15718.47	925.10	8511.51	7585.47	926.04	6281.86	31241
2007	18753.73	986.02	10154.25	9090.74	1063.51	7613.46	36676
2008	21462.69	1095.96	11567.42	10328.72	1238.70	8799.31	41405
2009	22990.35	1163.08	11908.49	10518.21	1390.28	9918.78	43842
2010	27722.31	1360.56	14297.93	12657.78	1640.15	12063.82	51711
2011	32318.85	1583.04	16555.58	14683.03	1872.55	14180.23	59249
2012	34665.33	1667.88	17316.32	15338.02	1978.30	15681.13	63374
2013	37568.49	1784.62	18446.65	16368.43	2078.22	17337.22	68462

注：1.本表按当年价格计算。2000年以后人均生产总值均按常住人口计算。
The figures in this table are calculated at current price. The per capita GDP have calculated at permanent residence since 2000.
2.从2004年起第一产业包括农林牧渔服务业。The Value Added of Primary Industry includes Services for Agriculture since 2004.
3.2013年为初步核算数。Data in 2013 are preliminary accouting numbers.

1-6 按新行业和构成分的全省生产总值(2008-2012年)
Gross Domestic Product by New Sector and Structure(2008-2012)

单位:亿元(100 million yuan)

指标	Item	2008	2009	2010	2011	2012
全省生产总值	**Gross Domestic Product**	**21462.69**	**22990.35**	**27722.31**	**32318.85**	**34665.33**
按行业分	**by Sector**					
第一产业(农业)	Primary Industry(Agriculture)	1095.96	1163.08	1360.56	1583.04	1667.88
第二产业	Secondary Industry	11567.42	11908.49	14297.93	16555.58	17316.32
工业	Industry	10328.72	10518.21	12657.78	14683.03	15338.02
建筑业	Construction	1238.70	1390.28	1640.15	1872.55	1978.30
第三产业	Tertiary Industry	8799.31	9918.78	12063.82	14180.23	15681.13
交通运输、仓储和邮政业	Transport,Storage and Post Services	843.20	888.02	1076.67	1206.95	1278.91
信息传输、计算机服务和软件业	Information Transmission,Computer Services and Software	482.28	515.40	594.55	756.10	918.63
批发和零售业	Wholesale and Retail Sale Trade	1899.02	2119.39	2646.14	3288.53	3684.34
住宿和餐饮业	Hotels and Catering Services	388.01	416.84	523.67	620.25	655.74
金融业	Finance	1653.45	1899.33	2326.58	2730.29	2762.24
房地产业	Real Estate	1052.03	1316.83	1618.17	1677.13	1927.93
租赁和商务服务业	Leasing and Commercial Services	338.74	364.97	451.08	575.38	657.61
科学研究、技术服务和地质勘查业	Scientific Research,Technic Services and Geological Prospecting	182.85	185.04	234.87	289.59	345.16
水利、环境和公共设施管理业	Water Conservancy,Environment and Public Facilities Management	77.25	87.63	110.55	138.45	161.61
居民服务和其他服务业	Resident Services and Other Services	266.11	289.42	352.99	407.78	472.90
教育	Education	523.63	606.56	695.86	774.64	877.64
卫生、社会保障和社会福利业	Health Care,Social Securities and Social Welfare	294.18	337.07	398.95	493.07	589.94
文化、体育和娱乐业	Culture,Sports and Recreation	121.99	138.07	168.92	218.56	254.15
公共管理和社会组织	Public Administration and Social Organization	676.56	754.21	864.81	1003.51	1094.33
按构成分	**by Structure**					
劳动者报酬	Remuneration of Laborers	8852.48	9105.37	10788.87	13185.55	14583.69
生产税净额	Net-taxes on Production	3260.31	3417.94	4274.03	5248.01	5495.64
固定资产折旧	Depreciation of Fixed Assets	2906.36	2965.97	3316.63	3908.75	4463.09
营业盈余	Operating Surplus	6443.54	7501.08	9342.78	9976.54	10122.91

1-7 全省生产总值指数(1978-2013年)
Indices of Gross Domestic Product (1978-2013)

(上年=100)(preceding year=100)

年份	全省生产总值 Gross Domestic Product	第一产业 Primary Industry	第二产业 Secondary Industry	#工业 Industry	#建筑业 Construction	第三产业 Tertiary Industry	人均生产总值 Percapita GDP
1978	121.9	118.7	128.6	126.5	146.4	113.5	120.2
1979	113.6	110.8	118.0	117.1	124.3	108.1	112.3
1980	116.4	97.3	132.0	133.3	123.5	112.9	115.1
1981	111.5	104.7	111.3	113.1	98.8	126.1	110.5
1982	111.4	116.5	104.9	104.9	105.7	118.1	109.9
1983	108.0	93.9	115.5	118.5	92.1	116.0	106.8
1984	121.7	119.3	124.0	124.4	120.7	120.3	120.6
1985	121.7	101.9	135.3	135.0	138.9	119.2	120.8
1986	112.1	104.0	114.0	114.2	111.2	116.8	110.9
1987	111.8	101.0	116.8	116.4	121.4	110.9	110.6
1988	111.2	99.0	116.3	117.5	104.2	109.8	109.9
1989	99.4	100.2	100.8	101.7	90.5	94.9	98.4
1990	103.9	102.7	105.2	105.4	102.3	101.4	103.1
1991	117.8	107.9	118.2	118.4	117.1	125.6	117.1
1992	119.0	100.6	125.2	126.6	113.9	123.4	118.3
1993	122.0	104.8	133.2	135.3	113.7	116.0	121.3
1994	120.0	104.4	127.5	128.0	121.4	115.8	119.2
1995	116.8	107.5	118.4	117.8	124.6	118.3	116.0
1996	112.7	104.4	115.5	115.8	112.2	111.1	112.2
1997	111.1	104.5	112.8	113.3	107.5	110.5	110.4
1998	110.2	103.2	110.8	111.1	106.2	111.7	109.6
1999	110.0	103.3	111.4	111.8	106.1	109.9	109.5
2000	111.0	104.5	111.7	112.0	108.9	111.8	108.1
2001	110.6	104.8	111.0	111.0	111.9	111.7	107.7
2002	112.6	104.5	113.4	113.6	111.5	113.7	111.5
2003	114.7	103.6	116.8	115.7	126.6	114.4	113.2
2004	114.5	103.7	116.4	117.0	111.7	114.0	112.7
2005	112.8	101.5	112.7	113.1	108.8	115.2	111.2
2006	113.9	103.2	114.3	114.6	112.0	115.1	112.2
2007	114.7	102.3	115.6	116.4	108.8	115.3	112.8
2008	110.1	104.8	109.3	110.0	103.2	111.7	108.6
2009	108.9	102.4	106.8	105.9	115.3	112.5	107.7
2010	111.9	103.2	112.4	112.7	110.1	112.3	109.5
2011	109.0	103.6	109.2	110.1	102.3	109.5	107.2
2012	108.0	102.0	107.3	107.4	107.1	109.4	107.7
2013	108.2	100.4	108.4	108.7	105.6	108.7	107.8

注：1. 本表按可比价格计算。The figures in this table are calculated at comparable price.
2. 2013年为初步核算数。Data in 2013 are preliminary accouting numbers.

1-8 全省生产总值指数(1978-2013年)
Indices of Gross Domestic Product(1978-2013)

(1978年=100)(1978=100)

年份 Year	全省生产总值 Gross Domestic Product	第一产业 Primary Industry	第二产业 Secondary Industry	#工业 Industry	#建筑业 Construction	第三产业 Tertiary Industry	人均生产总值 Percapita GDP
1978	100.0	100.0	100.0	100.0	100.0	100.0	100.0
1979	113.6	110.8	118.0	117.1	124.3	108.1	112.3
1980	132.2	107.9	155.7	156.0	153.6	122.1	129.2
1981	147.4	113.0	173.4	176.5	151.8	154.0	142.8
1982	164.2	131.6	182.0	185.1	160.4	181.9	157.0
1983	177.4	123.6	210.3	219.2	147.7	211.0	167.7
1984	215.9	147.5	260.8	272.6	178.2	253.8	202.2
1985	262.8	150.3	352.9	367.9	247.6	302.6	244.3
1986	294.5	156.2	402.1	420.2	275.3	353.4	271.0
1987	329.3	157.8	469.9	489.2	334.2	392.1	299.7
1988	366.3	156.3	546.6	574.9	348.1	430.6	329.4
1989	364.1	156.7	551.2	584.8	315.2	408.5	324.1
1990	378.5	160.9	579.9	616.7	322.3	414.1	334.3
1991	446.0	173.6	685.8	730.1	377.5	520.3	391.4
1992	530.8	174.7	858.8	924.3	429.8	642.1	463.2
1993	647.7	183.1	1143.9	1250.7	488.8	744.6	561.8
1994	777.0	191.1	1458.0	1601.1	593.2	862.0	669.7
1995	907.4	205.6	1725.8	1886.5	739.2	1019.5	776.9
1996	1022.5	214.7	1993.3	2184.7	829.4	1132.7	871.6
1997	1136.1	224.3	2249.0	2475.3	891.5	1251.9	962.7
1998	1251.6	231.5	2491.0	2751.1	946.7	1398.5	1055.0
1999	1377.2	239.1	2773.8	3075.1	1004.4	1537.0	1155.0
2000	1529.2	249.9	3099.2	3442.6	1093.7	1719.0	1248.7
2001	1692.0	261.9	3441.6	3819.5	1224.1	1920.4	1344.4
2002	1905.9	273.6	3902.3	4338.9	1364.9	2183.6	1499.0
2003	2186.0	283.5	4557.4	5020.2	1728.5	2497.3	1696.5
2004	2502.5	294.1	5305.3	5872.5	1930.8	2846.4	1912.5
2005	2821.9	298.4	5977.6	6642.9	2101.0	3279.0	2127.5
2006	3213.5	308.0	6833.9	7614.1	2353.8	3772.8	2387.4
2007	3684.8	315.2	7897.9	8865.1	2559.8	4350.5	2693.7
2008	4055.2	330.1	8634.4	9755.6	2642.5	4860.4	2924.2
2009	4417.9	338.1	9225.2	10331.9	3046.6	5467.7	3149.1
2010	4945.2	348.9	10372.0	11644.7	3355.6	6140.8	3448.0
2011	5392.7	361.3	11322.7	12815.6	3432.9	6726.0	3695.4
2012	5823.2	368.4	12152.5	13757.6	3678.2	7357.9	3979.3
2013	6298.0	369.9	13171.0	14957.0	3883.4	7995.2	4290.0

注：1.本表按可比价格计算。The figures in this table are calculated at comparable price.
2.2013年为初步核算数。Data in 2013 are preliminary accouting numbers.

1-9 全省生产总值构成(1978-2013年)
Structure of Gross Domestic Product(1978-2013)

单位:%(%)

年份 Year	生产总值 Gross Domestic Product	第一产业 Primary Industry	第二产业 Secondary Industry	#工业 Industry	#建筑业 Construction	第三产业 Tertiary Industry
1978	100	38.1	43.3	38.0	5.3	18.7
1979	100	42.8	40.6	35.2	5.4	16.6
1980	100	35.9	46.7	41.0	5.8	17.4
1981	100	33.7	46.2	41.0	5.2	20.1
1982	100	36.3	42.1	37.3	4.8	21.7
1983	100	32.2	44.0	39.9	4.1	23.8
1984	100	32.3	43.8	39.6	4.2	23.9
1985	100	28.9	46.3	41.6	4.7	24.8
1986	100	27.1	46.0	41.1	4.8	26.9
1987	100	26.3	46.4	41.1	5.2	27.4
1988	100	25.4	46.0	40.9	5.1	28.6
1989	100	24.8	45.5	40.8	4.7	29.7
1990	100	24.9	45.1	40.2	4.9	30.0
1991	100	22.5	45.4	40.2	5.1	32.1
1992	100	19.1	47.5	42.3	5.2	33.4
1993	100	16.4	51.1	45.5	5.6	32.5
1994	100	16.3	52.0	46.2	5.8	31.7
1995	100	15.5	52.1	46.3	5.9	32.4
1996	100	14.2	53.3	47.4	5.9	32.5
1997	100	13.2	54.5	48.8	5.7	32.3
1998	100	12.1	54.8	49.2	5.6	33.2
1999	100	11.1	54.6	49.2	5.4	34.2
2000	100	10.3	53.3	48.0	5.3	36.4
2001	100	9.6	51.8	46.1	5.7	38.6
2002	100	8.6	51.1	45.5	5.6	40.3
2003	100	7.4	52.5	46.0	6.5	40.1
2004	100	7.0	53.6	47.1	6.5	39.4
2005	100	6.7	53.4	47.3	6.1	39.9
2006	100	5.9	54.1	48.3	5.9	40.0
2007	100	5.3	54.1	48.5	5.7	40.6
2008	100	5.1	53.9	48.1	5.8	41.0
2009	100	5.1	51.8	45.8	6.0	43.1
2010	100	4.9	51.6	45.7	5.9	43.5
2011	100	4.9	51.2	45.4	5.8	43.9
2012	100	4.8	50.0	44.2	5.7	45.2
2013	100	4.8	49.1	43.6	5.5	46.1

注：1. 本表按当年价格计算。The figures in this table are calculated at current price.
2. 从2004年起第一产业包括农林牧渔服务业。The Value Added of Primary Industry includes Services for Agriculture since 2004.
3. 2013年为初步核算数。Data in 2013 are preliminary accouting numbers.

1-10 按新行业分的第三产业增加值指数(2005-2012年)
Indices of Value-added of the Tertiary Industry by New Sector(2005-2012)

(2004年=100)(2004=100)

行业	Sector	2005	2006	2007	2008	2009	2010	2011	2012
总计	**Total**	**115.2**	**132.5**	**152.8**	**170.8**	**192.1**	**215.7**	**236.3**	**258.5**
交通运输、仓储和邮政业	Transport,Storage and Post Services	113.3	132.3	150.9	164.5	171.1	195.1	214.5	228.9
信息传输和计算机服务	Information Transmission,Computer Services	114.3	132.9	162.7	200.5	218.0	244.3	287.5	336.8
批发和零售业	Wholesale and Retail Sale Trade	110.7	123.1	137.6	149.4	170.4	195.5	222.8	244.8
住宿和餐饮业	Hotels and Catering Services	109.5	126.3	144.6	161.7	170.1	192.7	214.8	221.7
金融业	Finance	128.5	166.7	207.0	255.4	296.7	339.0	369.2	391.1
房地产业	Real Estate	115.0	130.1	146.7	150.3	184.1	190.9	179.7	196.3
租赁和商务服务业	Leasing and Commercial Services	111.3	129.2	148.0	163.1	174.7	197.7	226.3	255.5
科学研究、技术服务和地质勘查业	Scientific Research,Technic Services and Geological Prospecting	123.3	141.9	163.5	183.8	188.1	226.2	257.8	295.4
水利、环境和公共设施管理业	Water Conservancy,Environment and Public Facilities Management	113.2	115.8	124.9	138.4	154.8	186.7	217.1	245.3
居民服务和其他服务业	Resident Services and Other Services	125.5	151.2	187.6	228.8	253.4	288.2	322.6	369.7
教育	Education	114.5	125.6	141.0	154.7	177.6	198.0	215.2	240.1
卫生、社会保障和社会福利业	Health Care,Social Securities and Social Welfare	116.1	125.3	140.0	148.1	164.5	183.5	213.2	249.3
文化、体育和娱乐业	Culture,Sports and Recreation	122.3	151.2	179.2	211.3	236.6	275.3	335.3	382.2
公共管理和社会组织	Public Administration and Social Organization	116.9	128.3	144.1	153.5	166.5	180.6	196.8	208.9

1－11 按支出法计算的全省生产总值(2006－2012年)
Gross Domestic Product Calculated by Expenditure Approach(2006－2012)

单位:亿元(100 million yuan)

指标	Item	2006	2007	2008	2009	2010	2011	2012
全省生产总值	**Gross Domestic Product**	**15718.47**	**18753.73**	**21462.69**	**22990.35**	**27722.31**	**32318.85**	**34665.33**
最终消费	**Final Consumption**	**7499.76**	**8620.50**	**9828.95**	**10864.59**	**12765.63**	**15041.98**	**16509.40**
居民消费	Resident Consumption	5584.50	6509.53	7394.05	8320.39	9796.72	11643.89	12496.10
农村居民	Rural	1540.19	1589.01	1740.17	1898.97	2214.54	2566.96	2796.25
城镇居民	Urban	4044.31	4920.52	5653.88	6421.42	7582.18	9076.93	9699.85
政府消费	Government Consumption	1915.26	2110.97	2434.90	2544.20	2968.91	3398.09	4013.30
资本形成总额	**Total Capital Formation**	**7297.05**	**8662.44**	**9326.26**	**10607.33**	**12950.46**	**14743.55**	**15460.74**
固定资本形成总额	Fixed Capital Formation	7065.65	7992.86	8798.01	10220.13	12101.32	13822.90	14607.57
存货增加	Changes in Inventories	231.40	669.58	528.25	387.20	849.14	920.65	853.17
货物和服务净出口	**Net Export**	**921.66**	**1470.79**	**2307.48**	**1518.43**	**2006.22**	**2533.32**	**2695.19**

注：本表按当年价格计算。The figures in this table are calculated at current price.

1－12 总产出(2006－2012年)
Total Output(2006－2012)

单位:亿元(100 million yuan)

指标	Item	2006	2007	2008	2009	2010	2011	2012
总产出	**Total Output**	**54717.38**	**65875.71**	**78414.74**	**81997.22**	**96016.80**	**113512.15**	**121188.62**
第一产业	Primary Industry	1514.56	1597.15	1780.01	1873.40	2172.86	2534.90	2658.67
第二产业	Secondary Industry	41992.73	50677.40	59464.11	61012.00	70426.71	83625.89	88315.03
工业	Industry	37666.62	45838.19	54076.00	54964.56	62898.73	74537.83	78664.79
建筑业	Construction	4326.11	4839.21	5388.10	6047.44	7527.97	9088.06	9650.24
第三产业	Tertiary Industry	11210.09	13601.16	17170.63	19111.82	23417.23	27351.36	30214.92

注：1. 本表按当年价格计算。The figures in this table are calculated at current price.
2. 从2004年起第一产业包括农林牧渔服务业。The Output of Primary Industry includes Services for Agriculture since 2004.

1－13 居民消费水平和指数(1978－2012年)
Resident Consumption Level and Its Indices(1978－2012)

单位:%(%)

年份 Year	居民总消费水平(元/人) Resident Consumption level (yuan/person)	农村居民总消费水平 Rural Resident	城镇居民总消费水平 Urban Resident	居民总消费水平指数(1978＝100) Indices of Resident Consumption Level (1978＝100)	农村居民消费水平指数 Rura Resident	城镇居民消费水平指数 Urban Resident
1978	193	164	410	100.0	100.0	100.0
1979	218	183	466	112.1	111.1	110.6
1980	240	198	511	120.1	119.6	111.0
1981	317	271	595	156.2	161.6	127.0
1982	354	305	630	173.4	181.4	132.0
1983	383	328	672	184.3	192.8	137.0
1984	439	369	788	206.7	213.5	154.9
1985	580	472	1063	237.6	238.7	181.4
1986	702	558	1283	270.5	266.1	206.1
1987	828	655	1492	295.2	293.4	216.1
1988	1070	829	1959	314.6	309.8	229.9
1989	1186	914	2145	293.7	285.6	215.5
1990	1227	930	2235	297.5	285.2	220.0
1991	1353	1005	2493	317.7	303.4	232.5
1992	1528	1091	2882	335.6	314.5	245.9
1993	1850	1244	3608	351.2	325.1	253.6
1994	2536	1654	4920	389.0	348.7	282.4
1995	3217	2053	6141	423.2	374.0	301.9
1996	3906	2486	7268	473.5	423.7	325.4
1997	4233	2665	7649	496.8	444.8	330.0
1998	4397	2774	7607	515.1	466.5	326.6
1999	4539	2845	7566	534.7	485.6	326.6
2000	5099	3278	8020	587.5	547.9	339.1
2001	5551	3621	8404	641.2	605.3	356.8
2002	6098	4012	8839	711.6	675.3	379.8
2003	7033	4504	9907	810.6	737.4	423.5
2004	8174	4918	11771	912.3	769.7	489.6
2005	9558	5439	13843	1036.4	832.8	557.7
2006	11099	6216	15837	1174.2	933.6	621.2
2007	12730	7169	16986	1310.4	1055.9	646.7
2008	14264	7881	19002	1429.7	1128.7	704.9
2009	15867	8571	21204	1606.9	1242.7	794.4
2010	18274	10273	23655	1775.7	1430.4	850.0
2011	21346	12371	26856	1965.7	1624.9	915.5
2012	22845	13724	28259	2084.0	1767.7	957.1

注：本表绝对数按当年价格计算，指数按可比价格计算。
The absolute figures in this table are calculated at current price, while the indices are calculated at comparable price.

1－14 按机构类型和登记注册类型分组的法人单位数
Number Of Corporation Units by Types of Organization and Registration

单位:个(unit)

指标名称	Item	法人单位数 Number Of Corporation Units		单产业法人 Containing Single Industrial Activity		多产业法人 Containing Multiple Industrial Activity	
		2012	2013	2012	2013	2012	2013
总计	**Total**	**865154**	**1014357**	**836685**	**982928**	**28469**	**31429**
按机构类型分组	**by Type of Organization**						
企业	Enterprise	739040	867919	714900	841214	24140	26705
事业单位	Public Institution	27796	30496	25728	28211	2068	2285
机关	Office	7720	8373	6345	6871	1375	1502
社会团体	Social Group	15432	18268	15270	18022	162	246
民办非企业单位	Private Non－enterprise Unit	10615	13696	10540	13585	75	111
基金会	Foundation	115	313	114	313	1	
居委会	Neighborhood Committees	3898	4127	3832	4077	66	50
村委会	Villagers Committee	29421	28775	28975	28372	446	403
其他组织机构	Others	31117	42390	30981	42263	136	127
按登记注册类型分组	**by Registered Type**						
内资	Domestic Funded Enterprises	840946	993041	813468	962664	27478	30377
国有	State－owned Enterprises	43136	46715	39113	42319	4023	4396
集体	Collective Owned Enterprises	16056	13185	15054	12575	1002	610
股份合作	Cooperative Enterprises	6720	12357	6413	11913	307	444
联营	Joint Ownership Enterprises	647	781	615	767	32	14
国有联营	State Joint Ownership Enterprises	92	53	82	46	10	7
集体联营	Collective Joint Ownership Enterprises	304	276	298	275	6	1
国有与集体联营	State－collective Joint Enterprises	95	67	87	67	8	
其他联营	Other Joint Ownership Enterprises	156	385	148	379	8	6
有限责任公司	Limited Liability Corporations	54169	44254	50281	40065	3888	4189
国有独资公司	State Sole Funded Corporations	1743	3214	1530	2810	213	404
其他有限责任公司	Other Limited Liability Corporations	52426	41040	48751	37255	3675	3785

续表 Continued　　单位：个(unit)

指标名称	Item	法人单位数 Number Of Corporation Units		单产业法人 Containing Single Industrial Activity		多产业法人 Containing Multiple Industrial Activity	
		2012	2013	2012	2013	2012	2013
股份有限公司	Share - holding Corporations Ltd.	5014	4154	4150	3189	864	965
私营	Private Enterprises	616848	743615	600272	724762	16576	18853
私营独资	Private Funded Enterprises	125123	170799	123529	169459	1594	1340
私营合伙	Private Partnership Corporations	29610	25301	29158	25037	452	264
私营有限责任公司	Private Limited Liability Corporations	455428	543827	441238	526839	14190	16988
私营股份有限公司	Private Share - holding Corporations Ltd.	6687	3688	6347	3427	340	261
其他内资	others	98356	127980	97570	127074	786	906
港、澳、台商投资企业	Funded by Enterpreneurs From Hong Kong, Macao and Taiwan	10729	10328	10282	9869	447	459
与港澳台商合资经营	Joint - venture Enterprises	5009	4437	4784	4220	225	217
与港澳台商合作经营	Cooperation Enterprises From Hong Kong, Macao and Taiwan	267	139	262	134	5	5
港澳台商独资	Enterprises with Sole Hong Kong, Macao and Taiwan	5032	4676	4834	4460	198	216
港澳台商投资股份有限公司	Share - holding Corporations Ltd. with Funds From Hong Kong, Macao and Taiwan	377	109	359	92	18	17
其他港、澳、台商投资	Others	44	967	43	963	1	4
外商投资	Foreign Funded Enterprises	13479	10988	12935	10395	544	593
中外合资经营	Joint - venture Enterprises	6024	5001	5744	4702	280	299
中外合作经营	Cooperation Enterprises	517	165	511	160	6	5
外资企业	Enterprises With Sole Foreign Investment	6455	5474	6219	5211	236	263
外商投资股份有限公司	Foreign Investment Share - holding Corporations Ltd.	309	118	288	100	21	18
其他外商投资	Others	174	230	173	222	1	8

注：本表数据为初步统计数。
The data of this table are preliminary statistics.

1-15 按行业分的法人单位数(2013年)
Number Of Corporation Units by Sector(2013)

单位:个(unit)

行业	Sector	法人单位数 Number Of Corporation Units	单产业法人 Containing Single Industrial Activity	多产业法人 Containing Multiple Industrial Activity
总计	**Total**	**1014357**	**982928**	**31429**
按国民经济行业分组	**By Sector**			
农、林、牧、渔业	Farming, Forestry, Animal Husbandry and Fishery	49331	49088	243
农业	Farming	28791	28680	111
林业	Forestry	3428	3405	23
牧业	Animal Husbandry	7422	7361	61
渔业	Fishery	5804	5772	32
农林牧渔服务业	Services	3886	3870	16
采矿业	Ming and Quarrying	1279	1255	24
煤炭采选业和洗选项业	Coal Mining and Dressing	20	20	
石油和天然气开采业	Petroleum and Natural Gas Extraction			
黑色金属矿采选业	Ferrous Metals Mining and Dressing	25	24	1
有色金属矿采选业	Nonferrous Metals Mining and Dressing	72	71	1
非金属矿采选业	Nonmetal Minerals Mining and Dressing	1125	1106	19
开采辅助活动	Supplementary Activities for Mining	9	7	2
其他采矿业	Other Minerals Mining and Dressing	28	27	1
制造业	Manufacturing	365286	358010	7276
农副食品加工业	Non-staple Food Processing	5577	5307	270
食品制造业	Food Manufacturing	2481	2340	141
酒、饮料和精制茶制造业	Wine, Soft Drinks and Refined Tea Manufacturing	2746	2618	128
烟草制品业	Tobacco Processing	6	6	

续表 1 Continued 单位:个(unit)

行业	Sector	法人单位数 Number Of Corporation Units	单产业法人 Containing Single Industrial Activity	多产业法人 Containing Multiple Industrial Activity
纺织业	Textile Industry	30274	29633	641
纺织服装、服饰业	Garments and Apparel Industry	26381	25883	498
皮革、毛皮、羽毛及其制品和制鞋业	Leather, Furs, Down and Related Production, Shoes Manufacturing	15620	15330	290
木材加工及木、竹、藤、棕、草制品业	Timber Processing, Bamboo, Cane Palm Fiber and Straw Production	6251	6138	113
家具制造业	Furniture Manufacturing	5484	5359	125
造纸及纸制品业	Papermaking and Paper Production	9779	9674	105
印刷和记录媒介复制业	Printing and Record Medium Reproduction	10090	9853	237
文教、工美、体育和娱乐用品制造业	Cultural and Educational, Arts and Crafts, Sports and Entertainment Goods	18670	18316	354
石油加工、炼焦及核燃料加工业	Petroleum Processing, Cooking and Nuclear Fuel Processing	343	334	9
化学原料及化学制品制造业	Raw Chemical Materials and Chemical Production	8875	8654	221
医药制造业	Medical and Pharmaceutical Production	1293	1221	72
化学纤维制造业	Chemical Fiber	1522	1500	22
橡胶和塑料制品业	Rubber and Plastic Production	29368	28971	397
非金属矿物制品业	Nonmetal Mineral Production	13015	12794	221
黑色金属冶炼及压延加工业	Smelting and Pressing of Ferrous Metals	4204	4105	99
有色金属冶炼及压延加工业	Smelting and Pressing of Nonferrous Metals	3508	3457	51
金属制品业	Metal Production	30838	30408	430
通用设备制造业	Ordinary Machinery	46202	45357	845
专用设备制造业	For Special Purpose Equipment Manufacturing	19171	18870	301

续表 2 Continued

单位:个(unit)

行业	Sector	法人单位数 Number Of Corporation Units	单产业法人 Containing Single Industrial Activity	多产业法人 Containing Multiple Industrial Activity
汽车制造业	Automotive Manufacturing	13943	13696	247
铁路、船舶、航空航天和其他运输设备制造业	Railway, Shipbuilding, Aerospace and other Transport Equipment	4464	4340	124
电气机械及器材制造业	Electric Equipment and Machinery	32536	31713	823
计算机、通信和其他电子设备制造业	Telecommunications Equipment, Computer and Other Electronic Equipment Manufacturing	9427	9211	216
仪器仪表制造业	Instruments Manufacturing	5829	5678	151
其他制造业	Other Manufacturing	5127	5047	80
废弃资源综合利用业	Comprehensive Utilization of Waste Resources	920	900	20
金属制品、机械和设备修理业	Metal Products, Machinery and Equipment Repair Industry	1342	1297	45
电力、热力、燃气及水的生产和供应业	Electricity, Heating Power, Gas and Water Production and Supply	4336	4115	221
电力、热力的生产和供应业	Production and Supply of Electricity and Heating Power	2844	2725	119
燃气生产和供应业	Production and Supply of Gas	313	273	40
水的生产和供应业	Production and Supply of Water	1179	1117	62
建筑业	Construction	23709	21590	2119
房屋建筑业	Housing	4131	3303	828
土木工程建筑业	Civil Engineering	5392	4741	651
建筑安装业	Installation	3631	3392	239
建筑装饰业和其他建筑业	Building Decoration and Others	10555	10154	401
批发和零售业	Wholesale and Retail Trade	253573	245687	7886
批发业	Wholesale	179338	174999	4339
零售业	Retail Sale	74235	70688	3547
交通运输、仓储和邮政业	Transportation, Storage and Post	16896	15822	1074
铁路运输业	Railway Transpot	53	43	10
道路运输业	Highway Transport	8596	8106	490
水上运输业	Waterway Transport	1094	1028	66

续表 3 Continued

单位:个(unit)

行业	Sector	法人单位数 Number Of Corporation Units	单产业法人 Containing Single Industrial Activity	多产业法人 Containing Multiple Industrial Activity
航空运输业	Air Transport	74	70	4
管道运输业	Pipeline Transport	5	5	
装卸搬运和运输代理业	Carrying and Transportation Agents	5243	4956	287
仓储业	Storage	864	808	56
邮政业	Postal Services	967	806	161
住宿和餐饮业	Hotels and Catering Services	13879	12841	1038
住宿业	Hotels	6108	5604	504
餐饮业	Catering Services	7771	7237	534
信息传输、软件和信息技术服务业	Information Transmission, Software and Information Technology Services	16411	15947	464
电信、广播电视和卫星传输服务	Telecommunication, Radio and Television, Satellite Transmission Services	760	648	112
互联网和相关服务	Internet and Related Services	1388	1354	34
软件和信息技术服务业	Software and Information Technology Services	14263	13945	318
金融业	Banking	5478	4516	962
货币金融服务	Monetary and Financial Services	1628	1195	433
资本市场服务	Capital Market Services	2521	2466	55
保险业	Insurance	623	177	446
其他金融业	Others	706	678	28

续表 4　Continued　　单位:个(unit)

行业	Sector	法人单位数 Number Of Corporation Units	单产业法人 Containing Single Industrial Activity	多产业法人 Containing Multiple Industrial Activity
房地产业	Real Estate	25149	23473	1676
房地产业	Real Estate	25149	23473	1676
租赁和商务服务业	Renting and Business Services	73363	71341	2022
租赁业	Leasing	3493	3426	67
商务服务业	Commercial Services	69870	67915	1955
科学研究和技术服务业	Scientific Research and Technical Services	25659	24600	1059
研究与试验发展	Research and Experiment Development	3145	3109	36
专业技术服务业	Technical Services	14502	13597	905
科技推广和应用服务业	Promotion and Application of Science and Technology Services	8012	7894	118
水利、环境和公共设施管理业	Water Conservancy,Environment and Public Utility	5497	5259	238
水利管理业	Water Conservancy	947	916	31
生态保护和环境治理业	Ecological Protection and Environmental Management	624	591	33
公共设施管理业	Public Facilities	3926	3752	174
居民服务、修理和其他服务业	Service for the Residents, Repair and Others	12231	11838	393
居民服务业	Resident Services	4884	4660	224
机动车、电子产品和日用产品修理业	Motor Vehicles, Electronics and Household Goods Repair Industry	5186	5045	141
其他服务业	Other Services	2161	2133	28
教育	Education	21277	20308	969
教育	Education	21277	20308	969

续表 5 Continued 单位:个(unit)

行业	Sector	法人单位数 Number Of Corporation Units	单产业法人 Containing Single Industrial Activity	多产业法人 Containing Multiple Industrial Activity
卫生和社会工作	Health Care and Social Work	7586	6584	1002
卫生	Health Care	5170	4199	971
社会工作	Social Work	2416	2385	31
文化、体育和娱乐业	Culture, Sports and Entertainment	14669	14380	289
新闻和出版业	News and Publishing	318	305	13
广播、电视、电影和影视录音制作业	Television, Radio, Film and Television Sound Recording Production	1515	1409	106
文化艺术业	Culture and Arts	2903	2850	53
体育	Sports	1618	1564	54
娱乐业	Recreation	8315	8252	63
公共管理、社会保障和社会组织	Public Administration, Social Security and Social Organization	78748	76274	2474
中国共产党机关	Communist Party Agencies	1292	1228	64
国家机构	Government Agencies	16601	14911	1690
人民政协、民主党派	The CPPCC, Democratic Parties	316	311	5
社会保障	Social Security	382	379	3
群众团体、社会团体和其它成员组织	Mass Organizations, Social Groups and Other Members of the Organization	27255	26996	259
基层群众自治组织	Mass Grassroot Organizations	32902	32449	453

注：本表数据为初步统计数。
The data of this table are preliminary statistics.

1－16 按地区分组的法人单位数
Number Of Corporation Units by Region

单位：个(unit)

指标名称	Region	法人单位数 Number Of Corporation Units		单产业法人 Containing Single Industrial Activity		多产业法人 Containing Multiple Industrial Activity	
		2012	2013	2012	2013	2012	2013
按地区分组	**By Region**						
杭州市	Hangzhou	182924	209956	175492	202177	7432	7779
上城区	Shangcheng	10182	10077	9467	9437	715	640
下城区	Xiacheng	17163	14969	16248	14167	915	802
江干区	Jianggan	16372	19752	15663	19055	709	697
拱墅区	Gongshu	24301	17765	23557	17092	744	673
西湖区	Xihu	25157	30273	23876	28942	1281	1331
滨江区	Bingjiang	6151	8638	5909	8404	242	234
萧山区	Xiaoshan	32281	38800	31393	37793	888	1007
余杭区	Yuhang	17661	26247	16845	25268	816	979
桐庐县	Tonglu	7256	8196	7071	7982	185	214
淳安县	Chunan	3567	4927	3353	4671	214	256
建德市	Jiande	5920	6417	5714	6210	206	207
富阳市	Fuyang	8943	13465	8656	13065	287	400
临安市	Linan	7970	10430	7740	10091	230	339
宁波市	Ningbo	161100	171631	156110	166444	4990	5187
海曙区	Haishu	14562	12806	13787	12033	775	773
江东区	Jiangdong	13891	12992	13304	12282	587	710
江北区	Jiangbei	8623	10063	8214	9628	409	435
北仑区	Beilun	15851	15903	15075	15258	776	645
镇海区	Zhenhai	9564	9659	9301	9392	263	267
鄞州区	Yinzhou	29764	34820	29073	33978	691	842
象山县	Xiangshan	9320	10598	9095	10316	225	282
宁海县	Ninghai	10385	10851	10152	10589	233	262
余姚市	Yuyao	17882	19124	17496	18754	386	370
慈溪市	Cixi	21456	26177	21025	25801	431	376
奉化市	Fenhua	9802	8638	9588	8413	214	225
温州市	Wenzhou	120422	151967	115566	146828	4856	5139
鹿城区	Luchen	16407	20664	15240	19517	1167	1147
龙湾区	Longwan	11627	14841	11149	14306	478	535
瓯海区	Ohai	11080	11582	10707	11233	373	349
洞头县	Dongtou	1419	1930	1350	1795	69	135
永嘉县	Yongjia	10645	13459	10385	13211	260	248
平阳县	Pingyang	9194	11061	8932	10750	262	311

续表 1 Continued 单位:个(unit)

指标名称	Region	法人单位数 Number Of Corporation Units		单产业法人 Containing Single Industrial Activity		多产业法人 Containing Multiple Industrial Activity	
		2012	2013	2012	2013	2012	2013
苍南县	Cangnan	14349	18786	13821	18251	528	535
文成县	Wenchen	1892	3171	1795	3032	97	139
泰顺县	Taishun	2772	3965	2700	3816	72	149
瑞安市	Ruian	15644	25070	14980	24390	664	680
乐清市	Yueqing	25393	27438	24507	26527	886	911
嘉兴市	Jiaxing	71527	77471	69082	74879	2445	2592
南湖区	Xuichen	12314	12919	11799	12357	515	562
秀洲区	Xuizhou	8006	8612	7727	8297	279	315
嘉善县	Jiashan	9771	10293	9601	10092	170	201
海盐县	Haiyan	6896	7577	6646	7322	250	255
海宁市	Haining	13701	14642	13023	13996	678	646
平湖市	Pinghu	9748	10868	9480	10560	268	308
桐乡市	Tongxiang	11091	12560	10806	12255	285	305
湖州市	Huzhou	29716	37248	28772	36194	944	1054
吴兴区	Wuxing	7200	10712	6842	10294	358	418
南浔区	NanXun	4674	5961	4555	5829	119	132
德清县	Deqing	5553	6521	5435	6381	118	140
长兴县	ChangXing	7792	8641	7625	8458	167	183
安吉县	Anji	4497	5413	4315	5232	182	181
绍兴市	Shaoxing	80328	95598	78778	93561	1550	2037
越城区	Yuechen	15362	15679	14906	15162	456	517
柯桥区	keqiao	21071	26165	20862	25726	209	439
上虞区	Shangyu	12538	14046	12341	13823	197	223
新昌县	Xinchang	5732	6284	5495	6026	237	258
诸暨市	Zhuji	16670	21268	16327	20923	343	345
嵊州市	Shengzhou	8955	12156	8847	11901	108	255
金华市	Jinhua	75421	100521	73439	97865	1982	2656
婺城区	Wuchen	9499	12828	9123	12349	376	479
金东区	JIndong	3570	5122	3488	5003	82	119
武义县	Wuyi	4629	6391	4507	6262	122	129
浦江县	Pujiang	3875	5550	3776	5431	99	119
磐安县	Panan	3446	3560	3382	3491	64	69
兰溪市	Lanxi	5568	7834	5421	7660	147	174

续表 2 Continued 单位:个(unit)

指标名称	Region	法人单位数 Number Of Corporation Units		单产业法人 Containing Single Industrial Activity		多产业法人 Containing Multiple Industrial Activity	
		2012	2013	2012	2013	2012	2013
义乌市	Yiwu	22551	32212	21998	31223	553	989
东阳市	Dongyang	9010	10117	8706	9831	304	286
永康市	Yongkang	13273	16907	13038	16615	235	292
衢州市	Quzhou	23041	28915	22376	28173	665	742
柯城区	Kechen	4975	6818	4762	6531	213	287
衢江区	Qujiang	3235	4755	3191	4704	44	51
常山县	Changshan	3646	4530	3573	4457	73	73
开化县	Kaihua	2515	3205	2401	3111	114	94
龙游县	Longyou	3585	4547	3543	4499	42	48
江山市	Jiangshan	5085	5060	4906	4871	179	189
舟山市	Zhoushan	16287	16568	15300	15426	987	1142
定海区	Dinghai	8531	8688	8093	8145	438	543
普陀区	Putuo	4521	4485	4206	4157	315	328
岱山县	Daishan	2156	2214	2028	2047	128	167
嵊泗县	Shengsi	1079	1181	973	1077	106	104
台州市	Taizhou	81445	92796	79721	90699	1724	2097
椒江区	Jiaojiang	10213	11730	9863	11303	350	427
黄岩区	Huangyan	10031	10836	9884	10669	147	167
路桥区	Luqiao	9381	10283	9156	9997	225	286
玉环县	Yuhuan	10542	11706	10451	11569	91	137
三门县	Sanmen	5622	6153	5499	6042	123	111
天台县	Tiantai	4596	5739	4478	5622	118	117
仙居县	Xianju	5490	5954	5345	5796	145	158
温岭市	Wenling	16361	18600	16056	18176	305	424
临海市	Linhai	9209	11795	8989	11525	220	270
丽水市	Lishui	22943	31682	22049	30682	894	1000
莲都区	Liandu	5332	7324	5000	6969	332	355
青田县	Qingtian	3383	4939	3308	4828	75	111
缙云县	Jinyun	3681	4206	3569	4107	112	99
遂昌县	Suichang	1470	2494	1376	2365	94	129
松阳县	Songyang	1626	2728	1564	2654	62	74
云和县	Yunhe	1351	1928	1323	1906	28	22
庆元县	Qingyuan	1829	2395	1777	2323	52	72
景宁县	Jingning	1748	2003	1702	1955	46	48
龙泉市	Longquan	2523	3665	2430	3575	93	90

注：本表数据为初步统计数。
The data of this table are preliminary statistics.

浙/江/统/计/年/鉴

主要统计指标解释

■ 生产总值

是按市场价格计算的国内生产总值的简称。它是一个国家(地区)所有常住单位在一定时期内生产活动的最终成果。生产总值有三种表现形态,即价值形态、收入形态和产品形态。从价值形态看,它是所有常住单位在一定时期内所生产的全部货物和服务价值超过同期投入的全部非固定资产货物和服务价值的差额,即所有常住单位增加值之和;从收入形态看,它是所有常住单位在一定时期内所创造并分配给常住单位和非常住单位的初次分配收入之和;从产品形态看,它是最终使用的货物和服务减去进口货物和服务。在实际核算中,国内生产总值的三种表现形态表现为三种计算方法,即生产法、收入法和支出法。三种方法分别从不同的方面反映国内生产总值及其构成。

■ 三次产业

根据社会生产活动历史发展的顺序对产业结构的划分,产品直接取自自然界的部门称为第一产业,对初级产品进行再加工的部门称为第二产业,为生产和消费提供各种服务的部门称为第三产业。它是世界上通用的产业结构分类,但各国的划分不尽一致。我国的三次产业划分是:

第一产业:农林牧渔业(包括农业、林业、畜牧业、渔业和农林牧渔服务业)。

第二产业:包括采矿业、制造业、电力、燃气、及水的生产和供应业、建筑业。

第三产业:除第一、第二产业以外的其他各业。

■ 支出法国内生产总值

指一个国家(或地区)所有常住单位在一定时期内用于最终消费、资本形成总额,以及货物和服务的净出口总额,它反映本期生产的国内生产总值的使用构成。

■ 最终消费

指常住单位在一定时期内对于货物和服务的全部消费支出,也就是常住单位为满足物质文化和精神生活的需要,从本国经济领土和国外购买的货物和服务的支出;不包括非常住单位在本国经济领土内的消费支出。最终消费分为居民消费和政府消费。

■ 居民消费

指常住住户对货物和服务的全部最终消费指出。居民消费按市场价格计算,既按居民支付的购买者价格计算。购买者价格是购买者取得货物所支付的价格包括购买者支付的运输和商业费用。居民消费除了直接以货币形式购买货物和服务的消费之外,还包括以其他方式获得的货物和服务的消费支出既所谓的虚拟消费支出。居民虚拟消费支出包括以下几种类型:单位以实物报酬及实物转移的形式提供给劳动者的货物和服务;住户生产并由本住户消费了的货物和服务,其中的服务仅指住户的自有住房服务;金融机构提供的金融媒介服务;保险公司提供的保险服务。

■ 政府消费

指政府部门为全社会提供公共服务的消费支出和免费或以较低价格向住户提供的货物和服务的净支出前者等于政府服务的产出价值减去政府单位所获得的经营收入的价值,政府服务的产出价值等于它的经常性业务支出加上固定资产折旧;后者等于政府部门免费或以较低价格向住户提供的货物和服务的市场减去向住户收取的价值。

■ 资本形成总额

指常住单位在一定时期内获得的减去处置的固定资产加存货的变动,包括固定资本形成总额和存货增加。

■ 固定资本形成总额

指常住单位购置、转入和自产自用的固定资产,扣除固定资产的销售和转让,分有形固定资产形成总额和无形固定资产形成总额。有形固定资产形成总额包括一定时期内完成的建筑工程、安装工程和设备工器具(减处置)价值,以及土地改良、新增役种奶毛娱乐用牲畜和新增林木价值。无形固定资产总额包括矿藏的勘探、计算机软件、娱乐和文学艺术品原件等获得减处置。

主要统计指标解释

存货增加

指常住单位存货实物量变动的市场价值，即期末价值减期初价值的差额。存货量增加可以是正值，也可以是负值；正值表示存货上升，负值表示存货下降。它包括生产单位购进的原材料燃料和储备物资等存货，以及生产单位生产的产成品在制品等存货等。

货物和服务净出口

指货物和服务出口减货物和服务进口的差额。出口包括常住单位从非常住单位出售或无偿转让的各种货物和服务的价值；进口包括常住单位从非常住单位购买或无偿得到的各种货物和服务的价值。由于服务活动的提供与使用同时发生，因此服务的进出口业务并不发生出入境现象，一般把常住单位从国外得到的服务作为进口，非常住单位从本国得到的服务作为出口。货物的进口和出口都按离岸价格计算。

劳动者报酬

指劳动者因从事生产活动所获得的全部报酬。包括劳动者获得的各种形式的工资，奖金和津贴，既包括货币形式的，也包括实物形式的；还包括劳动者所享受的公费医疗和医药卫生费上下班交通补贴和单位支付的社会保险费等。对于个体经济来说其所有者所获得的劳动报酬和经营利润不易区分，这两部分统一作为劳动者报酬处理。

生产税净额

指生产税减生产补贴后的余额。生产税指政府对生产单位生产销售和从事经营活动以及因从事生产活动使用某些生产要素（如固定资产土地劳动力）所征收的各种税、附加费和规费。生产补贴和生产税相反，指政府对生产单位的单方面收入转移，因此视为负生产税，包括政策亏损补贴、粮食系统价格补贴、外贸企业出口退税收入等。

固定资产折旧

在一定时期内为弥补固定资产损耗按照核定的固定资产损耗率提取的固定资产折旧，或按国民经济核算统一规定的折旧率虚拟计算的固定资产折旧。它反映了固定资产在当期生产中的转移价值。各类企业和企业化管理的事业单位的固定资产折旧是指实际计提并计入成本费中的折旧费；不计提折旧的政府机关非企业化管理的事业单位和居民住房的固定资产折旧是按照统一规定的折旧率和固定资产原值计算的虚拟折旧。原则上，固定资产折旧应按固定资产的重置价值计算，但是目前我国尚不具备对全社会固定资产进行重估价的基础，所以暂时只能采用上述方法。

营业盈余

指常住单位创造的增加值扣除劳动者报酬生产税净额和固定资产折旧后的余额。它相当于企业的营业利润加上生产补贴，但要扣除从利润中开支的工资和福利等。

ZHEJIANG STATISTICAL YEARBOOK

Explanatory Notes on Main Statistical Indicators

□ Gross Domestic Product(GDP)

refers to gross domestic product calculated at market prices, which is the final products of all resident units in a country (or region) during a certain period of time. Gross domestic product is expressed in three different forms, i. e. value added, income, and products respectively. The form of value added refers to the total value of all products and services produced by all resident units during a certain period of time minus total value of input of materials and services of the nature of non-fixed assets or the summation of the value added of all resident ǘnits; the form of income includes all the income created by all resident units and distributed primarily to all resident and non-resident units; the form of products refers to all final goods and services minus imports of goods and services. In the practice of national accounting, gross domestic product is calculated with three approaches, i. e. product approach, income approach, and expenditure approach respectively to reflect gross domestic product and its composition from different aspects.

□ Three Industries

Industry structure has been classified according to the historical sequence of development. Primary industry refers to extraction of natural resources; secondary industry involves processing of primary products ; and tertiary industry provides services of various kinds for production and consumption. The above classification is universal although it varies to some extent from country to country. Industry in China comprises:

Primary industry: agriculture, forestry, animal husbandry and fishery, including farming animal husbandry, fishery industry and service industry for farming, animal husbandry and fishery.

Secondary industry: mining, manufacturing, power、steam and water production and supply, construction.

Tertiary industry: all other industries not included in primary or secondary industry.

□ GDP Calculated by Expenditure Approach

refers to total expenditure on final consumption, total capital formation and net export of goods and services by resident units of a country in a certain period of time. It reflects the composition of GDP by its use.

□ Final Consumption

refers to the total expenditure of resident units on final consumption of goods and services in a certain period, namely the expenditure of the resident units for perchases of good and services from domestic economic territory and abroad to meet the requirements of meterial, cultural and spritual life. It excludes the expenditure of non-resident units on consumption in the economic territory of the country. The final consumption is classified into household consumption and government consumption.

□ Households Consumption

refers to the total expenditure of resident households on the final consumption of goods and services. The households consumption is calculated at market prices, namely the purchaser's prices which the households pay; the purchaser's prices of goods are the prices the households pay when they obtain the goods including the transport and commercial expenses paid by the households. In addition to the consumption of goods and services bought by the households directly with money, the expenditure on goods and services obtained by the households in other ways, i. e. the so-called imputed expenditure on consumption, is also included in the households consumption. The imputation expenditure of the households on consumption includes the following types: (a) the goods and services privided to the households by the units in the form of payment in kind and transfer in kind; (b) the goods and services produced

EXPLANATORY NOTES ON MAIN STATISTICAL INDICATORS

and consumed by the households themselves, in which the services refer only to the services provided by the residential buildings owned by the households; (c) the services of financial intermediary provided by the financial institution; (d) the insurance services provided by the insurance companies.

□ Government Consumption

refers to the expenditure on the consumption of the public services provided by the government to the whole society and the net expenditure on the goods and services provided by the government to the households at free charge or lower prices. The former equals to the output value of the government services minus the value of operating income obtained by the government departments. (The output value of the government services equals to its current operating expenditure plus depreciation of fixed assets). The latter equals to the market value of the goods and services provided by the government free of charge or at low prices to the households minus the value received by the government from the households.

□ Total Capital Formation

refers to the fixed assets acquired minus those disposed and the change in inventory including the total fixed assets formation and the increase in inventory.

□ Total Fixed Capital Formation

refers to the value of fixed assets purchased, transferred in by the resident units and those produced and used by themselves deducting the value of fixed assets sold and transferred out. It can be classfied into total tangible assets formation and total intangible asset formation. The total tangible assets formation and total intangible assets formation. The total tangible assets formation include the value of construction projects, installation projects completed and the equipment apparatus and instruments purchasedas well as the value of land improved, the value of draught animals, breeding stock, milk, wool and recreational animals and the newly increased economic forest in a certain period. The total ingangible assets formation includes the prospecting of minerals, the acquisition of computer software, the orginals of recreational works and works of literature and arts minus the disposal of them.

□ Increase in Inventory

refers to the market value of the change in inventory, i. e. the difference of value between the beginning and the end of the period. The increase in inventory can be positive or negative. A positive value indicates the increase in inventory while a negative value indicates the decrease in stock. The inventory includes the raw materials, fuels, and reserve materials purchased by the production units as well as the inventory of finished products, semifinished products work-in-progress, ect.

□ Net Export of Goods and Services

refers to the difference of the exports of goods and services minus the imports of goods and services. The imports include the value of various goods and services sold or gratuitously transferred by the resident units to the non-resident units. The imports include the value of various goods and services purchased or gratuitously acquired by the resident units from the non-resident units. Because the provision of services and the use of them happen simultaneously, the import and export of services do not appear to have the phenomena of crossing the border of the country. The acquisition of services by the resident units from abroad is uaually treated as import while the acquisition of services by non-resident units in this country is uaually treated as export. The export and import of goods are calculated at FOB.

□ Labourer's Remuneration

refers to the whole payment of various forms earned by the labourers from the productive activities they are engaged in. It includes wages, bonuses and allowances the labourers earned in monetary form and in kind. It also includes the free medical services provided to the labourers and the medicine expenses, traffic subsidies and social insurance free paid by the labourers' working units for them. As the individual economy is concerned, since the labourers' remuneration is not easily distingushed from the operating profit, both are treated as labourers remuneration.

EXPLANATORY NOTES ON MAIN STATISTICAL INDICATORS

□ Net Taxes on Production

refers to the residual of the taxes on production minus the subsidies on production. The taxes on production refer to the various taxes, extra charges and fees levied on the production units on their production, sail and business activities as well as on some factors of production, such as fixed assets, land and labour force, used in the production activities they are engaged in. In contrast to the taxes on production, the subsidies on production refer to the unilateral transfer of part of the government's revenue to the production units and is therefore regarded as negative taxes on production. They include sunsidies on the loss due to implementation of government policies, price subsidies to the grain institutions, foreign trade corporations' receipts from drawback, ect.

□ Depreciation of Fixed Assets

refers to the depreciation of fixed assets of a given period, drawn in accordance with the stipulated depreciation rate for purpose of compensating the wear loss of the fixed assets of the depreciation of fixed assets calculated in a fictitious way in accordance with the stipulated unified depreciation rate in the national economic accounting system. It reflects the value of transfer of the fixed assets in the production of the current period. The depreciation of fixed assets in various enterprises and institutions managed as enterprises refers to the depreciation expenses actually drawn-and calculated as part of the cost. In government agencies and institutions not managed as enterprises which do not draw the depreciation expenses, as well as for the house of residents, the depreciation of fixed assets is the imputed depreciation, which is calculated in accordance with the stipulated unified depreciation rate. In principle, the depreciation of fixed assets should bs calculated on the basis of the repurchased value of the fixed assets. However, there is no actual condition to reevaluated all the fixed assets in China. Therefore, the abovementioned methods are temporarily adopted at present.

□ Operating Surplus

refers to the balance of the value added created by the resident units deducting the laboures' remuneration, net taxes on production and the depreciation of fixed assets. It is equivalent to the business profit of the enterprises plus subsidies on production, but the wages and welfare expenses paid from the profits should be deducted.

2014
浙江统计年鉴
ZHEJIANG STATISTICAL YEARBOOK

CHAPTER 2

人口和就业人员
Population and Employment

2-1 历年总户数和总人口数(年底数)
Total Population and Households(year-end)

年份 Year	总户数 (万户) Total Households (10000 households)	总人口数 (万人) Total Population (10000 persons)	按性别分 By Sex		按农业和非农业分 By Agriculture and Non-agriculture	
			男性 Male	女性 Female	农业人口 Agriculture	非农业人口 Non-agriculture
1978	897.62	3750.96	1948.29	1802.67	3321.96	429.00
1979	905.32	3792.33	1967.40	1824.93	3332.57	459.76
1980	923.58	3826.58	1985.59	1840.99	3346.40	480.18
1981	965.92	3871.51	2007.55	1863.96	3362.04	509.47
1982	990.66	3924.32	2034.98	1889.34	3387.79	536.53
1983	1014.03	3963.10	2056.06	1907.04	3413.05	550.05
1984	1038.85	3993.09	2071.46	1921.63	3425.47	567.62
1985	1081.20	4029.56	2090.69	1938.87	3395.35	634.21
1986	1122.09	4070.07	2112.05	1958.02	3417.19	652.88
1987	1167.30	4121.19	2137.38	1983.81	3455.14	666.05
1988	1211.08	4169.85	2161.26	2008.59	3487.61	682.24
1989	1240.41	4208.88	2180.83	2028.05	3515.46	693.42
1990	1259.49	4234.91	2193.71	2041.20	3538.13	696.78
1991	1276.80	4261.37	2206.65	2054.72	3555.37	706.00
1992	1297.81	4285.91	2218.72	2067.19	3560.13	725.78
1993	1311.07	4313.30	2232.72	2080.58	3563.24	750.06
1994	1321.54	4341.20	2246.57	2094.63	3565.19	776.01
1995	1339.82	4369.63	2259.54	2110.09	3567.14	802.49
1996	1353.99	4400.09	2273.54	2126.55	3570.17	829.92
1997	1369.79	4422.28	2282.85	2139.43	3557.19	865.09
1998	1389.44	4446.86	2293.29	2153.57	3539.78	907.08
1999	1410.25	4467.46	2302.64	2164.82	3519.79	947.67
2000	1440.40	4501.22	2316.54	2184.68	3506.20	995.02
2001	1447.67	4519.84	2323.87	2195.97	3473.63	1046.21
2002	1466.19	4535.98	2330.30	2205.68	3438.76	1097.22
2003	1485.72	4551.58	2335.61	2215.97	3394.08	1157.50
2004	1509.29	4577.22	2345.26	2231.96	3353.16	1224.06
2005	1534.16	4602.11	2354.19	2247.91	3335.30	1266.81
2006	1556.53	4629.43	2364.97	2264.46	3317.26	1312.17
2007	1578.85	4659.34	2377.12	2282.22	3308.21	1351.13
2008	1595.70	4687.85	2388.98	2298.87	3292.37	1395.48
2009	1604.17	4716.18	2400.16	2316.02	3282.23	1433.95
2010	1607.86	4747.95	2413.13	2334.83	3279.06	1468.90
2011	1618.04	4781.31	2426.93	2354.38	3279.43	1501.88
2012	1616.25	4799.34	2433.68	2365.66	3277.74	1521.61
2013	1622.44	4826.89	2445.04	2381.86	3281.48	1545.41

注：本表资料为公安年报数。
Data in this table refers to the data from the annual reports of the Bureau of Public Security.

2-2 各市、县总户数和总人口数(2013年底)
Total Households and Population by City and County(End of 2013)

地区	Region	总户数(万户) Total Households (10000 households)	总人口数(万人) Total Population (10000 persons)	按性别分 By Sex		按农业和非农业分 By Agriculture and Non-agriculture	
				男性 Male	女性 Female	农业人口 Agriculture	非农业人口 Non-agriculture
合计	**Zhejiang**	**1622.44**	**4826.89**	**2445.04**	**2381.86**	**3281.48**	**1545.41**
杭州市	**Hangzhou**	**220.66**	**706.61**	**353.32**	**353.29**	**312.73**	**393.88**
市辖区	District	133.27	450.82	224.24	226.58	116.44	334.38
上城区	Shangcheng	11.47	33.00	16.56	16.44		33.00
下城区	Xiacheng	12.85	40.60	20.45	20.15		40.60
江干区	Jianggan	13.19	47.00	23.43	23.57	1.14	45.86
拱墅区	Gongshu	10.98	32.05	16.14	15.91		32.04
西湖区	Xihu	17.54	65.39	33.22	32.17	5.81	59.58
滨江区	Binjiang	4.91	18.07	9.24	8.83	1.10	16.97
萧山区	Xiaoshan	37.53	124.38	61.01	63.37	69.79	54.59
余杭区	Yuhang	24.79	90.33	44.20	46.14	38.60	51.74
桐庐县	Tonglu	14.73	40.59	20.33	20.25	27.79	12.80
淳安县	Chunan	14.75	45.75	23.29	22.46	37.59	8.16
建德市	Jiande	16.94	50.89	25.96	24.93	37.89	13.01
富阳市	Fuyang	22.11	65.86	33.21	32.65	51.44	14.42
临安市	Linan	18.86	52.70	26.29	26.42	41.59	11.11
宁波市	**Ningbo**	**223.56**	**580.15**	**289.15**	**290.99**	**365.80**	**214.35**
市辖区	District	90.57	227.59	112.28	115.31	84.18	143.41
海曙区	Haishu	11.29	29.87	14.65	15.21		29.87
江东区	Jiangdong	10.69	28.03	13.80	14.23		28.03
江北区	Jiangbei	10.10	24.18	11.87	12.31	8.23	15.95
北仑区	Beilun	15.43	38.60	19.07	19.53	16.49	22.11
镇海区	Zhenhai	9.24	22.91	11.50	11.40	5.95	16.95
鄞州区	Yinzhou	33.82	84.01	41.38	42.63	53.51	30.50
象山县	Xiangshan	18.62	54.38	27.68	26.71	42.86	11.52
宁海县	Ninghai	23.01	61.93	32.08	29.85	51.90	10.03
余姚市	Yuyao	30.89	83.51	41.34	42.16	64.51	19.00
慈溪市	Cixi	42.26	104.36	51.38	52.98	84.94	19.42
奉化市	Fenhua	18.20	48.37	24.40	23.98	37.42	10.95
温州市	**Wenzhou**	**228.74**	**807.24**	**418.98**	**388.26**	**637.51**	**169.73**
市辖区	District	44.45	151.00	76.12	74.88	82.90	68.09
鹿城区	Lucheng	23.99	73.42	36.44	36.98	17.78	55.63
龙湾区	Longwan	8.35	35.01	18.12	16.89	28.71	6.30
瓯海区	Ouhai	12.11	42.58	21.57	21.01	36.41	6.17
洞头县	Dongtou	4.25	13.17	6.77	6.40	11.46	1.71
永嘉县	Yongjia	28.73	96.95	51.55	45.40	86.08	10.87
平阳县	Pingyang	23.94	87.96	45.70	42.26	71.58	16.38
苍南县	Cangnan	33.46	132.21	69.55	62.66	100.97	31.24

续表 1 Continued

地区	Region	总户数（万户）Total Households (10000 households)	总人口数（万人）Total Population (10000 persons)	按性别分 By Sex		按农业和非农业分 By Agriculture and Non - agriculture	
				男性 Male	女性 Female	农业人口 Agriculture	非农业人口 Non - agriculture
文成县	Wencheng	13.05	39.58	20.97	18.61	36.08	3.50
泰顺县	Taishun	11.79	36.30	18.98	17.32	32.79	3.51
瑞安市	Ruian	32.04	122.28	62.74	59.54	99.73	22.55
乐清市	Yueqing	37.03	127.79	66.60	61.19	115.92	11.87
嘉兴市	**Jiaxing**	**104.33**	**345.93**	**170.61**	**175.32**	**186.70**	**159.23**
市辖区	District	27.94	85.47	42.23	43.24	40.34	45.13
南湖区	Xuichen	16.90	48.39	23.99	24.40	14.32	34.07
秀洲区	Xuizhou	11.05	37.08	18.24	18.84	26.02	11.06
嘉善县	Jiashan	12.50	38.64	19.05	19.59	20.35	18.28
海盐县	Haiyan	12.16	37.67	18.61	19.06	15.77	21.90
海宁市	Haining	18.46	66.91	32.89	34.03	43.76	23.16
平湖市	Pinghu	14.71	48.96	24.02	24.95	25.12	23.84
桐乡市	Tongxiang	18.55	68.28	33.82	34.46	41.37	26.91
湖州市	**Huzhou**	**85.59**	**262.49**	**130.42**	**132.07**	**169.59**	**92.90**
市辖区	District	34.68	109.93	54.28	55.64	62.06	47.87
吴兴区	Wuxing	20.39	60.94	30.12	30.82	26.30	34.64
南浔区	Nanxun	14.28	48.99	24.16	24.82	35.76	13.22
德清县	Deqing	13.34	43.57	21.53	22.04	28.30	15.26
长兴县	Changxing	22.21	62.82	31.61	31.20	46.41	16.40
安吉县	Anji	15.36	46.18	22.99	23.19	32.81	13.37
绍兴市	**Shaoxing**	**161.55**	**441.66**	**221.17**	**220.49**	**281.49**	**160.17**
市辖区	District	77.84	216.71	106.81	109.90	102.11	114.60
越城区	Yuecheng	26.50	74.46	36.58	37.88	22.79	51.68
柯桥区	Keqiao	22.20	64.29	31.66	32.63	31.34	32.95
上虞区	Shangyu	29.14	77.95	38.57	39.38	47.98	29.97
新昌县	Xinchang	17.13	43.94	22.65	21.30	33.96	9.98
诸暨市	Zhuji	40.27	107.65	53.98	53.67	91.52	16.12
嵊州市	Shengzhou	26.31	73.37	37.74	35.62	53.90	19.47
金华市	**Jinhua**	**183.44**	**473.35**	**241.76**	**231.58**	**364.39**	**108.96**
市辖区	District	37.00	94.57	47.59	46.98	62.18	32.39
婺城区	Wucheng	24.20	62.73	31.57	31.17	33.76	28.97
金东区	Jindong	12.79	31.84	16.02	15.82	28.42	3.42
武义县	Wuyi	13.46	34.03	17.39	16.64	28.60	5.43
浦江县	Pujiang	14.48	39.44	20.54	18.90	32.35	7.09
磐安县	Panan	8.23	21.04	10.91	10.12	17.99	3.04
兰溪市	Lanxi	22.60	66.67	34.67	32.00	53.88	12.79
义乌市	Yiwu	33.41	75.99	38.58	37.41	52.05	23.94
东阳市	Dongyang	31.51	83.07	42.17	40.90	68.61	14.45

续表 2 Continued

地区	Region	总户数（万户）Total Households (10000 households)	总人口数（万人）Total Population (10000 persons)	按性别分 By Sex		按农业和非农业分 By Agriculture and Non-agriculture	
				男性 Male	女性 Female	农业人口 Agriculture	非农业人口 Non-agriculture
永康市	Yongkang	22.75	58.54	29.91	28.63	48.72	9.83
衢州市	**Quzhou**	**88.31**	**254.21**	**130.55**	**123.66**	**199.47**	**54.74**
市辖区	District	30.96	83.61	42.72	40.88	54.34	29.26
柯城区	Kecheng	17.15	43.69	22.14	21.55	18.00	25.69
衢江区	Qujiang	13.81	39.92	20.59	19.33	36.35	3.57
常山县	Changshan	10.39	33.88	17.62	16.26	29.48	4.40
开化县	Kaihua	11.51	35.63	18.41	17.22	31.30	4.34
龙游县	Longyou	15.64	40.40	20.52	19.87	33.96	6.43
江山市	Jiangshan	19.80	60.69	31.27	29.42	50.39	10.30
舟山市	**Zhoushan**	**36.78**	**97.31**	**48.29**	**49.01**	**59.78**	**37.53**
市辖区	District	25.73	70.62	35.14	35.48	41.47	29.15
定海区	Dinghai	14.58	38.39	19.08	19.31	21.56	16.82
普陀区	Putuo	11.15	32.24	16.06	16.18	19.91	12.33
岱山县	Daishan	8.02	18.86	9.33	9.53	13.92	4.94
嵊泗县	Shengsi	3.04	7.82	3.82	3.99	4.39	3.43
台州市	**Taizhou**	**191.52**	**594.04**	**304.60**	**289.44**	**485.32**	**108.72**
市辖区	District	50.19	157.76	79.46	78.30	125.86	31.89
椒江区	Jiaojiang	17.31	52.33	26.35	25.98	37.80	14.53
黄岩区	Huangyan	19.46	60.33	30.46	29.87	49.30	11.03
路桥区	Luqiao	13.42	45.10	22.65	22.45	38.76	6.34
玉环县	Yuhuan	13.88	42.81	21.70	21.11	22.58	20.23
三门县	Sanmen	13.19	43.83	22.97	20.86	39.32	4.51
天台县	Tiantai	19.27	59.54	31.09	28.45	48.44	11.11
仙居县	Xianju	14.71	50.60	26.29	24.31	45.50	5.09
温岭市	Wenling	41.81	121.05	61.41	59.64	100.41	20.65
临海市	Linhai	38.47	118.45	61.68	56.77	103.21	15.24
丽水市	**Lishui**	**97.98**	**263.92**	**136.17**	**127.75**	**218.71**	**45.21**
市辖区	District	17.43	39.61	20.01	19.60	26.89	12.72
莲都区	Liandu	17.43	39.61	20.01	19.60	26.89	12.72
青田县	Qingtian	16.67	52.79	27.33	25.46	43.97	8.82
缙云县	Jinyun	19.14	46.04	23.75	22.29	41.57	4.46
遂昌县	Suichang	8.44	23.25	12.08	11.18	19.49	3.76
松阳县	Songyang	8.95	23.97	12.46	11.51	21.13	2.84
云和县	Yunhe	3.76	11.35	5.88	5.47	9.33	2.03
庆元县	Qingyuan	8.33	20.63	10.67	9.96	17.30	3.34
景宁自治县	Jingning	5.90	17.34	9.14	8.21	14.30	3.04
龙泉市	Longquan	9.37	28.93	14.86	14.07	24.73	4.20

注：本表资料为公安年报数。
Data in this table refers to the data from the annual reports of the Bureau of Public Security.

2-3 人口自然变动情况(1978-2013年)
Natural Population Changes(1978-2013)

年份 Year	年末常住人口(万人) Total Population with Permanent Residence (10000 persons)	出生 Birth		死亡 Death		自然增长 Natural Growth	
		人数(万人) Population (10000 persons)	出生率(‰) Birth Rate (‰)	人数(万人) Population (10000 persons)	死亡率(‰) Death Rate (‰)	人数(万人) Population (10000 persons)	自然增长率(‰) Natural Growth Rate(‰)
1978		67.75	18.17	21.75	5.83	46.00	12.34
1979		67.82	17.98	22.23	5.89	45.59	12.09
1980		59.40	15.59	23.97	6.29	35.43	9.30
1981		69.00	17.93	24.12	6.27	44.89	11.66
1982		71.38	18.31	23.17	5.94	48.21	12.37
1983		62.66	15.89	25.13	6.37	37.53	9.52
1984		49.80	12.52	23.82	5.99	25.97	6.53
1985		50.59	12.61	24.25	6.05	26.34	6.56
1986		64.64	15.96	24.06	5.94	40.58	10.02
1987		69.67	17.01	28.34	6.92	41.33	10.09
1988		64.42	15.54	26.32	6.35	38.10	9.19
1989		63.68	15.20	26.85	6.41	36.83	8.79
1990	4238.00	64.75	15.33	26.65	6.31	38.10	9.02
1991	4269.50	61.59	14.48	27.18	6.39	34.41	8.09
1992	4304.40	63.10	14.72	28.17	6.57	34.93	8.15
1993	4334.80	58.79	13.61	28.42	6.58	30.37	7.03
1994	4363.70	56.67	13.24	28.25	6.64	28.42	6.60
1995	4389.00	54.52	12.66	29.07	6.75	25.45	5.91
1996	4413.00	53.21	12.09	28.96	6.58	24.25	5.51
1997	4434.80	50.47	11.41	28.66	6.48	21.81	4.93
1998	4456.20	49.57	11.15	28.14	6.33	21.43	4.82
1999	4475.40	47.51	10.64	28.36	6.35	19.15	4.29
2000	4679.91	48.09	10.30	28.63	6.13	19.46	4.17
2001	4728.80	46.14	10.02	28.78	6.25	17.39	3.77
2002	4776.40	46.19	9.98	28.65	6.19	17.54	3.79
2003	4856.80	44.96	9.66	29.70	6.38	15.26	3.28
2004	4925.20	50.12	10.71	26.95	5.76	23.16	4.95
2005	4990.90	54.37	11.10	29.78	6.08	24.59	5.02
2006	5071.80	50.78	10.29	26.75	5.42	24.03	4.87
2007	5154.90	52.11	10.38	27.96	5.57	24.15	4.81
2008	5212.40	51.92	10.20	28.61	5.62	23.31	4.58
2009	5275.50	52.63	10.22	28.79	5.59	23.84	4.63
2010	5446.51	55.08	10.27	29.70	5.54	25.38	4.73
2011	5463.00	51.66	9.47	29.46	5.40	22.20	4.07
2012	5477.00	55.36	10.12	30.20	5.52	25.16	4.60
2013	5498.00	54.93	10.01	29.91	5.45	25.02	4.56

注：1.本表为人口抽样调查数据。
Data in this table are obtained from the sample survey on population changes.
2.2001年至2009年末常住人口数据,根据2010年第六次全国人口普查数据进行了修正。
Data of total population with permanent residence are adjusted according to the Sixth National Population Cencus since 2001.

2－4 各市人口自然变动情况
Natural Population Changes by City

单位:‰(‰)

地区	Region	年末常住人口(万人) Population with Permanent Residence (10000 persons)			自然增长率 Natural Growth Rate			出生率 Birth Rate			死亡率 Death Rate			城镇人口比重(%) Percentage of the urban population(%)		
		2011	2012	2013	2011	2012	2013	2011	2012	2013	2011	2012	2013	2011	2012	2013
全省	**Total**	**5463.0**	**5477.0**	**5498.0**	**4.07**	**4.60**	**4.56**	**9.47**	**10.12**	**10.01**	**5.40**	**5.52**	**5.45**	**62.3**	**63.2**	**64.0**
杭州市	Hangzhou	873.8	880.2	884.4	3.63	4.14	4.11	8.44	9.22	9.09	4.80	5.08	4.97	73.9	74.3	74.9
宁波市	Ningbo	762.8	763.9	766.3	3.73	4.12	4.11	8.53	8.98	8.88	4.80	4.86	4.77	69.0	69.4	69.8
温州市	Wenzhou	914.3	915.6	919.7	7.02	7.53	7.53	11.88	12.61	12.36	4.86	5.08	4.83	66.3	66.7	67.0
嘉兴市	Jiaxing	453.1	454.4	455.8	3.19	3.78	3.79	8.91	9.67	9.60	5.71	5.89	5.81	54.4	55.3	57.1
湖州市	Huzhou	289.9	290.5	291.6	0.68	1.52	1.63	7.30	8.06	7.98	6.62	6.54	6.35	53.3	55.1	56.0
绍兴市	Shaoxing	493.4	494.3	494.9	0.74	1.33	1.55	7.55	7.94	7.94	6.81	6.61	6.39	59.3	60.1	61.0
金华市	Jinhua	538.6	539.9	542.8	4.47	5.40	5.44	10.50	11.13	11.02	6.03	5.73	5.59	60.0	61.4	62.2
衢州市	Quzhou	211.9	212.0	212.4	4.20	4.30	2.59	9.44	10.27	10.20	5.24	5.97	7.61	44.8	46.6	47.7
舟山市	Zhoushan	113.7	114.0	114.2	0.82	1.54	1.83	6.94	7.89	7.85	6.12	6.35	6.02	64.3	65.3	65.8
台州市	Taizhou	599.9	600.5	603.8	5.92	5.99	5.84	10.86	11.25	11.15	4.94	5.26	5.30	56.0	56.9	58.1
丽水市	Lishui	211.6	211.7	212.2	4.38	5.13	5.35	10.61	11.35	11.29	6.23	6.22	5.94	50.5	52.5	53.8

注：本表为人口抽样调查数据。
Data in this table are obtained from the sample survey on population changes.

2-5 各市、县户籍人口年龄构成(2013年底)
Population by Age, City and County (End of 2013)

单位:人(person)

地区	Region	18岁以下 Age 0-18		18-35岁 Age 18-35		35-60岁 Age 35-60		60岁以上 Age 60 and over	
		人数 Population	占总人口% Percentage to Total	人数 Population	占总人口% Percentage to Total	人数 Population	占总人口% Percentage to Total	人数 Population	占总人口% Percentage to Total
浙江省	**Total**	**8020655**	**16.62**	**11099444**	**22.99**	**20134114**	**41.71**	**9014733**	**18.68**
杭州市	**Hangzhou**	**1070115**	**15.14**	**1731896**	**24.51**	**2897711**	**41.01**	**1366376**	**19.34**
杭州市区	District	687888	15.26	1144921	25.40	1790044	39.71	885298	19.64
上城区	Shangcheng	34657	10.50	79695	24.15	129061	39.11	86608	26.24
下城区	Xiacheng	48744	12.01	115067	28.34	150580	37.09	91575	22.56
江干区	Jianggan	76072	16.19	138256	29.42	173029	36.82	82617	17.58
拱墅区	Gongshu	42505	13.26	77648	24.23	127667	39.84	72638	22.67
西湖区	Xihu	103083	15.76	209795	32.08	237786	36.36	103236	15.79
滨江区	Binjiang	34572	19.13	58522	32.39	63791	35.31	23800	13.17
萧山区	Xiaoshan	203243	16.34	264925	21.30	522612	42.02	253018	20.34
余杭区	Yuhang	145012	16.05	201013	22.25	385518	42.68	171806	19.02
桐庐县	Tonglu	60566	14.92	93450	23.02	172939	42.61	78914	19.44
淳安县	Chunan	69893	15.28	101474	22.18	202981	44.37	83155	18.18
建德市	Jiande	72863	14.32	119532	23.49	216367	42.51	100180	19.68
富阳市	Fuyang	105960	16.09	151825	23.05	283001	42.97	117823	17.89
临安市	Linan	72945	13.84	120694	22.90	232379	44.09	101006	19.17
宁波市	**Ningbo**	**829509**	**14.30**	**1300677**	**22.42**	**2484763**	**42.83**	**1186515**	**20.45**
宁波市区	District	317430	13.95	531356	23.35	958695	42.12	468460	20.58
海曙区	Haishu	40945	13.71	69134	23.15	124299	41.62	64289	21.53
江东区	Jiangdong	42079	15.01	64291	22.93	120827	43.10	53125	18.95
江北区	Jiangbei	32535	13.46	58960	24.38	99452	41.13	50855	21.03
北仑区	Beilun	52670	13.65	93970	24.35	160475	41.58	78868	20.43
镇海区	Zhenhai	29352	12.81	49525	21.62	98316	42.92	51866	22.64
鄞州区	Yinzhou	119849	14.27	195476	23.27	355326	42.30	169457	20.17
象山县	Xiangshan	83870	15.42	128070	23.55	230387	42.36	101498	18.66
宁海县	Ninghai	107050	17.29	143108	23.11	263653	42.57	105487	17.03
余姚市	Yuyao	108023	12.94	177102	21.21	365228	43.74	184715	22.12
慈溪市	Cixi	147414	14.13	222193	21.29	449426	43.06	224576	21.52
奉化市	Fenhua	65722	13.59	98848	20.43	217374	44.94	101779	21.04
温州市	**Wenzhou**	**1564298**	**19.38**	**2148521**	**26.62**	**3142343**	**38.93**	**1217200**	**15.08**
温州市区	District	269677	17.86	372075	24.64	611585	40.50	256654	17.00
鹿城区	Lucheng	123541	16.83	167424	22.81	306362	41.73	136827	18.64
龙湾区	Longwan	71576	20.45	92019	26.29	136728	39.06	49743	14.21
瓯海区	Ohai	74560	17.51	112632	26.45	168495	39.57	70084	16.46
洞头县	Dongtou	25222	19.15	30997	23.53	56667	43.02	18824	14.29
永嘉县	Yongjia	211396	21.81	263705	27.20	356113	36.73	138256	14.26
平阳县	Pingyang	157180	17.87	233090	26.50	352484	40.07	136862	15.56
苍南县	Cangnan	257577	19.48	377454	28.55	508658	38.47	178416	13.49

续表 1　Continued　　　　单位:人(person)

地区	Region	18 岁以下 Age 0-18		18-35 岁 Age 18-35		35-60 岁 Age 35-60		60 岁以上 Age 60 and over	
		人数 Population	占总人口% Percentage to Total	人数 Population	占总人口% Percentage to Total	人数 Population	占总人口% Percentage to Total	人数 Population	占总人口% Percentage to Total
文成县	Wencheng	82257	20.78	101876	25.74	147987	37.39	63635	16.08
泰顺县	Taishun	72413	19.95	97800	26.94	139449	38.41	53350	14.70
瑞安市	Ruian	234440	19.17	305680	25.00	495502	40.52	187187	15.31
乐清市	Yueqing	254136	19.89	365844	28.63	473898	37.08	184016	14.40
嘉兴市	**Jiaxing**	**481398**	**13.92**	**737740**	**21.33**	**1471902**	**42.55**	**768276**	**22.21**
嘉兴市区	District	122026	14.28	189065	22.12	358113	41.90	185459	21.70
南湖区	Nanhu	66860	13.82	107373	22.19	203322	42.02	106350	21.98
秀洲区	Xiuzhou	55166	14.88	81692	22.03	154791	41.75	79109	21.34
嘉善县	Jiashan	49228	12.74	78889	20.42	164476	42.57	93771	24.27
海盐县	Haiyan	50649	13.44	80914	21.48	163983	43.53	81200	21.55
海宁市	Haining	94368	14.10	144294	21.56	282416	42.21	148065	22.13
平湖市	Pinghu	63357	12.94	101844	20.80	211927	43.28	112500	22.98
桐乡市	Tongxiang	101770	14.91	142734	20.91	290987	42.62	147281	21.57
湖州市	**Huzhou**	**367718**	**14.01**	**577958**	**22.02**	**1121801**	**42.74**	**557428**	**21.24**
湖州市区	District	145045	13.19	241590	21.98	458723	41.73	253902	23.10
吴兴区	Wuxing	88413	14.51	140625	23.08	251034	41.19	129335	21.22
南浔区	NanXun	56632	11.56	100965	20.61	207689	42.40	124567	25.43
德清县	Deqing	59284	13.61	95153	21.84	188156	43.19	93074	21.36
长兴县	ChangXing	96280	15.33	137792	21.94	270672	43.09	123431	19.65
安吉县	Anji	67109	14.53	103423	22.40	204250	44.23	87021	18.84
绍兴市	**Shaoxing**	**663444**	**15.02**	**910340**	**20.61**	**1929969**	**43.70**	**912849**	**20.67**
绍兴市区	District	318014	14.67	460319	21.24	934408	43.12	454312	20.96
越城区	Yuecheng	112113	15.06	158336	21.26	317892	42.69	156306	20.99
柯桥区	shaoxing	98911	15.38	138428	21.53	273731	42.58	131852	20.51
上虞区	Xinchang	106990	13.73	163555	20.98	342785	43.98	166154	21.32
新昌县	Zhuji	69753	15.87	93501	21.28	192342	43.77	83819	19.08
诸暨市	Shangyu	168594	15.66	212645	19.75	475919	44.21	219309	20.37
嵊州市	Shengzhou	107083	14.60	143875	19.61	327300	44.61	155409	21.18
金华市	**Jinhua**	**811825**	**17.15**	**1063270**	**22.46**	**1972767**	**41.68**	**885607**	**18.71**
金华市区	District	154359	16.32	207712	21.96	406400	42.97	177256	18.74
婺城区	Wucheng	104625	16.68	135467	21.59	271416	43.26	115834	18.46
金东区	Jindong	49734	15.62	72245	22.69	134984	42.40	61422	19.29
武义县	Wuyi	51346	15.09	75088	22.06	147002	43.20	66885	19.65
浦江县	Pujiang	65621	16.64	91401	23.18	165370	41.93	71993	18.25
磐安县	Panan	37890	18.01	42729	20.31	92167	43.82	37564	17.86
兰溪市	Lanxi	103287	15.49	144706	21.70	281956	42.29	136762	20.51
义乌市	Yiwu	143149	18.84	183380	24.13	298931	39.34	134442	17.69
东阳市	Dongyang	142134	17.11	182760	22.00	347500	41.83	158270	19.05

续表 2 Continued 单位:人(person)

地区	Region	18 岁以下 Age 0－18		18－35 岁 Age 18－35		35－60 岁 Age 35－60		60 岁以上 Age 60 and over	
		人数 Population	占总人口% Percentage to Total	人数 Population	占总人口% Percentage to Total	人数 Population	占总人口% Percentage to Total	人数 Population	占总人口% Percentage to Total
永康市	Yongkang	114039	19.48	135494	23.15	233441	39.88	102435	17.50
衢州市	**Quzhou**	**445723**	**17.53**	**546129**	**21.48**	**1080787**	**42.52**	**469440**	**18.47**
衢州市区	District	141106	16.88	178777	21.38	352095	42.11	164076	19.63
柯城区	Kecheng	72639	16.63	92646	21.21	185136	42.38	86435	19.79
衢江区	Qujiang	68467	17.15	86131	21.58	166959	41.82	77641	19.45
常山县	Changshan	63181	18.65	80318	23.71	139289	41.11	56019	16.53
开化县	Kaihua	64405	18.07	76805	21.55	156180	43.83	58942	16.54
龙游县	Longyou	65858	16.30	83166	20.59	174244	43.13	80690	19.97
江山市	Jiangshan	111173	18.32	127063	20.94	258979	42.67	109713	18.08
舟山市	**Zhoushan**	**114336**	**11.75**	**205444**	**21.11**	**444467**	**45.68**	**208807**	**21.46**
舟山市区	District	87627	12.41	150492	21.31	320379	45.36	147749	20.92
定海区	Dinghai	51889	13.52	81355	21.19	170456	44.41	80159	20.88
普陀区	Putuo	35738	11.09	69137	21.45	149923	46.50	67590	20.97
岱山县	Daishan	18757	9.94	38449	20.38	86840	46.04	44578	23.63
嵊泗县	Shengsi	7952	10.17	16503	21.11	37248	47.64	16480	21.08
台州市	**Taizhou**	**1161393**	**19.55**	**1287815**	**21.68**	**2486852**	**41.86**	**1004337**	**16.91**
台州市区	District	291965	18.51	337153	21.37	664019	42.09	284446	18.03
椒江区	Jiaojiang	98474	18.82	118982	22.74	217344	41.53	88493	16.91
黄岩区	Huangyan	107662	17.85	123139	20.41	256016	42.44	116455	19.30
路桥区	Luqiao	85829	19.03	95032	21.07	190659	42.27	79498	17.63
玉环县	Yuhuan	80466	18.80	98594	23.03	179320	41.89	69713	16.28
三门县	Sanmen	89299	20.37	99064	22.60	184282	42.05	65642	14.98
天台县	Tiantai	128484	21.58	139982	23.51	234150	39.32	92814	15.59
仙居县	Xianju	117014	23.13	97767	19.32	212502	42.00	78667	15.55
温岭市	Wenling	207995	17.18	271275	22.41	513712	42.44	217566	17.97
临海市	Linhai	246170	20.78	243980	20.60	498867	42.12	195489	16.50
丽水市	**Lishui**	**510896**	**19.36**	**589654**	**22.34**	**1100752**	**41.71**	**437898**	**16.59**
丽水市区	District	73865	18.65	91079	23.00	163055	41.17	68061	17.18
莲都区	Liandu	73865	18.65	91079	23.00	163055	41.17	68061	17.18
青田县	Qingtian	111853	21.19	134406	25.46	201555	38.18	80103	15.17
缙云县	Jinyun	86346	18.76	100281	21.78	193218	41.97	80513	17.49
遂昌县	Suichang	39460	16.97	47436	20.40	102996	44.29	42656	18.34
松阳县	Songyang	44963	18.76	50540	21.08	104551	43.62	39657	16.54
云和县	Yunhe	19845	17.48	24971	22.00	49091	43.24	19623	17.28
庆元县	Qingyuan	42291	20.50	45783	22.19	87211	42.27	31041	15.04
景宁自治县	Jingning	36447	21.02	36335	20.95	73231	42.23	27401	15.80
龙泉市	Longquan	55826	19.29	58823	20.33	125844	43.49	48843	16.88

注：本表资料为公安年报数。
Data in this table refers to the data from the annual reports of the Bureau of Public Security.

2-6 非农业人口变动情况
Non-agriculture Population Changes

单位:万人(10000 persons)

项目	Item	2007	2008	2009	2010	2011	2012	2013
增加人口数合计	**Increased Total Population**	**101.90**	**133.00**	**102.43**	**96.70**	**93.94**	**83.21**	**87.18**
出生人口	Birth Population	12.21	12.34	12.56	14.84	13.98	15.97	14.88
非农业人口迁入	Non-agriculture Population Transfered into	55.82	52.90	50.44	50.74	43.69	42.05	41.09
农业人口转非农业人口	Population Changed into Non-agriculture	27.44	26.66	18.90	16.61	15.88	18.11	17.03
#招生	Students Recruited	3.77	1.92	1.15	0.70	0.44	0.26	0.19
招工	Workers Recruited	0.08	0.10	0.13	0.17	0.32	0.44	0.55
复员转业	Demobilized Soldiers	0.52	0.57	0.50	0.47	0.54	0.43	0.42
其他人口	Others	5.91	40.53	20.03	14.05	19.85	6.65	13.76
减少人口数合计	**Decrease Total Population**	**62.93**	**88.65**	**63.97**	**61.75**	**60.96**	**63.48**	**63.37**
死亡人口	Death Population	6.21	6.53	7.23	8.04	7.57	10.30	7.79
非农业人口迁出	Non-agriculture Population Transfered out	48.97	45.64	43.44	43.30	38.09	38.16	37.79
服兵役	Enlisting in the Army	0.44	0.51	0.55	0.47	0.44	0.44	0.55
其他人口	Others	7.31	35.97	12.75	9.94	14.86	14.59	17.24

注：本表资料为公安年报数。Data in this table refers to the data from the annual reports of the Bureau of Public Security.

2-7 计划生育情况
Family Planning

单位:%(%)

地区	Region	计划生育率 Birth Rate Control					已婚育龄妇女独生子女领证率 Proportion of Only Child Certificate				
		2009	2010	2011	2012	2013	2009	2010	2011	2012	2013
合计	**Total**	**92.61**	**92.63**	**92.80**	**92.18**	**91.86**	**29.34**	**29.55**	**29.57**	**29.31**	**28.96**
杭州市	Hangzhou	98.36	98.10	97.90	97.68	96.94	39.84	40.78	41.10	40.10	39.38
宁波市	Ningbo	96.47	96.53	96.15	96.07	95.92	40.61	40.15	39.78	38.93	37.93
温州市	Wenzhou	84.82	83.60	85.24	84.88	84.45	14.03	13.77	14.01	14.59	14.75
嘉兴市	Jiaxing	98.59	98.66	98.74	98.61	98.51	57.85	58.06	57.33	56.48	54.88
湖州市	Huzhou	98.30	98.01	98.08	97.91	97.23	43.94	44.22	43.64	42.88	42.09
绍兴市	Shaoxing	97.49	96.93	97.20	96.93	96.35	31.63	31.46	31.13	30.57	29.91
金华市	Jinhua	93.39	92.91	91.75	90.81	90.79	18.72	19.19	19.45	19.75	19.74
衢州市	Quzhou	93.62	93.29	92.34	92.09	91.02	21.71	22.28	22.26	22.15	21.98
舟山市	Zhoushan	98.82	98.77	99.00	98.92	98.52	38.62	39.24	39.19	39.12	38.90
台州市	Taizhou	88.89	92.14	92.33	89.54	89.37	18.94	19.76	20.30	20.60	21.05
丽水市	Lishui	90.18	88.82	89.25	88.47	88.99	16.10	16.75	17.19	18.58	19.30

注：本表资料为人口和计划生育部门年报数。
Data in this table refers to the data from the annual reports of the Population and Family Planning Commission.

2-8 就业、失业人员情况(1978-2013年,年底数)
Employed and Unemployed Persons(1978-2013,Year-end)

单位:万人(10000 persons)

年份 Year	就业人员总数 Employed Persons	在岗职工合计 Fully Employed Staff and Workers	国有单位 State-owned Units	城镇集体单位 Urban Collective Owned Units	其他单位 Others	城镇私营和个体从业人员 Urban Private Enterprises and Individuals Employed Persons	乡村从业人员 Rural Employed Persons	年末城镇登记失业人员 Unemployed Persons in Urban Areas	城镇登记失业率(%) Unemployment Rate in Urban Areas
1978	1794.96	312.89	183.14	129.75		1.51	1480.56	24.40	7.2
1979	1829.90	339.91	196.78	143.13		2.00	1487.99	13.22	3.7
1980	1856.42	359.73	208.50	151.23		3.51	1493.18	10.23	2.7
1981	1954.53	397.35	223.62	155.73		4.11	1571.07	5.24	1.3
1982	2021.74	374.33	232.29	142.04		5.25	1642.16	9.27	2.4
1983	2141.16	382.75	237.68	145.07		7.61	1750.80	7.15	1.8
1984	2248.91	402.51	228.26	172.72	1.53	9.55	1836.85	4.69	1.1
1985	2318.56	426.57	240.71	183.81	2.05	12.09	1879.90	3.45	0.8
1986	2386.42	443.04	251.92	188.73	2.39	12.87	1930.51	5.50	1.2
1987	2444.73	459.65	263.46	192.97	3.22	15.69	1969.39	7.51	1.6
1988	2502.73	475.74	274.30	196.97	4.47	22.54	2004.45	7.73	1.5
1989	2522.86	470.12	274.95	189.34	5.83	27.03	2025.71	10.53	2.1
1990	2554.46	476.02	280.87	189.12	6.03	29.84	2048.60	11.24	2.2
1991	2579.36	492.81	293.41	191.09	8.31	30.98	2049.22	10.87	2
1992	2600.38	491.37	297.96	181.62	11.79	38.29	2065.04	12.97	2.4
1993	2615.89	502.36	300.59	176.12	25.65	52.54	2052.66	14.68	2.6
1994	2640.51	500.88	294.13	170.42	36.33	82.39	2024.39	16.09	2.6
1995	2621.47	498.61	294.59	161.89	42.13	96.44	2015.45	17.72	2.8
1996	2625.06	495.35	290.22	156.25	48.88	108.99	2010.21	16.22	2.6
1997	2619.66	482.26	285.05	144.53	52.68	110.27	2016.20	18.75	3
1998	2612.54	455.80	256.61	102.94	96.25	122.86	2021.56	19.96	3.3
1999	2625.17	427.45	233.15	80.21	114.09	163.34	2021.24	21.17	3.4
2000	2726.09	398.53	208.19	58.93	131.41	208.56	2106.14	21.82	3.4
2001	2796.65	372.39	185.36	41.28	145.75	236.00	2173.63	23.99	3.7
2002	2858.56	367.14	179.67	35.49	151.98	280.97	2185.87	27.73	4
2003	2918.74	373.21	170.40	30.53	172.28	349.19	2168.74	28.27	3.7
2004	2991.95	447.47	176.44	36.05	234.98	383.11	2144.28	30.14	4.1
2005	3100.76	522.93	177.93	31.17	313.83	373.22	2196.42	28.97	3.7
2006	3172.38	590.47	182.27	28.51	379.70	467.05	2094.49	29.10	3.51
2007	3405.01	641.17	185.94	27.68	427.56	630.48	2107.84	28.60	3.27
2008	3486.53	689.35	186.98	25.30	477.07	685.34	2009.99	31.08	3.49
2009	3591.98	749.57	191.00	28.10	530.44	748.44	2006.63	30.68	3.26
2010	3636.02	812.14	196.48	27.60	588.06	878.59	1845.53	31.13	3.20
2011	3674.11	882.51	195.55	26.54	660.43	916.54	1780.40	31.67	3.12
2012	3691.24	1022.32	211.20	24.26	786.85	952.07	1711.01	33.41	3.01
2013	3708.73	1020.58	200.23	20.91	799.44	1033.59	1639.89	34.93	3.01

注:城镇登记失业人员、城镇登记失业率数据来自社会保障部门。
The data of unemployed persons in urban areas and unemployed rate in urban areas refer to the data from the social security department.

2－9 分行业就业人员总数(年末数)
Number of Employed Persons by Sector(Year－end)

单位:万人(10000 persons)

行业	Sector	城乡合计 Total			城镇 Urban			乡村 Rural		
		2011	2012	2013	2011	2012	2013	2011	2012	2013
总　计	**Total**	**3674.11**	**3691.24**	**3708.73**	**1893.71**	**1980.23**	**2068.84**	**1780.40**	**1711.01**	**1639.89**
农、林、牧、渔业	Farming, Forestry, Animal Husbandryand Fishery	535.27	522.01	506.95	5.28	4.98	6.17	529.99	517.03	500.78
采矿业	Mining and Quarrying	6.34	5.72	3.97	2.23	2.00	1.56	4.11	3.72	2.41
制造业	Manufacturing	1500.92	1503.01	1454.81	789.67	792.43	791.36	711.25	710.57	663.45
电力、热力、燃气及水生产和供应业	Electricity, Heat, Gas and Water Production and Supply	14.94	15.07	15.83	13.69	13.84	15.31	1.25	1.24	0.52
建筑业	Construction	346.63	357.12	378.82	239.80	262.62	274.69	106.83	94.50	104.13
批发和零售业	Wholesale and Retail Sale Trade	456.96	454.95	486.95	271.18	286.35	312.63	185.78	168.60	174.32
交通运输、仓储和邮政业	Transportation, Storage and Post	145.60	143.40	141.38	72.14	76.72	88.73	73.47	66.68	52.65
住宿和餐饮业	Hotels and Catering Services	149.30	138.68	119.18	71.56	69.74	67.06	77.74	68.94	52.12
信息传输、软件和信息技术服务业	Information Transmission, Software and Information Technology Services	43.54	39.31	40.75	25.89	31.46	37.71	17.65	7.84	3.04
金融业	Finance	32.16	38.70	38.64	31.93	38.13	38.22	0.23	0.57	0.42
房地产业	Real Estate	33.17	39.49	39.06	28.58	34.16	33.63	4.59	5.33	5.43
租赁和商务服务业	Leasing and Commercial Services	75.74	79.64	93.98	66.34	70.75	80.77	9.40	8.89	13.21
科学研究和技术服务业	Scientific Research and Technic Services	23.85	27.12	31.96	22.00	25.05	28.71	1.84	2.07	3.25
水利、环境和公共设施管理业	Water Conservancy, Environment and Public Facilities Management	14.38	16.11	16.51	13.26	14.94	13.90	1.12	1.17	2.61
居民服务、修理和其他服务业	Resident Services, Repair and Other Services	117.29	121.97	120.36	67.31	74.17	78.99	49.98	47.79	41.37
教育	Education	66.06	68.59	69.32	64.81	67.17	67.58	1.24	1.41	1.74
卫生和社会工作	Health Care and Social Work	37.98	40.92	41.48	36.47	38.73	40.01	1.52	2.19	1.47
文化、体育和娱乐业	Culture, Sports and Recreation	15.29	16.18	18.40	12.87	13.70	16.25	2.42	2.48	2.15
公共管理、社会保障和社会组织	Public Management, Social Security and Social Organization	58.70	63.26	90.38	58.70	63.26	90.38			

2-10 分所有制城镇单位就业人员总数(年末数)
Number of Employed Persons in Urban Area by Ownership(Year-end)

单位:万人(10000 persons)

行业	Sector	合计 Total			国有单位 State-owned Units		
		2011	2012	2013	2011	2012	2013
总　计	**Total**	**995.67**	**1070.12**	**1071.61**	**224.08**	**225.39**	**212.98**
农、林、牧、渔业	Farming, Forestry, Animal Husbandryand Fishery	1.49	0.82	0.75	1.16	0.55	0.49
采矿业	Mining and Quarrying	1.56	1.40	0.97	0.34	0.27	0.14
制造业	Manufacturing	376.75	372.48	357.95	5.89	4.36	3.05
电力、热力、燃气及水生产和供应业	Electricity, Heat, Gas and Water Production and Supply	13.88	13.30	13.54	8.76	8.80	8.11
建筑业	Construction	236.72	294.07	303.23	4.69	6.02	2.73
批发和零售业	Wholesale and Retail Sale Trade	37.88	39.26	40.19	3.19	2.79	1.88
交通运输、仓储和邮政业	Transportation, Storage and Post	27.41	29.36	31.37	13.62	13.11	8.86
住宿和餐饮业	Hotels and Catering Services	18.14	16.32	14.70	2.10	2.04	1.16
信息传输、软件和信息技术服务业	Information Transmission, Software and Information Technology	12.56	14.07	15.35	2.19	2.07	1.33
金融业	Finance	31.88	36.38	36.32	6.66	5.63	5.07
房地产业	Real Estate	15.28	17.46	17.95	1.81	1.65	1.14
租赁和商务服务业	Leasing and Commercial Services	27.71	29.21	28.81	8.81	9.52	6.79
科学研究和技术服务业	Scientific Research and Technic Services	15.48	17.48	15.99	8.12	7.75	7.31
水利、环境和公共设施管理业	Water Conservancy, Environment and Public Facilities Management	11.91	12.90	11.67	7.12	7.09	6.66
居民服务、修理和其他服务业	Resident Services, Repair and Other Services	1.68	2.00	2.19	0.78	0.60	0.58
教育	Education	63.51	66.24	68.40	56.55	56.55	57.41
卫生和社会工作	Health Care and Social Work	35.34	37.37	39.45	29.30	30.69	32.16
文化、体育和娱乐业	Culture, Sports and Recreation	6.60	6.74	7.16	5.57	5.52	5.49
公共管理、社会保障和社会组织	Public Management, Social Security and Social Organization	59.89	63.26	65.60	57.40	60.38	62.61

续表 Continued

单位:万人(10000 persons)

行业	Sector	城镇集体单位 Urban Collective Owned Units			其它单位 Others		
		2011	2012	2013	2011	2012	2013
总 计	**Total**	**28.46**	**25.74**	**22.27**	**743.12**	**818.99**	**836.36**
农、林、牧、渔业	Farming, Forestry, Animal Husbandryand Fishery	0.06	0.04	0.03	0.26	0.23	0.24
采矿业	Mining and Quarrying	0.28	0.27	0.11	0.93	0.86	0.72
制造业	Manufacturing	4.92	1.51	1.26	365.93	366.61	353.64
电力、热力、燃气及水生产和供应业	Electricity, Heat, Gas and Water Production and Supply	0.30	0.26	0.21	4.81	4.24	5.23
建筑业	Construction	7.38	8.21	7.36	224.65	279.85	293.14
批发和零售业	Wholesale and Retail Sale Trade	0.86	0.81	0.56	33.82	35.66	37.75
交通运输、仓储和邮政业	Transportation, Storage and Post	1.20	1.09	0.54	12.59	15.17	21.97
住宿和餐饮业	Hotels and Catering Services	0.53	0.48	0.28	15.52	13.81	13.26
信息传输、软件和信息技术服务业	Information Transmission, Software and Information Technology	0.08	0.18	0.11	10.29	11.82	13.91
金融业	Finance	0.89	0.42	0.45	24.33	30.33	30.80
房地产业	Real Estate	0.51	0.44	0.30	12.96	15.36	16.52
租赁和商务服务业	Leasing and Commercial Services	3.42	3.12	2.42	15.47	16.58	19.60
科学研究和技术服务业	Scientific Research and Technic Services	0.39	0.59	0.42	6.97	9.14	8.26
水利、环境和公共设施管理业	Water Conservancy, Environment and Public Facilities Management	1.13	1.16	0.90	3.66	4.66	4.11
居民服务、修理和其他服务业	Resident Services, Repair and Other Services	0.12	0.30	0.27	0.79	1.10	1.34
教育	Education	1.77	2.38	2.53	5.19	7.31	8.46
卫生和社会工作	Health Care and Social Work	4.33	4.14	4.36	1.71	2.54	2.92
文化、体育和娱乐业	Culture, Sports and Recreation	0.09	0.09	0.08	0.93	1.13	1.60
公共管理、社会保障和社会组织	Public Management, Social Security and Social Organization	0.18	0.25	0.10	2.31	2.62	2.89

2－11 分行业城镇单位就业人员总数(2013 年底)
Number of Employed Persons in Urban Area by Sector(End of 2013)

单位:万人(10000 persons)

行业	Sector	单位就业人员 Employed Persons	#女性 Feamle	在岗职工合计 Fully employed Staff and Workers	其他就业人员 Others
总计	**Total**	**1071.61**	**355.36**	**1020.58**	**51.03**
农、林、牧、渔业	Farming, Forestry, Animal Husbandry and Fishery	0.75	0.21	0.72	0.03
采矿业	Mining and Quarrying	0.97	0.14	0.87	0.10
制造业	Manufacturing	357.95	154.07	353.95	4.00
电力、热力、燃气及水生产和供应业	Electricity, Heat, Gas and Water Production and Supply	13.54	3.19	13.28	0.26
建筑业	Construction	303.23	20.94	282.65	20.58
批发和零售业	Wholesale and Retail Sale Trade	40.19	21.20	38.40	1.79
交通运输、仓储和邮政业	Transportation, Storage and Post	31.37	8.11	30.58	0.79
住宿和餐饮业	Hotels and Catering Services	14.70	8.05	13.42	1.28
信息传输、软件和信息技术服务业	Information Transmission, Software and Information TechnologyServices	15.35	6.27	15.11	0.24
金融业	Finance	36.32	20.46	30.61	5.71
房地产业	Real Estate	17.95	6.68	16.73	1.22
租赁和商务服务业	Leasing and Commercial Services	28.81	7.87	27.70	1.10
科学研究和技术服务业	Scientific Research and Technic Services	15.99	4.74	14.75	1.25
水利、环境和公共设施管理业	Water Conservancy, Environment and Public Facilities Management	11.67	4.51	10.30	1.37
居民服务、修理和其他服务业	Resident Services, Repair and Other Services	2.19	0.74	2.06	0.13
教育	Education	68.40	40.92	64.29	4.11
卫生和社会工作	Health Care and Social Work	39.45	25.72	36.98	2.47
文化、体育和娱乐业	Culture, Sports and Recreation	7.16	3.28	6.47	0.69
公共管理、社会保障和社会组织	Public Management, Social Security and Social Organization	65.60	18.27	61.69	3.91

2-12 分行业城镇国有单位就业人员总数(2013年底)
Number of Employed Persons in State-owned Units in Urban Area by Sector(End of 2013)

单位:万人(10000 persons)

行业	Sector	单位就业人员 Employed Persons	#女性 Feamle	在岗职工合计 Fully employed Staff and Workers	其他就业人员 Others
总计	**Total**	**212.98**	**90.83**	**200.23**	**12.75**
农、林、牧、渔业	Farming, Forestry, Animal Husbandry and Fishery	0.49	0.13	0.46	0.02
采矿业	Mining and Quarrying	0.14	0.02	0.06	0.08
制造业	Manufacturing	3.05	0.74	2.96	0.09
电力、热力、燃气及水生产和供应业	Electricity, Heat, Gas and Water Production and Supply	8.11	1.79	7.98	0.13
建筑业	Construction	2.73	0.28	2.00	0.73
批发和零售业	Wholesale and Retail Sale Trade	1.88	0.63	1.82	0.06
交通运输、仓储和邮政业	Transportation, Storage and Post	8.86	2.48	8.64	0.23
住宿和餐饮业	Hotels and Catering Services	1.16	0.64	1.08	0.08
信息传输、软件和信息技术服务业	Information Transmission, Software and Information TechnologyServices	1.33	0.54	1.31	0.02
金融业	Finance	5.07	2.68	4.93	0.14
房地产业	Real Estate	1.14	0.44	0.98	0.16
租赁和商务服务业	Leasing and Commercial Services	6.79	1.18	6.54	0.25
科学研究和技术服务业	Scientific Research and Technic Services	7.31	2.14	6.88	0.44
水利、环境和公共设施管理业	Water Conservancy, Environment and Public Facilities Management	6.66	2.68	5.83	0.83
居民服务、修理和其他服务业	Resident Services, Repair and Other Services	0.58	0.18	0.54	0.05
教育	Education	57.41	33.52	54.17	3.24
卫生和社会工作	Health Care and Social Work	32.16	21.04	30.21	1.95
文化、体育和娱乐业	Culture, Sports and Recreation	5.49	2.51	4.91	0.58
公共管理、社会保障和社会组织	Public Management, Social Security and Social Organization	62.61	17.24	58.93	3.68

2-13 分行业城镇集体单位就业人员总数(2013年底)
Number of Employed Persons in Collectively Owned Units in Urban Area by Sector (End of 2013)

单位:万人(10000 persons)

行业	Sector	单位就业人员 Employed Persons	#女性 Feamle	在岗职工合计 Fully employed Staff and Workers	其他就业人员 Others
总计	**Total**	**22.27**	**7.97**	**20.91**	**1.36**
农、林、牧、渔业	Farming,Forestry,Animal Husbandry and Fishery	0.03	0.01	0.03	
采矿业	Mining and Quarrying	0.11	0.01	0.11	
制造业	Manufacturing	1.26	0.46	1.23	0.03
电力、热力、燃气及水生产和供应业	Electricity,Heat,Gas and Water Production and Supply	0.21	0.06	0.20	0.01
建筑业	Construction	7.36	0.78	7.24	0.12
批发和零售业	Wholesale and Retail Sale Trade	0.56	0.28	0.50	0.06
交通运输、仓储和邮政业	Transportation,Storage and Post	0.54	0.10	0.52	0.02
住宿和餐饮业	Hotels and Catering Services	0.28	0.17	0.28	0.01
信息传输、软件和信息技术服务业	Information Transmission,Software and Information TechnologyServices	0.11	0.04	0.10	0.01
金融业	Finance	0.45	0.23	0.44	
房地产业	Real Estate	0.30	0.09	0.25	0.04
租赁和商务服务业	Leasing and Commercial Services	2.42	0.50	2.13	0.29
科学研究和技术服务业	Scientific Research and Technic Services	0.42	0.12	0.39	0.02
水利、环境和公共设施管理业	Water Conservancy,Environment and Public Facilities Management	0.90	0.35	0.74	0.16
居民服务、修理和其他服务业	Resident Services, Repair and Other Services	0.27	0.06	0.22	0.05
教育	Education	2.53	1.85	2.29	0.24
卫生和社会工作	Health Care and Social Work	4.36	2.81	4.07	0.29
文化、体育和娱乐业	Culture,Sports and Recreation	0.08	0.04	0.07	0.01
公共管理、社会保障和社会组织	Public Management, Social Security and Social Organization	0.10	0.02	0.10	

2－14 分行业其他单位就业人员总数(2013 年底)
Number of Employed Persons in Other Ownership Units in Urban Area by Sector(End of 2013)

单位:万人(10000 persons)

行业	Sector	单位就业人员 Employed Persons	#女性 Feamle	在岗职工合计 Fully employed Staff and Workers	其他就业人员 Others
总计	**Total**	**836.36**	**256.55**	**799.44**	**36.92**
农、林、牧、渔业	Farming, Forestry, Animal Husbandry and Fishery	0.24	0.08	0.23	0.01
采矿业	Mining and Quarrying	0.72	0.10	0.70	0.02
制造业	Manufacturing	353.64	152.88	349.76	3.87
电力、热力、燃气及水生产和供应业	Electricity, Heat, Gas and Water Production and Supply	5.23	1.34	5.10	0.12
建筑业	Construction	293.14	19.88	273.41	19.73
批发和零售业	Wholesale and Retail Sale Trade	37.75	20.30	36.09	1.67
交通运输、仓储和邮政业	Transportation, Storage and Post	21.97	5.53	21.42	0.54
住宿和餐饮业	Hotels and Catering Services	13.26	7.25	12.06	1.19
信息传输、软件和信息技术服务业	Information Transmission, Software and Information Technology Services	13.91	5.69	13.70	0.21
金融业	Finance	30.80	17.56	25.24	5.57
房地产业	Real Estate	16.52	6.14	15.49	1.02
租赁和商务服务业	Leasing and Commercial Services	19.60	6.19	19.03	0.57
科学研究和技术服务业	Scientific Research and Technic Services	8.26	2.47	7.48	0.78
水利、环境和公共设施管理业	Water Conservancy, Environment and Public Facilities Management	4.11	1.49	3.73	0.38
居民服务、修理和其他服务业	Resident Services, Repair and Other Services	1.34	0.50	1.31	0.03
教育	Education	8.46	5.55	7.83	0.63
卫生和社会工作	Health Care and Social Work	2.92	1.87	2.70	0.23
文化、体育和娱乐业	Culture, Sports and Recreation	1.60	0.73	1.50	0.10
公共管理、社会保障和社会组织	Public Management, Social Security and Social Organization	2.89	1.01	2.67	0.23

2-15 按三次产业分的就业人员总数(年底数)
Number of Employed Persons by Type of Industry(Year-end)

年份 Year	就业人员总数(万人)Total(10000 persons)			构成(以合计为100)Composition(Total=100)		
	第一产业 Primary Industry	第二产业 Secondary Industry	第三产业 Tertiary Industry	第一产业 Primary Industry	第二产业 Secondary Industry	第三产业 Tertiary Industry
1985	1273.25	735.22	310.09	54.90	31.70	13.40
1986	1275.22	765.13	346.07	53.40	32.10	14.50
1987	1272.01	802.04	370.68	52.00	32.80	15.20
1988	1282.16	803.67	416.90	51.20	32.10	16.70
1989	1330.74	770.12	422.00	52.70	30.50	16.70
1990	1358.28	762.48	433.70	53.20	29.80	17.00
1991	1366.99	770.86	441.51	53.00	29.90	17.10
1992	1359.49	770.81	470.08	52.30	29.60	18.10
1993	1248.22	886.90	480.77	47.70	33.90	18.40
1994	1193.56	917.87	529.08	45.20	34.80	20.00
1995	1152.15	882.82	586.50	44.00	33.70	22.30
1996	1129.34	886.02	609.70	43.00	33.80	23.20
1997	1113.27	881.42	624.97	42.50	33.60	23.90
1998	1108.81	854.14	649.59	42.40	32.70	24.90
1999	1078.16	784.29	762.73	41.00	29.90	29.10
2000	969.97	966.30	789.82	35.58	35.45	28.97
2001	935.24	1009.55	851.86	33.44	36.10	30.46
2002	885.29	1070.13	903.14	30.97	37.44	31.59
2003	826.03	1201.30	891.41	28.30	41.20	30.50
2004	779.65	1304.94	907.36	26.06	43.61	30.33
2005	759.53	1397.69	943.54	24.50	45.07	30.43
2006	717.81	1452.29	1002.28	22.63	45.78	31.59
2007	683.32	1592.84	1128.85	20.07	46.78	33.15
2008	670.16	1660.04	1156.30	19.22	47.61	33.17
2009	657.95	1726.06	1207.97	18.32	48.05	33.63
2010	581.87	1810.36	1243.79	16.00	49.79	34.21
2011	535.27	1868.83	1270.01	14.57	50.86	34.57
2012	522.01	1880.92	1288.31	14.14	50.96	34.90
2013	506.95	1853.43	1348.35	13.67	49.97	36.36

2-16 按三次产业分的城镇就业人员人数(年底数)
Number of Employed Persons in Urban Area by Type of Industry(Year-end)

年份 Year	绝对数(万人) Absolute Value(10000 persons)			构成(以合计为100) Composition(Total=100)		
	第一产业 Primary Industry	第二产业 Secondary Industry	第三产业 Tertiary Industry	第一产业 Primary Industry	第二产业 Secondary Industry	第三产业 Tertiary Industry
1985	11.23	245.45	181.98	2.60	56.00	41.50
1986	11.55	254.98	189.38	2.50	55.90	41.50
1987	11.60	256.34	198.40	2.40	55.80	41.70
1988	11.26	273.97	213.05	2.30	55.00	42.80
1989	10.76	267.93	218.46	2.20	53.90	43.90
1990	10.44	270.95	224.47	2.10	53.60	44.40
1991	10.39	284.91	234.84	2.00	53.70	44.30
1992	10.31	280.89	244.14	1.90	52.50	45.60
1993	9.06	297.13	257.04	1.60	52.80	45.60
1994	5.17	247.36	267.83	1.00	47.50	51.50
1995	5.08	243.01	281.42	1.00	45.90	53.10
1996	4.77	244.64	294.06	0.90	45.00	54.10
1997	4.72	242.85	298.45	0.80	44.50	54.70
1998	4.69	237.67	308.43	0.90	43.10	56.00
1999	4.87	231.31	328.84	0.90	40.90	58.20
2000	4.61	237.18	342.04	0.80	40.60	58.60
2001	4.03	255.90	363.09	0.60	41.10	58.30
2002	3.21	270.12	399.36	0.48	40.15	59.37
2003	3.07	314.18	432.75	0.40	41.90	57.70
2004	3.26	389.98	454.43	0.38	46.01	53.61
2005	2.95	439.68	461.71	0.33	48.62	51.05
2006	4.89	548.33	524.67	0.45	50.87	48.68
2007	5.28	650.08	641.81	0.41	50.12	49.48
2008	3.81	820.22	652.51	0.26	55.55	44.19
2009	4.40	877.02	703.91	0.28	55.32	44.40
2010	4.44	990.08	795.96	0.25	55.30	44.46
2011	5.28	1045.38	843.05	0.28	55.20	44.52
2012	4.98	1070.89	904.35	0.25	54.08	45.67
2013	6.17	1082.92	979.75	0.30	52.34	47.36

2-17 分行业城镇单位女性就业人员(年末数)
Number of Female Employed Persons in urban Areas by Sector (year-end)

单位:万人(10000 persons)

行业	Sector	合计 Total			国有单位 State-owned Units		
		2011	2012	2013	2011	2012	2013
总计	**Total**	**345.78**	**361.15**	**355.36**	**89.81**	**93.28**	**90.83**
农、林、牧、渔业	Farming, Forestry, Animal Husbandryand Fishery	0.43	0.25	0.21	0.32	0.15	0.13
采矿业	Mining and Quarrying	0.27	0.23	0.14	0.07	0.05	0.02
制造业	Manufacturing	167.63	164.13	154.07	1.60	1.08	0.74
电力、热力、燃气及水生产和供应业	Electricity, Heat, Gas and Water Production and Supply	3.24	3.12	3.19	1.93	1.95	1.79
建筑业	Construction	15.10	20.35	20.94	0.38	0.41	0.28
批发和零售业	Wholesale and Retail Sale Trade	7.21	20.48	21.20	3.58	1.00	0.63
交通运输、仓储和邮政业	Transportation, Storage and Post	5.30	7.59	8.11	0.92	3.57	2.48
住宿和餐饮业	Hotels and Catering Services	19.39	8.94	8.05	1.19	1.10	0.64
信息传输、软件和信息技术服务业	Information Transmission, Software and Information Technology Services	10.04	5.94	6.27	1.13	0.93	0.54
金融业	Finance	17.73	20.30	20.46	3.60	2.98	2.68
房地产业	Real Estate	5.36	7.07	6.68	0.67	0.64	0.44
租赁和商务服务业	Leasing and Commercial Services	7.62	8.06	7.87	1.51	2.42	1.18
科学研究和技术服务业	Scientific Research and Technic Services	4.25	4.96	4.74	2.32	2.29	2.14
水利、环境和公共设施管理业	Water Conservancy, Environment and Public Facilities Management	4.34	5.06	4.51	2.66	2.84	2.68
居民服务、修理和其他服务业	Resident Services, Repair and Other Services	0.59	0.77	0.74	0.26	0.22	0.18
教育	Education	36.32	39.12	40.92	31.76	32.73	33.52
卫生和社会工作	Health Care and Social Work	22.30	24.13	25.72	18.64	19.94	21.04
文化、体育和娱乐业	Culture, Sports and Recreation	2.89	3.14	3.28	2.39	2.53	2.51
公共管理、社会保障和社会组织	Public Management, Social Security and Social Organization	15.79	17.52	18.27	14.88	16.46	17.24

续表 Continued 单位:万人(10000 persons)

行业	Sector	城镇集体单位 Urban Collective Owned Units			其他单位 Others		
		2011	2012	2013	2011	2012	2013
总　计	**Total**	**9.76**	**8.48**	**7.97**	**246.21**	**259.39**	**256.55**
农、林、牧、渔业	Farming, Forestry, Animal Husbandryand Fishery	0.02	0.01	0.01	0.09	0.09	0.08
采矿业	Mining and Quarrying	0.03	0.03	0.01	0.18	0.15	0.10
制造业	Manufacturing	2.05	0.58	0.46	163.98	162.46	152.88
电力、热力、燃气及水生产和供应业	Electricity, Heat, Gas and Water Production and Supply	0.08	0.07	0.06	1.23	1.10	1.34
建筑业	Construction	0.83	0.86	0.78	13.89	19.07	19.88
批发和零售业	Wholesale and Retail Sale Trade	0.20	0.38	0.28	3.43	19.10	20.30
交通运输、仓储和邮政业	Transportation, Storage and Post	0.04	0.17	0.10	4.34	3.86	5.53
住宿和餐饮业	Hotels and Catering Services	0.33	0.28	0.17	17.87	7.56	7.25
信息传输、软件和信息技术服务业	Information Transmission, Software and Information Technology Services	0.30	0.09	0.04	8.61	4.92	5.69
金融业	Finance	0.46	0.22	0.23	13.67	17.10	17.56
房地产业	Real Estate	0.17	0.16	0.09	4.51	6.26	6.14
租赁和商务服务业	Leasing and Commercial Services	0.60	0.49	0.50	5.51	5.15	6.19
科学研究和技术服务业	Scientific Research and Technic Services	0.11	0.14	0.12	1.81	2.52	2.47
水利、环境和公共设施管理业	Water Conservancy, Environment and Public Facilities Management	0.50	0.52	0.35	1.18	1.71	1.49
居民服务、修理和其他服务业	Resident Services, Repair and Other Services	0.05	0.08	0.06	0.29	0.47	0.50
教育	Education	1.26	1.67	1.85	3.30	4.72	5.55
卫生和社会工作	Health Care and Social Work	2.64	2.60	2.81	1.01	1.60	1.87
文化、体育和娱乐业	Culture, Sports and Recreation	0.05	0.05	0.04	0.45	0.56	0.73
公共管理、社会保障和社会组织	Public Management, Social Security and Social Organization	0.05	0.08	0.02	0.86	0.97	1.01

2-18 按行业和经济类型分的工业、建筑业企业在岗职工人数(年底数)

Number of Currently Employed Staff and Workers in Industry and Construction Enterprises by Sector and Type of Ownership(Year-end)

单位:万人(10000 persons)

分类	Category	2008	2009	2010	2011	2012	2013
总　计	**Total**	**454.72**	**468.21**	**508.44**	**563.49**	**657.54**	**675.69**
采矿业	**Mining and Quarrying**	**1.59**	**1.52**	**1.57**	**1.41**	**1.30**	**0.97**
按经济类型分组	**By Ownership**						
国有经济单位	State-owned Units	0.22	0.20	0.20	0.23	0.18	0.14
城镇集体经济单位	Urban Collective Owned Units	0.36	0.38	0.41	0.28	0.27	0.11
其他各种经济类型	Units of Other Types of Ownership	1.01	0.94	0.95	0.90	0.85	0.72
按行业分组	**By Sector**						
煤炭开采和洗选业	Coal Mining and Dressing	0.21	0.21	0.22	0.22	0.27	
石油和天然气开采业	Petroleum and Natural Gas Extraction						
黑色金属矿采选业	Ferrous Metals Mining and Dressing	0.14	0.14	0.14	0.13	0.15	0.14
有色金属矿采选业	Nonferrous Metals Mining and Dressing	0.28	0.19	0.18	0.22	0.09	0.10
非金属矿采选业	Nonmetal Minerals Mining and Dressing	0.96	0.98	1.03	0.84	0.80	0.73
开采辅助活动	Supplementary Activities for Mining						
其他采矿业	Other Minerals Mining and Dressing						
制造业	**Manufacturing**	**319.23**	**321.98**	**338.19**	**358.73**	**368.84**	**357.95**
按经济类型分组	**By Ownership**						
国有经济单位	State-owned Units	6.28	5.76	5.66	5.49	4.23	3.05
城镇集体经济单位	Urban Collective Owned Units	4.31	5.72	5.75	4.83	1.47	1.26
其他各种经济类型单位	Units of Other Types of Ownership	308.64	310.50	326.78	348.41	363.14	353.64
按行业分组	**By Sector**						
食品加工业	Non-staple Food Processing	3.55	3.37	3.32	3.51	4.19	4.20
食品制造业	Food Manufacturing	3.92	4.46	4.79	4.52	5.21	5.44
酒、饮料和精制茶制造业	Wine, Soft Drinks and Refined Tea Manufacturing	4.54	4.45	3.94	4.04	3.78	3.72
烟草制品业	Tobacco Processing	0.33	0.32	0.33	0.35	0.46	0.39
纺织业	Textile Industry	40.30	41.11	41.26	47.39	32.81	31.22
纺织服装、服饰业	Garments and Apparel Industry	37.23	36.13	34.84	27.48	37.68	34.64
皮革、毛皮、羽毛及其制品和制鞋业	Leather, Furs, Down and Related Production, Shoes Manufacturing	17.90	16.64	16.71	15.40	17.05	15.26
木材加工及木、竹、藤、棕、草制品业	Timber Processing, Bamboo, Cane Palm Fiber and Straw Production	3.01	2.55	2.70	2.42	2.39	2.05
家具制造业	Furniture Manufacturing	7.07	7.87	7.82	9.15	9.63	10.00
造纸及纸制品业	Papermaking and Paper Production	6.12	6.10	6.71	6.68	6.43	5.82
印刷和记录媒介复制业	Printing and Record Medium Reproduction	2.69	2.68	2.75	2.85	3.14	2.96
文教、工美、体育和娱乐用品制造业	Cultural and Educational, Arts and Crafts, Sports and Entertainment Goods	4.35	5.15	5.21	5.41	8.76	9.07
石油加工、炼焦及核燃料加工业	Petroleum Processing, Cooking and Nuclear Fuel Processing	0.92	0.85	0.91	0.94	0.94	0.92

注：本表2013年为就业人员人数。The data of this table refers to employed persons in 2013.

续表 Continued

单位:万人(10000 persons)

分类	Category	2008	2009	2010	2011	2012	2013
化学原料及化学制品制造业	Raw Chemical Materials and Chemical Production	14.19	14.44	15.24	15.48	16.62	16.56
医药制造业	Medical and Pharmaceutical Production	7.44	7.23	7.53	8.90	10.15	10.17
化学纤维制造业	Chemical Fiber	6.20	5.82	6.35	7.26	7.64	7.15
橡胶和塑料制品业	Rubber and Plastic Production	14.85	14.64	15.29	16.90	16.35	15.63
非金属矿物制品业	Nonmetal Mineral Production	8.74	9.19	9.66	10.27	9.55	9.95
黑色金属冶炼及压延加工业	Smelting and Pressing of Ferrous Metals	4.66	4.19	4.43	5.27	6.40	6.46
有色金属冶炼及压延加工业	Smelting and Pressing of Nonferrous Metals	3.64	3.58	3.59	4.08	4.25	4.48
金属制品业	Metal Production	12.34	12.49	12.51	12.56	13.74	13.11
通用设备制造	Equipment in Common Use	22.73	23.07	25.41	30.04	29.81	31.19
专用设备制造业	Special Purpose Equipment	10.50	9.83	11.38	11.96	12.87	12.46
汽车制造业	Automotive Manufacturing					20.55	18.70
铁路、船舶、航空航天和其他运输设备制造业	Railway, Shipbuilding, Aerospace and other Transport Equipment	17.80	18.25	21.83	25.11	6.52	6.03
电气机械及器材制造业	Electric Equipment and Machinery	31.78	33.38	36.74	42.30	42.01	38.87
计算机、通信和其他电子设备制造业	Computers, Communications and Other Electronic Equipment Manufacturing	19.48	19.48	22.03	21.93	26.20	27.89
仪器仪表制造业	Instruments Manufacturing	6.13	6.84	6.95	8.60	7.87	8.28
其他制造业	Other Manufacturing	6.33	7.31	7.34	7.30	4.24	3.42
废弃资源综合利用业	Comprehensive Utilization of Waste Resources	0.49	0.53	0.64	0.60	1.08	1.05
金属制品、机械和设备修理业	Metal Products, Machinery and Equipment Repair Industry					0.52	0.86
电力、热力、燃气及水生产和供应业	**Electricity, Heating Power, Gas and Water Production and Supply**	**12.17**	**11.30**	**11.31**	**11.05**	**13.09**	**13.54**
按经济类型分组	**By Ownership**						
国有经济单位	State - owned Units	7.77	6.30	6.48	6.27	8.69	8.11
城镇集体经济单位	Urban Collective Owned Units	0.31	0.31	0.33	0.29	0.25	0.21
其他各种经济类型单位	Units of Other Types of Ownership	4.09	4.69	4.50	4.49	4.15	5.22
按行业分组	**By Sector**						
电力、热力生产和供应业	Production and Supply of Electricity and Heating Power	9.41	8.41	8.34	8.11	9.84	9.97
煤气生产和供应业	Production and Supply of Gas	0.38	0.44	0.48	0.47	0.57	0.63
水的生产和供应业	Production and Supply of Water	2.38	2.45	2.49	2.46	2.68	2.94
建筑业	**Construction**	**121.73**	**133.41**	**157.38**	**192.31**	**274.31**	**303.23**
按经济类型分组	**By Ownership**						
国有经济单位	State - owned Units	5.07	4.16	4.94	3.68	3.02	2.73
城镇集体经济单位	Urban Collective Owned Units	6.28	7.47	6.51	7.14	7.94	7.36
其他各种经济类型单位	Units of Other Types of Ownership	110.38	121.78	145.93	181.48	263.35	293.14

2-19 分行业城镇私营就业人员和个体就业人员人数(年底数)
Employed Persons in Private Enterprises and Self-employed Individuals in Urban Area by Sector(Year-End)

单位:万人(10000 persons)

行业	Sector	合计 Total			城镇私营 Private Enterprises			城镇个体 Individuals		
		2011	2012	2013	2011	2012	2013	2011	2012	2013
总 计	**Total**	**916.54**	**952.07**	**1033.59**	**609.25**	**618.91**	**696.71**	**307.30**	**333.16**	**336.88**
农、林、牧、渔业	Farming, Forestry, Animal Husbandryand Fishery	3.79	4.17	5.08	1.55	1.62	1.87	2.24	2.55	3.22
采矿业	Mining and Quarrying	0.68	0.60	0.58	0.58	0.52	0.50	0.10	0.09	0.07
制造业	Manufacturing	414.05	414.95	450.85	348.88	339.64	372.88	65.17	75.31	77.97
电力、热力、燃气及水生产和供应业	Electricity, Heat, Gas and Water Production and Supply	0.83	0.54	1.76	0.77	0.48	1.73	0.06	0.05	0.04
建筑业	Construction	11.09	23.52	46.87	10.19	22.56	45.86	0.89	0.96	1.01
批发和零售业	Wholesale and Retail Sale Trade	235.52	247.10	263.00	73.29	75.44	95.50	162.22	171.65	167.50
交通运输、仓储和邮政业	Transportation, Storage and Post	45.88	41.36	34.08	39.25	34.38	27.65	6.63	6.98	6.73
住宿和餐饮	Hotels and Catering Services	53.63	51.42	49.05	26.70	21.77	17.31	26.93	29.65	31.74
信息传输、软件和信息技术服务业	Information Transmission, Software and Information Technology Services	13.85	17.39	17.67	13.25	16.90	17.12	0.59	0.50	0.54
金融业	Finance	0.88	1.75	1.90	0.88	1.74	1.88	0.01	0.01	0.02
房地产业	Real Estate	13.51	16.71	17.70	11.29	14.48	15.52	2.21	2.23	2.18
租赁和商务服务业	Leasing and Commercial Services	38.58	41.54	51.00	31.43	33.74	41.77	7.15	7.80	9.23
科学研究和技术服务业	Scientific Research and Technic Services	6.76	7.57	12.58	6.56	6.31	11.23	0.20	1.26	1.35
水利、环境和公共设施管理业	Water Conservancy, Environment and Public Facilities Management	1.85	2.04	2.22	1.75	1.95	2.14	0.10	0.09	0.08
居民服务、修理和其他服务业	Resident Services, Repair and Other Services	65.65	72.17	67.51	36.07	41.63	35.96	29.58	30.54	31.55
教育	Education	2.07	0.94	1.16	1.96	0.81	0.99	0.11	0.13	0.17
卫生和社会工作	Health Care and Social Work	1.61	1.36	1.50	1.14	0.85	0.95	0.47	0.51	0.55
文化、体育和娱乐业	Culture, Sports and Recreation	6.32	6.95	8.78	3.70	4.09	5.83	2.62	2.86	2.95
公共管理、社会保障和社会组织	Public Management, Social Security and Social Organization									

2-20 各市企业年末单位就业人员
Employed Persons in Enterprises by City(Year-end)

单位:万人(10000 persons)

城市	City	年末单位就业人员 Number of Employed Persons at the Year-end			#在岗职工 Fully Employed Staff and Workers			#其他就业人员 Others		
		2011	2012	2013	2011	2012	2013	2011	2012	2013
全 省	**Total**	**814.71**	**881.91**	**877.31**	**718.97**	**845.26**	**838.68**	**28.11**	**36.65**	**38.64**
杭州市	Hangzhou	223.43	239.01	237.10	179.54	225.59	224.44	10.83	13.41	12.66
宁波市	Ningbo	147.26	148.54	144.38	129.40	142.38	137.18	5.90	6.16	7.20
温州市	Wenzhou	87.71	87.14	78.10	82.32	82.70	73.28	2.61	4.44	4.82
嘉兴市	Jiaxing	65.94	65.70	66.06	61.79	63.97	64.30	1.69	1.73	1.75
湖州市	Huzhou	33.26	37.98	39.09	30.82	35.15	35.87	1.02	2.83	3.22
绍兴市	Shaoxing	111.00	116.25	121.33	100.72	114.43	119.01	1.29	1.82	2.32
金华市	Jinhua	39.75	70.61	71.45	36.31	69.15	69.44	1.17	1.45	2.01
衢州市	Quzhou	12.17	12.72	12.91	10.02	11.72	11.87	0.91	1.00	1.04
舟山市	Zhoushan	10.73	12.21	12.72	9.78	11.55	11.95	0.11	0.66	0.77
台州市	Taizhou	69.35	79.16	82.80	65.40	76.60	80.26	2.17	2.56	2.55
丽水市	Lishui	9.37	9.55	8.32	8.31	8.97	8.01	0.39	0.58	0.31

2－21 各市国有控股企业年末单位就业人员
Employed Persons in Enterprises State－owned and State－Holding by City(Year－end)

单位:万人(10000 persons)

城市	City	年末单位就业人员 Number of Employed Persons at the Year－end			#在岗职工 Fully Employed Staff and Workers			#其他就业人员 Others		
		2011	2012	2013	2011	2012	2013	2011	2012	2013
全　省	**Total**	**147.34**	**157.45**	**146.99**	**116.18**	**145.60**	**135.85**	**7.31**	**11.85**	**11.14**
杭州市	Hangzhou	64.74	67.29	52.45	48.57	63.31	49.91	2.65	3.99	2.55
宁波市	Ningbo	20.42	23.52	25.38	16.16	22.27	24.05	1.12	1.25	1.33
温州市	Wenzhou	12.93	13.65	13.92	10.12	10.98	10.67	0.78	2.67	3.25
嘉兴市	Jiaxing	8.45	8.43	10.06	6.95	7.90	9.59	0.57	0.53	0.48
湖州市	Huzhou	2.59	5.14	5.35	2.18	4.73	4.89	0.18	0.41	0.45
绍兴市	Shaoxing	7.28	7.56	7.50	6.21	7.03	6.96	0.35	0.53	0.54
金华市	Jinhua	7.18	7.14	7.98	5.86	6.51	7.20	0.29	0.63	0.78
衢州市	Quzhou	4.72	5.00	5.05	3.89	4.49	4.51	0.35	0.51	0.54
舟山市	Zhoushan	3.80	4.67	4.69	3.34	4.44	4.42	0.05	0.24	0.27
台州市	Taizhou	8.01	9.35	8.67	6.35	8.34	7.78	0.88	1.01	0.89
丽水市	Lishui	2.53	2.66	2.87	2.00	2.57	2.80	0.07	0.09	0.07

2－22 各市事业年末单位就业人员
Employed Persons in Institations by City(Year－end)

单位:万人(10000 persons)

城市	City	年末单位就业人员 Number of Employed Persons at the Year－end			#在岗职工 Fully Employed Staff and Workers			#其他就业人员 Others		
		2011	2012	2013	2011	2012	2013	2011	2012	2013
全　省	**Total**	**123.90**	**125.33**	**127.27**	**111.81**	**117.15**	**118.75**	**7.18**	**8.18**	**8.52**
杭州市	Hangzhou	28.56	29.90	30.35	23.76	27.15	27.69	2.34	2.74	2.66
宁波市	Ningbo	16.95	17.81	18.37	15.70	16.91	17.25	0.78	0.90	1.12
温州市	Wenzhou	15.46	15.17	15.78	14.61	14.60	15.07	0.66	0.58	0.71
嘉兴市	Jiaxing	9.30	9.48	9.48	8.66	8.99	8.89	0.51	0.49	0.59
湖州市	Huzhou	6.01	6.29	6.27	5.24	5.69	5.73	0.54	0.59	0.54
绍兴市	Shaoxing	10.29	10.32	9.92	9.42	9.69	9.34	0.61	0.63	0.58
金华市	Jinhua	11.64	10.73	11.33	11.28	10.14	10.55	0.25	0.59	0.77
衢州市	Quzhou	4.37	4.44	4.61	3.87	4.05	4.21	0.39	0.39	0.40
舟山市	Zhoushan	3.25	3.15	3.03	2.99	3.03	2.89	0.06	0.12	0.14
台州市	Taizhou	12.33	12.23	12.23	10.78	11.30	11.30	0.86	0.93	0.93
丽水市	Lishui	5.73	5.83	5.89	5.50	5.61	5.82	0.17	0.21	0.07

2－23 各市机关年末单位就业人员
Employed Persons in Government Agencies by City(Year－end)

单位:万人(10000 persons)

城市	City	年末单位就业人员 Number of Employed Persons at the Year－end			#在岗职工 Fully Employed Staff and Workers			#其他就业人员 Others		
		2011	2012	2013	2011	2012	2013	2011	2012	2013
全　省	**Total**	**50.30**	**51.93**	**54.23**	**45.59**	**49.61**	**51.17**	**2.33**	**2.32**	**3.06**
杭州市	Hangzhou	9.85	9.92	10.39	8.96	9.49	9.68	0.42	0.43	0.70
宁波市	Ningbo	7.17	7.11	7.43	6.33	6.79	7.09	0.38	0.32	0.35
温州市	Wenzhou	7.30	7.48	7.98	6.88	7.14	7.59	0.31	0.33	0.40
嘉兴市	Jiaxing	3.01	3.00	3.19	2.78	2.87	3.06	0.15	0.13	0.13
湖州市	Huzhou	2.11	2.55	2.68	1.96	2.45	2.55	0.12	0.10	0.13
绍兴市	Shaoxing	3.40	3.60	3.59	3.00	3.31	3.29	0.27	0.30	0.30
金华市	Jinhua	5.41	5.47	5.44	5.07	5.30	5.06	0.18	0.17	0.39
衢州市	Quzhou	2.69	2.86	2.94	2.42	2.66	2.68	0.17	0.19	0.26
舟山市	Zhoushan	1.75	1.86	1.95	1.59	1.83	1.91	0.04	0.03	0.04
台州市	Taizhou	4.50	4.89	5.26	3.64	4.65	4.93	0.22	0.24	0.33
丽水市	Lishui	3.10	3.20	3.38	2.96	3.12	3.35	0.08	0.08	0.03

2-24 分行业年末单位专业技术人员(2013 年)
Specialized Technical Personnel by Sector(Year-End,2013)

单位:万人(10000 persons)

行业	Sector	合计 Total	#国有单位 State-owned Units	#城镇集体单位 Urban Collective owned Units
总　计	**Total**	**233.32**	**93.14**	**7.57**
农、林、牧、渔业	Farming,Forestry,Animal Husbandry and Fishery	0.20	0.14	0.01
采矿业	Ming and Quarrying	0.11	0.01	0.01
制造业	Manufacturing	43.46	0.53	0.14
电力、热力、燃气及水生产和供应业	Electricity,Heat,Gas and Water Production and Supply	2.80	1.52	0.03
建筑业	Construction	43.40	0.55	1.16
批发和零售业	Wholesale and Retail Sale Trade	4.68	0.26	0.05
交通运输、仓储和邮政业	Transportion,Storage and Post	3.29	0.72	0.09
住宿和餐饮业	Hotels and Catering Services	0.98	0.10	0.03
信息传输、软件和信息技术服务业	Information Transmission,Software and Information Technology Services	6.96	0.38	0.02
金融业	Finance	15.51	2.87	0.23
房地产业	Real Estate	3.61	0.24	0.05
租赁和商务服务业	Leasing and Commercial Services	4.32	0.69	0.18
科学研究和技术服务业	Scientific Research and Technic Services	10.07	4.65	0.20
水利、环境和公共设施管理业	Water Conservancy,Environment and Public Facilities Management	1.68	0.84	0.05
居民服务、修理和其他服务业	Resident Services, Repair and Other Services	0.20	0.07	0.02
教育	Education	50.99	44.50	1.70
卫生和社会工作	Health Care and Social Work	30.64	25.20	3.57
文化、体育和娱乐业	Culture,Sports and Recreation	3.32	2.97	0.02
公共管理、社会保障和社会组织	Public Management,Social Security and Social Organization	7.10	6.90	0.01

2-25 社会保险参保人员基本情况(2006-2013)
Basic Statistics of Persons Participating in Social Insurance(2006-2013)

单位:万人(10000 persons)

项目	Item	2006	2007	2008	2009	2010	2011	2012	2013
参保总人数	Total Persons Participating in Insurance	3274.22	4114.68	5123.75	5567.38	6260.43	6907.29	7636.29	8207.34
#养老保险	Endowment Insurance	1052.59	1167.10	1386.91	1527.43	1702.22	1821.76	2083.30	2272.50
失业保险	Unemployment Insurance	504.38	584.75	731.10	784.46	874.95	980.59	1065.56	1144.53
医疗保险	Insurance for Medical Care	730.59	854.97	1053.92	1173.73	1344.42	1514.39	1670.97	1791.08
工伤保险	Work-related Injury Insurance	603.94	1002.90	1261.84	1331.09	1475.11	1610.76	1731.68	1826.06
生育保险	Childbirth Insurance	382.72	504.96	689.98	750.67	863.73	979.79	1084.78	1173.17

2-26 六次人口普查基本情况
Basic Statistics on National Population Census

项目	Item	第一次 The First Time	第二次 The Second Time	第三次 The Third Time	第四次 The Fourth Time	第五次 The Fifth Time	第六次 The Sixth Time
总户数(万户)	**Total Family Households(10000 Households)**	**579.16**	**656.63**	**960.36**	**1176.77**	**1478.97**	**1885.37**
平均每户人数(人)	Average Size of Family Households	3.87	4.31	3.96	3.46	3.00	2.62
总人口(万人)	**Total Population(10000 persons)**	**2241.57**	**2831.86**	**3888.46**	**4144.59**	**4593.06**	**5442.69**
按性别分	**By Gender**						
男	Male	1178.00	1479.06	2016.70	2136.48	2358.15	2796.57
女	Female	1063.00	1352.80	1871.76	2008.11	2234.91	2646.12
按城乡分	**By Residence**						
市镇人口	Urban	289.27	306.86	999.69	1516.57	2235.66	3354.06
乡村人口	Rural	1925.30	2525.00	2888.77	2628.02	2357.40	2088.63
按民族分	**By Nationality**						
汉族	The Han Nationality	2233.22	2821.19	3872.30	4123.45	4553.52	5321.22
少数民族	Minority Nationality	8.35	10.67	16.16	21.14	39.54	121.47
畲族	The She Nationality	5.27	10.06	14.83	17.27	17.10	16.63
苗族	The Miao Nationality	2.84	0.04	0.05	0.32	5.34	30.91
回族	The Hui Nationality	0.19	0.38	0.94	1.72	1.96	3.82
满族	The Man Nationality	0.04	0.09	0.12	0.27	0.51	1.13
蒙古族	The MengGu Nationality		0.02	0.02	0.06	0.36	0.69
壮族	The Zhuang Nationality		0.03	0.11	0.77	1.90	7.28
按文化程度分	**By Eductional Level**						
大学	University		8.05	18.21	48.50	146.79	507.78
高中	Senior Secondary School		31.86	202.19	290.37	495.36	738.12
初中	Junior Secondary School		120.27	691.55	983.98	1531.94	1996.41
小学	Primary School		809.63	1531.44	1643.92	1683.34	1568.54
文盲、半文盲(15岁及15岁以上)	Illiterate and Semiliterate(15 years old and over)			930.67	723.64	321.85	306.10

浙/江/统/计/年/鉴

主要统计指标解释

■ 人口数

指一定时点、一定地区范围内的有生命的个人的总和。

年度统计的年末人口数是指每年12月31日24时的人口数。

■ 出生率(又称粗出生率)

指一定时期内(通常为一年)平均每千人所出生的人数的比率,一般用千分率表示。计算公式:

$$出生率=\frac{年出生人数}{年平均人数}\times 1000‰$$

出生人数是指活产婴儿,即胎儿脱离母体时(不管怀孕月数),有过呼吸或其他生命现象。

年平均人数是年初、年底人口数的平均数,也可用年中人口数代替。

■ 死亡率(又称粗死亡率)

指一定时期内(通常为一年)一定地区的死亡人数与同期平均人数(或期中人数)之比,一般用千分率表示。计算公式:

$$死亡率=\frac{年死亡人数}{年平均人数}\times 1000‰$$

■ 人口自然增长率

指一定时期内(通常为一年)人口自然增加数(出生人数减死亡人数)与该时期内平均人数(或期中人数)之比,一般用千分率表示。计算公式:

$$人口自然增长率=\frac{本年出生人数-本年死亡人数}{年平均人数}\times 1000‰$$

$$人口自然增长率=人口出生率-人口死亡率$$

■ 从业人员

指从事一定社会劳动并取得劳动报酬或经营收入的人员。包括:

(1)在岗职工

(2)再就业的离退休人员

(3)私营业主

(4)个体户主

(5)私营和个体从业人员

(6)乡镇企业从业人员

(7)农村从业人员

(8)其他从业人员(包括民办教师、宗教职业者等)。

这一指标反映了一定时期内全部劳动力资源的实际利用情况,是研究我省基本省情省力的重要指标。

■ 各单位从业人员

指在各级国家机关、政党机关、社会团体及企业、事业单位中工作,并取得工资或其他劳动报酬的全部人员。包括:在岗职工、再就业的离退休人员、民办教师以及在各单位中工作的外方人员和港澳台方人员、兼职人员、借用的外单位人员和第二职业者。不包括离开本单位仍保留劳动关系的职工。各单位的从业人员反映了各单位实际参加生产或工作的全部劳动力。

■ 城镇私营和个体从业人员

城镇私营从业人员指在工商行政管理部门注册登记,其经营地址设在县城关镇(含城关镇)以上的私营企业从业人员;包括私营企业投资者和雇工。城镇个体从业的人员指在工商管理部门注册登记,并持有城镇户口或在城镇长期居住,经批准从事个体工商经营的从业人员;包括个体经营者和在个体工商户劳动的家庭帮工和雇工。

■ 城镇登记失业人员

指有非农业户口,在一定的劳动年龄内,有劳动能力,无业而要求就业,并在当地就业服务机构进行求职登记的人员。

■ 城镇登记失业率

指城镇登记失业人数同城镇单位从业人数、城镇私营企业及个体从业人数和城镇登记失业人数之和的比。计算公式为:

主要统计指标解释

城镇登记失业率 =

$$\frac{\text{城镇登记失业人数}}{\text{城镇单位从业人数}+\text{城镇私营企业及个体从业人员}+\text{城镇登记失业人数}}\times 100\%$$

■ 职 工

指在国有经济、城镇集体经济、联营经济、股份制经济、外商和港、澳、台投资经济、其他经济单位及其附属机构工作,并由其支付工资的各类人员,不包括返聘的离退休人员、民办教师、在国有经济单位工作的外方人员和港、澳、台人员(1998 年以后的数据均为在岗职工数据,其他相关指标如职工工资总额,职工平均工资等指标也从 1998 年按此口径进行了相应的调整)。

■ 国有单位职工

指在国有经济单位及其附属机构工作,并由其支付工资的各类人员。

■ 城镇集体单位职工

指在城镇集体经济单位及其管理部门工作,并由其支付工资的各类人员。

■ 其他单位职工

指在联营经济、股份制经济、外商投资经济、港、澳、台投资经济单位工作,并由其支付工资的各类人员。

■ 在岗职工

指在本单位工作并由单位支付工资的人员,以及有工作岗位,但由于学习、病伤、产假等原因暂未工作,仍由单位支付工资的人员。

ZHEJIANG STATISTICAL YEARBOOK

Explanatory Notes on Main Statistical Indicators

□ Total Population

refers to the total number of people alive at a certain point of time within a given area.

The annual statistics on total population is taken at midnight , the 31st of December.

□ Birth Rate (or Crude Birth Rate)

refers to the ratio of the number of births to the average population during a certain period of time (usually a year), which is often expressed in ‰. The following formula is used:

$$\text{Birth Rate} = \frac{\text{Number of Births}}{\text{Average Number of Population}} \times 1000\%$$

Number of Births refers to live births , i. e. the births when babies had showed any vital phenomena regardless of the length of pregnancy.

Annual Average Number of Population is the average of the number of population at the beginning of the year and that at the end of the year. Sometimes it is substituted for with the mid - year population.

□ Death Rate (or Crude Death Rate)

refers to the ratio of the number of deaths to the average population (or mid - year population) during a certain period of time (usually a year), which is often expressed in‰. The following formula is uesd:

$$\text{Death Rate} = \frac{\text{Number of Deaths}}{\text{Annual Average Number of Pupulation}} \times 1000\%$$

□ Natural Growth Rate of Population

refers to the ratio of natural increase in population (number of births minus number of deaths) in a certain period of time (usually a year) to the average population (or mid - year population) of the same period, which is often expressed in ‰. The following formulas are applied:

$$\text{Natural Growth of Population} = \frac{\text{Number of Births} - \text{Number of Deaths}}{\text{Average Number of Population}} \times 1000\%$$

$$\text{Natural Growth of Population} = \text{Birth Rate} - \text{Death Rate}$$

□ Employed Persons

refers to the persons who are engaged in social labour and receive remuneration payment or earn business income, including :

(1) total staff and workers,

(2) re-employed retirees,

(3) employers of private enterprises,

(4) self-employed workers,

(5) employees in private enterprises and individual economy,

(6) employees in town enterprises,

(7) employed persons in the rural areas,

(8) other employed persons (including teachers in the schools run by the local people, people engaged in religious profession, etc.).

This indicator reflacts the actual utilization of total labour force during a certain period of time and is often used for the research on provincial economic situation and power.

□ Persons Employed in Various Units

refer to all the persons working in government agencies of various levels, political and party organizations, social organizations, enteprises and institutions, and receiving wages or other forms of payment. they include fully - employed staff and workers, reemployed retirees, teachers in schools run by local people, foreigners and Chinese compatriots from Hong Kong, Macao, Taiwan working in various units, parttime employees, employees of other units working temporarily at current posts, and employees holding the second job, but exclude staff and workers who have left their working units while keeping their labour contract (employment relation) unchanged. This indicator reflacts the total number of laborers actually engaged in production or other operations in various units.

EXPLANATORY NOTES ON MAIN STATISTICAL INDICATORS

□ Persons Employed in private Enterprrises and Selfemployed Individuals in Urban Areas

Persons employed in private enterprises refer to the persons employed in the private enterprises which have been registered at the departments of industrial and commercial administration and are situated at a country town(i. e. a town where the country government is located)for business operationor at urban areas with the level higher than a country town. The selfemployed individuals in urban areas refer to persons who hold the certificates of resience in urban areas or have resided in the urban areas for a long time and have been registered at the department of industrial and commercial administration and approved to be engaged in individual industrial or commercial business including selfemployed persons as well as helpers and hire labourers who work in the indvidual households engaged in industrial or commercial business.

□ Registered Urban Unemployed Persons

The registered unemployed persons in urban areas refer to persons who are registered as permanent residents in urban areas engaged in nonagricultural activities, aged within the range of working age, capable to labour, unemployed but desirous to be employed and have been registered at the local government service agencies to apply for a job.

□ Registered Urban Unemployment Rate

Registered unemployment rate in urban areas refers to the ratio of the number of the registered unemployed persons to the sum of the number of the person employed in various units and in private enterprises in urban areas, urban selfemployed individuals and the registered urban unemployed persons. The formula is as follows:

Registered urban unemployment rate = 100%× (number of registered urban unemploy persons) / (number of persons employed in urban units + number of persons employed in urban private enterprises + and selfemployed individual in urban Areas + number of registered urban unemployed persons)

□ Staff and Workers

refer to the persons who work in (and receive payment therefrom) enterprises and institutions of state ownership, collective ownership , joint ownership , share holding , foreign ownership, and ownership by entrepreneurs from Hong Kong, Macao, and Taiwan , and other types of ownership and their affiliated units, excluding the retired persons invited to work in the units again, teachers in the schools run by the local people and foreigners and persons coming from Hong Kong, Macao and Taiwan and working in the state – owned economic units. (Number of staff and workers in this yearbook include only fully employed staff and worker, excluding those who have left their working units while keeping their labour contract employment relation unchanged).

□ Staff and Workers in State – owned Economic Units

refer to the person who work in the state – owned economic units or their attached units and are listed in their payrolls.

□ Staff and Workers in Collective Owned Units

refer to the persons who work in collective owned units in urban areas and their administration departments and recieve payment therefrom.

□ Staff and Workers in Units of Other types of Ownership

refer to those who work in(and receive payment therefrom) enterprises and institutions of joint ownership, share holding, foreign ownership, and ownership by enterpreneurs from Hong Kong, Macao and Taiwan.

□ Fully Employed Staff and Workers

refers to persons who work in, and receive wages from their working units, as well.

2014
浙江统计年鉴
ZHEJIANG STATISTICAL YEARBOOK

CHAPTER 3

固定资产投资
Investment in Fixed Assets

3－1 固定资产投资(1978－2013年)
Investment in Fixed Assets(1978－2013)

单位:亿元(100 million yuan)

年份 Year	全社会投资 Total Investment	固定资产投资 Investment in Fixed Assets	投资项目投资 Investment In Projects	房地产开发投资 Real Estate Development
1978	23.23			
1979	26.11			
1980	33.25			
1981	34.16			
1982	41.72			
1983	44.04			
1984	64.89			
1985	102.20			
1986	127.39			
1987	156.20			
1988	188.95			
1989	179.49			
1990	186.96			9.54
1991	239.75			11.73
1992	361.18			24.23
1993	683.83			93.15
1994	1006.39			155.82
1995	1357.90			246.38
1996	1617.53			243.54
1997	1694.57			215.44
1998	1847.93			226.69
1999	1886.04			271.99
2000	2267.22			362.18
2001	2776.69			544.91
2002	3596.31			728.80
2003	4993.57	4180.38	3200.33	980.05
2004	6059.78	5384.38	4031.31	1353.07
2005	6696.25	6138.39	4681.90	1456.49
2006	7593.66	6964.28	5390.01	1574.28
2007	8420.43	7704.90	5883.23	1821.67
2008	9323.00	8550.71	6527.59	2023.12
2009	10742.32	9906.46	7652.19	2254.27
2010	12376.04	11451.98	8426.55	3025.43
2011		14077.25	9602.90	4474.35
2012		17095.96	11869.69	5226.27
2013		20194.07	13977.82	6216.25

注：固定资产投资口径范围为计划总投资500万元及以上的投资项目和全部房地产开发投资，以后各表同。
Investment in Fixed Assets are those with planned investment from investment in projects over 5 million yuan and total real estate development investment.

3－2 固定资产投资和房屋建筑面积(2006－2013 年)
Investment in Fixed Assets and Floor space of Buildings(2006－2013)

指标	Item	2006	2007	2008	2009	2010	2011	2012	2013
投资总额(亿元)	**Total Investment (100 million yuan)**	**7593.66**	**8420.43**	**9323.00**	**10742.32**	**12376.04**	**14077.25**	**17095.96**	**20194.07**
城镇以上投资	**Investment at Town Level and Above**	**5432.70**	**5996.90**	**6551.10**	**7454.33**	**8438.08**	**10350.45**	**12180.12**	**14448.48**
农村投资	**Rural Investment**	**2160.95**	**2423.50**	**2771.90**	**3288.00**	**3937.96**	**3726.80**	**4915.84**	**5745.59**
农户投资	Farm household	313.00	328.30	396.40	434.70	507.75			
非农户投资	Non－peasant Household	1848.28	2095.20	2375.60	2853.30	3430.21	3726.80	4915.84	5745.59
按构成分	**by Structure**								
建筑安装工程	Construction and Installation	4338.96	4644.26	5332.22	6190.23	7127.41	8006.03	9763.11	11706.72
设备工器具购置	Purchase of Equipment and Tools	1785.46	1982.14	2122.52	2396.73	2552.90	2428.09	2888.90	3350.52
其他费用	Others	1469.24	1794.03	1868.26	2155.36	2695.73	3643.13	4443.95	5136.83
总投资中:住宅投资	**Residential Buildings**	**1458.63**	**1685.07**	**1883.63**	**2154.25**	**2785.53**	**3289.51**	**3860.06**	**4538.08**
房屋建筑面积(万平方米)	**Floor Space of Buildings(10000 sq. m)**								
施工面积	Floor Space under Construction	40963.31	46774.80	50976.90	53252.60	61705.31	66803.51	75484.83	83084.50
#住宅	Residential Buildings	18263.70	19719.70	20850.80	22408.46	25969.17	24352.17	27208.20	29379.41
竣工面积	Floor Space Completed	14924.90	16373.21	18233.63	18446.67	19899.51	15935.70	16034.39	18881.84
#住宅	Residential Buildings	7197.72	7760.96	8490.18	8622.27	9177.07	4217.12	4174.13	4692.94

注：1. 该表统计口径范围2011 年前为“全社会投资”,2011 年起为“固定资产投资”,即计划总投资500 万元及以上的投资项目和全部房地产开发投资。
The data in this table refer to investment in fixed assets since 2011. as those refer to total investment in fixed assets before 2011.
2. 2011 年起农村投资不包括农户投资。Rural investment does not include farm household since 2011.

3-3 固定资产投资完成情况(2009-2013年)
Investment In Fixed Assets (2009-2013)

单位:万元(10000 yuan)

指标	Item	2009	2010	2011	2012	2013`
投资额	**Total Investment**	**99064618**	**114519765**	**140772490**	**170959606**	**201940713**
投资项目	Projects	76521954	84265515	96029011	118696939	139778220
房地产开发	Real Estate Development	22542664	30254250	44743479	52262667	62162493
按登记注册类型分	**by Registered Type**					
内资	Domestic Funds	87884929	102950968	128110728	156180169	182586911
国有	State - owned	25090107	27630205	32134717	40324733	46287638
集体	Collective Owned	2449190	2777544	3398169	5566204	6953900
股份合作	Share - cooperations	361462	338250	355255	482488	487719
国有联营	State Joint	315211	403158	602330	123084	103896
集体联营	Collective Joint	29648	13751	11653	11848	11329
国有与集体联营	State - collective Joint	74847	78696	73777	80287	87182
其他联营	Other Joint	990	8794	80572	5138	6475
国有独资公司	State Sole Funds	3002406	3449096	4345993	5057750	7822482
其他有限责任公司	Other Limited Liability Corporations	26923568	33178462	42558798	50172449	56286736
股份有限公司	Share - holding Corporations Ltd.	4806410	4176632	4896013	5985859	6737316
私营	Private	23489681	28982889	37512623	46013048	55131530
其他	Others	1341409	1913491	2140828	2357281	2670708
港澳台商投资	Investment from HongKong, Macao and Taiwan	5598224	5787453	6756124	8177416	11265937
外商投资	Investment from Foreign	5257211	5486727	5642006	6052773	7576381
个体经营	Individual	324254	294617	263632	549248	511484
按国有及非国有情况分	**by State and Non - state Owned**					
国有及国有控股企业投资	State - owned and State - holding	36440415	38877740	44486658	53679178	63659028
非国有投资	Non - state - owned	62624203	75642025	96285832	117280428	138281685
#民间投资	Nongovernmental	52984298	65686496	85128348	105647431	123077157

续表 Continued 单位:万元(10000 yuan)

指标	Item	2009	2010	2011	2012	2013`
按构成分	**by Structure**					
建筑工程	Construction	50441764	58898052	72612161	88032996	106107833
安装工程	Installation	6128274	6348574	7448134	9598092	10959390
设备工器具购置	Purchase of Equipment and Tools	21276993	22623985	24280850	28889033	33505166
购置旧设备	Purchase of Old Equipment	63406	78766	63940	106750	76212
用于更新的设备	Renewal of Equipment	2655067	2783067	3237058	4295633	4714917
其他费用	Others	21217587	26649154	36431345	44439485	51368324
旧建筑物购置费	Purchase of Old Buildings	41801	67555	69112	85453	292858
土地购置费	Purchase of Land	11667948	17787732	25307389	30893726	33748323
施工项目个数(个)	Projects under Construction(unit)	29912	31653	33216	39099	43542
全投项目个数(个)	Projects Completed and Put into Use(unit)	13942	14690	16306	19073	22321
房屋施工面积(平方米)	Floor Space under Construction (sq. m)	467346528	547944313	668035107	754848280	830845033
房屋竣工面积(平方米)	Floor Space Completed(sq. m)	124991182	134697223	159357020	160343891	188818385
新增固定资产	Newly Increased Fixed Assets	58378404	69074059	78345886	86614408	111046326
资金来源合计	**Source of Funds**	**133281142**	**159075753**	**206940850**	**217387775**	**270013197**
上年末结余资金	Surplus Funds Last Year	10620369	18460578	46858630	30436108	36081679
本年资金来源小计	Funds This Year	122660773	140615175	160082220	186951667	233931518
#国家预算内资金	State Budgetary Appropriations	4428858	4586011	6908908	9292982	11886234
国内贷款	Domestic Loans	21553469	24427586	26071273	27690277	31900187
债券	Debenture	71988	19101	98366	221484	106523
利用外资	Foreign Investment	2428194	2387673	2713354	2116560	2442116
自筹资金	Fundraising	62360835	74219446	89439967	109963781	137281044
其他资金	Others	31817429	34975358	34850352	37666583	50315414

3－4 分行业施工和投产项目个数
Number of Projects Under Construction and Put Into Use by Sector

指标	Item	施工项目个数(个) Number of Projects under Construction (units)		投产项目个数(个) Number of Projects Completed and Put Into Use (units)		项目建成投产率(%) Rate of Projects Completed and Put Into Use (%)	
		2012	2013	2012	2013	2012	2013
总计	**Total**	**39099**	**43542**	**19073**	**22321**	**48.8**	**51.3**
第一产业	Primary Industry	1173	1400	662	813	56.4	58.1
第二产业	Secondary Industry	23397	24981	12316	13905	52.6	55.7
第三产业	Tertiary Industry	14529	17161	6095	7603	42.0	44.3
按国民经济行业分组	**by Sector**						
农林牧渔业	**Farming, Forestry, Animal Husbandry and Fishery**	**1173**	**1400**	**662**	**813**	**56.4**	**58.1**
农业	Farming	488	631	278	357	57.0	56.6
林业	Forestry	104	135	40	85	38.5	63.0
畜牧业	Animal Husbandry	157	147	94	84	59.9	57.1
渔业	Fishery	119	117	79	74	66.4	63.2
农、林、牧、渔服务业	Services	305	370	171	213	56.1	57.6
采矿业	**Mining and Quarrying**	**143**	**139**	**90**	**85**	**62.9**	**61.2**
煤炭开采和洗选业	Coal Mining and Dressing	2	2				
石油和天然气开采业	Petroleum and Natural Gas Extraction						
黑色金属矿采选业	Ferrous Metals Mining and Dressing	3	4	1	2	33.3	50.0
有色金属矿采选业	Nonferrous Metals Mining and Dressing	5	12	3	7	60.0	58.3
非金属矿采选业	Nonmetal Minerals Mining and Dressing	124	118	77	75	62.1	63.6
开采辅助活动	Supplementary Activities for Mining	5	1	5		100.0	
其他采矿业	Other Minerals Mining and Dressing	4	2	4	1	100.0	50.0
制造业	**Manufacturing**	**21697**	**23069**	**11482**	**12964**	**52.9**	**56.2**
农副食品加工业	Non－staple Food Processing	399	379	239	211	59.9	55.7
食品制造业	Food Manufacturing	200	231	85	120	42.5	51.9
酒、饮料和精制茶制造业	Wine, Soft Drinks and Refined Tea Manufacturing	132	147	73	80	55.3	54.4
烟草制品业	Tobacco Production	2	5		1		20.0
纺织业	Textile Industry	1983	1984	1252	1255	63.1	63.3
纺织服装、服饰业	Garments and Apparel Industryindustry	864	781	515	471	59.6	60.3

续表 1 Continued

指标	Item	施工项目个数(个) Number of Projects under Construction (units)		投产项目个数(个) Number of Projects Completed and Put Into Use (units)		项目建成投产率(%) Rate of Projects Completed and Put Into Use (%)	
		2012	2013	2012	2013	2012	2013
皮革、毛皮、羽毛及其制品和制鞋业	Leather, Furs, Down and Related Production, Shoes Manufacturing	550	614	356	364	64.7	59.3
木材加工及木、竹、藤、棕、草制品业	Timber Processing, Bamboo, Cane Palm Fiber and Straw Production Timber Processing, Bamboo, Cane Palm Fiber and Straw Production	323	306	208	191	64.4	62.4
家具制造业	Furniture Manufacturing	367	375	205	233	55.9	62.1
造纸及纸制品业	Papermaking and Paper Production	439	469	258	294	58.8	62.7
印刷和记录媒介复制业	Printing and Record Medium Reproduction	285	328	155	171	54.4	52.1
文教、工美、体育和娱乐用品制造业	Cultural and Educational, Arts and Crafts, Sports and Entertainment Goods	696	735	348	395	50.0	53.7
石油加工、炼焦及核燃料加工业	Petroleum Processing, Cooking and Nuclear Fuel Processing	60	81	25	39	41.7	48.1
化学原料及化学制品制造业	Raw Chemical Materials and Chemical Production	859	863	443	454	51.6	52.6
医药制造业	Medical and Pharmaceutical Production	375	420	169	200	45.1	47.6
化学纤维制造业	Chemical Fiber	225	243	140	153	62.2	63.0
橡胶和塑料制品业	Rubber and Plastic Production	1319	1353	683	766	51.8	56.6
非金属矿物制品业	Nonmetal Mineral Production	907	973	533	593	58.8	60.9
黑色金属冶炼及压延加工业	Smelting and Pressing of Ferrous MetalsMetals	311	307	175	197	56.3	64.2
有色金属冶炼及压延加工业	Smelting and Pressing of Nonferrous Metals	268	290	131	148	48.9	51.0
金属制品业	Metal Production	1628	1741	822	1005	50.5	57.7
通用设备制造业	Ordinary Machinery	2569	2668	1365	1542	53.1	57.8
专用设备制造业	For Special Purpose Equipment Manufacturing	1354	1498	678	764	50.1	51.0
汽车制造业	Automotive Manufacturing	1339	1544	606	825	45.3	53.4
铁路、船舶、航空航天和其他运输设备制造业	Railway, Shipbuilding, Aerospace and other Transport Equipment	526	495	232	266	44.1	53.7
电气机械及器材制造业	Electric Equipment and Machinery	2333	2355	1139	1278	48.8	54.3
计算机、通信和其他电子设备制造业	Computers, Communications and Other Electronic Equipment Manufacturing	727	1180	305	567	42.0	48.1

续表 2 Continued

指标	Item	施工项目个数(个) Number of Projects under Construction (units)		投产项目个数(个) Number of Projects Completed and Put Into Use (units)		项目建成投产率(%) Rate of Projects Completed and Put Into Use (%)	
		2012	2013	2012	2013	2012	2013
仪器仪表制造业	Instruments Manufacturing	300	280	152	150	50.7	53.6
其他制造业	Other Manufacturing	230	267	134	166	58.3	62.2
废弃资源综合利用业	Comprehensive Utilization of Waste Resources	85	114	37	45	43.5	39.5
金属制品、机械和设备修理业	Metal Products, Machinery and Equipment Repair Industry	42	43	19	20	45.2	46.5
电力、热力、燃气及水生产和供应业	**Electricity, Heating Power, Gas and Water Production and Supply**	**1456**	**1637**	**693**	**805**	**47.6**	**49.2**
电力、热力生产和供应业	Production and Supply of Electricity and Heating Power	720	789	390	418	54.2	53.0
燃气生产和供应业	Production and Supply of Gas	75	93	30	30	40.0	32.3
水的生产和供应业	Production and Supply of Water	661	755	273	357	41.3	47.3
建筑业	**Construction**	**101**	**136**	**51**	**51**	**50.5**	**37.5**
房屋建筑业	Housing	21	27	8	6	38.1	22.2
土木工程建筑业	Civil Engineering	56	92	32	38	57.1	41.3
建筑安装业	Installation	4	5	2	2	50.0	40.0
建筑装饰和其他建筑业	Building Decoration and Others	20	12	9	5	45.0	41.7
批发和零售业	**Wholesale and Retail Trade**	**709**	**808**	**332**	**352**	**46.8**	**43.6**
批发业	Wholesale	228	295	97	106	42.5	35.9
零售业	Retail Sale	481	513	235	246	48.9	48.0
交通运输、仓储和邮政业	**Transport, Storage and Post**	**2071**	**2333**	**798**	**935**	**38.5**	**40.1**
铁路运输业	Railway Transport	39	40	3	14	7.7	35.0
道路运输业	Highway Transport	1611	1799	652	749	40.5	41.6
水上运输业	Waterway Transport	176	175	64	65	36.4	37.1
航空运输业	Air Transport	17	20	8	3	47.1	15.0
管道运输业	Pipeline Transport	8	16	2	5	25.0	31.3
装卸搬运和运输代理业	Carrying and Transportation Agents	39	43	12	16	30.8	37.2
仓储业	Storage	173	235	52	83	30.1	35.3
邮政业	Postal Services	8	5	5		62.5	

续表 3 Continued

指标	Item	施工项目个数(个) Number of Projects under Construction (units)		投产项目个数(个) Number of Projects Completed and Put Into Use (units)		项目建成投产率(%) Rate of Projects Completed and Put Into Use (%)	
		2012	2013	2012	2013	2012	2013
住宿和餐饮业	**Hotels and Catering Services**	**525**	**554**	**260**	**269**	**49.5**	**48.6**
住宿业	Hotels	308	358	111	136	36.0	38.0
餐饮业	Catering Services	217	196	149	133	68.7	67.9
信息传输、软件和信息技术服务业	**Information Transmission, Software and Information Technology Services**	**181**	**211**	**90**	**99**	**49.7**	**46.9**
电信、广播电视和卫星传输服务	Telecommunication, Radio and Television, Satellite Transmission Services	124	134	73	78	58.9	58.2
互联网和相关服务	Internet and Related Services	7	7	2	5	28.6	71.4
软件和信息技术服务业	Software and Information Technology Services	50	70	15	16	30.0	22.9
金融业	**Banking**	**129**	**153**	**43**	**53**	**33.3**	**34.6**
货币金融服务	Monetary and Financial Services	92	112	33	38	35.9	33.9
资本市场服务	Capital Market Services	25	30	7	12	28.0	40.0
保险业	Insurance	8	6	1	2	12.5	33.3
其他金融业	Others	4	5	2	1	50.0	20.0
房地产业	**Real Estate**	**2220**	**2651**	**967**	**1233**	**43.6**	**46.5**
房地产业	Real Estate	2220	2651	967	1233	43.6	46.5
租赁和商务服务业	**Renting and Business Services**	**351**	**508**	**120**	**175**	**34.2**	**34.4**
租赁业	Leasing	7	15	1	10	14.3	66.7
商务服务业	Commercial Services	344	493	119	165	34.6	33.5
科学研究和技术服务业	**Scientific Research and Technical Services**	**157**	**225**	**44**	**79**	**28.0**	**35.1**
研究与试验发展	Research and Experiment Development	36	43	12	14	33.3	32.6
专业技术服务业	Technical Services	85	113	25	33	29.4	29.2
科技推广和应用服务业	Promotion and Application of Science and Technology Services	36	69	7	32	19.4	46.4
水利、环境和公共设施管理业	**Water Conservancy, Environment and Public Facilities Management**	**4817**	**5959**	**1949**	**2713**	**40.5**	**45.5**
水利管理业	Water Conservancy	851	1105	377	521	44.3	47.1
生态保护和环境治理业	Ecological Protection and Environmental Management	184	258	79	107	42.9	41.5

续表 4 Continued

指标	Item	施工项目个数(个) Number of Projects under Construction (units)		投产项目个数(个) Number of Projects Completed and Put Into Use (units)		项目建成投产率(%) Rate of Projects Completed and Put Into Use (%)	
		2012	2013	2012	2013	2012	2013
公共设施管理业	Public Facilities	3782	4596	1493	2085	39.5	45.4
居民服务、修理和其他服务业	**Service for the Residents, Repair and Others**	**166**	**185**	**103**	**82**	**62.0**	**44.3**
居民服务业	Resident Services	145	155	87	73	60.0	47.1
机动车、电子产品和日用产品修理业	Motor Vehicles, Electronics and Household Goods Repair Industry	17	19	14	6	82.4	31.6
其他服务业	Other Services	4	11	2	3	50.0	27.3
教育	**Education**	**1038**	**1134**	**391**	**416**	**37.7**	**36.7**
教育	Education	1038	1134	391	416	37.7	36.7
卫生和社会工作	**Health Care and Social Work**	**421**	**455**	**150**	**175**	**35.6**	**38.5**
卫生	Health Care	299	320	96	109	32.1	34.1
社会工作	Social Work	122	135	54	66	44.3	48.9
文化、体育和娱乐业	**Culture, Sports and Recreation**	**604**	**769**	**295**	**373**	**48.8**	**48.5**
新闻和出版业	News and Publishing	4	1	3		75.0	
广播、电视、电影和影视录音制作业	Television, Radio, Film and Television Sound Recording Production	36	46	13	22	36.1	47.8
文化艺术业	Culture and Arts	353	470	175	221	49.6	47.0
体育	Sports	88	125	29	56	33.0	44.8
娱乐业	Recreation	123	127	75	74	61.0	58.3
公共管理、社会保障和社会组织	**Public Administration, Social Security and Social Organization**	**1140**	**1216**	**553**	**649**	**48.5**	**53.4**
中国共产党机关	Communist Party Agencies	2	1	1		50.0	
国家机构	Government Agencies	699	692	275	294	39.3	42.5
人民政协、民主党派	The CPPCC, Democratic Parties						
社会保障	Social Security	3	11		6		54.5
群众团体、社会团体和其他成员组织	Mass Organizations, Social Groups and Other Members of the Organization	145	275	82	200	56.6	72.7
基层群众自治组织	Mass Grassroot Organizations	291	237	195	149	67.0	62.9

3－5 分行业固定资产投资和新增固定资产
Investment and Newly Increased Fixed Assets by Sector

指标	Item	投资额（万元）Investment (10000 yuan)		新增固定资产（万元）Newly Increased Fixed Assets (10000 yuan)		固定资产交付使用率(%) Rate of Fixed Put into Use(%)	
		2012	2013	2012	2013	2012	2013
总计	**Total**	**170959606**	**201940713**	**86614408**	**111046326**	**51**	**55**
第一产业	Primary Industry	1584121	2009775	1073663	1632000	68	81
第二产业	Secondary Industry	60935326	70615379	38952605	49649607	64	70
第三产业	Tertiary Industry	108440159	129315559	46588140	59764719	43	46
按国民经济行业分组	**by Sector**						
农林牧渔业	**Farming, Forestry, Animal Husbandry and Fishery**	**1584121**	**2009775**	**1073663**	**1632000**	**68**	**81**
农业	Farming	477401	786510	299123	512123	63	65
林业	Forestry	121993	143660	68538	128243	56	89
畜牧业	Animal Husbandry	149055	140114	125245	99421	84	71
渔业	Fishery	261241	324318	191229	257679	73	79
农、林、牧、渔服务业	Services	574431	615173	389528	634534	68	103
采矿业	**Mining and Quarrying**	**330337**	**451108**	**288472**	**309882**	**87**	**69**
煤炭开采和洗选业	Coal Mining and Dressing	1912	1819		40		2
石油和天然气开采业	Petroleum and Natural Gas Extraction						
黑色金属矿采选业	Ferrous Metals Mining and Dressing	7688	9673	638	6423	8	66
有色金属矿采选业	Nonferrous Metals Mining and Dressing	17824	63351	9362	39124	53	62
非金属矿采选业	Nonmetal Minerals Mining and Dressing	279614	374487	252243	263795	90	70
开采辅助活动	Supplementary Activities for Mining	18510	778	18510		100	
其他采矿业	Other Minerals Mining and Dressing	4789	1000	7719	500	161	50
制造业	**Manufacturing**	**53053845**	**61338871**	**35673418**	**44702192**	**67**	**73**
农副食品加工业	Non－staple Food Processing	723856	827322	483033	588406	67	71
食品制造业	Food Manufacturing	614137	699097	289821	364933	47	52
酒、饮料和精制茶制造业	Wine, Soft Drinks and Refined Tea Manufacturing	487542	414074	353180	289037	72	70
烟草制品业	Tobacco Production	123056	134072		418369		312
纺织业	Textile Industry	4231036	4822540	3445362	3276115	81	68
纺织服装、服饰业	Garments and Apparel Industryindustry	1538082	1628979	1250293	1358530	81	83

续表 1 Continued

指标	Item	投资额（万元）Investment (10000 yuan)		新增固定资产（万元）Newly Increased Fixed Assets (10000 yuan)		固定资产交付使用率(%) Rate of Fixed Put into Use(%)	
		2012	2013	2012	2013	2012	2013
皮革、毛皮、羽毛及其制品和制鞋业	Leather, Furs, Down and Related Production, Shoes Manufacturing	798690	983978	643826	793173	81	81
木材加工及木、竹、藤、棕、草制品业	Timber Processing, Bamboo, Cane Palm Fiber and Straw Production Timber Processing, Bamboo, Cane Palm Fiber and StrawProduction	567325	521285	543807	427242	96	82
家具制造业	Furniture Manufacturing	804572	842137	623761	637917	78	76
造纸及纸制品业	Papermaking and Paper Production	1316907	1377333	1061489	983390	81	71
印刷和记录媒介复制业	Printing and Record Medium Reproduction	519037	635225	477926	412448	92	65
文教、工美、体育和娱乐用品制造业	Cultural and Educational, Arts and Crafts, Sports and Entertainment Goods	1062911	1258368	674877	857271	63	68
石油加工、炼焦及核燃料加工业	Petroleum Processing, Cooking and Nuclear Fuel Processing	244071	473900	102329	196018	42	41
化学原料及化学制品制造业	Raw Chemical Materials and Chemical Production	4251238	4407043	3160328	3101693	74	70
医药制造业	Medical and Pharmaceutical Production	1254223	1622939	633878	1136828	51	70
化学纤维制造业	Chemical Fiber	1710643	2027448	956231	901319	56	44
橡胶和塑料制品业	Rubber and Plastic Production	2724401	3059685	1628971	2207263	60	72
非金属矿物制品业	Nonmetal Mineral Production	2128482	2544078	1554262	1733991	73	68
黑色金属冶炼及压延加工业	Smelting and Pressing of Ferrous MetalsMetals	1229616	977923	790766	2507230	64	256
有色金属冶炼及压延加工业	Smelting and Pressing of Nonferrous Metals	955728	977010	558278	582519	58	60
金属制品业	Metal Production	3362071	3718530	2318783	2856341	69	77
通用设备制造业	Ordinary Machinery	5208324	6670920	3447968	4864797	66	73
专用设备制造业	For Special Purpose Equipment Manufacturing	2897987	4131722	1839633	2758714	63	67
汽车制造业	Automotive Manufacturing	3608141	4915002	1881810	2946930	52	60
铁路、船舶、航空航天和其他运输设备制造业	Railway, Shipbuilding, Aerospace and other Transport Equipment	1690756	1516985	1112668	1503263	66	99
电气机械及器材制造业	Electric Equipment and Machinery	5485045	5738401	3796503	4354510	69	76
计算机、通信和其他电子设备制造业	Computers, Communications and Other Electronic Equipment Manufacturing	2117905	2571572	1222157	1597500	58	62

续表 2 Continued

指标	Item	投资额（万元）Investment (10000 yuan)		新增固定资产（万元）Newly Increased Fixed Assets (10000 yuan)		固定资产交付使用率(%) Rate of Fixed Put into Use(%)	
		2012	2013	2012	2013	2012	2013
仪器仪表制造业	Instruments Manufacturing	535361	620996	313305	352402	59	57
其他制造业	Other Manufacturing	453539	722479	332933	408129	73	56
废弃资源综合利用业	Comprehensive Utilization of Waste Resources	255939	333894	76182	193527	30	58
金属制品、机械和设备修理业	Metal Products, Machinery and Equipment Repair Industry	153224	163934	99058	92387	65	56
电力、热力、燃气及水生产和供应业	**Electricity, Heating Power, Gas and Water Production and Supply**	**7279187**	**8458933**	**2855728**	**4476010**	**39**	**53**
电力、热力生产和供应业	Production and Supply of Electricity and Heating Power	5411279	6421486	1801771	2779869	33	43
燃气生产和供应业	Production and Supply of Gas	573434	662332	157650	587829	27	89
水的生产和供应业	Production and Supply of Water	1294474	1375115	896307	1108312	69	81
建筑业	**Construction**	**271957**	**366467**	**134987**	**161523**	**50**	**44**
房屋建筑业	Housing	70745	52237	28401	23604	40	45
土木工程建筑业	Civil Engineering	154400	286889	83576	114476	54	40
建筑安装业	Installation	13376	4294	3845	1680	29	39
建筑装饰和其他建筑业	Building Decoration and Others	33436	23047	19165	21763	57	94
批发和零售业	**Wholesale and Retail Trade**	**3206481**	**4051651**	**1967657**	**1689296**	**61**	**42**
批发业	Wholesale	943581	1669560	1111024	478621	118	29
零售业	Retail Sale	2262900	2382091	856633	1210675	38	51
交通运输、仓储和邮政业	**Transport, Storage and Post**	**13302973**	**14503386**	**8193524**	**10049182**	**62**	**69**
铁路运输业	Railway Transport	895039	970096	126480	2005476	14	207
道路运输业	Highway Transport	8688143	9832168	5054541	5485412	58	56
水上运输业	Waterway Transport	1911940	1795626	1147335	1728446	60	96
航空运输业	Air Transport	324378	136793	952479	7001	294	5
管道运输业	Pipeline Transport	43975	18873	10692	11825	24	63
装卸搬运和运输代理业	Carrying and Transportation Agents	218549	230308	163738	126404	75	55
仓储业	Storage	1213436	1504952	732931	683098	60	45
邮政业	Postal Services	7513	14570	5328	1520	71	10

续表 3 Continued

指标	Item	投资额（万元）Investment (10000 yuan)		新增固定资产（万元）Newly Increased Fixed Assets (10000 yuan)		固定资产交付使用率(%) Rate of Fixed Put into Use(%)	
		2012	2013	2012	2013	2012	2013
住宿和餐饮业	**Hotels and Catering Services**	**2128707**	**2281626**	**1164669**	**1247862**	**55**	**55**
住宿业	Hotels	1657054	1711487	842586	868001	51	51
餐饮业	Catering Services	471653	570139	322083	379861	68	67
信息传输、软件和信息技术服务业	**Information Transmission, Software and Information Technology Services**	**1110178**	**1360047**	**462819**	**471451**	**42**	**35**
电信、广播电视和卫星传输服务	Telecommunication, Radio and Television, Satellite Transmission Services	582190	623497	423429	328113	73	53
互联网和相关服务	Internet and Related Services	254031	284600	6035	14707	2	5
软件和信息技术服务业	Software and Information Technology Services	273957	451950	33355	128631	12	28
金融业	**Banking**	**928641**	**948433**	**260785**	**298006**	**28**	**31**
货币金融服务	Monetary and Financial Services	503000	660988	224417	249317	45	38
资本市场服务	Capital Market Services	95268	131732	14208	33598	15	26
保险业	Insurance	232778	85204	3542	14591	2	17
其他金融业	Others	97595	70509	18618	500	19	1
房地产业	**Real Estate**	**63304488**	**75183455**	**21118451**	**28460611**	**33**	**38**
房地产业	Real Estate	63304488	75183455	21118451	28460611	33	38
租赁和商务服务业	**Renting and Business Services**	**2220459**	**3401463**	**699982**	**1383543**	**32**	**41**
租赁业	Leasing	19113	210415	4350	194783	23	93
商务服务业	Commercial Services	2201346	3191048	695632	1188760	32	37
科学研究和技术服务业	**Scientific Research and Technical Services**	**588944**	**867114**	**125542**	**600416**	**21**	**69**
研究与试验发展	Research and Experiment Development	123127	220861	44521	68714	36	31
专业技术服务业	Technical Services	269540	337659	51794	146353	19	43
科技推广和应用服务业	Promotion and Application of Science and Technology Services	196277	308594	29227	385349	15	125
水利、环境和公共设施管理业	**Water Conservancy, Environment and Public Facilities Management**	**13835710**	**17591547**	**7726854**	**10183190**	**56**	**58**
水利管理业	Water Conservancy	2949003	3860424	1321526	1938185	45	50
生态保护和环境治理业	Ecological Protection and Environmental Management	309557	615398	221219	318234	71	52

续表 4　Continued

指标	Item	投资额（万元）Investment（10000 yuan）		新增固定资产（万元）Newly Increased Fixed Assets（10000 yuan）		固定资产交付使用率（%）Rate of Fixed Put into Use(%)	
		2012	2013	2012	2013	2012	2013
公共设施管理业	Public Facilities	10577150	13115725	6184109	7926771	58	60
居民服务、修理和其他服务业	**Service for the Residents, Repair and Others**	**312686**	**297284**	**236931**	**146092**	**76**	**49**
居民服务业	Resident Services	288954	210207	214947	130158	74	62
机动车、电子产品和日用产品修理业	Motor Vehicles, Electronics and Household Goods Repair Industry	19747	55598	20868	8570	106	15
其他服务业	Other Services	3985	31479	1116	7364	28	23
教育	**Education**	**1998335**	**2533326**	**1166711**	**1599969**	**58**	**63**
教育	Education	1998335	2533326	1166711	1599969	58	63
卫生和社会工作	**Health Care and Social Work**	**1252279**	**1481800**	**809421**	**767180**	**65**	**52**
卫生	Health Care	1025179	1185159	703029	586836	69	50
社会工作	Social Work	227100	296641	106392	180344	47	61
文化、体育和娱乐业	**Culture,Sports and Recreation**	**2077372**	**2689554**	**1122577**	**1452334**	**54**	**54**
新闻和出版业	News and Publishing	11060	4103	17308		156	
广播、电视、电影和影视录音制作业	Television, Radio, Film and Television Sound Recording Production	187149	162677	42742	64398	23	40
文化艺术业	Culture and Arts	953701	1427206	749029	889500	79	62
体育	Sports	469071	695207	57844	228816	12	33
娱乐业	Recreation	456391	400361	255654	269620	56	67
公共管理、社会保障和社会组织	**Public Administration, Social Security and Social Organization**	**2172906**	**2124873**	**1532217**	**1415587**	**71**	**67**
中国共产党机关	Communist Party Agencies	16358	15608	1019		6	
国家机构	Government Agencies	1321950	1279988	1035300	794247	78	62
人民政协、民主党派	The CPPCC, Democratic Parties						
社会保障	Social Security	5747	9154		16798		184
群众团体、社会团体和其他成员组织	Mass Organizations, Social Groups and Other Members of the Organization	260105	368793	161565	318162	62	86
基层群众自治组织	Mass Grassroot Organizations	568746	451330	334333	286380	59	63

3-6 分行业施工和竣工面积(2013年)
Floor Space of Buildings Under Construction and Completed by Sector(2013)

指标	Item	房屋施工面积(平方米) Floor Space of Buildings Under Construction (sq. m)	住宅 Residential Buildings	房屋竣工面积(平方米) Floor Space of Buildings Completed (sq. m)	住宅 Residential Buildings	房屋建筑面积竣工率(%) Rate of Floor Space of Buildings Completed (%)	住宅 Residential Buildings
总计	**Total**	**830845033**	**293794086**	**188818385**	**46929402**	**22.7**	**16.0**
第一产业	Primary Industry	2300014	13608	1017535	10083	44.2	74.1
第二产业	Secondary Industry	219683360	721980	89183804	435243	40.6	60.3
第三产业	Tertiary Industry	608861659	293058498	98617046	46484076	16.2	15.9
按国民经济行业分组	**by Sector**						
农林牧渔业	**Farming, Forestry, Animal Husbandry and Fishery**	**2300014**	**13608**	**1017535**	**10083**	**44.2**	**74.1**
农业	Farming	523030	3681	128125	156	24.5	4.2
林业	Forestry	47292		11783		24.9	
牧业	Animal Husbandry	638633		267422		41.9	
渔业	Fishery	471153		454408		96.4	
农、林、牧、渔服务业	Services	619906	9927	155797	9927	25.1	100.0
采矿业	**Mining and Quarrying**	**167552**	**3425**	**100747**	**2975**	**60.1**	**86.9**
煤炭开采和洗选业	Coal Mining and Dressing	2850		350		12.3	
石油和天然气开采业	Petroleum and Natural Gas Extraction						
黑色金属矿采选业	Ferrous Metals Mining and Dressing	10300		10300		100.0	
有色金属矿采选业	Nonferrous Metals Mining and Dressing	18800		8300		44.1	
非金属矿采选业	Nonmetal Minerals Mining and Dressing	135602	3425	81797	2975	60.3	86.9
开采辅助活动	Supplementary Activities for Mining						
其他采矿业	Other Minerals Mining and Dressing						
制造业	**Manufacturing**	**214956030**	**624369**	**87657710**	**359348**	**40.8**	**57.6**
农副食品加工业	Non-staple Food Processing	3742133	6010	1386163	6010	37.0	100.0
食品制造业	Food Manufacturing	2025134		690609		34.1	
酒、饮料和精制茶制造业	Wine, Soft Drinks and Refined Tea Manufacturing	1344306	900	560667	900	41.7	100.0
烟草制品业	Tobacco Production	625863		298349		47.7	
纺织业	Textile Industry	14597829	8332	7629284	8332	52.3	100.0
纺织服装、服饰业	Garments and Apparel Industryindustry	8112588	190006	3571319	136800	44.0	72.0

续表 1 Continued

指标	Item	房屋施工面积（平方米）Floor Space of Buildings Under Construction（sq. m）	住宅 Residential Buildings	房屋竣工面积（平方米）Floor Space of Buildings Completed（sq. m）	住宅 Residential Buildings	房屋建筑面积竣工率（%）Rate of Floor Space of Buildings Completed（%）	住宅 Residential Buildings
皮革、毛皮、羽毛及其制品和制鞋业	Leather, Furs, Down and Related Production, Shoes Manufacturing	4758506	14127	1779838	960	37.4	6.8
木材加工及木、竹、藤、棕、草制品业	Timber Processing, Bamboo, Cane Palm Fiber and Straw Production	1673572		798915		47.7	
家具制造业	Furniture Manufacturing	3563334	3500	1605233		45.0	
造纸及纸制品业	Papermaking and Paper Production	4035806		1884014		46.7	
印刷和记录媒介复制业	Printing and Record Medium Reproduction	2051272		592812		28.9	
文教、工美、体育和娱乐用品制造业	Cultural and Educational, Arts and Crafts, Sports and Entertainment Goods	5904606	5738	2233771	5738	37.8	100.0
石油加工、炼焦及核燃料加工业	Petroleum Processing, Cooking and Nuclear Fuel Processing	269290		136418		50.7	
化学原料及化学制品制造业	Raw Chemical Materials and Chemical Production	7232298		2235559		30.9	
医药制造业	Medical and Pharmaceutical Production	5370020		1661260		30.9	
化学纤维制造业	Chemical Fiber	5579740		1636793		29.3	
橡胶和塑料制品业	Rubber and Plastic Production	9449419	17047	4901635	6800	51.9	39.9
非金属矿物制品业	Nonmetal Mineral Production	6842903	890	2842687	890	41.5	100.0
黑色金属冶炼及压延加工业	Smelting and Pressing of Ferrous MetalsMetals	5323671	47600	3998816	47600	75.1	100.0
有色金属冶炼及压延加工业	Smelting and Pressing of Nonferrous Metals	2816471	32113	1047994		37.2	
金属制品业	Metal Production	13367074	22600	6420032	2600	48.0	11.5
通用设备制造业	Ordinary Machinery	25874839	30478	10661342	12445	41.2	40.8
专用设备制造业	For Special Purpose Equipment Manufacturing	16151807	15375	6607163	800	40.9	5.2
汽车制造业	Automotive Manufacturing	16448913	61006	5378130	52196	32.7	85.6
铁路、船舶、航空航天和其他运输设备制造业	Railway, Shipbuilding, Aerospace and other Transport Equipment	3085891	10000	1468905	3000	47.6	30.0
电气机械及器材制造业	Electric Equipment and Machinery	27295053	70899	10625702	43297	38.9	61.1
计算机、通信和其他电子设备制造业	Computers, Communications and Other Electronic Equipment Manufacturing	10439906	57068	2710577	300	26.0	0.5

续表 2 Continued

指标	Item	房屋施工面积（平方米）Floor Space of Buildings Under Construction (sq. m)	住宅 Residential Buildings	房屋竣工面积（平方米）Floor Space of Buildings Completed (sq. m)	住宅 Residential Buildings	房屋建筑面积竣工率（%）Rate of Floor Space of Buildings Completed (%)	住宅 Residential Buildings
仪器仪表制造业	Instruments Manufacturing	3411325	180	885668	180	26.0	100.0
其他制造业	Other Manufacturing	2523817	26000	1236472	26000	49.0	100.0
废弃资源综合利用业	Comprehensive Utilization of Waste Resources	711891	4500	158713	4500	22.3	100.0
金属制品、机械和设备修理业	Metal Products, Machinery and Equipment Repair Industry	326753		12870		3.9	
电力、热力、燃气及水生产和供应业	**Electricity, Heating Power, Gas and Water Production and Supply**	**3928298**	**21266**	**1191718**		**30.3**	
电力、热力生产和供应业	Production and Supply of Electricity and Heating Power	2977291	10000	691614		23.2	
燃气生产和供应业	Production and Supply of Gas	161007	280	63466		39.4	
水的生产和供应业	Production and Supply of Water	790000	10986	436638		55.3	
建筑业	**Construction**	**631480**	**72920**	**233629**	**72920**	**37.0**	**100.0**
房屋建筑业	Housing	549822	72920	190336	72920	34.6	100.0
土木工程建筑业	Civil Engineering	45560		32952		72.3	
建筑安装业	Installation	24743		2983		12.1	
建筑装饰和其他建筑业	Building Decoration and Others	11355		7358		64.8	
批发和零售业	**Wholesale and Retail Trade**	**20049553**	**21876**	**3853390**	**6800**	**19.2**	**31.1**
批发业	Wholesale	7274140	15076	1082982		14.9	
零售业	Retail Sale	12775413	6800	2770408	6800	21.7	100.0
交通运输、仓储和邮政业	**Transport, Storage and Post**	**11392013**	**30000**	**2041987**	**30000**	**17.9**	**100.0**
铁路运输业	Railway Transport	421755		179103		42.5	
道路运输业	Highway Transport	5530223		482845		8.7	
水上运输业	Waterway Transport	435039		111060		25.5	
航空运输业	Air Transport	181031		6284		3.5	
管道运输业	Pipeline Transport	11391					
装卸搬运和运输代理业	Carrying and Transportation Agents	1230231		341861		27.8	
仓储业	Storage	3518890	30000	920834	30000	26.2	100.0
邮政业	Postal Services	63453					

续表 3 Continued

指标	Item	房屋施工面积（平方米）Floor Space of Buildings Under Construction (sq. m)	住宅 Residential Buildings	房屋竣工面积（平方米）Floor Space of Buildings Completed (sq. m)	住宅 Residential Buildings	房屋建筑面积竣工率（%）Rate of Floor Space of Buildings Completed (%)	住宅 Residential Buildings
住宿和餐饮业	**Hotels and Catering Services**	**8117287**	**297802**	**1826450**	**79934**	**22.5**	**26.8**
住宿业	Hotels	6750976	297802	1300334	79934	19.3	26.8
餐饮业	Catering Services	1366311		526116		38.5	
信息传输、软件和信息技术服务业	**Information Transmission, Software and Information Technology Services**	**4633428**		**250871**		**5.4**	
电信、广播电视和卫星传输服务	Telecommunication, Radio and Television, Satellite Transmission Services	238447		30981		13.0	
互联网和相关服务	Internet and Related Services	95500					
软件和信息技术服务业	Software and Information Technology Services	4299481		219890		5.1	
金融业	**Banking**	**3004101**		**283214**		**9.4**	
货币金融服务	Monetary and Financial Services	2101742		256640		12.2	
资本市场服务	Capital Market Services	280189		2500		0.9	
保险业	Insurance	456369		24074		5.3	
其他金融业	Others	165801					
房地产业	**Real Estate**	**486122412**	**289369715**	**72626753**	**45312140**	**14.9**	**15.7**
房地产业	Real Estate	486122412	289369715	72626753	45312140	14.9	15.7
租赁和商务服务业	**Renting and Business Services**	**16316599**	**658246**	**2560009**	**36347**	**15.7**	**5.5**
租赁业	Leasing	35861		6800		19.0	
商务服务业	Commercial Services	16280738	658246	2553209	36347	15.7	5.5
科学研究和技术服务业	**Scientific Research and Technical Services**	**4249784**	**29981**	**1030670**		**24.3**	
研究与试验发展	Research and Experiment Development	1492594		117513		7.9	
专业技术服务业	Technical Services	1784426		281535		15.8	
科技推广和应用服务业	Promotion and Application of Science and Technology Services	972764	29981	631622		64.9	
水利、环境和公共设施管理业	**Water Conservancy, Environment and Public Facilities Management**	**9926577**	**883657**	**2792383**	**416336**	**28.1**	**47.1**
水利管理业	Water Conservancy	298795		229160		76.7	
生态保护和环境治理业	Ecological Protection and Environmental Management	165221		14388		8.7	

续表 4 Continued

指标	Item	房屋施工面积（平方米）Floor Space of Buildings Under Construction (sq. m)	住宅 Residential Buildings	房屋竣工面积（平方米）Floor Space of Buildings Completed (sq. m)	住宅 Residential Buildings	房屋建筑面积竣工率（%）Rate of Floor Space of Buildings Completed (%)	住宅 Residential Buildings
公共设施管理业	Public Facilities	9462561	883657	2548835	416336	26.9	47.1
居民服务、修理和其他服务业	**Service for the Residents, Repair and Others**	**2981994**	**79188**	**180586**	**24200**	**6.1**	**30.6**
居民服务业	Resident Services	572947	79188	119011	24200	20.8	30.6
机动车、电子产品和日用产品修理业	Motor Vehicles, Electronics and Household Goods Repair Industry	79927		14955		18.7	
其他服务业	Other Services	2329120		46620		2.0	
教育	**Education**	**15940094**	**611233**	**4662596**	**192097**	**29.3**	**31.4**
教育	Education	15940094	611233	4662596	192097	29.3	31.4
卫生和社会工作	**Health Care and Social Work**	**9545005**	**438465**	**1631105**	**110948**	**17.1**	**25.3**
卫生	Health Care	7866495	164190	1187914		15.1	
社会工作	Social Work	1678510	274275	443191	110948	26.4	40.5
文化、体育和娱乐业	**Culture, Sports and Recreation**	**7173537**	**24144**	**1488697**	**24144**	**20.8**	**100.0**
新闻和出版业	News and Publishing						
广播、电视、电影和影视录音制作业	Television, Radio, Film and Television Sound Recording Production	286231		18687		6.5	
文化艺术业	Culture and Arts	3574007	6000	1047563	6000	29.3	100.0
体育	Sports	2603517		305246		11.7	
娱乐业	Recreation	709782	18144	117201	18144	16.5	100.0
公共管理、社会保障和社会组织	**Public Administration, Social Security and Social Organization**	**9409275**	**614191**	**3388335**	**251130**	**36.0**	**40.9**
中国共产党机关	Communist Party Agencies	98953					
国家机构	Government Agencies	5395456	586390	1634487	233279	30.3	39.8
人民政协、民主党派	The CPPCC, Democratic Parties						
社会保障	Social Security	24747		16781		67.8	
群众团体、社会团体和其他成员组织	Mass Organizations, Social Groups and Other Members of the Organization	1371498		606663		44.2	
基层群众自治组织	Mass Grassroot Organizations	2518621	27801	1130404	17851	44.9	64.2

3-7 国有及国有控股经济分行业投资和资金来源
Investment and Sources of Funds in State-owned and State-holding Units by Sector

单位:万元(10000 yuan)

指标	Item	2012	2013
投资总计	**Total investment**	**53679178**	**63659028**
第一产业	Primary Industry	619016	677336
第二产业	Secondary Industry	8741863	10311002
第三产业	Tertiary Industry	44318299	52670690
按国民经济行业分组	**By Sector**		
农林牧渔业	**Farming, Forestry, Animal Husbandry and Fishery**	**619016**	**677336**
农业	Farming	108909	164458
林业	Forestry	63580	66807
畜牧业	Animal Husbandry	8071	5938
渔业	Fishery	32242	31695
农林牧渔服务业	Services	406214	408438
采矿业	**Ming and Quarrying**	**20557**	**13941**
煤炭开采和洗选业	Coal Mining and Dressing		
石油和天然气开采业	Petroleum and Natural Gas Extraction		
黑色金属矿采选业	Ferrous Metals Mining and Dressing	638	
有色金属矿采选业	Nonferrous Metals Mining and Dressing		1600
非金属矿采选业	Nonmetal Minerals Mining and Dressing	5709	11563
开采辅助活动	Supplenmentary Activities for Mining	14210	778
其他采矿业	Other Minerals Mining and Dressing		
制造业	**Manufacturing**	**2475387**	**3277496**
农副食品加工业	Non-staple Food Processing	58612	90194
食品制造业	Food Manufacturing	26102	6665
酒、饮料和精制茶制造业	Wine, Soft Drinks and Refined Tea Manufacturing	14338	16911
烟草制品业	Tobacco Processing	123056	131971
纺织业	Textile Industry	38924	64335
纺织服装、服饰业	Garments and Apparel Industryindustry	49767	34101
皮革、毛皮、羽毛及其制品和制鞋业	Leather, Furs, Down and Related Production, Shoes Manufacturing	18191	15797
木材加工及木、竹、藤、棕、草制品业	Timber Processing, Bamboo, Cane Palm Fiber and Straw Production	636	
家具制造业	Furniture Manufacturing		5333
造纸及纸制品业	Papermaking and Paper Products	18165	6126
印刷和记录媒介的复制业	Printing and Record Medium Reproduction	17449	18967
文教、工美、体育和娱乐用品制造业	Cultural and Educational, Arts and Crafts, Sports and Entertainment Goods	4800	32134

续表 1 Continued 单位:万元(10000 yuan)

指标	Item	2012	2013
石油加工、炼焦及核燃料加工业	Petroleum Processing, Cooking and Nuclear Fuel Processing	66205	275110
化学原料及化学制品制造业	Raw Chemical Materials and Chemical Products	538207	454123
医药制造业	Medical and Pharmaceutical Production	79991	144317
化学纤维制造业	Chemical Fiber		7530
橡胶和塑料制品业	Rubber and Plastic Production	211864	254637
非金属矿物制品业	Nonmetal Mineral Production	41576	75500
黑色金属冶炼及压延加工业	Smelting and Pressing of Ferrous Metals	88279	100511
有色金属冶炼及压延加工业	Smelting and Pressing of Nonferrous Metals	18320	86403
金属制品业	Metal Production	19500	38427
通用设备制造业	Ordinary Machinery	120823	204129
专用设备制造业	For Special Purpose Equipment Manufacturing	122420	247655
汽车制造业	Automotive Manufacturing	116692	153847
铁路、船舶、航空航天和其他运输设备制造业	Railway, Shipbuilding, Aerospace and other Transport Equipment	223934	297892
电气机械及器材制造业	Electric Equipment and Machinery	96501	130217
计算机、通信和其他电子设备制造业	Computers, Communications and Other Electronic Equipment Manufacturing	175933	174405
仪器仪表制造业	Instruments Manufacturing	16996	13550
其他制造业	Other Manufacturing	132647	181163
废弃资源综合利用业	Comprehensive Utilization of Waste Resources	22787	2220
金属制品、机械和设备修理业	Metal products, machinery and Equipment Repair Industry	12672	13326
电力、热力、燃气及水生产和供应业	**Electricity, Heating Power, Gas and Water Production and Supply**	**6100194**	**6769052**
电力、热力的生产和供应业	Production and Supply of Electricity and Heating Power	4502120	5045105
燃气生产和供应业	Production and Supply of Gas	494508	558979
水的生产和供应业	Production and Supply of Water	1103566	1164968
建筑业	**Construction**	**145725**	**250513**
房屋建筑业	Housing	11836	8525
土木工程建筑业	Civil Engineering	127989	235791
建筑安装业	Installation		309
建筑装饰和其他建筑业	Building Decoration and Others	5900	5888
批发和零售业	**Wholesale and Retail Trade**	**483734**	**892910**
批发业	Wholesale	252978	471475
零售业	Retail Sale	230756	421435
交通运输、仓储和邮政业	**Transport, Storage and Post**	**11112874**	**11984159**

续表 2 Continued 单位:万元(10000 yuan)

指标	Item	2012	2013
铁路运输业	Railway Transport	864539	968652
道路运输业	Highway Transport	8083262	9116331
水上运输业	Waterway Transport	1055578	1059808
航空运输业	Air Transport	319428	120850
管道运输业	Pipeline Transport	39829	14656
装卸搬运和运输代理业	Carrying and Transportation Agents	81687	50704
仓储业	Storage	665223	643502
邮政业	Postal Services	3328	9656
住宿和餐饮业	**Hotels and Catering Services**	**328334**	**264628**
住宿业	Hotels	293717	217562
餐饮业	Catering Services	34617	47066
信息传输、软件和信息技术服务业	**Information Transmission, Software and Information Technology Services**	**799673**	**905737**
电信、广播电视和卫星传输服务	Telecommunication, Radio and Television, Satellite Transmission Services	477595	554489
互联网和相关服务	Internet and Related Services	240672	263591
软件和信息技术服务业	Software and Information Technology Services	81406	87657
金融业	**Banking**	**566127**	**425603**
货币金融服务	Monetary and Financial Services	280064	277571
资本市场服务	Capital Market Services	36029	50004
保险业	Insurance	229836	83744
其他金融业	Others	20198	14284
房地产业	**Real Estate**	**12402882**	**14313362**
房地产业	Real Estate	12402882	14313362
租赁和商务服务业	**Renting and Business Services**	**751909**	**1345011**
租赁业	Leasing	1401	29173
商务服务业	Commercial Services	750508	1315838
科学研究和技术服务业	**Scientific Research and Technical Services**	**369030**	**565936**
研究与试验发展	Research and Experiment Development	64772	123371
专业技术服务业	Technical Services	161839	241985
科技推广和应用服务业	Promotion and Application of Science and Technology Services	142419	200580
水利、环境和公共设施管理业	**Water Conservancy, Environment and Public Facilities Management**	**12214731**	**15576962**
水利管理业	Water Conservancy	2720586	3418767
生态保护和环境治理业	Ecological Protection and Environmental Management	266596	558582
公共设施管理业	Public Facilities	9227549	11599613

续表 3 Continued 单位:万元(10000 yuan)

指标	Item	2012	2013
居民服务、修理和其他服务业	**Service for the Residents, Repair and Others**	**162924**	**131931**
居民服务业	Resident Services	159444	96989
机动车、电子产品和日用产品修理业	Motor Vehicles, Electronics and Household Goods Repair Industry	3480	34142
其他服务业	Other Services		800
教育	**Education**	**1702442**	**2262904**
教育	Education	1702442	2262904
卫生和社会工作	**Health Care and Social Work**	**963771**	**1090004**
卫生	Health Care	874580	984207
社会工作	Social work	89191	105797
文化、体育和娱乐业	**Culture, Sports and Recreation**	**1107202**	**1596264**
新闻和出版业	News and Publishing	8045	4103
广播、电视、电影和影视录音制作业	Television, Radio, Film and Television Sound Recording Production	86904	65685
文化艺术业	Culture and Arts	662988	941447
体育	Sports	333496	547202
娱乐业	Recreation	15769	37827
公共管理、社会保障和社会组织	**Public Administration, Social Security and Social Organization**	**1352666**	**1315279**
中国共产党机关	Communist Party Agencies	16358	15608
国家机构	Government Agencies	1242934	1188835
人民政协、民主党派	The CPPCC, Democratic Parties		
社会保障	Social Security	5347	5911
群众团体、社会团体和其他成员组织	Mass Organizations, Social Groups and Other Members of the Organization	49836	62862
基层群众自治组织	Mass Grassroot Organizations	38191	42063
自年初累计资金来源合计	**Source of Funds**	**59901785**	**74198540**
上年末结余资金	Surplus Funds Last Year	5638946	6871947
本年资金来源小计	Funds This Year	54262839	67326593
#国家预算内资金	State Budgetary Appropriations	8744087	11365136
国内贷款	Domestic Loans	12427037	11882755
债券	Debenture	209312	103723
利用外资	Foreign Investment	38310	10413
自筹资金	Fundraising	27750173	36795091
其他资金	Others	5093920	7169475

3-8 非国有经济分行业投资和资金来源
Investment and Sources of Funds in Non-state-owned Units by Sector

单位:万元(10000 yuan)

指标	Item	2012	2013
投资总计	**Total investment**	**117280428**	**138281685**
第一产业	Primary Industry	965105	1332439
第二产业	Secondary Industry	52193463	60304377
第三产业	Tertiary Industry	64121860	76644869
按国民经济行业分组	**By Sector**		
农林牧渔业	**Farming, Forestry, Animal Husbandry and Fishery**	**965105**	**1332439**
农业	Farming	368492	622052
林业	Forestry	58413	76853
畜牧业	Animal Husbandry	140984	134176
渔业	Fishery	228999	292623
农林牧渔服务业	Services	168217	206735
采矿业	**Ming and Quarrying**	**309780**	**437167**
煤炭开采和洗选业	Coal Mining and Dressing	1912	1819
石油和天然气开采业	Petroleum and Natural Gas Extraction		
黑色金属矿采选业	Ferrous Metals Mining and Dressing	7050	9673
有色金属矿采选业	Nonferrous Metals Mining and Dressing	17824	61751
非金属矿采选业	Nonmetal Minerals Mining and Dressing	273905	362924
开采辅助活动	Supplenmentary Activities for Mining	4300	
其他采矿业	Other Minerals Mining and Dressing	4789	1000
制造业	**Manufacturing**	**50578458**	**58061375**
农副食品加工业	Non-staple Food Processing	665244	737128
食品制造业	Food Manufacturing	588035	692432
酒、饮料和精制茶制造业	Wine, Soft Drinks and Refined Tea Manufacturing	473204	397163
烟草制品业	Tobacco Processing		2101
纺织业	Textile Industry	4192112	4758205
纺织服装、服饰业	Garments and Apparel Industryindustry	1488315	1594878
皮革、毛皮、羽毛及其制品和制鞋业	Leather, Furs, Down and Related Production, Shoes Manufacturing	780499	968181
木材加工及木、竹、藤、棕、草制品业	Timber Processing, Bamboo, Cane Palm Fiber and Straw Production	566689	521285
家具制造业	Furniture Manufacturing	804572	836804
造纸及纸制品业	Papermaking and Paper Products	1298742	1371207
印刷和记录媒介的复制业	Printing and Record Medium Reproduction	501588	616258
文教、工美、体育和娱乐用品制造业	Cultural and Educational, Arts and Crafts, Sports and Entertainment Goods	1058111	1226234

续表 1 Continued　　单位:万元(10000 yuan)

指标	Item	2012	2013
石油加工、炼焦及核燃料加工业	Petroleum Processing, Cooking and Nuclear Fuel Processing	177866	198790
化学原料及化学制品制造业	Raw Chemical Materials and Chemical Products	3713031	3952920
医药制造业	Medical and Pharmaceutical Production	1174232	1478622
化学纤维制造业	Chemical Fiber	1710643	2019918
橡胶和塑料制品业	Rubber and Plastic Production	2512537	2805048
非金属矿物制品业	Nonmetal Mineral Production	2086906	2468578
黑色金属冶炼及压延加工业	Smelting and Pressing of Ferrous Metals	1141337	877412
有色金属冶炼及压延加工业	Smelting and Pressing of Nonferrous Metals	937408	890607
金属制品业	Metal Production	3342571	3680103
通用设备制造业	Ordinary Machinery	5087501	6466791
专用设备制造业	For Special Purpose Equipment Manufacturing	2775567	3884067
汽车制造业	Automotive Manufacturing	3491449	4761155
铁路、船舶、航空航天和其他运输设备制造业	Railway, Shipbuilding, Aerospace and other Transport Equipment	1466822	1219093
电气机械及器材制造业	Electric Equipment and Machinery	5388544	5608184
计算机、通信和其他电子设备制造业	Computers, Communications and Other Electronic Equipment Manufacturing	1941972	2397167
仪器仪表制造业	Instruments Manufacturing	518365	607446
其他制造业	Other Manufacturing	320892	541316
废弃资源综合利用业	Comprehensive Utilization of Waste Resources	233152	331674
金属制品、机械和设备修理业	Metal products, machinery and Equipment Repair Industry	140552	150608
电力、热力、燃气及水生产和供应业	**Electricity, Heating Power, Gas and Water Production and Supply**	**1178993**	**1689881**
电力、热力的生产和供应业	Production and Supply of Electricity and Heating Power	909159	1376381
燃气生产和供应业	Production and Supply of Gas	78926	103353
水的生产和供应业	Production and Supply of Water	190908	210147
建筑业	**Construction**	**126232**	**115954**
房屋建筑业	Housing	58909	43712
土木工程建筑业	Civil Engineering	26411	51098
建筑安装业	Installation	13376	3985
建筑装饰和其他建筑业	Building Decoration and Others	27536	17159
批发和零售业	**Wholesale and Retail Trade**	**2722747**	**3158741**
批发业	Wholesale	690603	1198085
零售业	Retail Sale	2032144	1960656
交通运输、仓储和邮政业	**Transport, Storage and Post**	**2190099**	**2519227**

续表 2 Continued 单位:万元(10000 yuan)

指标	Item	2012	2013
铁路运输业	Railway Transport	30500	1444
道路运输业	Highway Transport	604881	715837
水上运输业	Waterway Transport	856362	735818
航空运输业	Air Transport	4950	15943
管道运输业	Pipeline Transport	4146	4217
装卸搬运和运输代理业	Carrying and Transportation Agents	136862	179604
仓储业	Storage	548213	861450
邮政业	Postal Services	4185	4914
住宿和餐饮业	**Hotels and Catering Services**	**1800373**	**2016998**
住宿业	Hotels	1363337	1493925
餐饮业	Catering Services	437036	523073
信息传输、软件和信息技术服务业	**Information Transmission, Software and Information Technology Services**	**310505**	**454310**
电信、广播电视和卫星传输服务	Telecommunication, Radio and Television, Satellite Transmission Services	104595	69008
互联网和相关服务	Internet and Related Services	13359	21009
软件和信息技术服务业	Software and Information Technology Services	192551	364293
金融业	**Banking**	**362514**	**522830**
货币金融服务	Monetary and Financial Services	222936	383417
资本市场服务	Capital Market Services	59239	81728
保险业	Insurance	2942	1460
其他金融业	Others	77397	56225
房地产业	**Real Estate**	**50901606**	**60870093**
房地产业	Real Estate	50901606	60870093
租赁和商务服务业	**Renting and Business Services**	**1468550**	**2056452**
租赁业	Leasing	17712	181242
商务服务业	Commercial Services	1450838	1875210
科学研究和技术服务业	**Scientific Research and Technical Services**	**219914**	**301178**
研究与试验发展	Research and Experiment Development	58355	97490
专业技术服务业	Technical Services	107701	95674
科技推广和应用服务业	Promotion and Application of Science and Technology Services	53858	108014
水利、环境和公共设施管理业	**Water Conservancy, Environment and Public Facilities Management**	**1620979**	**2014585**
水利管理业	Water Conservancy	228417	441657
生态保护和环境治理业	Ecological Protection and Environmental Management	42961	56816
公共设施管理业	Public Facilities	1349601	1516112

续表 3 Continued 单位:万元(10000 yuan)

指标	Item	2012	2013
居民服务、修理和其他服务业	**Service for the Residents, Repair and Others**	**149762**	**165353**
居民服务业	Resident Services	129510	113218
机动车、电子产品和日用产品修理业	Motor Vehicles, Electronics and Household Goods Repair Industry	16267	21456
其他服务业	Other Services	3985	30679
教育	**Education**	**295893**	**270422**
教育	Education	295893	270422
卫生和社会工作	**Health Care and Social Work**	**288508**	**391796**
卫生	Health Care	150599	200952
社会工作	Social work	137909	190844
文化、体育和娱乐业	**Culture, Sports and Recreation**	**970170**	**1093290**
新闻和出版业	News and Publishing	3015	
广播、电视、电影和影视录音制作业	Television, Radio, Film and Television Sound Recording Production	100245	96992
文化艺术业	Culture and Arts	290713	485759
体育	Sports	135575	148005
娱乐业	Recreation	440622	362534
公共管理、社会保障和社会组织	**Public Administration, Social Security and Social Organization**	**820240**	**809594**
中国共产党机关	Communist Party Agencies		
国家机构	Government Agencies	79016	91153
人民政协、民主党派	The CPPCC, Democratic Parties		
社会保障	Social Security	400	3243
群众团体、社会团体和其他成员组织	Mass Organizations, Social Groups and Other Members of the Organization	210269	305931
基层群众自治组织	Mass Grassroot Organizations	530555	409267
自年初累计资金来源合计	**Source of Funds**	**157485990**	**195814657**
上年末结余资金	Surplus Funds Last Year	24797162	29209732
本年资金来源小计	Funds This Year	132688828	166604925
#国家预算内资金	State Budgetary Appropriations	548895	521098
国内贷款	Domestic Loans	15263240	20017432
债券	Debenture	12172	2800
利用外资	Foreign Investment	2078250	2431703
自筹资金	Fundraising	82213608	100485953
其他资金	Others	32572663	43145939

3-9 港澳台经济分行业投资和资金来源
Investment and Sources of Funds in HongKong, Macao and Taiwan Units by Sector

单位：万元(10000 yuan)

指标	Item	2012	2013
投资总计	**Total investment**	**8177416**	**11265937**
第一产业	Primary Industry	4920	3287
第二产业	Secondary Industry	3696722	4670190
第三产业	Tertiary Industry	4475774	6592460
按国民经济行业分组	**By Sector**		
农、林、牧、渔业	**Farming, Forestry, Animal Husbandry and Fishery**	**4920**	**3287**
农业	Farming	1920	2153
林业	Forestry		
畜牧业	Animal Husbandry		
渔业	Fishery		
农、林、牧、渔服务业	Services	3000	1134
采矿业	**Ming and Quarrying**	**5240**	
煤炭开采和洗选业	Coal Mining and Dressing		
石油和天然气开采业	Petroleum and Natural Gas Extraction		
黑色金属矿采选业	Ferrous Metals Mining and Dressing		
有色金属矿采选业	Nonferrous Metals Mining and Dressing		
非金属矿采选业	Nonmetal Minerals Mining and Dressing	5240	
开采辅助活动	Supplenmentary Activities for Mining		
其他采矿业	Other Minerals Mining and Dressing		
制造业	**Manufacturing**	**3551608**	**4335696**
农副食品加工业	Non-staple Food Processing	16625	21006
食品制造业	Food Manufacturing	103491	55919
酒、饮料和精制茶制造业	Wine, Soft Drinks and Refined Tea Manufacturing	18261	18183
烟草制品业	Tobacco Processing		2101
纺织业	Textile Industry	319344	332124
纺织服装、服饰业	Garments and Apparel Industryindustry	124953	156423
皮革、毛皮、羽毛及其制品和制鞋业	Leather, Furs, Down and Related Production, Shoes Manufacturing	96101	88143
木材加工及木、竹、藤、棕、草制品业	Timber Processing, Bamboo, Cane Palm Fiber and Straw Production	29250	40113
家具制造业	Furniture Manufacturing	62494	85528
造纸及纸制品业	Papermaking and Paper Products	55118	43542
印刷和记录媒介的复制业	Printing and Record Medium Reproduction	40500	19674
文教、工美、体育和娱乐用品制造业	Cultural and Educational, Arts and Crafts, Sports and Entertainment Goods	88188	71111

续表 1 Continued 单位：万元(10000 yuan)

指标	Item	2012	2013
石油加工、炼焦及核燃料加工业	Petroleum Processing, Cooking and Nuclear Fuel Processing	4717	171143
化学原料及化学制品制造业	Raw Chemical Materials and Chemical Products	279769	639508
医药制造业	Medical and Pharmaceutical Production	66297	93859
化学纤维制造业	Chemical Fiber	286696	323436
橡胶和塑料制品业	Rubber and Plastic Production	144237	120308
非金属矿物制品业	Nonmetal Mineral Production	122617	179086
黑色金属冶炼及压延加工业	Smelting and Pressing of Ferrous Metals	53315	39924
有色金属冶炼及压延加工业	Smelting and Pressing of Nonferrous Metals	31917	37511
金属制品业	Metal Production	153393	198690
通用设备制造业	Ordinary Machinery	337129	419086
专用设备制造业	For Special Purpose Equipment Manufacturing	182182	256421
汽车制造业	Automotive Manufacturing	198204	257980
铁路、船舶、航空航天和其他运输设备制造业	Railway, Shipbuilding, Aerospace and other Transport Equipment	27072	18721
电气机械及器材制造业	Electric Equipment and Machinery	393356	323066
计算机、通信和其他电子设备制造业	Computers, Communications and Other Electronic Equipment Manufacturing	249998	274767
仪器仪表制造业	Instruments Manufacturing	34002	17807
其他制造业	Other Manufacturing	10376	18634
废弃资源综合利用业	Comprehensive Utilization of Waste Resources	18806	11882
金属制品、机械和设备修理业	Metal products, machinery and Equipment Repair Industry	3200	
电力、热力、燃气及水生产和供应业	**Electricity, Heating Power, Gas and Water Production and Supply**	**137662**	**334494**
电力、热力的生产和供应业	Production and Supply of Electricity and Heating Power	125858	314774
燃气生产和供应业	Production and Supply of Gas	3204	9930
水的生产和供应业	Production and Supply of Water	8600	9790
建筑业	**Construction**	**2212**	
房屋建筑业	Housing		
土木工程建筑业	Civil Engineering	2212	
建筑安装业	Installation		
建筑装饰和其他建筑业	Building Decoration and Others		
批发和零售业	**Wholesale and Retail Trade**	**147513**	**130124**
批发业	Wholesale	22724	36297
零售业	Retail Sale	124789	93827
交通运输、仓储和邮政业	**Transport, Storage and Post**	**109565**	**193794**

续表 2 Continued 单位:万元(10000 yuan)

指标	Item	2012	2013
铁路运输业	Railway Transport		
道路运输业	Highway Transport		14661
水上运输业	Waterway Transport	55484	51211
航空运输业	Air Transport	14360	22393
管道运输业	Pipeline Transport		
装卸搬运和运输代理业	Carrying and Transportation Agents	7250	1925
仓储业	Storage	32471	103604
邮政业	Postal Services		
住宿和餐饮业	**Hotels and Catering Services**	**109086**	**139613**
住宿业	Hotels	105358	124206
餐饮业	Catering Services	3728	15407
信息传输、软件和信息技术服务业	**Information Transmission, Software and Information Technology Services**	**353144**	**361183**
电信、广播电视和卫星传输服务	Telecommunication, Radio and Television, Satellite Transmission Services	79003	29152
互联网和相关服务	Internet and Related Services	227839	257123
软件和信息技术服务业	Software and Information Technology Services	46302	74908
金融业	**Banking**		**54539**
货币金融服务	Monetary and Financial Services		
资本市场服务	Capital Market Services		
保险业	Insurance		
其他金融业	Others		54539
房地产业	**Real Estate**	**3571089**	**5372340**
房地产业	Real Estate	3571089	5372340
租赁和商务服务业	**Renting and Business Services**	**110933**	**204782**
租赁业	Leasing	8307	49977
商务服务业	Commercial Services	102626	154805
科学研究和技术服务业	**Scientific Research and Technical Services**	**16226**	**11209**
研究与试验发展	Research and Experiment Development	1	3601
专业技术服务业	Technical Services	16225	5408
科技推广和应用服务业	Promotion and Application of Science and Technology Services		2200
水利、环境和公共设施管理业	**Water Conservancy, Environment and Public Facilities Management**	**1980**	**26143**
水利管理业	Water Conservancy		
生态保护和环境治理业	Ecological Protection and Environmental Management		
公共设施管理业	Public Facilities	1980	26143

续表 3 Continued 单位:万元(10000 yuan)

指标	Item	2012	2013
居民服务、修理和其他服务业	**Service for the Residents, Repair and Others**		
居民服务业	Resident Services		
机动车、电子产品和日用产品修理业	Motor Vehicles, Electronics and Household Goods Repair Industry		
其他服务业	Other Services		
教育	**Education**		**10089**
教育	Education		10089
卫生和社会工作	**Health Care and Social Work**	**35704**	**30187**
卫生	Health Care	35704	30187
社会工作	Social work		
文化、体育和娱乐业	**Culture, Sports and Recreation**	**20534**	**58457**
新闻和出版业	News and Publishing		
广播、电视、电影和影视录音制作业	Television, Radio, Film and Television Sound Recording Production		
文化艺术业	Culture and Arts	3055	12058
体育	Sports	2825	4000
娱乐业	Recreation	14654	42399
公共管理、社会保障和社会组织	**Public Administration, Social Security and Social Organization**		
中国共产党机关	Communist Party Agencies		
国家机构	Government Agencies		
人民政协、民主党派	The CPPCC, Democratic Parties		
社会保障	Social Security		
群众团体、社会团体和其他成员组织	Mass Organizations, Social Groups and Other Members of the Organization		
基层群众自治组织	Mass Grassroot Organizations		
自年初累计资金来源合计	**Source of Funds**	**10840888**	**16891701**
上年末结余资金	Surplus Funds Last Year	2139097	3830398
本年资金来源小计	Funds This Year	8701791	13061303
#国家预算内资金	State Budgetary Appropriations	2898	11832
国内贷款	Domestic Loans	1222984	1774867
债券	Debenture	9310	
利用外资	Foreign Investment	817956	945111
自筹资金	Fundraising	4419380	5996191
其他资金	Others	2229263	4333302

3-10 外商经济分行业投资和资金来源
Investment and Sources of Funds in Foreign-owned Units by Sector

单位:万元(10000 yuan)

指标	Item	2012	2013
投资总计	**Total investment**	**6052773**	**7576381**
第一产业	Primary Industry	3166	3879
第二产业	Secondary Industry	4191551	5238224
第三产业	Tertiary Industry	1858056	2334278
按国民经济行业分组	**By Sector**		
农、林、牧、渔业	**Farming, Forestry, Animal Husbandry and Fishery**	**3166**	**3879**
农业	Farming	3166	3219
林业	Forestry		
畜牧业	Animal Husbandry		
渔业	Fishery		
农林牧渔服务业	Services		660
采矿业	**Ming and Quarrying**	**2001**	
煤炭开采和选洗业	Coal Mining and Dressing		
石油和天然气开采业	Petroleum and Natural Gas Extraction		
黑色金属矿采选业	Ferrous Metals Mining and Dressing		
有色金属矿采选业	Nonferrous Metals Mining and Dressing		
非金属矿采选业	Nonmetal Minerals Mining and Dressing	2001	
开采辅助活动	Supplementary Activities for Mining		
其他采矿业	Other Minerals Mining and Dressing		
制造业	**Manufacturing**	**4062290**	**5107182**
农副食品加工业	Non-staple Food Processing	42468	28010
食品制造业	Food Manufacturing	147414	229229
酒、饮料和精制茶制造业	Wine, Soft Drinks and Refined Tea Manufacturing	139821	71176
烟草制品业	Tobacco Production		
纺织业	Textile Industry	170335	187308
纺织服装、服饰业	Garments and Apparel Industryindustry	58853	74388
皮革、毛皮、羽毛及其制品和制鞋业	Leather, Furs, Down and Related Production, Shoes Manufacturing	34222	46802
木材加工及木、竹、藤、棕、草制品业	Timber Processing, Bamboo, Cane Palm Fiber and Straw Production	13073	22891
家具制造业	Furniture Manufacturing	58973	56667
造纸及纸制品业	Papermaking and Paper Production	191940	177777
印刷和记录媒介复制业	Printing and Record Medium Reproduction	10	2700
文教、工美、体育和娱乐用品制造业	Cultural and Educational, Arts and Crafts, Sports and Entertainment Goods	42654	41339

续表 1 Continued 单位:万元(10000 yuan)

指标	Item	2012	2013
石油加工、炼焦及核燃料加工业	Petroleum Processing, Cooking and Nuclear Fuel Processing	17892	37786
化学原料及化学制品制造业	Raw Chemical Materials and Chemical Production	355018	477714
医药制造业	Medical and Pharmaceutical Production	180114	139910
化学纤维制造业	Chemical Fiber	100914	143185
橡胶和塑料制品业	Rubber and Plastic Production	176728	229517
非金属矿物制品业	Nonmetal Mineral Production	73016	103062
黑色金属冶炼及压延加工业	Smelting and Pressing of Ferrous MetalsMetals	114539	102598
有色金属冶炼及压延加工业	Smelting and Pressing of Nonferrous Metals	104155	49421
金属制品业	Metal Production	141123	207240
通用设备制造业	Ordinary Machinery	365587	401399
专用设备制造业	For Special For Special Purpose Equipment ManufacturingPurpose Equipment Manufacturing	153516	207235
汽车制造业	Automotive Manufacturing	753647	1338036
铁路、船舶、航空航天和其他运输设备制造业	Railway, Shipbuilding, Aerospace and other Transport Equipment	121189	118417
电气机械及器材制造业	Electric Equipment and Machinery	261741	305887
计算机、通信和其他电子设备制造业	Computers, Communications and Other Electronic Equipment Manufacturing	167652	200097
仪器仪表制造业	Instruments Manufacturing	44764	72649
其他制造业	Other Manufacturing	4486	17312
废弃资源综合利用业	Comprehensive Utilization of Waste Resources	17445	6484
金属制品、机械和设备修理业	Metal Products, Machinery and Equipment Repair Industry	9001	10946
电力、热力、燃气及水生产和供应业	**Electricity, Heating Power, Gas and Water Production and Supply**	**127260**	**130342**
电力、热力生产和供应业	Production and Supply of Electricity and Heating Power	87953	118049
燃气生产和供应业	Production and Supply of Gas	28114	9251
水的生产和供应业	Production and Supply of Water	11193	3042
建筑业	**Construction**		**700**
房屋建筑业	Housing		
土木工程建筑业	Civil Engineering		
建筑安装业	Installation		
建筑装饰和其他建筑业	Building Decoration and Others		700
批发和零售业	**Wholesale and Retail Trade**	**182218**	**191189**
批发业	Wholesale		179
零售业	Retail Sale	182218	191010
交通运输、仓储和邮政业	**Transport, Storage and Post**	**109249**	**135096**

续表 2 Continued 单位:万元(10000 yuan)

指标	Item	2012	2013
铁路运输业	Railway Transport		
道路运输业	Highway Transport	3325	5856
水上运输业	Waterway Transport	25509	11751
航空运输业	Air Transport		
管道运输业	Pipeline Transport		
装卸搬运和运输代理业	Carrying and Transportation Agents	3932	367
仓储业	Storage	76483	117122
邮政业	Postal Services		
住宿和餐饮业	**Hotels and Catering Services**	**80876**	**48686**
住宿业	Hotels	76776	36586
餐饮业	Catering Services	4100	12100
信息传输、软件和信息技术服务业	**Information Transmission, Software and Information Technology Services**	**20258**	**26464**
电信、广播电视和卫星传输服务	Telecommunication, Radio and Television, Satellite Transmission Services	830	5500
互联网和相关服务	Internet and Related Services		
软件和信息技术服务业	Software and Information Technology Services	19428	20964
金融业	**Banking**	**10059**	**1418**
货币金融服务	Monetary and Financial Services	10059	1418
资本市场服务	Capital Market Services		
保险业	Insurance		
其他金融业	Capital Market Services		
房地产业	**Real Estate**	**1338685**	**1657206**
房地产业	Real Estate	1338685	1657206
租赁和商务服务业	**Renting and Business Services**	**48602**	**123397**
租赁业	Leasing		27275
商务服务业	Commercial Services	48602	96122
科学研究和技术服务业	**Scientific Research and Technical Services**	**38668**	**27005**
研究与试验发展	Research and Experiment Development	18103	26425
专业技术服务业	Technical Services	20565	
科技推广和应用服务业	Promotion and Application of Science and Technology Services		580
水利、环境和公共设施管理业	**Water Conservancy, Environment and Public Facilities Management**	**16840**	**105963**
水利管理业	Water Conservancy	810	94114
生态保护和环境治理业	Ecological Protection and Environmental Management		

续表 3 Continued 单位:万元(10000 yuan)

指标	Item	2012	2013
公共设施管理业	Public Facilities	16030	11849
居民服务、修理和其他服务业	**Service for the Residents, Repair and Others**	**2500**	**538**
居民服务业	Resident Services		538
机动车、电子产品和日用产品修理业	Motor Vehicles, Electronics and Household Goods Repair Industry	2500	
其他服务业	Other Services		
教育	**Education**	**1070**	**1170**
教育	Education	1070	1170
卫生和社会工作	**Health Care and Social Work**		
卫生	Health Care		
社会工作	Social work		
文化、体育和娱乐业	**Culture, Sports and Recreation**	**7710**	**12172**
新闻和出版业	News and Publishing		
广播、电视、电影和影视录音制作业	Television, Radio, Film and Television Sound Recording Production		5000
文化艺术业	Culture and Arts	5490	5310
体育	Sports		
娱乐业	Recreation	2220	1862
公共管理、社会保障和社会组织	**Public Administration, Social Security and Social Organization**	**1321**	**3974**
中国共产党机关	Communist Party Agencies		
国家机构	Government Agencies		
人民政协、民主党派	The CPPCC, Democratic Parties		
社会保障	Social Security		
群众团体、社会团体和其他成员组织	Mass Organizations, Social Groups and Other Members of the Organization		2774
基层群众自治组织	Mass Grassroot Organizations	1321	1200
自年初累计资金来源合计	**Source of Funds**	**7095964**	**9417726**
上年末结余资金	Surplus Funds Last Year	973196	906492
本年资金来源小计	Funds This Year	6122768	8511234
#国家预算内资金	State Budgetary Appropriations	527	1460
国内贷款	Domestic Loans	634477	579578
债券	Debenture		
利用外资	Foreign Investment	1156778	1367924
自筹资金	Fundraising	3692861	5384042
其他资金	Others	638125	1178230

3－11 私营个体经济分行业投资和资金来源
Investment and Sources of Funds in Private－owned Units by Sector

单位:万元(10000 yuan)

指标	Item	2012	2013
投资总计	**Total investment**	**46562296**	**55643014**
第一产业	Primary Industry	380279	553108
第二产业	Secondary Industry	22427968	28321290
第三产业	Tertiary Industry	23754049	26768616
按国民经济行业分组	**By Sector**		
农、林、牧、渔业	**Farming, Forestry, Animal Husbandry and Fishery**	**380279**	**553108**
农业	Farming	140461	261759
林业	Forestry	28176	34558
畜牧业	Animal Husbandry	50752	73924
渔业	Fishery	119613	128212
农、林、牧、渔服务业	Services	41277	54655
采矿业	**Ming and Quarrying**	**141599**	**282989**
煤炭开采和洗选业	Coal Mining and Dressing	700	10
石油和天然气开采业	Petroleum and Natural Gas Extraction		
黑色金属矿采选业	Ferrous Metals Mining and Dressing	7050	7920
有色金属矿采选业	Nonferrous Metals Mining and Dressing	12169	58288
非金属矿采选业	Nonmetal Minerals Mining and Dressing	119731	216271
开采辅助活动	Supplenmentary Activities for Mining	800	
其他采矿业	Other Minerals Mining and Dressing	1149	500
制造业	**Manufacturing**	**21837520**	**27480542**
农副食品加工业	Non－staple Food Processing	352870	441092
食品制造业	Food Manufacturing	164483	189547
酒、饮料和精制茶制造业	Wine, Soft Drinks and Refined Tea Manufacturing	93218	129891
烟草制品业	Tobacco Processing		
纺织业	Textile Industry	1999039	2536837
纺织服装、服饰业	Garments and Apparel Industryindustry	777358	812151
皮革、毛皮、羽毛及其制品和制鞋业	Leather, Furs, Down and Related Production, Shoes Manufacturing	371423	543758
木材加工及木、竹、藤、棕、草制品业	Timber Processing, Bamboo, Cane Palm Fiber and Straw Production	276951	312399
家具制造业	Furniture Manufacturing	369411	365999
造纸及纸制品业	Papermaking and Paper Products	385263	689354
印刷业和记录媒介的复制	Printing and Record Medium Reproduction	200739	313851
文教、工美、体育和娱乐用品制造业	Cultural and Educational, Arts and Crafts, Sports and Entertainment Goods	569054	782703

续表 1 Continued 单位:万元(10000 yuan)

指标	Item	2012	2013
石油加工、炼焦及核燃料加工业	Petroleum Processing, Cooking and Nuclear Fuel Processing	43901	52929
化学原料及化学制品制造业	Raw Chemical Materials and Chemical Products	1448769	1376818
医药制造业	Medical and Pharmaceutical Production	270559	381957
化学纤维制造业	Chemical Fiber	555016	549859
橡胶和塑料制品业	Rubber and Plastic Production	1171852	1551863
非金属矿物制品业	Nonmetal Mineral Production	942657	1322558
黑色金属冶炼及压延加工业	Smelting and Pressing of Ferrous Metals	502364	463180
有色金属冶炼及压延加工业	Smelting and Pressing of Nonferrous Metals	461037	466248
金属制品业	Metal Production	1793831	2189471
通用设备制造业	Ordinary Machinery	2330775	3237595
专用设备制造业	For Special Purpose Equipment Manufacturing	1159355	1849493
汽车制造业	Automotive Manufacturing	1247037	1594620
铁路、船舶、航空航天和其他运输设备制造业	Railway, Shipbuilding, Aerospace and other Transport Equipment	601016	525249
电气机械及器材制造业	Electric Equipment and Machinery	2419365	2875620
计算机、通信和其他电子设备制造业	Computers, Communications and Other Electronic Equipment Manufacturing	732805	1119987
仪器仪表制造业	Instruments Manufacturing	236694	254958
其他制造业	Other Manufacturing	170301	286296
废弃资源综合利用业	Comprehensive Utilization of Waste Resources	138704	191800
金属制品、机械和设备修理业	Metal products, machinery and Equipment Repair Industry	51673	72459
电力、热力、燃气及水生产和供应业	**Electricity, Heating Power, Gas and Water Production and Supply**	**406063**	**516727**
电力、热力的生产和供应业	Production and Supply of Electricity and Heating Power	332685	419519
燃气生产和供应业	Production and Supply of Gas	35121	54393
水的生产和供应业	Production and Supply of Water	38257	42815
建筑业	**Construction**	**42786**	**41032**
房屋建筑业	Housing	7306	15373
土木工程建筑业	Civil Engineering	15511	10394
建筑安装业	Installation	11185	2955
建筑装饰和其他建筑业	Building Decoration and Others	8784	12310
批发和零售业	**Wholesale and Retail Trade**	**1064148**	**1294655**
批发业	Wholesale	319419	473023
零售业	Retail Sale	744729	821632
交通运输、仓储和邮政业	**Transport, Storage and Post**	**872202**	**998842**

续表 2 Continued 单位:万元(10000 yuan)

指标	Item	2012	2013
铁路运输业	Railway Transport		
道路运输业	Highway Transport	108351	123875
水上运输业	Waterway Transport	545368	514829
航空运输业	Air Transport		2900
管道运输业	Pipeline Transport		
装卸搬运和运输代理业	Carrying and Transportation Agents	63245	60564
仓储业	Storage	153028	291760
邮政业	Postal Services	2210	4914
住宿和餐饮业	**Hotels and Catering Services**	**900326**	**1001982**
住宿业	Hotels	667988	752668
餐饮业	Catering Services	232338	249314
信息传输、软件和信息技术服务业	**Information Transmission, Software and Information Technology Services**	**105854**	**211365**
电信、广播电视和卫星传输服务	Telecommunication, Radio and Television, Satellite Transmission Services	7641	
互联网和相关服务	Internet and Related Services	12324	13770
软件和信息技术服务业	Software and Information Technology Services	85889	197595
金融业	**Banking**	**22969**	**47644**
货币金融服务	Monetary and Financial Services	17089	29081
资本市场服务	Capital Market Services	5880	18563
保险业	Insurance		
其他金融业	Others		
房地产业	**Real Estate**	**19491684**	**21386690**
房地产业	Real Estate	19491684	21386690
租赁和商务服务业	**Renting and Business Services**	**539256**	**812076**
租赁业	Leasing	9000	64171
商务服务业	Commercial Services	530256	747905
科学研究和技术服务业	**Scientific Research and Technical Services**	**49570**	**107770**
研究与试验发展	Research and Experiment Development	3716	43054
专业技术服务业	Technical Services	26669	44045
科技推广和应用服务业	Promotion and Application of Science and Technology Services	19185	20671
水利、环境和公共设施管理业	**Water Conservancy, Environment and Public Facilities Management**	**247740**	**493472**
水利管理业	Water Conservancy	3725	114389
生态保护和环境治理业	Ecological Protection and Environmental Management	14727	8030
公共设施管理业	Public Facilities	229288	371053

续表 3 Continued 单位:万元(10000 yuan)

指标	Item	2012	2013
居民服务、修理和其他服务业	**Service for the Residents, Repair and Others**	**45071**	**48399**
居民服务业	Resident Services	34569	17997
机动车、电子产品和日用产品修理业	Motor Vehicles, Electronics and Household Goods Repair Industry	7692	5688
其他服务业	Other Services	2810	24714
教育	**Education**	**32457**	**23749**
教育	Education	32457	23749
卫生和社会工作	**Health Care and Social Work**	**62294**	**100422**
卫生	Health Care	34536	62114
社会工作	Social work	27758	38308
文化、体育和娱乐业	**Culture, Sports and Recreation**	**248941**	**234499**
新闻和出版业	News and Publishing		
广播、电视、电影和影视录音制作业	Television, Radio, Film and Television Sound Recording Production	16951	15584
文化艺术业	Culture and Arts	58242	70343
体育	Sports	77761	77463
娱乐业	Recreation	95987	71109
公共管理、社会保障和社会组织	**Public Administration, Social Security and Social Organization**	**71537**	**7051**
中国共产党机关	Communist Party Agencies		
国家机构	Government Agencies	27893	4249
人民政协、民主党派	The CPPCC, Democratic Parties		
社会保障	Social Security		
群众团体、社会团体和其他成员组织	Mass Organizations, Social Groups and Other Members of the Organization	43644	2802
基层群众自治组织	Mass Grassroot Organizations		
自年初累计资金来源合计	**Source of Funds**	**59516513**	**72902273**
上年末结余资金	Surplus Funds Last Year	7560358	7735265
本年资金来源小计	Funds This Year	51956155	65167008
#国家预算内资金	State Budgetary Appropriations	63064	80486
国内贷款	Domestic Loans	5366238	6942655
债券	Debenture	2062	500
利用外资	Foreign Investment	86798	92501
自筹资金	Fundraising	34653946	43456254
其他资金	Others	11784047	14594612

3-12 城镇固定资产投资(2010-2013年)
Investment in Fixed Assets in Urban Areas(2010-2013)

单位:万元(10000 yuan)

指标名称	Item	2010	2011	2012	2013
本年完成投资	**Investment Completed**	**84380751**	**103504542**	**121801160**	**144484795**
其中:非国有	Non-state	50000825	65754237	77975938	92777842
其中:民间投资	Private Investment	42468784	57543184	69218212	80504064
其中:房地产开发投资	Real Estate investment	30254250	44743479	52262667	62162493
其中:工业投资	Industrial Investment	23096518	25241123	28313348	33647723
其中:工业技术改造投资	Industrial Transformation Investment	12649857	13242293	16009403	20548095
按三次产业分:	**By Industry**				
第一产业	Primary Industry	221419	279869	419464	454316
第二产业	Secondary Industry	23409408	25501609	28474097	33907338
第三产业	Tertiary Industry	60749924	77723064	92907599	110123141
按登记注册类型分:	**by Registered Type**				
内资企业	Domestic Funded Enterprises	75469953	94044567	111188777	129756305
国有企业	State-owned Enterprises	23813380	26426330	31831401	36463766
集体企业	Collective Owned Enterprises	1101282	1082422	1678934	1963221
股份合作企业	Cooperative Enterprises	267755	231572	324968	287384
联营企业	Joint Ownership Enterprises	373059	656767	170553	157376
国有联营企业	State Joint Ownership Enterprises	354634	565075	122501	87374
集体联营企业	Collective Joint Ownership Enterprises	8740	4231	4115	1950
国有与集体联营企业	Joint State-collective Enterprises	5302	19659	43709	67630
其他联营企业	Other Joint Ownership Enterprises	4383	67802	228	422
有限责任公司	Limited Liability Corporations	28037307	36081192	41656864	50279789
国有独资公司	State Sole Funded Corporations	3292342	4047140	4544959	6939949
其他有限责任公司	Other Limited Liability Corporations	24744965	32034052	37111905	43339840
股份有限公司	Share-holding Corporations Ltd.	2569481	3057128	3881494	4306442
私营企业	Private Enterprises	18464831	25566472	31079854	35454966
其他	others	842858	942684	564709	843361
港、澳、台商投资企业	Enterprises With Funds From Hong KongMacao and Taiwan	4467425	5167586	6352775	9121488
外商投资企业	Foreign Funded Enterprises	4314602	4208172	4121608	5494831
个体经营	Individual	128771	84217	138000	112171

3－13 分行业城镇固定资产投资和资金来源(2013 年)
Urban Investment and Sources of Funds in Fixed Assets by Sector (2013)

单位:万元(10000 yuan)

指标名称	Item	2012	2013
按国民经济行业分	**By Sector**		
农、林、牧、渔业	**Farming, Forestry, Animal Husbandry and Fishery**	**419464**	**454316**
农业	Farming	71316	107771
林业	Forestry	41319	29874
牧业	Animal Husbandry	14572	20661
渔业	Fishery	67469	102595
农林牧渔服务业	Services	224788	193415
采矿业	**Mining and Quarrying**	**44341**	**90700**
煤炭开采和洗选业	Coal Mining and Dressing	1912	1819
石油和天然气开采业	Petroleum and Natural Gas Extraction		
黑色金属矿采选业	Ferrous Metals Mining and Dressing		
有色金属矿采选业	Nonferrous Metals Mining and Dressing		41468
非金属矿采选业	Nonmetal Minerals Mining and Dressing	27419	46135
开采辅助活动	Supplementary Activities for Mining	15010	778
其他采矿业	Other Minerals Mining and Dressing		500
制造业	**Manufacturing**	**22896779**	**27444670**
农副食品加工业	Non－staple Food Processing	301611	312395
食品制造业	Food Manufacturing	365794	435819
酒、饮料和精制茶制造业	Wine, Soft Drinks and Refined Tea Manufacturing	318724	204439
烟草制品业	Tobacco Production	123056	134072
纺织业	Textile Industry	1158999	1271342
纺织服装和服饰业	Garments and Apparel Industry	694331	918645
皮革、毛皮、羽毛及其制品和制鞋业	Leather, Furs, Down and Related Production, Shoes Manufacturing	317245	389477
木材加工及木、竹、藤、棕、草制品业	Timber Processing, Bamboo, Cane Palm Fiber and Straw Production	273926	246845
家具制造业	Furniture Manufacturing	318823	292105
造纸及纸制品业	Papermaking and Paper Production	671906	699669
印刷和记录媒介复制业	Printing and Record Medium Reproduction	210897	248007
文教、工美、体育和娱乐用品制造业	Cultural and Educational, Arts and Crafts, Sports and Entertainment Goods	440181	580134
石油加工、炼焦及核燃料加工业	Petroleum Processing, Cooking and Nuclear Fuel Processing	113957	325293
化学原料及化学制品制造业	Raw Chemical Materials and Chemical Production	2622017	2946755

续表 1　Continued　　单位:万元(10000 yuan)

指标名称	Item	2012	2013
医药制造业	Medical and Pharmaceutical Production	602330	840784
化学纤维制造业	Chemical Fiber	575540	760078
橡胶和塑料制品业	Rubber and Plastic Production	1074196	1089037
非金属矿物制品业	Nonmetal Mineral Production	687146	868355
黑色金属冶炼及压延加工业	Smelting and Pressing of Ferrous Metals	452776	436462
有色金属冶炼及压延加工业	Smelting and Pressing of Nonferrous Metals	351812	455308
金属制品业	Metal Production	1318552	1439587
通用设备制造业	Ordinary Machinery	2257159	2748996
专用设备制造业	For Special Purpose Equipment Manufacturing	1181792	1818849
汽车制造业	Automotive Manufacturing	1531860	2471072
铁路、船舶、航空航天和其他运输设备制造业	Railway, Shipbuilding, Aerospace and other Transport Equipment	587697	664261
电气机械及器材制造业	Electric Equipment and Machinery	2537934	2672459
计算机、通信和其他电子设备制造业	Computers, Communications and Other Electronic Equipment Manufacturing	1241794	1301268
仪器仪表制造业	Instruments Manufacturing	274111	359722
其他制造业	Other Manufacturing	204848	432136
废弃资源综合利用业	Comprehensive Utilization of Waste Resources	44240	59214
金属制品、机械和设备修理业	Metal Products, Machinery and Equipment Repair Industry	41525	22085
电力、燃气及水的生产和供应业	**Electricity, Heating Power, Gas and Water Production and Supply**	**5372228**	**6112353**
电力、热力的生产和供应业	Production and Supply of Electricity and Heating Power	4070876	4663671
燃气生产和供应业	Production and Supply of Gas	529222	613758
水的生产和供应业	Production and Supply of Water	772130	834924
建筑业	**Construction**	**160749**	**259615**
房屋建筑业	Housing	55359	28305
土木工程建筑业	Civil Engineering	92582	218298
建筑安装业	Installation	10086	3639
建筑装饰和其他建筑业	Building Decoration and Others	2722	9373
批发和零售业	**Wholesale and Retail Trade**	**2418147**	**2988667**
批发业	Wholesale	560998	1165943
零售业	Retail Sale	1857149	1822724
交通运输、仓储和邮政业	**Transport, Storage and Post**	**9869596**	**10428281**
铁路运输业	Railway Transport	866779	934052
道路运输业	Highway Transport	6282915	7192270

续表 2 Continued 单位:万元(10000 yuan)

指标名称	Item	2012	2013
水上运输业	Waterway Transport	1400087	1189898
航空运输业	Air Transport	312988	116343
管道运输业	Pipeline Transport	17271	4744
装卸搬运和其他运输服务业	Carrying and Transportation Agents	150578	128326
仓储业	Storage	836703	851102
邮政业	Postal Services	2275	11546
住宿和餐饮业	**Hotels and Catering Services**	**1516571**	**1426890**
住宿业	Hotels	1272433	1133400
餐饮业	Catering Services	244138	293490
信息传输和计算机服务和软件业	**Information Transmission, Software and Information Technology Services**	**1026468**	**1202234**
电信、广播电视和卫星传输服务业	Telecommunication, Radio and Television, Satellite Transmission Services	541356	592191
互联网和相关服务业	Internet and Related Services	241707	265036
软件和信息技术服务业	Software and Information Technology Services	243405	345007
金融业	**Finance**	**847847**	**863104**
货币金融业	Monetary and Financial Services	441389	594969
资本市场业	Capital Market Services	77565	115068
保险业	Insurance	231298	83744
其他金融业	Others	97595	69323
房地产业	**Real Estate**	**58897970**	**70323833**
房地产业	Real Estate	58897970	70323833
租赁和商务服务业	**Renting and Business Services**	**1686477**	**2686351**
租赁业	Leasing	7289	174124
商务服务业	Commercial Services	1679188	2512227
科学研究和技术服务业	**Scientific Research and Technical Services**	**485182**	**680300**
研究与试验发展	Research and Experiment Development	85404	182209
专业技术服务业	Technical Services	238071	262220
科技推广和应用服务业	Promotion and Application of Science and Technology Services	161707	235871
水利、环境和公共设施管理业	**Water Conservancy, Environment and Public Facilities Management**	**10689774**	**13168159**
水利管理业	Water Conservancy	2128712	2587076
生态保护和环境治理业	Ecological Protection and Environmental Management	175506	420937
公共设施管理业	Public Facilities	8385556	10160146

续表 3 Continued 单位:万元(10000 yuan)

指标名称	Item	2012	2013
居民服务和其他服务业	**Service for the Residents, Repair and Others**	**172789**	**92458**
居民服务业	Resident Services	154324	72445
机动车、电子产品和日用产品修理业	Motor Vehicles, Electronics and Household Goods Repair Industry	15087	14448
其他服务业	Other Services	3378	5565
教育	**Education**	**1454449**	**2046594**
教育	Education	1454449	2046594
卫生和社会工作	**Health Care and Social Work**	**980600**	**1047332**
卫生	Health Care	868844	949266
社会工作	Social work	111756	98066
文化、体育和娱乐业	**Culture, Sports and Recreation**	**1496036**	**2025523**
新闻出版业	News and Publishing	11060	4103
广播、电视、电影和影视录音制作业	Television, Radio, Film and Television Sound Recording Production	38752	74591
文化艺术业	Culture and Arts	702559	1120368
体育	Sports	401779	570143
娱乐业	Recreation	341886	256318
公共管理和社会组织	**Public Administration, Social Security and Social Organization**	**1365693**	**1143415**
中国共产党机关	Communist Party Agencies	16358	15608
国家机构	Government Agencies	1072298	915721
人民政协和民主党派	The CPPCC, Democratic Parties		
社会保障	Social Security	3537	2975
群众团体、社会团体和宗教组织	Mass Organizations, Social Groups and Other Members of the Organization	130620	110852
基层群众自治组织	Mass Grassroot Organizations	142880	98259
国际组织	**International Organizations**		
国际组织	The international organization		
新增固定资产	**Newly Increased Fixed Assets**	**55616801**	**71556535**
本年资金来源合计	**Total sources of funds this year**	**166016229**	**209286962**
上年末结余资金	Surplus Funds Last Year	28891352	34432208
本年资金来源小计	Funds This Year	137124877	174854754
国家预算内资金	State Budgetary Appropriations	7216163	9353206
国内贷款	Domestic Loans	22936976	27329345
债券	Debenture	172922	98966
利用外资	Foreign Investment	1287300	1639990
自筹资金	Fundraising	69069348	87325429
其他资金来源	Others	36442168	49107818

3-14 房地产开发投资主要指标(2008-2013年)
Main Indicators of Investment in Real Estate Development(2008-2013)

单位:万元(10000 yuan)

指标	Item	2008	2009	2010	2011	2012	2013
开发投资额	**Development**	**20231177**	**22542664**	**30254250**	**44743479**	**52262667**	**62162493**
按登记注册类型分	**by Registered Type**						
内资	Domestic Funded Enterprises	18599127	20521843	27805563	41459632	47451206	55720125
国有	State-owned Enterprises	656301	660546	570414	1042723	1824516	651550
集体	Collective Owned Enterprises	86280	101154	135423	144679	132220	112555
股份合作	Cooperative Enterprises	27417	90698	48680	54232	46491	25311
国有联营	State Joint Ownership Enterprises	90943	56245	49040	110640	87500	47000
集体联营	Collective Joint Ownership Enterprises						
国有与集体联营	State-collective Joint Enterprises	1087	379	3045	2310	81	257
其他联营	Other Joint Ownership Enterprises				30741		
国有独资公司	State Sole Funded Corporations	312954	424239	477464	1024887	1278560	2226464
其他有限责任公司	Other Limited Liability Corporations	9051924	9674632	14539330	20877131	24341795	30077866
股份有限公司	Share-holding Corporations Ltd.	836800	1039728	835702	937708	796715	928273
私营	Private Enterprises	7203952	8287717	10972057	17044362	18935691	21633460
其他	others	331469	186505	174408	190219	7637	17389
港澳台商投资	Investment From Hong Kong Macao and Taiwan	757479	1064832	1178549	1924228	3500933	4962008
外商投资企业	Investment from Foreign	874571	955989	1270138	1359619	1310528	1480360
按构成分	**By Structure**						
建筑工程	Construction	11069093	12078762	14848074	21202953	24652738	30367939
安装工程	Installation	926074	1203992	1586542	2055748	2794912	3529098
设备工器具购置	Purchase of Equipment and Instruments	244823	253561	302807	327366	415805	647061
其他费用	Others	7991187	9006349	13516827	21157412	24399212	27618395
旧建筑物购置费	Purchase of Old Buildings	10763	5626	28633	12850	5441	69309
土地购置费	Purchase of Land	6043533	6971415	11380203	17167893	19487536	21217263

续表 Continued

单位:万元(10000 yuan)

指标	Item	2008	2009	2010	2011	2012	2013
按用途分	**By Purpose**						
住宅	Residential Buildings	14265508	15813232	20581894	29439509	34367379	40892167
#别墅、高档公寓	Villas and High - grade	1444881	1373868	1864013	2398921	3055888	3625127
办公楼	Office Buildings	1374590	1472648	1929927	2939071	3058512	3774281
商业营业用房	Commercial Buildings	2087399	2509853	3563613	5322365	5849933	7175352
其他	Others	2503680	2746931	4178816	7042534	8986843	10320693
新增固定资产	Newly Increased Fixed Assets	11316600	10069785	13246205	15264439	16529603	20477551
购置的土地面积	Land Space Purchased(sq. m)	18342911	13083337	19599138	21888002	12561137	17607329
施工面积	Floor Space Under Construction (sq. m)	192733308	199326869	237818597	299273917	334229728	376472402
#住宅	Residential Buildings	136884433	139459813	161383510	196927713	216563846	238283084
竣工面积	Floor Space Completed(sq. m)	44582633	38438207	41158344	45285858	42929350	46923435
#住宅	Residential Buildings	32608268	27832306	27984311	30536125	29172640	31876188
销售面积	Floor Space of Selling House (sq. m)	29921980	55381334	48165283	35313567	40052939	48869875
#住宅	Residential Buildings	24807376	47601161	38337391	27571846	33162270	40976313
资金来源合计	**Source of Funds**	**36706349**	**52430976**	**69727920**	**103655603**	**89852065**	**117726276**
上年末结余资金	Surplus Funds Last Year	6834125	7147900	15211886	42021286	24543434	29143818
本年资金来源小计	Funds This Year	29872224	45283076	54516034	61634317	65308631	88582458
#国家预算内资金	State Budgetary Appropriations						
国内贷款	Domestic Loans	6646244	8641190	10236013	11316229	11254805	15906485
债券	Debenture						
利用外资	Foreign Investment	274651	154644	239592	395626	160046	470329
自筹资金	Fundraising	7566981	7829873	12888867	19638284	21785574	27650698
其他资金	Others	15384348	28657369	31151562	30284178	32108206	44554946

3－15 按资质等级分的房地产开发投资(2013 年)
Investment in Real Estate Development by Classification(2013)

单位:万元(10000 yuan)

指标	Item	投资额 Investment	一级 The First Grade	二级 The Second Grade	三级 The Third Grade
开发投资额	**Development**	**62162493**	**2655583**	**7745797**	**11406549**
按登记注册类型分	**by Register Type**				
内资	Domestic Funds	55720125	2583886	7530986	10711925
国有	State－owned	651550		100204	413478
集体	Collective Owned	112555		3404	39723
股份合作	Share－cooperative	25311		20165	5146
国有联营	State Joint	47000	47000		
集体联营	Collective Joint				
国有与集体联营	State－collective Joint	257			257
其他联营	Other Joint				
国有独资公司	State Sole Funds	2226464	36836	579953	867987
其他有限责任公司	Other Limited Liability Corporations	30077866	1228343	4087492	4868055
股份有限公司	Share－holding Corporations Ltd.	928273	377473	152907	76426
私营	Private	21633460	894234	2586861	4440853
其他	Others	17389			
港澳台商投资	Investment from HongKong,Macao andTaiwan	4962008	71697	165811	482718
外商投资	Investment from Foreign	1480360		49000	211906
按构成分	**by Structure**				
建筑工程	Construction	30367939	1345544	4191320	6629260
安装工程	Installation	3529098	139721	326358	867261
设备工器具购置	Purchase of Equipment and Instruments	647061	63868	70934	107056
其他费用	Others	27618395	1106450	3157185	3802972
旧建筑物购置费	Purchase of Old Buildings	69309		507	29199
土地购置费	Purchase of Land	21217263	715091	2180878	2577735

续表 Continued 单位:万元(10000 yuan)

指标	Item	投资额 Investment	一级 The First Grade	二级 The Second Grade	三级 The Third Grade
按用途分	**by Purpose**				
住宅	Residential Buildings	40892167	1924444	5330516	7700464
别墅、高档公寓	Villas and High - grade	3625127	99085	337633	1006111
办公楼	Office Buildings	3774281	85521	275809	668524
商业营业用房	Commercial Buildings	7175352	151029	680217	1196408
其他	Others	10320693	494589	1459255	1841153
新增固定资产	Newly Increased Fixed Assets	20477551	1106846	3737817	5497645
购置的土地面积(平方米)	Land Space Purchased(sq. m)	17607329	358876	1350278	2710166
施工面积(平方米)	Floor Space Under Construction (sq. m)	376472402	17822046	55535625	88156459
#住宅	Residential Buildings	238283084	12309287	38071162	58089331
竣工面积(平方米)	Floor Space Completed(sq. m)	46923435	2568700	8132835	13395975
#住宅	Residential Buildings	31876188	1836592	5862151	9342816
销售面积(平方米)	Floor Space of Selling House(sq. m)	48869875	2441136	6445552	10733586
#住宅	Residential Buildings	40976313	2144177	5531466	8970416
资金来源合计	**Source of Funds**	**117726276**	**6044010**	**13449169**	**21599447**
上年末结余资金	Surplus Funds Last Year	29143818	1053177	2860605	5362985
本年资金来源小计	Funds This Year	88582458	4990833	10588564	16236462
#国家预算内资金	State Budgetary Appropriations				
国内贷款	Domestic Loans	15906485	1105150	1762360	2908734
债券	Debenture				
利用外资	Foreign Investment	470329	8560		22607
自筹资金	Fundraising	27650698	1488957	3087330	4251658
其他资金	Others	44554946	2388166	5738874	9053463

3-16 各市固定资产投资完成情况
Investment In Fixed Assets by City

城市	City	投资额（亿元）Investment（100 million yuan）		#投资项目 Projects		#房地产开发 Real Estate Development		施工项目个数（个）Projects Under Construction（unit）	
		2012	2013	2012	2013	2012	2013	2012	2013
合　计	**Total**	**17095.96**	**20194.07**	**11869.69**	**13977.82**	**5226.27**	**6216.25**	**39099**	**43542**
杭州市	Hangzhou	3722.75	4263.87	2125.39	2410.59	1597.36	1853.28	5177	5320
宁波市	Ningbo	2901.43	3422.95	2017.07	2299.81	884.35	1123.14	4848	5281
温州市	Wenzhou	2110.34	2618.16	1422.84	1883.79	687.50	734.37	6959	8943
嘉兴市	Jiaxing	1642.31	1910.15	1226.43	1399.33	415.88	510.83	4132	4608
湖州市	Huzhou	970.73	1070.05	759.55	802.41	211.17	267.64	2411	2329
绍兴市	Shaoxing	1722.56	2001.99	1254.86	1464.99	467.71	536.99	3268	3818
金华市	Jinhua	1126.80	1364.36	841.61	979.39	285.19	384.97	3640	3745
衢州市	Quzhou	566.13	670.72	490.34	581.90	75.79	88.82	1820	2123
舟山市	Zhoushan	570.60	750.02	411.66	606.23	158.94	143.79	1000	1189
台州市	Taizhou	1242.56	1507.87	885.18	1054.33	357.38	453.54	3967	4262
丽水市	Lishui	471.98	570.42	386.98	451.54	84.99	118.88	1876	1922

续表　Continued

城市	City	全投项目个数（个）Projects Completed and Put Into Use（unit）		房屋施工面积（平方米）Floor Space Under Construction（sq. m）		房屋竣工面积（平方米）Floor Space Completed（sq. m）		新增固定资产（亿元）Newly increased Fixed Assets（100 million yuan）	
		2012	2013	2012	2013	2012	2013	2012	2013
合　计	**Total**	**19073**	**22321**	**754848280**	**830845033**	**160343891**	**188818385**	**8661.44**	**11104.63**
杭州市	Hangzhou	2364	2829	173292270	192215433	29520600	36465410	1686.92	1955.83
宁波市	Ningbo	2387	2884	135408089	152802690	29438571	37360247	1381.56	2296.64
温州市	Wenzhou	3255	4433	100345587	107357574	15391418	17232054	853.99	1403.79
嘉兴市	Jiaxing	2274	2464	87217827	91838794	18614450	21634795	927.88	1135.71
湖州市	Huzhou	1456	1240	32786243	33536600	7995984	5878782	570.72	563.17
绍兴市	Shaoxing	1831	2615	66774419	87933607	18538954	31523162	857.72	1265.61
金华市	Jinhua	1471	1505	48567880	51805904	14013473	11972425	638.85	551.01
衢州市	Quzhou	840	825	18249478	20239713	5547623	5681677	399.48	401.52
舟山市	Zhoushan	440	498	15379911	13062480	4159084	2935433	401.88	388.69
台州市	Taizhou	1838	1988	57691962	61274482	11108867	12329783	587.14	768.41
丽水市	Lishui	917	1040	19134614	18777756	6014867	5804617	355.30	374.25

3-17 各市按资质等级分的房地产开发企业个数
Number of Enterprises for Real Estate Development by Classification and by City

单位:个(unit)

城市	City	合计 Total		一级企业 The First Enterprises		二级企业 The Second Enterprises		三级企业 The Third Enterprises		四级企业 The Fourth Enterprises		暂定 Undefined Enterprises		其他 Others	
		2012	2013	2012	2013	2012	2013	2012	2013	2012	2013	2012	2013	2012	2013
合 计	**Total**	**6221**	**6114**	**133**	**130**	**631**	**610**	**1665**	**1598**	**817**	**817**	**2220**	**2275**	**755**	**684**
杭州市	Hangzhou	1506	1437	54	49	187	163	305	265	99	86	524	595	337	279
宁波市	Ningbo	818	831	22	24	69	61	290	302	89	88	265	279	83	77
温州市	Wenzhou	678	684	6	5	115	119	231	225	29	30	209	223	88	82
嘉兴市	Jiaxing	634	634	7	7	29	25	113	110	125	117	291	301	69	74
湖州市	Huzhou	425	412	4	2	14	15	55	54	151	164	177	144	24	33
绍兴市	Shaoxing	748	691	13	14	61	65	195	165	85	75	328	315	66	57
金华市	Jinhua	488	485	8	10	53	54	114	112	103	114	161	153	49	42
衢州市	Quzhou	237	232	8	8	31	33	68	67	61	73	64	50	5	1
舟山市	Zhoushan	207	198	1	2	16	12	123	131	37	30	25	19	5	4
台州市	Taizhou	336	361	6	5	39	44	123	122	22	24	129	140	17	26
丽水市	Lishui	144	149	4	4	17	19	48	45	16	16	47	56	12	9

3-18 各市按登记注册类型分的房地产开发企业个数
Number of Enterprises for Real Estate Development by Registered Type and by City

单位:个(unit)

城市	City	合计 Total		国有 State-owned		集体 Collective Owned		股份合作 Share-cooperations		国有独资公司 State Sole Funds	
		2012	2013	2012	2013	2012	2013	2012	2013	2012	2013
合 计	**Total**	**6221**	**6114**	**165**	**72**	**45**	**29**	**7**	**5**	**72**	**123**
杭州市	Hangzhou	1506	1437	55	18	6	2			15	33
宁波市	Ningbo	818	831	26	10	15	11			15	26
温州市	Wenzhou	678	684	16	11	9	8	7	5	12	16
嘉兴市	Jiaxing	634	634	11	3	3	2			11	15
湖州市	Huzhou	425	412	13	7	3	2				3
绍兴市	Shaoxing	748	691	18	8	6	3			2	6
金华市	Jinhua	488	485	6	5	3	1			5	7
衢州市	Quzhou	237	232	5	3					1	1
舟山市	Zhoushan	207	198	8	4					1	5
台州市	Taizhou	336	361	7	3					10	11
丽水市	Lishui	144	149								

续表 Continued

单位:个(unit)

城市	City	其他有限责任公司 Other Limited Liability Corporations		股份有限公司 Share-holding Corporations Ltd.		私营 Private		港澳台商投资 Investment from HongKong, Macao and Taiwan		外商投资 Investment from Foreign	
		2012	2013	2012	2013	2012	2013	2012	2013	2012	2013
合 计	**Total**	**2272**	**2341**	**96**	**97**	**3250**	**3141**	**184**	**192**	**120**	**110**
杭州市	Hangzhou	748	739	29	28	559	517	63	75	25	23
宁波市	Ningbo	201	226	16	19	469	465	53	49	23	25
温州市	Wenzhou	306	313	6	5	295	304	5	5	21	17
嘉兴市	Jiaxing	189	193	12	11	360	360	24	28	23	22
湖州市	Huzhou	195	186	12	12	177	180	14	14	10	7
绍兴市	Shaoxing	242	233	9	9	456	421	6	5	8	5
金华市	Jinhua	113	111	6	5	340	341	10	10	5	5
衢州市	Quzhou	31	29	1	2	199	197				
舟山市	Zhoushan	83	130			112	57	1		2	2
台州市	Taizhou	151	170	5	6	154	164	8	6	1	1
丽水市	Lishui	13	11			129	135			2	3

3-19 各市按资质等级分的房地产开发就业人员数
Number of Employed Persons In Real Estate Development by Classification Type and by City

单位：人(person)

城市	City	合计 Total		一级企业 The First Enterprises		二级企业 The Second Enterprises		三级企业 The Third Enterprises		四级企业 The Fourth Enterprises		暂定 Undefined Enterprises		其他 Others	
		2012	2013	2012	2013	2012	2013	2012	2013	2012	2013	2012	2013	2012	2013
合 计	**Total**	**113245**	**117299**	**7042**	**7518**	**18471**	**18407**	**29647**	**29641**	**9915**	**10190**	**38541**	**41998**	**9629**	**9545**
杭州市	Hangzhou	28770	31207	2983	3139	5171	4997	5284	5450	1108	1032	9921	12432	4303	4157
宁波市	Ningbo	17340	17675	1461	1746	2084	1680	6192	6128	1327	1118	5274	5847	1002	1156
温州市	Wenzhou	12159	12975	190	111	3642	3943	3530	3825	392	306	3357	3767	1048	1023
嘉兴市	Jiaxing	10724	11065	363	322	620	694	2124	2158	1467	1498	4864	5252	1286	1141
湖州市	Huzhou	6541	7014	410	335	869	923	978	987	2082	2353	1928	1951	274	465
绍兴市	Shaoxing	11713	11580	510	615	1644	1703	2824	2581	943	916	5021	5095	771	670
金华市	Jinhua	8250	8575	229	396	1467	1406	1997	2084	1121	1375	2892	2891	544	423
衢州市	Quzhou	2739	3097	295	266	522	584	789	733	490	711	596	782	47	21
舟山市	Zhoushan	4128	3687	36	90	592	452	2276	2484	374	272	808	352	42	37
台州市	Taizhou	8054	7726	363	318	1413	1498	2524	2454	338	359	3219	2772	197	325
丽水市	Lishui	2827	2698	202	180	447	527	1129	757	273	250	661	857	115	127

3－20 各市按登记注册类型分的房地产开发就业人员数
Number of Employed Persons In Real Estate Development by Registered Type and by City

单位：人(person)

城市	City	合计 Total		国有 State－owned		集体 Collective Owned		股份合作 Share－cooperations		国有独资公司 State Sole Funds	
		2012	2013	2012	2013	2012	2013	2012	2013	2012	2013
合　计	**Total**	**113245**	**117299**	**3755**	**2197**	**599**	**366**	**149**	**129**	**1750**	**2835**
杭州市	Hangzhou	28770	31207	1243	413	36	35			374	731
宁波市	Ningbo	17340	17675	586	354	188	113			359	591
温州市	Wenzhou	12159	12975	449	232	156	111	149	129	466	753
嘉兴市	Jiaxing	10724	11065	92	35	28	23			268	287
湖州市	Huzhou	6541	7014	727	737	19	5				40
绍兴市	Shaoxing	11713	11580	214	160	114	58			14	45
金华市	Jinhua	8250	8575	88	85	58	21			49	112
衢州市	Quzhou	2739	3097	68	55					2	2
舟山市	Zhoushan	4128	3687	139	77					7	86
台州市	Taizhou	8054	7726	149	49					211	188
丽水市	Lishui	2827	2698								

续表　Continued

单位：人(person)

城市	City	其他有限责任公司 Other Limited Liability Corporations		股份有限公司 Share－holding Corporations Ltd.		私营 Private		港澳台商投资 Investment from HongKong, Macao and Taiwan		外商投资 Investment from Foreign	
		2012	2013	2012	2013	2012	2013	2012	2013	2012	2013
合　计	**Total**	**43231**	**47406**	**3464**	**3528**	**51830**	**51793**	**4985**	**5961**	**3006**	**2688**
杭州市	Hangzhou	15099	16867	916	1027	8195	8560	1875	2676	917	858
宁波市	Ningbo	4423	4750	1377	1367	8055	8245	1387	1445	965	810
温州市	Wenzhou	5531	5852	241	230	4845	5385	144	136	173	147
嘉兴市	Jiaxing	3042	3330	230	199	5749	5654	727	945	581	592
湖州市	Huzhou	2647	2955	288	308	2004	2227	362	293	145	114
绍兴市	Shaoxing	4142	4424	168	133	6787	6510	146	153	128	76
金华市	Jinhua	1854	1886	122	115	5856	6142	162	164	61	50
衢州市	Quzhou	327	327	20	34	2322	2679				
舟山市	Zhoushan	1567	2980			2375	523	19		21	21
台州市	Taizhou	4335	3807	102	115	3089	3413	163	149	5	5
丽水市	Lishui	264	228			2553	2455			10	15

3-21 各市按资质等级分的房地产开发投资额
Investment In Real Estate Development by Classification and by City

单位:亿元(100 million yuan)

城市	City	合计 Total		一级企业 The First Enterprises		二级企业 The Second Enterprises		三级企业 The Third Enterprises		四级企业 The Fourth Enterprises		暂定 Undefined Enterprises		其他 Others	
		2012	2013	2012	2013	2012	2013	2012	2013	2012	2013	2012	2013	2012	2013
合　计	**Total**	**5226.27**	**6216.25**	**252.92**	**265.56**	**721.77**	**774.58**	**1035.58**	**1140.65**	**216.25**	**269.28**	**2300.15**	**3165.45**	**699.59**	**600.73**
杭州市	Hangzhou	1597.36	1853.28	59.85	56.89	134.52	134.02	130.98	114.85	7.39	7.77	856.80	1250.40	407.81	289.36
宁波市	Ningbo	884.35	1123.14	62.00	77.28	93.06	88.59	298.46	392.94	51.42	42.37	316.85	440.46	62.56	81.49
温州市	Wenzhou	687.50	734.37	41.06	9.34	209.72	213.48	132.03	107.45	2.60	4.56	215.70	329.21	86.39	70.33
嘉兴市	Jiaxing	415.88	510.83	21.85	21.98	19.65	40.53	69.24	84.51	31.23	34.68	198.94	249.08	74.97	80.04
湖州市	Huzhou	211.17	267.64	9.63	4.70	12.27	25.00	29.76	22.90	55.68	101.77	91.12	97.74	12.70	15.53
绍兴市	Shaoxing	467.71	536.99	14.32	19.32	50.58	46.32	99.73	93.82	16.63	24.09	252.26	328.67	34.19	24.77
金华市	Jinhua	285.19	384.97	7.13	25.13	80.43	97.34	35.78	50.06	12.03	13.74	143.48	189.04	6.35	9.67
衢州市	Quzhou	75.79	88.82	4.62	9.48	7.33	7.65	30.95	28.19	16.86	23.94	15.64	19.56	0.39	
舟山市	Zhoushan	158.94	143.79	7.24	7.12	27.51	22.41	88.43	80.05	14.74	8.10	17.97	24.47	3.06	1.64
台州市	Taizhou	357.38	453.54	19.93	26.41	71.67	84.25	101.09	139.97	4.69	4.41	152.59	173.89	7.41	24.60
丽水市	Lishui	84.99	118.88	5.30	7.90	15.02	15.00	19.13	25.91	2.99	3.85	38.80	62.92	3.75	3.30

3-22 各市按登记注册类型分的房地产开发投资额
Investment In Real Estate Development by Registered Type and by City

单位:亿元(100 million yuan)

城市	City	合计 Total		国有 State - owned		集体 Collective Owned		股份合作 Share - cooperations		国有独资公司 State Sole Funds	
		2012	2013	2012	2013	2012	2013	2012	2013	2012	2013
合　计	**Total**	**5226.3**	**6216.2**	**182.5**	**65.2**	**13.2**	**11.3**	**4.6**	**2.5**	**127.9**	**222.6**
杭州市	Hangzhou	1597.4	1853.3	45.4	15.5					33.7	52.5
宁波市	Ningbo	884.4	1123.1	67.8	34.0	1.0	1.0			39.5	68.8
温州市	Wenzhou	687.5	734.4	18.0	0.9	6.1	5.3	4.6	2.5	23.0	49.3
嘉兴市	Jiaxing	415.9	510.8	13.4	2.8	0.1				21.7	26.7
湖州市	Huzhou	211.2	267.6	10.8	3.9	2.7	4.8				2.0
绍兴市	Shaoxing	467.7	537.0	16.4	1.6	2.5				0.1	4.2
金华市	Jinhua	285.2	385.0	5.6	5.7	0.9	0.1			0.6	1.5
衢州市	Quzhou	75.8	88.8	0.2							
舟山市	Zhoushan	158.9	143.8	1.3	0.7						6.1
台州市	Taizhou	357.4	453.5	3.7						9.3	11.5
丽水市	Lishui	85.0	118.9								

续表 Continued

单位:亿元(100 million yuan)

城市	City	其他有限责任公司 Other Limited Liability Corporations		股份有限公司 Share - holding Corporations Ltd.		私营 Private		港澳台商投资 Investment from HongKong, Macao and Taiwan		外商投资 Investment from Foreign	
		2012	2013	2012	2013	2012	2013	2012	2013	2012	2013
合　计	**Total**	**2434.2**	**3007.8**	**79.7**	**92.8**	**1893.6**	**2163.3**	**350.1**	**496.2**	**131.1**	**148.0**
杭州市	Hangzhou	962.6	1092.5	12.3	16.6	292.9	312.2	224.1	325.2	25.5	38.8
宁波市	Ningbo	267.1	414.7	27.9	26.3	343.3	378.0	90.5	121.3	47.2	79.0
温州市	Wenzhou	359.2	393.5	20.7	18.8	251.6	260.4	1.7	3.1	2.7	0.5
嘉兴市	Jiaxing	148.9	180.5	1.5	3.0	196.5	240.1	22.1	37.4	11.6	20.4
湖州市	Huzhou	106.3	144.1	5.6	5.2	65.9	98.2	7.5	3.6	3.6	1.1
绍兴市	Shaoxing	176.7	266.2	6.0	8.0	233.2	244.8	0.9	2.6	32.0	7.9
金华市	Jinhua	92.4	127.5	3.5	4.3	180.6	245.3	1.4	0.4	0.2	0.1
衢州市	Quzhou	19.5	19.2	0.3	1.8	55.9	67.9				
舟山市	Zhoushan	78.9	118.0			70.3	18.8	0.2		8.2	0.2
台州市	Taizhou	204.8	235.5	1.9	8.9	136.1	194.9	1.6	2.7		
丽水市	Lishui	17.8	16.1			67.2	102.8				0.4

3-23 各市房地产开发企业建造的商品房屋面积和价格
Floor Space and Price of Building for Real Estate Development Enterprises by City

城市	City	施工面积（万平方米）Floor Space of Buildings Under Construction (10000sq. m)		竣工面积（万平方米）Floor Space of Buildings Completed (10000sq. m)		房屋面积竣工率（%）Rate of Floor Space of Buildings Completed (%)		竣工房屋价值（万元）Value of Buildings Completed (10000 yuan)		竣工房屋造价（元/平方米）Cost of Buildings Completed (yuan/sq. m)	
		2012	2013	2012	2013	2012	2013	2012	2013	2012	2013
合　计	**Total**	**33423.0**	**37647.2**	**4292.9**	**4692.3**	**12.8**	**12.5**	**12428699**	**15292537**	**2895**	**3259**
杭州市	Hangzhou	8284.9	9327.5	1055.1	1172.2	12.7	12.6	3170435	3698881	3005	3155
宁波市	Ningbo	6080.5	6834.0	839.9	867.5	13.8	12.7	2660963	3405651	3168	3926
温州市	Wenzhou	3769.6	4242.0	349.8	367.0	9.3	8.7	1112863	1228716	3182	3348
嘉兴市	Jiaxing	3654.8	4330.8	470.1	680.3	12.9	15.7	1111829	1910271	2365	2808
湖州市	Huzhou	1844.7	2105.9	192.0	242.8	10.4	11.5	489022	768583	2547	3165
绍兴市	Shaoxing	3176.2	3603.6	488.2	462.1	15.4	12.8	1481206	1343504	3034	2907
金华市	Jinhua	2101.3	2197.6	257.6	211.2	12.3	9.6	764796	766764	2969	3630
衢州市	Quzhou	573.2	723.2	132.0	138.6	23.0	19.2	249739	297148	1892	2145
舟山市	Zhoushan	899.1	838.5	217.0	128.1	24.1	15.3	693145	442446	3194	3454
台州市	Taizhou	2439.0	2712.6	209.6	333.8	8.6	12.3	516976	1226297	2466	3674
丽水市	Lishui	599.6	731.5	81.6	88.7	13.6	12.1	177725	204276	2178	2303

3-24 各市房地产开发企业建造的住宅面积和价格
Floor Space and Price of Residential Buildings for Real Estate Development Enterprises by City

城市	City	施工面积（万平方米）Floor Space of Buildings Under Construction (10000sq. m)		竣工面积（万平方米）Floor Space of Buildings Completed (10000sq. m)		房屋面积竣工率（%）Rate of Floor Space of Buildings Completed (%)		竣工房屋价值（万元）Value of Buildings Completed (10000 yuan)		竣工房屋造价（元/平方米）Cost of Buildings Completed (yuan/sq. m)	
		2012	2013	2012	2013	2012	2013	2012	2013	2012	2013
合　计	**Total**	**21656.4**	**23828.3**	**2917.3**	**3187.6**	**13.5**	**13.4**	**8239600**	**10358219**	**2824**	**3250**
杭州市	Hangzhou	5020.4	5509.1	674.0	845.1	13.4	15.3	1852399	2703723	2748	3199
宁波市	Ningbo	3362.1	3627.9	530.6	462.5	15.8	12.7	1619531	1769616	3052	3826
温州市	Wenzhou	2561.9	2865.5	253.6	253.9	9.9	8.9	817339	855856	3223	3371
嘉兴市	Jiaxing	2408.3	2724.9	346.3	496.0	14.4	18.2	828604	1398668	2392	2820
湖州市	Huzhou	1294.7	1482.3	132.4	169.4	10.2	11.4	340366	527782	2572	3115
绍兴市	Shaoxing	2243.0	2536.2	342.8	292.5	15.3	11.5	1001522	888996	2922	3040
金华市	Jinhua	1517.6	1553.0	182.9	159.6	12.1	10.3	581687	604088	3180	3785
衢州市	Quzhou	450.6	555.3	105.4	102.5	23.4	18.5	202257	224422	1919	2189
舟山市	Zhoushan	598.2	534.3	146.2	92.0	24.4	17.2	511583	316044	3500	3434
台州市	Taizhou	1752.5	1897.0	142.0	246.9	8.1	13.0	354915	917126	2499	3714
丽水市	Lishui	447.0	542.7	61.1	67.1	13.7	12.4	129397	151898	2118	2263

3－25 各市房地产开发企业商品房屋销售面积和销售额
Floor Space and Total Sales of Commercial Houses for Real Estate Development Enterprises by City

城市	City	销售面积（万平方米）Floor Space Sold of Commercial Houses (10000sq. m)				销售额（万元）Total Sales of Commercial Houses (10000yuan)			
		2010	2011	2012	2013	2010	2011	2012	2013
合 计	**Total**	**4816.5**	**3531.4**	**4005.3**	**4887.0**	**44590429**	**34741706**	**42626643**	**53960320**
杭州市	Hangzhou	988.3	734.0	1089.6	1139.1	13967706	9749038	14652576	17111998
宁波市	Ningbo	693.6	526.5	590.2	730.1	7784651	5808521	6633948	8104011
温州市	Wenzhou	228.5	135.3	204.3	349.7	3073084	2283553	3548273	5759267
嘉兴市	Jiaxing	596.3	398.7	450.3	601.1	3789574	2758902	3224836	4397802
湖州市	Huzhou	411.8	331.1	273.6	308.5	2585308	2238651	1860440	2157080
绍兴市	Shaoxing	610.3	456.7	483.7	607.7	4634095	3856161	4189122	5686506
金华市	Jinhua	424.6	304.2	322.5	392.7	2755341	2472576	3159335	3742018
衢州市	Quzhou	170.9	79.4	104.1	170.2	905672	550668	702429	1158619
舟山市	Zhoushan	138.2	136.1	78.4	107.0	1252602	1410851	836252	1277412
台州市	Taizhou	462.9	327.0	319.7	351.7	3304746	2852331	3053129	3398341
丽水市	Lishui	91.2	102.2	88.8	129.1	537650	760454	766303	1167266

3－26 各市房地产开发企业住宅销售面积和销售额
Floor Space and Total Sales of Residential Buildings for Real Estate Development Enterprises by City

城市	City	销售面积（万平方米）Floor Space Sold of Commercial Houses (10000sq. m)				销售额（万元）Total Sales of Commercial Houses (10000yuan)			
		2010	2011	2012	2013	2010	2011	2012	2013
合 计	**Total**	**3833.7**	**2757.2**	**3316.2**	**4097.6**	**35774857**	**27023587**	**35416262**	**45138822**
杭州市	Hangzhou	797.6	597.7	920.3	968.8	11372940	7616738	12231737	14220307
宁波市	Ningbo	497.8	342.7	458.7	582.0	5808984	3867039	5222892	6637387
温州市	Wenzhou	192.5	113.2	181.9	317.4	2660005	1908774	3182857	5060338
嘉兴市	Jiaxing	450.3	290.5	368.5	496.2	2735837	1968922	2548100	3493480
湖州市	Huzhou	314.1	263.3	229.4	250.9	1947379	1705465	1545688	1751971
绍兴市	Shaoxing	489.1	364.1	394.1	506.7	3727992	3139043	3511273	4811246
金华市	Jinhua	377.4	251.7	279.5	323.7	2435454	2016278	2641876	3026399
衢州市	Quzhou	135.5	59.1	83.4	144.8	740131	423102	566116	1016362
舟山市	Zhoushan	115.8	113.9	53.2	96.6	1098246	1226257	542486	1143011
台州市	Taizhou	390.6	278.6	276.0	301.2	2830011	2542727	2765035	2995371
丽水市	Lishui	73.0	82.5	71.3	109.4	417878	609242	658202	982950

3－27 主要年份基础设施投资
Investment in Infrastucture

单位:亿元(100 million yuan)

年份 Year	基础设施投资合计 Total Investment in Infrastructure	#水利、环境和公共设施 Water, Environment and Public Facilities	#电力、燃气及水的生产供应业 Production and Supply of Electricity, Gas and Water	#交通运输 Transportation	#邮电通信 Post & Telecommuni－cations	#教育设施 Education Facilities	#卫生设施 Sanitary Facilities
1990	37.58		15.67	10.18	2.96		
1995	230.39		72.03	68.40	23.75		
2000	876.33		214.22	221.65	127.53		
2001	999.28		191.84	223.18	155.60		
2002	1066.80		188.28	227.28	95.49		
2003	1360.40	558.85	239.25	295.54	88.09	114.66	26.76
2004	1724.69	521.36	429.63	476.16	102.98	122.98	30.34
2005	1981.97	518.81	544.79	641.36	94.18	102.21	31.63
2006	2226.57	608.49	533.97	777.44	97.64	95.82	50.03
2007	2215	643.73	568.29	673.05	119.25	93.29	42.56
2008	2373.06	816.69	501.74	740.80	125.91	101.54	49.38
2009	2894.97	952.06	579.61	979.63	139.63	120.72	63.17
2010	3038.58	1020.94	585.25	1040.68	144.58	123.00	72.48
2011	3359.09	1193.45	620.38	1102.93	123.31	150.06	79.19
2012	3963.35	1383.57	727.92	1330.30	58.22	199.83	102.52
2013	4718.09	1759.15	845.89	1450.34	62.35	253.33	118.52

注：2003 年以前为城镇以上范围,2003 年(含)以后为限额以上(2011 年更名为固定资产投资)范围。
The figures in this table refer to the investment at town level and above before 2003, while above designated size since 2003(as those refer to investment in fixed assets since 2011).

浙/江/统/计/年/鉴

主要统计指标解释

■ 全社会固定资产投资额

固定资产投资额是以货币表现的建造和购置固定资产活动的工作量，它是反映固定资产投资规模、速度、比例关系和使用方向的综合性指标。全社会固定资产投资包括国有经济单位投资、城乡集体经济单位投资、其他各种经济类型的单位投资和城乡居民个人投资。按照我国现行计划管理体制，全社会固定资产投资总额分为基本建设、更新改造、房地产开发投资和其他固定资产投资四个部分；城乡集体经济单位投资包括城镇集体所有制单位投资和农村集体所有制单位投资；其他各种经济类型单位投资包括联营经济、股份制经济、中外合资经营、中外合作经营、外资、与大陆合资经营、与大陆合作经营、港澳台独资及其他经济的单位投资。城乡居民个人投资包括城市、县城、镇、工矿区所辖范围内的个人建房和农村个人建房及购买生产性固定资产的投资。

■ 房地产开发投资

包括各种经济类型的房地产开发公司、商品房建设公司及其他房地产开发单位统一开发的包括统代建、拆迁还建的住宅、厂房、仓库、饭店、宾馆、度假村、写字楼、办公楼等房屋建筑物和配套的服务设施、土地开发工程，如道路、给水、排水、供电、供热、通讯、平整场地等基础设施工程的投资。包括非房地产企业实际从事房地产开发或经营活动，不包括单纯的土地交易活动。

■ 施工项目

指报告期内曾进行建筑或安装工程施工活动的建设项目。包括报告期内新开工项目、报告期以前开工跨入报告期继续施工的项目以及报告期施工过并在报告期内全部建设投产或停缓建的项目。

■ 全部建成投产项目

工业项目是指设计文件规定形成生产能力的主体工程及其相应配套的辅助设施全部建成，经负荷试运转，证明具备生产设计规定合格产品的条件，并经过验收鉴定合格或达到竣工验收标准，与生产性工程配套的生产福利设施可以满足近期正常生产的需要，正式移交生产的建设项目。非工业项目是指设计文件规定的主体工程和相应的配套工程全部建成，能够发挥设计规定的全部效益，经验收鉴定合格或达到竣工验收标准，正式移交使用的建设项目。

■ 施工和竣工房屋建筑面积

房屋建筑面积是从房屋外墙线算起的各层平面面积的总和，包括房屋结构（如柱、墙）占用的面积和地下室面积。多层建筑按各自然层面积总和计算，包括房屋内的楼隔层，突出墙面的眺望间、门斗、有柱雨罩的面积。不包括突出墙面结构的构件、艺术装饰等所占的面积，如台阶等。凹阳台、挑阳台按其水平投影面积一半计算建筑面积。

■ 新增固定资产

指通过投资活动所形成的新的固定资产价值。包括已经建成投入生产或交付使用的工程价值和达到固定资产标准的设备、工具、器具的价值及有关应摊入的费用。它是以价值形式表示的固定资产投资成果的综合性指标，可以综合反映不同时期、不同部门、不同地区的固定资产投资成果。

ZHEJIANG STATISTICAL YEARBOOK

Explanatory Notes on Main Statistical Indicators

□ Total Investmentin in Fixed Assets

Amount of investment in fixed assets refers to the volume of activities in construction and purchases of fixed assets in monetary terms. It is a comprehensive indicator which shows the size, pace, proportional relations and use orientation of the investment in fixed assets. Total investment in fixed assets in the whole country includes the investment by the state-owned units, the investment by the urban and rural collective units, the investment by the units of other types of ownership and the investment by the individuals in the urban and rural areas. According to China's current planning management system, the investment in fixed assets in the whole country is classified into the following four parts: investment in capital construction, investment in innovation, investment in real estates development and other investment in fixed assets. The investment by the urban and rural collective units includes the investment by the urban collective units and the investment by the rural collective units. The investment by the units of other types of ownership includes the investment by the units of joint – owned economy, share – holding economy, Sino – foreign joint economy, Sino – foreign cooperative economy, economy exclusively with foreign investment, Mainland – Hong kong or Mainland – Macao or Mainland – Taiwan joint economy, Mainland – Hong kong or Mainland – Macao or Mainland – Taiwan coope rative economy, and economy exclusively with investment of Hong Kong or Macao or Taiwan. The investment by the individuals in the urban and rural areas includes the investment in personal house building in the areas under the jurisdiction of city, county, town and special industrial and mining areas as well as the investment in personal house building and purchase of productive fixed assets in the rural areas.

□ Investment in Real Estate Development

It includes the investment by the real estate development companies, commercial buildings construction companies and other real estate development units of various types of ownership in the construction of house buildings, such as residential buildings, factory buildings, warehouses, hotels, guesthouses, holiday villages, office buildings, and the complementary service facilities and land development projects, such as roads, watersupply, water drainage, power supply, heating, telecommunications, land levelling and other projects of infrastructure. It covers the activities of the non – real estate companies in real estate development or management, but excludes the activities in simple land transactions.

□ Projects Under Construction

refer to projects having construction and installation activities undertaken in the reference period, including projects started in the reference period, or continued from the previous period, or completed and put into production or suspended in the reference period.

□ Projects Completed and Put into Use

Industrial projects refer to the major projects and accessory facilities completed which result in forming production capacity and have been checked and accepted while the living and welfare facilities have been completed and can ensure normal production and formally put into production. Non – industrial projects refer to the major projects and accessory facilities completed which possess the disigned capacity and have been checked, accepted and formally put into production.

□ Floor Space of Buildings Under Construction and Completed

refers to total floor space in each story of buildings calculated from the outside line of building walls, including the space occupied by constructions like pillars or walls and basements. The floor space of multi – story building includes the total floor space of each story,

EXPLANATORY NOTES ON
MAIN STATISTICAL INDICATORS

including area occupied by separating walls, watching rooms, doorways, and pillars, but excluding protruding wall structures, artistic decoration, etc. (for example, flight of steps). The space of recessed verand and tantilevered balcony is counted by half of the projection area.

□ Newly Increased Fixed Assets

refer to the newly increased value of fixed assets through investment, including the value of projects completed and put into production, the value of equipment, tools, and vessels considered as fixed assets, as well as the relevant expenses as investment in fixed assets . This is a comprehensive indicator of investment in fixed assets, reflecting the achievements of investment in fixed assets in different periods, different sectors, and different regions.

2014
浙江统计年鉴
ZHEJIANG STATISTICAL YEARBOOK

CHAPTER 4

价 格
Prices

4-1 各种价格总指数(1978-2013年)
General Price Indinces(1978-2013)

(上年=100)(preceding year=100)

年份 Year	居民消费价格指数 General Consumer Price Index			商品零售价格指数 General Retail Price Index of Commodities			工业生产者出厂价格指数 Producer Price Indices for Manufactured Goods
	全省 Total	城市 Urban Areas	农村 Rural Areas	全省 Total	城市 Urban Areas	农村 Rural Areas	
1978		100.0		100.1	99.9	100.1	
1979		102.6		102.1	103.4	101.5	
1980		108.8		108.0	109.5	106.9	
1981		101.7		101.5	101.6	101.4	
1982		101.9		100.9	102.1	100.1	
1983		102.8		102.0	102.9	101.2	
1984	103.0	103.7	101.8	103.4	103.5	103.4	
1985	114.8	115.1	114.3	114.0	115.2	112.9	
1986	106.2	106.3	106.1	106.0	106.1	105.9	
1987	108.8	110.9	106.4	109.5	111.3	107.4	
1988	121.5	123.4	119.8	122.1	124.2	120.5	
1989	118.2	116.8	119.6	117.8	116.6	118.7	
1990	102.1	102.1	102.0	101.6	101.4	101.8	100.4
1991	103.5	105.6	101.5	103.0	105.2	101.4	101.8
1992	107.5	109.2	104.8	106.6	108.9	104.1	104.8
1993	119.8	121.4	117.4	116.7	119.1	115.2	117.3
1994	124.8	124.7	124.9	121.7	120.0	124.8	117.5
1995	116.6	117.0	116.4	113.5	113.0	114.3	112.3
1996	107.9	109.8	107.0	105.8	106.4	105.1	99.5
1997	102.8	104.1	102.1	100.3	100.9	99.4	99.2
1998	99.7	100.5	99.3	98.4	98.4	98.4	95.6
1999	98.8	99.5	98.5	97.7	97.7	97.7	96.8
2000	101.0	100.9	101.1	99.0	98.8	99.1	101.1
2001	99.8	99.6	100.0	98.1	97.4	99.0	98.3
2002	99.1	98.8	99.3	98.7	98.4	99.3	96.9
2003	101.9	100.5	102.9	99.6	99.4	99.9	100.6
2004	103.9	102.8	104.6	102.7	102.0	103.6	105.0
2005	101.3	101.5	101.2	100.9	101.0	100.7	102.3
2006	101.1	101.1	101.0	100.8	100.7	101.0	103.8
2007	104.2	103.9	104.4	103.8	103.7	103.9	102.4
2008	105.0	104.8	105.3	106.3	106.3	106.1	104.3
2009	98.5	98.7	98.2	98.8	98.9	98.6	94.9
2010	103.8	104.0	103.7	103.9	103.9	103.9	106.2
2011	105.4	105.3	105.6	105.5	105.4	105.8	105.0
2012	102.2	102.2	102.3	101.9	101.9	101.8	97.3
2013	102.3	102.3	102.4	101.0	101.2	100.5	98.2

4-2 历年各种价格总指数(1986-2013年)
General Price Indices(1986-2013)

(1985年=100)(1985=100)

年份 Year	居民消费价格指数 General Consumer Price Index			商品零售价格指数 General Retail Price Index of Commodities
	全省 Total	城市 Urban Areas	农村 Rural Areas	
1986	106.2	106.3	106.1	106.0
1987	115.5	117.9	112.9	116.1
1988	140.4	145.5	135.2	141.7
1989	165.9	169.9	161.8	166.9
1990	169.4	173.5	165.0	169.6
1991	175.4	183.2	167.5	174.7
1992	188.5	200.0	175.5	186.2
1993	225.8	242.9	206.0	217.3
1994	281.8	302.8	257.3	264.5
1995	328.6	354.3	299.5	300.2
1996	354.6	389.1	320.5	317.6
1997	364.5	405.0	327.2	318.6
1998	363.4	407.0	324.9	313.5
1999	359.1	405.0	320.1	306.3
2000	362.6	408.6	323.6	303.2
2001	361.9	407.0	323.6	297.4
2002	358.6	402.1	321.3	293.5
2003	365.4	404.1	330.6	292.3
2004	379.7	415.4	345.8	300.2
2005	384.6	421.6	349.9	302.9
2006	388.8	426.2	353.4	305.3
2007	405.1	442.8	368.9	316.9
2008	425.4	464.1	388.5	336.9
2009	419.0	458.1	381.5	332.9
2010	434.9	476.4	395.6	345.9
2011	458.4	501.6	417.8	364.9
2012	468.4	512.4	427.2	371.7
2013	479.2	524.0	437.4	375.4

4-3 价格总指数(2013年)
General Price Indices(2013)

年份 Year	居民消费价格指数 General Consumer Price Index 全省 Total	城市 Urban Areas	农村 Rural Areas	商品零售价格指数 General Retail Price Index of Commodities
1978=100		744.5		509.7
1980=100		666.8		462.4
1985=100	479.2	524.1	437.5	375.4
1986=100	451.2	493.1	412.3	354.1
1987=100	414.7	444.6	387.4	323.5
1988=100	341.3	360.4	323.5	264.9
1989=100	288.8	308.6	270.4	224.9
1990=100	282.9	302.5	265.0	221.3
1995=100	145.8	148.1	146.0	125.0
1996=100	135.1	134.7	136.5	118.3
1997=100	131.8	129.4	133.7	117.9
1998=100	132.1	128.8	134.9	119.9
1999=100	133.5	129.4	136.7	122.5
2000=100	132.3	128.3	135.4	123.8
2001=100	132.6	128.8	135.4	126.4
2002=100	133.7	130.4	136.1	127.9
2003=100	131.3	129.6	132.5	128.3
2004=100	126.2	126.2	126.5	125.0
2005=100	124.6	124.4	124.9	123.9
2006=100	123.3	123.0	123.9	122.9
2007=100	118.3	118.3	118.6	118.4
2008=100	112.6	112.8	112.5	111.4
2009=100	114.4	114.5	114.7	112.7
2010=100	110.2	110.1	110.6	108.6
2011=100	104.6	104.6	104.8	102.9
2012=100	102.3	102.3	102.4	101.0

4-4 居民消费价格指数(2008-2013年)
Consumer Price Indinces(2008-2013)

(上年=100)(preceding year=100)

项目	Item	2008	2009	2010	2011	2012	2013
居民消费价格指数	**General Consumer Price Index**	**105.0**	**98.5**	**103.8**	**105.4**	**102.2**	**102.3**
城市	Urban Areas	104.8	98.7	104.0	105.3	102.2	102.3
农村	Rural Areas	105.3	98.2	103.7	105.6	102.3	102.4
食品	**Food**	**113.9**	**100.7**	**107.3**	**112.1**	**105.3**	**103.8**
粮食	Grain	105.4	105.5	114.3	112.5	103.7	102.8
油脂	Oil and Fat	126.3	78.1	102.7	117.6	103.7	98.2
肉禽及其制品	Meat,Poultry and Their Production	119.2	89.5	103.8	122.9	100.9	103.9
蛋	Eggs	105.4	101.6	108.3	116.0	97.6	102.8
水产品	Aquatic Production	113.3	106.2	110.5	113.6	108.8	104.8
鲜菜	Fresh Vegetables	112.3	110.2	117.4	99.4	117.9	106.6
烟酒及用品	**Tobacco,Liquor and Articles**	**102.1**	**100.5**	**100.7**	**101.7**	**101.5**	**99.8**
衣着	**Clothing**	**97.9**	**98.2**	**99.3**	**102.9**	**101.3**	**102.9**
家庭设备用品及维修服务	**Household Facilities Articles and Maintenance Services**	**103.4**	**99.8**	**100.4**	**103.7**	**102.5**	**102.2**
医疗保健和个人用品	**Health Care and Personal Items**	**105.8**	**102.4**	**105.4**	**103.7**	**101.3**	**100.3**
交通和通信	**Transportation and Communication**	**95.6**	**96.0**	**100.3**	**100.7**	**99.7**	**99.4**
娱乐教育文化用品及服务	**Recreation, Education, Culture Items and Services**	**99.0**	**98.4**	**101.6**	**100.1**	**99.4**	**102.5**
居住	**Residence**	**105.0**	**92.7**	**106.0**	**105.3**	**101.6**	**102.5**

4-5 城乡居民消费价格分类指数
Consumer Price Indices by Urban and Rural Areas

(上年=100)(preceding year=100)

项目	Item	全省 Total		城市 Urban Areas		农村 Rural Areas	
		2012	2013	2012	2013	2012	2013
居民消费价格总指数	**General Consumer Price Index**	**102.2**	**102.3**	**102.2**	**102.3**	**102.3**	**102.4**
非食品价格指数	**Non-food Price Index**	**100.8**	**101.6**	**100.8**	**101.6**	**101.0**	**101.7**
服务项目价格指数	**Price Index of Services**	**101.2**	**103.3**	**101.1**	**102.8**	**101.7**	**104.9**
扣除鲜菜鲜果总指数	**General Price Index Excluding Fresh Vegetables and Fruits**	**101.8**	**102.1**	**101.8**	**102.1**	**102.0**	**102.1**
消费品价格指数	**Price Index of Consumer Goods**	**102.6**	**101.8**	**102.7**	**102.0**	**102.5**	**101.5**
食品	**Food**	**105.3**	**103.8**	**105.4**	**103.8**	**105.1**	**103.9**
粮食	Grain	103.7	102.8	103.7	102.6	103.6	103.4
淀粉及制品	Starches	103.6	103.4	101.9	102.7	108.0	105.2
干豆类及豆制品	Dried Bean and Related Production	102.2	102.7	101.8	102.4	103.1	103.2
油脂	Oil and Fat	103.7	98.2	103.7	97.9	103.5	98.9
肉禽及其制品	Meat, Poultry and Their Production	100.9	103.9	102.7	104.3	97.6	103.2
蛋	eggs	97.6	102.8	97.4	103.4	97.9	101.6
水产品	Aquatic Production	108.8	104.8	107.6	104.7	112.9	105.2
菜	Vegetables	115.2	106.8	115.9	106.5	113.4	107.7
调味品	Condiment	104.3	101.7	104.2	101.2	104.5	102.5
糖	Sugar	105.9	100.2	106.7	100.5	103.0	99.2
茶及饮料	Tea and Beverage	106.6	102.2	107.1	102.1	104.9	102.5
干鲜瓜果	Dried and Fresh, Melons and Fruits	103.5	104.2	104.0	103.7	102.1	105.9
糕点饼干面包	Cakes Cookies and Bread	104.0	102.8	104.4	103.1	102.7	101.8
液体乳及乳制品	Milk and Related Production	103.1	105.5	103.2	106.2	102.9	103.2
在外用膳食品	Eating Outside	104.7	102.9	103.6	102.8	108.0	103.3
其它食品	Other Foods and Foods Processing Services	105.2	101.2	104.9	100.5	105.8	102.6
烟酒及用品	**Tobacco, Liquor and Articles**	**101.5**	**99.8**	**101.7**	**99.8**	**101.1**	**99.9**
烟草	Tobacco	100.2	100.1	100.0	100.0	100.6	100.3
酒	Liquor	105.2	99.1	106.6	99.3	102.7	98.7

续表 Continued (上年 = 100)(preceding year = 100)

项目	Item	全省 Total		城市 Urban Areas		农村 Rural Areas	
		2012	2013	2012	2013	2012	2013
衣着	**Clothing**	**101.3**	**102.9**	**101.4**	**103.3**	**101.3**	**101.6**
服装	Garments	101.6	102.8	101.5	102.9	101.8	102.4
衣着材料	Clothing Material	103.1	102.5	102.9	103.3	103.4	101.0
鞋袜帽	Shoes, Socks and Hats	100.0	102.7	100.5	104.6	98.4	97.5
衣着加工服务	Processing Services for Clothing	108.4	108.8	107.1	105.0	110.4	114.2
家庭设备用品及维修服务	**Household Facilities Articles and Maintenance Services**	**102.5**	**102.2**	**102.4**	**102.4**	**102.8**	**101.8**
耐用消费品	Durable Consumer Goods	101.4	100.6	101.4	100.5	101.3	101.0
室内装饰品	Interior Decorations	100.3	101.4	100.3	101.6	100.4	101.1
床上用品	Bed Articles	100.1	102.7	99.9	103.9	100.9	98.7
家庭日用杂品	Daily Use Household Articles	101.5	100.8	101.2	100.8	102.5	100.7
家庭服务及加工维修服务	Household and Processing Maintenance Services	111.8	110.5	111.5	110.8	112.8	109.6
医疗保健和个人用品	**Health Care and Personal Goods**	**101.3**	**100.3**	**101.3**	**101.1**	**101.1**	**98.6**
医疗保健	Health Care	101.0	100.3	101.1	101.3	100.8	98.3
个人用品及服务	Personal Goods and Services	102.0	100.3	102.0	100.5	102.0	99.7
交通和通讯	**Transportation and Communication**	**99.7**	**99.4**	**99.7**	**99.3**	**99.8**	**99.7**
交通	Transportation	100.1	99.3	100.0	99.1	100.4	99.7
通信	Communication	98.6	99.8	98.7	99.8	98.4	99.8
娱乐教育文化用品及服务	**Recreation, Education, Culture Articles and Services**	**99.4**	**102.5**	**99.0**	**102.3**	**100.8**	**103.3**
文娱用耐用消费品及服务	Durable Consumer Goods for Recreational Use	93.3	97.0	93.0	96.4	94.0	98.6
教育	Education	100.6	103.0	100.2	103.0	101.6	102.8
文化娱乐类	Culture and Recreational Articles	101.6	101.9	101.3	101.5	102.2	103.0
旅游	Tourism and Going out	98.4	105.2	97.3	103.9	103.0	109.8
居住	**Residence**	**101.6**	**102.5**	**101.8**	**102.2**	**101.2**	**103.7**
建房及装修材料	Building and Decoration Materials	101.3	101.5	101.2	101.0	101.4	102.3
住房租金	Rent Houses	102.5	105.4	102.7	103.9	101.8	109.8
自有住房	Personal Housing	101.8	103.5	102.1	102.9	100.6	106.1
水、电、燃料	Water, Electricity and Fuels	101.3	100.6	101.1	100.7	101.9	100.5

4-6 城乡商品零售价格分类指数
General Retail Price Indices of Commodities by Urban and Rural Areas

(上年=100)(preceding year=100)

项目	Item	全省 Total		城市 Urban Areas		农村 Rural Areas	
		2012	2013	2012	2013	2012	2013
商品零售价格指数	**General Retail Price Indices**	**101.9**	**101.0**	**101.9**	**101.2**	**101.8**	**100.5**
食品类	**Food**	**105.3**	**103.8**	**105.5**	**103.8**	**104.9**	**103.9**
粮食	Grain	103.6	102.8	103.6	102.5	103.5	103.4
油脂	Oil and Fat	103.8	98.1	104.0	98.0	103.2	98.4
肉禽及其制品	Meat,Poultry and Their Production	101.1	103.9	103.0	104.3	97.7	103.3
蛋	eggs	97.5	103.7	97.2	104.5	98.5	101.8
水产品	Aquatic Production	109.3	104.5	108.2	104.3	113.4	105.3
饮料、烟酒类	**Beverages,Tobacco and Liquor**	**102.8**	**100.2**	**103.1**	**100.2**	**101.9**	**100.1**
茶及饮料	Tea and Beverages	106.5	102.4	107.2	102.3	104.7	102.6
烟草	Tobacco	100.2	100.1	100.0	100.0	100.6	100.2
酒	Liquor	105.7	99.2	106.7	99.4	103.1	98.6
服装、鞋帽类	**Garments,Shoes and Hats**	**101.1**	**103.0**	**101.3**	**103.7**	**100.5**	**100.9**
服装	Garments	101.5	103.1	101.5	103.3	101.4	102.4
鞋袜帽	Shoes,Stockings and Hats	99.9	102.6	100.5	104.8	98.4	96.9
其它	Other	102.7	100.3	104.5	100.9	98.3	99.0
纺织品类	**Textiles**	**101.4**	**102.1**	**101.5**	**103.2**	**101.3**	**99.7**
衣着材料	Material for Clothing	103.8	102.5	103.7	103.2	103.9	101.3
床上用品	Bed Articles	100.1	101.8	100.3	103.2	99.6	98.7
家用电器及音像器材	**Household Appliances and Audiovisual Equipment**	**98.5**	**99.4**	**98.6**	**99.1**	**98.3**	**100.2**
家庭设备	Household Facilities	101.1	100.4	101.5	100.2	100.3	100.9
文娱用耐用消费品	Durable Consumer Goods for Recreation Use	92.1	96.7	91.8	96.0	93.2	98.9
专业音像器材	Professional Audio-visual Equipment	99.7	99.9	100.1	100.2	98.7	98.9
文化办公用品	**Culture and Official Articles**	**97.3**	**98.2**	**97.0**	**97.9**	**98.5**	**99.4**
日用品类	**Articles for Daily Use**	**101.7**	**100.6**	**102.0**	**100.7**	**100.9**	**100.3**
日用百货	General Merchandise	101.6	100.5	102.1	100.7	100.6	100.0

续表 Continued (上年=100)(preceding year=100)

项目	Item	全省 Total		城市 Urban Areas		农村 Rural Areas	
		2012	2013	2012	2013	2012	2013
日用杂品	Sundries for Daily Use	101.2	100.3	100.9	100.0	102.0	101.0
洗涤用品	Washing Goods	103.0	101.0	103.5	101.3	101.6	100.0
其它日用品	Others for Daily Use	100.9	100.7	101.2	100.7	99.8	100.9
体育娱乐用品	**Sports and Recreation**	**99.5**	**100.4**	**99.2**	**100.1**	**100.7**	**101.6**
体育用品	Sports Goods	100.8	100.8	101.0	100.7	100.1	101.2
娱乐用品	Recreation Goods	98.9	100.2	98.3	99.8	101.0	101.8
交通、通信用品	**Transportation and Communication Articles**	**97.0**	**98.7**	**97.0**	**98.6**	**97.1**	**98.9**
交通运输机械	Transportation Mechanism	98.2	99.0	98.2	99.0	98.4	99.3
通讯器材类	Communication Appliance	89.8	96.5	89.4	96.2	90.8	97.2
家具	**Furniture**	**101.8**	**101.0**	**101.6**	**100.7**	**102.6**	**101.9**
化妆品类	**Cosmetics**	**102.5**	**101.5**	**102.7**	**101.7**	**101.8**	**100.8**
金银珠宝类	**Jewelry**	**100.6**	**91.8**	**99.8**	**92.2**	**103.1**	**90.4**
中西药品及医疗保健用品类	**Traditional Chinese - Westen Medicines and Medical Health Articles**	**100.7**	**98.6**	**100.9**	**100.4**	**100.3**	**94.4**
医疗器具及用品	Medical Appliances and Articles	100.3	99.7	100.2	99.9	100.6	99.2
中药材及中成药	Traditional Chinese Medicine	104.0	101.4	103.4	102.7	105.2	98.7
西药	Westen Medicines	96.4	93.9	97.3	96.7	94.5	88.2
保健器具及用品	Health Care Appliances and Articles	105.7	103.5	104.9	104.2	108.1	101.4
书报杂志及电子出版物类	**Newspaper, Magazines and Electronic Publication**	**101.0**	**100.5**	**101.3**	**100.6**	**100.6**	**100.2**
教材及参考书	Teaching Materials and Reference Books	101.8	100.1	102.4	100.2	100.7	100.0
书报杂志	Newspaper and Magazines	100.9	100.7	100.9	101.1	100.8	100.1
电子音像制品	Electronic Publication	99.9	100.3	100.0	100.2	99.8	100.5
燃料类	**Fuels**	**103.3**	**99.8**	**103.1**	**99.8**	**103.9**	**99.9**
煤炭及制品类	Coal and Its Production	101.4	100.8	100.6	100.0	102.7	102.1
石油及制品类	Petroleum and Its Production	103.6	99.7	103.4	99.8	104.1	99.5
建筑材料及五金电料类	**Building Materials and Hardware and Electric Materials**	**100.3**	**100.3**	**100.2**	**99.8**	**100.3**	**101.5**
建筑装璜材料	Building Decoration Materials	99.6	100.0	99.6	99.5	99.5	101.5
五金电料类	Hardware and Electric Materials	101.7	100.8	101.6	100.5	101.8	101.5

4-7 农业生产资料价格分类指数(2005-2013年)
Price Index of Agricultural Means of Production by Category(2005-2013)

(上年=100)(preceding year=100)

项目	Item	2005	2006	2007	2008	2009	2010	2011	2012	2013
农业生产资料价格指数	**Price Indices of Agricultural Means of Production**	**105.8**	**99.6**	**107.3**	**118.9**	**95.9**	**102.9**	**110.8**	**104.2**	**102.8**
农用手工工具	Agricultural hand tools	104.3	105.2	110.9	110.4	104.5	101.9	106.3	103.1	104.1
饲料	Forage	102.7	98.1	108.8	113.4	97.8	108.7	107.5	107.6	105.2
产品畜	Livestock Production	105.1	83.9	143.2	114.3	79.1	93.0	160.4	89.5	101.8
半机械化农具	Semi-mechanized Farm Tools	102.2	100.3	100.5	111.3	100.4	101.5	104.6	104.1	101.1
机械化农具	Mechanized Farm Tools	103.3	103.5	102.6	114.2	98.8	100.9	104.1	101.3	100.3
化学肥料	Chemical Fertilizer	110.0	99.0	102.9	138.4	93.2	101.3	113.4	103.5	98.3
农药及农药器械	Pesticide and Its Appliances	103.7	99.8	100.8	105.9	98.4	98.9	100.8	100.4	100.7
化学农药	Chemical Pesticide	103.8	99.7	100.9	106.4	98.4	98.9	100.9	100.3	100.6
农药器械	Pesticide Appliances	102.5	100.8	99.5	100.7	99.1	99.3	100.3	101.5	101.5
农用机油	Oil for Farm Machinery	107.7	111.7	104.3	111.8	92.0	108.1	109.4	103.2	99.8
其它农业生产资料	Others	105.3	102.6	103.7	102.5	99.8	103.5	106.1	101.5	102.8
农业生产服务	Agricultural Production Service		104.0	109.6	107.0	102.1	101.0	105.1	111.0	106.7

4-8 各市、县居民消费价格指数(2013年)
Residents Consumer Price Indices by City and County(2013)

(上年=100)(preceding year=100)

市(县)名称	City(County)	居民消费价格指数 Consumer Price Index	食品类 Food	粮食 Grain	肉禽及其制品 Meat and Poultry	蛋类 Eggs	水产品 Aquatic Production	鲜菜 Fresh Vegetables
杭州市	Hangzhou	102.5	104.2	103.5	103.9	99.5	106.8	109.1
宁波市	Ningbo	102.2	102.6	101.9	104.8	101.3	102.7	100.1
温州市	Wenzhou	101.9	103.4	102.8	104.2	112.9	103.8	105.3
嘉兴市	Jiaxing	101.7	104.6	100.3	107.0	102.7	105.1	111.3
湖州市	Huzhou	102.1	103.7	103.6	105.1	102.8	103.2	108.7
绍兴市	Shaoxing	102.0	103.8	101.2	103.6	104.9	103.3	115.2
金华市	Jinhua	103.1	104.1	104.0	103.2	103.0	104.0	97.8
衢州市	Quzhou	102.6	104.8	100.2	105.5	106.0	107.7	110.3
舟山市	Zhoushan	102.1	103.0	101.4	103.6	101.1	102.0	103.4
台州市	Taizhou	101.8	104.9	102.1	103.2	107.7	105.1	103.5
丽水市	Lishui	102.9	106.0	106.9	107.4	103.1	108.1	110.6
萧山区	Xiaoshan	102.7	103.7	103.5	103.3	99.9	104.7	108.4
建德市	Jiande	101.8	102.9	102.6	101.8	100.4	103.0	107.4
海宁市	Haining	102.4	103.8	103.4	103.5	105.0	104.2	109.5
安吉县	Anji	101.8	104.4	103.0	101.5	98.9	104.1	108.9
新昌县	Xinchang	102.5	104.2	103.2	103.9	98.8	105.2	107.7
浦江县	Pujiang	103.1	104.2	106.1	105.6	101.5	101.4	103.3
兰溪市	Lanxi	103.2	102.3	102.7	101.1	105.6	100.5	103.5
江山市	Jiangshan	101.7	104.2	101.7	101.8	97.4	109.7	114.4
临海市	Linhai	102.0	105.0	104.1	103.9	105.0	110.3	106.3
龙泉市	Longquan	102.2	103.4	102.0	105.9	101.9	105.0	104.0

续表 Continued （上年=100）(preceding year=100)

市(县)名称	City(County)	烟酒及用品类 Tobacco, Liquor and Articles	衣着类 Clothing	家庭设备用品及维修服务类 Household Appliances and Articles	医疗保健和个人用品类 Health Care Services	交通和通信 Transportation and Communication	娱乐教育文化用品及服务 Recreation, Education, Culture Items and Services	居住类 Residence
杭州市	Hangzhou	99.5	101.3	103.3	101.1	99.5	103.9	102.1
宁波市	Ningbo	100.8	102.6	102.0	102.8	99.4	101.9	103.5
温州市	Wenzhou	99.8	106.4	101.9	101.3	99.7	100.6	100.7
嘉兴市	Jiaxing	98.8	101.5	101.9	97.8	99.5	102.4	100.0
湖州市	Huzhou	99.8	108.1	103.1	101.4	98.7	100.4	101.0
绍兴市	Shaoxing	99.1	104.7	101.7	99.3	99.0	100.4	102.7
金华市	Jinhua	99.1	112.0	102.9	100.6	97.4	101.4	104.4
衢州市	Quzhou	100.0	100.8	101.8	100.6	100.6	102.8	102.0
舟山市	Zhoushan	100.6	101.4	101.8	101.8	99.7	103.0	102.2
台州市	Taizhou	99.8	101.4	101.0	97.5	97.9	101.4	101.7
丽水市	Lishui	99.5	102.7	101.5	101.2	100.1	104.0	100.5
萧山区	Xiaoshan	99.4	101.9	101.0	100.0	100.2	103.0	105.2
建德市	Jiande	100.1	102.4	102.2	97.5	98.8	105.5	101.6
海宁市	Haining	100.4	100.8	104.6	98.6	99.8	103.7	103.1
安吉县	Anji	99.7	102.2	101.2	95.8	99.7	103.3	101.4
新昌县	Xinchang	99.8	100.0	100.4	99.2	100.1	101.6	104.9
浦江县	Pujiang	100.1	102.1	100.9	100.7	99.4	105.0	104.8
兰溪市	Lanxi	99.1	100.7	101.8	103.9	98.0	101.2	110.6
江山市	Jiangshan	99.6	100.3	99.2	95.4	101.4	104.0	100.8
临海市	Linhai	100.9	102.1	103.0	95.8	99.7	103.5	100.6
龙泉市	Longquan	100.4	103.1	103.2	100.0	97.6	102.1	103.7

4-9 各市、县商品零售价格指数和农业生产资料零售价格指数(2013年)
General Retail Price Index of Commodities and Agricultural Means of Production by City and County(2013)

(上年=100)(preceding year=100)

市(县)名称	City(County)	商品零售价格指数 General Retail Price Index of Commodities	食品类 Food	饮料、烟酒类 Beverages, Tobacco and Liquor	服装、鞋帽类 Garments, Shoes and Hats	纺织品类 Textiles	家用电器及音响器材类 Household Appliances and Audio Eqiupment
杭州市	Hangzhou	101.5	104.2	99.5	101.3	104.5	99.5
宁波市	Ningbo	101.0	102.6	101.4	102.5	101.9	99.9
温州市	Wenzhou	101.0	103.5	100.4	105.5	103.7	96.2
嘉兴市	Jiaxing	100.7	104.6	99.3	101.2	101.1	100.1
湖州市	Huzhou	101.7	103.8	100.1	108.0	105.1	101.3
绍兴市	Shaoxing	101.0	103.9	99.3	104.6	101.0	100.1
金华市	Jinhua	101.2	104.3	99.1	111.9	106.7	96.8
衢州市	Quzhou	101.3	104.9	100.2	100.7	100.0	98.5
舟山市	Zhoushan	100.5	103.0	100.8	101.5	99.7	100.6
台州市	Taizhou	100.3	105.2	100.1	101.4	103.1	99.2
丽水市	Lishui	102.5	106.3	99.5	102.7	102.2	101.4
萧山区	Xiaoshan	100.7	103.8	99.4	101.5	98.4	99.5
建德市	Jiande	100.3	102.9	100.5	102.1	100.9	100.0
海宁市	Haining	100.6	103.9	100.8	99.8	100.0	102.6
安吉县	Anji	100.1	104.4	100.7	101.4	95.9	100.5
新昌县	Xinchang	100.9	104.3	99.7	99.8	103.0	99.4
浦江县	Pujiang	101.0	104.5	100.1	101.9	102.6	99.4
兰溪市	Lanxi	100.6	102.4	99.4	99.5	100.5	101.6
江山市	Jiangshan	99.6	104.2	99.9	99.6	99.6	97.9
临海市	Linhai	100.2	105.1	100.8	101.0	100.9	98.8
龙泉市	Longquan	100.4	103.5	100.5	103.7	100.0	102.7

续表 1　Continued　　（上年 = 100）（preceding　year = 100）

市(县)名称	City(County)	文化办公用品类 Culture and Official Articles	日用品类 Articles for Daily Use	体育娱乐用品类 Sports and Recreation	交通通讯用品类 Transportation and Communication Articles	家具类 Furniture	化妆品类 Cosmetics
杭州市	Hangzhou	98.8	100.6	100.4	98.9	99.0	104.1
宁波市	Ningbo	99.1	100.9	100.3	99.1	101.3	101.5
温州市	Wenzhou	96.2	99.5	99.0	99.2	100.0	101.2
嘉兴市	Jiaxing	100.2	100.5	100.3	98.9	101.3	100.9
湖州市	Huzhou	98.1	101.1	100.8	98.7	104.0	102.6
绍兴市	Shaoxing	98.8	101.7	100.4	98.0	100.6	102.4
金华市	Jinhua	93.5	98.4	101.1	96.4	100.5	99.9
衢州市	Quzhou	99.0	101.2	100.3	99.5	100.8	100.8
舟山市	Zhoushan	98.1	100.9	100.0	99.2	100.3	100.6
台州市	Taizhou	95.7	100.6	99.5	95.9	102.8	100.9
丽水市	Lishui	100.1	101.0	100.9	100.8	103.7	102.2
萧山区	Xiaoshan	98.9	100.9	101.3	100.8	100.8	101.9
建德市	Jiande	100.8	101.6	102.7	97.5	105.0	100.5
海宁市	Haining	101.0	100.2	103.7	97.7	103.9	102.2
安吉县	Anji	99.1	100.0	102.3	98.2	102.8	98.9
新昌县	Xinchang	99.2	100.2	99.4	99.4	101.7	100.8
浦江县	Pujiang	101.3	100.1	101.1	99.0	102.4	97.9
兰溪市	Lanxi	96.4	96.8	98.9	94.3	99.5	99.0
江山市	Jiangshan	100.6	99.0	102.8	100.6	100.5	99.6
临海市	Linhai	97.8	100.7	100.2	98.9	102.2	99.2
龙泉市	Longquan	99.6	100.8	99.9	95.1	101.0	100.1

续表 2 Continued (上年 = 100)(preceding year = 100)

市(县)名称	City(County)	金银珠宝类 Jewelry	中西药品及医疗保健用品类 Traditional Chinese Westen Medicines and Medicines and Health Care	书报杂志及电子出版物类 Newspaper, Magazines and Electronic Publication	燃料类 Fuels	建筑材料及五金电料类 Building Materials and Hardware and Electric Item	农业生产资料零售价格指数 Retail Price Indices of Agricultural Means of Production
杭州市	Hangzhou	98.5	101.5	100.0	101.3	99.1	
宁波市	Ningbo	90.9	103.1	100.0	98.9	99.6	
温州市	Wenzhou	88.5	102.1	100.8	99.4	99.7	
嘉兴市	Jiaxing	91.9	94.0	99.9	100.2	98.9	
湖州市	Huzhou	88.9	101.6	100.1	99.6	99.9	
绍兴市	Shaoxing	91.2	95.9	106.3	99.9	99.8	
金华市	Jinhua	89.0	101.0	99.9	99.4	99.4	
衢州市	Quzhou	89.3	101.8	100.0	98.7	101.4	
舟山市	Zhoushan	93.5	96.4	100.1	98.7	102.0	
台州市	Taizhou	94.2	91.2	100.0	99.6	100.2	
丽水市	Lishui	88.9	102.4	102.3	100.1	99.3	
萧山区	Xiaoshan	92.3	95.5	100.3	99.0	102.4	103.1
建德市	Jiande	90.9	92.6	100.0	100.2	101.1	104.3
海宁市	Haining	87.9	94.7	100.0	100.7	100.2	103.3
安吉县	Anji	91.9	90.3	100.7	100.3	100.9	102.7
新昌县	Xinchang	88.7	99.9	99.9	98.5	101.4	100.8
浦江县	Pujiang	93.5	95.5	100.1	100.4	102.3	100.8
兰溪市	Lanxi	90.7	104.2	100.2	102.3	101.0	101.2
江山市	Jiangshan	91.3	88.9	100.0	98.5	102.1	104.8
临海市	Linhai	88.2	89.1	100.0	100.9	101.5	103.4
龙泉市	Longquan	90.8	95.5	100.0	99.1	100.2	102.2

4-10 分月各种价格指数(2013年)
Price Indices by Month(2013)

(上年同期=100)(preceding period=100)

项目	Item	1月	2月	3月	4月	5月	6月
居民消费价格指数	**Consumer Price Index**	**101.4**	**102.9**	**101.4**	**101.7**	**101.7**	**102.5**
城市	Urban Areas	101.3	102.9	101.5	101.8	101.8	102.5
农村	Rural Areas	101.5	102.7	101.3	101.5	101.5	102.6
#服务项目价格指数	**Services Price Index**	**101.7**	**104.2**	**103.8**	**103.6**	**103.4**	**103.4**
城市	Urban Areas	101.4	104.2	103.5	103.4	103.0	102.9
农村	Rural Areas	102.6	104.5	104.8	104.5	104.8	105.0
商品零售价格指数	**Retail Price Index of Commodities**	**100.7**	**101.3**	**99.8**	**100.0**	**100.1**	**101.2**
城市	Urban Areas	100.8	101.4	100.0	100.2	100.3	101.3
农村	Rural Areas	100.4	100.9	99.3	99.3	99.4	100.7
农业生产资料零售价格指数	**Price Index of Agricultural Means of Production**	**104.7**	**104.3**	**104.1**	**103.1**	**102.8**	**103.5**

续表 Continued

(上年同期=100)(preceding period=100)

项目	Item	7月	8月	9月	10月	11月	12月
居民消费价格指数	**Consumer Price Index**	**102.3**	**102.0**	**102.5**	**103.3**	**103.0**	**102.8**
城市	Urban Areas	102.2	101.9	102.4	103.2	103.0	102.8
农村	Rural Areas	102.6	102.4	102.9	103.5	103.2	102.9
#服务项目价格指数	**Services Price Index**	**102.8**	**102.9**	**103.1**	**103.3**	**103.7**	**103.9**
城市	Urban Areas	102.2	102.4	102.5	102.5	102.9	103.2
农村	Rural Areas	104.9	104.5	105.4	106.0	106.1	106.2
商品零售价格指数	**Retail Price Index of Commodities**	**101.3**	**101.1**	**101.4**	**101.9**	**101.6**	**101.6**
城市	Urban Areas	101.4	101.2	101.5	102.1	101.8	101.8
农村	Rural Areas	101.0	100.8	101.0	101.3	101.0	100.9
农业生产资料零售价格指数	**Price Index of Agricultural Means of Production**	**102.9**	**102.1**	**101.5**	**101.6**	**101.9**	**101.8**

4-11 固定资产投资价格指数(2004-2013年)
Price Indinces of Investment in Fixed Assets(2004-2013)

(上年=100)(preceding year=100)

项目	Item	2004	2005	2006	2007	2008	2009	2010	2011	2012	2013
固定资产投资价格指数	**Price Index of Investment in Fixed Assets**	**105.9**	**100.3**	**101.5**	**104.3**	**109.3**	**96.7**	**104.7**	**107.5**	**99.2**	**100.0**
建筑安装工程	**Construction and Installation**	**108.7**	**99.3**	**100.3**	**105.6**	**113.7**	**94.6**	**106.7**	**111.4**	**98.6**	**99.5**
#人工费	Manpower	104.2	104.8	104.6	107.9	115.5	107.7	109.2	115.5	110.9	109.6
机械使用费	Using Expenses of Machanism	101.6	100.9	101.5	102.6	104.6	101.9	102.7	105.3	103.2	102.0
材料费	Materials	112.1	97.6	99.2	105.5	114.5	90.8	106.7	111.3	95.0	96.4
钢材	Steel Products	120.9	99.0	95.8	108.5	123.2	82.6	107.1	111.1	90.7	92.8
木材	Timber	102.1	101.6	103.5	104.1	109.3	100.9	103.8	107.9	103.2	101.2
水泥	Cement	110.3	86.6	98.3	104.5	108.4	96.1	109.6	115.2	91.9	96.6
地方材料	Local Materials	105.4	97.5	101.7	102.5	107.4	101.3	106.3	111.5	101.2	100.0
化工材料	Chemical Materials	104.7	105.1	109.1	105.1	109.8	99.0	105.3	107.6	102.6	100.7
电料	Electrical Material	104.7	104.8	115.7	106.3	104.7	96.1	106.5	108.1	100.2	99.8
其他材料	Others	101.7	100.9	101.7	102.5	104.1	100.3	103.0	105.2	101.5	100.5
设备、工器具购置	**Purchase of Equipment, Tools and Instruments**	**102.1**	**100.3**	**101.7**	**100.5**	**101.2**	**96.2**	**101.3**	**101.6**	**98.5**	**98.7**
其他费用投资	**Others**	**103.4**	**103.1**	**104.5**	**105.2**	**106.6**	**102.5**	**102.6**	**103.1**	**101.5**	**102.3**

4-12 工业生产者出厂价格指数(2005-2013年)
Producer Price Indices for Manufactured Goods(2005-2013)

(上年=100)(preceding year=100)

项目	Item	2005	2006	2007	2008	2009	2010	2011	2012	2013
全　省	**Zhejiang**	**102.3**	**103.8**	**102.4**	**104.3**	**94.9**	**106.2**	**105.0**	**97.30**	**98.20**
轻工业	**Light Industry**	**101.6**	**101.9**	**102.0**	**103.6**	**96.4**	**104.8**	**105.1**	**98.1**	**99.2**
以农产品为原料	Using Farm Products as Raw Materials	101.2	101.4	101.5	103.1	97.9	104.8	105.5	99.5	99.9
以非农产品为原料	Using Non-farm Products as Raw Materials	101.9	102.5	102.5	104.0	95.1	104.9	104.6	96.0	98.1
重工业	**Heavy Industry**	**103.0**	**106.6**	**102.9**	**105.3**	**92.6**	**108.2**	**104.9**	**96.7**	**97.5**
采掘	Mining and Quarrying Industry	116.7	105.1	105.8	110.1	94.6	116.5	115.3	99.5	100.0
原料	Raw Material Industry	105.7	106.6	103.0	107.4	93.5	110.2	106.9	97.8	97.6
加工	Manufacturing Industry	101.6	106.7	102.8	104.0	92.1	106.9	104.0	96.3	97.4
生产资料	**Means of Production**	**102.8**	**104.9**	**102.7**	**104.8**	**93.4**	**107.9**	**105.5**	**96.3**	**97.6**
采掘	Mining and Quarrying Industry	116.7	105.1	105.8	110.1	94.6	116.5	115.3	99.5	100.0
原料	Raw Material Industry	107.2	106.4	103.0	105.0	92.6	112.2	108.3	95.8	97.3
加工	Manufacturing Industry	101.1	104.4	102.5	104.7	93.7	106.3	104.5	96.4	97.8
生活资料	**Means of Subsistence**	**101.1**	**101.1**	**101.7**	**102.8**	**98.6**	**101.7**	**103.5**	**100.0**	**99.6**
食品	Food	99.8	101.0	104.9	105.8	99.6	103.4	105.6	100.9	100.1
衣着	Clothing	101.3	100.9	100.5	101.4	99.2	101.6	104.6	101.1	100.5
一般日用品	Articles for Daily Use	101.6	101.5	101.4	103.2	97.3	101.8	102.6	98.9	98.6
耐用消费品	Durable Consumer Goods	101.7	100.9	101.7	102.0	98.9	100.2	101.2	99.6	99.4
分部门										
冶金工业	Metallurgical Industry	106.2	114.9	108.1	106.3	85.9	115.0	107.2	92.5	94.6
电力工业	Power Industry	104.6	102.0	100.6	100.9	101.5	102.0	102.9	103.3	100.8
煤炭及炼焦工业	Coal Industry	121.4	103.5	105.1	107.7	99.3	107.2	108.2	102.0	90.6
石油工业	Petroleum Industry	122.0	117.0	102.1	123.8	88.8	119.7	115.0	102.1	97.4
化学工业	Chemical Industry	104.9	102.6	103.1	104.3	89.9	110.2	107.5	93.6	96.5
机械工业	Machinery Industry	99.7	102.8	101.2	103.2	95.6	102.5	101.8	97.6	98.1
建筑材料工业	Building Materials Industry	89.9	102.8	104.7	109.6	97.2	108.6	111.7	94.0	98.8
森林工业	Timber Industry	103.4	103.5	102.1	102.2	99.3	102.8	102.7	101.1	100.3
食品工业	Food Industry	99.6	100.6	105.4	106.4	99.3	104.0	106.0	101.3	100.4
纺织工业	Textile Industry	102.0	102.7	100.5	101.9	97.0	108.5	106.9	97.6	99.8
缝纫工业	Tailoring Industry	100.9	100.9	100.5	101.7	99.3	101.7	105.0	100.8	100.3
皮革工业	Leather Industry	102.3	100.5	101.4	102.3	98.2	101.4	103.8	102.7	101.8
造纸工业	Paper Industry	100.8	99.9	101.8	108.4	93.3	105.4	102.4	96.6	96.4
文教艺术品工业	Cultural, Educational & Handicrafts Articles Industry	101.3	100.3	101.2	102.1	98.4	100.4	102.2	100.0	99.4
其他工业	Others	102.2	103.8	103.8	103.6	97.9	102.7	103.3	100.2	100.2

4-13 按行业分的工业生产者出厂价格指数(2009-2013年)
Producer Price Indices for Manufactured Goods by Sector(2009-2013)

(上年=100)(preceding year = 100)

项目	Item	2009	2010	2011	2012	2013
全 省	**General Index**	**94.9**	**106.2**	**105.0**	**97.3**	**98.2**
煤炭开采和洗选业	Coal Mining and Dressing	99.6	109.5	107.4	101.7	90.4
黑色金属矿采选业	Ferrous Metals Mining and Dressing	58.1	158.4	126.5	80.7	95.3
有色金属矿采选业	Nonferrous Metals Mining and Dressing	75.7	124.3	116.6	94.6	94.5
非金属矿采选业	Nonmetal Minerals Mining and Dressing	102.3	105.4	113.5	104.4	102.6
其他采矿业	Other Minerals Mining and Dressing					
农副食品加工业	Non-staple Food Processing	97.1	106.8	109.3	100.6	100.0
食品制造业	Food Manufacturing	100.5	104.2	107.7	104.2	101.0
饮料制造业	Beverage Manufacturing	99.0	101.6	102.6	100.2	100.1
烟草制品业	Tobacco Processing	102.6	102.3	100.0	101.5	100.4
纺织业	Textile Industry	97.5	107.2	106.9	98.5	99.9
纺织服装、鞋帽制造业	Garments, Shoes and Hats Manufacturing	99.6	100.6	103.3	100.2	100.0
皮革、毛皮、羽毛(绒)及其制品业	Leather, Furs, Down and Related Production	97.9	102.5	104.3	102.8	102.1
木材加工及木、竹、藤、棕、草制品业	Timber Processing, Bamboo, Cane Palm Fiber and Straw Production	98.8	103.5	103.2	101.6	100.7
家具制造业	Furniture Manufacturing	100.2	100.7	101.5	100.0	99.3
造纸及纸制品业	Papermaking and Paper Production	93.3	105.4	102.4	96.6	96.4
印刷业和记录媒介的复制	Printing and Record Medium Reproduction	98.3	100.4	101.7	99.7	99.7
文教体育用品制造业	Cultural, Educational and Sports Goods	98.9	100.5	102.8	100.1	99.4
石油加工、炼焦及核燃料加工业	Petroleum Processing, Cooking and Nuclear Fuel Processing	88.8	120.5	116.0	102.1	97.0
化学原料及化学制品制造业	Raw Chemical Materials and Chemical Production	86.6	109.9	106.9	92.6	95.9
医药制造业	Medical and Pharmaceutical Production	98.2	102.9	100.8	96.9	96.7
化学纤维制造业	Chemical Fiber	86.8	121.3	112.7	86.9	95.4
橡胶制品业	Rubber Production	97.1	104.8	107.7	98.8	94.0
塑料制品业	Plastic Production	92.6	103.7	106.5	98.6	99.0
非金属矿物制品业	Nonmetal Mineral Production	96.9	108.2	110.8	93.6	98.5
黑色金属冶炼及压延加工业	Smelting and Pressing of Ferrous Metals	80.8	108.5	108.6	90.3	92.7
有色金属冶炼及压延加工业	Smelting and Pressing of Nonferrous Metals	80.3	130.9	109.1	91.4	94.2
金属制品业	Metal Production	95.0	103.7	103.0	97.2	97.3
通用设备制造业	Common Machinery Production	96.9	102.0	102.5	98.5	98.0
专用设备制造业	For Special Purpose Equipment Manufacturing	99.0	100.6	101.0	99.7	99.3
交通运输设备制造业	Transportation Equipment	98.0	100.2	101.0	98.4	98.7
电气机械及器材制造业	Electric Equipment and Machinery	93.0	106.4	103.3	96.4	97.7
通信设备、计算机及其他电子设备制造业	Telecommunications Equipment, Computer and Other Electronic Equipment Manufacturing	92.9	99.9	99.4	96.1	97.3
仪器仪表及文化办公用机械制造业	Instruments, Meters, Cultural and Office Machinery	96.3	102.3	100.0	97.0	98.1
工艺品及其他制造业	Handicraft Article and Other Manufacturing Indust	97.8	102.2	103.6	100.4	100.4
废弃资源和废旧材料回收加工工业	Recovery of Resource Discarded and Useless Material	82.0	120.6	115.8	81.1	87.7
电力、热力的生产和供应业	Production and Supply of Electricity and Heating Power	101.6	102.1	102.9	103.3	100.7
燃气生产和供应业	Production and Supply of Gas	91.2	113.5	106.3	101.9	100.5
水的生产和供应业	Production and Supply of Water	101.7	103.2	105.3	100.1	100.2

4－14 工业生产者购进价格分类指数(2004－2013 年)
Producer Purchasing Price Indinces by Category(2004－2013)

(上年＝100)(preceding year＝100)

项目	Item	2004	2005	2006	2007	2008	2009	2010	2011	2012	2013
总指数	**General Purchasing Price Index**	**113.4**	**105.4**	**105.6**	**105.3**	**110.6**	**92.6**	**112.0**	**108.3**	**96.7**	**97.7**
燃料动力类	Fuels and Motive Power	114.5	115.5	109.8	103.9	120.5	91.7	113.9	107.6	99.5	97.4
黑色金属材料类	Ferrous Metal Material	123.5	104.9	94.3	108.7	119.8	84.7	108.7	107.1	94.1	95.5
有色金属材料和电线类	Nofferrous Metal Materials and Electric Wire	126.4	113.4	137.2	112.9	94.1	83.4	125.2	111.7	92.6	94.3
化工原料类	Chemical Raw Materials	111.7	107.7	101.5	106.0	107.8	88.2	113.2	111.1	95.4	97.4
木材及纸浆类	Logging and Paper Pulp	102.5	102.3	102.6	102.9	106.2	96.4	106.7	103.8	96.9	98.1
建筑材料类及非金属矿类	Building Materials and Nonmetal Minerals	111.6	93.7	99.9	104.4	110.1	94.8	103.9	109.2	98.2	98.6
其他工业原材料及半成品类	Other Industrial Raw Materials	109.8	101.8	105.0	106.8	107.0	96.6	110.1	106.5	97.2	98.0
农副产品类	Farm Production	114.4	97.8	104.0	104.3	105.0	95.8	110.5	110.1	98.5	99.5
纺织原料类	Textile Raw Materials	104.6	102.7	103.0	101.9	101.9	97.8	110.5	109.7	97.1	100.3

浙/江/统/计/年/鉴

主要统计指标解释

■ 居民消费价格指数

是反映一定时期内城乡居民所购买的生活消费品价格和服务项目价格变动趋势和程度的相对数。是综合了城市居民消费价格指数和农民消费价格指数计算取得。利用居民消费价格指数,可以观察和分析消费品的零售价格和服务价格变动对城乡居民实际生活支出的影响程度。

■ 城市居民消费价格指数

是反映城市职工及其家庭所购买的生活消费品和服务项目价格变动趋势和程度的相对数。编制城市居民消费价格指数,可以观察和分析消费品的零售价格和服务项目价格变动对职工货币工资的影响,作为研究职工生活和确定工资政策的依据。

■ 农村居民消费价格指数

是反映农村居民家庭所购买的生活消费品的价格和服务项目价格变动趋势和程度的相对数。用它可以观察农村消费品的零售价格和服务项目价格变动对农村居民生活消费支出的影响,直接反映农民生活水平的实际变化情况,为分析和研究农村居民生活问题提供依据。

■ 农村工业品零售价格指数

是反映农村市场工业品零售价格水平变动趋势和程度的相对数。通过农村工业品零售价格指数,可以观察工业品零售价格变动对农民货币支出的影响。

■ 工业品出厂价格指数

是反映全部工业产品出厂价格总水平的变动趋势和程度的相对数。其中除包括工业企业售给商业、外贸、物资部门的产品外,还包括售给工业和其他部门的生产资料以及直接售给居民的生活消费品。通过工业生产价格指数能观察出厂价格变动对工业总产值的影响。

■ 固定资产投资价格指数

是反映固定资产投资额价格变动趋势和程度的相对数。固定资产投资额是由建筑安装工程投资完成额、设备、工器具购置投资完成额和其他费用投资完成额三部分组成的。编制固定资产投资价格指数应首先分别编制上述三部分投资的价格指数,然后采用加权算术平均法求出固定资产投资价格总指数。

编制固定资产投资价格指数可以准确地反映固定资产投资中涉及的各类商品和取费项目价格变动趋势和变动幅度,消除按现价计算的固定资产投资指标中的价格变动因素,真实地反映固定资产投资的规模、速度、结构和效益,为国家科学地制定,检查固定资产投资计划并提高宏观调控水平,为完善国民经济核算体系提供科学的、可靠的依据。

■ 商品零售价格指数

是反映城乡商品零售价格变动趋势的一种经济指数。零售物价的调整变动直接影响到城乡居民的生活支出和国家的财政收入,影响居民购买力和市场供需平衡,影响消费与积累的比例。因此,计算零售价格指数,可以从一个侧面对上述经济活动进行观察和分析。

■ 原材料、燃料和动力购进价格指数

是反映工业企业作为生产投入,而从物资交易市场和能源、原材料生产企业购买原材料、燃料和动力产品时,所支付的价格水平变动趋势和程度的统计指标,是扣除工业企业物质消耗成本中的价格变动影响的重要依据。

目前,我国编制的原材料、燃料和动力购进价格指数所调查的产品,包括燃料动力、黑色金属、有色金属、化工、建材等九大类的近1800种产品。

■ 房地产价格指数

是反映一定时期内房地产价格变动趋势和程度的相对数,包括房屋销售价格指数、房屋租赁价格指数、土地交易价格指数和物业管理价格指数。这四套指数的计算方法相似,均采用由下到上逐级汇总的方法。

ZHEJIANG STATISTICAL YEARBOOK

Explanatory Notes on Main Statistical Indicators

Consumer Price Index

reflects the relative change in prices of consumer goods and services purchased by urban and rural residents, and is a composite index derived from the urban consumer price index and the rural consumer price index. Consumer price index can be used to analyze the impact of consumer price change on actual expenditure for living cost of urban and rural residents.

Urban Consumer Price Index

reflects the relative change in prices of consumer goods and services purchased by urban staff and workers and their families and can be used to observe and analyze the impact of price changes in consumer goods and services on money wages of staff and workers, and provide basis for policy making concerning the living cost and wages of staff and workers.

Rural Consumer Price Index

reflects the relative change in prices of consumer goods and services purchased by rural households and can be used to observe the impact of change in prices of consumer goods and services on living expenditure and actual change in peasants' living cost. It provides basis for analysis and research on peasants' living cost and welfare.

Retail Price Index of Rural Industrial Products

reflects the relative change in prices of industrial products in rural market and can be used to observe the impact of the price change on farmers' money expenditure.

Ex - factory Price Index of Industrial Products

reflects the change in general ex - factory prices of all industrial products, including sales of industrial products to commercial enterprises, foreign trade sectors, materials supplying and distributing sectors as well as sales of production means to industry and other sectors and sales of consumer goods to residents. It can be used to analyze the impact of ex - factory prices on gross industrial output value.

Price Index of Investment in Fixed Assets

reflects the change in prices of investment in fixed assets. The investment in fixed assests consists of three components, namely the investment in construction and installation, the investment in purchases of equipment and instrument, and the investment in other items. Price index of investment in fixed assets is calculated as the weighted arithmetic mean of the price indices of the three components of investment in fixed assets.

Price index of investment in fixed assets reflects the changes of prices in various goods and services involved in investment in fixed assets and therefore can be used to observe the actual size, speed, structure, and efficiency of investment in fixed assets and provides reliable and scientific data for government planning, management, decision making, and further improving the current national accounting system.

Retail Price Index

reflects the general change in retail prices of commodities. The change and adjustment in retail prices directly affect the living expenditure of urban and rural residents, government revenue, purchasing power of residents and the equilibrium of market supply and demand, and the ratio of consumption to accumulation. Therefore, the calculation of retail price index is useful to analyze the changes of the above economic activities.

EXPLANATORY NOTES ON MAIN STATISTICAL INDICATORS

□ Purchasing Price Indices for Raw Materials, Fuels and Power

reflect changes in the level and degree of prices paid by industrial enterprises when they purchase production input such as raw materials, fuels and power from the market or from other energy or raw materials producing enterprises. These indices provide an important basis for measuring the material consumption of industrial enterprises after removing the influence of price changes.

At present, close to 1,800 products in 9 categories, including fuels and power, ferrous metals, non - ferrous-metals, chemicals, building materials, are covered in China for the survey to produce indices for purchasing prices of raw materials, fuels and power.

□ Price Indices for Real Estate

reflect the trend and degree of changes in prices of real estate during a given period, including sale price indices for houses, price indices for renting houses, price indices for land transactions and price indices for management of properties. The methods for the compilation of these four sets of indices are similar in that they all use the bottom - up approach under which data are reported from lower level to higher level.

2014
浙江统计年鉴
ZHEJIANG STATISTICAL YEARBOOK

CHAPTER 5

人民生活
People's Livelihood

5－1 人民物质文化生活
People's Material and Cultural Life

项目	Item	2006	2007	2008	2009	2010	2011	2012	2013
城乡居民收入与支出（元）	**Income and Expenditure of Urban and Rual Residents (yuan)**								
农村居民人均纯收入	Annual Per Capita Net Income of Rural Residents	7335	8265	9258	10007	11303	13071	14552	16106
农村居民人均生活消费支出	Annual Per Capita Living Expenditure of Rural Residents	5762	6442	7072	7375	8390	9644	10208	11760
城镇居民人均可支配收入	Annual Per Capita Disposable Income of Urban Residents	18265	20574	22727	24611	27359	30971	34550	37851
城镇居民人均消费支出	Annual Per Capita Expenditure of Urban Residents	13349	14091	15158	16683	17858	20437	21545	23257
居民消费水平（元）	**Per Capita Consumption (yuan)**	**11099**	**12730**	**14264**	**15867**	**18274**	**21346**	**22845**	
农村居民	Rural Residents	6216	7169	7881	8571	10273	12371	13724	
城镇居民	Urban Residents	15837	16986	19002	21204	23655	26856	28259	
居民生活质量	**Quality of Living**								
居民人均住房面积（平方米）	Per Capita Floor Space of Residents Buildings (sq. m)								
农村居民	Rural Areas	55.57	57.06	58.50	59.29	58.53	60.80	61.50	60.82
城镇居民	Urban Areas	26.44	34.72	34.33	35.10	35.29	36.90	37.10	38.80
居民家庭恩格尔系数	Engle Coefficient								
城市	Urban	32.9	34.7	36.4	33.6	34.3	34.6	35.1	34.4
乡村	Rural	37.2	36.4	38.0	37.4	35.5	37.6	37.7	35.6
交通	**Traffic**								
农村每百户拥有家用汽车（辆）	Number of Household Cars Per 100 Households in Rural Areas (unit)	3.11	3.96	4.74	6.23	7.79	13.40	15.20	22.60
城镇每百户拥有家用汽车（辆）	Number of Household Cars Per 100 Households in Urban Areas (unit)	11.03	13.83	19.61	23.62	26.43	33.73	36.50	44.28

续表 Continued

项目		Item		2006	2007	2008	2009	2010	2011	2012	2013
储蓄		**Savings**									
城乡居民储蓄存款年末余额	(亿元)	Balance of Savings Deposit of Rural and Urban Residents	(100 million yuan)	10473	11161	14501	17833	20612	23470	26407	28923
平均每人储蓄存款余额	(元)	Per Capita Balance of Savings Deposits	(yuan)	20650	21651	27821	33804	37845	42962	48214	52606
文化、教育及卫生		**Culture, Education and Public Health**									
农村每百户拥有彩色电视机	(台)	Number of Color Tv Sets Per 100 Households in Rural Areas	(unit)	137	144	150	157	161	168	172	169
城镇每百户拥有彩色电视机	(台)	Number of Color Tv Sets Per 100 Households in Urban Areas	(unit)	181	183	177	182	186	185	187	179
农村每百户拥有家用电脑	(台)	Number of Computer Per 100 Households in Rural Areas	(unit)	14.28	19.38	23.38	28.64	35.64	43.28	47.77	49.57
城镇每百户拥有家用电脑	(台)	Number of Computer Per 100 Households in Urban Areas	(unit)	64.83	73.79	79.93	84.41	89.84	103.57	106.38	101.56
每百人每天有报纸杂志	(份)	Daily Newspapers and Magazines Per 100 persons	(copy)	15.7	16.0	16.2	16.8	17.0	18.4	17.8	17.7
学龄儿童入学率	(%)	Enrollment Percentage of School age Children	(%)	99.99	99.99	99.99	99.99	99.99	99.99	99.99	99.99
每千人口拥有在校大学生数	(人)	Students Enrollment in University Per 1000 Persons	(person)	14.19	15.70	16.65	17.25	17.13	17.56	18.02	18.51
每千人口拥有医疗床位数	(张)	Number of Hospital Beds Per 1000 Persons	(Piece)	2.93	3.02	3.09	3.23	3.38	3.57	3.89	4.18
每千人口拥有医生数	(人)	Number of Doctors Per 1000 Persons	(person)	1.86	1.95	1.95	2.05	2.21	2.28	2.37	2.52
就业		**Employment**									
城镇登记失业率	(%)	Registered Unemployment Rate in Urban Areas	(%)	3.51	3.27	3.49	3.26	3.20	3.12	3.01	3.01
农村居民家庭每一劳动力负担人数	(人)	Number of Dependents Per Rural Laborer in Rural Households	(person)	1.36	1.36	1.36	1.36	1.35	1.37	1.37	1.49
城镇每一就业者负担人数	(人)	Number of Dependents Per Urban Employee	(person)	1.91	1.86	1.96	1.96	1.95	1.95	1.94	1.71
邮电通信		**Post and Telecommumication**									
电话普及率	(部/每人)	Telephone Popularization Rate	(set/person)	108.5	117.2	122.6	126.5	130.2	140.8	151.4	161.1
固定电话	(部/每人)	Fixed Telephones	(set/person)	48.0	47.5	44.9	40.9	36.9	35.6	34.2	32.4
移动电话	(部/每人)	Niduke Telephones	(set/person)	60.5	69.7	77.7	85.6	93.3	105.2	117.2	128.7

注：每百人每天拥有报纸、每千人口拥有医疗床位和拥有医生数均按常住人口计算。
Daily Newspapers and Magazines Per 100 Persons, Number of Hospital Beds and Number of Doctors Per 1000 Persons are calculated at permanent residence.

5-2 城镇单位在岗职工工资总额(1985-2013年)
Total Wages of Currently Employed Staff and Workers in Urban Units(1985-2013)

单位:亿元(100 million yuan)

年份 Year	工资总额 Total Wages of Fully Employed Staff and Workers	国有单位职工 State-owned Units	城镇集体单位职工 Urban Collective Owned Units	其他经济单位职工 Units of Other Types of Ownership
1985	47.85	28.69	18.91	0.25
1986	58.01	35.45	22.23	0.33
1987	66.62	40.68	25.44	0.50
1988	85.04	52.71	31.50	0.83
1989	94.46	59.08	34.17	1.21
1990	102.76	66.10	35.33	1.33
1991	115.98	74.42	39.39	2.17
1992	138.04	90.82	43.44	3.78
1993	192.98	123.08	58.80	11.10
1994	274.27	175.09	76.99	22.19
1995	324.25	201.67	90.46	32.12
1996	361.84	222.18	98.06	41.60
1997	402.01	251.85	100.13	50.03
1998	422.51	257.01	74.83	90.67
1999	456.04	273.77	66.23	116.04
2000	501.07	293.83	56.99	150.25
2001	589.48	351.40	47.61	190.47
2002	664.01	397.69	47.24	219.08
2003	797.54	469.63	49.68	278.23
2004	1016.42	573.10	60.76	382.56
2005	1311.93	676.28	59.54	576.11
2006	1591.84	762.03	61.34	768.47
2007	1937.41	886.50	67.71	983.20
2008	2359.05	990.08	72.33	1296.64
2009	2752.31	1128.21	82.18	1541.92
2010	3305.34	1269.78	97.32	1938.24
2011	4039.88	1398.77	110.22	2530.88
2012	5138.49	1590.88	114.86	3432.75
2013	5985.13	1715.04	116.95	4153.14

注:本表2013年为城镇单位就业人员工资总额。
The data of this table refers to wages of employed persons in urban units in 2013.

5-3 分行业城镇单位就业人员工资总额
Total Wages of Employed Persons in Urban Units by Sector

单位:亿元(100 million yuan)

行业	Sector	工资总额 Total Wages of Staff and Workers		国有单位 State-owned Units		城镇集体单位 Urban Collective Owned Units		其他单位 Units of Other Types of Ownership	
		2012	2013	2012	2013	2012	2013	2012	2013
总计	**Total**	**5313.12**	**5985.13**	**1638.57**	**1715.04**	**119.58**	**116.95**	**3554.97**	**4153.14**
农、林、牧、渔业	Farming, Forestry, Animal Husbandry and Fishery	3.44	3.56	2.49	2.47	0.13	0.13	0.81	0.97
采矿业	Mining and Quarrying	6.29	4.57	0.91	0.44	0.93	0.41	4.45	3.71
制造业	Manufacturing	1521.27	1649.95	29.62	24.18	5.23	5.33	1486.41	1620.43
电力、热力、燃气及水生产和供应业	Electricity, Heat, Gas and Water Production and Supply	113.88	127.90	83.75	86.86	1.49	1.25	28.64	39.79
建筑业	Construction	1049.60	1259.75	24.99	14.22	31.69	30.01	992.92	1215.52
批发和零售业	Wholesale and Retail Sale Trade	196.50	219.87	24.03	19.77	2.60	2.05	169.87	198.06
交通运输、仓储和邮政业	Transportation, Storage and Post	168.12	198.52	81.04	64.83	6.95	2.96	80.14	130.73
住宿和餐饮业	Hotels and Catering Services	53.73	53.89	7.83	5.02	1.55	1.04	44.35	47.83
信息传输、软件和信息技术服务业	Information Transmission, Software and Information Technology Services	134.79	162.82	17.57	10.30	0.91	0.66	116.31	151.85
金融业	Finance	411.63	444.91	73.04	69.60	4.49	5.28	334.09	370.03
房地产业	Real Estate	89.97	101.54	8.57	6.52	2.27	1.69	79.13	93.33
租赁和商务服务业	Leasing and Business Services	135.33	150.02	41.98	29.60	11.50	10.83	81.85	109.59
科学研究和技术服务业	Scientific Research and Technic Services	115.77	129.66	62.41	63.66	3.27	3.12	50.09	62.89
水利、环境和公共设施管理业	Water Conservancy, Environment and Public Facilities Management	52.72	53.72	30.93	32.38	3.90	3.46	17.88	17.87
居民服务、修理和其他服务业	Resident Services, Repair and Other Services	8.48	9.80	3.62	3.58	1.03	1.03	3.82	5.18
教育	Education	459.84	509.00	409.17	446.71	13.93	15.58	36.75	46.71
卫生和社会工作	Health Care and Social Work	285.73	332.34	246.21	283.01	25.91	31.25	13.61	18.07
文化、体育和娱乐业	Culture, Sports and Recreation	44.88	52.60	38.77	42.78	0.39	0.35	5.72	9.47
公共管理、社会保障和社会组织	Public Management, Social Security and Social Organization	461.15	520.71	451.63	509.11	1.40	0.52	8.12	11.08

5-4 分行业单位就业人员年平均工资
Average Wage of Employed Persons By Sector

单位:元(yuan)

行业	Sector	非私营单位 Average Wage of Employed Persons In Urban Units without the Private		私营单位 Average Wage of Employed Persons In Urban Private Units	
		2012	2013	2012	2013
总计	**Total**	**50197**	**56571**	**32117**	**35302**
农、林、牧、渔业	Farming, Forestry, Animal Husbandry and Fishery	41718	47000	25843	27932
采矿业	Ming and Quarrying	45015	46043	29919	33613
制造业	Manufacturing	40464	45895	29819	33186
电力、热力、燃气及水生产和供应业	Electricity, Heat, Gas and Water Production and Supply	85668	93793	27377	28185
建筑业	Construction	36901	43251	36473	39113
批发和零售业	Wholesale and Retail Sale Trade	50256	54908	30828	33766
交通运输、仓储及邮政业	Transportation, Storage and Post	57737	64156	35254	38760
住宿和餐饮业	Hotels and Catering Services	32827	35829	26535	30096
信息传输、软件和信息技术服务业	Information Transmission, Software and Information Technology Services	96741	106946	38008	46003
金融业	Finance	117291	124711	49879	60961
房地产业	Real Estate	52212	56607	32880	36664
租赁和商务服务业	Leasing and Business Services	47391	52596	33957	37798
科学研究和技术服务业	Scientific Research and Technic Services	67761	82352	37042	41481
水利、环境和公共设施管理业	Water Conservancy, Environment and Public Facilities Management	41192	46195	28464	33611
居民服务、修理和其他服务业	Resident Services, Repair and Other Services	42613	44727	25546	27718
教育	Education	70174	74700	32629	34148
卫生和社会工作	Health Care and Social Work	78385	86220	41195	44432
文化、体育和娱乐业	Culture, Sports and Recreation	66915	73090	29909	32170
公共管理、社会保障和社会组织	Public Management, Social Security and Social Organization	73676	80118		

5-5 城镇单位在岗职工平均工资(1985-2013年)
Average Wage of Currently Employed Staff and Workers in Urban Units(1985-2013)

单位:元(yuan)

年份 Year	平均工资 Average Wage	国有单位 State-owned Units	城镇集体单位 Urban Collective Owned Units	其他单位 Units of Other Types of Ownership
1985	1159	1226	1071	1247
1986	1346	1442	1271	1455
1987	1493	1584	1365	1635
1988	1841	1961	1667	2014
1989	2031	2158	1838	2209
1990	2220	2383	1964	2412
1991	2422	2583	2152	2831
1992	2884	3088	2507	3368
1993	3932	4168	3439	4544
1994	5597	6034	4671	6334
1995	6619	6952	5702	7813
1996	7413	7734	6414	8672
1997	8386	8847	7026	9584
1998	9259	10012	7230	9432
1999	10632	11684	8229	10167
2000	12414	13775	9479	11539
2001	15770	18926	11281	13508
2002	18227	22195	13281	14650
2003	20853	26651	15174	16036
2004	23101	32736	17265	16653
2005	25572	38313	19659	18813
2006	27567	42258	21856	20823
2007	30854	48130	25005	23597
2008	34146	53476	29137	26963
2009	37395	59550	31653	29618
2010	41505	65440	36038	33689
2011	46660	72383	41817	39165
2012	50813	76150	47562	44112
2013	56571	81157	52070	50390

注：本表2013年为就业人员平均工资。
The data of this table refers to the average wage of employed persons in 2013.

5-6 城镇单位在岗职工平均工资指数(1986-2013年)
Indices of Average Wage of Currently Employed Staff and Workers in Urban Units(1986-2013)

(1985年=100)(1985=100)

年份 Year	平均工资指数 Indices of Average Wage		国有单位 State owned Units		城镇集体单位 Urban Collective Owned Units	
	货币指数 Average Money Wage	实际指数 Average Real Wage	货币指数 Average Money Wage	实际指数 Average Real Wage	货币指数 Average Money Wage	实际指数 Average Real Wage
1986	116.1	109.2	117.6	110.6	118.7	111.7
1987	128.8	109.2	129.2	109.6	127.5	108.1
1988	158.8	109.1	160.0	110.0	155.6	106.9
1989	175.2	103.1	176.0	103.6	171.6	101.0
1990	191.5	110.4	194.4	112.0	183.4	105.7
1991	209.0	114.1	210.7	115.0	200.9	109.7
1992	248.8	124.4	251.9	126.0	234.1	117.1
1993	339.3	139.7	340.0	140.0	321.1	132.2
1994	482.9	159.4	492.2	162.4	436.1	143.9
1995	571.1	161.1	567.0	160.0	532.4	150.2
1996	639.6	164.4	630.8	162.1	598.9	153.9
1997	723.6	178.6	721.6	178.1	656.0	161.9
1998	798.9	196.3	816.6	200.6	675.1	165.9
1999	917.3	226.6	953.0	235.4	768.3	189.8
2000	1071.1	262.1	1123.6	275.0	885.1	216.6
2001	1360.7	334.3	1543.7	379.3	1053.3	258.8
2002	1572.6	391.1	1810.4	450.2	1240.1	308.4
2003	1799.2	445.2	2173.9	537.9	1416.9	350.6
2004	1993.2	479.8	2670.1	642.8	1612.0	388.1
2005	2206.4	523.3	3125.0	741.2	1835.6	435.4
2006	2378.5	558.1	3446.8	808.7	2040.7	478.8
2007	2662.1	601.2	3925.8	886.5	2334.8	527.2
2008	2946.2	634.9	4361.8	939.8	2720.5	586.2
2009	3226.5	704.5	4857.3	1060.3	2955.5	645.2
2010	3581.1	751.9	5337.7	1120.4	3364.9	706.3
2011	4025.9	802.7	5904.0	1176.9	3904.5	778.3
2012	4384.2	855.3	6211.3	1211.5	4440.9	866.2
2013	4881.0	931.3	6619.7	1263.1	4861.8	927.6

注：本表2013年为就业人员平均工资指数。
The data of this table refers to the indices of average wage of employed persons in 2013.

5－7 分行业城镇单位就业人员平均工资
Average Wages of Employed Persons in Urban Units by Sector

单位:元(yuan)

行业	Sector	平均工资 Total Wages of Staff and Workers		国有单位 State－owned Units		城镇集体单位 Urban Collective owned Units		其他单位 Units of Other Types of Ownership	
		2012	2013	2012	2013	2012	2013	2012	2013
总计	**Total**	**50197**	**56571**	**73494**	**81157**	**46789**	**52070**	**43891**	**50390**
农、林、牧、渔业	Farming, Forestry, Animal Husbandry and Fishery	41718	47000	44502	49970	34247	42079	36081	41379
采矿业	Mining and Quarrying	45015	46043	33298	27343	34607	39050	52013	51225
制造业	Manufacturing	40464	45895	68605	80648	34236	40842	40161	45620
电力、热力、燃气及水生产和供应业	Electricity, Heat, Gas and Water Production and Supply	85668	93793	95115	104332	57564	58993	67716	78036
建筑业	Construction	36901	43251	42100	52062	38714	40355	36732	43242
批发和零售业	Wholesale and Retail Sale Trade	50256	54908	85955	104346	32626	35976	47841	52703
交通运输、仓储和邮政业	Transportation, Storage and Post	57737	64156	61913	73472	62817	52652	53698	60643
住宿和餐饮业	Hotels and Catering Services	32827	35829	38513	41798	32561	35752	32002	35302
信息传输、软件和信息技术服务业	Information Transmission, Software and Information Technology Services	96741	106946	85212	75360	48785	60440	99541	110457
金融业	Finance	117291	124711	132671	138329	112418	121541	114457	122489
房地产业	Real Estate	52212	56607	52564	58838	51485	50095	52195	56590
租赁和商务服务业	Leasing and Business Services	47391	52596	44389	45117	37106	42142	51157	56513
科学研究和技术服务业	Scientific Research and Technic Services	67761	82352	81106	88182	55992	77173	56881	77427
水利、环境和公共设施管理业	Water Conservancy, Environment and Public Facilities Management	41192	46195	44063	48581	34108	39117	38593	43832
居民服务、修理和其他服务业	Resident Services, Repair and Other Services	42613	44727	59761	63016	34518	37792	35258	38433
教育	Education	70174	74700	72982	77990	59212	62745	51666	55750
卫生和社会工作	Health Care and Social Work	78385	86220	82302	90111	63906	73040	54819	63203
文化、体育和娱乐业	Culture, Sports and Recreation	66915	73090	70978	77987	44695	46425	49422	57901
公共管理、社会保障和社会组织	Public Management, Social Security and Social Organization	73676	80118	75617	82107	55982	53084	31048	38350

5-8 各市城镇单位在岗职工工资总额和平均工资
Total Wages and Average Wage of Currently Employed Staff and Workers in Urban Units by City

地区	Region	2009	2010	2011	2012	2013
工资总额 (万元)	**Total Wages(10000 yuan)**	**27523110**	**33053366**	**40398801**	**51384933**	**59851327**
浙东北	**Eastern&Northern Region**	**19118592**	**23210716**	**28718318**	**36165848**	**42196921**
杭州市	Hangzhou	7549145	9330552	11222834	14839012	17582336
宁波市	Ningbo	4696906	5611912	7485848	9000006	10221512
嘉兴市	Jiaxing	2302949	2784095	3230244	3685357	4231466
湖州市	Huzhou	1065337	1287793	1538746	1968362	2416150
绍兴市	Shaoxing	2923702	3479430	4425898	5688442	6604486
舟山市	Zhoushan	580553	716934	814748	984670	1140971
浙西南	**Western&Southern Region**	**8262550**	**9669769**	**11496703**	**15006343**	**17387778**
温州市	Wenzhou	3367158	3795143	4317830	5026090	5495614
金华市	Jinhua	1588234	1960818	2204062	3726801	4652270
衢州市	Quzhou	565293	667858	808260	979711	1139344
台州市	Taizhou	2130097	2551521	3341672	4296556	5030192
丽水市	Lishui	611768	694428	824879	977185	1070359
平均工资 (元)	**Average Wage(yuan)**	**37395**	**41505**	**46660**	**50813**	**56571**
浙东北	**Eastern&Northern Region**	**38270**	**42368**	**48195**	**52297**	**58104**
杭州市	Hangzhou	43947	48772	54408	56417	63664
宁波市	Ningbo	39139	43476	49755	55031	60659
嘉兴市	Jiaxing	31965	36319	42990	47598	52945
湖州市	Huzhou	33843	36485	41107	45933	49890
绍兴市	Shaoxing	32502	35125	39810	44609	49033
舟山市	Zhoushan	40560	43642	52915	57294	61680
浙西南	**Western&Southern Region**	**35583**	**39616**	**43295**	**47384**	**52912**
温州市	Wenzhou	33893	37610	42343	48254	54590
金华市	Jinhua	34769	39467	42861	44349	51721
衢州市	Quzhou	39106	44067	50055	52681	55543
台州市	Taizhou	36822	40562	42199	46630	50515
丽水市	Lishui	41124	44979	49072	55003	59783

注：2013 年为城镇单位就业人员工资总额和平均工资。
The data of this table refers to the data of total wages and average wage of employed persons in 2013.

5-9 分行业城镇单位就业人员工资总额(2013年)
The Total Wages of Employed Persons in Urban Units by Sector(2013)

单位:亿元(100 million yuan)

行业	Sector	单位就业人员工资总额 The Total Wages	在岗职工工资总额 Wages of Staff and Workers at Work	其他就业人员工资总额 Wages of Other Employed Persons
总计	**Total**	**5985.13**	**5768.29**	**216.85**
农、林、牧、渔业	Farming, Forestry, Animal Husbandry and Fishery	3.56	3.48	0.08
采掘业	Ming and Quarrying	4.57	4.33	0.24
制造业	Manufacturing	1649.95	1625.06	24.89
电力、燃气及水的生产和供应业	Electricity, Heat, Gas and Water Production and Supply	127.90	127.03	0.87
建筑业	Construction	1259.75	1172.38	87.37
批发和零售业	Wholesale and Retail Sale Trade	219.87	212.63	7.24
交通运输、仓储和邮政业	Transportation, Storage and Post	198.52	195.76	2.76
住宿和餐饮业	Hotels and Catering Services	53.89	51.61	2.28
信息传输、软件和信息技术服务业	Information Transmission, Software and Information Technology Services	162.82	161.65	1.17
金融业	Finance	444.91	415.81	29.10
房地产业	Real Estate	101.54	97.48	4.07
租赁和商务服务业	Leasing and Business Services	150.02	146.05	3.97
科学研究和技术服务业	Scientific Research and Technic Services	129.66	123.96	5.70
水利、环境和公共设施管理业	Water Conservancy, Environment and Public Facilities Management	53.72	49.98	3.74
居民服务、修理和其他服务业	Resident Services, Repair and Other Services	9.80	9.33	0.47
教育	Education	509.00	494.97	14.03
卫生和社会工作	Health Care and Social Work	332.34	318.81	13.53
文化、体育和娱乐业	Culture, Sports and Recreation	52.60	50.67	1.94
公共管理、社会保障和社会组织	Public Management, Social Security and Social Organization	520.71	507.29	13.42

5－10 分行业国有单位就业人员工资总额(2013 年)
The Total Wages of Employed Persons in State－owned Units by Sector(2013)

单位:亿元(100 million yuan)

行业	Sector	单位就业人员工资总额 The Total Wages	在岗职工工资总额 Wages of Staff and Workers at Work	其他就业人员工资总额 Wages of Other Employed Persons
总计	**Total**	**1715.04**	**1668.30**	**46.75**
农、林、牧、渔业	Farming,Forestry,Animal Husbandry and Fishery	2.47	2.42	0.05
采掘业	Ming and Quarrying	0.44	0.25	0.19
制造业	Manufacturing	24.18	23.64	0.54
电力、燃气及水的生产和供应业	Electricity,Heat,Gas and Water Production and Supply	86.86	86.47	0.38
建筑业	Construction	14.22	11.49	2.73
批发和零售业	Wholesale and Retail Sale Trade	19.77	19.61	0.15
交通运输、仓储和邮政业	Transportation,Storage and Post	64.83	64.11	0.72
住宿和餐饮业	Hotels and Catering Services	5.02	4.78	0.24
信息传输、软件和信息技术服务业	Information Transmission,Software and Information Technology Services	10.30	10.24	0.06
金融业	Finance	69.60	68.61	0.99
房地产业	Real Estate	6.52	6.20	0.32
租赁和商务服务业	Leasing and Business Services	29.60	28.80	0.80
科学研究和技术服务业	Scientific Research and Technic Services	63.66	61.63	2.03
水利、环境和公共设施管理业	Water Conservancy,Environment and Public Facilities Management	32.38	30.09	2.28
居民服务、修理和其他服务业	Resident Services, Repair and Other Services	3.58	3.39	0.19
教育	Education	446.71	436.70	10.02
卫生和社会工作	Health Care and Social Work	283.01	272.36	10.65
文化、体育和娱乐业	Culture,Sports and Recreation	42.78	41.21	1.56
公共管理、社会保障和社会组织	Public Management, Social Security and Social Organization	509.11	496.28	12.83

5-11 分行业城镇集体单位就业人员工资总额(2013年)
The Total Wages of Employed Persons in Urban Collectively owned Units by Sector(2013)

单位:亿元(100 million yuan)

行业	Sector	单位就业人员工资总额 The Total Wages	在岗职工工资总额 Wages of Staff and Workers at Work	其他就业人员工资总额 Wages of Other Employed Persons
总计	**Total**	**116.95**	**111.99**	**4.96**
农、林、牧、渔业	Farming,Forestry,Animal Husbandry and Fishery	0.13	0.13	
采矿业	Mining and Quarrying	0.41	0.41	
制造业	Manufacturing	5.33	5.24	0.10
电力、热力、燃气及水生产和供应业	Electricity,Heat,Gas and Water Production and Supply	1.25	1.24	0.02
建筑业	Construction	30.01	29.54	0.47
批发和零售业	Wholesale and Retail Sale Trade	2.05	1.92	0.13
交通运输、仓储和邮政业	Transportation,Storage and Post	2.96	2.90	0.06
住宿和餐饮业	Hotels and Catering Services	1.04	1.02	0.02
信息传输、软件和信息技术服务业	Information Transmission,Software and Information Technology Services	0.66	0.65	0.01
金融业	Finance	5.28	5.26	0.02
房地产业	Real Estate	1.69	1.59	0.10
租赁和商务服务业	Leasing and Business Services	10.83	9.77	1.06
科学研究和技术服务业	Scientific Research and Technic Services	3.12	3.05	0.07
水利、环境和公共设施管理业	Water Conservancy,Environment and Public Facilities Management	3.46	3.05	0.41
居民服务、修理和其他服务业	Resident Services, Repair and Other Services	1.03	0.86	0.17
教育	Education	15.58	14.86	0.71
卫生和社会工作	Health Care and Social Work	31.25	29.67	1.58
文化、体育和娱乐业	Culture,Sports and Recreation	0.35	0.32	0.03
公共管理、社会保障和社会组织	Public Management, Social Security and Social Organization	0.52	0.51	0.01

5-12 分行业城镇其他单位就业人员工资总额(2013年) The Total Wages of Employed Persons in Urban Other Ownership Units by Sector(2013)

单位:亿元(100 million yuan)

行业	Sector	单位就业人员工资总额 The Total Wages	在岗职工工资总额 Wages of Staff and Workers at Work	其他就业人员工资总额 Wagest of Other Employed Persons
总计	**Total**	**4153.14**	**3988.00**	**165.14**
农、林、牧、渔业	Farming, Forestry, Animal Husbandry and Fishery	0.97	0.94	0.03
采矿业	Mining and Quarrying	3.71	3.67	0.05
制造业	Manufacturing	1620.43	1596.18	24.25
电力、燃气及水的生产和供应业	Electricity, Heat, Gas and Water Production and Supply	39.79	39.32	0.47
建筑业	Construction	1215.52	1131.35	84.17
批发和零售业	Wholesale and Retail Sale Trade	198.06	191.10	6.96
交通运输、仓储和邮政业	Transportation, Storage and Post	130.73	128.75	1.98
住宿和餐饮业	Hotels and Catering Services	47.83	45.80	2.03
信息传输、软件和信息技术服务业	Information Transmission, Software and Information Technology Services	151.85	150.76	1.10
金融业	Finance	370.03	341.94	28.09
房地产业	Real Estate	93.33	89.69	3.64
租赁和商务服务业	Leasing and Business Services	109.59	107.49	2.10
科学研究和技术服务业	Scientific Research and Technic Services	62.89	59.29	3.60
水利、环境和公共设施管理业	Water Conservancy, Environment and Public Facilities Management	17.87	16.83	1.04
居民服务、修理和其他服务业	Resident Services, Repair and Other Services	5.18	5.08	0.11
教育	Education	46.71	43.41	3.30
卫生和社会工作	Health Care and Social Work	18.07	16.77	1.30
文化、体育和娱乐业	Culture, Sports and Recreation	9.47	9.13	0.35
公共管理、社会保障和社会组织	Public Management, Social Security and Social Organization	11.08	10.50	0.58

5-13 各市企业单位就业人员工资总额
Total Wages of Employed Persons in Enterprises by City

单位:亿元(100 million yuan)

城市	City	单位就业人员工资总额 Total Wages of Employed Persons			#在岗职工工资总额 Wages of Staff and Workers at Work			在岗职工平均工资(元) Average Wage of Staff and Workers at Work (yuan)		
		2011	2012	2013	2011	2012	2013	2011	2012	2013
总 计	**Total**	**3248.61**	**3976.98**	**4485.68**	**2900.12**	**3839.50**	**4315.33**	**41177**	**45903**	**51829**
杭州市	Hangzhou	1014.47	1209.43	1385.91	851.04	1164.44	1326.18	49536	51962	60010
宁波市	Ningbo	638.92	718.32	783.20	569.64	690.75	750.98	44365	49691	55196
温州市	Wenzhou	303.68	357.43	355.73	282.96	340.53	337.82	35375	41969	46829
嘉兴市	Jiaxing	260.34	289.11	321.15	242.80	278.65	311.19	38488	43005	48336
湖州市	Huzhou	111.85	148.16	173.72	103.86	138.47	161.28	34307	40160	44445
绍兴市	Shaoxing	371.12	467.87	543.77	343.26	460.95	534.95	34856	40344	45071
金华市	Jinhua	138.87	275.73	342.55	125.07	271.06	335.61	36248	40294	47837
衢州市	Quzhou	46.21	55.53	63.96	40.77	52.48	60.45	41433	44639	49629
舟山市	Zhoushan	55.15	66.61	73.45	51.52	64.31	70.94	49459	54122	58047
台州市	Taizhou	249.06	321.16	369.21	234.46	311.86	353.88	36168	41091	45083
丽水市	Lishui	39.90	46.34	46.37	36.38	44.72	45.42	43862	50509	55806

注：2013 年为就业人员平均工资。
The data of this table refers to the data of average wage of employed persons in 2013.

5-14 各市国有控股企业单位就业人员工资总额
Total Wages of Employed Persons in Enterprises State-holding by city

单位:亿元(100 million yuan)

城市	City	单位就业人员工资总额 Total Wages of Employed Persons			#在岗职工工资总额 Wages of Staff and Workers at Work			在岗职工平均工资(元) Average Wage of Staff and Workers at Work(yuan)		
		2011	2012	2013	2011	2012	2013	2011	2012	2013
总 计	**Total**	**913.09**	**1078.51**	**1110.38**	**773.15**	**1031.63**	**1063.49**	**69244**	**70748**	**76428**
杭州市	Hangzhou	404.93	466.02	423.05	331.58	449.80	410.78	72782	69031	80819
宁波市	Ningbo	143.69	180.20	210.70	124.46	175.83	205.43	79385	83787	86549
温州市	Wenzhou	85.24	99.97	101.03	71.26	88.25	87.73	74273	80334	75014
嘉兴市	Jiaxing	50.48	53.88	65.87	44.68	52.18	64.27	64814	67036	65698
湖州市	Huzhou	15.87	31.09	36.10	14.29	29.48	34.27	64246	62168	65961
绍兴市	Shaoxing	41.55	50.71	53.42	36.84	48.65	51.32	60930	69721	72232
金华市	Jinhua	42.99	43.38	54.29	37.15	41.08	51.08	64917	63458	68943
衢州市	Quzhou	25.20	28.86	31.47	22.21	27.18	29.49	57490	60829	62381
舟山市	Zhoushan	21.37	28.87	31.39	19.49	28.20	30.65	57359	63677	68442
台州市	Taizhou	46.30	56.76	54.98	38.48	52.48	50.56	61042	63635	62962
丽水市	Lishui	16.77	17.46	21.43	14.58	17.23	21.26	73418	67491	75053

注：2013 年为就业人员平均工资。
The data of this table refers to the data of average wage of employed persons in 2013.

5－15 各市事业单位就业人员工资总额
Total Wages of Employed Persons in Institutions by City

单位:亿元(100 million yuan)

城市	City	单位就业人员工资总额 Total Wages of Employed Persons			#在岗职工工资总额 Wages of Staff and Workers at Work			在岗职工平均工资(元) Average Wage of Staff and Workers at Work(yuan)		
		2011	2012	2013	2011	2012	2013	2011	2012	2013
总 计	**Total**	**807.24**	**893.07**	**986.02**	**770.12**	**865.59**	**953.71**	**69653**	**74831**	**78170**
杭州市	Hangzhou	200.65	229.80	251.64	184.89	219.75	240.58	78730	82181	83201
宁波市	Ningbo	124.18	144.65	161.38	119.65	140.73	156.09	77432	84405	89263
温州市	Wenzhou	102.79	107.35	125.49	100.38	105.45	122.86	69401	73417	80234
嘉兴市	Jiaxing	55.89	62.33	68.36	54.11	60.83	66.51	63273	68585	72923
湖州市	Huzhou	38.15	40.56	43.84	35.55	38.68	42.11	68653	68578	70646
绍兴市	Shaoxing	72.35	77.96	78.94	69.76	75.76	76.85	74994	79365	80590
金华市	Jinhua	64.58	65.48	75.83	63.54	63.93	73.04	57128	63849	68011
衢州市	Quzhou	24.47	26.73	29.05	23.21	25.67	27.83	60627	64168	63553
舟山市	Zhoushan	18.90	20.98	22.49	18.13	20.65	22.03	58520	66193	71651
台州市	Taizhou	76.53	84.39	92.35	72.65	81.79	89.42	68214	73290	76262
丽水市	Lishui	28.74	32.85	36.66	28.24	32.35	36.41	51991	58307	62872

注：2013 年为就业人员平均工资。
The data of this table refers to the data of average wage of employed persons in 2013. .

5－16 各市机关单位就业人员工资总额
Total Wages of Employed Persons in Government Agencies by City

单位:亿元(100 million yuan)

城市	City	单位就业人员工资总额 Total Wages of Employed Persons			#在岗职工工资总额 Wages of Staff and Workers at Work			在岗职工平均工资(元) Average Wage of Staff and Workers at Work(yuan)		
		2011	2012	2013	2011	2012	2013	2011	2012	2013
总 计	**Total**	**360.44**	**396.47**	**449.98**	**347.67**	**389.22**	**438.97**	**77460**	**79361**	**83803**
杭州市	Hangzhou	81.55	89.67	98.92	78.75	87.90	95.67	88956	93506	95942
宁波市	Ningbo	60.64	63.90	71.62	58.07	62.74	70.27	93382	93663	97034
温州市	Wenzhou	45.91	50.20	62.29	44.89	49.35	61.28	66854	70068	79326
嘉兴市	Jiaxing	24.28	26.14	30.19	23.72	25.83	29.82	86180	90549	95625
湖州市	Huzhou	14.62	18.75	21.39	14.19	18.44	20.86	73801	76080	80746
绍兴市	Shaoxing	28.12	30.19	33.17	27.10	29.31	31.97	91376	89880	93180
金华市	Jinhua	30.46	31.63	36.17	29.60	31.18	34.96	59513	59475	66768
衢州市	Quzhou	17.09	19.08	20.20	16.45	18.51	19.37	68876	70273	69408
舟山市	Zhoushan	11.49	12.54	14.03	10.98	12.44	13.90	70181	68966	73062
台州市	Taizhou	28.66	34.48	39.61	26.61	33.85	38.55	74033	73893	76312
丽水市	Lishui	17.62	19.89	22.38	17.29	19.68	22.30	58945	63403	66897

注：2013 年为就业人员平均工资。
The data of this table refers to the data of average wage of employed persons in 2013.

5-17 历年城镇居民生活水平(1978-2013)
Living Standard of Urban Resident(1978-2013)

年份 Year	人均可支配收入(元) Per Capita Disposable Income (yuan)	人均可支配收入指数(上年=100) Growth Rate of Per Capita Disposable Income (Preceding year=100)	人均消费性支出(元) Per Capita Consumption Expenditure (yuan)	#食品支出 Food	恩格尔系数 Engel Coefficient	人均住房建筑面积(平方米) Per capita floor space of Residential Buildings(sq. m)
1978	332		301			
1980	488		428			
1981	523	105.4	476	264	55.6	
1982	530	99.4	471	270	57.3	
1983	551	101.2	484	288	59.5	9.44
1984	669	117.1	562	316	56.2	9.95
1985	904	117.4	795	407	51.3	11.07
1986	1104	114.9	969	492	50.8	11.76
1987	1228	100.3	1100	570	51.8	12.15
1988	1589	104.9	1453	741	51.0	12.49
1989	1797	96.8	1556	851	54.7	13.05
1990	1932	105.3	1604	885	55.1	13.55
1991	2143	105.0	1806	992	55.0	13.71
1992	2619	111.9	2154	1111	51.6	14.13
1993	3626	114.0	2856	1417	49.4	14.47
1994	5066	112.0	4079	1945	47.4	15.58
1995	6221	105.0	5263	2476	47.0	15.64
1996	6956	101.8	5764	2704	46.9	15.91
1997	7359	101.6	6170	2709	43.9	16.25
1998	7837	105.3	6218	2644	42.5	18.25
1999	8428	108.0	6522	2629	40.3	19.47
2000	9279	109.1	7020	2752	39.2	19.87
2001	10465	113.3	7952	2888	36.3	20.30
2002	11716	113.4	8713	3474	37.9	21.12
2003	13180	111.9	9713	3558	36.6	21.60
2004	14546	107.4	10636	3851	36.2	23.90
2005	16294	110.4	12254	4140	33.8	26.10
2006	18265	110.9	13349	4393	32.9	26.44
2007	20574	108.4	14091	4893	34.7	34.73
2008	22727	105.4	15158	5523	36.4	34.33
2009	24611	109.7	16683	5605	33.6	35.09
2010	27359	106.9	17858	6118	34.3	35.29
2011	30971	107.5	20437	7066	34.6	36.85
2012	34550	109.2	21545	7552	35.1	37.07
2013	37851	107.1	23257	8008	34.4	38.80

注:1. 人均可支配收入指数扣除价格变动因素。Growth rate of per capita disposable income was excluded price changes.
2. 人均住房使用面积自2007年起为建筑面积。The data of Per capita floor space of residential buildings is adjusted since 2007.

5－18 城镇居民家庭基本情况(2007－2013 年)
Basic Statistics on Urban Households(2007－2013)

项目		Item		2007	2008	2009	2010	2011	2012	2013
平均每户家庭人口数	(人)	Average Household Size	(person)	2.74	2.72	2.68	2.68	2.69	2.68	2.70
平均每户就业人口数	(人)	Average Employed Persons Per Household	(person)	1.47	1.39	1.37	1.37	1.38	1.38	1.58
平均每户就业面	(%)	Percentage of Employed Persons Per Household	(%)	53.65	51.10	51.12	51.12	51.30	51.49	58.50
平均每一就业者负担人数(包括就业者本人)	(人)	Number of Persons Supported by Each Laborer(Including the Employee Himself or Herself)	(person)	1.86	1.96	1.96	1.95	1.95	1.94	1.71
家庭总收入	(元/人)	Per Capita Household income	(Yuan / person)	22584	24981	27119	30135	34264	37995	41241
#可支配收入	(元/人)	Per Capita Disposal Income	(Yuan / person)	20574	22727	24611	27359	30971	34550	37851
工资性收入	(元/人)	Wages Income	(Yuan / person)	14510	15539	16701	18314	20334	22385	24453
经营净收入	(元/人)	Net Business Income	(Yuan / person)	2612	3162	3294	3641	4384	4694	5123
财产性收入	(元/人)	Property Income	(Yuan / person)	1080	1325	1415	1470	1572	1465	1486
转移性收入	(元/人)	Transfer Income	(Yuan / person)	4382	4955	5709	6710	7974	9450	10179
平均每人消费性支出	(元/人)	Per Annual Expenditure for Consumption	(Yuan / person)	14091	15158	16683	17858	20437	21545	23257
食品	(元/人)	Food	(Yuan / person)	4893	5523	5605	6118	7066	7552	8008
衣着	(元/人)	Clothing	(Yuan / person)	1406	1546	1615	1802	2139	2110	2235
居住	(元/人)	Residence	(Yuan / person)	1168	1334	1486	1418	1518	1552	2005

续表 Continued

项目		Item		2007	2008	2009	2010	2011	2012	2013
家庭设备用品及服务	(元/人)	Household Facilities Articles and Services	(Yuan / person)	666	713	829	916	1109	1161	1401
医疗保健	(元/人)	Medicine and Medical Services	(Yuan / person)	859	933	985	1034	1249	1228	1244
交通和通讯	(元/人)	Transportation and Communications	(Yuan / person)	2473	2393	3291	3437	3728	4134	4568
娱乐教育、文化	(元/人)	Recreation, Education and Culture	(Yuan / person)	2158	2196	2295	2586	2816	2997	2849
其它商品和服务	(元)	Other Commodities and Services	(Yuan / person)	468	521	579	546	812	812	947
平均每人消费性支出构成(人均消费支出=100)	(%)	Composition of Per Capita Annual Expenditure for Consumption(Per Capita Expenditure Consumption = 100)	(%)	100	100	100	100	100	100	100
食品	(%)	Food	(%)	34.72	36.44	33.59	34.26	34.57	35.05	34.43
衣着	(%)	Clothing	(%)	9.98	10.20	9.70	10.09	10.47	9.79	9.61
居住	(%)	Residence	(%)	8.29	8.80	8.90	7.94	7.43	7.20	8.62
家庭设备用品及服务	(%)	Household Facilities Articles and Services	(%)	4.73	4.71	4.97	5.13	5.43	5.39	6.02
医疗保健	(%)	Medicine and Medical Services	(%)	6.10	6.16	5.90	5.79	6.11	5.70	5.35
交通和通讯	(%)	Transportation and Communications	(%)	17.55	15.78	19.72	19.25	18.24	19.19	19.64
娱乐教育、文化	(%)	Recreation, Education and Culture	(%)	15.32	14.48	13.76	14.48	13.78	13.91	12.25
其它商品和服务	(%)	Other Commodities and Services	(%)	3.32	3.44	3.47	3.06	3.97	3.77	4.07

5－19 城镇居民家庭基本情况(2013 年)
Basic Statistics on Urban Households(2013)

项目		Item		总平均 Average	按可支配收入分组 Grouped by Disposable Income				
					低收入户 Low Income House holds	中低收入户 Low income households	中等收入户 Middle Income House holds	中高收入户 High income households	最高收入户 Highest Income House holds
各组调查户占总调查户的比重	(%)	Households Surveyed Proportion	(%)	100	20	20	20	20	20
平均每户家庭人口数	(人)	Average Household Size	(person)	2.70	3.04	2.91	2.59	2.53	2.45
有收入者人数	(人)	Persons with Income	(person)	2.02	1.99	2.13	1.93	2.04	1.99
#离退休人口数	(人)	Retired	(person)	0.38	0.31	0.37	0.49	0.41	0.29
无收入者人数	(人)	Persons without Income	(person)	0.69	1.05	0.77	0.66	0.49	0.46
平均每户就业人口数	(人)	Average Employed Persons Per Household	(person)	1.58	1.57	1.68	1.42	1.59	1.66
平均每户就业面	(%)	Percentage of Employed Persons Per Household	(%)	58.50	51.58	57.94	54.90	62.88	67.69
平均每一就业者负担人数	(人)	Number of Persons Supported by Each Laborer	(person)	1.71	1.94	1.73	1.82	1.59	1.48
家庭总收入	(元/人)	Household Income	(Yuan / person)	41241	19426	28888	36251	46681	82597
#可支配收入	(元/人)	Per Capita Disposable Income	(Yuan / person)	37851	17093	26461	33649	42931	76291
家庭总支出	(元/人)	Household Expenditure	(Yuan / person)	31799	17377	22250	26231	37026	61494
#消费支出	(元/人)	Per Capita Annual Expenditure for Consumption	(Yuan / person)	23257	13155	17601	20242	27460	41337

5-20 城镇居民家庭平均每人收支情况(2006-2013年)
Per Capita Annual Income and Expenditures of Urban Households(2006-2013)

单位:元(yuan)

项目	Item	2006	2007	2008	2009	2010	2011	2012	2013
家庭总收入	**Total Income**	**19954**	**22584**	**24981**	**27119**	**30135**	**34264**	**37995**	**41241**
工资性收入	Wage income	13016	14510	15539	16701	18314	20334	22385	24453
经营净收入	Net Business Income	2172	2612	3162	3294	3641	4384	4694	5123
财产性收入	Property Income	889	1080	1325	1415	1470	1572	1465	1486
转移性收入	Transfer Income	3877	4382	4955	5709	6710	7974	9450	10179
出售财物收入	**Income of Properties Sold**	**904**	**482**	**483**	**781**	**327**	**213**	**346**	**248**
借贷收入	**Borrowing Money and Loans**	**6037**	**7125**	**6069**	**8295**	**12886**	**14528**	**14738**	**8203**
#提取储蓄存款	Drawing Money from Banks	4428	5744	5687	6592	11152	13788	13565	7499
借入款	Borrowed Money	264	337	105	298	236	181	310	66
住房贷款	House Morgage	691	463	45	539	710	121	234	318
家庭总支出	**Tolal Expenditure**	**18984**	**20097**	**20642**	**24111**	**25853**	**29109**	**30640**	**31799**
消费性支出	Consumption Expenditure	13349	14091	15158	16683	17858	20437	21545	23257
财产性支出	Property Expenditure	143	193	280	254	316	478	455	210
转移性支出	Transfer Expenditure	2155	2331	2573	2697	3395	4104	4056	3823
#缴纳个人收入税	Income Tax	194	240	250	254	325	297	232	210
捐赠支出	Expenditure for Presentation	1259	1348	1522	1509	2017	2527	2608	2512
赡养支出	Expenditure for Alimony	507	522	505	637	712	861	792	537
社会保障支出	Expenditure for Social Security	1387	1642	1860	2085	2273	2767	2967	2890
购房与建房支出	Purchasing and Building Houses	1951	1841	771	2391	2011	1323	1616	1618
借贷支出	**Lend Money and Savings**	**7356**	**8995**	**9306**	**11906**	**16983**	**19206**	**22226**	**13366**
#存入储蓄款	Savings Deposits	5688	7124	7873	10594	15375	17393	20464	11442
借出款	Lend Money	75	86	104	125	49	112	124	79
储蓄性保险支出	Expenditure for Savings and Insurance	141	118	139	154	115	152	95	90
期末手存现金	**Cash Now Available**	**2279**	**2826**	**2223**	**1986**	**2380**	**1821**	**1829**	**2620**

5－21 城镇居民家庭平均每人全年消费性支出(2005－2013 年)
Per Capita Annual Consumption Expenditures of Urban Households(2005－2013)

单位:元(yuan)

项目	Item	2005	2006	2007	2008	2009	2010	2011	2012	2013
消费性支出	**Consumption Expenditure**	**12254**	**13349**	**14091**	**15158**	**16683**	**17858**	**20437**	**21545**	**23257**
食品	**Food**	**4140**	**4393**	**4893**	**5523**	**5605**	**6118**	**7066**	**7552**	**8008**
粮油类	Oils Class	391	395	438	537	525	605	722	771	798
粮食	Grain	239	244	256	298	306	364	438	468	494
淀粉及薯类	Starches and Potatoes	21	22	25	28	32	41	51	58	40
干豆类及豆制品	Dried Bean and Related Production	53	52	56	70	73	83	94	100	95
油脂类	Fat or Oil	78	78	101	141	115	118	139	145	168
肉禽蛋水产品类	Meat,Poultry Eggs and Aquatic Products	1151	1157	1336	1483	1471	1645	1966	2186	2386
肉类	Meat	398	383	458	568	537	584	731	794	892
禽类	Poultry	181	166	214	245	237	261	318	334	308
蛋类	Eggs	57	55	66	74	75	86	105	108	109
水产品类	Aquatic Production	516	552	598	596	623	714	812	949	1077
蔬菜类	Vegetables	335	365	385	414	448	543	583	661	710
调味品	Condiment	36	38	40	45	49	54	62	65	76
糖烟酒饮料	Sugar,Tobacco, Liquor and Beverage	553	604	649	671	695	717	790	727	1037
糖类	Sugar	33	37	36	40	40	47	57	54	45
烟草类	Tobacco	326	371	405	398	416	413	446	408	608
酒	Liquor	116	115	122	139	137	153	177	163	236
饮料	Beverage	78	81	86	93	101	104	110	102	147
干鲜瓜果类	Dried and Fresh Melons,Fruits	297	334	362	382	421	492	612	665	678
糕点、奶及奶制品	Cake,Milk and Related Production	227	234	253	310	312	329	408	424	440
糕点	Cakes	72	73	83	100	106	109	134	140	149
奶及奶制品	Milk and Related Production	155	160	169	210	207	220	274	284	290
其他食品	Other Food	85	81	72	81	72	78	81	89	101
饮食服务	Catering Services	1065	1186	1358	1600	1610	1655	1843	1965	1782
#在外饮食	Eating Outside	1064	1185	1356	1599	1610	1653	1842	1963	1776

续表　Continued　　　　单位:元(yuan)

项目	Item	2005	2006	2007	2008	2009	2010	2011	2012	2013
衣着	**Clothing**	**1264**	**1384**	**1406**	**1546**	**1615**	**1802**	**2139**	**2110**	**2235**
#服装	Garments	970	1057	1070	1184	1232	1397	1658	1618	1693
衣着材料	Clothing Materials	11	11	11	13	16	17	21	19	16
鞋类	Shoes	241	272	285	306	320	339	396	409	438
其他衣着用品	Other Clothing	34	35	33	35	38	39	53	52	80
衣着加工服务费	Service Expenses of Clothing Processing	9	9	8	8	8	10	11	12	8
居住	**Residence**	**1059**	**1229**	**1168**	**1334**	**1486**	**1418**	**1518**	**1552**	**2005**
住房	Housing	368	478	401	480	652	493	518	518	874
水电燃料及其他	Water, Electricity and Fuels	641	698	713	784	763	847	894	935	966
居住服务费	Residence Services	50	53	54	70	71	78	106	98	164
家庭设备、用品及服务	**Household Facilities, Articles and Services**	**609**	**615**	**666**	**713**	**829**	**916**	**1109**	**1161**	**1401**
#耐用消费品	Durable Consumer Goods	285	288	316	307	391	381	395	403	555
室内装饰品	Interior Decorations	27	23	22	20	23	30	22	20	35
床上用品	Bed Articles	74	60	77	85	86	91	111	111	136
家庭日用杂品	Articles for Daily Use	155	162	175	214	231	323	446	476	518
家具材料	Furniture Materials	10	18	12	9	12	6	6	5	5
家庭服务	Services	58	65	65	79	86	85	129	147	152
医疗保健	**Medicines and Medical Services**	**832**	**852**	**859**	**933**	**985**	**1034**	**1249**	**1228**	**1244**
交通和通讯	**Transportations and Communications**	**2097**	**2492**	**2473**	**2393**	**3291**	**3437**	**3728**	**4134**	**4568**
交通	Transportation	1299	1628	1531	1455	2360	2489	2726	3048	3333
通讯	Communication	798	864	942	938	931	948	1002	1085	1235
娱乐、教育、文化	**Recreation, Educatrion and Cultural Services**	**1850**	**1946**	**2158**	**2196**	**2295**	**2586**	**2816**	**2997**	**2849**
文化娱乐用品	Goods for Recreational	412	449	465	438	471	530	551	512	457
文化娱乐服务	Services for Recreation	465	445	495	579	643	822	933	1027	1095
教育	Educational	973	1053	1198	1179	1181	1234	1333	1457	1297
其它商品和服务	**Other goods and services**	**402**	**436**	**468**	**521**	**579**	**546**	**812**	**812**	**947**

5 – 22 城镇居民家庭平均每人全年购买主要商品数量(2007 – 2013 年)
Per Capita Annual Purchases of Major Commodities of Urban Households(2007 – 2013)

名称		Item		2007	2008	2009	2010	2011	2012	2013
大米	(公斤)	Rice	(kg)	51.07	52.61	51.14	50.75	51.22	49.89	58.24
面粉	(公斤)	Flour	(kg)	1.38	1.73	1.75	1.71	1.92	2.22	1.58
食用植物油	(公斤)	Edible Vegetables Oil	(kg)	8.10	8.61	8.23	8.06	8.36	8.08	10.16
猪肉	(公斤)	Pork	(kg)	16.30	16.76	17.45	18.16	18.77	19.26	21.38
牛肉	(公斤)	Beef	(kg)	1.58	1.34	1.54	1.84	2.14	2.15	2.19
羊肉	(公斤)	Mutton	(kg)	0.36	0.30	0.40	0.40	0.34	0.31	0.54
鸡	(公斤)	Chicken	(kg)	5.09	5.25	4.89	4.96	5.48	5.35	4.97
鸭	(公斤)	Duck	(kg)	2.93	3.00	3.00	3.00	3.04	3.08	3.43
鲜蛋	(公斤)	Fresh Eggs	(kg)	6.32	6.77	6.62	6.87	7.18	7.41	6.84
鱼	(公斤)	Fish	(kg)	14.27	13.33	13.47	13.90	13.70	14.37	17.46
虾	(公斤)	Shrimp	(kg)	3.53	3.07	3.20	3.02	2.93	3.16	3.66
鲜菜	(公斤)	Fresh Vegetables	(kg)	91.32	88.65	89.92	93.23	91.91	91.78	90.28
白酒	(公斤)	White Spirit	(kg)	2.02	1.54	1.68	1.63	1.66	1.62	2.43
啤酒	(公斤)	Beer	(kg)	9.15	7.53	7.05	5.98	5.07	4.37	7.80
茶叶	(公斤)	Tea	(kg)	0.17	0.18	0.17	0.17	0.20	0.14	0.20
鲜果	(公斤)	Fresh Fruits Fresh melon	(kg)	39.14	36.16	37.14	36.42	37.82	39.63	46.16
鲜瓜	(公斤)	Fresh melon	(kg)	25.52	18.83	19.93	19.07	16.64	15.80	8.15
糕点	(公斤)	Cake	(kg)	4.32	4.63	4.75	4.83	5.26	5.02	5.97
鲜奶	(公斤)	Fresh Milk	(kg)	13.30	11.42	10.89	11.43	11.59	12.16	12.22
服装	(件)	Garments	(piece)	8.91	8.84	8.83	8.58	9.67	9.42	9.63
鞋	(双)	Shoes	(pair)	2.82	2.76	2.81	2.73	2.92	2.98	3.12
水	(吨)	Water	(ton)	56.80	58.65	59.29	60.65	62.17	65.21	69.45
电	(千瓦时)	Electricity	(kw.h)	726.23	805.66	850.44	917.72	945.25	977.82	1009.75
煤炭	(公斤)	Coal	(kg)	6.25	4.58	2.87	2.64	2.31	1.91	2.30
罐装液化气	(公斤)	Tank LPG	(kg)	27.71	26.38	25.43	24.64	23.07	21.18	21.09
管道液化气	(立方米)	Pipeline LPG	(cu.m)		0.90	0.90	0.80	0.98	1.11	0.91
管道煤气	(立方米)	Pipeline Gas	(cu.m)		2.17	1.12	0.68	0.78	0.64	1.24
天然气	(立方米)	Natural Gas	(cu.m)		11.21	12.45	16.71	17.22	21.75	25.83

5-23 城镇居民家庭平均每百户耐用消费品购买量(2007-2013年)
Per 100 Urban Households Annual Average Purchases of Durable Consumer Goods (2007-2013)

名称		Item		2007	2008	2009	2010	2011	2012	2013
洗衣机	(台)	Washing Machine	(unit)	3.07	3.62	3.18	4.77	4.10	4.00	5.00
电冰箱	(台)	Refrigerator	(unit)	3.73	3.74	4.74	4.61	4.54	5.26	6.46
微波炉	(台)	Microwave oven	(unit)	1.80	2.60	2.30	2.82	2.24	2.19	2.57
空调器	(台)	Air conditioner	(unit)	9.45	6.68	8.33	6.66	9.13	6.85	8.88
淋浴热水器	(个)	Shower	(unit)	3.90	3.68	4.41	4.69	5.00	4.15	3.94
消毒碗柜	(台)	Disinfecting Cupboard	(unit)	0.53	0.42	0.42	0.24	0.26	0.30	0.47
洗碗机	(台)	Dishwasher	(unit)	0.01	0.02	0.01	0.10	0.05	0.08	0.24
摩托车	(辆)	Motorcycle	(unit)	0.76	0.78	1.02	0.29	0.46	0.57	0.11
助力车	(辆)	Electric Bicycle	(unit)	4.97	5.35	5.13	4.82	5.85	5.34	8.32
家用汽车	(辆)	Household Car	(unit)	1.96	1.03	2.90	2.62	2.54	2.63	2.51
固定电话	(部)	Telephone	(unit)	4.58	5.61	4.58	5.26	5.88	6.84	4.23
移动电话	(部)	Mobile Phone	(unit)	31.18	25.47	25.53	25.63	30.34	34.40	48.90
彩色电视机	(台)	Color TV Set	(unit)	6.12	7.84	8.63	9.90	9.11	9.70	8.42
家用电脑	(台)	Household Electronic Computer	(unit)	7.77	5.97	8.25	8.86	8.85	8.32	9.43
组合音响	(台)	Hi-Fi Stereo Component System	(unit)	1.36	0.34	0.40	0.61	0.72	0.40	1.63
摄像机	(架)	Pickup Camera	(unit)	0.36	0.43	0.22	0.26	0.18	0.28	0.92
照相机	(架)	Camera	(unit)	4.28	3.29	2.96	4.39	3.46	1.98	0.95

5-24 城镇居民家庭平均每百户耐用消费品拥有量(2007-2013年)
Per 100 Urban Households Annual Average Possession of Durable Consumer Goods (2007-2013)

名称		Item		2007	2008	2009	2010	2011	2012	2013
摩托车	(辆)	Motorcycle	(unit)	30.44	26.22	25.77	25.82	21.97	21.86	11.86
助力车	(辆)	Electric Bicycle	(unit)	37.88	40.20	42.87	45.73	50.51	52.49	60.21
家用汽车	(辆)	Household Car	(unit)	13.83	19.61	23.62	26.43	33.73	36.50	44.28
洗衣机	(台)	Washing Machine	(unit)	92.95	91.39	92.85	94.26	94.87	95.45	90.58
电冰箱	(台)	Refrigerator	(unit)	100.05	97.99	99.16	100.36	100.21	100.89	97.40
彩色电视机	(台)	Color TV Set	(unit)	182.91	176.66	181.72	185.70	184.79	186.56	178.99
家用电脑	(台)	Household Electronic Computer	(unit)	73.79	79.93	84.41	89.84	103.57	106.38	101.56
组合音响	(台)	Hi-Fi Stereo Component System	(unit)	38.12	33.32	33.15	33.38	28.53	28.40	15.24
摄像机	(架)	Vidicon	(unit)	6.26	8.49	9.18	9.48	9.85	10.22	9.14
照相机	(架)	Camera	(unit)	52.10	46.02	47.69	50.07	53.25	53.89	48.64
中高档乐器	(架)	Medium or High Rank Instrument	(unit)	7.20	4.61	5.83	6.13	4.56	4.80	5.57
微波炉	(台)	Microwave oven	(unit)	65.68	66.42	69.30	71.28	72.31	72.97	64.32
空调器	(台)	Air conditioner	(unit)	160.93	170.58	179.93	186.62	201.05	203.77	196.54
淋浴热水器	(个)	Shower	(unit)	95.16	96.74	99.13	101.19	104.68	106.32	94.79
消毒碗柜	(台)	Disinfecting Cupboard	(unit)	22.21	23.67	23.83	24.09	25.18	25.49	20.77
洗碗机	(台)	Dishwasher	(unit)	0.53	1.03	1.12	1.18	1.42	1.32	1.45
健身器材	(件)	Fitness Equipment	(unit)	6.99	5.47	5.80	6.09	5.95	6.17	6.59
固定电话	(部)	Telephone	(unit)	95.51	90.14	89.64	89.13	80.33	79.85	65.78
移动电话	(部)	Mobile Phone	(unit)	190.65	189.42	191.50	198.01	207.76	210.08	217.43

5－25 城镇居民家庭居住情况(2007－2013 年)
Living Conditions of Urban Households(2007－2013)

单位:%(%)

项目	Item	2007	2008	2009	2010	2011	2012	2013
调查总户数	**Number of Households Surveyed**	**100**	**100**	**100**	**100**	**100**	**100**	**100**
按房屋产权分	**By Property Right of House**							
租赁公房	Rental State－owned House	3.59	3.31	2.79	2.56	1.92	1.88	1.48
租赁私房	Rental Private House	2.99	5.82	5.27	4.98	5.70	4.97	13.29
自有房	Private House	92.42	89.94	90.73	91.31	91.70	92.49	81.67
原有私房	Original Private House	10.64	10.42	10.58	10.74	10.99	11.72	24.78
房改私房	Private House after House Reforming	32.06	27.01	25.75	25.29	20.92	20.54	13.90
商品房	Commercial House	49.72	52.51	54.40	55.28	59.79	60.23	42.99
其他	Others	0.99	0.93	1.21	1.14	0.68	0.65	3.25
按住宅建筑式样分	**By Building Type**							
单栋住宅	One Household	7.81	6.53	6.53	6.59	8.11	8.28	19.87
四居室	Four Bedrooms	4.00	4.45	4.70	4.96	5.37	5.32	4.39
三居室	Three Bedrooms	36.17	37.10	37.75	38.58	38.18	38.59	31.43
二居室	Two Bedrooms	42.43	43.29	42.01	41.03	39.72	39.81	31.71
一居室	One Bedroom	3.89	4.31	4.43	4.43	4.06	3.74	5.87
普通楼房	Common House	4.40	3.50	3.75	3.59	3.88	3.63	3.11
平房及其他	Others	1.30	0.82	0.82	0.83	0.68	0.63	3.31
按用水情况分	**By Water Using**							
独用自来水	Tap Water Owned Per Household	99.73	99.87	99.84	99.87	99.83	99.85	98.68
公用自来水	Public Tap Water	0.21	0.11	0.13	0.13	0.15	0.13	0.86
井水、河水	Wall Water and River	0.06	0.02	0.02		0.02	0.02	
按卫生设备情况分	**By Health Facilities**							
无卫生设备	Without Health Facilities	1.30	0.91	0.83	0.68	0.51	0.50	2.52
有浴室厕所	Bathroom and Toilet Room Owned Per Household	93.07	92.74	93.35	93.86	95.44	96.61	90.25
有厕所无浴室	Toilet Room Owned But Without Bath Room	5.38	6.11	5.60	5.30	3.87	2.77	4.36
公用卫生设备	Public Health Facilities	0.25	0.25	0.23	0.15	0.18	0.13	2.56
按取暖设备情况分	**By Heating Facilities**							
无取暖设备	Without Heating Equipment	14.37	10.79	9.40	9.06	5.96	5.26	15.02
空调设备	Air Coditioner Owned	85.39	88.99	90.42	90.73	93.94	94.74	84.67
暖气	Warm Gas							
其他	Others	0.24	0.23	0.18	0.21	0.10		
按炊用燃料使用情况分	**By Fuel Types**							
煤炭	Coal	0.22	0.33	0.31	0.26	0.04	0.04	0.15
灌装液化石油气	Tank LPG	80.02	74.33	71.95	70.01	63.01	60.77	52.05
管道液化石油气	Pipeline LPG		4.25	3.97	3.94	4.94	4.21	5.55
管道煤气	Pipeline Gas		1.58	1.66	0.42	0.25	0.25	3.14
管道天然气	Pipeline Gas		19.05	21.72	24.95	30.82	33.90	34.39
其他燃料	Others	0.30	0.46	0.39	0.42	0.93	0.83	3.33

5-26 各市城镇居民平均每人全年收支情况(2013年)
Per Capita Annual Consumption Expenditures of Urban Households by City(2013)

单位:元/人(yuan/person)

城市	City	家庭总收入 Total Income	工资性收入 Wage income	经营净收入 Net Business Incon	财产性收入 Property Income	转移性收入 Transfer Income	可支配收入 Disposable income	消费支出 Consumption Expenditure
杭州市	Hangzhou	43868	28132	2750	2136	10850	39310	24833
宁波市	Ningbo	45717	28633	7294	1708	8083	41657	23129
温州市	Wenzhou	40109	19295	10571	3056	7186	37852	25624
嘉兴市	Jiaxing	42931	27573	4953	1368	9037	39087	24851
湖州市	Huzhou	39106	23236	6390	873	8607	36220	22127
绍兴市	Shaoxing	43941	28170	6186	1549	8036	40454	24469
金华市	Jinhua	38848	20334	5266	5021	8226	36423	23172
衢州市	Quzhou	31620	19454	3429	636	8102	28883	17406
舟山市	Zhoushan	40723	25495	5082	2603	7543	37646	23461
台州市	Taizhou	39422	23055	6263	2131	7973	37038	22212
丽水市	Lishui	31627	17239	3802	1255	9331	29045	19809

续表 Continued

单位:元/人(yuan/person)

城市	City	食品 Food	衣着 Clothing	居住 Residence	家庭设备、用品及服务 Household Facilities, Articles and Services	医疗保健 Medicines and Medical Services	交通和通讯 Transportations and Communications	娱乐教育文化 Recreation, Educatrion and Cultural Services	其它商品和服务 Other goods and services
杭州市	Hangzhou	8528	2421	2305	1580	1265	4725	2998	1010
宁波市	Ningbo	8068	2406	1741	1324	872	4300	3424	994
温州市	Wenzhou	9936	2505	2248	1240	1113	4079	3627	875
嘉兴市	Jiaxing	7709	2074	2137	1533	1553	5241	3503	1101
湖州市	Huzhou	7949	2568	1523	1324	1182	4056	2793	732
绍兴市	Shaoxing	8744	2570	1924	1192	1041	4747	3355	897
金华市	Jinhua	6952	2472	1933	1442	1714	4722	3070	866
衢州市	Quzhou	6133	2026	1195	1063	1380	3055	2058	495
舟山市	Zhoushan	8380	2575	1830	1293	1632	3462	2934	1355
台州市	Taizhou	7684	2297	1730	1159	1163	3973	3266	940
丽水市	Lishui	6719	2481	1531	1194	1620	3364	2350	550

5-27 历年农村居民生活水平(1978-2013年)
Living Standard of Rural Resident(1978-2013)

年份 Year	人均纯收入(元) Per Capita Net Income (yuan)	人均纯收入指数(上年=100) Growth Rate of Per Capita Net Income (Preceding year=100)	人均消费性支出(元) Per Capita Consumption Expenditure (yuan)	#食品支出 Food	恩格尔系数 Engel Coefficient	人均居住面积(平方米) Per Captia Floor Space of Residential Buildings (sq. m)
1978	165		157	93	59.1	
1979	195	115.2	175	100	57.1	
1980	219	103.3	192	109	56.8	16.07
1981	286	129.0	267	147	55.2	14.02
1982	346	120.4	302	170	56.3	16.57
1983	359	102.3	326	183	56.2	19.32
1984	446	123.5	369	202	54.6	20.45
1985	549	112.5	474	247	52.1	22.08
1986	609	105.0	561	282	50.3	23.02
1987	725	113.6	659	320	48.6	24.73
1988	902	108.1	839	389	46.4	25.98
1989	1011	97.4	927	445	48.0	27.09
1990	1099	102.7	946	436	46.1	29.26
1991	1211	108.9	1027	518	50.5	30.77
1992	1359	108.8	1112	548	49.2	31.34
1993	1746	110.2	1263	633	50.2	32.62
1994	2225	104.1	1680	800	47.6	32.77
1995	2966	105.3	2378	1198	50.4	34.14
1996	3463	106.1	2702	1367	50.6	35.78
1997	3684	103.8	2839	1378	48.5	37.30
1998	3815	104.7	2891	1362	47.1	38.53
1999	3948	105.6	2806	1293	46.1	40.27
2000	4254	107.8	3231	1406	43.5	46.42
2001	4582	106.9	3479	1449	41.6	47.82
2002	4940	108.4	3693	1508	40.8	49.53
2003	5431	107.8	4287	1637	38.2	50.73
2004	6096	107.4	4659	1839	39.5	51.29
2005	6660	106.4	5215	2011	38.6	54.98
2006	7335	109.3	5762	2141	37.2	55.57
2007	8265	108.2	6442	2347	36.4	57.06
2008	9258	106.2	7072	2690	38.0	58.50
2009	10007	109.5	7375	2756	37.4	59.29
2010	11303	108.6	8390	2977	35.5	58.53
2011	13071	109.5	9644	3629	37.6	60.80
2012	14552	108.8	10208	3844	37.7	61.51
2013	16106	108.1	11760	4191	35.6	60.82

注：人均纯收入指数扣除价格因素。
Growth rate of per-capita net income was excluded price changes.

5-28 农村居民家庭基本情况(2007-2013年)
Basic Statistics on Rural Households(2007-2013)

项目		Item		2007	2008	2009	2010	2011	2012	2013
户均常住人口	**(人)**	**Average Permanent Residents Per Household**	**(person)**	**3.54**	**3.51**	**3.49**	**3.48**	**3.29**	**3.29**	**3.57**
户均整半劳动力	**(人)**	**Average Ablebodied and Semiablebodied Laborers**	**(person)**	**2.60**	**2.58**	**2.57**	**2.58**	**2.41**	**2.40**	**2.39**
整半劳动力占人口比重	(%)	Percentage of Ablebodied and Semiablebodied	(%)	73.53	73.65	73.63	74.09	73.13	72.80	66.91
平均每百个劳动力中人数:	**(人)**	**Among Per 100 Laborers**	**(person)**							
不识字或识字很少	(人)	Illiterate or Semiliterate	(person)	6.09	5.72	5.75	5.79	6.94	6.46	5.02
小学程度	(人)	Primary School	(person)	31.51	31.28	30.48	29.79	29.27	29.00	28.91
初中程度	(人)	Junior Secondary School	(person)	44.70	44.02	43.59	42.97	45.25	45.23	45.11
高中程度	(人)	Senior Secondary School	(person)	12.74	12.98	13.56	13.95	11.99	12.09	13.99
中专程度	(人)	Specialized Secondary School	(person)	2.70	3.11	3.23	3.29	2.00	2.08	
大专程度	(人)	College	(person)	2.27	2.89	3.39	4.21	4.55	5.13	6.97
年末人均住房面积	**(平方米)**	**At the end of the year the per capita housing area**	**(sq.m)**	**57.06**	**58.50**	**59.29**	**58.53**	**60.80**	**61.51**	**60.82**
全年总收入	**(元/人)**	**Annual total income**	**(yuan/person)**	**10391**	**11748**	**12695**	**14545**	**16580**	**17944**	**19056**
全年纯收入	**(元/人)**	**Annual net income**	**(yuan/person)**	**8265**	**9258**	**10007**	**11303**	**13071**	**14552**	**16106**
工资性收入	(元/人)	Wage income	(yuan/person)	4093	4713	5195	5950	6878	7860	8577
家庭经营收入	(元/人)	Household business income	(yuan/person)	3422	3654	3788	4190	4872	5190	5757
财产性收入	(元/人)	Property Income	(yuan/person)	399	472	519	561	553	546	646
转移性收入	(元/人)	Transfer Income	(yuan/person)	351	420	506	602	767	956	1126

5-29 农村居民家庭基本情况(2013 年)
Basic Statistics on Rural Households(2013)

项目		Item		总平均 Average	按人均纯收入等级分组 Grouped by Level of Net Income 低 20% 收入户 Lower Income House-holds (20%)	次低 20% 收入户 Low Income House-holds (20%)	中等 20% 收入户 Middle Income House-holds (20%)	次高 20% 收入户 High Income House-holds (20%)	高 20% 收入户 Higher Income House-holds (20%)
户均常住人口	**(人)**	**Average Permanent Residents Per Household**	**(person)**	**3.57**	**3.61**	**3.95**	**3.67**	**3.41**	**3.24**
户均整半劳动力	**(人)**	**Average Ablebodied and Semiablebodied Laborers**	**(person)**	**2.39**	**2.35**	**2.49**	**2.47**	**2.46**	**2.42**
整半劳动力占人口比重	(%)	Percentage of Ablebodied Semiablebodied	(%)	66.91	65.01	62.95	67.16	72.20	74.72
平均每百个劳动力中:	**(人)**	**Among Per 100 Laborers**	**(person)**						
不识字或识字很少		Illiterate or Semiliterate		5.02	9.39	4.32	5.96	4.18	3.64
小学程度		Primary School		28.91	41.29	37.00	31.27	28.23	23.51
初中程度		Junior Secondary School		45.11	36.70	44.78	47.09	47.14	47.36
高中程度		Senior Secondary School		13.99	10.25	10.31	12.63	15.81	15.34
中专程度		Specialized Secondary School							
大专及大专以上程度	(人)	College	(person)	6.97	2.38	3.59	3.05	4.63	10.15
全年总收入	**(元/人)**	**Annual total income**	**(Yuan / person)**	**19056**	**7910**	**12360**	**15626**	**22685**	**41657**
全年纯收入	**(元/人)**	**Annual net income**	**(Yuan / person)**	**16106**	**4799**	**10185**	**14388**	**19290**	**34327**
全年总支出	**(元/人)**	**The annual expenditure**	**(Yuan / person)**	**15454**	**9038**	**9827**	**11418**	**15181**	**26314**
全年生活消费支出	(元/人)	Annual living expenditure	(Yuan / person)	11760	6156	7333	9460	10784	17786

5－30 农村居民人均总收入和纯收入(2005－2013 年)
Per Capita Annual Total Income and Net Income of Rural Households(2005－2013)

单位:元(yuan)

项目	Item	2005	2006	2007	2008	2009	2010	2011	2012	2013
全年总收入	**Gross Income**	**8580**	**9164**	**10391**	**11748**	**12695**	**14545**	**16580**	**17944**	**19056**
全年纯收入	**Net Income**	**6660**	**7335**	**8265**	**9258**	**10007**	**11303**	**13071**	**14552**	**16106**
工资性收入	**Wage Income**	**3299**	**3646**	**4093**	**4713**	**5195**	**5950**	**6878**	**7860**	**8577**
家庭经营收入	**Income from Household Business**	**2766**	**3030**	**3422**	**3654**	**3788**	**4190**	**4872**	**5190**	**5757**
一产收入	Primary Industy Operating Income	1248	1377	1551	1651	1661	1884	2183	2147	2125
农业收入	Planting	810	879	949	923	974	1110	1324	1420	
林业收入	Forestry	117	148	157	157	189	178	177	131	
牧业收入	Animal Husbandry	268	281	358	460	365	443	504	388	
渔业收入	Fishery	53	69	87	111	133	153	178	208	
二产收入	Secondary Industy Operating Income	653	686	788	848	943	1023	1190	1340	1659
工业收入	Industry	406	442	496	526	573	648	747	833	
建筑业收入	Construction	247	244	292	322	370	375	443	507	
三产收入	Tertiary Industy Operating Income	865	968	1083	1155	1183	1283	1500	1704	1973
运输业收入	Transportation	272	317	305	322	344	382	441	504	
批发零售贸易餐饮业收入	Wholesale, Retail Sale and Catering Trade	340	357	428	460	447	516	624	785	
服务业收入	Service Trade	126	107	109	120	149	164	194	250	
文教卫生业收入	Culture, Education and Public Health	28	38	45	38	53	49	41	49	
其他家庭经营收入	Others	99	149	196	215	190	172	200	116	
财产性收入	**Property Income**	**300**	**340**	**399**	**472**	**519**	**561**	**553**	**546**	**646**
转移性收入	**Transfer Income**	**295**	**319**	**351**	**420**	**506**	**602**	**767**	**956**	**1126**

5-31 农村居民人均总支出(2005-2013年)
Per Capita Annual Expenditure of Rural Households(2005-2013)

单位:元(yuan)

项目	Item	2005	2006	2007	2008	2009	2010	2011	2012	2013
全年总支出	**Total Expenditure**	**7534**	**8121**	**9071**	**10246**	**10762**	**12361**	**13836**	**14637**	**15454**
生活消费支出	Living Expenditure for Consumption	5215	5762	6442	7072	7375	8390	9644	10208	11760
食品	Food	2011	2141	2347	2690	2756	2977	3629	3844	4191
主食	Staple Food	257	263	264	285	302	333	370	378	439
副食	Non-Staple Food	870	890	1015	1225	1194	1296	1647	1770	1917
其他食品	Other Food	617	672	718	772	811	869	1079	1134	1100
在外饮食	Eating Outside	240	296	331	387	423	456	519	551	693
衣着	Clothing	310	362	399	441	462	530	669	721	848
居住	Residence	843	1048	1262	1425	1366	1795	1651	1768	1934
#住房	Housing	597	776	970	1069	1038	1400	1201	1246	1321
电费	Electricity	97	119	148	168	184	213	242	277	326
燃料	Fuel	94	104	107	121	102	135	158	181	228
家庭设备、用品及服务	Household Facilities, Articles and Services	259	274	338	354	354	399	528	560	565
医疗保健	Medicines and Medical Services	399	455	465	512	615	652	851	739	944
#医药卫生保健用品	Medical Articles	173	178	183	181	226	215	238	218	261
交通和通讯	Transportations and Communications	592	635	761	777	866	1067	1262	1457	1891
#交通工具	Means of Transportation	164	178	55	240	317	472	544	624	784
交通消费服务支出	Transport Services	113	114	127	143	135	146	157	448	140
邮电通讯费	Postage	189	204	216	233	243	249	238	278	337

续表 Continued 单位:元(yuan)

项目	Item	2005	2006	2007	2008	2009	2010	2011	2012	2013
文教娱乐用品及服务	Cultural, Educational and Recreational Services	679	723	736	733	803	800	831	881	1048
文化教育娱乐用品	Cultural, Educational and Recreational Articles	73	79	94	107	116	114	135	129	114
书报杂志	Botes, Newpapers and Magazines	8	11	12	10	10	11	11	12	10
教育服务费	Educational Services	526	546	522	499	530	503	446	465	604
旅游休闲娱乐费	Tourism and Pecreation	44	52	79	68	93	106	125	157	196
其他商品和服务	Other Commodities and Services	121	124	135	141	154	170	223	239	339
家庭经营费用支出	Expenditure for Household Business	1525	1429	1708	2059	2192	2678	2843	2750	2123
农业生产支出	Planting	345	375	407	449	395	454	472	449	433
林业生产支出	Forestry	23	28	24	19	23	28	72	46	44
牧业生产支出	Animal Husbandry	595	459	674	981	1258	1445	1041	958	712
渔业生产支出	Fishery	88	114	150	160	140	175	79	72	137
工业生产支出	Industry	246	237	217	214	159	251	693	690	402
建筑业支出	Construction	25	25	31	35	33	66	110	130	64
运输产支出	Transportation	74	104	100	88	81	92	109	131	92
批发和零售贸易餐饮业	Wholesale, Retail Sale and Catering Trade	91	61	82	93	73	139	201	219	116
服务业支出	Service Trade	17	14	14	11	20	13	45	39	118
文教卫生产支出	Culture, Education and Public Health	2	1	1	2	2	4	2	6	
其他经营支出	Others	20	11	8	7	7	10	20	11	4
购置生产用固定资产支出	Expenditure for Purchasing Productive Fixed Assets	163	249	150	149	219	223	145	181	123
税费支出	Expenditure for Taxes and Expenses	25	24	23	17	12	13	7	6	3
#缴纳税金	Taxes	14	13	14	9	5	7	4	1	

5－32 农村居民平均每人主要食品消费量(2007－2013年)
Per Capita Annual Major Foods Consumption of Rural Households(2007－2013)

名称		Item		2007	2008	2009	2010	2011	2012	2013
粮食	(公斤)	Grain	(kg)	180.59	183.23	178.39	165.13	137.04	128.60	115.88
#稻谷	(公斤)	Rice	(kg)	164.08	165.81	161.05	148.69	122.43	116.19	87.23
小麦	(公斤)	Wheat	(kg)	3.59	3.82	3.72	3.42	4.78	4.56	10.90
蔬菜及菜制品	(公斤)	Vegetable	(kg)	79.47	79.02	76.48	73.65	70.70	69.11	69.99
植物油	(公斤)	Vegetable Oil	(kg)	5.34	5.49	5.18	5.28	7.06	7.68	7.74
动物油	(公斤)	Animal Oil	(kg)	0.81	0.76	0.69	0.73	0.62	0.64	0.59
猪肉	(公斤)	Pork	(kg)	14.05	13.88	14.71	15.50	16.28	16.09	18.79
牛羊肉	(公斤)	Beef and Mutton	(kg)	1.08	0.96	1.05	1.07	1.40	1.23	1.44
奶及奶制品	(公斤)	Milk and Its Prooducts	(kg)	4.50	4.67	4.78	5.13	5.33	5.53	7.24
家禽	(公斤)	Poultry	(kg)	5.43	5.82	5.47	5.30	5.71	5.47	6.57
蛋及蛋制品	(公斤)	Eggs	(kg)	4.55	4.96	4.95	4.80	5.09	5.55	4.65
鱼类	(公斤)	Fish	(kg)	10.02	10.01	10.04	9.79	10.17	10.16	10.20
虾、贝、蟹类	(公斤)	Shrimps	(kg)	4.34	4.38	4.61	4.35	3.85	4.21	3.92
食糖	(公斤)	Sugar	(kg)	1.55	2.11	1.59	1.79	1.22	1.18	1.23
卷烟	(盒)	Cigarettes	(box)	37.23	35.89	35.18	34.20	35.90	34.62	32.80
酒	(公斤)	Wine	(kg)	27.38	25.18	25.48	23.92	20.92	18.65	13.99
#啤酒	(公斤)	Beer	(kg)	19.96	18.19	18.63	17.05	13.89	12.19	11.74
水果	(公斤)	Fruit	(kg)	18.57	17.22	17.41	15.52	15.50	16.37	13.42

5－33 农村居民家庭主要商品购买情况
Annual Purchases of Major Commodities of Rural Households

名称		Item		2007	2008	2009	2010	2011	2012	2013
每百户购买耐用消费品		**Per Household Purchases of Means of Production**								
洗衣机	（台）	Washing Machine	(set)	2.11	20.34	2.57	2.96	4.06	3.81	3.92
电冰箱	（台）	Refrigerator	(set)	6.87	5.19	5.40	5.62	5.98	5.64	6.36
空调机	（台）	Air Conditioner	(set)	6.51	5.87	6.37	6.32	6.96	6.62	7.93
抽油烟机	（台）	Smoke lampblack machine	(set)	1.70	1.68	1.62	1.83	2.11	2.00	2.69
热水器	（台）	Water Heater	(set)	3.13	2.53	3.04	3.55	3.02	3.26	3.39
微波炉	（台）	Microware Oven	(set)	0.96	1.36	1.36	1.47	3.64	1.66	1.26
自行车	（辆）	Bicycle	(Suit)	5.53	3.94	3.53	3.00	3.53	3.45	4.31
摩托车	（辆）	Motorcycle	(Suit)	2.98	2.25	1.91	1.68	1.66	1.23	1.16
汽车	（辆）	The car	(Suit)							2.57
电话	（部）	Telephone	(pars)	5.36	6.45	5.12	5.72	5.81	4.02	4.39
手机	（部）	Mobile phone	(pars)	24.34	22.31	22.93	22.21	28.11	31.81	45.81
彩色电视机	（台）	Color TV Set	(set)	6.00	7.39	6.89	6.79	7.60	7.30	6.15
照相机	（只）	Camera	(Piece)	0.32	0.55	0.55	0.57	0.89	0.38	0.44
家用计算机	（台）	Computer (unit)	(set)	4.13	4.48	5.55	5.57	5.49	5.60	6.09
户均购买生产资料		**Per Household Purchases of Means of Production**								
化肥	（公斤）	Chemical Fertilizer	(kg)	289.60	262.13	248.22	260.01	204.49	186.76	106.39
饼肥	（公斤）	Cake Fertilizer	(kg)	2.64	3.60	7.06	2.56	6.35	9.18	3.29
农药	（公斤）	Chemical Pesticide	(kg)	232.46	241.05	217.67	220.58	385.32	195.34	132.16
农用薄膜	（公斤）	Farm Film	(kg)	4.07	2.15	1.69	2.10	2.12	1.27	1.54

5 - 34 农村居民家庭平均每百户耐用消费品拥有量(2006 - 2013 年)
Annual Average Possession of Durable Consumer Goods Per 100 Rural Households (2006 - 2013)

名称		Item		2006	2007	2008	2009	2010	2011	2012	2013
自行车	(辆)	Bicycle	(Suit)	124.6	125.4	123.0	125.2	125.1	101.0	105.3	67.9
家用电脑	(台)	Household Electronic Computer	(Set)	14.3	19.4	23.4	28.6	35.6	43.3	47.8	49.6
洗衣机	(台)	Washing Machine	(Set)	55.2	59.7	62.6	65.6	68.3	68.7	72.5	74.8
电冰箱	(台)	Refrigerator	(Set)	67.8	75.0	80.2	85.3	89.4	93.0	95.3	96.5
摩托车	(辆)	Motorcycle	(Suit)	62.7	57.8	56.9	55.6	54.0	41.3	40.2	35.3
彩色电视机	(台)	Color TV Set	(Set)	136.9	144.2	149.6	157.0	161.4	168.5	171.7	169.3
电话机	(部)	Telephone	(pars)	95.0	93.2	92.2	89.9	88.4	77.7	76.3	54.8
移动电话	(部)	Moble Telephone	(pars)	134.7	150.3	159.7	176.6	189.1	204.5	211.5	221.6
家用汽车	(台)	The Family Car	(Set)	3.1	4.0	4.7	6.2	7.8	13.4	15.2	22.6
照相机	(架)	Camera	(Suit)	9.2	9.0	9.6	11.2	12.6	13.9	15.7	15.4
抽油烟机	(台)	Range Hoods	(Set)	38.0	43.0	46.0	49.5	52.7	56.3	59.0	57.6
空调机	(台)	Air Conditioner	(Set)	42.60	54.00	61.30	69.60	78.60	94.40	99.90	101.28
微波炉	(台)	Microwave Oven	(Set)	12.00	14.60	17.00	20.80	23.00	32.10	35.20	37.25
热水器	(台)	Water Heater	(Set)	48.4	56.4	60.8	65.0	69.9	75.2	78.3	81.8

5－35 各市农村居民平均每人全年收支情况(2013 年)
Per Capita Annual Consumption Expenditures of Rural Households by City(2013)

单位:元/人(yuan/person)

城市	City	全年纯收入 Annual net Income	工资性收入 Wage Income	家庭经营收入 Household Business Income	财产性收入 Property Income	转移性收入 Transfer Income	生活消费支出 Living expenditure
杭州市	Hangzhou	18923	11550	4928	1045	1400	14600
宁波市	Ningbo	20534	12583	4314	1221	2416	13915
温州市	Wenzhou	16194	7454	5952	1142	1645	11724
嘉兴市	Jiaxing	20556	12537	6451	696	872	14261
湖州市	Huzhou	19044	10235	7682	559	568	12348
绍兴市	Shaoxing	19618	10818	7198	502	1101	12402
金华市	Jinhua	14788	7271	5401	849	1267	10673
衢州市	Quzhou	11924	6740	4198	270	716	7515
舟山市	Zhoushan	20573	12113	3322	1501	3637	14851
台州市	Taizhou	16126	7633	6578	948	967	11426
丽水市	Lishui	10024	4412	4382	320	910	7423

续表 Continued

单位:元/人(yuan/person)

城市	City	食品 Food	衣着 Clothing	居住 Residence	家庭设备、用品及服务 Household Facilities, Articles and Services	医疗保健 Medicines and Medical Services	交通和通讯 Transportations and Communication	文化娱乐用品及服务 Recreation, Educatrion and Cultural Services	其它商品和服务 Other goods and services
杭州市	Hangzhou	4820	1115	2640	853	2573	1060	1124	415
宁波市	Ningbo	5503	946	2051	616	2315	1056	991	437
温州市	Wenzhou	5418	945	1067	513	1238	1555	660	328
嘉兴市	Jiaxing	4450	848	2830	625	3023	1176	900	409
湖州市	Huzhou	3979	850	1895	660	1884	1773	1079	228
绍兴市	Shaoxing	4477	854	2073	667	2093	1050	919	268
金华市	Jinhua	3672	825	1878	717	1315	968	1014	284
衢州市	Quzhou	2881	503	1508	468	762	603	620	170
舟山市	Zhoushan	5913	1195	2548	775	1221	1070	1310	819
台州市	Taizhou	4455	867	1724	567	1719	853	881	360
丽水市	Lishui	2732	603	1238	509	667	666	815	193

浙/江/统/计/年/鉴

主要统计指标解释

■ 职工工资总额

指各单位在一定时期内直接支付给本单位全部职工的劳动报酬总额。

工资总额的计算原则应以直接支付给职工的全部劳动报酬为根据。各单位支付给职工的劳动报酬以及其他根据有关规定支付的工资，不论是计入成本的还是不计入成本的，不论是按国家规定列入计征奖金税项目的，还是未列入计征奖金税项目的，不论是以货币形式支付的还是以实物形式支付的，均包括在工资总额内。

■ 计件超额工资

是计件工资的一部分，指计件工人超额完成定额任务后所得的工资。即计件工人实得的全部计件工资级别减去应提的计件标准工资后的数额。某些企业的工人由于从事生产的工作物等级高于本人工资等级，因而其计件标准工资高于本人标准工资，其计件超额也应是全部工资减去应得的计件标准工资后的数额。

■ 奖　金

指支付给职工的超额劳动报酬和增收节支的劳动报酬。

■ 津贴和补贴

指为了补偿职工特殊或额外的劳动消耗和因其他特殊原因支付给职工的津贴，以及为了保证职工工资水平不受物价影响支付给职工的物价补贴。

■ 职工平均工资

指企业、事业、机关单位的职工在一定时期内平均每人所得的货币工资额。它表明一定时期职工工资收入的高低程度，是反映职工工资水平的主要指标。计算公式为：

$$\text{职工平均工资}=\frac{\text{报告期实际支付的全部职工工资总额}}{\text{报告期全部职工平均人数}}$$

■ 职工平均实际工资

指扣除物价变动因素后的职工平均工资。计算公式为：

$$\text{职工平均实际工资}=\frac{\text{报告期职工平均工资}}{\text{报告期城镇居民消费价格指数}}$$

■ 城镇居民家庭实际收入

指调查户中生活在一起的家庭成员在调查期得到的工资性收入、经营净收入、财产性收入、转移性收入的总和。不包括出售财物收入和借贷收入。

■ 城镇居民家庭可支配收入

指调查户可以用来自由支配的收入。它是家庭总收入扣除交纳的个人所得税、个人交纳的社会保障费以及调查户的记帐补贴后的收入。

■ 城镇居民家庭消费性支出

指调查户用于满足日常生活需要的全部消费支出，包括食品、衣着、居住、家庭设备用品及服务、医疗保健、交通和通信、娱乐教育文化服务、其它商品和服务等八大类。不包括生产经营过程中发生的各项成本费用支出、购建房支出、社会保障支出、贷款利息支出、捐赠赡养及非储蓄性保险等转移性支出。

■ 农村居民家庭纯收入

指农村常住居民家庭总收入中，扣除从事生产和非生产经营费用支出、缴纳税款和上交承包集体任务金额以后剩余的，可直接用于进行生产性、非生产性建设投资、生活消费和积蓄的那一部分收入。它是反映农民家庭实际收入水平的综合性的主要指标。农民家庭纯收入，既包括从事生产性和非生产性的经营收入，又包括取自在外人口寄回带回和国家财政救济、各种补贴等非经营性收入；既包括货币收入，又包括自产自用的实物收入。但不包括向银行、信用社和向亲友贷款等属于借贷性的收入。

■ 农村居民家庭生活消费支出

指农村常住居民家庭用于日常生活的全部开支，是反映和研究农民家庭实际生活消费水平高低的重要指标。

ZHEJIANG STATISTICAL YEARBOOK

Explanatory Notes on Main Statistical Indicators

□ Total Wages of Staff and Workers

refer to the total remuneration payment to staff and workers in various units during a certain period of time.

The calculation of total wages is based on the total remuneration payment to the staff and workers. Therefore, all the wages and salaries and other payments to staff and workers are included in the total wages regardless of their sources, category, and forms (in kind or cash).

□ Extra Piece Wages

refer to the payment to workers for their extra work beyond labour quota, i. e. total amount of piece wages minus standard piece wages. For some enterprises, the standard of piece wage for some workers exceeds their normal payment. In this case, the extra piece wage is still calculated as total amount of wages minus standard picec wages.

□ Bonus

refers to remuneration payment to workers for extra work and for increasing earnings and practicing economy.

□ Subsidies and Allowances

refer to subsidies paid to staff and workers for compensating special or extra labour and allowances paid to staff and workers to offset the impact of inflation on real wages.

□ Average Wage of Staff and Workers

refers to the average wage in money terms per person during a certain period of time for staff and workers in enterprises, institutions, and government agencies, which reflects the general level of wage income during a certain period of time and is calculated as follows:

$$\text{Average Wage of Staff and Workers} = \frac{\text{Total Wages of Staff and Workers in Reference Period}}{\text{Average Number of Staff and Workers in Reference Period}}$$

□ Average Real Wage of Staff and Workers

refers to average wage of staff and workers after removing the effects of price changes, which is calculated as follows:

$$\text{Average Real Wage of Staff and Workers} = \frac{\text{Average Wage of Staff and Workers in Reference Period}}{\text{Consumer Price Index of Urban Residents in Reference Period}}$$

□ Total Income of Urban Households

refers to the sum of wage and salary; net business income; income from properties; and income from transfers of members of the households. Income from selling of properties and income from borrowing are not included.

□ Disposable Income of Urban Households

refers to the actual income at the disposal of members of the households which can be used for final consumption. This equals to total income minus income tax, personal contribution to social security and subsidy for keeping diaries in being a sample household.

□ Expenditure for Consumption

refers to total expenditure of the sample households for consumption in daily life, including expenditure for various commodities and expenses for non – commodity items such as culture and service, etc., but excluding fines and confiscation, loss, tax payments (such as income tax, license tax, real estates tax, etc.) and various expenses by individual laborers for business purposes.

□ Net Income of Rural Households

refers to the total income of the permanent residents of the rural households during a year after the deduction of the expenses for productive and non – productive business operation, the payment for taxes and the payment for collective units for their contracted tasks. The net income can be spent

EXPLANATORY NOTES ON MAIN STATISTICAL INDICATORS

for investments in productive and non – productive construction, for consumption in daily life and for savings deposit. It is a comprehensive indicator to show the actual level of the income of the peasants' household. The net income of the rural households includes not only the income from the productive and non – productive business operation, but also the income from the non business operation, such as the money remitted or brought back by the members of the household who are in other places, the government relief payment and various subsidies. It includes not only the money income , but also the income in kind . But the income from borrowing from banks, friends and relatives is excluded.

□ Consumption Expenditure of Urban Households

refers to total expenditure of households for consumption in daily life, including expenditure on the eight categories of food; clothing; housing; household appliances and services; health care and medical services; transport and communications; recreation, education and cultural services; and miscellaneous goods and services.

2014
浙江统计年鉴
ZHEJIANG STATISTICAL YEARBOOK

CHAPTER 6

农业
Agriculture

6-1 农村基本情况(2008-2013年)
Basic Statistics on Rural Areas(2008-2013)

指标		Item		2008	2009	2010	2011	2012	2013
农村基层组织		**Rural Grass Roots Units**							
其中:乡镇政府	(个)	Number of Township and Town Governments	(unit)	1197	1180	1171	944	929	910
#镇政府	(个)	Number of Town Governments	(unit)	747	735	728	654	650	643
村民委员会	(个)	Number of Villages' Committees	(unit)	30112	29974	29874	28783	28771	28342
村民小组	(万个)	Number of Villages' Groups	(10000 units)	32.65	32.60	32.50	32.34	32.32	32.26
农村住户数、人口、劳动力		**Number of Rural Households, Population and Labour Force**							
农村住户数	(万户)	Rural Households	(10000 households)	1227.45	1237.44	1254.22	1263.07	1257.09	1277.94
#农业生产户数	(万人)	Agricultural Producing	(10000 persons)	781.63	778.66	762.83	757.50	748.56	733.88
农村人口	(万人)	Rural Population	(10000 persons)	3761.72	3778.86	3813.24	3845.61	3856.87	3993.86
农村劳动力资源	(万人)	Rural Labour Resource	(10000 persons)	2465.23	2495.84	2527.31	2555.38	2571.13	2662.73
农村劳动力	(万人)	Rural Labour Force	(10000 persons)	2304.33	2321.41	2346.80	2370.79	2380.24	2459.55
按性别分		By Sex							
男	(万人)	Male		1232.43	1240.14	1252.80	1256.86	1257.78	1295.88
女	(万人)	Female		1070.90	1081.27	1094.00	1113.93	1122.46	1163.67
按部门分		By Section							
农林牧渔业	(万人)	Farming, Forestry, Animal Husbandry and Fishery		666.35	653.55	627.43	616.76	603.14	589.91
工业	(万人)	Industry		849.87	869.20	905.56	944.17	959.93	1027.29
建筑业	(万人)	Construction		161.81	164.50	166.68	174.81	177.54	182.50
其他行业就业人员	(万人)	Other professions		626.30	634.16	647.13	635.05	639.63	659.85
在农村实有劳动力中:外出劳动力	**(万人)**	**Among Rural LabourForce: Transferring Out (10000 persons)**		**456.27**	**467.40**	**510.14**	**513.51**	**521.37**	**516.02**

6-2 分行业农村就业人员(1978-2013年)
Employed Persons in Rural Areas by Sector(1978-2013)

单位:万人(10000 persons)

年份 Year	农林牧渔业 Farming, Forestry, Animal Husbandry and Fishery	工业 Industry	建筑业 Construction	其他行业就业人员 Other professions
1978	1300.00			
1979	1285.80			
1980	1257.40			
1981	1218.30			
1982	1274.70			
1983	1279.90			
1984	1277.90	319.42	55.82	132.76
1985	1299.10	339.14	63.74	161.82
1986	1263.70	376.15	68.99	205.66
1987	1260.40	399.73	72.97	222.00
1988	1260.80	409.16	76.65	241.09
1989	1308.50	375.58	75.00	251.92
1990	1336.50	368.41	74.11	255.78
1991	1348.74	376.99	74.36	272.03
1992	1338.56	367.88	78.27	314.67
1993	1239.16	418.91	87.15	360.42
1994	1187.43	436.72	91.87	385.28
1995	1145.87	447.25	99.44	404.46
1996	1123.06	446.52	104.38	422.07
1997	1106.59	448.24	102.66	442.12
1998	1102.70	439.93	102.11	451.76
1999	1073.58	445.65	104.51	466.34
2000	1014.93	474.25	110.68	508.58
2001	985.11	531.89	116.49	536.59
2002	929.58	582.40	122.71	550.91
2003	872.96	647.41	130.85	568.68
2004	826.63	700.68	138.27	586.76
2005	786.92	754.89	145.37	611.36
2006	732.92	796.18	150.35	624.25
2007	688.04	844.90	158.49	626.78
2008	666.35	849.87	161.81	626.30
2009	653.55	869.20	164.50	634.16
2010	627.43	905.56	166.68	647.13
2011	616.76	944.17	174.81	635.05
2012	603.14	959.93	177.54	639.63
2013	589.91	1027.29	182.50	659.85

注:本表其他非农行业包括批发、零售贸易、住宿、餐饮业。
The other non-agricultural trade is including wholesale, retail, hoteling and catering services.

6-3 各市农村就业人员(2013年)
Rural Labour Force by City (2013)

单位:万人(10000 persons)

地区	Region	合计 Total	#女 Female	农、林、牧、渔业 Farming, Forestry, Animal Husbandry and Fishery	#农业 Farming
全　省	**Total**	**2459.55**	**1163.67**	**589.91**	**470.47**
浙东北	**Eastern&Northern Region**	**1166.61**	**557.40**	**236.18**	**177.07**
杭州市	Hangzhou	279.91	134.21	66.10	49.74
宁波市	Ningbo	312.07	149.05	53.28	42.71
嘉兴市	Jiaxing	168.03	81.54	31.04	22.84
湖州市	Huzhou	124.89	59.67	24.95	14.67
绍兴市	Shaoxing	239.22	114.77	50.03	42.48
舟山市	Zhoushan	42.49	18.16	10.78	4.63
浙西南	**Western&Southern Region**	**1292.94**	**606.27**	**353.73**	**293.40**
温州市	Wenzhou	409.09	187.07	92.03	76.35
金华市	Jinhua	300.43	143.74	81.49	74.46
其中:义乌市	Yiwu	74.26	35.27	8.52	7.89
衢州市	Quzhou	124.11	58.33	52.85	41.76
台州市	Taizhou	345.04	164.12	73.90	57.63
丽水市	Lishui	114.27	53.01	53.46	43.20

续表 Continued 单位:万人(10000 persons)

地区	Region	工业 Industry	建筑业 Construction	其他行业就业人员 Other professions	在农村实有劳动力中:外出 Among Rural Labour Force: Transferring
全 省	**Total**	**1027.29**	**182.50**	**659.85**	**516.02**
浙东北	**Eastern&Northern Region**	**564.09**	**94.11**	**272.23**	**188.21**
杭州市	Hangzhou	108.26	20.84	84.71	51.95
宁波市	Ningbo	174.80	19.80	64.19	39.33
嘉兴市	Jiaxing	100.36	9.51	27.12	14.55
湖州市	Huzhou	60.11	9.90	29.93	21.94
绍兴市	Shaoxing	109.48	28.27	51.44	49.42
舟山市	Zhoushan	11.08	5.79	14.84	11.02
浙西南	**Western&Southern Region**	**463.20**	**88.39**	**387.62**	**327.81**
温州市	Wenzhou	157.68	21.70	137.68	105.13
金华市	Jinhua	124.66	23.59	70.69	63.15
其中:义乌市	Yiwu	41.12	3.48	21.14	6.67
衢州市	Quzhou	26.47	12.98	31.81	58.67
台州市	Taizhou	132.89	23.95	114.30	65.16
丽水市	Lishui	21.50	6.17	33.14	35.70

6－4 农、林、牧、渔业总产值(1978－2013 年)
Gross Output Value of Farming, Forestry, Animal Husbandry and Fishery(1978－2013)

单位:亿元(100 million yuan)

年份 Year	农林牧渔业总产值 Total	农业产值 Farming	#种植业产值 Planting	林业产值 Forestry	牧业产值 Animal Husbandry	渔业产值 Fishery	农林牧渔服务产值 Services for Agriculture
1978	65.71	50.82	48.86	1.99	9.42	3.48	
1979	91.84	69.47	67.29	2.75	15.55	4.07	
1980	92.67	64.23	60.52	3.61	19.39	5.44	
1981	95.56	69.21	64.48	3.79	16.45	6.11	
1982	118.04	84.61	77.91	4.42	22.88	6.13	
1983	118.68	83.65	74.87	4.77	23.41	6.85	
1984	147.49	102.80	89.93	6.67	27.01	11.01	
1985	174.05	111.20	92.85	8.87	37.84	16.14	
1986	192.04	122.97	101.00	9.26	40.09	19.72	
1987	227.18	141.09	113.91	11.61	48.57	25.91	
1988	280.94	162.80	129.89	14.40	70.33	33.41	
1989	304.50	181.26	145.97	13.60	75.68	33.96	
1990	331.56	199.48	163.92	16.00	75.18	40.90	
1991	363.22	217.21	180.00	17.42	76.78	51.81	
1992	396.93	226.46	179.94	21.01	85.23	64.23	
1993	490.13	274.85	218.01	29.80	92.11	93.37	
1994	690.20	372.97	305.58	41.92	134.78	140.53	
1995	868.76	481.90	407.24	50.02	142.03	194.81	
1996	932.85	517.29	431.90	54.77	155.88	204.92	
1997	1004.88	516.21	426.56	59.26	190.03	239.38	
1998	1003.66	522.98	434.22	59.46	165.85	255.37	
1999	1005.22	519.00	431.57	62.31	157.00	266.91	
2000	1057.07	521.31	446.15	54.48	183.94	297.36	
2001	1053.57	488.59	471.52	60.20	195.94	308.84	
2002	1101.86	511.42	495.72	60.84	205.09	324.51	
2003	1184.04	529.44	515.24	65.67	233.01	337.11	18.81
2004	1332.27	592.59	578.22	78.36	277.89	361.99	21.44
2005	1428.28	654.81	640.20	83.51	285.95	380.81	23.20
2006	1422.60	684.00	669.44	86.04	279.01	347.53	26.03
2007	1597.15	735.92	721.63	95.47	367.60	369.90	28.27
2008	1780.01	813.10	796.12	106.95	418.86	407.82	33.28
2009	1873.40	879.05	864.47	117.64	404.88	435.48	36.35
2010	2172.86	1041.30	1041.30	119.35	448.42	522.18	41.61
2011	2534.90	1152.04	1152.04	134.07	546.33	655.75	46.71
2012	2658.66	1229.36	1229.36	142.14	549.04	687.05	51.08
2013	2837.39	1336.79	1336.79	141.54	546.18	757.97	54.91

注：1.本表按当年价格计算。The data in this table are calculated at current price.
2.2003 年起农林牧渔业总产值中包括服务业产值。Gross output value includes services for agriculture since 2003.
3.2006 年及以后年份农林牧渔业总产值已与农普数衔接。
According to the result of agricultural census, the figures are adjusted since 2006.

6-5 农、林、牧、渔业总产值指数(1979-2013年)
Indices of Gross Output Value of Farming, Forestry, Animal Husbandry and Fishery (1979-2013)

(1978年=100)(1978=100)

年份 Year	农林牧渔业总产值 Total	农业产值 Farming	#种植业产值 Planting	林业产值 Forestry	牧业产值 Animal Husbandry	渔业产值 Fishery	农林牧渔服务业 Services for Agriculture
1979	112.26	109.58	110.04	109.95	131.12	93.69	
1980	109.85	105.62	103.41	115.71	133.27	94.59	
1981	110.78	107.65	104.36	115.71	128.88	96.69	
1982	128.98	127.88	123.64	113.26	148.37	102.71	
1983	124.88	122.05	114.82	116.93	149.42	99.70	
1984	145.51	145.51	132.39	149.29	156.79	116.48	
1985	151.17	146.44	125.92	155.09	176.43	136.74	
1986	159.30	152.77	126.90	149.90	185.83	162.85	
1987	164.65	158.47	125.65	161.50	181.27	184.84	
1988	168.39	162.26	122.63	157.53	189.10	182.79	
1989	170.76	166.71	124.53	152.65	185.44	182.16	
1990	175.37	170.34	128.84	166.08	187.23	198.14	
1991	186.67	181.51	137.66	185.57	192.05	217.84	
1992	193.70	179.20	129.00	198.03	209.41	251.91	
1993	202.65	184.90	127.48	240.93	203.50	286.54	
1994	221.50	191.86	127.47	283.27	204.03	383.96	
1995	242.72	205.46	135.15	302.47	202.14	482.07	
1996	258.08	221.62	142.54	319.98	203.38	516.58	
1997	270.66	223.18	142.51	340.13	222.24	570.26	
1998	280.94	223.98	143.15	328.23	230.46	640.51	
1999	294.15	233.77	153.57	351.75	242.33	669.03	
2000	307.67	230.70	150.09	391.15	265.45	741.95	
2001	322.75	240.16	160.75	414.23	288.28	769.40	
2002	336.31	155.05	171.36	417.96	300.39	787.87	
2003	348.29	267.73	180.78	429.21	306.42	811.56	
2004	363.75	171.10	190.00	458.00	310.38	848.84	109.84
2005	372.48	175.72	195.13	463.04	326.52	847.99	117.53
2006	385.52	183.80	202.34	488.51	311.42	870.04	125.87
2007	394.39	188.58	207.60	509.03	314.53	884.83	135.69
2008	412.57	198.08	217.73	554.03	323.49	918.72	152.16
2009	422.43	203.15	224.26	555.03	333.19	932.87	164.56
2010	434.76	204.96	226.26	527.72	344.92	1007.97	179.37
2011	448.24	208.75	230.45	542.39	350.06	1076.41	191.03
2012	456.49	211.11	233.05	538.97	356.64	1110.86	204.40
2013	458.36	212.71	234.82	545.22	344.48	1136.85	214.17

注：本表按可比价格计算。
The data in this table are calculated at comparable price.

6-6 农、林、牧、渔业分项产值(2007-2013年)
Gross Output Value of Farming, Forestry, Animal Husbandry and Fishery by Branch(2007-2013)

单位:亿元(100 million yuan)

指标	Item	2007	2008	2009	2010	2011	2012	2013
农林牧渔业总产值	**Total**	**1597.15**	**1780.01**	**1873.40**	**2172.86**	**2534.90**	**2658.66**	**2837.39**
农业产值	**Farming**	**735.92**	**813.10**	**879.05**	**1041.30**	**1152.04**	**1229.36**	**1336.79**
农作物种植业产值	Planting	721.63	796.12	864.47	1041.30	1152.04	1229.36	1336.79
#粮食	Grain	144.97	164.95	178.48	200.59	223.47	229.51	231.66
谷物	Cereal	131.82	144.25	156.62	174.95	192.58	194.24	197.13
豆类	Beans	8.94	11.13	11.41	12.22	15.25	16.77	19.55
薯类	Tubers	4.21	9.58	10.45	13.42	15.64	18.50	14.98
油料	Oil bearing Crops	15.69	18.47	16.88	16.76	18.38	19.49	24.17
棉花	Cotton	2.77	3.08	3.34	4.29	4.15	3.84	2.92
麻类	Fiber Crops	0.04	0.03	0.01	0.01	0.01	0.01	0.01
糖料	Sugar Crops	12.10	11.22	10.98	10.40	12.16	7.79	7.92
蔬菜	Vegetables	210.90	240.34	257.85	300.12	318.91	341.22	427.75
茶、桑、果	Tea, Mulberry, Fruit	205.61	216.13	238.26	292.24	334.64	366.12	388.50
其他农业产值	Other Farming	14.29	16.98	14.58	16.30	12.36	13.17	13.03
林业产值	**Forestry**	**95.47**	**106.95**	**117.64**	**119.35**	**134.07**	**142.14**	**141.54**
人造林木生长	Man made Forestry Growing	9.17	6.18	8.74	4.17	10.55	11.64	10.19
林产品	Forestry Production	51.25	51.45	61.20	59.66	50.13	54.93	56.95
竹木采运	Lumbering	35.05	49.32	47.70	55.52	58.09	58.70	57.28
牧业产值	**Animal Husbandry**	**367.60**	**418.86**	**404.88**	**448.42**	**546.33**	**549.04**	**546.18**
牲畜繁殖、增长增重	Breeding and Growthing of Domestic Animals	254.69	303.61	284.61	305.78	391.19	393.98	396.38
家禽饲养	Poultry Raising	42.07	47.54	47.84	52.33	54.23	57.96	53.66
活的畜禽产品	Live Livestock Production	20.93	33.13	35.15	40.21	44.99	47.25	47.76
其他动物饲养	Other Animals Raising	49.64	34.25	36.95	48.39	54.43	48.16	46.39
渔业产值	**Fishery**	**369.90**	**407.82**	**435.48**	**522.18**	**655.75**	**687.05**	**757.97**
海水产品	Seawater Aquatic Production	268.70	277.23	304.75	365.79	465.12	484.53	543.05
淡水产品	Freshwater Aquatic Production	101.20	130.59	130.73	156.39	190.64	202.52	214.92
服务业产值	**Services for Agriculture**	**28.27**	**33.28**	**36.35**	**41.61**	**46.71**	**51.08**	**54.91**

注:1.本表按当年价格计算。The data in this table are calculated at current price.
2.总产值中包括服务业产值。Total gross output value includes services for agriculture.

6-7 农、林、牧、渔业增加值(2007-2013年)
The Added Value of Farming, Forestry, Animal Husbandry and Fishery(2007-2013)

单位:亿元(100 million yuan)

指标	Item	2007	2008	2009	2010	2011	2012	2013
总产值	**Gross Output Value**	**1597.15**	**1780.01**	**1873.40**	**2172.86**	**2534.90**	**2658.67**	**2837.39**
中间消耗	**Intermediate Consumption**	**611.13**	**684.05**	**710.32**	**812.31**	**951.86**	**990.78**	**1050.14**
中间物质消耗	Intermediate Material Consumption	500.94	560.24	577.60	652.33	741.59	755.68	792.67
对非物质生产部门的劳务支出	Labour Service Expenditure of Non-material Productive Sectors	110.19	123.81	132.72	159.98	210.27	235.10	257.47
增加值	**Added Value**	**986.02**	**1095.96**	**1163.08**	**1360.56**	**1583.04**	**1667.88**	**1787.25**
农业	Farming	524.65	578.93	627.03	747.66	831.66	887.77	965.43
林业	Forestry	69.53	77.85	85.64	86.89	97.60	103.76	103.32
牧业	Animal Husbandry	165.00	188.07	181.87	202.24	247.87	248.72	247.42
渔业	Fishery	213.05	234.91	250.83	303.38	383.02	402.61	444.17
服务业	Services	13.79	16.20	17.71	20.39	22.89	25.03	26.90

注: 1. 农林牧渔业增加值中包括服务业增加值。Gross Output Value includes Services for agricultuer .
2. 农林牧渔业增加值已与农普数衔接。The gross output value are adjusted according to agricultural census result.

6-8 各市农、林、牧、渔业增加值(2013年)
The Added Value of Farming, Forestry, Animal Husbandry and Fishery by City (2013)

单位:亿元(100 million yuan)

地区	Region	农、林、牧、渔业增加值 Total	#农业增加值 Farming	#固定资产折旧 Depreciation of Fixed Assets	劳动者报酬 Compensation of Labourers	中间消耗 Intermediate Consumption
全省合计	**Total**	**1787.25**	**965.43**	**143.38**	**1726.86**	**1050.14**
浙东北	**Eastern&Northern Region**	**1107.91**	**591.24**	**81.52**	**1076.50**	**667.80**
杭州市	Hangzhou	265.41	157.13	12.14	266.18	133.97
宁波市	Ningbo	275.71	150.42	14.04	269.83	153.00
嘉兴市	Jiaxing	152.83	87.43	9.65	148.44	102.83
湖州市	Huzhou	125.56	62.12	13.30	112.26	87.43
绍兴市	Shaoxing	192.75	126.88	12.88	180.87	98.46
舟山市	zhoushan	95.65	7.26	19.51	98.92	92.11
浙西南	**Western&Southern Region**	**637.16**	**341.57**	**61.86**	**608.19**	**414.89**
温州市	Wenzhou	115.94	59.77	8.15	111.95	71.94
金华市	Jinhua	139.68	86.42	14.37	128.84	81.68
其中:义乌市	Yiwu	21.84	13.99	2.18	19.86	10.13
衢州市	Quzhou	83.26	44.67	6.10	80.51	56.92
台州市	Taizhou	213.62	90.54	30.72	202.23	159.35
丽水市	Lishui	84.66	60.17	2.52	84.66	45.00

注: 全省数为省级计算数,与分市相加不等。
The total is calculated by Provincial Bureau, it is not equal to the sum of regional figures by city.

6-9 农业机械年末拥有量(2007-2013年)
Possession of Major Agricultural Machinery(2007-2013,Year-end)

指标		Item		2007	2008	2009	2010	2011	2012	2013
农业机械总动力	**(万千瓦)**	**Total Power of Agricultural Machinery**	**(10000 kw)**	**2331.63**	**2331.38**	**2450.64**	**2499.92**	**2542.08**	**2587.92**	**2470.95**
耕作机械动力	**(万千瓦)**	**Mechanical Power of Cultivation**	**(10000 kw)**	**174.34**	**175.12**	**190.71**	**197.17**	**205.17**	**211.74**	**211.04**
大中型拖拉机	(台)	Large and Medium Sized Tractors	(unit)	6036	5842	7366	8401	9583	10742	11711
	(万千瓦)		(10000 kw)	18.12	19.74	26.40	31.69	37.29	43.26	48.15
农用小型拖拉机	(万台)	Mini tractors for Agriculture	(10000 units)	17.03	16.62	17.01	16.91	16.81	16.27	13.93
	(万千瓦)		(10000 kw)	148.32	145.36	151.87	150.93	150.53	144.46	125.93
收获机械动力	**(万千瓦)**	**Mechanical Power of Harvesting**	**(10000 kw)**	**282.85**	**265.42**	**263.69**	**250.48**	**244.16**	**237.40**	**222.53**
联合收割机	(台)	Combine Harvesters	(unit)	14837	15165	17221	18045	18399	18797	18374
	(万千瓦)		(10000 kw)	41.67	44.51	54.39	59.81	62.89	66.45	67.45
机动收割机(割晒机)	(台)	Motorized Harvesters	(unit)	349	228	214	135	106	102	406
机动脱粒机	(万台)	Motorized Thresher	(10000 units)	145.36	131.25	121.55	110.58	102.64	85.86	77.10
植保机械动力	**(万千瓦)**	**Mechanical Power of Plant Protection**	**(10000 kw)**	**26.99**	**30.65**	**35.31**	**41.50**	**47.72**	**49.65**	**50.54**
机动喷雾(粉)器	(万架)	Motorized Sprayer	(10000 units)	12.58	13.27	15.56	18.94	21.18	21.84	21.30
排灌机械动力	**(万千瓦)**	**Mechanical Power of Drainage and Irrigation**	**(10000 kw)**	**280.45**	**281.12**	**284.15**	**287.08**	**287.18**	**286.56**	**292.18**
柴油机	(万台)	Diesel Engines	(10000 units)	9.01	8.74	9.45	9.64	8.73	8.61	8.98
	(万千瓦)		(10000 kw)	42.98	42.07	43.50	42.75	40.90	40.73	41.46
电动机	(万台)	Electric Engines	(10000 units)	85.77	86.98	85.48	86.73	88.19	87.45	86.33
	(万千瓦)		(10000 kw)	231.70	232.04	233.28	236.60	237.58	236.89	239.66
农副产品加工机械动力	**(万千瓦)**	**Mechanical Power of Farm Sideline Production Manufacturing**	**(10000 kw)**	**142.05**	**136.66**	**138.30**	**139.93**	**138.03**	**135.79**	**135.18**
粮食加工机械	(万台)	Mechanical Power for Grain	(10000 units)	12.66	12.80	12.96	12.90	13.18	12.82	12.64
棉花加工机械	(万台)	Mechanical Power for Cotton	(10000 units)	0.40	0.32	0.82	0.80	0.50	0.50	0.43
油料加工机械	(万台)	Mechanical Power for Oil bearing	(10000 units)	0.79	0.78	0.89	0.89	0.89	0.93	0.92
运输机械动力	**(万千瓦)**	**Mechanical Power of Transportation**	**(10000 kw)**	**558.22**	**542.90**	**549.87**	**553.53**	**553.97**	**548.70**	**515.35**
渔业机械动力	**(万千瓦)**	**Mechanical Power of Fishery**	**(10000 kw)**	**438.68**	**436.70**	**440.13**	**429.76**	**439.87**	**455.86**	**458.42**
机动船	(万艘)	Motorized Boats	(10000 units)	5.03	5.02	5.18	5.05	5.02	4.96	4.67
	(万吨)		(10000 tons)	226.59	226.52	234.67	231.11	246.84	268.68	279.57
	(万千瓦)		(10000 kw)	438.68	436.70	440.13	429.76	439.87	455.86	458.42
其他农业机械动力	**(万千瓦)**	**Other Mechanical Power**	**(10000 kw)**	**428.05**	**462.80**	**548.48**	**600.47**	**625.98**	**662.22**	**585.71**

6-10 各市主要农业机械拥有量(2013 年末)
Possession of Major Agricultural Machinery by City (End of 2013)

地区	Region	农业机械总动力(万千瓦) Total Power of Agricultural Machinery (10000 kw)	耕作机械动力(万千瓦) Mechanical Power of Cultivation (10000 kw)	大中型拖拉机(台) Mini tractors	农用小型拖拉机 Mini tractors		收获机械动力(万千瓦) Mechanical Power of Harvesting (10000 kw)
					万台 (10000 units)	万千瓦 (10000 kw)	
全省合计	**Total**	**2462.20**	**211.03**	**11711**	**13.93**	**125.93**	**222.53**
浙东北	**Eastern & Northern Region**	**1380.85**	**115.93**	**7471**	**8.15**	**73.49**	**115.62**
杭州市	Hangzhou	348.42	21.79	1019	1.40	12.88	25.44
宁波市	Ningbo	323.70	29.63	2772	1.59	14.71	15.72
嘉兴市	Jiaxing	152.32	21.05	1414	1.54	13.62	32.40
湖州市	Huzhou	165.24	20.92	434	2.05	18.59	13.50
绍兴市	Shaoxing	234.74	21.12	1691	1.54	13.44	27.47
舟山市	Zhoushan	156.44	1.42	141	0.03	0.26	1.09
浙西南	**Western & Southern Region**	**1081.35**	**95.10**	**4240**	**5.78**	**52.44**	**106.92**
温州市	Wenzhou	222.73	15.97	603	0.94	8.91	15.05
金华市	Jinhua	262.65	29.23	1696	2.18	18.75	42.42
其中:义乌市	Yiwu	29.36	3.14	360	0.16	1.45	2.82
衢州市	Quzhou	163.92	16.40	551	0.37	3.68	18.25
台州市	Taizhou	320.07	23.07	1356	1.42	14.09	26.25
丽水市	Lishui	111.98	10.43	34	0.88	7.00	4.94
省直属单位	**Units Directly under Province**	**5.85**					

续表 1 Continued

地区	Region	机动脱粒(打稻)机 Motorized Thresher (10000 kw)		植保机械动力(万千瓦) Mechanical Power of Plant Protection (10000 kw)	机动喷雾(粉)器 Moterized Sprayer		排灌机械动力(万千瓦) Mechanical Power of Drainage and Irrigation (10000 kw)
		(万台) (10000 units)	(万千瓦) (10000 kw)		(架) (unit)	(千瓦) (1000 kw)	
全省合计	**Total**	**77.10**	**130.09**	**50.54**	**213042**	**387863**	**292.18**
浙东北	**Eastern & Northern Region**	**49.54**	**72.78**	**18.33**	**99673**	**167213**	**168.21**
杭州市	Hangzhou	14.93	21.58	4.93	29973	48246	42.86
宁波市	Ningbo	3.34	6.24	5.54	29282	48422	30.39
嘉兴市	Jiaxing	17.64	25.70	2.30	13235	22021	29.07
湖州市	Huzhou	5.01	6.49	1.96	8630	18584	38.08
绍兴市	Shaoxing	8.36	12.37	3.43	17469	28622	25.30
舟山市	Zhoushan	0.26	0.40	0.17	1084	1318	2.51
浙西南	**Western & Southern Region**	**27.56**	**57.30**	**32.22**	**113369**	**220650**	**123.97**
温州市	Wenzhou	1.77	3.39	2.21	7163	15698	17.06
金华市	Jinhua	11.27	26.11	4.92	24516	40392	31.39
其中:义乌市	Yiwu	0.89	1.92	0.58	2698	5803	3.34
衢州市	Quzhou	5.24	10.06	13.09	39746	80043	32.72
台州市	Taizhou	7.50	13.76	8.54	33573	67832	32.92
丽水市	Lishui	1.78	3.99	3.47	8371	16685	9.88
省直属单位	**Units Directly under Province**						

续表 2 Continued

地区	Region	农副产品加工机械动力（万千瓦）Mechanical Power of Farm Sideline Production Manufacturing (10000 kw)	运输机械动力（万千瓦）Mechanical Power of Transpor－tation (10000 kw)	渔业机械动力（万千瓦）Mechanical Power of Fishery (10000 kw)	其他机械动力（万千瓦）Other Mechanical Power (10000 kw)
全省合计	**Total**	**135.18**	**515.35**	**449.67**	**585.71**
浙东北	**Eastern & Northern Region**	**65.17**	**281.81**	**255.25**	**360.53**
杭州市	Hangzhou	18.04	89.58	12.43	133.34
宁波市	Ningbo	12.87	70.69	79.70	79.17
嘉兴市	Jiaxing	7.36	26.79	9.63	23.73
湖州市	Huzhou	7.37	34.02	19.38	29.99
绍兴市	Shaoxing	18.58	47.50	6.21	85.12
舟山市	Zhoushan	0.95	13.23	127.89	9.18
浙西南	**Western & Southern Region**	**70.01**	**233.54**	**194.42**	**225.18**
温州市	Wenzhou	14.14	37.77	76.56	43.96
金华市	Jinhua	16.32	75.57	1.11	61.69
其中：义乌市	Yiwu	1.57	10.31	0.09	7.51
衢州市	Quzhou	12.94	38.84	0.77	30.90
台州市	Taizhou	12.25	53.32	115.48	48.24
丽水市	Lishui	14.36	28.03	0.50	40.38
省直属单位	**Units Directly under Province**			**5.85**	

注：省直属单位指省属水产渔业公司。
Units Directly Under Province refers to aquatic fishery company attached to the Province.

6-11 农业机械化、电气化及化肥施用量(2007-2013年)
Agricultural Mechanization, Electrification, Chemical Fertilizer Applied(2007-2013)

指标	Item		2007	2008	2009	2010	2011	2012	2013
农业机械化	**Agricultural Mechanization**								
当年机耕地面积(千公顷)	Area Sown by Machine at Current Year	(1000 hectares)	1009.07	1010.35	996.87	996.59	992.39	1008.82	1003.15
当年机械收获面积(千公顷)	Mechanical Harvest Area at Current Year	(1000 hectares)	821.55	869.05	905.00	900.63	943.57	910.38	928.71
农村能源	**Energy in Rural Areas**								
农村用电量(亿千瓦时)	Electricity Consumed	(100 Million kw.h)	649.97	675.41	709.41	765.15	848.00	869.87	904.91
乡村办水电站 (个)	Hydropower Stations Run by Township and Village	(units)	2434	2358	2283	2205	3189	3206	2943
农业化肥施用量	**Agricultural Consumption of Chemical Fertilizers**								
按折纯量计算 (万吨)	Calculated by 100% Effective Component	(10000 tons)	92.82	92.98	93.60	92.20	92.05	92.15	92.43
每公顷播种面积施用量 (公斤)	Fertilizer Used per Hectare Sown Area	(kg)	334	375	374	371	368	376	378
农用塑料薄膜使用量(万吨)	**Plastic Film Used for Agriculture**	**(10000 tons)**	**4.92**	**5.21**	**5.44**	**5.54**	**5.84**	**6.23**	**6.47**
农用柴油使用量 (万吨)	**Diesel Used for Agriculture**	**(10000 tons)**	**193.58**	**184.28**	**183.28**	**191.56**	**195.10**	**196.20**	**198.80**
农药使用量 (万吨)	**Pesticide Used**	**(10000 tons)**	**6.49**	**6.58**	**6.55**	**6.51**	**6.39**	**6.29**	**6.22**

6－12 各市农业机械化、农村能源及农业物资消耗情况(2013 年)
Agricultural Mechanization, Energy and Material Consumption by City (2013)

地区	Region	农业机械化情况(千公顷) Conditions of Agricultural Mechanization(1000 ha)		农村用电量(亿千瓦小时) Electricity Consumed in Rural Areas (100 million kw.h)	农用塑料薄膜使用量(吨) Plastic Film Used for Agriculture (ton)	农用柴油使用量(吨) Diesel Used for Agriculture (ton)	农药使用量(吨) Pesticide Used (ton)
		机耕面积 Area Cultivated by Machine	机械收获面积 Area Harvested by Machine				
全省合计	**Total**	**1003.15**	**928.70**	**904.91**	**64663**	**1987980**	**62198**
浙东北	**Eastern & Northern Region**	**600.76**	**602.01**	**659.94**	**37442**	**998962**	**35740**
杭州市	Hangzhou	120.71	85.16	108.90	10614	27138	7761
宁波市	Ningbo	132.38	107.66	185.26	11071	339997	7614
嘉兴市	Jiaxing	117.51	169.62	111.39	5996	15174	6744
湖州市	Huzhou	92.58	110.73	37.80	5011	28155	6869
绍兴市	Shaoxing	130.68	126.06	203.74	4392	15398	6044
舟山市	Zhoushan	6.89	2.78	12.85	358	573100	708
浙西南	**Western & Southern Region**	**402.39**	**326.69**	**244.96**	**27221**	**989018**	**26458**
温州市	Wenzhou	82.07	90.40	83.78	3618	290904	3987
金华市	Jinhua	103.25	74.27	43.27	7454	34830	8355
其中:义乌市	Yiwu	13.60	8.67	10.62	360	2112	451
衢州市	Quzhou	76.26	77.29	9.85	2473	15522	6539
台州市	Taizhou	99.20	75.31	102.44	8946	636934	4515
丽水市	Lishui	41.61	9.42	5.63	4730	10828	3062

6－13 各市农用化肥施用量
Chemical Fertilizer Applied by City

单位:万吨(10000 tons)

地区	Region	氮肥 Nitrogenous Fertilizer		磷肥 Phosphate Fertilizer		钾肥 Potash Fertilizer		复合肥 Compound Fertilizer	
		2012 年	2013 年	2012 年	2013 年	2012 年	2013 年	2012 年	2013 年
全省合计	**Total**	**51.23**	**50.46**	**11.75**	**11.45**	**7.25**	**7.32**	**21.92**	**23.20**
浙东北	**Eastern & Northern Region**	**29.19**	**28.50**	**5.53**	**5.30**	**3.30**	**3.27**	**10.77**	**11.26**
杭州市	Hangzhou	5.30	5.04	1.23	1.10	0.83	0.79	3.48	3.40
宁波市	Ningbo	5.30	5.02	1.60	1.52	0.87	0.86	3.40	3.88
嘉兴市	Jiaxing	7.85	7.83	1.22	1.20	0.55	0.54	0.87	0.89
湖州市	Huzhou	3.18	3.18	0.57	0.57	0.32	0.32	1.19	1.20
绍兴市	Shaoxing	7.29	7.18	0.85	0.86	0.72	0.73	1.67	1.72
舟山市	Zhoushan	0.27	0.24	0.06	0.05	0.02	0.02	0.15	0.17
浙西南	**Western & Southern Region**	**22.04**	**21.97**	**6.22**	**6.14**	**3.95**	**4.05**	**11.15**	**11.95**
温州市	Wenzhou	5.07	5.08	1.41	1.43	0.87	0.88	1.29	1.30
金华市	Jinhua	5.59	5.40	2.00	1.91	1.13	1.20	3.25	3.89
其中:义乌市	Yiwu	0.52	0.61	0.16	0.14	0.11	0.11	0.52	0.61
衢州市	Quzhou	4.02	3.95	0.91	0.90	0.85	0.85	1.76	1.82
台州市	Taizhou	4.74	4.91	0.92	0.94	0.49	0.50	2.88	2.91
丽水市	Lishui	2.62	2.64	0.97	0.97	0.60	0.62	1.98	2.02

注：农用化肥施用量按折纯量计算。
Chemical Fertilizer Applied are Calculated by 100% Effective Component.

6－14 农田水利建设(2007－2013年)
Water Conservancy Facilities of Farmland(2007－2013)

指标		Item		2007	2008	2009	2010	2011	2012	2013
水库年末累计	**(座)**	**Total Number of Reservoirs**	**(set)**	**4151**	**4202**	**4207**	**4217**	**4243**	**4250**	**4331**
#大、中型水库(1000万立方米以上)	(座)	Large and Medium－sized Reservoirs(above 10 million cu. m level)	(set)	174	177	180	183	185	187	189
总库容量	(亿立方米)	Capacity	(100 million m)	392.75	394.76	396.21	398.07	398.92	400.07	445.00
塘坝	**(处)**	**Small Reservoirs**	**(place)**	**222993**	**219864**	**208982**	**189898**	**205204**	**204034**	**88339**
机电井	**(眼)**	**Motor－electricpumped Well**	**(unit)**	**2440**	**2139**	**1998**	**2032**	**1996**	**1991**	**2991**
水闸	**(座)**	**Sluice**	**(set)**	**4593**	**4971**	**5197**	**5279**	**5322**	**5355**	**12873**

注：本表指标自2013年起统计口径进行了调整。The data of this table is adjusted since 2013.

6－15 农田水利、除涝和治理水土流失情况(2007－2013年)
Water Conservation,Waterlogging and Soil Erosion Prevention and Limitation(2007－2013)

指标		Item		2007	2008	2009	2010	2011	2012	2013
有效灌溉面积	(千公顷)	Effective Irrigated Areas	(1000 ha)	1431.35	1435.85	1446.37	1450.98	1456.80	1471.02	1409.39
除涝面积	(千公顷)	Flooded or Water Logged Areas under Control	(1000 ha)	495.36	496.17	496.61	529.04	499.71	501.44	507.30
治理水土流失面积	(千公顷)	Area of Soil Erosion under Control	(1000 ha)	2336.72	2334.58	2401.85	2431.64	2457.64	2515.46	3645.69
堤塘长度	(公里)	Total Length of Dikes	(km)	13566	13269	13587	13895	14168	14572	17633

注：本表指标自2013年起统计口径进行了调整。The data of this table is adjusted since 2013.

6－16 各市水利设施和除涝及农田灌溉面积
Water Conservancy Facilities, Waterlogging Area under Control and Farmland Irrigated Areas by City

地区	Region	年末水库数(座) Number of Reservoirs (year end) (set)		水库总库容(亿立方米) Capacity of Reservoirs (100 million cu. m)		除涝面积(千公顷) Waterlogging Area under Control (1000 ha)		有效灌溉面积(千公顷) Effective Irrigated Areas (1000 ha)	
		2012	2013	2012	2013	2012	2013	2012	2013
全省合计	**Total**	**4250**	**4331**	**400.70**	**445.24**	**501.44**	**507.30**	**1471.02**	**1409.39**
浙东北	**Eastern & Northern Region**	**1959**	**1978**	**277.53**	**278.82**	**374.82**	**380.28**	**867.91**	**811.87**
杭州市	Hangzhou	628	639	236.16	236.51	54.09	55.67	167.09	153.35
宁波市	Ningbo	411	419	18.12	19.20	74.20	74.30	191.45	174.09
嘉兴市	Jiaxing					107.48	110.51	198.77	180.63
湖州市	Huzhou	156	157	8.83	8.92	91.82	92.15	136.37	135.92
绍兴市	Shaoxing	554	554	12.96	12.78	41.78	41.78	160.30	152.99
舟山市	Zhoushan	210	209	1.46	1.43	5.45	5.87	13.93	14.89
浙西南	**Western & Southern Region**	**2291**	**2353**	**122.50**	**166.42**	**126.62**	**127.02**	**603.11**	**597.53**
温州市	Wenzhou	306	329	26.20	26.79	66.59	66.67	126.95	113.36
金华市	Jinhua	821	823	19.42	19.66	12.36	12.36	160.02	158.01
其中:义乌市	Yiwu	107	106	2.35	2.32	0.37	0.37	20.46	17.88
衢州市	Quzhou	468	471	34.58	34.83	2.63	2.64	95.53	111.58
台州市	Taizhou	326	344	18.80	18.68	37.84	37.84	128.54	123.42
丽水市	Lishui	370	386	23.50	66.46	7.20	7.51	92.07	91.15

6-17 主要农作物播种面积(2007-2013年)
Total Sown Area of Major Farm Crops(2007-2013)

单位:千公顷(1000 hectares)

指标	Item	2007	2008	2009	2010	2011	2012	2013
农作物播种面积	**Sown Area of Farm Crops**	**2491.61**	**2481.32**	**2504.79**	**2484.65**	**2462.70**	**2450.48**	**2443.43**
粮食作物	Grain Crops	1270.75	1271.63	1290.09	1275.83	1254.13	1251.55	1253.74
#春粮	Spring Grain	154.46	160.44	169.82	176.08	182.19	177.94	180.53
秋粮	Autumn Grain	995.29	1006.86	1005.40	982.13	960.18	962.93	958.10
谷物	Cereal	1059.06	1050.10	1062.21	1052.52	1032.97	1004.33	1003.96
稻谷	Rice	954.29	937.50	938.74	923.16	894.77	832.59	828.72
早稻及早中稻	Early Rice & Early Mid-rice	121.00	104.33	114.87	117.62	111.76	110.68	115.11
晚稻及迟中稻	Late Rice & Late Mid-rice	833.29	833.17	823.87	805.54	783.01	721.91	713.61
#单季晚稻	Single Season Rice	688.38	691.24	666.34	647.87	640.11	600.20	593.00
小麦	Wheat	49.26	54.34	60.37	66.17	72.63	74.49	75.52
大(元)麦	Barley	23.75	23.65	27.19	26.73	25.69	25.79	26.03
玉米	Corn	23.62	25.92	27.03	27.27	30.94	61.97	63.40
其他谷物	Other Cereal	8.14	8.69	8.88	9.19	8.94	9.49	10.29
豆类	Beans	121.44	129.85	129.55	125.96	124.40	138.45	137.00
大豆	Soybeans	50.54	54.43	55.54	52.60	51.06	88.45	88.27
蚕(豌)豆	Broad Bean	30.27	31.26	30.39	31.05	31.03	29.85	29.02
杂豆	Other Beans	40.63	44.16	43.62	42.31	42.31	20.15	19.71
薯类	Yam	90.25	91.68	98.33	97.35	96.76	108.77	112.78
其中:马铃薯	Potato	51.18	51.19	57.80	58.20	59.18	55.52	58.29
油料	**Oil bearing Crops**	**151.34**	**190.78**	**210.14**	**208.75**	**195.99**	**189.38**	**183.42**
油菜籽	Rapeseeds	128.80	167.50	185.76	184.46	171.55	165.56	159.62
花生	Peanuts	18.48	18.67	19.12	19.00	19.00	18.53	18.39
芝麻	Sesame	4.06	4.61	5.26	5.29	5.44	5.29	5.41
棉花(皮棉)	**Cotton**	**18.81**	**20.34**	**20.10**	**20.80**	**21.73**	**20.91**	**19.65**
麻类	**Fiber Crops**	**0.32**	**0.24**	**0.17**	**0.13**	**0.10**	**0.11**	**0.09**
糖类	**Sugar Crops**	**14.42**	**13.94**	**13.12**	**12.04**	**11.33**	**11.01**	**10.31**
烟叶	**Tobacco**	**1.27**	**1.34**	**1.50**	**1.35**	**1.22**	**1.08**	**1.05**
药材类	**Medicinal Material**	**27.01**	**29.94**	**28.76**	**30.58**	**31.56**	**31.19**	**31.89**
蔬菜	**Vegetables**	**660.62**	**617.36**	**618.86**	**618.59**	**624.46**	**623.27**	**619.13**
果用瓜	**Melon as Fruit**	**111.04**	**114.02**	**110.23**	**107.79**	**105.97**	**101.41**	**101.04**
#西瓜	Watermelon	92.09	94.24	90.04	86.90	83.81	77.30	76.36
花卉苗木	**Flowers and Plants Nursery Stock**	**105.49**	**104.37**	**103.83**	**108.13**	**119.34**	**126.32**	**131.50**
其他农作物	**Other Farm Crops**	**130.54**	**117.36**	**107.99**	**100.65**	**96.89**	**94.26**	**91.62**
#绿肥	Green Manure	62.17	57.66	54.43	52.79	50.82	49.31	48.49

6-18 历年主要农作物播种面积(1978-2013年)
Total Sown Area of Major Farm Crops over the years(1978-2013)

单位:千公顷(1000 hectares)

年份 Year	农作物播种面积 Total Sown Area	#粮食作物 Grain Crops	油料 Oil-bearing Crops	棉花 Cotton	蔬菜 Vegetables
1978	4760.13	3472.20	207.20	85.13	126.80
1979	4731.60	3456.19	221.20	90.07	122.73
1980	4685.71	3424.40	245.60	107.27	129.33
1981	4644.13	3375.07	298.87	107.93	116.47
1982	4626.00	3437.47	253.73	106.73	124.67
1983	4578.07	3480.00	237.93	105.47	132.00
1984	4526.87	3482.53	223.93	104.80	148.40
1985	4451.70	3271.23	286.00	93.07	180.25
1986	4361.80	3166.25	294.20	80.53	199.26
1987	4374.27	3235.37	276.93	70.73	214.97
1988	4300.50	3209.85	273.40	69.00	226.61
1989	4312.87	3222.65	280.93	60.40	236.27
1990	4384.69	3266.00	302.05	68.67	248.39
1991	4379.53	3267.21	306.61	68.19	249.07
1992	4275.05	3164.20	304.08	71.09	250.02
1993	3926.16	2844.46	235.95	60.94	283.41
1994	3802.42	2741.04	235.42	61.66	298.85
1995	3923.04	2814.39	309.32	64.53	297.81
1996	3963.82	2877.17	295.71	66.71	313.12
1997	3944.16	2873.00	275.75	61.97	329.05
1998	3919.60	2799.51	281.88	62.84	368.04
1999	3899.49	2751.91	289.44	37.85	412.49
2000	3554.33	2300.26	315.58	26.58	568.86
2001	3245.93	1939.08	306.62	27.66	627.97
2002	3064.54	1718.39	289.07	18.73	696.99
2003	2834.39	1482.97	250.90	17.63	700.77
2004	2778.41	1505.37	237.25	18.77	661.02
2005	2837.94	1562.56	249.25	17.91	666.73
2006	2516.21	1304.52	175.28	18.05	647.70
2007	2491.61	1270.75	151.34	18.81	660.62
2008	2481.32	1271.63	190.78	20.34	617.36
2009	2504.79	1290.09	210.14	20.10	618.86
2010	2484.65	1275.83	208.75	20.80	618.59
2011	2642.70	1254.13	195.99	21.73	624.46
2012	2450.48	1251.55	189.38	20.91	623.27
2013	2443.43	1253.74	183.42	19.65	619.13

注:2006年及以后年份粮食、油料面积按第二次农普数衔接。
According to the result of agricultural census, the figures are adjusted since 2006.

6－19 主要农作物产量(1978－2013年)
Output of Major Farm Crops(1978－2013)

单位:万吨(10000 tons)

年份 Year	#粮食 Grain	棉花 Cotton	油料 Oil－bearing Crops	蔬菜 Vegetables	茶叶 Tea	水果 Fruit	
							#柑桔 Orange
1978	1467.20	7.26	22.06		5.87	14.61	6.78
1979	1611.30	6.69	27.03		6.55	22.45	11.24
1980	1435.50	8.29	28.86		7.54	22.50	9.14
1981	1419.20	6.81	39.99		8.93	22.79	12.06
1982	1712.10	9.76	38.62		10.71	25.80	12.85
1983	1583.70	9.37	29.76		10.20	28.30	17.18
1984	1817.15	13.29	33.89		9.56	30.66	17.85
1985	1621.29	8.13	44.19	100.26	9.31	135.38	28.54
1986	1605.09	7.56	42.94	753.99	10.43	52.05	36.15
1987	1588.99	6.54	39.66	756.29	11.59	70.95	54.91
1988	1553.64	4.37	43.06	761.63	12.82	51.60	28.60
1989	1554.28	4.19	38.28	776.85	11.78	98.75	72.47
1990	1586.10	6.42	48.35	736.63	11.70	180.91	79.73
1991	1640.00	7.53	45.56	740.15	11.41	134.49	106.42
1992	1553.50	5.96	50.08	689.38	11.94	102.37	73.85
1993	1436.18	5.79	38.57	771.46	12.23	273.55	113.52
1994	1404.00	5.54	34.59	819.60	10.69	295.40	139.27
1995	1430.90	6.25	50.00	823.51	10.21	335.39	170.03
1996	1516.77	6.84	52.11	888.17	9.90	342.18	180.41
1997	1493.53	4.76	48.88	895.04	10.17	388.95	210.51
1998	1435.20	6.49	35.55	1009.52	11.32	359.93	149.69
1999	1392.96	4.04	54.06	1127.45	11.77	428.55	212.01
2000	1217.00	2.92	57.88	1470.04	11.64	380.67	97.19
2001	1075.61	3.16	58.22	1634.13	12.06	516.64	163.81
2002	959.41	2.24	46.97	1765.28	13.85	500.90	164.28
2003	809.23	2.10	43.77	1780.19	13.27	568.38	176.66
2004	850.17	2.28	48.77	1749.76	13.87	632.07	200.99
2005	830.42	2.16	50.14	1741.82	14.44	577.96	148.11
2006	785.50	2.38	35.61	1716.61	15.24	644.00	180.35
2007	745.07	2.54	32.95	1718.06	16.02	690.28	198.56
2008	775.55	2.82	41.27	1755.87	16.23	747.92	238.36
2009	789.15	2.81	43.24	1764.76	16.74	712.41	197.54
2010	770.67	2.94	39.47	1788.81	16.27	701.31	190.78
2011	781.60	3.24	39.85	1815.61	16.97	712.36	194.44
2012	769.80	2.99	38.30	1819.81	17.48	703.84	193.56
2013	733.95	2.80	37.78	1764.29	16.86	715.65	193.03

注：2006年及以后年份粮食、油料产量按第二次农普数衔接。
According to the result of agricultural census, the figures are adjusted since 2006.

6-20 主要农作物单位面积产量(1978-2013年)
Output of Major Farm Crops Per Hectare(1978-2013)

单位:公斤/公顷(kg/hectare)

年份 Year	粮食 Grain	谷物 Cereal	油料 Oil-bearing Crops	#油菜籽 Rapeseed	棉花 Cotton	糖类 Sugar Crops
1978	4226	4268	1065	1050		
1979	4662	4758	1222	1213		
1980	4192	4239	1175	1179		
1981	4205	4283	1338	1346		
1982	4981	5105	1522	1540		
1983	4551	4618	1251	1260		
1984	5218	5338	1513	1529		
1985	4956	5065	1545	1556		
1986	5069	5221	1460	1468		
1987	4911	5032	1432	1430		
1988	4840	4965	1575	1588		
1989	4823	4952	1363	1363		
1990	4856	5000	1601	1608	935	53796
1991	5020	5176	1486	1485	1104	55164
1992	4910	5062	1647	1647	838	52404
1993	5049	5253	1635	1623	950	54498
1994	5122	5369	1469	1440	898	52896
1995	5084	5299	1617	1599	968	55848
1996	5272	5517	1762	1748	1025	56349
1997	5199	5453	1772	1754	768	54564
1998	5127	5407	1261	1205	1033	57824
1999	5062	5330	1869	1844	1068	59073
2000	5294	5735	1834	1808	1100	60289
2001	5547	6082	1899	1869	1143	60956
2002	5583	6223	1625	1565	1195	61644
2003	5475	6166	1744	1682	1193	64529
2004	5648	6313	2056	2016	1213	58703
2005	5314	5920	2012	1967	1204	57278
2006	6021	6582	2032	1958	1300	60455
2007	5863	6407	2177	2111	1351	60352
2008	6099	6724	2163	2110	1385	61283
2009	6117	6742	2058	1993	1397	62013
2010	6041	6641	1890	1803	1412	61690
2011	6232	6821	2033	1958	1489	62759
2012	6151	6750	2022	1938	1429	63737
2013	5854	6453	2060	1984	1423	61955

注：2006年及以后年份粮食单产按农普数衔接。
According to the result of agricultural census, the figures are adjusted since 2006.

6－21 主要农作物产量
Output of Major Farm Crops

指标	Item	2011		2012		2013	
		公顷产量（公斤）Output per Hectare (kg)	总产量（万吨）Total Output (10000 tons)	公顷产量（公斤）Output per Hectare (kg)	总产量（万吨）Total Output (10000 tons)	公顷产量（公斤）Output per Hectare (kg)	总产量（万吨）Total Output (10000 tons)
粮食作物	**Grain Crops**	**6232**	**781.60**	**6151**	**769.80**	**5854**	**733.95**
#春粮	Spring Grain	3558	64.82	3512	62.50	3542	63.94
秋粮	Autumn Grain	6754	648.48	6651	640.48	6245	598.30
谷物	Cereal	6821	704.62	6753	677.96	6453	647.89
稻谷	Rice	7254	649.03	7306	608.26	7001	580.20
早稻	Early Rice	6111	68.30	6038	66.82	6230	71.71
晚稻及单季稻	Late Rice & Single Season Rice	7417	580.73	7500	541.44	7126	508.49
#单季晚稻	Single Season Rice	7662	490.45	7718	463.23	7417	439.83
小麦	Wheat	3720	27.02	3638	27.10	3685	27.83
大（元）麦	Barley	4126	10.60	3835	9.89	3659	9.53
玉米	Corn	4716	14.59	4700	29.13	4221	26.76
其他谷物	Other Cereal	3776	3.38	3771	3.58	3469	3.57
豆类	Beans	2618	24.44	2646	36.64	2467	33.80
大豆	Soybeans	2748	14.03	2850	25.21	2565	22.64
蚕（豌）豆	Broad Beans	2311	7.17	2107	6.29	2198	6.38
杂豆	Other Beans	2460	10.41	2550	5.14	2425	4.78
薯类	Yams	5770	45.37	5075	55.20	4634	52.26
其中：马铃薯	Potato	4334	22.78	4065	22.57	4037	23.53
油料	**Oil bearing Crops**	**2033**	**39.85**	**2022**	**38.30**	**2060**	**37.78**
油菜籽	Rapeseeds	1958	33.59	1938	32.09	1984	31.67
花生	Peanuts	2820	5.36	2882	5.34	2823	5.19
芝麻	Sesame	1666	0.91	1653	0.87	1700	0.92
棉花（皮棉）	**Cotton**	**1489**	**3.24**	**1429**	**2.99**	**1423**	**2.80**
麻类	**Fiber Crops**	**3112**	**0.03**	**2675**	**0.03**	**2921**	**0.03**
糖类	**Sugar Crops**	**62759**	**71.11**	**63737**	**70.14**	**61955**	**63.89**
烟叶	**Tobacco**	**2422**	**0.29**	**2396**	**0.26**	**2381**	**0.25**
蔬菜	**Vegetables**	**29075**	**1815.61**	**29198**	**1819.81**	**27971**	**1764.29**
果用瓜	**Melon as Fruit**	**29530**	**312.93**	**28710**	**291.16**	**28952**	**292.53**
#西瓜	Watermelon	31537	264.31	30807	238.12	31063	237.21

6-22 各市粮食播种面积和产量
Sown Area and Output of Grain by City

地区	Region	2011			2012			2013		
		播种面积（千公顷）Sown Area (1000 ha)	公顷产（公斤）Output per Hectare (kg)	总产量（万吨）Total Output (10000 tons)	播种面积（千公顷）Sown Area (1000 ha)	公顷产（公斤）Output per Hectare (kg)	总产量（万吨）Total Output (10000 tons)	播种面积（千公顷）Sown Area (1000 ha)	公顷产（公斤）Output per Hectare (kg)	总产量（万吨）Total Output (10000 tons)
全省合计	**Total**	**1254.13**	**6232**	**781.60**	**1251.55**	**6151**	**769.80**	**1253.74**	**5854**	**733.95**
浙东北	**Eastern & Northern Region**	**852.33**	**6300**	**536.99**	**856.37**	**6272**	**537.10**	**856.07**	**6219**	**532.38**
杭州市	Hangzhou	167.82	5828	97.81	165.44	5856	96.88	163.92	5852	95.92
宁波市	Ningbo	150.95	5971	90.14	148.53	5828	86.57	148.57	5468	81.25
嘉兴市	Jiaxing	203.01	6668	135.38	207.89	6659	138.43	208.06	6673	138.83
湖州市	Huzhou	134.01	6738	90.29	136.14	6606	89.94	136.09	6654	90.55
绍兴市	Shaoxing	185.97	6362	118.31	187.75	6394	120.06	188.76	6394	120.68
舟山市	Zhoushan	10.57	4789	5.06	10.61	4919	5.22	10.66	4822	5.14
浙西南	**Western & Southern Region**	**686.95**	**5726**	**393.38**	**680.22**	**5788**	**393.73**	**679.99**	**5639**	**383.46**
温州市	Wenzhou	158.30	5881	93.10	156.60	5920	92.71	155.64	5337	83.06
金华市	Jinhua	154.93	5750	89.09	154.84	5798	89.78	153.42	5755	88.30
其中:义乌市	Yiwu	17.74	5953	10.56	17.66	5982	10.57	17.46	5944	10.38
衢州市	Quzhou	133.46	5946	79.36	134.00	5947	79.69	134.02	5963	79.92
台州市	Taizhou	141.13	5592	78.93	137.44	5762	79.19	140.06	5706	79.91
丽水市	Lishui	99.13	5336	52.90	97.33	5380	52.37	96.86	5397	52.28

注：全省粮食产量为抽样调查数,与分市相加不相等。
The total output of grain is obtained from the sample survey, the total is not equal to the sum of regional figures.

6－23 商品粮基地粮食播种面积和产量
Sown Area and Output of Grain in Commodity Grain Bases

地区	Region	2011			2012			2013		
		播种面积（千公顷）Sown Area (1000 ha	公顷产（公斤）Output per Hectare (kg)	总产量（万吨）Total Output (10000 tons)	播种面积（千公顷）Sown Area (1000 ha	公顷产（公斤）Output per Hectare (kg)	总产量（万吨）Total Output (10000 tons)	播种面积（千公顷）Sown Area (1000 ha	公顷产（公斤）Output per Hectare (kg)	总产量（万吨）Total Output (10000 tons)
全省合计	**Total**	**1254.13**	**6232**	**781.60**	**1251.55**	**6151**	**769.80**	**1253.74**	**5854**	**733.95**
国家级小计	**Country Level**	**511.78**	**6469**	**331.05**	**514.21**	**6447**	**331.53**	**513.03**	**6356**	**326.08**
萧山区	Xiaoshan	43.06	5625	24.17	42.43	5686	24.18	42.11	5703	24.01
富阳市	Fuyang	23.28	6420	14.94	23.14	6404	14.82	22.82	6367	14.53
余杭区	Yuhang	26.84	6885	18.48	26.42	6988	18.46	26.31	7015	18.45
余姚市	Yuyao	32.80	6558	21.51	32.82	6375	20.92	32.80	5368	17.60
奉化市	Fenhua	12.68	6651	8.43	11.46	6288	7.20	11.71	6153	7.21
宁海县	Ninghai	19.87	5263	10.46	19.54	5185	10.13	19.27	5206	10.03
鄞州区	Yinzhou	28.12	7015	19.73	28.12	6862	19.29	27.56	6208	17.11
嘉兴市秀洲区	Xiuzhou, jiaxing	30.20	6845	20.67	30.68	6842	20.99	30.98	6833	21.17
嘉善县	Jiashan	28.29	6517	18.43	28.60	6537	18.69	28.08	6662	18.70
海盐县	Haiyan	31.35	6374	19.38	31.85	6421	20.45	32.03	6429	20.59
桐乡市	Tongxiang	27.43	7155	19.63	27.51	7088	19.50	26.83	7186	19.28
德清县	Deqing	13.61	7128	9.70	13.35	7027	9.38	13.77	7079	9.75
长兴县	ChangXing	42.93	6496	27.89	45.68	6330	28.91	46.24	6281	29.04
诸暨市	Zhuji	55.62	6821	37.94	56.16	6852	38.48	56.43	6869	38.77
绍兴县	shaoxing	29.74	6954	20.68	30.21	6960	21.02	30.39	6932	21.07
金东区	Jindong	5.24	6478	3.39	5.29	6263	3.31	5.03	5817	2.93
衢江区	Qujiang	31.25	5735	17.92	31.20	5734	17.89	30.89	5779	17.85
龙游县	Longyou	29.47	6007	17.70	29.77	6008	17.89	29.80	6039	17.99
省级小计	**Province Level**	**211.25**	**6047**	**127.74**	**210.57**	**6091**	**128.26**	**212.92**	**5979**	**127.30**
桐庐县	Tonglu	16.25	5897	9.58	15.85	5831	9.24	15.51	5914	9.17
瑞安市	Ruian	21.57	6430	13.87	21.40	6671	14.28	21.34	5589	11.92
海宁市	Haining	27.37	6630	18.14	27.52	6655	18.31	27.76	6583	18.28
安吉县	Anji	25.92	5761	14.93	25.46	5868	14.94	25.68	5896	15.14
嵊州市	Shengzhou	28.66	5942	17.03	28.67	5962	17.09	28.67	5951	17.06
武义县	Wuyi	18.49	5865	10.84	18.53	5758	10.67	18.57	5803	10.75
江山市	Jiangshan	36.70	6201	22.75	36.83	6196	22.82	37.19	6232	23.18
温岭市	Wenling	25.71	5976	15.36	25.64	6061	15.54	27.41	5949	16.31
松阳县	Songyang	10.58	4967	5.24	10.67	5023	5.36	10.80	5085	5.49

6-24 各市油菜籽播种面积和产量
Sown Area and Output of Repeseeds by City

地区	Region	2011			2012			2013		
		播种面积（千公顷）Sown Area (1000 ha)	公顷产（公斤）Output per Hectare (kg)	总产量（万吨）Total Output (10000 tons)	播种面积（千公顷）Sown Area (1000 ha)	公顷产（公斤）Output per Hectare (kg)	总产量（万吨）Total Output (10000 tons)	播种面积（千公顷）Sown Area (1000 ha)	公顷产（公斤）Output per Hectare (kg)	总产量（万吨）Total Output (10000 tons)
全省合计	**Total**	**171.55**	**1958**	**33.59**	**165.56**	**1938**	**32.09**	**159.62**	**1984**	**31.67**
浙东北	**Eastern & Northern Region**	**122.34**	**2209**	**27.02**	**113.54**	**2161**	**24.54**	**107.78**	**2224**	**23.97**
杭州市	Hangzhou	37.99	2101	7.98	37.55	2040	7.66	37.20	2146	7.98
宁波市	Ningbo	10.55	2259	2.38	10.35	2226	2.30	9.96	2282	2.27
嘉兴市	Jiaxing	25.99	2485	6.46	22.13	2497	5.53	19.30	2540	4.90
湖州市	Huzhou	24.68	2276	5.62	20.97	2206	4.63	19.25	2251	4.33
绍兴市	Shaoxing	21.78	1969	4.29	21.22	1950	4.14	20.80	2019	4.20
舟山市	Zhoushan	1.35	2130	0.29	1.33	2157	0.29	1.27	2187	0.28
浙西南	**Western & Southern Region**	**87.96**	**1619**	**14.24**	**89.43**	**1663**	**14.88**	**87.92**	**1698**	**14.93**
温州市	Wenzhou	11.18	1556	1.74	11.15	1608	1.79	10.80	1671	1.80
金华市	Jinhua	23.53	1806	4.25	23.03	1771	4.08	22.53	1786	4.03
其中:义乌市	Yiwu	1.02	1952	0.20	1.00	1990	0.20	1.03	2090	0.21
衢州市	Quzhou	35.35	1505	5.32	36.67	1606	5.89	36.71	1633	6.00
台州市	Taizhou	9.28	1635	1.52	10.18	1669	1.70	9.56	1768	1.69
丽水市	Lishui	8.62	1640	1.41	8.41	1684	1.42	8.31	1704	1.42

注：全省油菜籽面积和产量为国家核定数，与分市相加不相等。
Data of total sown area and output of repeseeds is verified by national bureau of statistics of china, as it is not equal to the sum of regional figures.

6-25 主要茶叶产区茶园面积和茶叶产量
Area of Tea Plantation and Output of Tea in Major Producing Regions

地区	Region	2011		2012		2013	
		茶园面积（公顷）Area of Tea Plantations (ha)	茶叶总产量（吨）Output of Tea (ton)	茶园面积（公顷）Area of Tea Plantations (ha)	茶叶总产量（吨）Output of Tea (ton)	茶园面积（公顷）Area of Tea Plantations (ha)	茶叶总产量（吨）Output of Tea (ton)
全省合计	**Total**	**181958**	**169724**	**183026**	**174840**	**184035**	**168602**
25个主产区小区	**25 Producing Regions**	**122773**	**135825**	**122741**	**138513**	**122703**	**134305**
杭州市区	Hangzhou District	6230	11604	6279	11895	6124	8291
建德市	Jiande	3607	3153	3630	2766	3603	2852
桐庐县	Tonglu	3509	1835	3565	1814	3673	1753
富阳市	Fuyang	3593	5659	3652	6116	3688	6610
临安市	Linan	3434	2002	3442	2338	3447	2472
淳安县	Chunan	12801	7132	12798	7354	12913	6525
宁波市区	Ningbo District	3299	6138	3008	6073	2877	5619
余姚市	Yuyao	3970	5513	3997	4745	3957	4267
奉化市	Fenghua	961	1493	881	1277	917	1321
安吉县	Anji	9392	4265	9591	4414	9737	4452
诸暨市	Zhuji	6763	12400	6822	12501	6759	12175
上虞市	Shangyu	2228	2968	1906	2992	2006	2817
嵊州市	Shengzhou	12103	19710	12070	20601	12070	19867
绍兴县	Shaoxing	5334	8844	5321	8797	5279	8766
新昌县	Xinchang	6519	5963	6530	5998	6367	5645
金华市区	Jinhua District	1824	3282	2088	3888	1975	3378
东阳市	Dongyang	3057	1381	3163	1316	3176	1272
武义县	Wuyi	6592	8319	6457	9432	6411	10766
浦江县	Pujiang	2222	1208	2215	1164	2215	1147
衢州市区	Quzhou District	1338	1062	1329	1138	1297	1023
开化县	Kaihua	5806	1274	5806	1274	5322	1490
龙游县	Longyou	1444	2780	1444	2780	1432	2290
临海市	Linhai	2092	1009	2092	1009	2164	1000
松阳县	Songyang	7522	9525	7522	9525	7822	10959
遂昌县	Suichang	7133	7306	7133	7306	7472	7548

6-26 主要蚕茧产区桑园面积和蚕茧产量
Area of Mulberry Field and Output of Silk worm Cocoons in Major Producing Regions

地区	Region	2011		2012		2013	
		桑园面积（公顷）Area of Mulberry Field (ha)	蚕茧总产量（吨）Output of Silk-worm Cocoons (ton)	桑园面积（公顷）Area of Mulberry Field (ha)	蚕茧总产量（吨）Output of Silk-worm Cocoons (ton)	桑园面积（公顷）Area of Mulberry Field (ha)	蚕茧总产量（吨）Output of Silk-worm Cocoons (ton)
全省合计	**Total**	**66492**	**65308**	**64784**	**61115**	**60569**	**55192**
22个主产区小计	**22 Producing Regions**	**62870**	**62522**	**60859**	**58670**	**56934**	**53318**
杭州市区	Hangzhou District	1460	352	1308	302	1230	263
建德市	Jiande	1292	874	1335	921	1373	951
桐庐县	Tonglu	1982	3662	1974	3687	1946	3673
富阳市	Fuyang	1093	2046	1049	2064	1015	2023
临安市	Linan	2140	2817	2040	2477	1912	2410
淳安县	Chunan	7292	6376	7808	6063	6887	5182
嘉兴市区	Jiaxing District	3290	2500	2968	2291	2820	1996
海宁市	Haining	5707	7845	5508	7163	5264	6326
海盐县	Haiyan	2600	3081	2559	2557	2338	2532
桐乡市	Tongxiang	8739	13545	8343	12963	7823	11907
湖州市区	Huzhou District	11374	7270	10801	7132	10201	6273
德清县	Deqing	4308	3663	4229	3202	4192	2752
长兴县	Changxing	1338	1179	1272	1123	1209	1161
安吉县	Anji	1936	1946	1867	1877	1608	1434
诸暨市	Zhuji	711	503	633	406	573	368
上虞市	Shangyu	931	863	862	738	812	729
嵊州市	Shengzhou	1611	815	1631	812	1709	773
新昌县	Xinchang	1024	753	931	765	913	698
兰溪市	Lanxi	1428	585	1148	478	1038	384
浦江县	Pujiang	195	54	193	55	173	30
临海市	Linhai	94	195	92	147	92	131
缙云县	Jinyun	2325	1598	2308	1447	1806	1322

6－27 林业生产(2007－2013 年) Basic Indicators on Forestry(2007－2013)

指标	Item	2007	2008	2009	2010	2011	2012	2013
造林面积 (千公顷)	Afforestation Area (1000 ha)	11.58	8.52	27.42	15.21	40.47	43.92	42.36
用材林	Timber Forest	3.61	0.49	1.50	1.16	2.67	5.33	0.53
经济林	Economic Forest	1.60	1.14	1.79	2.33	8.16	11.21	3.27
防护林	Shelter Forest	6.00	6.85	24.13	11.71	28.73	25.78	9.69
薪炭林	Fuel Forest						0.44	28.86
特种用途林	Forest for Special Use	0.38	0.04		0.01	0.92	1.17	0.33
零星(四旁)植树 (万株)	Planting Trees Piecemeal (10000 trees)	2421.92	2417.73	2380.87	2491.87	2858.45	2945.95	2975.32
育苗面积 (千公顷)	Area of Growing Seedings (1000 ha)	46.72	87.02	90.19	101.73	113.61	123.03	124.78
迹地更新面积 (千公顷)	Area of Forest Updating (1000 ha)	14.32	16.02	15.74	11.85	13.03	13.85	13.69
主要林产品产量 (吨)	Output of Major Forest Production (ton)							
油茶籽	Tea oil Seeds	43833	49634	47048	40301	48860	61683	45681
竹笋干	Tallow－seeds	158441	124383	126061	149182	139823	141110	140040
山核桃	Walnuts	16046	18189	20731	16377	19618	16424	16333
板　栗	Chestnut	65402	66713	77526	71436	71575	83712	86587

6－28 水果生产 Basic Indicators on Fruits

指标	Item	2011		2012		2013	
		果园面积(千公顷) Area of Orchards (1000 Hectares)	产量(万吨) Total Output (10000 tons)	果园面积(千公顷) Area of Orchards (1000 Hectares)	产量(万吨) Total Output (10000 tons)	果园面积(千公顷) Area of Orchards (1000 Hectares)	产量(万吨) Total Output (10000 tons)
合计	**Total**	**320.86**	**712.36**	**321.45**	**703.50**	**321.40**	**715.65**
柑桔	Orange	112.20	194.44	109.38	193.56	106.04	193.03
梨	Pear	24.38	38.57	23.72	39.05	23.20	39.30
桃子	Peach	25.89	38.32	26.23	38.94	25.87	39.32
杨梅	Red Bayberry	84.51	43.71	85.11	47.37	86.54	50.14
枇杷	Loquat	11.40	5.74	11.55	5.82	11.99	6.24
柿子	Persimmon	7.47	5.04	7.34	4.92	7.33	5.14
果用瓜	Melon as Fruit		312.93		291.16		292.53
其他	Others	55.01	73.61	58.13	82.68	60.43	89.96

6－29 农产品人均产量(1978－2013年)
Per Capital Output of Agricultural Products(1978－2013)

单位:公斤(kg)

年份 Year	粮食 Grain	棉花 Cotton	油料 Oil－bearing Crops	糖料 Sugar Crops	茶叶 Tea	水果 Fruit	猪牛羊肉 Pork,Beef and Mutton	水产品 Aquatic Production
1978	393.44	1.95	5.92	17.20	1.57	3.92	11.33	23.47
1980	376.81	2.18	7.58	15.43	1.98	5.91	18.52	21.46
1985	404.18	2.03	11.02	27.43	2.32	11.12	19.10	26.13
1986	396.34	1.87	10.60	32.63	2.58	12.85	20.03	28.94
1987	387.97	1.60	9.68	26.56	2.83	17.32	18.60	30.52
1988	374.78	1.05	10.39	20.01	3.09	12.45	19.56	30.92
1989	371.01	1.00	9.14	16.74	2.81	23.57	19.67	30.84
1990	375.68	1.52	11.45	14.87	2.77	25.35	20.28	32.92
1991	386.05	1.77	10.72	16.19	2.69	31.66	20.13	35.57
1992	363.51	1.39	11.72	17.55	2.79	23.95	22.73	39.72
1993	334.03	1.35	8.97	18.43	2.84	34.63	22.74	44.02
1994	324.46	1.28	7.99	16.21	2.47	40.64	22.68	59.62
1995	328.53	1.43	11.48	15.11	2.34	49.28	23.61	73.03
1996	345.91	1.56	11.88	14.57	2.26	51.91	16.85	78.03
1997	338.58	1.08	11.08	13.61	2.31	61.07	18.44	90.61
1998	323.64	1.46	8.02	13.97	2.55	46.55	19.05	95.33
1999	312.52	0.91	12.14	15.94	2.64	62.64	19.27	99.33
2000	266.91	0.65	12.91	21.97	2.60	84.89	22.65	104.70
2001	228.64	0.67	12.38	22.53	2.56	109.82	23.65	100.51
2002	201.87	0.47	9.88	23.87	2.91	105.39	25.12	101.14
2003	168.01	0.44	9.09	25.73	2.76	118.00	25.37	100.24
2004	173.82	0.47	9.97	21.73	2.84	129.23	26.93	100.91
2005	167.49	0.44	10.11	18.15	2.91	116.57	26.31	97.57
2006	156.12	0.47	7.08	17.39	3.03	128.00	21.65	83.08
2007	145.71	0.50	6.44	17.01	3.13	135.00	22.39	81.19
2008	149.61	0.54	7.96	16.48	3.13	144.28	25.02	76.89
2009	150.49	0.54	8.25	15.52	3.19	135.85	24.97	81.92
2010	143.75	0.55	7.36	13.86	3.04	130.82	25.17	89.15
2011	143.29	0.59	7.31	13.04	3.11	130.59	25.45	94.56
2012	140.55	0.55	6.99	12.81	3.19	128.45	26.02	98.52
2013	133.49	0.51	6.87		3.07	130.17	25.75	100.19

6－30 牲畜饲养和畜产品产量(1978－2013年)
Number of Livestock and Output of Livestock Products(1978－2013)

年份 Year	大牲畜年底头数(万头) Large Animals (Year end) (10000 heads)	#牛(万头) Cattle and Buffaloes (10000 heads)	生猪年末存栏头数(万头) Number of Hogs (10000 heads)	羊年末存栏头数(万只) Number of Sheep and Goats (10000 heads)	猪、牛、羊肉产量(万吨) Output of Pork, Beef and Mutton (10000 tons)	#猪肉产量(万吨) Pork (10000 tons)
1978	82.60	82.60	1334.70	294.90	42.27	41.59
1979	84.80	84.80	1550.00	345.60	56.87	55.95
1980	83.00	83.00	1403.80	324.00	70.55	69.48
1981	82.70	82.70	1344.60	288.60	62.78	62.00
1982	82.70	82.70	1383.20	262.60	67.11	66.24
1983	80.60	80.60	1387.30	229.30	68.53	67.59
1984	78.40	78.40	1326.20	197.90	68.88	67.80
1985	76.10	76.10	1368.80	176.20	76.60	75.57
1986	75.81	75.81	1403.31	172.21	81.11	80.00
1987	74.73	74.73	1278.69	175.98	76.19	75.01
1988	71.11	71.11	1228.05	180.02	78.47	77.12
1989	69.29	69.29	1213.19	187.47	77.24	75.87
1990	68.01	68.01	1170.00	185.07	77.88	76.33
1991	65.05	65.05	1135.49	181.36	78.05	76.41
1992	60.50	60.50	1188.97	183.26	83.08	80.97
1993	54.07	54.07	1061.04	191.38	80.64	78.94
1994	50.72	50.72	989.84	205.98	78.95	76.46
1995	50.32	50.32	964.30	218.63	80.17	77.38
1996	49.48	49.48	892.68	221.31	76.31	73.47
1997	46.36	46.36	1010.06	214.55	81.33	78.40
1998	43.52	43.52	1040.56	207.58	84.48	81.38
1999	40.64	40.64	1024.36	218.95	85.87	82.55
2000	38.95	38.95	1146.88	233.51	101.57	98.03
2001	39.25	39.25	1175.10	245.02	111.28	107.39
2002	39.63	39.63	1139.17	258.61	119.40	115.09
2003	38.90	38.90	1132.38	262.90	122.22	117.24
2004	39.25	39.25	1125.27	256.72	131.72	126.43
2005	35.54	35.54	1213.15	222.35	130.44	125.14
2006	22.97	22.97	1003.00	123.90	108.94	105.61
2007	20.74	20.74	1039.10	111.90	114.50	111.40
2008	20.66	20.66	1161.85	111.35	129.67	126.85
2009	20.37	20.37	1225.80	111.55	130.95	128.17
2010	19.89	19.89	1248.40	111.67	134.90	131.90
2011	19.13	19.13	1281.93	109.45	138.82	135.83
2012	17.70	17.70	1338.30	107.18	142.53	139.71
2013	17.48	17.48	1287.53	109.97	141.58	138.76

注：2006年及以后年份数据已按第二次农普数衔接。
Data in this table are adjusted according to agricultural census since 2006.

6-31 畜牧业生产(2007-2013年)
Basic Indicators on Animal Husbandry(2007-2013)

指标		Item		2007	2008	2009	2010	2011	2012	2013
生猪年末存栏头数(含未断奶小猪)	**(万头)**	**Pigs(year-end)**	**(10000 heads)**	**1039.10**	**1161.85**	**1225.80**	**1248.40**	**1281.93**	**1338.30**	**1287.53**
#能繁殖的母猪	(万头)	Reproducable	(10000 heads)	100.31	108.67	112.00	115.00	128.52	130.12	115.63
年内肥猪出栏头数	(万头)	Slaughtered Fattened Hogs	(10000 heads)	1658.90	1888.98	1894.00	1922.22	1929.91	1934.41	1895.09
生猪出栏率	(%)	Rate of Slaughtered Fattened Hogs	(%)	165.39	181.79	163.01	156.81	154.59	150.90	141.60
全年饲养量	(万头)	Number of Hogs Raised	(10000 heads)	2698.00	3050.83	3119.80	3170.62	3211.84	3272.71	3182.62
牛年末存栏头数	**(万头)**	**Cattles(year-end)**	**(10000 heads)**	**20.74**	**20.66**	**20.37**	**19.89**	**19.13**	**17.70**	**17.48**
良种及改良种乳牛	(万头)	Milch Cows of Fine Breed and Improved Varieties	(10000 heads)	6.35	6.48	6.09	6.11	6.08	5.67	5.18
牛年内出栏头数	**(万只)**	**Slaughtered Cattles**	**(10000 heads)**	**7.10**	**6.90**	**7.03**	**7.66**	**8.00**	**8.48**	**8.30**
牛奶产量	(万吨)	Milk	(10000 tons)	23.71	22.51	19.93	20.26	19.91	19.27	18.21
羊年末存栏只数	**(万只)**	**Sheep and Goats (year-end)**	**(10000 heads)**	**111.90**	**111.35**	**111.55**	**111.67**	**109.45**	**107.18**	**109.97**
羊年内出栏只数	**(万只)**	**Slaughtered Sheep**	**(10000 heads)**	**122.80**	**107.07**	**102.85**	**111.21**	**111.64**	**103.35**	**104.80**
猪、牛、羊肉产量	**(万吨)**	**Output of Pork, Beef and Mutton**	**(10000 tons)**	**114.50**	**129.67**	**130.95**	**134.90**	**138.82**	**142.53**	**141.58**
#猪肉产量	(万吨)	Pork	(10000 tons)	111.40	126.85	128.17	131.90	135.83	139.71	138.76
兔年末存栏只数	**(万只)**	**Rabbits(year-end)**	**(10000 heads)**	**489.67**	**427.63**	**376.59**	**355.90**	**401.02**	**373.50**	**348.00**
兔年内出栏只数	**(万只)**	**Slaughtered Rabbits**	**(10000 heads)**	**511.72**	**517.37**	**476.42**	**474.80**	**537.00**	**550.08**	**543.71**
家禽年末存栏只数	**(万只)**	**Poultry(year-end)**	**(10000 heads)**	**11374.70**	**11849.50**	**12352.28**	**11895.20**	**12416.43**	**11446.07**	**10348.47**
家禽年内出栏只数	**(万只)**	**Slaughtered Poultry**	**(10000 heads)**	**21806.00**	**27340.20**	**26021.56**	**26630.46**	**24317.81**	**25151.23**	**20973.76**
全年饲养量	(万只)	Poultry Raised	(10000 heads)	33180.70	39189.70	38373.84	38525.66	36734.24	36597.30	31322.23
禽蛋产量	(万吨)	Poultry Eggs	(10000 tons)	37.90	41.40	43.28	44.28	47.17	48.14	43.09
养蜂年末箱数	**(万箱)**	**Number of Beehives**	**(10000 boxs)**	**103.34**	**95.55**	**94.07**	**91.26**	**87.61**	**86.07**	**84.56**
蜂蜜产量	(万吨)	Honey	(10000 tons)	8.96	8.53	8.81	7.21	7.83	8.76	8.00
蜂皇浆产量	(吨)	Royal Jelly	(ton)	2209	2055	2275	2011	1937	1946	1928
蚕茧产量	**(万吨)**	**Output of Silkworm Cocoon**	**(10000 tons)**	**9.63**	**8.22**	**6.83**	**6.39**	**6.53**	**6.11**	**5.52**
全年饲养蚕种张数	(万张)	Number of Silkworm Cocoon	(10000 Pieces)	230.59	191.89	148.52	140.81	145.16	129.89	117.91

6-32 水产品产量(1978-2013年)
Output of Aquatic Products(1978-2013)

单位:万吨(10000 tons)

年份 Year	水产品产量 Total Aquatic Production	海水产品产量 Seawater Aquatic Production	#养殖 Artificially Cultured	淡水产品产量 Freshwater Aquatic Production	#养殖 Artificially Cultured	远洋渔业产量 Deepsea Fishing Production
1978	87.52	81.69	3.56	5.83	4.90	
1979	81.13	74.77	3.90	6.36	5.19	
1980	81.79	75.03	6.60	6.76	6.67	
1981	84.28	76.85	4.13	7.43	6.17	
1982	87.69	78.91	4.82	8.78	7.43	
1983	83.25	73.46	6.21	9.79	8.32	
1984	95.28	83.26	7.86	12.02	10.29	
1985	104.82	89.04	9.60	15.78	13.73	
1986	117.21	97.36	10.57	19.85	17.74	
1987	124.98	102.84	11.86	22.14	19.65	
1988	128.20	104.31	12.33	23.89	21.28	
1989	129.20	104.50	13.13	24.70	22.08	
1990	138.98	113.17	13.81	25.80	23.00	
1991	151.09	123.53	15.20	27.56	24.75	
1992	169.75	140.20	17.34	29.54	26.68	
1993	189.29	156.06	19.05	33.23	29.92	
1994	258.02	222.30	24.68	35.72	32.07	
1995	318.07	278.70	31.69	39.37	34.43	
1996	342.14	299.23	39.51	42.91	37.00	
1997	377.68	331.97	38.90	45.71	38.66	
1998	422.73	372.80	46.49	49.93	42.62	
1999	442.73	389.41	58.17	53.32	45.61	
2000	469.51	410.46	70.88	59.05	51.42	
2001	472.85	406.96	77.66	65.89	58.17	
2002	480.68	409.33	85.15	71.35	63.21	
2003	482.82	406.00	91.85	76.82	68.26	
2004	493.53	414.98	92.94	78.55	69.45	
2005	483.77	402.37	88.11	81.40	72.07	
2006	433.85	360.80	76.32	73.05	65.03	15.84
2007	433.87	356.36	86.13	77.51	68.90	18.74
2008	418.79	337.60	83.08	81.19	73.09	20.20
2009	440.31	353.81	76.46	86.51	77.47	10.71
2010	477.95	381.23	82.57	96.72	87.50	16.56
2011	515.81	410.98	84.49	104.83	94.98	23.47
2012	539.58	431.24	86.14	108.34	98.38	29.09
2013	550.82	443.19	87.17	107.63	98.05	36.80

注: 2006年前的水产品产量数据为省海洋与渔业局统计年报数,2006年及以后年份水产品产量数据为国家核定数(含远洋)
Data in this table are taken from the annual report of the Bureau of Seas and Oceans and Fishery before 2006.
Including deepsen fishing Production since 2006.

6－33 渔业生产(2008－2013 年)
Basic Indicators on Fishery(2008－2013)

单位:万吨(10000 tons)

指标	Item	2008	2009	2010	2011	2012	2013
水产品总产量	**Total Aquatic Production**	**418.79**	**440.31**	**477.95**	**515.81**	**539.58**	**550.82**
其中:远洋渔业产量	Among them:the pelagic fishery yield	20.20	10.71	16.56	23.47	29.09	36.80
海水产品产量	**Seawater Aquatic Production**	**337.60**	**353.81**	**381.23**	**410.98**	**431.24**	**443.19**
按生产性质分	By Production Character						
海洋捕捞(含远洋)	Catching in Ocean	254.52	277.35	298.66	326.49	345.11	356.02
海水养殖	Seawater Aquiculture	83.08	76.46	82.57	84.49	86.14	87.17
按类别分	By Category						
鱼类	Fishes	169.33	190.09	200.61	216.23	216.75	225.24
虾蟹类	Shrimps,Prawns and Crabs	67.21	75.24	78.09	82.55	94.12	98.03
贝类	Shell－fish	67.76	62.49	67.62	68.21	69.99	71.59
藻类	Algae	3.49	4.22	4.45	4.80	4.96	4.80
头足类	Shrimps,Prawns and crabs	28.29	19.67	28.10	35.96	41.27	42.33
其他海水产品	Others	1.52	2.10	2.36	3.23	4.16	6.17
淡水产品产量	**Freshwater Aquatic Production**	**81.19**	**86.51**	**96.72**	**104.83**	**108.34**	**107.63**
按生产性质分	By Production Character						
天然生产	Naturally Grown	8.10	9.03	9.22	9.85	9.96	9.58
淡水养殖	Freshwater Aquiculture	73.09	77.47	87.50	94.98	98.38	98.05
按类别分	By Category						
鱼类	Fishes	53.14	56.42	62.29	67.45	70.25	70.43
虾蟹类	Shrimps,Prawns and Crabs	13.07	12.78	15.17	16.34	15.61	14.69
贝类	Shell－fish	3.57	4.56	4.46	4.56	4.12	3.94
其它类	Others	11.41	12.75	14.80	16.48	18.36	18.58
在海水捕捞产品中	**Among Marine Fishing Production**						
大黄鱼	Big Yellow Croaker	0.39	0.38	0.36	0.28	0.39	0.04
小黄鱼	Small Yellow Croaker	8.76	8.96	9.73	10.72	10.34	8.82
带鱼	Hairtail	50.44	49.59	52.96	46.94	45.25	44.05
墨鱼	Cuttle Fish	2.32	2.24	2.52	2.62	2.33	2.42
海水养殖面积 (千公顷)	**Seawater Aquiculture Area (1000 ha)**	**96.14**	**94.51**	**93.91**	**90.84**	**89.75**	**89.36**
淡水养殖面积 (千公顷)	**Freshwater Aquiculture Area (1000 ha)**	**212.02**	**219.45**	**218.95**	**213.17**	**213.22**	**213.02**

注:水产品产量数据为国家核定数(含远洋)。
Aquatic product crop data for the state approved number (including ocean)

6-34 各市水产品产量(2013年)
Output of Aquatic Products by City (2013)

单位:万吨(10000 tons)

地区	Region	水产品总产量 Total Output of Aquatic Production	海水产品产量 Seawater Aquatic Production	#鱼类 Fishes	淡水产品产量 Freshwater Aquatic Production	#鱼类 Fishes	远洋渔业产量 Deepsea Fishing Production
全省合计	**Total**	**550.80**	**406.37**	**213.76**	**107.63**	**70.43**	**36.80**
浙东北	**Eastern & Northern Region**	**330.88**	**213.77**	**121.61**	**85.48**	**51.62**	**31.63**
杭州市	Hangzhou	19.80			19.80	11.59	
宁波市	Ningbo	98.97	88.71	48.61	8.36	5.07	1.90
嘉兴市	Jiaxing	18.00	0.51	0.27	17.49	7.51	
湖州市	Huzhou	29.20			29.20	20.79	
绍兴市	Shaoxing	9.95	0.14	0.07	9.74	5.84	0.07
舟山市	Zhuoshan	154.96	124.41	72.66	0.89	0.82	29.66
浙西南	**Western & Southern Region**	**215.92**	**192.62**	**93.34**	**22.16**	**18.80**	**1.14**
温州市	Wenzhou	57.23	54.86	29.78	2.37	1.98	
金华市	Jinhua	7.79			7.79	6.73	
其中:义乌市	Yiwu	0.42			0.42	0.36	
衢州市	Quzhou	5.68			5.68	5.15	
台州市	Taizhou	143.37	137.76	63.56	4.47	3.20	1.14
丽水市	Lishui	1.85			1.85	1.74	
省直属	Units Attached to the Province	7.49					7.49

注:全省水产品总产量为国家核定数;各市水产品总产量为省海洋与渔业局统计年报数(包括远洋)。
Data of total output of aquitic production is verified by national bureau of statistics of china;
Regional figures in this table are taken from the annual report of the bureau of seas and oceans and fishery(including deepsen fishing production).

6-35 平均每个农业劳动力提供的主要农产品产量(2007-2013年)
Output of Major Farm Products Provided by Per Rural Labour(2007-2013)

指标		Item		2007	2008	2009	2010	2011	2012	2013
粮食	(公斤)	Grain	(kg)	1038.3	1163.9	1207.5	1228.3	1267.3	1276.3	1244.2
棉花	(公斤)	Cotton	(kg)	3.7	4.2	4.3	4.6	5.3	5.0	4.7
油菜籽	(公斤)	Rapeseeds	(kg)	56.6	53.0	54.1	53.0	54.5	53.2	64.0
蔬菜	(公斤)	Vegetables	(kg)	2663.0	2638.1	2700.3	2851.0	2943.8	3017.2	2935.7
茶叶	(公斤)	Tea	(kg)	23.3	24.4	25.6	25.9	27.5	29.0	28.6
柑桔	(公斤)	Oranges	(kg)	288.6	357.7	302.3	304.1	315.3	320.9	327.2
生猪	(头)	Hogs	(head)	2.4	2.8	2.9	3.1	3.1	3.2	3.2
猪牛羊肉	(公斤)	Pork,Beef and Mutton	(kg)	166.4	194.6	200.4	215.0	225.1	236.3	240.0
禽蛋	(公斤)	Poultry Eggs	(kg)	55.1	62.1	66.2	70.6	76.5	79.8	73.0
水产品	(公斤)	Aquatic Production	(kg)	726.9	756.6	657.3	761.8	836.3	894.6	933.7

6-36 农业事业机构和服务组织(2007-2013年)
Institutions Rendering Agricultural Services(2007-2013)

指标		Item		2007	2008	2009	2010	2011	2012	2013
农业事业机构	**(个)**	**Institutions Engaged in Agricultural Undertaking**	**(unit)**							
乡镇农技服务站		Agricultural Technical Service Stations		1704	1494	1420	1385	1325	1273	1238
乡镇畜牧兽医站		Veterinary Stations		905	888	768	749	721	725	683
农业服务组织		Agricultural Service Organizations								
县(市)农技推广中心	(个)	Centres for Spreading Agricultural Technique	(unit)	111	126	137	82	90	90	80
乡镇农技站农业技术人员	(人)	Agricultural Technical Persons	(person)	11767	11080	9945	10203	9956	9661	10060
配有农技员的村数	(万个)	Villages with Agricultural Technical Persons	(10000 units)	2.30	2.20	2.26	2.33	2.27	2.34	2.18
村不脱产农民技术人员	(万人)	Technical Peasants Unreleased from Agricultural Production in Village	(10000 persons)	8.50	8.70	8.65	8.15	8.39	8.13	7.52
科技户	(万户)	Scientific and Technological Households	(10000 households)	6.70	6.30	7.11	7.08	7.43	7.82	7.11

浙/江/统/计/年/鉴

主要统计指标解释

■ 农林牧渔业总产值

是以货币表现的农、林、牧、渔业全部产品的总量，它反映一定时期内农业生产总规模和总成果。

农、林、牧、渔业的统计范围包括国有经济的各种专业农（农、林、牧、渔）场以及国家各级机关团体学校、部队；集体所有制的乡、镇、村各级办农场；工矿企业经营的农、林、牧、渔业，农村各种经济组织和农户经营的农林牧渔业和农民家庭兼营的商品性工业等。

■ 粮食产量

指全社会的产量。包括国有经济经营的、集体统一经营的和农民家庭经营的粮食产量，还包括工矿企业办的农场和其他生产单位的产量。粮食除包括稻、小麦、玉米、高粱、谷子及其他杂粮外，还包括薯类和豆类。其产量计算方法，豆类按去豆荚后的干豆计算；薯类（包括马铃薯）1963 年以前按每 4 公斤鲜薯折 1 公斤粮食计算，从 1964 年开始及以后改为按 5 公斤鲜薯折 1 公斤粮食计算。其他粮食一律按脱粒后的原粮计算。

■ 油料产量

指全部油料作物的生产量。包括花生、油菜籽、芝麻、向日葵籽、胡麻籽（亚麻籽）和其他油料。不包括大豆，也不包括木本油料和野生油料。花生以带壳干花生计算。

■ 水产品产量

指人工养殖的水产品和天然生长的水产品的捕捞量。包括海水的鱼类、虾蟹类、贝类和藻类以及内陆水域的鱼类、虾蟹类和贝类，不包括淡水生植物。

■ 猪、牛、羊肉产量

指当年出栏并已屠宰后除去头蹄下水后带骨肉（即胴体重）的重量。

■ 谷物

指籽实主要供作粮食的作物。这类作物包括稻谷、小麦、玉米、谷子、高粱和其他谷物，不包括豆类和薯类作物。

ZHEJIANG STATISTICAL YEARBOOK

Explanatory Notes on Main Statistical Indicators

□ Gross Output Value of Farming, Forestry, Animal Husbandry and Fishery

refers to the total volume of products of farming, forestry, animal husbandry and fishery in value terms, which reflects the total scale and total result of agricultural production during a given period of time.

The statistical coverage of farming, forestry, animal husbandry and fishery are as follows: In terms of ownership, China's agriculture includes specialized state farms (farming, forestry, animal husbandry, fishery), farms managed by various government agencies, organazations, schools, research institutions, and army; farms managed by rural collective organizations at levels of township, town, and village; farming, forestry, animal husbandry, fishery run by mining and industrial enterprises; farming, forestry, animal husbandry and fishery and some commodity industries run by various rural collective organizations and individual farmers.

□ Grain Yield

refers to the yield in the whole country including grains produced by state farms, collective units, industrial enterprises and mines. Grain includes rice, wheat, corn, sorghum, millet and other miscellaneous grains as well as tubers and beans . Output of beans refers to dry beans without pods. The output of tubers was converted into that of grain at the ratio 4:1, I. e. Four kilograms of fresh tubers was equivalent to one kilogram of grain up to 1963. Since 1964 the ratio for conversion has been 5:1. Output of all other grains refers to husked grain.

□ Yield of Oil – bearing Crops

refers to the total yield of oil-bearing crops of various kinds, including peanuts, (dry, in shell) rapeseeds, sesame, sunflower seeds, flax seeds, and other oil-bearing crops. Soybeans, oil-bearing woody plants, and wild oil-bearing crops are not included.

□ Output of Aquatic Products

refers to catches of both artificially cultured and naturally grown aquatic products, including fish, shrimps, crabs and shellfish in sea and inland water as well as seaweed. Freshwater plants are not included.

□ Output of Pork, Beef, and Mutton

refers to the meat of slaughtered hogs, cattle, sheep and goats with head, feet, and offal taken away.

□ Cereals

refer to seeds of various kinds of crops which are used mainly for grain. Cereals include paddy, wheat, maize, millet, Chinese sorghum, etc. , except beans and tubers.

2014
浙江统计年鉴
ZHEJIANG STATISTICAL YEARBOOK

CHAPTER 7

工业和能源
Industry and Energy

7-1 规模以上工业企业数(2008-2013年)
Number of Industrial Enterprises Above Designated Size(2008-2013)

单位:个(unit)

指标	Item	2008	2009	2010	2011	2012	2013
工业企业单位数	**Number of Industrial Enterprises**	**58816**	**59971**	**64364**	**34340**	**36496**	**39561**
按轻重工业分	**By Light and Heavy Industry**						
轻工业	Light Industry	29676	30118	32002	16888	17987	19497
重工业	Heavy Industry	29140	29853	32362	17452	18509	20064
按登记注册类型分	**By Registered Type**						
国有企业	State-owned Enterprises	312	304	308	208	228	122
集体企业	Collective Owned Enterprises	426	379	333	126	111	75
股份合作企业	Cooperative Enterprises	1423	1304	947	285	327	336
联营企业	Joint Ownership Enterprises	22	22	22	13	14	2
外商及港澳台商投资企业	Foreign Funded Enterprises and Enterprises Funded by Entrepreneurs From Hong Kong, Macao&Taiwan	9553	9104	9125	6676	6651	6541
私营企业	Private	40320	41969	46706	22339	23959	26219
其他企业	Others	6760	6889	6923	4693	5206	6266
在总计中:国有及国有控股	**State-owned and State-holding Industrial Enterprises**	**736**	**728**	**730**	**590**	**645**	**706**
按规模分	**By Size**						
大型企业	Large-sized Enterprises	194	190	225	621	592	601
中型企业	Medium-sized Enterprises	4319	4182	4678	5021	4648	4612
小型企业	Small-sized Enterprises	54303	55599	59461	27936	29892	32685
微型企业	Micro Enterprises				762	1364	1663

注:1、2011年起企业规模按新的划分标准划分。The data by size are calculated at new standard since 2011.
2、2011年起规模以上工业为主营业务收入为2000万及以上工业企业,后面各表同。Industrial enterprises above designated size refer to those with annual revenue from principal business over 20 million yuan since 2011. The same applies to the tables following.

7－2 规模以上工业企业总产值(2008－2013 年)
Gross Output Value of Industrial Enterprises Above Designated Size(2008－2013)

单位:亿元(100 million yuan)

指标	Item	2008	2009	2010	2011	2012	2013
工业总产值	**Gross Industrial Output Value**	**40832.10**	**41035.29**	**51394.20**	**56406.06**	**59124.16**	**62980.29**
按轻重工业分	**By Light and Heavy Industry**						
轻工业	Light Industry	16943.47	17196.43	20896.40	21953.08	23228.18	24720.32
重工业	Heavy Industry	23888.63	23838.86	30497.80	34452.98	35895.98	38259.97
按注册登记注册类型分	**By Registered Type**						
国有企业	State－owned Enterprises	2609.20	2786.63	3331.26	3528.05	3831.55	3189.69
集体企业	Collective Owned Enterprises	141.17	123.23	123.12	100.13	91.68	52.33
股份合作企业	Cooperative Enterprises	359.90	316.04	237.91	162.22	163.62	173.65
联营企业	Joint Ownership Enterprises	18.82	15.53	18.80	44.12	57.98	0.78
外商及港澳台商投资企业	Foreign Funded Enterprises and Enterprises Funded by Entrepreneurs from Hong Kong,Macao & Taiwan	11075.29	10346.94	13104.16	15151.99	15309.87	15612.75
私营企业	Private Enterprises	16817.25	17804.88	22792.11	23251.05	24384.66	25792.12
其他企业	Others	9810.47	9642.03	11786.84	14168.50	15284.81	18158.97
在总计中:国有及国有控股	**State－owend and State－holding Enterprises**	**5308.87**	**5369.11**	**6721.77**	**8132.62**	**8384.48**	**9016.67**
按规模分	**By Size**						
大型企业	Large－sized Enterprises	7399.10	7348.65	9483.63	17089.96	15886.56	16733.95
中型企业	Medium－sized Enterprises	15117.26	14851.53	18906.70	16961.51	18522.53	18941.26
小型企业	Small－sized Enterprises	18315.74	18835.12	23003.87	22046.48	23532.65	25863.58
微型企业	Micro Enterprises				308.11	1182.42	1441.50

7－3 按行业分的规模以上工业企业总产值
Gross Output Value of Industrial Enterprises by Sector Above Designated Size

单位:亿元(100 million yuan)

行业	Sector	工业总产值 Gross Industrial Output Value	
		2012	2013
总计	**Total**	**59124.16**	**62980.29**
按工业行业分	**By Sector**		
煤炭开采和洗选业	Coal mining and washing industry	8.31	0.73
黑色金属矿采选业	Ferrous Metals Mining and Dressing	14.77	15.52
有色金属矿采选业	Nonferrous Metals Mining and Dressing	29.47	32.08
非金属矿采选业	Nonmetal Minerals Mining and Dressing	123.74	134.56
农副食品加工业	Non－staple Food Processing	948.23	1045.48
食品制造业	Food Manufacturing	510.89	534.70
酒、饮料和精制茶制造业	Wine, Soft Drinks and Refined Tea Manufacturing	494.37	513.22
烟草制品业	Tobacco Production	354.20	378.56
纺织业	Textile Industry	5416.90	5855.93
纺织服装、服饰业	Garments and Apparel Industry	2189.94	2348.78
皮革、毛皮、羽毛及其制品和制鞋业	Leather, Furs, Down and Related Production, Shoes Manufacturing	1433.09	1509.25
木材加工及木、竹、藤、棕、草制品业	Timber Processing, Bamboo, Cane Palm Fiber and Straw Production	438.83	459.82
家具制造业	Furniture Manufacturing	652.98	762.02
造纸和纸制品业	Papermaking and Paper Production	1171.22	1207.20
印刷和记录媒介复制业	Printing and Record Medium Reproduction	313.24	367.93
文教、工美、体育和娱乐用品制造业	Cultural and Educational, Arts and Crafts, Sports and Entertainment Goods	978.83	1198.64
石油加工、炼焦和核燃料加工业	Petroleum Processing, Cooking and Nuclear Fuel Processing	1663.31	1746.69
化学原料和化学制品制造业	Raw Chemical Materials and Chemical Production	4941.27	5635.31
医药制造业	Medical and Pharmaceutical Production	997.76	1031.00
化学纤维制造业	Chemical Fiber	2547.47	2448.34

续表 Continued 单位:亿元(100 million yuan)

行业	Sector	工业总产值 Gross Industrial Output Value	
		2012	2013
橡胶和塑料制品业	Rubber and Plastic Production	2584.60	2737.21
非金属矿物制品业	Nonmetal Mineral Production	1690.71	1909.15
黑色金属冶炼和压延加工业	Smelting and Pressing of Ferrous MetalsMetals	2470.08	2695.02
有色金属冶炼和压延加工业	Smelting and Pressing of Nonferrous Metals	2147.62	2372.66
金属制品业	Metal Production	2342.72	2386.26
通用设备制造业	Ordinary Machinery	3817.89	4215.76
专用设备制造业	For Special Purpose Equipment Manufacturing	1397.18	1588.59
汽车制造业	Automobile manufacturing industry	2898.53	2323.39
铁路、船舶、航空航天和其他运输设备制造业	Railway, Shipbuilding, Aerospace and other Transport Equipment	1223.42	1179.01
电气机械和器材制造业	Electric Equipment and Machinery	5293.20	5696.59
计算机、通信和其他电子设备制造业	Computers,Communications and Other Electronic Equipment Manufacturing	2262.65	2522.34
仪器仪表制造业	Instruments Manufacturing	705.24	691.14
其他制造业	Other Manufacturing	318.33	320.05
废弃资源综合利用业	Comprehensive Utilization of Waste Resources	341.14	344.87
金属制品、机械和设备修理业	Metal Products,Machinery and Equipment Repair Industry	69.47	86.92
电力、热力生产和供应业	Production and Supply of Electricity and Heating Power	4017.48	4243.39
燃气生产和供应业	Production and Supply of Gas	191.38	301.37
水的生产和供应业	Production and Supply of Water	123.72	140.86

注：工业总产值按现行价格计算。
Gross industrial output value are calculated at current prices.

7－4 主要工业产品产量(2007－2013年)
Output of Major Industrial Products(2007－2013)

产品名称		Item		2007	2008	2009	2010	2011	2012	2013
原煤	(万吨)	Coal	(10000 tons)	12.33	13.10	13.20	15.05	15.06	15.01	
配混合饲料	(万吨)	Forage	(10000 tons)	270.18	300.07	264.83	296.03	362.24	453.67	476.03
食用植物油	(万吨)	Edible Vegetables Oil	(10000 tons)	39.37	35.60	44.55	44.59	43.12	37.33	37.44
罐头	(万吨)	Canned Food	(10000 tons)	70.56	76.71	92.22	80.39	53.40	62.00	66.67
啤酒	(万千升)	Beer	(10000 kiloliter)	300.33	283.17	247.53	283.09	281.09	268.21	289.44
黄酒	(万千升)	Millet Wine	(10000 kiloliter)	49.30	55.91	59.16	72.88	66.20	58.64	65.22
软饮料	(万吨)	Soft Drink	(10000 tons)	537.17	642.06	652.37	685.51	856.17	904.37	863.69
卷烟	(万箱)	Cigarettes	(10000 cases)	732.86	760.99	804.20	850.98	885.18	901.10	923.47
纱	(万吨)	Yarn	(10000 tons)	146.46	166.61	195.62	214.87	198.77	231.23	239.10
布	(亿米)	Cloth	(100 million m)	114.88	124.51	139.22	158.99	146.13	143.22	153.47
毛线(绒线)	(吨)	Kniting Wool	(ton)	17089	24004	21305	24433	26504	35314	40858
呢绒	(万米)	Woolen Goods	(10000 m)	4928	9838	11503	10584	6343	6010	4188
丝	(吨)	Silk	(ton)	66018	73229	16434	14436	15162	14467	14293
丝织品	(亿米)	Silk－knit Goods	(100 million m)	55.72	55.40	3.28	3.29	1.98	2.08	2.20
机制纸	(万吨)	Machine－made Paper and Paperboard	(10000 tons)	1209.44	1283.28	1422.17	1412.31	1531.63	1627.95	1660.52
汽油	(万吨)	Gasoline	(10000 tons)	259.74	288.60	321.32	305.06	314.95	284.24	285.10
煤油	(万吨)	Kerosene	(10000 tons)	153.78	129.41	146.08	154.56	162.89	156.23	208.97
柴油	(万吨)	Diesel Oil	(10000 tons)	758.73	862.33	825.89	832.57	870.90	801.76	769.07
燃料油	(万吨)	Fuel Oil	(10000 tons)	208.57	173.93	113.32	134.66	157.82	115.55	104.12
焦炭	(万吨)	Coke	(10000 tons)	52.53	130.69	229.69	325.93	161.74	294.80	296.18
硫酸	(万吨)	Sulphuric Acid	(10000 tons)	109.54	107.44	98.84	107.21	102.48	98.98	109.55

续表 1 Continued

产品名称	Item	2007	2008	2009	2010	2011	2012	2013
烧碱 （万吨）	Caustic Soda （10000 tons）	111.12	107.22	98.48	104.61	126.72	140.24	144.05
纯碱 （万吨）	Soda Ash （10000 tons）	14.55	15.15	14.89	11.92	24.36	22.24	25.86
电石(碳化钙) （万吨）	Calcium Carbide （10000 tons）	11.01	8.79	9.80	6.48	5.29	4.94	9.44
合成氨 （万吨）	Synthetic Ammonia （10000 tons）	80.45	61.58	64.42	49.49	47.25	57.68	57.87
纯苯 （吨）	Pure Benzene （ton）	219920	221018	167029	290671	410477	380190	399025
合成洗涤剂 （吨）	Synthetic Detergents （ton）	463353	523182	555539	615435	689043	706976	736356
化学原料药 （吨）	Chemical Raw Medicine （ton）	269572	466080	286603	285413	318002	277187	278856
中成药 （吨）	Traditional Chinese Medicine （ton）	15568	15808	19079	22857	21384	19894	21167
化学纤维 （万吨）	Chemical Fiber （10000 tons）	976.93	1057.75	1207.16	1366.13	1505.54	1677.27	1839.31
#粘胶纤维 （万吨）	Glutinous Fiber （10000 tons）	20.66	20.28	16.03	17.12	14.36	17.49	15.53
合成纤维 （万吨）	Synthetic Fiber （10000 tons）	956.28	1037.47	1161.86	1346.38	1468.66	1655.96	1822.83
轮胎外胎 （万条）	Outer Cover of Type （10000 units）	5538.22	5845.73	6505.25	8697.80	9673.11	10207.54	10979.06
塑料制品 （万吨）	Plastic Products （10000 tons）	766.12	818.24	811.50	915.57	845.74	948.54	940.38
水泥 （万吨）	Cement （10000 tons）	10545.51	10210.91	10796.49	11275.31	12122.29	11539.61	12462.87
平板玻璃 （万重量箱）	Plate Glass （10000 wt. case）	2912.67	4333.44	3358.93	4090.89	3995.69	2984.31	3591.22
生铁 （万吨）	Pig Iron （10000 tons）	237.78	270.15	535.96	915.60	1002.17	1006.13	1059.79
钢 （万吨）	Steel （10000 tons）	455.39	901.55	1045.64	1228.53	1329.93	1305.23	1733.15
成品钢材 （万吨）	Steel Products （10000 tons）	1588.70	1766.41	2359.40	2832.60	3141.00	3361.33	3823.44
十种有色金属 （万吨）	Ten Nonferrous Metal （10000 tons）	48.69	45.67	40.03	53.04	53.86	48.23	38.52
#铜 （吨）	Copper （ton）	296315	297571	227272	297413	311492	293661	262167
锌 （吨）	Zinc （ton）	65439	64024	66953	90902	71931	32596	44057
铝 （吨）	Aluminium （ton）	98034	60708	100504	150403	153046	153394	77212

续表 2　Continued

产品名称		Item		2007	2008	2009	2010	2011	2012	2013
内燃机	(万千瓦)	Internal Combustion Engines(Commodity)	(10000 kw)	964.37	910.87	2294.39	4456.57	3182.40	2807.03	4877.14
数控机床	(台)	Numerically Controlled Machine Tools	(unit)	28545	27376	36634	65456	67237	45707	44976
大中型拖拉机	(台)	Large and Medium - sized Tractor	(unit)	17670	19939	30654	36935	49073	33153	40284
小型拖拉机	(台)	Small - size Tractor	(unit)	89481	91665	86453	90119	87146	71674	75722
汽车	(辆)	Motor Vehicle	(unit)	207817	225812	281749	319117	306300	329819	373210
#载货汽车	(辆)	Truck	(unit)	19573	18047	22959	31876	14836	18760	39788
摩托车	(万辆)	Motorcycles	(10000 unitst)	291.82	299.50	219.56	230.24	212.97	226.06	205.61
自行车	(万辆)	Bicycles	(10000 units)	1511.51	1418.30	1224.03	1424.88	1534.95	1499.23	1405.93
发电设备	(万千瓦)	Generating Equipment	(10000 kw)	419.20	410.42	487.29	544.42	483.44	460.82	513.51
交流电动机	(万千瓦)	Alternating Current Motor	(10000 kw)	1863.41	2201.28	1503.23	2097.86	3620.48	4204.93	4883.18
变压器	(万千伏安)	Transformer	(10000 kev)	6036.35	7267.06	7120.44	8320.02	8818.31	8397.44	8977.53
家用洗衣机	(万台)	Household Washing Machines	(10000 units)	1429.16	1543.68	1572.51	1765.02	1775.07	1906.43	1881.38
家用电冰箱	(万台)	Household Refrigerators	(10000 units)	569.85	614.82	761.81	889.72	626.79	887.16	939.61
电风扇	(万台)	Electric Fan	(10000 units)	308.29	436.52	533.45	678.43	952.72	893.58	815.07
房间空气调节器	(万台)	House Air Conditioner	(10000 units)	350.76	451.65	303.09	510.81	469.50	509.49	565.03
灯泡	(亿只)	Bulb	(100 millionm units)	39.96	47.32	45.95	45.91	34.21	30.58	37.38
电视机	(万台)	Television Set	(10000 units)	332.38	368.02	518.35	477.03	497.30	573.28	628.62
#彩色电视机	(万台)	Color TV Set	(10000 units)	268.30	356.40	518.35	477.03	497.30	573.28	628.62
表	(万只)	Watch	(10000 units)	1315.72	1647.99	1366.76	1258.30	76.96	91.18	99.81
发电量	(亿千瓦小时)	Electricity	(100 Million kw.h)	1886.15	2065.75	2193.27	2496.19	2774.18	2717.32	2883.60

注：本表统计范围为规模以上工业企业。
The data in this table refer to industrial enterprises above designated size.

7-5 规模以上工业企业主要指标(2010-2013年)
Principal Indicators of Industrial Enterprises Above Designated Sized(2010-2013)

单位:亿元(100 million yuan)

指标		Item	
企业单位数	(个)	Number of Enterprises	(unit)
#亏损企业单位数		Loss Enterprises	
工业总产值(当年价)		Gross Industrial Output Value(Current Price)	
出口交货值		Export delivery value	
全部职工年平均人数	(万人)	Average Number of Staff and Workers	(10000 persons)
流动资产合计		Circulating Funds	
固定资产合计		Fixed Assets	
固定资产原值		Original Value of Fixed Assets	
固定资产净值		Net Value of fixed assets	
资产总计		Total Assets	
流动负债合计		Circulating Liabilities	
非流动负债合计		non-circulating liabilities	
所有者权益		Creditors' Equity	
实收资本		Total Capital Hold	
主营业务收入		Sales Revenue	
主营业务成本		Cost of Sales	
主营业务税金及附加		Sales Taxes and Extra Charges	
利润总额		Total Profits	
本年应交增值税		Value Added Taxes Payable	
利税总额		Total Profits and Taxes	

合计 Total				#国有 State - owned Units				#私营 Private Units			
2010	2011	2012	2013	2010	2011	2012	2013	2010	2011	2012	2013
64364	34340	36496	39561	308	208	228	122	46706	22339	23959	26219
5764	3442	4509	4934	64	30	35	8	3342	1760	2417	2690
51394.20	56406.06	59124.16	62980.29	3331.26	3528.05	3831.55	3189.69	22792.11	23251.05	24384.66	25792.12
10642.80	11041.75	10967.93	11223.22	13.63	18.05	31.60	7.09	4557.80	4583.40	4488.17	4585.31
857.58	734.37	719.01	719.43	11.65	10.75	11.50	9.18	467.32	367.92	359.40	359.82
27345.07	29870.73	32445.21	35053.39	729.03	695.60	910.52	587.21	12279.19	12532.07	13474.69	14280.82
14275.22	14623.95	15386.64	16149.64	1725.52	1626.14	1714.41	1289.67	4899.84	4704.44	4835.51	5084.10
19636.32	20721.24	22640.40	24447.22	2759.24	2758.46	3022.80	2456.31	6299.31	6261.76	6665.31	7267.27
12904.97	13207.32	13957.30	14647.80	1640.95	1534.64	1613.73	1244.08	4342.29	4213.69	4321.29	4601.00
47282.79	50788.85	55654.17	60436.24	2756.95	2642.40	3258.69	2497.18	19125.00	19660.16	21063.41	22286.05
25038.39	27171.78	29213.03	31629.00	905.63	899.93	1102.23	887.82	11815.83	12007.08	12742.62	13522.94
3317.45	3396.29	3495.33	3734.62	665.24	537.12	590.28	500.52	736.59	765.48	636.57	602.71
18601.43	19852.48	22076.81	24094.27	1173.69	1194.89	1559.40	1105.11	6676.12	6697.31	7214.04	7633.03
9282.95	9479.95	10430.63	11431.45	353.09	296.32	364.03	145.80	3212.57	3188.09	3225.13	3489.50
50536.31	55349.76	57682.73	61305.77	3326.15	3530.67	3817.01	3179.76	22099.41	22496.53	23629.71	24942.60
43300.73	47503.22	49633.01	52430.01	2860.89	3029.50	3257.87	2923.75	19249.66	19532.80	20550.86	21603.44
512.49	602.68	617.79	668.51	190.18	225.75	241.50	94.09	102.22	95.13	97.23	117.77
3174.75	3327.29	3112.65	3561.26	151.69	141.52	172.03	87.23	1178.37	1223.50	1161.90	1261.68
1412.68	1534.54	1590.69	1747.94	137.37	149.49	171.97	112.77	578.98	574.29	596.69	662.02
5099.92	5464.52	5321.14	5984.03	479.24	516.76	585.50	294.63	1859.57	1892.93	1855.82	2044.15

7-6 按行业分的规模以上工业企业主要指标(2013年)
Main Indicators of Industrial Enterprises Above Designated Size by Sector(2013)

单位:亿元(100 million yuan)

行业	Sector	企业单位数(个) Number of Enterprises (unit)	#亏损企业(个) Loss (unit)	工业总产值 Gross Industrial Output Value	出口交货值 Export Delivery value
总计	**Total**	**39561**	**4934**	**62980.29**	**11223.22**
按登记注册类型分	**By Registered Type**				
#国有	#State-owned	122	8	3189.69	7.09
集体	Collective owned	75	3	52.33	1.87
私营	Private	26219	2690	25792.12	4585.31
港澳台商投资	Enterprises Funded by Entrepreneurs From Hong Kong, Macao and Taiwan	3295	676	7730.54	1832.28
外商投资	Foreign Funded Enterprises	3246	730	7882.21	2448.32
在总计中:轻工业	Light Industry	19497	2449	24720.32	6076.37
重工业	Heavy Industry	20064	2485	38259.97	5146.85
按工业行业分	**By Sector**				
煤炭开采和洗选业	Coal Mining and Dressing	1		0.73	
黑色金属矿采选业	Ferrous Metals Mining and Dressing	5		15.52	
有色金属矿采选业	Nonferrous Metals Mining and Dressing	18	1	32.08	
非金属矿采选业	Nonmetal Minerals Mining and Dressing	120	17	134.56	0.34
农副食品加工业	Non-staple Food Processing	784	97	1045.48	161.80
食品制造业	Food Manufacturing	333	45	534.70	77.51
酒、饮料和精制茶制造业	Wine, Soft Drinks and Refined Tea Manufacturing	227	22	513.22	41.04
烟草制品业	Tobacco Processing	3		378.56	2.94
纺织业	Textile Industry	4974	483	5855.93	1189.14
纺织服装、服饰业	Garments and Apparel Industry	2555	453	2348.78	996.78
皮革、毛皮、羽毛及其制品和制鞋业	Leather, Furs, Down and Related Production, Shoes Manufacturing	1780	144	1509.25	575.37
木材加工和木、竹、藤、棕、草制品业	Timber Processing, Bamboo, Cane Palm Fiber and Straw Production	488	38	459.82	82.97
家具制造业	Furniture Manufacturing	710	116	762.02	391.89
造纸和纸制品业	Papermaking and Paper Production	888	125	1207.20	70.98
印刷和记录媒介复制业	Printing and Record Medium Reproduction	499	62	367.93	42.52
文教、工美、体育和娱乐用品制造业	Cultural and Educational, Arts and Crafts, Sports and Entertainment Goods	1189	148	1198.64	476.27

续表 1 Continued 单位:亿元(100 million yuan)

行业	Sector	企业单位数(个) Number of Enterprises (unit)	#亏损企业(个) Loss (unit)	工业总产值 Gross Industrial Output Value	出口交货值 Export Delivery value
石油加工、炼焦和核燃料加工业	Petroleum Processing, Coking and Nuclear Fuel Processing	45	9	1746.69	1.71
化学原料和化学制品制造业	Raw Chemical Materials and Chemical Production	1630	191	5635.31	466.85
医药制造业	Medical and Pharmaceutical Production	443	62	1031.00	261.28
化学纤维制造业	Chemical Fiber	575	69	2448.34	141.88
橡胶和塑料制品业	Rubber and Plastic Production	2333	284	2737.21	519.80
非金属矿物制品业	Nonmetal Mineral Production	1522	204	1909.15	105.86
黑色金属冶炼和压延加工业	Smelting and Pressing of Ferrous Metals	1016	126	2695.02	93.32
有色金属冶炼和压延加工业	Smelting and Pressing of Nonferrous Metals	797	139	2372.66	136.75
金属制品业	Metal Production	2366	290	2386.26	619.38
通用设备制造业	Equipment in Common Use	3779	395	4215.76	915.16
专用设备制造业	Special Purpose Equipment	1585	183	1588.59	316.29
汽车制造业	Automotive Manufacturing	1623	163	2323.39	376.30
铁路、船舶、航空航天和其他运输设备制造业	Railway, Shipbuilding, Aerospace and other Transport Equipment	611	127	1179.01	559.62
电气机械和器材制造业	Electric Equipment and Machinery	3815	517	5696.59	1333.77
计算机、通信和其他电子设备制造业	Computers, Communications and Other Electronic Equipment Manufacturing	1211	171	2522.34	978.76
仪器仪表制造业	Instruments Manufacturing	612	65	691.14	157.47
其他制造业	Other Manufacturing	331	40	320.05	105.83
废弃资源综合利用业	Comprehensive Utilization ot Waste Resources	152	60	344.87	0.48
金属制品、机械和设备修理业	Metal Products, Machinery and Equipment Repair Industry	54	13	86.92	22.37
电力、热力的生产和供应业	Production and Supply of Electricity and Heating Power	294	23	4243.39	0.36
燃气生产和供应业	Production and Supply of Gas	66	10	301.37	
水的生产和供应业	Production and Supply of Water	127	42	140.86	0.42

续表 2　Continued　　单位:亿元(100 million yuan)

行业	Sector	资产总计 Total Assets	流动资产合计 Circulating Funds	固定资产合计 Fixed Assets	固定资产原价 Original Value of Fixed Assets
总计	**Total**	**60436.24**	**35053.39**	**16149.64**	**24447.22**
按登记注册类型分	**By Registered Type**				
#国有	#State - owned	2497.18	587.21	1289.67	2456.31
集体	Collective owned	39.38	23.62	10.23	18.58
私营	Private	22286.05	14280.82	5084.10	7267.27
港澳台商投资	Enterprises Funded by Entrepreneurs From Hong Kong, Macao and Taiwan	7911.65	5113.67	1759.19	2691.77
外商投资	Foreign Funded Enterprises	7371.23	4473.49	2091.62	3246.11
在总计中:轻工业	Light Industry	23625.76	14533.76	5733.04	8514.57
重工业	Heavy Industry	36810.48	20519.63	10416.60	15932.65
按工业行业分	**By Sector**				
煤炭开采和洗选业	Coal Mining and Dressing	0.23	0.16	0.06	0.07
黑色金属矿采选业	Ferrous Metals Mining and Dressing	16.79	9.95	3.42	6.14
有色金属矿采选业	Nonferrous Metals Mining and Dressing	26.10	12.28	3.80	5.42
非金属矿采选业	Nonmetal Minerals Mining and Dressing	111.03	45.07	29.57	39.81
农副食品加工业	Non - staple Food Processing	737.77	462.47	177.17	237.83
食品制造业	Food Manufacturing	518.35	307.42	143.41	195.61
酒、饮料和精制茶制造业	Wine, Soft Drinks and Refined Tea Manufacturing	554.74	290.94	171.11	268.44
烟草制品业	Tobacco Processing	346.84	242.98	48.76	94.91
纺织业	Textile Industry	5242.23	3270.39	1345.01	2164.33
纺织服装、服饰业	Garments and Apparel Industry	2218.60	1459.22	443.56	657.73
皮革、毛皮、羽毛及其制品和制鞋业	Leather, Furs, Down and Related Production, Shoes Manufacturing	1105.51	771.82	215.00	298.64
木材加工和木、竹、藤、棕、草制品业	Timber Processing, Bamboo, Cane Palm Fiber and Straw Production	302.95	191.98	72.46	99.99
家具制造业	Furniture Manufacturing	752.91	505.31	163.61	223.03
造纸和纸制品业	Papermaking and Paper Production	1496.89	871.01	416.74	643.15
印刷和记录媒介复制业	Printing and Record Medium Reproduction	448.11	264.01	128.16	206.88
文教、工美、体育和娱乐用品制造业	Cultural and Educational, Arts and Crafts, Sports and Entertainment Goods	938.84	605.87	212.33	289.35

续表 3 Continued　单位:亿元(100 million yuan)

行业	Sector	资产总计 Total Assets	流动资产合计 Circulating Funds	固定资产合计 Fixed Assets	固定资产原价 Original Value of Fixed Assets
石油加工、炼焦和核燃料加工业	Petroleum Processing, Coking and Nuclear Fuel Processing	544.52	268.10	250.62	372.75
化学原料和化学制品制造业	Raw Chemical Materials and Chemical Production	4967.24	2786.67	1486.57	2100.47
医药制造业	Medical and Pharmaceutical Production	1387.70	763.88	351.07	462.66
化学纤维制造业	Chemical Fiber	2084.44	1166.05	547.76	829.47
橡胶和塑料制品业	Rubber and Plastic Production	2462.32	1521.89	627.88	914.26
非金属矿物制品业	Nonmetal Mineral Production	2374.03	1375.37	632.11	956.43
黑色金属冶炼和压延加工业	Smelting and Pressing of Ferrous Metals	2042.08	1262.93	553.11	854.03
有色金属冶炼和压延加工业	Smelting and Pressing of Nonferrous Metals	1473.34	988.79	227.42	321.83
金属制品业	Metal Production	2176.02	1428.63	498.74	685.34
通用设备制造业	Equipment in Common Use	4524.66	2893.23	918.80	1334.16
专用设备制造业	Special Purpose Equipment	1796.97	1167.65	394.81	558.73
汽车制造业	Automotive Manufacturing	2948.45	1612.18	572.83	793.78
铁路、船舶、航空航天和其他运输设备制造业	Railway, Shipbuilding, Aerospace and other Transport Equipment	1577.71	947.17	404.22	543.25
电气机械和器材制造业	Electric Equipment and Machinery	5643.56	3691.32	1019.27	1446.00
计算机、通信和其他电子设备制造业	Computers, Communications and Other Electronic Equipment Manufacturing	2567.30	1757.63	455.19	770.15
仪器仪表制造业	Instruments Manufacturing	828.58	552.96	147.94	214.76
其他制造业	Other Manufacturing	370.86	206.03	86.85	115.12
废弃资源综合利用业	Comprehensive Utilization of Waste Resources	190.92	147.46	26.97	29.83
金属制品、机械和设备修理业	Metal Products, Machinery and Equipment Repair Industry	132.41	38.82	62.57	53.12
电力、热力的生产和供应业	Production and Supply of Electricity and Heating Power	4469.01	833.99	2774.28	4926.79
燃气生产和供应业	Production and Supply of Gas	255.24	87.96	121.85	146.06
水的生产和供应业	Production and Supply of Water	801.01	243.77	414.62	586.88

续表 4 Continued 单位:亿元(100 million yuan)

行业	Sector	固定资产净值 Net Value of fixed assets	年末负债合计 Total Liabilities	流动负债 Circulating Liabilities	非流动负债合计 non-circulating liabilities
总计	**Total**	**14647.80**	**36232.63**	**31629.00**	**3734.62**
按登记注册类型分	**By Registered Type**				
#国有	#State - owned	1244.08	1391.46	887.82	500.52
集体	Collective owned	8.70	18.21	17.36	0.51
私营	Private	4601.00	14602.77	13522.94	602.71
港澳台商投资	Enterprises Funded by Entrepreneurs From Hong Kong, Macao and Taiwan	1625.63	4494.41	4088.71	282.37
外商投资	Foreign Funded Enterprises	1902.94	3939.56	3576.71	288.14
在总计中:轻工业	Light Industry	5156.17	14115.76	12763.92	981.23
重工业	Heavy Industry	9491.63	22116.87	18865.08	2753.39
按工业行业分	**By Sector**				
煤炭开采和洗选业	Coal Mining and Dressing	0.01	0.28	0.28	
黑色金属矿采选业	Ferrous Metals Mining and Dressing	3.02	5.42	5.40	0.02
有色金属矿采选业	Nonferrous Metals Mining and Dressing	2.24	14.94	14.55	0.20
非金属矿采选业	Nonmetal Minerals Mining and Dressing	23.41	77.70	66.53	9.04
农副食品加工业	Non - staple Food Processing	157.56	459.95	414.01	32.06
食品制造业	Food Manufacturing	130.33	266.98	251.56	10.24
酒、饮料和精制茶制造业	Wine, Soft Drinks and Refined Tea Manufacturing	158.30	282.43	249.37	31.36
烟草制品业	Tobacco Processing	48.69	61.48	61.46	0.02
纺织业	Textile Industry	1247.49	3356.38	3082.98	154.83
纺织服装、服饰业	Garments and Apparel Industry	406.82	1267.20	1176.95	43.63
皮革、毛皮、羽毛及其制品和制鞋业	Leather, Furs, Down and Related Production, Shoes Manufacturing	192.75	703.43	683.54	9.34
木材加工和木、竹、藤、棕、草制品业	Timber Processing, Bamboo, Cane Palm Fiber and Straw Production	65.51	173.93	162.60	6.04
家具制造业	Furniture Manufacturing	147.39	498.48	469.51	15.08
造纸和纸制品业	Papermaking and Paper Production	393.43	944.75	816.56	94.36
印刷和记录媒介复制业	Printing and Record Medium Reproduction	118.23	270.14	249.59	16.61
文教、工美、体育和娱乐用品制造业	Cultural and Educational, Arts and Crafts, Sports and Entertainment Goods	190.43	558.20	512.49	30.67

续表 5 Continued 单位:亿元(100 million yuan)

行业	Sector	固定资产净值 Net Value of fixed assets	年末负债合计 Total Liabilities	流动负债 Circulating Liabilities	非流动负债合计 non - circulating liabilities
石油加工、炼焦和核燃料加工业	Petroleum Processing,Coking and Nuclear Fuel Processing	185.61	307.03	299.56	4.92
化学原料和化学制品制造业	Raw Chemical Materials and Chemical Production	1349.80	2846.44	2440.37	376.70
医药制造业	Medical and Pharmaceutical Production	287.02	664.62	548.12	109.47
化学纤维制造业	Chemical Fiber	485.52	1324.58	1204.53	95.51
橡胶和塑料制品业	Rubber and Plastic Production	533.18	1513.72	1387.36	94.80
非金属矿物制品业	Nonmetal Mineral Production	585.47	1492.30	1271.85	123.03
黑色金属冶炼和压延加工业	Smelting and Pressing of Ferrous Metals	508.67	1420.59	1343.92	53.11
有色金属冶炼和压延加工业	Smelting and Pressing of Nonferrous Metals	202.11	991.57	913.97	55.35
金属制品业	Metal Production	454.06	1344.82	1225.71	44.91
通用设备制造业	Equipment in Common Use	832.79	2604.81	2430.64	124.93
专用设备制造业	Special Purpose Equipment	356.83	1026.12	953.80	52.71
汽车制造业	Automotive Manufacturing	511.03	1793.57	1539.36	228.12
铁路、船舶、航空航天和其他运输设备制造业	Railway, Shipbuilding, Aerospace and other Transport Equipment	386.70	1146.94	1048.21	85.54
电气机械和器材制造业	Electric Equipment and Machinery	928.06	3421.95	3130.19	214.90
计算机、通信和其他电子设备制造业	Computers, Communications and Other Electronic Equipment Manufacturing	429.37	1315.32	1225.27	58.56
仪器仪表制造业	Instruments Manufacturing	132.38	399.38	373.30	19.56
其他制造业	Other Manufacturing	80.07	225.53	179.56	43.82
废弃资源综合利用业	Comprehensive Utilization of Waste Resources	21.63	150.07	132.36	10.26
金属制品、机械和设备修理业	Metal Products,Machinery and Equipment Repair Industry	36.01	87.71	73.89	10.25
电力、热力的生产和供应业	Production and Supply of Electricity and Heating Power	2591.79	2584.67	1338.57	1212.29
燃气生产和供应业	Production and Supply of Gas	115.10	150.52	96.01	52.82
水的生产和供应业	Production and Supply of Water	349.00	478.70	255.08	209.52

续表 6 Continued 单位:亿元(100 million yuan)

行业	Sector	年末所有者权益合计 Creditors' Equity	实收资本 Total Capital Hold	主营业务收入 Revenues in Main Business	主营业务成本 Costs in Main Business
总计	**Total**	**24094.27**	**11431.45**	**61305.77**	**52430.01**
按登记注册类型分	**By Registered Type**				
#国有	#State - owned	1105.11	145.80	3179.76	2923.75
集体	Collective owned	21.09	5.87	51.86	44.45
私营	Private	7633.03	3489.50	24942.60	21603.44
港澳台商投资	Enterprises Funded by Entrepreneurs From Hong Kong, Macao and Taiwan	3385.73	1932.81	7548.28	6435.15
外商投资	Foreign Funded Enterprises	3418.42	2105.60	7715.54	6432.01
在总计中:轻工业	Light Industry	9450.57	4194.86	24138.39	20286.38
重工业	Heavy Industry	14643.70	7236.59	37167.38	32143.63
按工业行业分	**By Sector**				
煤炭开采和洗选业	Coal Mining and Dressing	-0.05	0.05	0.70	0.58
黑色金属矿采选业	Ferrous Metals Mining and Dressing	11.38	2.32	15.53	13.22
有色金属矿采选业	Nonferrous Metals Mining and Dressing	10.81	4.67	31.66	26.94
非金属矿采选业	Nonmetal Minerals Mining and Dressing	34.28	28.26	134.01	107.74
农副食品加工业	Non - staple Food Processing	274.51	124.02	1041.74	941.19
食品制造业	Food Manufacturing	250.44	102.34	548.90	435.51
酒、饮料和精制茶制造业	Wine, Soft Drinks and Refined Tea Manufacturing	268.95	116.32	490.68	353.12
烟草制品业	Tobacco Processing	285.36	10.32	377.10	71.59
纺织业	Textile Industry	1866.35	929.79	5717.22	5056.28
纺织服装、服饰业	Garments and Apparel Industry	944.11	412.85	2276.39	1908.86
皮革、毛皮、羽毛及其制品和制鞋业	Leather, Furs, Down and Related Production, Shoes Manufacturing	398.83	201.91	1460.74	1259.84
木材加工和木、竹、藤、棕、草制品业	Timber Processing, Bamboo, Cane Palm Fiber and Straw Production	127.72	64.13	444.40	382.77
家具制造业	Furniture Manufacturing	253.01	162.40	737.43	612.67
造纸和纸制品业	Papermaking and Paper Production	547.90	299.53	1126.02	960.31
印刷和记录媒介复制业	Printing and Record Medium Reproduction	177.38	87.98	357.69	303.31
文教、工美、体育和娱乐用品制造业	Cultural and Educational, Arts and Crafts, Sports and Entertainment Goods	378.27	169.99	1172.17	1004.89

续表 7　Continued　　单位:亿元(100 million yuan)

行业	Sector	年末所有者权益合计 Creditors´ Equity	实收资本 Total Capital Hold	主营业务收入 Revenues in Main Business	主营业务成本 Costs in Main Business
石油加工、炼焦和核燃料加工业	Petroleum Processing,Coking and Nuclear Fuel Processing	237.06	236.91	1656.27	1410.79
化学原料和化学制品制造业	Raw Chemical Materials and Chemical Production	2118.16	978.91	5722.00	5007.48
医药制造业	Medical and Pharmaceutical Production	718.20	226.68	999.63	649.28
化学纤维制造业	Chemical Fiber	757.76	331.95	2384.90	2214.93
橡胶和塑料制品业	Rubber and Plastic Production	945.66	421.76	2693.83	2316.95
非金属矿物制品业	Nonmetal Mineral Production	859.08	467.62	1884.94	1580.40
黑色金属冶炼和压延加工业	Smelting and Pressing of Ferrous Metals	620.92	380.66	2647.31	2453.97
有色金属冶炼和压延加工业	Smelting and Pressing of Nonferrous Metals	475.97	251.95	2286.31	2136.69
金属制品业	Metal Production	831.93	408.43	2290.35	1964.31
通用设备制造业	Equipment in Common Use	1917.10	852.98	4092.72	3373.79
专用设备制造业	Special Purpose Equipment	767.19	374.00	1515.10	1230.05
汽车制造业	Automotive Manufacturing	1150.95	524.96	2231.35	1836.03
铁路、船舶、航空航天和其他运输设备制造业	Railway, Shipbuilding, Aerospace and other Transport Equipment	429.80	233.59	923.45	820.01
电气机械和器材制造业	Electric Equipment and Machinery	2218.94	1085.36	5561.80	4726.05
计算机、通信和其他电子设备制造业	Computers, Communications and Other Electronic Equipment Manufacturing	1247.46	599.57	2466.02	1994.24
仪器仪表制造业	Instruments Manufacturing	428.97	174.10	652.08	490.12
其他制造业	Other Manufacturing	144.05	68.73	312.27	266.17
废弃资源综合利用业	Comprehensive Utilization of Waste Resources	41.11	31.40	340.04	326.87
金属制品、机械和设备修理业	Metal Products,Machinery and Equipment Repair Industry	44.10	30.82	50.17	42.70
电力、热力的生产和供应业	Production and Supply of Electricity and Heating Power	1884.19	771.17	4217.53	3758.72
燃气生产和供应业	Production and Supply of Gas	104.66	83.42	302.48	277.71
水的生产和供应业	Production and Supply of Water	321.74	179.59	142.84	113.92

续表 8 Continued

单位:亿元(100 million yuan)

行业	Sector	主营业务税金及附加 Sales Taxes and Extra Charges in Main Business	利润总额 Total Profits	利税总额 Total Profits and Taxes	本年应交增值税 Value Added Taxes Payable	全部从业人员年平均人数(万人) Average Number of Employed Persons (10000 persons)
总计	**Total**	**668.51**	**3561.26**	**5984.03**	**1747.94**	**719.43**
按登记注册类型分	**By Registered Type**					
#国有	#State - owned	94.09	87.23	294.63	112.77	9.18
集体	Collective owned	0.40	3.05	5.36	1.90	0.89
私营	Private	117.77	1261.68	2044.15	662.02	359.82
港澳台商投资	Enterprises Funded by Entrepreneurs From Hong Kong, Macao and Taiwan	64.48	475.08	755.42	215.48	90.40
外商投资	Foreign Funded Enterprises	38.58	523.97	774.53	210.74	92.52
在总计中:轻工业	Light Industry	355.91	1372.60	2465.45	734.32	371.95
重工业	Heavy Industry	312.59	2188.66	3518.58	1013.62	347.48
按工业行业分	**By Sector**					
煤炭开采和洗选业	Coal Mining and Dressing			0.01		
黑色金属矿采选业	Ferrous Metals Mining and Dressing	0.14	0.74	1.36	0.48	0.18
有色金属矿采选业	Nonferrous Metals Mining and Dressing	0.37	2.08	4.09	1.59	0.31
非金属矿采选业	Nonmetal Minerals Mining and Dressing	3.28	10.94	20.06	5.79	1.16
农副食品加工业	Non - staple Food Processing	2.60	38.77	55.61	14.15	9.40
食品制造业	Food Manufacturing	2.55	51.48	74.71	20.64	7.06
酒、饮料和精制茶制造业	Wine, Soft Drinks and Refined Tea Manufacturing	11.22	51.03	84.41	22.10	5.03
烟草制品业	Tobacco Processing	236.77	41.89	326.95	48.26	0.13
纺织业	Textile Industry	25.95	276.79	452.42	149.28	79.07
纺织服装、服饰业	Garments and Apparel Industry	13.15	124.80	215.84	77.49	61.10
皮革、毛皮、羽毛及其制品和制鞋业	Leather, Furs, Down and Related Production, Shoes Manufacturing	7.29	71.02	127.82	49.36	39.74
木材加工和木、竹、藤、棕、草制品业	Timber Processing, Bamboo, Cane Palm Fiber and Straw Production	3.85	25.25	40.73	11.57	6.07
家具制造业	Furniture Manufacturing	3.89	34.11	62.31	24.26	17.27
造纸和纸制品业	Papermaking and Paper Production	5.31	58.66	96.28	32.14	13.01
印刷和记录媒介复制业	Printing and Record Medium Reproduction	1.68	20.20	33.33	11.39	6.53
文教、工美、体育和娱乐用品制造业	Cultural and Educational, Arts and Crafts, Sports and Entertainment Goods	5.51	62.44	94.59	26.54	20.95

续表 9　Continued　单位:亿元(100 million yuan)

行业	Sector	主营业务税金及附加 Sales Taxes and Extra Charges in Main Business	利润总额 Total Profits	利税总额 Total Profits and Taxes	本年应交增值税 Value Added Taxes Payable	全部从业人员年平均人数(万人) Average Number of Employed Persons (10000 persons)
石油加工、炼焦和核燃料加工业	Petroleum Processing,Coking and Nuclear Fuel Processing	154.23	69.83	290.96	66.90	1.02
化学原料和化学制品制造业	Raw Chemical Materials and Chemical Production	20.68	348.04	492.28	123.25	25.64
医药制造业	Medical and Pharmaceutical Production	7.12	108.76	172.25	56.27	12.89
化学纤维制造业	Chemical Fiber	5.47	89.94	136.68	41.12	12.13
橡胶和塑料制品业	Rubber and Plastic Production	12.45	168.21	251.15	70.05	34.34
非金属矿物制品业	Nonmetal Mineral Production	10.70	122.68	206.89	73.36	20.39
黑色金属冶炼和压延加工业	Smelting and Pressing of Ferrous Metals	7.31	77.53	129.05	44.17	15.38
有色金属冶炼和压延加工业	Smelting and Pressing of Nonferrous Metals	4.29	72.97	106.96	29.61	9.23
金属制品业	Metal Production	11.43	123.63	193.17	57.90	35.96
通用设备制造业	Equipment in Common Use	20.15	276.57	422.82	125.70	62.43
专用设备制造业	Special Purpose Equipment	7.70	109.06	162.09	45.21	24.04
汽车制造业	Automotive Manufacturing	15.93	165.57	250.84	69.24	33.02
铁路、船舶、航空航天和其他运输设备制造业	Railway, Shipbuilding, Aerospace and other Transport Equipment	4.46	21.24	42.13	16.35	12.33
电气机械和器材制造业	Electric Equipment and Machinery	22.43	287.90	451.66	140.01	78.24
计算机、通信和其他电子设备制造业	Computers, Communications and Other Electronic Equipment Manufacturing	11.60	232.99	306.64	61.93	38.66
仪器仪表制造业	Instruments Manufacturing	3.95	62.96	91.92	24.96	13.44
其他制造业	Other Manufacturing	1.56	17.35	27.51	8.58	6.46
废弃资源综合利用业	Comprehensive Utilization of Waste Resources	1.17	3.91	12.21	7.11	1.88
金属制品、机械和设备修理业	Metal Products,Machinery and Equipment Repair Industry	0.44	0.26	2.57	1.87	1.95
电力、热力的生产和供应业	Production and Supply of Electricity and Heating Power	20.22	311.67	511.96	179.41	9.90
燃气生产和供应业	Production and Supply of Gas	0.80	15.91	21.09	4.31	0.61
水的生产和供应业	Production and Supply of Water	0.85	4.06	10.70	5.59	2.50

注：本表统计范围为规模以上工业企业。表7－7同。
The data in this table refer to state－owned industrial enterprises and non－state－owned industrial enterprises with annual sales income over 5 million yuan. The same for table 7－7.

7－7 按行业分的规模以上工业企业主要经济效益指标(2013 年)
Main Economic Beneficial Indicators of Industrial Enterprises Above Designated Size by Sector(2013)

行业	Sector	每百元固定资产原值实现利税(元) Pre tax Profits per 100 Yuan Original Value of Fixed Assets(yuan)	每百元主营业务收入实现利税(元) Pre tax Profits per 100 Yuan Revenues in Main Business (yuan)	产品销售率(%) Rate of Production Sold (%)	出口交货值占工业销售(%) Export delivery value of the proportion of total sales value(%)	新产品产值率(%) New product ratio (%)
总计	**Total**	**24.48**	**9.76**	**97.30**	**18.31**	**25.17**
按登记注册类型分	**by Registered Type**					
#国有	#State－owned	11.99	9.27	99.81	0.22	0.62
集体	Collective owned	28.83	10.33	98.56	3.63	1.40
私营	Private	28.13	8.20	96.70	18.39	23.57
港澳台商投资	Enterprises Funded by Entrepreneurs From Hong Kong,Macao and Taiwan	28.06	10.01	97.60	24.28	29.57
外商投资	Foreign Funded Enterprises	23.86	10.04	98.26	31.61	27.80
在总计中:轻工业	Light Industry	28.96	10.21	97.35	25.25	24.97
重工业	Heavy Industry	22.08	9.47	97.27	13.83	25.30
按工业行业分	**By Sector**					
煤炭开采和洗选业	Coal Mining and Dressing	12.37	1.26	57.19		
黑色金属矿采选业	Ferrous Metals Mining and Dressing	22.12	8.75	99.51		
有色金属矿采选业	Nonferrous Metals Mining and Dressing	75.40	12.92	93.03		2.19
非金属矿采选业	Nonmetal Minerals Mining and Dressing	50.40	14.97	98.58	0.26	0.91
农副食品加工业	Non－staple Food Processing	23.38	5.34	97.37	15.89	11.85
食品制造业	Food Manufacturing	38.19	13.61	96.84	14.97	25.44
酒、饮料和精制茶制造业	Wine, Soft Drinks and Refined Tea Manufacturing	31.45	17.20	97.41	8.21	14.42
烟草制品业	Tobacco Processing	344.49	86.70	100.24	0.77	0.27
纺织业	Textile Industry	20.90	7.91	97.07	20.92	20.70
纺织服装、服饰业	Garments and Apparel Industry	32.82	9.48	97.70	43.44	20.61
皮革、毛皮、羽毛及其制品和制鞋业	Leather,Furs,Down and Related Production,Shoes Manufacturing	42.80	8.75	97.28	39.19	23.55
木材加工和木、竹、藤、棕、草制品业	Timber Processing,Bamboo,Cane Palm Fiber and Straw Production	40.74	9.17	97.74	18.46	21.92
家具制造业	Furniture Manufacturing	27.94	8.45	96.85	53.10	26.93
造纸和纸制品业	Papermaking and Paper Production	14.97	8.55	97.84	6.01	21.49
印刷和记录媒介复制业	Printing and Record Medium Reproduction	16.11	9.32	97.40	11.87	16.77
文教、工美、体育和娱乐用品制造业	Cultural and Educational, Arts and Crafts,Sports and Entertainment Goods	32.69	8.07	97.91	40.58	29.62

续表 Continued

行业	Sector	每百元固定资产原值实现利税(元) Pre tax Profits per 100 Yuan Original Value of Fixed Assets(yuan)	每百元主营业务收入实现利税(元) Pre tax Profits per 100 Yuan Revenues in Main Business (yuan)	产品销售率(%) Rate of Production Sold (%)	出口交货值占工业销售(%) Export delivery value of the proportion of total sales value(%)	新产品产值率(%) New product ratio (%)
石油加工、炼焦和核燃料加工业	Petroleum Processing,Coking and Nuclear Fuel Processing	78.06	17.57	94.76	0.10	0.48
化学原料和化学制品制造业	Raw Chemical Materials and Chemical Production	23.44	8.60	97.23	8.52	29.87
医药制造业	Medical and Pharmaceutical Production	37.23	17.23	97.09	26.10	39.83
化学纤维制造业	Chemical Fiber	16.48	5.73	97.40	5.95	31.47
橡胶和塑料制品业	Rubber and Plastic Production	27.47	9.32	99.15	19.15	24.01
非金属矿物制品业	Nonmetal Mineral Production	21.63	10.98	97.62	5.68	16.36
黑色金属冶炼和压延加工业	Smelting and Pressing of Ferrous Metals	15.11	4.87	97.26	3.56	23.64
有色金属冶炼和压延加工业	Smelting and Pressing of Nonferrous Metals	33.23	4.68	96.13	6.00	21.41
金属制品业	Metal Production	28.19	8.43	96.62	26.86	20.04
通用设备制造业	Equipment in Common Use	31.69	10.33	96.93	22.39	35.47
专用设备制造业	Special Purpose Equipment	29.01	10.70	95.35	20.88	37.97
汽车制造业	Automotive Manufacturing	31.60	11.24	94.91	17.06	39.84
铁路、船舶、航空航天和其他运输设备制造业	Railway, Shipbuilding, Aerospace and other Transport Equipment	7.76	4.56	98.54	48.17	27.34
电气机械和器材制造业	Electric Equipment and Machinery	31.24	8.12	97.25	24.08	36.11
计算机、通信和其他电子设备制造业	Computers, Communications and Other Electronic Equipment Manufacturing	39.82	12.43	97.07	39.97	45.31
仪器仪表制造业	Instruments Manufacturing	42.80	14.10	96.00	23.73	47.37
其他制造业	Other Manufacturing	23.90	8.81	95.79	34.52	23.51
废弃资源综合利用业	Comprehensive Utilization of Waste Resources	40.92	3.59	100.36	0.14	13.55
金属制品、机械和设备修理业	Metal Products,Machinery and Equipment Repair Industry	4.83	5.11	99.14	25.96	0.36
电力、热力生产和供应业	Production and Supply of Electricity and Heating Power	10.39	12.14	99.80	0.01	0.37
燃气生产和供应业	Production and Supply of Gas	14.44	6.97	99.63		0.86
水的生产和供应业	Production and Supply of Water	1.82	7.49	98.87	0.30	1.90

7－8 按行业分的国有及国有控股工业企业主要指标(2013年)
Main Indicators of State－owned and State Holding Industrial Enterprises by Sector(2013)

单位:亿元(100 million yuan)

行业	Sector	企业单位数(个) Number of Enterprises (unit)	#亏损企业(个) Loss (unit)	工业总产值 Gross Industrial Output Value	出口交货值 Export Delivery value
总计	**Total**	**706**	**115**	**9016.67**	**296.74**
按登记注册类型分	**by Registered Type**				
#国有	#State－owned	122	8	3189.69	7.09
集体	Collective owned				
私营	Private				
港澳台商投资	Enterprises Funded by Entrepreneurs From Hong Kong, Macao and Taiwan	24	2	475.92	5.00
外商投资	Foreign Funded Enterprises	42	6	563.56	82.99
在总计中:轻工业	Light Industry	198	50	888.65	80.14
重工业	Heavy Industry	508	65	8128.02	216.60
按工业行业分	**By Sector**				
煤炭开采和洗选业	Coal Mining and Dressing				
黑色金属矿采选业	Ferrous Metals Mining and Dressing	2		8.37	
有色金属矿采选业	Nonferrous Metals Mining and Dressing	1		1.00	
非金属矿采选业	Nonmetal Minerals Mining and Dressing	12	2	11.54	0.03
农副食品加工业	Non－staple Food Processing	17	3	37.99	7.20
食品制造业	Food Manufacturing	10		18.07	3.15
酒、饮料和精制茶制造业	Wine, Soft Drinks and Refined Tea Manufacturing	8	3	20.99	0.48
烟草制品业	Tobacco Processing	2		376.34	2.94
纺织业	Textile Industry	12	2	37.47	5.30
纺织服装、服饰业	Garments and Apparel Industry	13	2	13.18	3.99
皮革、毛皮、羽毛及其制品和制鞋业	Leather, Furs, Down and Related Production, Shoes Manufacturing	2		0.78	0.48
木材加工和木、竹、藤、棕、草制品业	Timber Processing, Bamboo, Cane Palm Fiber and Straw Production				
家具制造业	Furniture Manufacturing				
造纸和纸制品业	Papermaking and Paper Production	3	2	17.10	0.61
印刷和记录媒介复制业	Printing and Record Medium Reproduction	17	2	20.98	0.17
文教、工美、体育和娱乐用品制造业	Cultural and Educational, Arts and Crafts, Sports and Entertainment Goods	4	1	7.65	0.02

续表 1 Continued 单位:亿元(100 million yuan)

行业	Sector	企业单位数(个) Number of Enterprises (unit)	#亏损企业(个) Loss (unit)	工业总产值 Gross Industrial Output Value	出口交货值 Export Delivery value
石油加工、炼焦和核燃料加工业	Petroleum Processing,Coking and Nuclear Fuel Processing	4	1	1641.09	1.60
化学原料和化学制品制造业	Raw Chemical Materials and Chemical Production	43	2	586.57	20.09
医药制造业	Medical and Pharmaceutical Production	14	2	117.74	39.03
化学纤维制造业	Chemical Fiber	4	1	11.75	1.92
橡胶和塑料制品业	Rubber and Plastic Production	8	1	253.47	60.52
非金属矿物制品业	Nonmetal Mineral Production	92	11	300.57	16.56
黑色金属冶炼和压延加工业	Smelting and Pressing of Ferrous Metals	12	4	386.07	10.83
有色金属冶炼和压延加工业	Smelting and Pressing of Nonferrous Metals	7	1	122.44	
金属制品业	Metal Production	14	1	37.25	4.60
通用设备制造业	Equipment in Common Use	35	2	181.14	27.94
专用设备制造业	Special Purpose Equipment	15	7	32.19	8.09
汽车制造业	Automotive Manufacturing	8	4	102.90	8.00
铁路、船舶、航空航天和其他运输设备制造业	Railway, Shipbuilding, Aerospace and other Transport Equipment	11	2	128.26	56.12
电气机械和器材制造业	Electric Equipment and Machinery	22	3	62.32	3.27
计算机、通信和其他电子设备制造业	Computers, Communications and Other Electronic Equipment Manufacturing	24	2	65.38	12.95
仪器仪表制造业	Instruments Manufacturing	9	1	9.45	0.15
其他制造业	Other Manufacturing	4		25.86	
废弃资源综合利用业	Comprehensive Utilization of Waste Resources	3	1	13.79	
金属制品、机械和设备修理业	Metal Products,Machinery and Equipment Repair Industry	3	1	4.13	0.10
电力、热力的生产和供应业	Production and Supply of Electricity and Heating Power	156	9	3998.00	0.20
燃气生产和供应业	Production and Supply of Gas	21	5	237.83	
水的生产和供应业	Production and Supply of Water	94	37	127.04	0.42

续表 2　Continued　　单位:亿元(100 million yuan)

行业	Sector	资产总计 Total Assets	流动资产合计 Circulating Funds	固定资产合计 Fixed Assets	固定资产原价 Original Value of Fixed Assets
总计	**Total**	**9023.54**	**3020.34**	**4343.54**	**7202.33**
按登记注册类型分	**by Registered Type**				
#国有	#State - owned	2497.18	587.21	1289.67	2456.31
集体	Collective owned				
私营	Private				
港澳台商投资	Enterprises Funded by Entrepreneurs From Hong Kong, Macao and Taiwan	259.43	105.09	84.98	129.94
外商投资	Foreign Funded Enterprises	539.71	237.78	251.13	383.48
在总计中:轻工业	Light Industry	1730.08	814.41	551.39	793.90
重工业	Heavy Industry	7293.46	2205.94	3792.15	6408.43
按工业行业分	**By Sector**				
煤炭开采和洗选业	Coal Mining and Dressing				
黑色金属矿采选业	Ferrous Metals Mining and Dressing	14.31	8.09	3.11	5.55
有色金属矿采选业	Nonferrous Metals Mining and Dressing	2.02	0.60	1.42	1.62
非金属矿采选业	Nonmetal Minerals Mining and Dressing	18.73	8.22	5.23	7.87
农副食品加工业	Non - staple Food Processing	27.25	18.93	6.73	13.66
食品制造业	Food Manufacturing	14.13	8.56	4.56	5.93
酒、饮料和精制茶制造业	Wine, Soft Drinks and Refined Tea Manufacturing	84.67	41.31	15.51	23.35
烟草制品业	Tobacco Processing	344.96	242.11	47.86	93.62
纺织业	Textile Industry	52.30	28.47	10.93	17.48
纺织服装、服饰业	Garments and Apparel Industry	29.62	22.06	6.89	10.01
皮革、毛皮、羽毛及其制品和制鞋业	Leather, Furs, Down and Related Production, Shoes Manufacturing	0.46	0.21	0.23	0.46
木材加工和木、竹、藤、棕、草制品业	Timber Processing, Bamboo, Cane Palm Fiber and Straw Production				
家具制造业	Furniture Manufacturing				
造纸和纸制品业	Papermaking and Paper Production	30.75	12.70	15.23	34.73
印刷和记录媒介复制业	Printing and Record Medium Reproduction	30.25	15.28	10.38	18.00
文教、工美、体育和娱乐用品制造业	Cultural and Educational, Arts and Crafts, Sports and Entertainment Goods	4.30	3.53	0.70	0.76

续表 3 Continued 单位:亿元(100 million yuan)

行业	Sector	资产总计 Total Assets	流动资产合计 Circulating Funds	固定资产合计 Fixed Assets	固定资产原价 Original Value of Fixed Assets
石油加工、炼焦和核燃料加工业	Petroleum Processing,Coking and Nuclear Fuel Processing	455.46	210.83	232.96	358.97
化学原料和化学制品制造业	Raw Chemical Materials and Chemical Production	506.85	210.50	207.64	315.30
医药制造业	Medical and Pharmaceutical Production	262.29	120.91	77.77	79.38
化学纤维制造业	Chemical Fiber	16.55	5.90	7.23	12.69
橡胶和塑料制品业	Rubber and Plastic Production	206.12	114.12	65.82	72.94
非金属矿物制品业	Nonmetal Mineral Production	452.24	181.30	199.38	282.06
黑色金属冶炼和压延加工业	Smelting and Pressing of Ferrous Metals	478.20	226.92	174.23	326.51
有色金属冶炼和压延加工业	Smelting and Pressing of Nonferrous Metals	40.73	33.43	4.81	5.59
金属制品业	Metal Production	37.35	27.09	8.74	13.82
通用设备制造业	Equipment in Common Use	257.55	166.70	33.87	54.20
专用设备制造业	Special Purpose Equipment	57.81	44.33	4.55	6.54
汽车制造业	Automotive Manufacturing	178.16	60.71	59.85	66.73
铁路、船舶、航空航天和其他运输设备制造业	Railway, Shipbuilding, Aerospace and other Transport Equipment	134.92	71.37	40.90	63.98
电气机械和器材制造业	Electric Equipment and Machinery	83.55	52.76	10.02	15.17
计算机、通信和其他电子设备制造业	Computers, Communications and Other Electronic Equipment Manufacturing	133.98	97.39	13.26	29.33
仪器仪表制造业	Instruments Manufacturing	11.22	8.37	2.13	3.45
其他制造业	Other Manufacturing	86.88	18.22	22.75	26.71
废弃资源综合利用业	Comprehensive Utilization of Waste Resources	10.62	2.86	6.48	7.11
金属制品、机械和设备修理业	Metal Products,Machinery and Equipment Repair Industry	10.94	6.03	4.61	6.24
电力、热力的生产和供应业	Production and Supply of Electricity and Heating Power	4012.38	662.36	2555.27	4560.09
燃气生产和供应业	Production and Supply of Gas	180.75	56.89	89.55	109.72
水的生产和供应业	Production and Supply of Water	755.26	231.26	392.94	552.77

续表 4 Continued 单位:亿元(100 million yuan)

行业	Sector	固定资产净值 Net Value of fixed assets	年末负债合计 Total Liabilities	流动负债 Circulating Liabilities	非流动负债合计 non - circulating liabilities
总计	**Total**	**3940.86**	**5114.55**	**3290.69**	**1775.79**
按登记注册类型分	**by Registered Type**				
#国有	#State - owned	1244.08	1391.46	887.82	500.52
集体	Collective owned				
私营	Private				
港澳台商投资	Enterprises Funded by Entrepreneurs From Hong Kong, Macao and Taiwan	80.22	145.32	108.74	36.58
外商投资	Foreign Funded Enterprises	221.44	283.59	220.42	61.39
在总计中:轻工业	Light Industry	456.11	802.33	496.50	290.77
重工业	Heavy Industry	3484.75	4312.22	2794.19	1485.01
按工业行业分	**By Sector**				
煤炭开采和洗选业	Coal Mining and Dressing				
黑色金属矿采选业	Ferrous Metals Mining and Dressing	2.79	3.94	3.93	0.01
有色金属矿采选业	Nonferrous Metals Mining and Dressing	0.90	0.69	0.64	0.05
非金属矿采选业	Nonmetal Minerals Mining and Dressing	4.46	17.86	16.88	0.98
农副食品加工业	Non - staple Food Processing	6.61	15.81	13.33	2.46
食品制造业	Food Manufacturing	3.73	8.25	7.73	0.52
酒、饮料和精制茶制造业	Wine, Soft Drinks and Refined Tea Manufacturing	13.27	34.24	18.03	16.21
烟草制品业	Tobacco Processing	47.86	60.79	60.79	
纺织业	Textile Industry	10.87	29.91	23.15	5.96
纺织服装、服饰业	Garments and Apparel Industry	4.75	7.14	6.68	0.13
皮革、毛皮、羽毛及其制品和制鞋业	Leather, Furs, Down and Related Production, Shoes Manufacturing	0.23	0.17	0.17	
木材加工和木、竹、藤、棕、草制品业	Timber Processing, Bamboo, Cane Palm Fiber and Straw Production				
家具制造业	Furniture Manufacturing				
造纸和纸制品业	Papermaking and Paper Production	15.19	13.47	11.50	1.97
印刷和记录媒介复制业	Printing and Record Medium Reproduction	9.80	13.08	13.04	0.03
文教、工美、体育和娱乐用品制造业	Cultural and Educational, Arts and Crafts, Sports and Entertainment Goods	0.69	1.14	1.13	0.02

续表 5 Continued 单位:亿元(100 million yuan)

行业	Sector	固定资产净值 Net Value of fixed assets	年末负债合计 Total Liabilities	流动负债 Circulating Liabilities	非流动负债合计 non－circulating liabilities
石油加工、炼焦和核燃料加工业	Petroleum Processing, Coking and Nuclear Fuel Processing	177.17	241.49	241.48	0.02
化学原料和化学制品制造业	Raw Chemical Materials and Chemical Production	200.52	264.16	206.70	55.81
医药制造业	Medical and Pharmaceutical Production	45.36	103.39	51.58	51.81
化学纤维制造业	Chemical Fiber	6.70	5.40	2.72	0.54
橡胶和塑料制品业	Rubber and Plastic Production	37.62	142.22	110.79	31.43
非金属矿物制品业	Nonmetal Mineral Production	186.91	253.23	194.53	58.55
黑色金属冶炼和压延加工业	Smelting and Pressing of Ferrous Metals	171.12	338.55	313.12	25.42
有色金属冶炼和压延加工业	Smelting and Pressing of Nonferrous Metals	3.67	33.35	31.71	1.64
金属制品业	Metal Production	8.74	23.59	22.35	1.24
通用设备制造业	Equipment in Common Use	30.74	134.44	127.97	6.44
专用设备制造业	Special Purpose Equipment	2.96	37.15	36.12	1.03
汽车制造业	Automotive Manufacturing	50.99	127.23	71.33	53.55
铁路、船舶、航空航天和其他运输设备制造业	Railway, Shipbuilding, Aerospace and other Transport Equipment	40.84	87.46	76.66	10.80
电气机械和器材制造业	Electric Equipment and Machinery	9.88	63.72	56.10	7.37
计算机、通信和其他电子设备制造业	Computers, Communications and Other Electronic Equipment Manufacturing	12.96	66.92	60.30	6.62
仪器仪表制造业	Instruments Manufacturing	2.03	5.75	5.58	0.15
其他制造业	Other Manufacturing	22.57	65.58	24.83	40.76
废弃资源综合利用业	Comprehensive Utilization of Waste Resources	6.10	8.70	8.57	0.13
金属制品、机械和设备修理业	Metal Products, Machinery and Equipment Repair Industry	4.61	5.41	5.26	0.10
电力、热力的生产和供应业	Production and Supply of Electricity and Heating Power	2383.22	2344.23	1165.00	1150.89
燃气生产和供应业	Production and Supply of Gas	86.44	104.19	60.79	43.39
水的生产和供应业	Production and Supply of Water	328.56	451.93	240.20	199.77

续表 6　Continued　单位:亿元(100 million yuan)

行业	Sector	年末所有者权益合计 Creditors´ Equity	实收资本 Total Capital Hold	主营业务收入 Revenues in Main Business	主营业务成本 Costs in Main Business
总计	**Total**	**3907.78**	**1715.73**	**9014.99**	**7615.54**
按登记注册类型分	**by Registered Type**				
#国有	#State - owned	1105.11	145.80	3179.76	2923.75
集体	Collective owned				
私营	Private				
港澳台商投资	Enterprises Funded by Entrepreneurs From Hong Kong, Macao and Taiwan	114.11	86.81	475.57	408.96
外商投资	Foreign Funded Enterprises	256.12	175.40	581.82	462.76
在总计中:轻工业	Light Industry	927.33	254.45	894.87	460.01
重工业	Heavy Industry	2980.45	1461.29	8120.12	7155.53
按工业行业分	**By Sector**				
煤炭开采和洗选业	Coal Mining and Dressing				
黑色金属矿采选业	Ferrous Metals Mining and Dressing	10.37	1.76	8.55	6.92
有色金属矿采选业	Nonferrous Metals Mining and Dressing	1.33	0.69	0.97	0.54
非金属矿采选业	Nonmetal Minerals Mining and Dressing	2.08	3.84	11.38	7.51
农副食品加工业	Non - staple Food Processing	11.44	4.52	35.76	32.20
食品制造业	Food Manufacturing	5.88	2.60	15.48	11.87
酒、饮料和精制茶制造业	Wine, Soft Drinks and Refined Tea Manufacturing	50.43	7.14	22.84	14.52
烟草制品业	Tobacco Processing	284.17	9.76	374.84	70.47
纺织业	Textile Industry	22.39	4.04	39.42	35.31
纺织服装、服饰业	Garments and Apparel Industry	22.48	3.19	13.48	9.09
皮革、毛皮、羽毛及其制品和制鞋业	Leather, Furs, Down and Related Production, Shoes Manufacturing	0.30	0.07	0.81	0.52
木材加工和木、竹、藤、棕、草制品业	Timber Processing, Bamboo, Cane Palm Fiber and Straw Production				
家具制造业	Furniture Manufacturing				
造纸和纸制品业	Papermaking and Paper Production	17.28	7.85	19.10	15.76
印刷和记录媒介复制业	Printing and Record Medium Reproduction	17.17	7.63	22.29	19.22
文教、工美、体育和娱乐用品制造业	Cultural and Educational, Arts and Crafts, Sports and Entertainment Goods	3.16	0.26	7.76	4.27

续表 7 Continued　　单位:亿元(100 million yuan)

行业	Sector	年末所有者权益合计 Creditors´ Equity	实收资本 Total Capital Hold	主营业务收入 Revenues in Main Business	主营业务成本 Costs in Main Business
石油加工、炼焦和核燃料加工业	Petroleum Processing,Coking and Nuclear Fuel Processing	213.97	220.35	1551.55	1316.15
化学原料和化学制品制造业	Raw Chemical Materials and Chemical Production	242.61	75.74	672.00	581.07
医药制造业	Medical and Pharmaceutical Production	158.90	20.48	114.61	57.36
化学纤维制造业	Chemical Fiber	11.15	7.24	12.42	9.78
橡胶和塑料制品业	Rubber and Plastic Production	63.90	10.92	278.25	238.60
非金属矿物制品业	Nonmetal Mineral Production	198.32	113.03	318.08	260.27
黑色金属冶炼和压延加工业	Smelting and Pressing of Ferrous Metals	138.98	103.47	387.75	365.98
有色金属冶炼和压延加工业	Smelting and Pressing of Nonferrous Metals	7.38	2.60	116.77	113.64
金属制品业	Metal Production	13.76	7.47	39.65	34.88
通用设备制造业	Equipment in Common Use	123.11	38.91	178.26	143.98
专用设备制造业	Special Purpose Equipment	20.66	8.88	32.10	28.24
汽车制造业	Automotive Manufacturing	50.93	64.69	100.97	82.84
铁路、船舶、航空航天和其他运输设备制造业	Railway, Shipbuilding, Aerospace and other Transport Equipment	47.46	19.54	107.72	93.58
电气机械和器材制造业	Electric Equipment and Machinery	19.72	11.93	61.68	52.65
计算机、通信和其他电子设备制造业	Computers, Communications and Other Electronic Equipment Manufacturing	67.06	40.70	74.80	63.78
仪器仪表制造业	Instruments Manufacturing	5.54	3.33	8.67	6.70
其他制造业	Other Manufacturing	21.29	20.96	27.56	25.19
废弃资源综合利用业	Comprehensive Utilization of Waste Resources	1.92	1.57	11.53	10.17
金属制品、机械和设备修理业	Metal Products,Machinery and Equipment Repair Industry	4.92	4.90	4.86	4.06
电力、热力的生产和供应业	Production and Supply of Electricity and Heating Power	1668.15	650.22	3975.19	3570.35
燃气生产和供应业	Production and Supply of Gas	76.56	67.14	238.80	223.88
水的生产和供应业	Production and Supply of Water	303.00	168.35	129.10	104.19

续表 8 Continued 单位:亿元(100 million yuan)

行业	Sector	主营业务税金及附加 Sales Taxes and Extra Charges in Main Business	利润总额 Total Profits	利税总额 Total Profits and Taxes	本年应交增值税 Value Added Taxes Payable	全部从业人员年平均人数(万人) Average Number of Employed Persons (10000 persons)
总计	**Total**	**429.07**	**574.30**	**1376.54**	**371.97**	**32.98**
按登记注册类型分	**by Registered Type**					
#国有	#State - owned	94.09	87.23	294.63	112.77	9.18
集体	Collective owned					
私营	Private					
港澳台商投资	Enterprises Funded by Entrepreneurs From Hong Kong, Macao and Taiwan	33.74	18.92	89.33	36.65	0.99
外商投资	Foreign Funded Enterprises	3.31	57.69	79.88	18.88	2.59
在总计中:轻工业	Light Industry	242.28	78.35	391.06	70.16	8.63
重工业	Heavy Industry	186.79	495.94	985.48	301.81	24.35
按工业行业分	**By Sector**					
煤炭开采和洗选业	Coal Mining and Dressing					
黑色金属矿采选业	Ferrous Metals Mining and Dressing	0.11	0.34	0.81	0.36	0.13
有色金属矿采选业	Nonferrous Metals Mining and Dressing	0.03		0.13	0.10	0.06
非金属矿采选业	Nonmetal Minerals Mining and Dressing	0.57	1.14	2.65	0.91	0.30
农副食品加工业	Non - staple Food Processing	0.08	1.05	1.61	0.48	0.67
食品制造业	Food Manufacturing	0.09	1.32	2.02	0.61	0.40
酒、饮料和精制茶制造业	Wine, Soft Drinks and Refined Tea Manufacturing	1.50	1.80	4.78	1.48	0.53
烟草制品业	Tobacco Processing	236.75	41.04	325.86	48.06	0.11
纺织业	Textile Industry	0.13	1.89	2.99	0.96	0.55
纺织服装、服饰业	Garments and Apparel Industry	0.18	1.29	2.97	1.50	0.60
皮革、毛皮、羽毛及其制品和制鞋业	Leather, Furs, Down and Related Production, Shoes Manufacturing	0.02	0.13	0.21	0.06	0.02
木材加工和木、竹、藤、棕、草制品业	Timber Processing, Bamboo, Cane Palm Fiber and Straw Production					
家具制造业	Furniture Manufacturing					
造纸和纸制品业	Papermaking and Paper Production	0.08	0.02	0.80	0.69	0.29
印刷和记录媒介复制业	Printing and Record Medium Reproduction	0.06	1.91	2.41	0.42	0.33
文教、工美、体育和娱乐用品制造业	Cultural and Educational, Arts and Crafts, Sports and Entertainment Goods	0.06	3.25	3.56	0.25	0.03

续表 9 Continued 单位:亿元(100 million yuan)

行业	Sector	主营业务税金及附加 Sales Taxes and Extra Charges in Main Business	利润总额 Total Profits	利税总额 Total Profits and Taxes	本年应交增值税 Value Added Taxes Payable	全部从业人员年平均人数(万人) Average Number of Employed Persons (10000 persons)
石油加工、炼焦和核燃料加工业	Petroleum Processing,Coking and Nuclear Fuel Processing	151.89	66.09	283.44	65.46	0.84
化学原料和化学制品制造业	Raw Chemical Materials and Chemical Production	3.81	62.41	87.23	21.00	2.81
医药制造业	Medical and Pharmaceutical Production	1.01	14.14	23.22	8.07	1.69
化学纤维制造业	Chemical Fiber	0.09	1.26	2.05	0.71	0.09
橡胶和塑料制品业	Rubber and Plastic Production	1.48	14.79	20.83	4.55	1.72
非金属矿物制品业	Nonmetal Mineral Production	1.65	33.30	50.08	15.03	2.69
黑色金属冶炼和压延加工业	Smelting and Pressing of Ferrous Metals	1.21	7.34	16.33	7.78	1.50
有色金属冶炼和压延加工业	Smelting and Pressing of Nonferrous Metals	0.18	1.29	1.94	0.47	0.15
金属制品业	Metal Production	0.19	1.21	2.76	1.35	0.33
通用设备制造业	Equipment in Common Use	0.79	17.90	23.21	4.52	1.69
专用设备制造业	Special Purpose Equipment	0.16	0.05	1.36	1.15	0.43
汽车制造业	Automotive Manufacturing	4.63	-1.75	5.20	2.31	0.83
铁路、船舶、航空航天和其他运输设备制造业	Railway, Shipbuilding, Aerospace and other Transport Equipment	1.26	4.49	6.90	1.15	1.40
电气机械和器材制造业	Electric Equipment and Machinery	0.20	1.75	2.88	0.92	0.60
计算机、通信和其他电子设备制造业	Computers, Communications and Other Electronic Equipment Manufacturing	0.42	5.09	6.93	1.37	1.02
仪器仪表制造业	Instruments Manufacturing	0.11	0.44	0.83	0.28	0.17
其他制造业	Other Manufacturing	0.04	0.46	0.72	0.22	0.02
废弃资源综合利用业	Comprehensive Utilization of Waste Resources	0.05	0.46	0.69	0.19	0.04
金属制品、机械和设备修理业	Metal Products,Machinery and Equipment Repair Industry	0.01	0.05	0.15	0.09	0.10
电力、热力的生产和供应业	Production and Supply of Electricity and Heating Power	19.00	276.46	467.08	170.99	8.21
燃气生产和供应业	Production and Supply of Gas	0.48	9.54	13.31	3.24	0.30
水的生产和供应业	Production and Supply of Water	0.78	2.37	8.58	5.23	2.32

7-9 按行业分的国有及国有控股工业企业主要经济效益指标(2013年)
Main Economic Beneficial Indicators of State-owned and State Holding Industrial Enterprises by Sector(2013)

行业	Sector	每百元固定资产原值实现利税(元) Pre tax Profits per 100 Yuan Original Value of Fixed Assets(yuan)	每百元主营业务收入实现利税(元) Pre tax Profits per 100 Yuan Revenues in Main Business (yuan)	产品销售率(%) Rate of Production Sold (%)	出口交货值占工业销售(%) Export delivery value of the proportion of total sales value(%)	新产品产值率(%) New product ratio (%)
总计	**Total**	**19.11**	**15.27**	**98.99**	**3.32**	**8.70**
按登记注册类型分	**by Registered Type**					
#国有	#State-owned	11.99	9.27	99.81	0.22	0.62
集体	Collective owned					
私营	Private					
港澳台商投资	Enterprises Funded by Entrepreneurs From Hong Kong, Macao and Taiwan	68.75	18.78	99.85	1.05	13.28
外商投资	Foreign Funded Enterprises	20.83	13.73	107.81	13.66	17.47
在总计中:轻工业	Light Industry	49.26	43.70	98.74	9.13	15.48
重工业	Heavy Industry	15.38	12.14	99.01	2.69	7.96
按工业行业分	**By Sector**					
煤炭开采和洗选业	Coal Mining and Dressing					
黑色金属矿采选业	Ferrous Metals Mining and Dressing	14.66	9.52	99.93		
有色金属矿采选业	Nonferrous Metals Mining and Dressing	7.87	13.11	99.86		
非金属矿采选业	Nonmetal Minerals Mining and Dressing	33.70	23.32	98.35	0.30	5.12
农副食品加工业	Non-staple Food Processing	11.78	4.50	96.54	19.62	10.77
食品制造业	Food Manufacturing	34.10	13.05	87.39	19.97	29.95
酒、饮料和精制茶制造业	Wine, Soft Drinks and Refined Tea Manufacturing	20.48	20.93	99.07	2.31	11.23
烟草制品业	Tobacco Processing	348.05	86.93	100.23	0.78	0.17
纺织业	Textile Industry	17.10	7.58	97.09	14.57	15.99
纺织服装、服饰业	Garments and Apparel Industry	29.68	22.05	101.42	29.84	1.07
皮革、毛皮、羽毛及其制品和制鞋业	Leather, Furs, Down and Related Production, Shoes Manufacturing	44.84	25.48	103.39	59.80	
木材加工和木、竹、藤、棕、草制品业	Timber Processing, Bamboo, Cane Palm Fiber and Straw Production					
家具制造业	Furniture Manufacturing					
造纸和纸制品业	Papermaking and Paper Production	2.30	4.19	96.54	3.67	28.17
印刷和记录媒介复制业	Printing and Record Medium Reproduction	13.40	10.82	99.39	0.80	
文教、工美、体育和娱乐用品制造业	Cultural and Educational, Arts and Crafts, Sports and Entertainment Goods	468.29	45.88	98.50	0.28	69.83

续表 Continued

行业	Sector	每百元固定资产原值实现利税(元) Pre tax Profits per 100 Yuan Original Value of Fixed Assets(yuan)	每百元主营业务收入实现利税(元) Pre tax Profits per 100 Yuan Revenues in Main Business (yuan)	产品销售率(%) Rate of Production Sold (%)	出口交货值占工业销售(%) Export delivery value of the proportion of total sales value(%)	新产品产值率(%) New product ratio (%)
石油加工、炼焦和核燃料加工业	Petroleum Processing,Coking and Nuclear Fuel Processing	78.96	18.27	94.40	0.10	0.30
化学原料和化学制品制造业	Raw Chemical Materials and Chemical Production	27.67	12.98	97.05	3.53	26.85
医药制造业	Medical and Pharmaceutical Production	29.26	20.26	96.59	34.32	51.64
化学纤维制造业	Chemical Fiber	16.18	16.53	106.79	15.29	7.33
橡胶和塑料制品业	Rubber and Plastic Production	28.55	7.48	121.02	19.73	25.48
非金属矿物制品业	Nonmetal Mineral Production	17.75	15.74	99.37	5.54	14.92
黑色金属冶炼和压延加工业	Smelting and Pressing of Ferrous Metals	5.00	4.21	98.85	2.84	15.33
有色金属冶炼和压延加工业	Smelting and Pressing of Nonferrous Metals	34.66	1.66	96.80		28.65
金属制品业	Metal Production	19.99	6.97	103.96	11.87	48.01
通用设备制造业	Equipment in Common Use	42.82	13.02	97.83	15.77	56.46
专用设备制造业	Special Purpose Equipment	20.86	4.25	96.36	26.07	41.10
汽车制造业	Automotive Manufacturing	7.80	5.15	98.76	7.87	64.02
铁路、船舶、航空航天和其他运输设备制造业	Railway, Shipbuilding, Aerospace and other Transport Equipment	10.78	6.40	99.38	44.03	32.72
电气机械和器材制造业	Electric Equipment and Machinery	18.97	4.67	97.93	5.35	51.75
计算机、通信和其他电子设备制造业	Computers, Communications and Other Electronic Equipment Manufacturing	23.64	9.27	94.64	20.93	63.36
仪器仪表制造业	Instruments Manufacturing	24.00	9.56	90.23	1.78	30.64
其他制造业	Other Manufacturing	2.68	2.60	99.57		5.36
废弃资源综合利用业	Comprehensive Utilization of Waste Resources	9.76	6.02	100.00		
金属制品、机械和设备修理业	Metal Products,Machinery and Equipment Repair Industry	2.46	3.15	100.00	2.53	6.19
电力、热力生产和供应业	Production and Supply of Electricity and Heating Power	10.24	11.75	99.91		0.15
燃气生产和供应业	Production and Supply of Gas	12.13	5.57	99.78		
水的生产和供应业	Production and Supply of Water	1.55	6.64	98.76	0.33	1.28

7-10 按行业分的规模以上私营工业企业主要指标(2013 年)
Main Indicators of Private Industrial Enterprises Above Designated Size by Sector(2013)

单位:亿元(100 million yuan)

行业	Sector	企业单位数(个) Number of Enterprises (unit)	#亏损企业(个) Loss (unit)	工业总产值 Gross Industrial Output Value	出口交货值 Export Delivery value
总计	**Total**	**26219**	**2690**	**25792.12**	**4585.31**
按登记注册类型分	**by Registered Type**				
#国有	#State-owned				
集体	Collective owned				
私营	Private	26219	2690	25792.12	4585.31
港澳台商投资	Enterprises Funded by Entrepreneurs From Hong Kong, Macao and Taiwan				
外商投资	Foreign Funded Enterprises				
在总计中:轻工业	Light Industry	13466	1324	12432.24	2949.98
重工业	Heavy Industry	12753	1366	13359.88	1635.33
按工业行业分	**By Sector**				
煤炭开采和洗选业	Coal Mining and Dressing	1		0.73	
黑色金属矿采选业	Ferrous Metals Mining and Dressing	3		7.15	
有色金属矿采选业	Nonferrous Metals Mining and Dressing	15	1	29.89	
非金属矿采选业	Nonmetal Minerals Mining and Dressing	71	8	61.73	
农副食品加工业	Non-staple Food Processing	562	55	578.22	87.27
食品制造业	Food Manufacturing	188	23	146.64	25.54
酒、饮料和精制茶制造业	Wine, Soft Drinks and Refined Tea Manufacturing	127	5	155.33	24.01
烟草制品业	Tobacco Processing				
纺织业	Textile Industry	3793	292	3872.47	702.85
纺织服装、服饰业	Garments and Apparel Industry	1586	191	1145.78	413.23
皮革、毛皮、羽毛及其制品和制鞋业	Leather, Furs, Down and Related Production, Shoes Manufacturing	1318	84	915.37	325.03
木材加工和木、竹、藤、棕、草制品业	Timber Processing, Bamboo, Cane Palm Fiber and Straw Production	372	25	292.68	43.65
家具制造业	Furniture Manufacturing	454	59	355.46	194.40
造纸和纸制品业	Papermaking and Paper Production	647	84	609.91	15.81
印刷和记录媒介复制业	Printing and Record Medium Reproduction	342	45	196.21	17.49
文教、工美、体育和娱乐用品制造业	Cultural and Educational, Arts and Crafts, Sports and Entertainment Goods	832	79	687.61	250.19

续表 1 Continued 单位:亿元(100 million yuan)

行业	Sector	企业单位数(个) Number of Enterprises (unit)	#亏损企业(个) Loss (unit)	工业总产值 Gross Industrial Output Value	出口交货值 Export Delivery value
石油加工、炼焦和核燃料加工业	Petroleum Processing,Coking and Nuclear Fuel Processing	27	5	35.23	0.10
化学原料和化学制品制造业	Raw Chemical Materials and Chemical Production	932	98	1433.43	114.46
医药制造业	Medical and Pharmaceutical Production	186	23	197.80	24.51
化学纤维制造业	Chemical Fiber	410	43	871.53	35.40
橡胶和塑料制品业	Rubber and Plastic Production	1619	167	1486.46	258.84
非金属矿物制品业	Nonmetal Mineral Production	983	111	948.32	52.94
黑色金属冶炼和压延加工业	Smelting and Pressing of Ferrous Metals	772	82	1245.61	36.94
有色金属冶炼和压延加工业	Smelting and Pressing of Nonferrous Metals	552	84	1137.07	26.56
金属制品业	Metal Production	1743	200	1571.22	380.17
通用设备制造业	Equipment in Common Use	2436	212	2061.53	397.01
专用设备制造业	Special Purpose Equipment	988	80	662.39	105.18
汽车制造业	Automotive Manufacturing	970	86	798.48	122.38
铁路、船舶、航空航天和其他运输设备制造业	Railway, Shipbuilding, Aerospace and other Transport Equipment	400	71	447.57	108.06
电气机械和器材制造业	Electric Equipment and Machinery	2436	289	2554.12	616.94
计算机、通信和其他电子设备制造业	Computers, Communications and Other Electronic Equipment Manufacturing	671	83	634.69	109.47
仪器仪表制造业	Instruments Manufacturing	359	29	233.56	44.07
其他制造业	Other Manufacturing	232	21	141.83	46.12
废弃资源综合利用业	Comprehensive Utilization of Waste Resources	94	39	182.11	
金属制品、机械和设备修理业	Metal Products,Machinery and Equipment Repair Industry	33	6	29.91	6.69
电力、热力的生产和供应业	Production and Supply of Electricity and Heating Power	43	6	46.05	0.02
燃气生产和供应业	Production and Supply of Gas	14	1	14.46	
水的生产和供应业	Production and Supply of Water	8	3	3.59	

续表 2 Continued 单位:亿元(100 million yuan)

行业	Sector	资产总计 Total Assets	流动资产合计 Circulating Funds	固定资产合计 Fixed Assets	固定资产原价 Original Value of Fixed Assets
总计	**Total**	**22286.05**	**14280.82**	**5084.10**	**7267.27**
按登记注册类型分	**by Registered Type**				
#国有	#State - owned				
集体	Collective owned				
私营	Private	22286.05	14280.82	5084.10	7267.27
港澳台商投资	Enterprises Funded by Entrepreneurs From Hong Kong,Macao and Taiwan				
外商投资	Foreign Funded Enterprises				
在总计中:轻工业	Light Industry	10409.64	6644.43	2471.31	3583.72
重工业	Heavy Industry	11876.42	7636.39	2612.79	3683.55
按工业行业分	**By Sector**				
煤炭开采和洗选业	Coal Mining and Dressing	0.23	0.16	0.06	0.07
黑色金属矿采选业	Ferrous Metals Mining and Dressing	2.48	1.87	0.31	0.59
有色金属矿采选业	Nonferrous Metals Mining and Dressing	22.15	10.41	2.19	3.33
非金属矿采选业	Nonmetal Minerals Mining and Dressing	57.63	26.44	12.37	16.68
农副食品加工业	Non - staple Food Processing	414.41	252.92	105.84	132.16
食品制造业	Food Manufacturing	135.43	76.21	36.97	47.53
酒、饮料和精制茶制造业	Wine, Soft Drinks and Refined Tea Manufacturing	127.23	70.66	36.61	50.97
烟草制品业	Tobacco Processing				
纺织业	Textile Industry	3131.45	1962.00	822.45	1289.17
纺织服装、服饰业	Garments and Apparel Industry	920.58	606.96	188.68	273.83
皮革、毛皮、羽毛及其制品和制鞋业	Leather,Furs,Down and Related Production,Shoes Manufacturing	623.66	435.67	121.13	169.71
木材加工和木、竹、藤、棕、草制品业	Timber Processing,Bamboo,Cane Palm Fiber and Straw Production	189.81	121.47	48.55	61.96
家具制造业	Furniture Manufacturing	326.11	220.04	65.89	85.36
造纸和纸制品业	Papermaking and Paper Production	614.74	388.59	155.50	219.22
印刷和记录媒介复制业	Printing and Record Medium Reproduction	250.25	145.14	70.35	108.51
文教、工美、体育和娱乐用品制造业	Cultural and Educational, Arts and Crafts,Sports and Entertainment Goods	569.88	366.62	128.47	169.16

续表 3 Continued 单位:亿元(100 million yuan)

行业	Sector	资产总计 Total Assets	流动资产合计 Circulating Funds	固定资产合计 Fixed Assets	固定资产原价 Original Value of Fixed Assets
石油加工、炼焦和核燃料加工业	Petroleum Processing,Coking and Nuclear Fuel Processing	17.33	10.84	4.02	5.82
化学原料和化学制品制造业	Raw Chemical Materials and Chemical Production	1220.44	768.84	261.92	370.53
医药制造业	Medical and Pharmaceutical Production	198.25	109.90	54.73	75.36
化学纤维制造业	Chemical Fiber	678.82	421.22	174.66	262.90
橡胶和塑料制品业	Rubber and Plastic Production	1178.74	767.26	280.56	412.54
非金属矿物制品业	Nonmetal Mineral Production	1007.40	627.23	245.06	373.27
黑色金属冶炼和压延加工业	Smelting and Pressing of Ferrous Metals	784.52	534.56	172.13	237.33
有色金属冶炼和压延加工业	Smelting and Pressing of Nonferrous Metals	700.65	516.27	108.85	147.52
金属制品业	Metal Production	1342.46	880.94	313.82	411.45
通用设备制造业	Equipment in Common Use	2081.00	1321.85	440.32	625.28
专用设备制造业	Special Purpose Equipment	733.21	469.92	168.04	234.31
汽车制造业	Automotive Manufacturing	797.69	493.77	200.72	281.29
铁路、船舶、航空航天和其他运输设备制造业	Railway, Shipbuilding, Aerospace and other Transport Equipment	579.82	344.86	143.01	187.01
电气机械和器材制造业	Electric Equipment and Machinery	2281.71	1502.25	424.74	590.41
计算机、通信和其他电子设备制造业	Computers, Communications and Other Electronic Equipment Manufacturing	672.66	450.37	127.25	181.02
仪器仪表制造业	Instruments Manufacturing	249.34	165.87	50.48	72.15
其他制造业	Other Manufacturing	112.22	73.29	25.13	35.60
废弃资源综合利用业	Comprehensive Utilization of Waste Resources	97.36	76.87	14.86	14.43
金属制品、机械和设备修理业	Metal Products,Machinery and Equipment Repair Industry	30.73	14.00	10.68	17.09
电力、热力的生产和供应业	Production and Supply of Electricity and Heating Power	112.96	38.20	55.82	87.73
燃气生产和供应业	Production and Supply of Gas	12.30	5.79	5.09	6.24
水的生产和供应业	Production and Supply of Water	10.42	1.6	6.82	9.76

续表 4 Continued 单位:亿元(100 million yuan)

行业	Sector	固定资产净值 Net Value of fixed assets	年末负债合计 Total Liabilities	流动负债 Circulating Liabilities	非流动负债合计 non-circulating liabilities
总计	**Total**	**4601.00**	**14602.77**	**13522.94**	**602.71**
按登记注册类型分	**by Registered Type**				
#国有	#State - owned				
集体	Collective owned				
私营	Private	4601.00	14602.77	13522.94	602.71
港澳台商投资	Enterprises Funded by Entrepreneurs From Hong Kong, Macao and Taiwan				
外商投资	Foreign Funded Enterprises				
在总计中:轻工业	Light Industry	2247.68	6907.41	6410.64	264.39
重工业	Heavy Industry	2353.32	7695.36	7112.30	338.31
按工业行业分	**By Sector**				
煤炭开采和洗选业	Coal Mining and Dressing	0.01	0.28	0.28	
黑色金属矿采选业	Ferrous Metals Mining and Dressing	0.24	1.48	1.47	0.01
有色金属矿采选业	Nonferrous Metals Mining and Dressing	1.15	12.78	12.50	0.10
非金属矿采选业	Nonmetal Minerals Mining and Dressing	10.60	37.85	33.66	3.05
农副食品加工业	Non - staple Food Processing	92.69	253.42	227.55	15.74
食品制造业	Food Manufacturing	31.90	82.68	75.45	6.61
酒、饮料和精制茶制造业	Wine, Soft Drinks and Refined Tea Manufacturing	33.00	77.10	72.45	3.85
烟草制品业	Tobacco Processing				
纺织业	Textile Industry	766.10	2133.82	1947.27	96.71
纺织服装、服饰业	Garments and Apparel Industry	173.44	561.00	531.45	11.52
皮革、毛皮、羽毛及其制品和制鞋业	Leather, Furs, Down and Related Production, Shoes Manufacturing	111.82	427.39	414.12	5.20
木材加工和木、竹、藤、棕、草制品业	Timber Processing, Bamboo, Cane Palm Fiber and Straw Production	43.51	115.77	105.77	5.44
家具制造业	Furniture Manufacturing	58.81	222.50	207.24	4.90
造纸和纸制品业	Papermaking and Paper Production	142.88	426.68	397.43	11.41
印刷和记录媒介复制业	Printing and Record Medium Reproduction	65.39	172.47	158.33	11.13
文教、工美、体育和娱乐用品制造业	Cultural and Educational, Arts and Crafts, Sports and Entertainment Goods	114.67	361.11	327.00	21.38

续表 5 Continued　单位:亿元(100 million yuan)

行业	Sector	固定资产净值 Net Value of fixed assets	年末负债合计 Total Liabilities	流动负债 Circulating Liabilities	非流动负债合计 non-circulating liabilities
石油加工、炼焦和核燃料加工业	Petroleum Processing,Coking and Nuclear Fuel Processing	3.87	12.11	11.60	
化学原料和化学制品制造业	Raw Chemical Materials and Chemical Production	237.30	701.73	628.60	50.28
医药制造业	Medical and Pharmaceutical Production	47.87	115.63	102.72	9.82
化学纤维制造业	Chemical Fiber	160.36	491.45	453.11	23.58
橡胶和塑料制品业	Rubber and Plastic Production	241.72	775.72	736.11	24.28
非金属矿物制品业	Nonmetal Mineral Production	224.95	658.15	588.67	32.23
黑色金属冶炼和压延加工业	Smelting and Pressing of Ferrous Metals	154.31	552.95	532.01	10.32
有色金属冶炼和压延加工业	Smelting and Pressing of Nonferrous Metals	93.90	499.40	481.64	8.12
金属制品业	Metal Production	282.64	862.51	775.44	17.54
通用设备制造业	Equipment in Common Usc	392.14	1316.66	1222.41	63.33
专用设备制造业	Special Purpose Equipment	152.72	460.95	439.05	12.81
汽车制造业	Automotive Manufacturing	181.33	505.41	479.27	17.93
铁路、船舶、航空航天和其他运输设备制造业	Railway, Shipbuilding, Aerospace and other Transport Equipment	130.98	429.21	401.17	23.99
电气机械和器材制造业	Electric Equipment and Machinery	383.44	1504.96	1411.13	54.74
计算机、通信和其他电子设备制造业	Computers, Communications and Other Electronic Equipment Manufacturing	116.29	418.28	393.48	16.16
仪器仪表制造业	Instruments Manufacturing	45.36	152.79	146.86	4.28
其他制造业	Other Manufacturing	23.01	72.55	69.22	2.14
废弃资源综合利用业	Comprehensive Utilization of Waste Resources	10.16	80.65	65.61	8.28
金属制品、机械和设备修理业	Metal Products,Machinery and Equipment Repair Industry	10.31	18.07	14.39	3.62
电力、热力的生产和供应业	Production and Supply of Electricity and Heating Power	50.50	71.15	47.05	20.73
燃气生产和供应业	Production and Supply of Gas	4.85	8.90	7.32	0.53
水的生产和供应业	Production and Supply of Water	6.81	7.22	4.12	0.95

续表 6 Continued

单位:亿元(100 million yuan)

行业	Sector	年末所有者权益合计 Creditors´ Equity	实收资本 Total Capital Hold	主营业务收入 Revenues in Main Business	主营业务成本 Costs in Main Business
总计	**Total**	**7633.03**	**3489.50**	**24942.60**	**21603.44**
按登记注册类型分	**by Registered Type**				
#国有	#State - owned				
集体	Collective owned				
私营	Private	7633.03	3489.50	24942.60	21603.44
港澳台商投资	Enterprises Funded by Entrepreneurs From Hong Kong,Macao and Taiwan				
外商投资	Foreign Funded Enterprises				
在总计中:轻工业	Light Industry	3468.68	1500.19	12090.68	10503.42
重工业	Heavy Industry	4164.34	1989.31	12851.92	11100.02
按工业行业分	**By Sector**				
煤炭开采和洗选业	Coal Mining and Dressing	-0.05	0.05	0.70	0.58
黑色金属矿采选业	Ferrous Metals Mining and Dressing	1.00	0.56	6.99	6.30
有色金属矿采选业	Nonferrous Metals Mining and Dressing	9.02	3.61	29.46	25.44
非金属矿采选业	Nonmetal Minerals Mining and Dressing	19.51	16.17	61.06	49.06
农副食品加工业	Non - staple Food Processing	160.37	70.32	569.44	509.94
食品制造业	Food Manufacturing	51.98	26.01	140.33	116.19
酒、饮料和精制茶制造业	Wine, Soft Drinks and Refined Tea Manufacturing	49.35	22.32	148.08	112.83
烟草制品业	Tobacco Processing				
纺织业	Textile Industry	983.91	435.20	3767.43	3361.86
纺织服装、服饰业	Garments and Apparel Industry	356.75	132.03	1107.01	937.17
皮革、毛皮、羽毛及其制品和制鞋业	Leather,Furs,Down and Related Production,Shoes Manufacturing	193.14	97.88	886.58	771.95
木材加工和木、竹、藤、棕、草制品业	Timber Processing,Bamboo,Cane Palm Fiber and Straw Production	72.88	30.32	283.50	242.11
家具制造业	Furniture Manufacturing	102.63	53.50	341.73	284.96
造纸和纸制品业	Papermaking and Paper Production	185.00	92.51	584.96	507.18
印刷和记录媒介复制业	Printing and Record Medium Reproduction	77.28	37.09	191.11	161.79
文教、工美、体育和娱乐用品制造业	Cultural and Educational, Arts and Crafts,Sports and Entertainment Goods	206.53	75.44	673.37	579.88

续表 7 Continued 单位:亿元(100 million yuan)

行业	Sector	年末所有者权益合计 Creditors´ Equity	实收资本 Total Capital Hold	主营业务收入 Revenues in Main Business	主营业务成本 Costs in Main Business
石油加工、炼焦和核燃料加工业	Petroleum Processing, Coking and Nuclear Fuel Processing	4.80	3.76	35.58	32.51
化学原料和化学制品制造业	Raw Chemical Materials and Chemical Production	516.77	186.63	1477.38	1272.64
医药制造业	Medical and Pharmaceutical Production	80.17	38.38	177.45	127.08
化学纤维制造业	Chemical Fiber	187.45	95.24	834.59	779.07
橡胶和塑料制品业	Rubber and Plastic Production	401.11	183.42	1441.69	1254.25
非金属矿物制品业	Nonmetal Mineral Production	347.35	176.94	925.52	783.64
黑色金属冶炼和压延加工业	Smelting and Pressing of Ferrous Metals	231.86	122.83	1210.16	1113.47
有色金属冶炼和压延加工业	Smelting and Pressing of Nonferrous Metals	197.89	96.37	1101.90	1023.39
金属制品业	Metal Production	480.92	205.12	1515.18	1297.71
通用设备制造业	Equipment in Common Use	761.58	334.65	1988.02	1666.92
专用设备制造业	Special Purpose Equipment	270.93	116.37	629.87	513.32
汽车制造业	Automotive Manufacturing	290.51	120.63	758.66	618.01
铁路、船舶、航空航天和其他运输设备制造业	Railway, Shipbuilding, Aerospace and other Transport Equipment	150.45	96.00	381.22	334.38
电气机械和器材制造业	Electric Equipment and Machinery	773.71	385.28	2444.00	2095.79
计算机、通信和其他电子设备制造业	Computers, Communications and Other Electronic Equipment Manufacturing	254.73	120.99	604.90	491.02
仪器仪表制造业	Instruments Manufacturing	96.31	49.11	222.83	176.88
其他制造业	Other Manufacturing	39.27	18.43	137.54	117.84
废弃资源综合利用业	Comprehensive Utilization of Waste Resources	16.89	13.04	176.57	167.17
金属制品、机械和设备修理业	Metal Products, Machinery and Equipment Repair Industry	12.66	4.28	24.75	21.38
电力、热力的生产和供应业	Production and Supply of Electricity and Heating Power	41.79	23.96	45.25	34.28
燃气生产和供应业	Production and Supply of Gas	3.41	2.73	14.29	12.69
水的生产和供应业	Production and Supply of Water	3.20	2.3	3.51	2.76

续表 8 Continued 单位:亿元(100 million yuan)

行业	Sector	主营业务税金及附加 Sales Taxes and Extra Charges in Main Business	利润总额 Total Profits	利税总额 Total Profits and Taxes	本年应交增值税 Value Added Taxes Payable	全部从业人员年平均人数(万人) Average Number of Employed Persons (10000 persons)
总计	**Total**	**117.77**	**1261.68**	**2044.15**	**662.02**	**359.82**
按登记注册类型分	**by Registered Type**					
#国有	#State - owned					
集体	Collective owned					
私营	Private	117.77	1261.68	2044.15	662.02	359.82
港澳台商投资	Enterprises Funded by Entrepreneurs From Hong Kong, Macao and Taiwan					
外商投资	Foreign Funded Enterprises					
在总计中:轻工业	Light Industry	58.30	585.00	965.33	320.75	199.27
重工业	Heavy Industry	59.47	676.67	1078.82	341.27	160.55
按工业行业分	**By Sector**					
煤炭开采和洗选业	Coal Mining and Dressing			0.01		
黑色金属矿采选业	Ferrous Metals Mining and Dressing	0.03	0.40	0.54	0.12	0.04
有色金属矿采选业	Nonferrous Metals Mining and Dressing	0.33	2.06	3.75	1.32	0.20
非金属矿采选业	Nonmetal Minerals Mining and Dressing	1.47	5.42	9.84	2.94	0.47
农副食品加工业	Non - staple Food Processing	1.84	22.89	32.89	8.10	5.37
食品制造业	Food Manufacturing	0.77	7.30	12.41	4.33	2.49
酒、饮料和精制茶制造业	Wine, Soft Drinks and Refined Tea Manufacturing	1.04	13.14	19.62	5.38	1.33
烟草制品业	Tobacco Processing					
纺织业	Textile Industry	17.69	172.65	282.73	92.10	48.50
纺织服装、服饰业	Garments and Apparel Industry	6.26	59.43	102.98	37.12	28.04
皮革、毛皮、羽毛及其制品和制鞋业	Leather, Furs, Down and Related Production, Shoes Manufacturing	4.31	41.19	73.62	28.07	25.15
木材加工和木、竹、藤、棕、草制品业	Timber Processing, Bamboo, Cane Palm Fiber and Straw Production	2.72	17.64	28.15	7.75	4.14
家具制造业	Furniture Manufacturing	1.83	16.20	28.98	10.94	8.09
造纸和纸制品业	Papermaking and Paper Production	3.20	27.99	47.42	16.11	7.56
印刷和记录媒介复制业	Printing and Record Medium Reproduction	0.98	9.39	16.43	6.03	3.88
文教、工美、体育和娱乐用品制造业	Cultural and Educational, Arts and Crafts, Sports and Entertainment Goods	3.53	34.21	54.43	16.62	12.51

续表 9 Continued 单位:亿元(100 million yuan)

行业	Sector	主营业务税金及附加 Sales Taxes and Extra Charges in Main Business	利润总额 Total Profits	利税总额 Total Profits and Taxes	本年应交增值税 Value Added Taxes Payable	全部从业人员年平均人数(万人) Average Number of Employed Persons (10000 persons)
石油加工、炼焦和核燃料加工业	Petroleum Processing,Coking and Nuclear Fuel Processing	0.14	1.23	1.99	0.63	0.10
化学原料和化学制品制造业	Raw Chemical Materials and Chemical Production	6.08	85.13	131.07	39.77	9.32
医药制造业	Medical and Pharmaceutical Production	1.04	16.61	25.35	7.62	2.80
化学纤维制造业	Chemical Fiber	2.05	26.25	40.17	11.82	5.08
橡胶和塑料制品业	Rubber and Plastic Production	6.38	73.66	117.29	36.85	19.48
非金属矿物制品业	Nonmetal Mineral Production	5.22	54.89	94.16	34.01	10.46
黑色金属冶炼和压延加工业	Smelting and Pressing of Ferrous Metals	3.74	41.12	67.82	22.92	8.08
有色金属冶炼和压延加工业	Smelting and Pressing of Nonferrous Metals	2.67	41.26	63.07	19.12	4.82
金属制品业	Metal Production	7.55	89.66	135.23	37.88	23.60
通用设备制造业	Equipment in Common Use	10.16	114.28	181.74	57.09	32.85
专用设备制造业	Special Purpose Equipment	3.66	41.14	65.31	20.45	11.87
汽车制造业	Automotive Manufacturing	4.53	50.44	80.07	25.05	14.74
铁路、船舶、航空航天和其他运输设备制造业	Railway, Shipbuilding, Aerospace and other Transport Equipment	1.72	11.16	22.92	10.01	6.46
电气机械和器材制造业	Electric Equipment and Machinery	10.29	108.44	182.23	63.16	39.88
计算机、通信和其他电子设备制造业	Computers, Communications and Other Electronic Equipment Manufacturing	2.99	43.47	65.17	18.68	11.19
仪器仪表制造业	Instruments Manufacturing	1.38	14.92	24.02	7.69	5.36
其他制造业	Other Manufacturing	0.77	6.41	10.84	3.65	3.32
废弃资源综合利用业	Comprehensive Utilization of Waste Resources	0.92	4.33	10.94	5.69	0.84
金属制品、机械和设备修理业	Metal Products,Machinery and Equipment Repair Industry	0.26	0.74	2.41	1.41	1.21
电力、热力的生产和供应业	Production and Supply of Electricity and Heating Power	0.20	6.15	7.81	1.45	0.50
燃气生产和供应业	Production and Supply of Gas	0.04	0.36	0.56	0.16	0.06
水的生产和供应业	Production and Supply of Water		0.16	0.18	0.02	0.04

7-11 按行业分的规模以上私营工业企业主要经济效益指标(2013年)
Main Economic Beneficial Indicators of Private Industrial Enterprises Above Designated Size by Sector(2013)

行业	Sector	每百元固定资产原值实现利税(元) Pre tax Profits per 100 Yuan Original Value of Fixed Assets(yuan)	每百元主营业务收入实现利税(元) Pre tax Profits per 100 Yuan Revenues in Main Business (yuan)	产品销售率(%) Rate of Production Sold (%)	出口交货值占工业销售(%) Export delivery value of the proportion of total sales value(%)	新产品产值率(%) New product ratio (%)
总计	**Total**	**28.13**	**8.20**	**96.70**	**18.39**	**23.57**
按登记注册类型分	**by Registered Type**					
#国有	#State - owned					
集体	Collective owned					
私营	Private	28.13	8.20	96.70	18.39	23.57
港澳台商投资	Enterprises Funded by Entrepreneurs From Hong Kong, Macao and Taiwan					
外商投资	Foreign Funded Enterprises					
在总计中:轻工业	Light Industry	26.94	7.98	97.02	24.46	21.38
重工业	Heavy Industry	29.29	8.39	96.40	12.70	25.60
按工业行业分	**By Sector**					
煤炭开采和洗选业	Coal Mining and Dressing	12.37	1.26	57.19		
黑色金属矿采选业	Ferrous Metals Mining and Dressing	92.67	7.80	99.01		
有色金属矿采选业	Nonferrous Metals Mining and Dressing	112.67	12.72	92.35		2.35
非金属矿采选业	Nonmetal Minerals Mining and Dressing	58.97	16.11	99.09		1.02
农副食品加工业	Non - staple Food Processing	24.88	5.78	96.73	15.60	13.05
食品制造业	Food Manufacturing	26.12	8.85	96.14	18.12	16.78
酒、饮料和精制茶制造业	Wine, Soft Drinks and Refined Tea Manufacturing	38.49	13.25	97.94	15.78	18.74
烟草制品业	Tobacco Processing					
纺织业	Textile Industry	21.93	7.50	97.24	18.66	18.61
纺织服装、服饰业	Garments and Apparel Industry	37.61	9.30	97.22	37.10	16.21
皮革、毛皮、羽毛及其制品和制鞋业	Leather, Furs, Down and Related Production, Shoes Manufacturing	43.38	8.30	97.39	36.46	22.21
木材加工和木、竹、藤、棕、草制品业	Timber Processing, Bamboo, Cane Palm Fiber and Straw Production	45.44	9.93	97.64	15.27	21.55
家具制造业	Furniture Manufacturing	33.95	8.48	96.74	56.54	20.53
造纸和纸制品业	Papermaking and Paper Production	21.63	8.11	97.63	2.66	13.42
印刷和记录媒介复制业	Printing and Record Medium Reproduction	15.14	8.60	98.06	9.09	14.86
文教、工美、体育和娱乐用品制造业	Cultural and Educational, Arts and Crafts, Sports and Entertainment Goods	32.18	8.08	97.87	37.18	28.34

续表 Continued

行业	Sector	每百元固定资产原值实现利税(元) Pre tax Profits per 100 Yuan Original Value of Fixed Assets(yuan)	每百元主营业务收入实现利税(元) Pre tax Profits per 100 Yuan Revenues in Main Business (yuan)	产品销售率(%) Rate of Production Sold (%)	出口交货值占工业销售(%) Export delivery value of the proportion of total sales value(%)	新产品产值率(%) New product ratio (%)
石油加工、炼焦和核燃料加工业	Petroleum Processing,Coking and Nuclear Fuel Processing	34.29	5.60	100.68	0.28	7.84
化学原料和化学制品制造业	Raw Chemical Materials and Chemical Production	35.37	8.87	97.30	8.21	29.35
医药制造业	Medical and Pharmaceutical Production	33.63	14.28	90.61	13.68	35.21
化学纤维制造业	Chemical Fiber	15.28	4.81	96.70	4.20	27.39
橡胶和塑料制品业	Rubber and Plastic Production	28.43	8.14	96.60	18.03	26.37
非金属矿物制品业	Nonmetal Mineral Production	25.23	10.17	97.08	5.75	15.02
黑色金属冶炼和压延加工业	Smelting and Pressing of Ferrous Metals	28.58	5.60	96.20	3.08	20.14
有色金属冶炼和压延加工业	Smelting and Pressing of Nonferrous Metals	42.76	5.72	95.96	2.43	16.08
金属制品业	Metal Production	32.87	8.93	96.11	25.17	19.33
通用设备制造业	Equipment in Common Use	29.07	9.14	96.80	19.89	29.95
专用设备制造业	Special Purpose Equipment	27.87	10.37	95.50	16.63	34.87
汽车制造业	Automotive Manufacturing	28.46	10.55	95.42	16.06	33.25
铁路、船舶、航空航天和其他运输设备制造业	Railway, Shipbuilding, Aerospace and other Transport Equipment	12.26	6.01	94.85	25.46	27.92
电气机械和器材制造业	Electric Equipment and Machinery	30.86	7.46	96.44	25.05	29.76
计算机、通信和其他电子设备制造业	Computers, Communications and Other Electronic Equipment Manufacturing	36.00	10.77	95.85	18.00	37.23
仪器仪表制造业	Instruments Manufacturing	33.29	10.78	95.46	19.77	39.14
其他制造业	Other Manufacturing	30.45	7.88	96.47	33.71	17.11
废弃资源综合利用业	Comprehensive Utilization of Waste Resources	75.81	6.20	100.56		21.72
金属制品、机械和设备修理业	Metal Products,Machinery and Equipment Repair Industry	14.08	9.72	98.98	22.60	
电力、热力生产和供应业	Production and Supply of Electricity and Heating Power	8.90	17.25	98.95	0.05	0.68
燃气生产和供应业	Production and Supply of Gas	8.91	3.89	99.95		
水的生产和供应业	Production and Supply of Water	1.87	5.21	100.00		29.58

7－12 按行业分的外商投资和港澳台商投资工业企业主要指标(2013 年)

Main Indicators of Foreign Funded Enterprises and Enterprises Funded by Entrepreneurs from Hong Kong,Macao and Taiwai by Sector(2013)

单位:亿元(100 million yuan)

行业	Sector	企业单位数(个) Number of Enterprises (unit)	#亏损企业(个) Loss (unit)	工业总产值 Gross Industrial Output Value	出口交货值 Export Delivery value
总计	**Total**	**6541**	**1406**	**15612.75**	**4280.60**
按登记注册类型分	**by Registered Type**				
#国有	#State－owned				
集体	Collective owned				
私营	Private				
港澳台商投资	Enterprises Funded by Entrepreneurs From Hong Kong,Macao and Taiwan	3295	676	7730.54	1832.28
外商投资	Foreign Funded Enterprises	3246	730	7882.21	2448.32
在总计中:轻工业	Light Industry	3491	797	6688.69	2092.30
重工业	Heavy Industry	3050	609	8924.06	2188.30
按工业行业分	**By Sector**				
煤炭开采和洗选业	Coal Mining and Dressing				
黑色金属矿采选业	Ferrous Metals Mining and Dressing				
有色金属矿采选业	Nonferrous Metals Mining and Dressing				
非金属矿采选业	Nonmetal Minerals Mining and Dressing	6	1	6.83	0.29
农副食品加工业	Non－staple Food Processing	65	18	178.38	54.67
食品制造业	Food Manufacturing	78	13	221.44	25.35
酒、饮料和精制茶制造业	Wine, Soft Drinks and Refined Tea Manufacturing	56	8	264.01	6.65
烟草制品业	Tobacco Processing	1		2.22	
纺织业	Textile Industry	751	140	1289.46	382.69
纺织服装、服饰业	Garments and Apparel Industry	793	235	874.20	483.87
皮革、毛皮、羽毛及其制品和制鞋业	Leather,Furs,Down and Related Production,Shoes Manufacturing	243	46	305.40	153.35
木材加工和木、竹、藤、棕、草制品业	Timber Processing,Bamboo,Cane Palm Fiber and Straw Production	75	11	114.85	29.71
家具制造业	Furniture Manufacturing	168	47	311.38	157.70
造纸和纸制品业	Papermaking and Paper Production	98	19	295.88	41.98
印刷和记录媒介复制业	Printing and Record Medium Reproduction	38	6	69.74	15.19
文教、工美、体育和娱乐用品制造业	Cultural and Educational, Arts and Crafts,Sports and Entertainment Goods	240	56	373.75	184.50

续表 1 Continued 单位:亿元(100 million yuan)

行业	Sector	企业单位数(个) Number of Enterprises (unit)	#亏损企业(个) Loss (unit)	工业总产值 Gross Industrial Output Value	出口交货值 Export Delivery value
石油加工、炼焦和核燃料加工业	Petroleum Processing, Coking and Nuclear Fuel Processing	10	1	284.44	0.01
化学原料和化学制品制造业	Raw Chemical Materials and Chemical Production	345	57	1818.21	193.89
医药制造业	Medical and Pharmaceutical Production	91	16	294.24	72.37
化学纤维制造业	Chemical Fiber	102	21	856.40	51.56
橡胶和塑料制品业	Rubber and Plastic Production	318	80	785.32	199.70
非金属矿物制品业	Nonmetal Mineral Production	152	34	280.46	25.07
黑色金属冶炼和压延加工业	Smelting and Pressing of Ferrous Metals	86	18	425.52	27.61
有色金属冶炼和压延加工业	Smelting and Pressing of Nonferrous Metals	68	18	365.94	32.97
金属制品业	Metal Production	308	56	386.37	167.85
通用设备制造业	Equipment in Common Use	635	120	1017.74	257.63
专用设备制造业	Special Purpose Equipment	313	64	476.81	136.36
汽车制造业	Automotive Manufacturing	294	43	831.70	143.46
铁路、船舶、航空航天和其他运输设备制造业	Railway, Shipbuilding, Aerospace and other Transport Equipment	64	21	198.83	158.69
电气机械和器材制造业	Electric Equipment and Machinery	585	134	1289.97	439.19
计算机、通信和其他电子设备制造业	Computers, Communications and Other Electronic Equipment Manufacturing	302	69	1344.84	738.12
仪器仪表制造业	Instruments Manufacturing	97	20	185.88	70.58
其他制造业	Other Manufacturing	44	12	64.70	21.18
废弃资源综合利用业	Comprehensive Utilization of Waste Resources	27	14	91.61	0.26
金属制品、机械和设备修理业	Metal Products, Machinery and Equipment Repair Industry	5	2	12.99	8.18
电力、热力的生产和供应业	Production and Supply of Electricity and Heating Power	49	2	234.81	
燃气生产和供应业	Production and Supply of Gas	23	4	54.10	
水的生产和供应业	Production and Supply of Water	11		4.31	

续表 2 Continued

单位:亿元(100 million yuan)

行业	Sector	资产总计 Total Assets	流动资产合计 Circulating Funds	固定资产合计 Fixed Assets	固定资产原价 Original Value of Fixed Assets
总计	**Total**	**15282.88**	**9587.16**	**3850.81**	**5937.88**
按登记注册类型分	**by Registered Type**				
#国有	#State - owned				
集体	Collective owned				
私营	Private				
港澳台商投资	Enterprises Funded by Entrepreneurs From Hong Kong, Macao and Taiwan	7911.65	5113.67	1759.19	2691.77
外商投资	Foreign Funded Enterprises	7371.23	4473.49	2091.62	3246.11
在总计中:轻工业	Light Industry	6583.87	4204.25	1598.81	2509.44
重工业	Heavy Industry	8699.01	5382.91	2252.00	3428.44
按工业行业分	**By Sector**				
煤炭开采和洗选业	Coal Mining and Dressing				
黑色金属矿采选业	Ferrous Metals Mining and Dressing				
有色金属矿采选业	Nonferrous Metals Mining and Dressing				
非金属矿采选业	Nonmetal Minerals Mining and Dressing	8.87	1.70	3.04	5.05
农副食品加工业	Non - staple Food Processing	131.34	81.67	29.14	44.86
食品制造业	Food Manufacturing	245.84	147.87	65.95	96.40
酒、饮料和精制茶制造业	Wine, Soft Drinks and Refined Tea Manufacturing	259.46	134.39	94.92	163.20
烟草制品业	Tobacco Processing	1.88	0.87	0.90	1.28
纺织业	Textile Industry	1343.20	834.52	346.75	573.61
纺织服装、服饰业	Garments and Apparel Industry	881.45	608.87	184.45	293.00
皮革、毛皮、羽毛及其制品和制鞋业	Leather, Furs, Down and Related Production, Shoes Manufacturing	277.12	201.47	46.30	70.26
木材加工和木、竹、藤、棕、草制品业	Timber Processing, Bamboo, Cane Palm Fiber and Straw Production	72.26	47.43	16.99	27.47
家具制造业	Furniture Manufacturing	322.52	220.92	70.02	97.25
造纸和纸制品业	Papermaking and Paper Production	500.90	280.13	132.58	225.24
印刷和记录媒介复制业	Printing and Record Medium Reproduction	78.26	52.25	19.26	30.43
文教、工美、体育和娱乐用品制造业	Cultural and Educational, Arts and Crafts, Sports and Entertainment Goods	246.34	159.43	60.13	87.25

续表 3 Continued 单位:亿元(100 million yuan)

行业	Sector	资产总计 Total Assets	流动资产合计 Circulating Funds	固定资产合计 Fixed Assets	固定资产原价 Original Value of Fixed Assets
石油加工、炼焦和核燃料加工业	Petroleum Processing,Coking and Nuclear Fuel Processing	77.02	48.83	11.90	21.36
化学原料和化学制品制造业	Raw Chemical Materials and Chemical Production	1554.56	862.19	529.73	753.20
医药制造业	Medical and Pharmaceutical Production	307.16	201.79	71.74	100.42
化学纤维制造业	Chemical Fiber	750.07	453.72	215.46	314.80
橡胶和塑料制品业	Rubber and Plastic Production	810.06	482.63	226.44	318.73
非金属矿物制品业	Nonmetal Mineral Production	424.64	259.85	96.76	140.97
黑色金属冶炼和压延加工业	Smelting and Pressing of Ferrous Metals	331.10	221.74	92.41	170.15
有色金属冶炼和压延加工业	Smelting and Pressing of Nonferrous Metals	263.26	165.37	37.41	59.62
金属制品业	Metal Production	379.19	243.09	97.50	143.65
通用设备制造业	Equipment in Common Use	1136.90	782.01	219.44	335.15
专用设备制造业	Special Purpose Equipment	558.56	382.20	124.31	185.58
汽车制造业	Automotive Manufacturing	905.21	537.12	203.56	277.15
铁路、船舶、航空航天和其他运输设备制造业	Railway, Shipbuilding, Aerospace and other Transport Equipment	206.94	128.62	59.56	87.53
电气机械和器材制造业	Electric Equipment and Machinery	1226.10	821.80	254.65	399.60
计算机、通信和其他电子设备制造业	Computers, Communications and Other Electronic Equipment Manufacturing	1123.02	809.88	195.04	368.31
仪器仪表制造业	Instruments Manufacturing	240.68	165.00	42.35	67.44
其他制造业	Other Manufacturing	67.90	45.70	18.79	24.68
废弃资源综合利用业	Comprehensive Utilization of Waste Resources	52.07	45.22	2.84	4.87
金属制品、机械和设备修理业	Metal Products,Machinery and Equipment Repair Industry	42.42	8.67	15.25	20.87
电力、热力的生产和供应业	Production and Supply of Electricity and Heating Power	357.17	120.49	213.74	370.64
燃气生产和供应业	Production and Supply of Gas	76.64	22.78	44.63	47.99
水的生产和供应业	Production and Supply of Water	22.8	6.97	6.87	9.88

续表 4 Continued

单位:亿元(100 million yuan)

行业	Sector	固定资产净值 Net Value of fixed assets	年末负债合计 Total Liabilities	流动负债 Circulating Liabilities	非流动负债合计 non - circulating liabilities
总计	**Total**	**3528.57**	**8433.97**	**7665.42**	**570.51**
按登记注册类型分	**by Registered Type**				
#国有	#State - owned				
集体	Collective owned				
私营	Private				
港澳台商投资	Enterprises Funded by Entrepreneurs From Hong Kong, Macao and Taiwan	1625.63	4494.41	4088.71	282.37
外商投资	Foreign Funded Enterprises	1902.94	3939.56	3576.71	288.14
在总计中:轻工业	Light Industry	1467.66	3691.91	3400.14	207.05
重工业	Heavy Industry	2060.91	4742.06	4265.29	363.46
按工业行业分	**By Sector**				
煤炭开采和洗选业	Coal Mining and Dressing				
黑色金属矿采选业	Ferrous Metals Mining and Dressing				
有色金属矿采选业	Nonferrous Metals Mining and Dressing				
非金属矿采选业	Nonmetal Minerals Mining and Dressing	2.96	5.50	4.93	0.56
农副食品加工业	Non - staple Food Processing	26.81	78.69	67.20	8.54
食品制造业	Food Manufacturing	61.74	111.93	109.28	1.16
酒、饮料和精制茶制造业	Wine, Soft Drinks and Refined Tea Manufacturing	92.10	125.71	119.78	5.40
烟草制品业	Tobacco Processing	0.83	0.69	0.67	0.02
纺织业	Textile Industry	320.97	722.89	672.78	27.51
纺织服装、服饰业	Garments and Apparel Industry	175.49	480.50	441.20	14.83
皮革、毛皮、羽毛及其制品和制鞋业	Leather, Furs, Down and Related Production, Shoes Manufacturing	42.89	178.62	175.13	1.31
木材加工和木、竹、藤、棕、草制品业	Timber Processing, Bamboo, Cane Palm Fiber and Straw Production	15.48	39.06	38.13	0.27
家具制造业	Furniture Manufacturing	61.60	216.77	205.65	7.78
造纸和纸制品业	Papermaking and Paper Production	126.64	298.63	237.30	51.17
印刷和记录媒介复制业	Printing and Record Medium Reproduction	17.34	34.70	33.53	0.77
文教、工美、体育和娱乐用品制造业	Cultural and Educational, Arts and Crafts, Sports and Entertainment Goods	53.98	140.45	132.31	6.90

续表 5 Continued 单位:亿元(100 million yuan)

行业	Sector	固定资产净值 Net Value of fixed assets	年末负债合计 Total Liabilities	流动负债 Circulating Liabilities	非流动负债合计 non - circulating liabilities
石油加工、炼焦和核燃料加工业	Petroleum Processing, Coking and Nuclear Fuel Processing	11.73	43.85	43.23	0.62
化学原料和化学制品制造业	Raw Chemical Materials and Chemical Production	470.81	873.51	799.60	72.36
医药制造业	Medical and Pharmaceutical Production	67.30	156.63	142.92	11.48
化学纤维制造业	Chemical Fiber	180.81	472.86	430.14	36.22
橡胶和塑料制品业	Rubber and Plastic Production	180.23	483.86	417.64	57.62
非金属矿物制品业	Nonmetal Mineral Production	88.33	263.74	202.65	17.04
黑色金属冶炼和压延加工业	Smelting and Pressing of Ferrous Metals	90.17	214.10	203.79	9.27
有色金属冶炼和压延加工业	Smelting and Pressing of Nonferrous Metals	35.34	159.34	148.47	9.52
金属制品业	Metal Production	91.94	195.13	182.63	8.69
通用设备制造业	Equipment in Common Use	201.95	609.71	574.21	20.76
专用设备制造业	Special Purpose Equipment	113.02	268.73	250.46	14.20
汽车制造业	Automotive Manufacturing	178.86	465.05	401.65	59.54
铁路、船舶、航空航天和其他运输设备制造业	Railway, Shipbuilding, Aerospace and other Transport Equipment	57.70	128.67	126.69	0.50
电气机械和器材制造业	Electric Equipment and Machinery	242.31	728.36	671.73	50.72
计算机、通信和其他电子设备制造业	Computers, Communications and Other Electronic Equipment Manufacturing	186.18	536.52	501.48	12.94
仪器仪表制造业	Instruments Manufacturing	39.61	89.05	80.60	7.98
其他制造业	Other Manufacturing	15.97	44.08	42.76	0.44
废弃资源综合利用业	Comprehensive Utilization of Waste Resources	2.72	37.41	35.17	1.56
金属制品、机械和设备修理业	Metal Products, Machinery and Equipment Repair Industry	14.81	25.97	16.61	6.46
电力、热力的生产和供应业	Production and Supply of Electricity and Heating Power	210.14	147.17	120.66	24.73
燃气生产和供应业	Production and Supply of Gas	42.94	45.93	30.13	15.80
水的生产和供应业	Production and Supply of Water	6.86	10.13	4.31	5.82

续表 6 Continued 单位:亿元(100 million yuan)

行业	Sector	年末所有者权益合计 Creditors′ Equity	实收资本 Total Capital Hold	主营业务收入 Revenues in Main Business	主营业务成本 Costs in Main Business
总计	**Total**	**6804.16**	**4038.40**	**15263.82**	**12867.16**
按登记注册类型分	**by Registered Type**				
#国有	#State－owned				
集体	Collective owned				
私营	Private				
港澳台商投资	Enterprises Funded by Entrepreneurs From Hong Kong, Macao and Taiwan	3385.73	1932.81	7548.28	6435.15
外商投资	Foreign Funded Enterprises	3418.42	2105.60	7715.54	6432.01
在总计中:轻工业	Light Industry	2872.66	1686.35	6543.83	5437.40
重工业	Heavy Industry	3931.50	2352.06	8719.99	7429.77
按工业行业分	**By Sector**				
煤炭开采和洗选业	Coal Mining and Dressing				
黑色金属矿采选业	Ferrous Metals Mining and Dressing				
有色金属矿采选业	Nonferrous Metals Mining and Dressing				
非金属矿采选业	Nonmetal Minerals Mining and Dressing	3.37	5.13	7.04	5.23
农副食品加工业	Non－staple Food Processing	49.75	27.34	175.82	160.23
食品制造业	Food Manufacturing	133.91	56.08	244.43	183.88
酒、饮料和精制茶制造业	Wine, Soft Drinks and Refined Tea Manufacturing	131.18	70.44	256.97	178.15
烟草制品业	Tobacco Processing	1.19	0.56	2.25	1.12
纺织业	Textile Industry	616.73	388.04	1247.40	1085.75
纺织服装、服饰业	Garments and Apparel Industry	398.47	214.60	853.50	721.86
皮革、毛皮、羽毛及其制品和制鞋业	Leather, Furs, Down and Related Production, Shoes Manufacturing	98.39	64.23	294.40	256.41
木材加工和木、竹、藤、棕、草制品业	Timber Processing, Bamboo, Cane Palm Fiber and Straw Production	33.06	22.92	109.04	94.15
家具制造业	Furniture Manufacturing	105.32	88.58	299.43	248.78
造纸和纸制品业	Papermaking and Paper Production	201.29	152.79	265.72	221.14
印刷和记录媒介复制业	Printing and Record Medium Reproduction	43.55	21.61	66.18	54.46
文教、工美、体育和娱乐用品制造业	Cultural and Educational, Arts and Crafts, Sports and Entertainment Goods	105.77	71.13	367.64	318.90

续表 7　Continued　　单位:亿元(100 million yuan)

行业	Sector	年末所有者权益合计 Creditors´ Equity	实收资本 Total Capital Hold	主营业务收入 Revenues in Main Business	主营业务成本 Costs in Main Business
石油加工、炼焦和核燃料加工业	Petroleum Processing,Coking and Nuclear Fuel Processing	33.17	15.57	283.93	244.77
化学原料和化学制品制造业	Raw Chemical Materials and Chemical Production	680.78	437.74	1829.88	1609.36
医药制造业	Medical and Pharmaceutical Production	148.33	65.78	308.09	183.70
化学纤维制造业	Chemical Fiber	275.67	154.12	837.07	771.87
橡胶和塑料制品业	Rubber and Plastic Production	325.48	151.66	799.06	676.58
非金属矿物制品业	Nonmetal Mineral Production	144.21	93.67	274.90	228.34
黑色金属冶炼和压延加工业	Smelting and Pressing of Ferrous Metals	116.89	96.18	424.36	394.67
有色金属冶炼和压延加工业	Smelting and Pressing of Nonferrous Metals	103.92	50.22	355.58	330.57
金属制品业	Metal Production	183.81	119.09	382.05	326.87
通用设备制造业	Equipment in Common Use	526.93	286.30	997.52	806.99
专用设备制造业	Special Purpose Equipment	287.55	155.34	469.46	370.98
汽车制造业	Automotive Manufacturing	438.31	254.90	749.85	600.65
铁路、船舶、航空航天和其他运输设备制造业	Railway, Shipbuilding, Aerospace and other Transport Equipment	77.75	34.94	139.92	124.26
电气机械和器材制造业	Electric Equipment and Machinery	496.69	320.30	1266.38	1071.99
计算机、通信和其他电子设备制造业	Computers, Communications and Other Electronic Equipment Manufacturing	583.50	313.74	1320.84	1087.26
仪器仪表制造业	Instruments Manufacturing	151.56	60.00	176.09	133.64
其他制造业	Other Manufacturing	23.47	16.33	64.28	54.68
废弃资源综合利用业	Comprehensive Utilization of Waste Resources	14.75	10.79	94.86	94.85
金属制品、机械和设备修理业	Metal Products,Machinery and Equipment Repair Industry	16.45	16.78	9.74	7.85
电力、热力的生产和供应业	Production and Supply of Electricity and Heating Power	209.87	167.01	232.11	167.94
燃气生产和供应业	Production and Supply of Gas	30.72	23.95	53.69	46.78
水的生产和供应业	Production and Supply of Water	12.37	10.54	4.3	2.49

续表 8 Continued 单位:亿元(100 million yuan)

行业	Sector	主营业务税金及附加 Sales Taxes and Extra Charges in Main Business	利润总额 Total Profits	利税总额 Total Profits and Taxes	本年应交增值税 Value Added Taxes Payable	全部从业人员年平均人数(万人) Average Number of Employed Persons (10000 persons)
总计	**Total**	**103.06**	**999.05**	**1529.95**	**426.22**	**182.92**
按登记注册类型分	**by Registered Type**					
#国有	#State－owned					
集体	Collective owned					
私营	Private					
港澳台商投资	Enterprises Funded by Entrepreneurs From Hong Kong, Macao and Taiwan	64.48	475.08	755.42	215.48	90.40
外商投资	Foreign Funded Enterprises	38.58	523.97	774.53	210.74	92.52
在总计中:轻工业	Light Industry	34.63	423.23	658.85	200.47	102.04
重工业	Heavy Industry	68.44	575.82	871.10	225.75	80.88
按工业行业分	**By Sector**					
煤炭开采和洗选业	Coal Mining and Dressing					
黑色金属矿采选业	Ferrous Metals Mining and Dressing					
有色金属矿采选业	Nonferrous Metals Mining and Dressing					
非金属矿采选业	Nonmetal Minerals Mining and Dressing	0.22	0.57	1.16	0.37	0.06
农副食品加工业	Non－staple Food Processing	0.26	6.49	9.21	2.45	1.43
食品制造业	Food Manufacturing	1.08	31.08	43.36	11.18	2.51
酒、饮料和精制茶制造业	Wine, Soft Drinks and Refined Tea Manufacturing	7.52	29.14	49.54	12.89	2.32
烟草制品业	Tobacco Processing	0.02	0.85	1.08	0.20	0.02
纺织业	Textile Industry	5.29	72.48	114.92	37.10	19.69
纺织服装、服饰业	Garments and Apparel Industry	5.29	37.78	72.17	29.05	27.30
皮革、毛皮、羽毛及其制品和制鞋业	Leather, Furs, Down and Related Production, Shoes Manufacturing	1.28	11.49	23.23	10.36	7.36
木材加工和木、竹、藤、棕、草制品业	Timber Processing, Bamboo, Cane Palm Fiber and Straw Production	0.88	4.83	8.23	2.50	1.29
家具制造业	Furniture Manufacturing	1.57	13.09	24.86	10.17	6.60
造纸和纸制品业	Papermaking and Paper Production	1.03	16.34	24.55	7.14	2.45
印刷和记录媒介复制业	Printing and Record Medium Reproduction	0.30	5.53	8.47	2.65	0.95
文教、工美、体育和娱乐用品制造业	Cultural and Educational, Arts and Crafts, Sports and Entertainment Goods	1.34	14.97	22.41	6.10	6.04

续表 9 Continued

单位:亿元(100 million yuan)

行业	Sector	主营业务税金及附加 Sales Taxes and Extra Charges in Main Business	利润总额 Total Profits	利税总额 Total Profits and Taxes	本年应交增值税 Value Added Taxes Payable	全部从业人员年平均人数(万人) Average Number of Employed Persons (10000 persons)
石油加工、炼焦和核燃料加工业	Petroleum Processing,Coking and Nuclear Fuel Processing	31.14	8.21	70.19	30.84	0.13
化学原料和化学制品制造业	Raw Chemical Materials and Chemical Production	4.37	93.60	136.99	38.82	5.45
医药制造业	Medical and Pharmaceutical Production	2.29	34.63	56.71	19.77	3.19
化学纤维制造业	Chemical Fiber	1.63	36.17	49.00	11.13	3.30
橡胶和塑料制品业	Rubber and Plastic Production	4.08	64.25	87.83	19.47	7.70
非金属矿物制品业	Nonmetal Mineral Production	1.48	12.49	22.95	8.98	3.30
黑色金属冶炼和压延加工业	Smelting and Pressing of Ferrous Metals	0.97	9.69	15.44	4.77	1.71
有色金属冶炼和压延加工业	Smelting and Pressing of Nonferrous Metals	0.45	11.81	15.91	3.59	1.39
金属制品业	Metal Production	1.79	20.86	31.26	8.58	6.54
通用设备制造业	Equipment in Common Use	4.98	80.19	119.53	34.29	13.51
专用设备制造业	Special Purpose Equipment	2.22	40.93	56.01	12.84	6.61
汽车制造业	Automotive Manufacturing	8.08	70.26	101.53	23.18	8.77
铁路、船舶、航空航天和其他运输设备制造业	Railway, Shipbuilding, Aerospace and other Transport Equipment	0.59	5.18	7.64	1.87	1.79
电气机械和器材制造业	Electric Equipment and Machinery	4.93	61.03	94.17	27.45	17.73
计算机、通信和其他电子设备制造业	Computers, Communications and Other Electronic Equipment Manufacturing	4.85	133.12	163.81	25.82	17.23
仪器仪表制造业	Instruments Manufacturing	0.94	16.95	24.11	6.21	3.55
其他制造业	Other Manufacturing	0.27	2.84	4.30	1.18	1.44
废弃资源综合利用业	Comprehensive Utilization of Waste Resources	0.09	-1.84	-1.07	0.68	0.63
金属制品、机械和设备修理业	Metal Products,Machinery and Equipment Repair Industry	0.06	-0.44	-0.34	0.04	0.16
电力、热力的生产和供应业	Production and Supply of Electricity and Heating Power	1.53	49.32	64.42	13.56	0.53
燃气生产和供应业	Production and Supply of Gas	0.22	4.16	5.24	0.86	0.20
水的生产和供应业	Production and Supply of Water	0.02	1.01	1.14	0.12	0.05

7－13 按行业分的外商投资和港澳台商投资工业企业主要经济效益指标(2013 年)
Main Economic Beneficial Indicators of Foreign Funded Enterprises and Enterprises Funded by Entrepreneurs form Hong Kong, Macao and Taiwan by Sector(2013)

行业	Sector	每百元固定资产原值实现利税(元) Pre tax Profits per 100 Yuan Original Value of Fixed Assets(yuan)	每百元主营业务收入实现利税(元) Pre tax Profits per 100 Yuan Revenues in Main Business (yuan)	产品销售率(%) Rate of Production Sold (%)	出口交货值占工业销售(%) Export delivery value of the proportion of total sales value(%)	新产品产值率(%) New product ratio (%)
总计	**Total**	**25.77**	**10.02**	**97.94**	**28.00**	**28.68**
按登记注册类型分	**by Registered Type**					
#国有	#State－owned					
集体	Collective owned					
私营	Private					
港澳台商投资	Enterprises Funded by Entrepreneurs From Hong Kong, Macao and Taiwan	28.06	10.01	97.60	24.28	29.57
外商投资	Foreign Funded Enterprises	23.86	10.04	98.26	31.61	27.80
在总计中:轻工业	Light Industry	26.25	10.07	98.03	31.91	27.21
重工业	Heavy Industry	25.41	9.99	97.87	25.06	29.77
按工业行业分	**By Sector**					
煤炭开采和洗选业	Coal Mining and Dressing					
黑色金属矿采选业	Ferrous Metals Mining and Dressing					
有色金属矿采选业	Nonferrous Metals Mining and Dressing					
非金属矿采选业	Nonmetal Minerals Mining and Dressing	23.04	16.52	99.53	4.23	
农副食品加工业	Non－staple Food Processing	20.52	5.24	98.00	31.28	8.08
食品制造业	Food Manufacturing	44.98	17.74	97.96	11.68	15.71
酒、饮料和精制茶制造业	Wine, Soft Drinks and Refined Tea Manufacturing	30.36	19.28	98.80	2.55	10.45
烟草制品业	Tobacco Processing	84.46	48.16	101.43		17.10
纺织业	Textile Industry	20.03	9.21	97.05	30.58	25.45
纺织服装、服饰业	Garments and Apparel Industry	24.63	8.46	98.67	56.09	21.63
皮革、毛皮、羽毛及其制品和制鞋业	Leather, Furs, Down and Related Production, Shoes Manufacturing	33.06	7.89	96.14	52.23	27.17
木材加工和木、竹、藤、棕、草制品业	Timber Processing, Bamboo, Cane Palm Fiber and Straw Production	29.96	7.55	96.95	26.68	25.76
家具制造业	Furniture Manufacturing	25.56	8.30	96.88	52.28	32.39
造纸和纸制品业	Papermaking and Paper Production	10.90	9.24	96.60	14.69	30.06
印刷和记录媒介复制业	Printing and Record Medium Reproduction	27.85	12.81	95.82	22.73	30.74
文教、工美、体育和娱乐用品制造业	Cultural and Educational, Arts and Crafts, Sports and Entertainment Goods	25.68	6.10	98.73	50.00	32.96

续表 Continued

行业	Sector	每百元固定资产原值实现利税(元) Pre tax Profits per 100 Yuan Original Value of Fixed Assets(yuan)	每百元主营业务收入实现利税(元) Pre tax Profits per 100 Yuan Revenues in Main Business (yuan)	产品销售率(%) Rate of Production Sold (%)	出口交货值占工业销售(%) Export delivery value of the proportion of total sales value(%)	新产品产值率(%) New product ratio (%)
石油加工、炼焦和核燃料加工业	Petroleum Processing, Coking and Nuclear Fuel Processing	328.67	24.72	99.56		0.22
化学原料和化学制品制造业	Raw Chemical Materials and Chemical Production	18.19	7.49	98.26	10.85	19.38
医药制造业	Medical and Pharmaceutical Production	56.47	18.41	104.62	23.51	26.19
化学纤维制造业	Chemical Fiber	15.56	5.85	97.43	6.18	30.94
橡胶和塑料制品业	Rubber and Plastic Production	27.56	10.99	104.98	24.22	22.11
非金属矿物制品业	Nonmetal Mineral Production	16.28	8.35	97.25	9.19	29.64
黑色金属冶炼和压延加工业	Smelting and Pressing of Ferrous Metals	9.08	3.64	96.94	6.69	16.88
有色金属冶炼和压延加工业	Smelting and Pressing of Nonferrous Metals	26.68	4.47	97.84	9.21	29.12
金属制品业	Metal Production	21.76	8.18	97.70	44.46	21.63
通用设备制造业	Equipment in Common Use	35.66	11.98	96.98	26.10	39.57
专用设备制造业	Special Purpose Equipment	30.18	11.93	96.36	29.68	37.64
汽车制造业	Automotive Manufacturing	36.63	13.54	92.12	18.72	43.81
铁路、船舶、航空航天和其他运输设备制造业	Railway, Shipbuilding, Aerospace and other Transport Equipment	8.73	5.46	104.73	76.21	22.82
电气机械和器材制造业	Electric Equipment and Machinery	23.56	7.44	97.99	34.75	40.86
计算机、通信和其他电子设备制造业	Computers, Communications and Other Electronic Equipment Manufacturing	44.48	12.40	97.41	56.34	44.67
仪器仪表制造业	Instruments Manufacturing	35.75	13.69	94.90	40.01	46.12
其他制造业	Other Manufacturing	17.42	6.69	98.70	33.17	24.53
废弃资源综合利用业	Comprehensive Utilization of Waste Resources	-21.97	-1.13	99.71	0.28	
金属制品、机械和设备修理业	Metal Products, Machinery and Equipment Repair Industry	-1.63	-3.49	96.59	65.15	0.44
电力、热力生产和供应业	Production and Supply of Electricity and Heating Power	17.38	27.75	99.13		0.22
燃气生产和供应业	Production and Supply of Gas	10.92	9.76	98.27		
水的生产和供应业	Production and Supply of Water	11.56	26.41	99.85		

7－14 大中型工业企业主要指标(2013年)
Main Indicators of Large and Medium－sized Industrial Enterprises(2013)

单位:亿元(100 million yuan)

行业	Sector	企业单位数(个) Number of Enterprises (unit)	#亏损企业(个) Loss (unit)	工业总产值 Gross Industrial Output Value	出口交货值 Export Delivery value
总计	**Total**	**5213**	**528**	**35675.21**	**6789.25**
按登记注册类型分	**by Registered Type**				
#国有	#State－owned	68	3	3041.37	5.71
集体	Collective owned	3		12.69	
私营	Private	2303	172	9856.08	2008.39
港澳台商投资	Enterprises Funded by Entrepreneurs From Hong Kong,Macao and Taiwan	812	113	4958.82	1248.88
外商投资	Foreign Funded Enterprises	745	118	5261.18	1701.82
在总计中:轻工业	Light Industry	2846	312	13306.74	3345.53
重工业	Heavy Industry	2367	216	22368.48	3443.71
按工业行业分	**By Sector**				
煤炭开采和洗选业	Coal Mining and Dressing				
黑色金属矿采选业	Ferrous Metals Mining and Dressing	2		11.74	
有色金属矿采选业	Nonferrous Metals Mining and Dressing	3		16.82	
非金属矿采选业	Nonmetal Minerals Mining and Dressing	4	1	30.01	0.03
农副食品加工业	Non－staple Food Processing	64	1	352.71	59.69
食品制造业	Food Manufacturing	68	8	302.53	42.28
酒、饮料和精制茶制造业	Wine, Soft Drinks and Refined Tea Manufacturing	42	5	327.28	4.89
烟草制品业	Tobacco Processing	1		127.19	2.72
纺织业	Textile Industry	619	53	2750.23	566.15
纺织服装、服饰业	Garments and Apparel Industry	466	81	1334.57	539.91
皮革、毛皮、羽毛及其制品和制鞋业	Leather,Furs,Down and Related Production,Shoes Manufacturing	320	27	834.65	326.90
木材加工和木、竹、藤、棕、草制品业	Timber Processing,Bamboo,Cane Palm Fiber and Straw Production	33	2	123.84	33.92
家具制造业	Furniture Manufacturing	144	23	445.75	239.32
造纸和纸制品业	Papermaking and Paper Production	83	3	572.41	50.54
印刷和记录媒介复制业	Printing and Record Medium Reproduction	37	3	124.35	23.44
文教、工美、体育和娱乐用品制造业	Cultural and Educational, Arts and Crafts,Sports and Entertainment Goods	140	18	586.01	200.01

续表 1 Continued 单位:亿元(100 million yuan)

行业	Sector	企业单位数(个) Number of Enterprises (unit)	#亏损企业(个) Loss (unit)	工业总产值 Gross Industrial Output Value	出口交货值 Export Delivery value
石油加工、炼焦和核燃料加工业	Petroleum Processing, Coking and Nuclear Fuel Processing	3	1	1609.64	1.60
化学原料和化学制品制造业	Raw Chemical Materials and Chemical Production	168	14	3482.09	257.43
医药制造业	Medical and Pharmaceutical Production	103	8	662.32	205.01
化学纤维制造业	Chemical Fiber	89	11	1716.17	109.50
橡胶和塑料制品业	Rubber and Plastic Production	205	16	1323.83	276.82
非金属矿物制品业	Nonmetal Mineral Production	113	8	588.28	51.57
黑色金属冶炼和压延加工业	Smelting and Pressing of Ferrous Metals	82	10	1600.71	55.64
有色金属冶炼和压延加工业	Smelting and Pressing of Nonferrous Metals	60	7	1208.95	111.66
金属制品业	Metal Production	236	17	979.75	288.66
通用设备制造业	Equipment in Common Use	448	27	2221.73	499.36
专用设备制造业	Special Purpose Equipment	163	5	697.31	174.46
汽车制造业	Automotive Manufacturing	244	20	1486.35	243.27
铁路、船舶、航空航天和其他运输设备制造业	Railway, Shipbuilding, Aerospace and other Transport Equipment	92	20	790.87	495.26
电气机械和器材制造业	Electric Equipment and Machinery	608	65	3392.69	865.05
计算机、通信和其他电子设备制造业	Computers, Communications and Other Electronic Equipment Manufacturing	282	38	1879.29	856.07
仪器仪表制造业	Instruments Manufacturing	118	8	416.21	114.13
其他制造业	Other Manufacturing	44	7	163.34	73.29
废弃资源综合利用业	Comprehensive Utilization of Waste Resources	8	5	130.51	
金属制品、机械和设备修理业	Metal Products, Machinery and Equipment Repair Industry	19	3	71.02	20.50
电力、热力的生产和供应业	Production and Supply of Electricity and Heating Power	78	3	3211.22	0.14
燃气生产和供应业	Production and Supply of Gas	4	1	36.40	
水的生产和供应业	Production and Supply of Water	20	9	66.47	

续表 2 Continued 单位:亿元(100 million yuan)

行业	Sector	资产总计 Total Assets	流动资产合计 Circulating Funds	固定资产合计 Fixed Assets	固定资产原价 Original Value of Fixed Assets
总计	**Total**	**33587.01**	**18947.21**	**8979.01**	**13878.07**
按登记注册类型分	**by Registered Type**				
#国有	#State - owned	2349.70	548.91	1190.99	2259.18
集体	Collective owned	10.99	5.10	3.22	4.81
私营	Private	8752.36	5487.52	1904.93	2773.76
港澳台商投资	Enterprises Funded by Entrepreneurs From Hong Kong, Macao and Taiwan	4883.47	3148.32	1052.60	1634.46
外商投资	Foreign Funded Enterprises	4517.19	2819.94	1173.26	1850.64
在总计中:轻工业	Light Industry	13254.00	7941.60	3165.53	4791.73
重工业	Heavy Industry	20333.02	11005.61	5813.48	9086.34
按工业行业分	**By Sector**				
煤炭开采和洗选业	Coal Mining and Dressing				
黑色金属矿采选业	Ferrous Metals Mining and Dressing	15.43	9.14	3.17	5.52
有色金属矿采选业	Nonferrous Metals Mining and Dressing	14.18	6.66	2.52	3.20
非金属矿采选业	Nonmetal Minerals Mining and Dressing	10.38	3.95	1.92	4.19
农副食品加工业	Non - staple Food Processing	300.03	189.15	66.88	96.80
食品制造业	Food Manufacturing	305.44	176.12	87.49	119.22
酒、饮料和精制茶制造业	Wine, Soft Drinks and Refined Tea Manufacturing	358.24	180.54	112.24	179.32
烟草制品业	Tobacco Processing	120.74	84.74	16.75	32.77
纺织业	Textile Industry	2681.47	1643.90	674.71	1140.52
纺织服装、服饰业	Garments and Apparel Industry	1351.51	872.69	253.10	377.70
皮革、毛皮、羽毛及其制品和制鞋业	Leather, Furs, Down and Related Production, Shoes Manufacturing	627.80	437.78	118.47	162.91
木材加工和木、竹、藤、棕、草制品业	Timber Processing, Bamboo, Cane Palm Fiber and Straw Production	90.06	53.32	22.34	28.75
家具制造业	Furniture Manufacturing	449.92	307.11	91.04	130.13
造纸和纸制品业	Papermaking and Paper Production	829.98	435.21	256.06	405.11
印刷和记录媒介复制业	Printing and Record Medium Reproduction	144.98	81.56	37.18	59.83
文教、工美、体育和娱乐用品制造业	Cultural and Educational, Arts and Crafts, Sports and Entertainment Goods	411.51	281.78	78.57	114.17

续表 3 Continued 单位:亿元(100 million yuan)

行业	Sector	资产总计 Total Assets	流动资产合计 Circulating Funds	固定资产合计 Fixed Assets	固定资产原价 Original Value of Fixed Assets
石油加工、炼焦和核燃料加工业	Petroleum Processing, Coking and Nuclear Fuel Processing	446.81	203.87	231.86	356.06
化学原料和化学制品制造业	Raw Chemical Materials and Chemical Production	3072.68	1673.61	929.15	1324.45
医药制造业	Medical and Pharmaceutical Production	960.11	504.08	248.63	318.62
化学纤维制造业	Chemical Fiber	1462.80	750.18	405.42	608.31
橡胶和塑料制品业	Rubber and Plastic Production	1140.20	667.25	308.79	437.79
非金属矿物制品业	Nonmetal Mineral Production	931.60	443.61	296.57	419.87
黑色金属冶炼和压延加工业	Smelting and Pressing of Ferrous Metals	1267.85	730.09	375.77	596.61
有色金属冶炼和压延加工业	Smelting and Pressing of Nonferrous Metals	718.97	427.91	109.19	160.01
金属制品业	Metal Production	944.63	611.36	203.53	277.86
通用设备制造业	Equipment in Common Use	2423.70	1518.76	449.08	664.65
专用设备制造业	Special Purpose Equipment	770.26	514.48	151.75	221.91
汽车制造业	Automotive Manufacturing	1761.80	1042.36	350.33	489.73
铁路、船舶、航空航天和其他运输设备制造业	Railway, Shipbuilding, Aerospace and other Transport Equipment	1095.13	647.67	284.66	389.58
电气机械和器材制造业	Electric Equipment and Machinery	3267.17	2095.57	576.50	832.51
计算机、通信和其他电子设备制造业	Computers, Communications and Other Electronic Equipment Manufacturing	1835.00	1277.92	319.99	572.79
仪器仪表制造业	Instruments Manufacturing	494.69	338.07	82.42	121.86
其他制造业	Other Manufacturing	173.87	114.85	37.32	50.46
废弃资源综合利用业	Comprehensive Utilization of Waste Resources	78.02	64.61	8.84	9.18
金属制品、机械和设备修理业	Metal Products, Machinery and Equipment Repair Industry	98.81	26.58	55.18	43.32
电力、热力的生产和供应业	Production and Supply of Electricity and Heating Power	2476.36	410.24	1495.43	2777.19
燃气生产和供应业	Production and Supply of Gas	78.50	18.77	45.15	49.07
水的生产和供应业	Production and Supply of Water	376.40	101.72	191.01	296.10

续表 4 Continued 单位:亿元(100 million yuan)

行业	Sector	固定资产净值 Net Value of fixed assets	年末负债合计 Total Liabilities	流动负债 Circulating Liabilities	非流动负债合计 non-circulating liabilities
总计	**Total**	**8177.05**	**19234.44**	**16595.50**	**2319.28**
按登记注册类型分	**by Registered Type**				
#国有	#State - owned	1151.76	1322.42	829.07	490.70
集体	Collective owned	2.84	2.75	2.75	
私营	Private	1718.65	5454.47	4941.99	345.61
港澳台商投资	Enterprises Funded by Entrepreneurs From Hong Kong, Macao and Taiwan	976.97	2716.89	2476.45	213.85
外商投资	Foreign Funded Enterprises	1057.68	2447.50	2243.09	178.50
在总计中:轻工业	Light Industry	2830.92	7440.71	6624.07	683.08
重工业	Heavy Industry	5346.13	11793.73	9971.43	1636.20
按工业行业分	**By Sector**				
煤炭开采和洗选业	Coal Mining and Dressing				
黑色金属矿采选业	Ferrous Metals Mining and Dressing	2.77	4.96	4.95	0.01
有色金属矿采选业	Nonferrous Metals Mining and Dressing	1.21	7.35	7.10	0.08
非金属矿采选业	Nonmetal Minerals Mining and Dressing	1.92	10.05	8.36	0.75
农副食品加工业	Non - staple Food Processing	63.14	190.84	173.13	14.38
食品制造业	Food Manufacturing	80.69	146.07	138.52	4.40
酒、饮料和精制茶制造业	Wine, Soft Drinks and Refined Tea Manufacturing	103.31	183.92	157.38	26.53
烟草制品业	Tobacco Processing	16.75	21.28	21.28	
纺织业	Textile Industry	625.80	1652.26	1478.42	118.09
纺织服装、服饰业	Garments and Apparel Industry	232.44	681.18	634.48	34.63
皮革、毛皮、羽毛及其制品和制鞋业	Leather, Furs, Down and Related Production, Shoes Manufacturing	104.53	366.90	361.52	4.27
木材加工和木、竹、藤、棕、草制品业	Timber Processing, Bamboo, Cane Palm Fiber and Straw Production	19.66	45.33	43.15	1.46
家具制造业	Furniture Manufacturing	82.05	299.49	282.97	12.34
造纸和纸制品业	Papermaking and Paper Production	245.21	481.94	387.31	78.41
印刷和记录媒介复制业	Printing and Record Medium Reproduction	32.87	83.46	78.50	4.87
文教、工美、体育和娱乐用品制造业	Cultural and Educational, Arts and Crafts, Sports and Entertainment Goods	71.79	233.82	209.86	21.19

续表 5 Continued 单位:亿元(100 million yuan)

行业	Sector	固定资产净值 Net Value of fixed assets	年末负债合计 Total Liabilities	流动负债 Circulating Liabilities	非流动负债合计 non－circulating liabilities
石油加工、炼焦和核燃料加工业	Petroleum Processing,Coking and Nuclear Fuel Processing	176.07	233.37	233.35	0.02
化学原料和化学制品制造业	Raw Chemical Materials and Chemical Production	849.77	1715.85	1426.63	278.85
医药制造业	Medical and Pharmaceutical Production	198.54	419.84	324.16	95.54
化学纤维制造业	Chemical Fiber	356.87	890.47	796.00	89.28
橡胶和塑料制品业	Rubber and Plastic Production	246.50	665.46	590.12	72.30
非金属矿物制品业	Nonmetal Mineral Production	276.29	530.46	423.67	93.12
黑色金属冶炼和压延加工业	Smelting and Pressing of Ferrous Metals	348.52	875.05	819.21	45.22
有色金属冶炼和压延加工业	Smelting and Pressing of Nonferrous Metals	98.70	451.77	395.67	48.66
金属制品业	Metal Production	185.05	549.47	467.50	25.05
通用设备制造业	Equipment in Common Use	410.87	1332.18	1240.69	81.17
专用设备制造业	Special Purpose Equipment	134.01	400.51	366.97	23.35
汽车制造业	Automotive Manufacturing	308.88	1030.77	870.44	144.54
铁路、船舶、航空航天和其他运输设备制造业	Railway, Shipbuilding, Aerospace and other Transport Equipment	279.26	812.52	735.25	69.80
电气机械和器材制造业	Electric Equipment and Machinery	529.01	1915.31	1737.45	160.05
计算机、通信和其他电子设备制造业	Computers, Communications and Other Electronic Equipment Manufacturing	308.57	905.18	842.02	51.64
仪器仪表制造业	Instruments Manufacturing	73.18	217.72	201.16	12.05
其他制造业	Other Manufacturing	32.23	87.77	87.29	0.47
废弃资源综合利用业	Comprehensive Utilization of Waste Resources	6.11	59.25	51.14	8.12
金属制品、机械和设备修理业	Metal Products,Machinery and Equipment Repair Industry	29.54	63.55	57.23	3.42
电力、热力的生产和供应业	Production and Supply of Electricity and Heating Power	1440.01	1425.53	817.84	583.68
燃气生产和供应业	Production and Supply of Gas	43.96	45.80	25.57	20.23
水的生产和供应业	Production and Supply of Water	160.95	197.77	99.20	91.27

续表 6 Continued 单位:亿元(100 million yuan)

行业	Sector	年末所有者权益合计 Creditors′ Equity	实收资本 Total Capital Hold	主营业务收入 Revenues in Main Business	主营业务成本 Costs in Main Business
总计	**Total**	**14337.59**	**5649.14**	**34777.35**	**29689.10**
按登记注册类型分	**by Registered Type**				
#国有	#State - owned	1026.67	103.95	3029.97	2792.43
集体	Collective owned	8.24	2.00	12.46	10.39
私营	Private	3285.44	1096.27	9538.79	8211.53
港澳台商投资	Enterprises Funded by Entrepreneurs From Hong Kong, Macao and Taiwan	2164.21	1034.32	4830.63	4066.65
外商投资	Foreign Funded Enterprises	2068.50	1082.72	5136.53	4255.22
在总计中:轻工业	Light Industry	5801.90	2161.18	13059.99	10851.38
重工业	Heavy Industry	8535.69	3487.96	21717.36	18837.72
按工业行业分	**By Sector**				
煤炭开采和洗选业	Coal Mining and Dressing				
黑色金属矿采选业	Ferrous Metals Mining and Dressing	10.47	1.81	11.76	9.84
有色金属矿采选业	Nonferrous Metals Mining and Dressing	6.82	1.41	16.83	15.08
非金属矿采选业	Nonmetal Minerals Mining and Dressing	0.33	3.87	29.92	25.50
农副食品加工业	Non - staple Food Processing	109.20	46.51	355.41	321.83
食品制造业	Food Manufacturing	159.05	53.02	325.64	252.85
酒、饮料和精制茶制造业	Wine, Soft Drinks and Refined Tea Manufacturing	174.32	64.37	313.55	208.85
烟草制品业	Tobacco Processing	99.46	3.42	131.20	24.67
纺织业	Textile Industry	1023.40	422.13	2690.56	2352.13
纺织服装、服饰业	Garments and Apparel Industry	669.27	240.13	1283.06	1042.60
皮革、毛皮、羽毛及其制品和制鞋业	Leather, Furs, Down and Related Production, Shoes Manufacturing	259.16	111.50	808.17	685.87
木材加工和木、竹、藤、棕、草制品业	Timber Processing, Bamboo, Cane Palm Fiber and Straw Production	44.54	19.62	119.14	99.08
家具制造业	Furniture Manufacturing	150.41	88.49	428.95	353.60
造纸和纸制品业	Papermaking and Paper Production	345.09	182.68	515.87	432.09
印刷和记录媒介复制业	Printing and Record Medium Reproduction	61.51	28.78	121.07	103.70
文教、工美、体育和娱乐用品制造业	Cultural and Educational, Arts and Crafts, Sports and Entertainment Goods	177.66	67.26	574.42	496.56

续表 7 Continued 单位:亿元(100 million yuan)

行业	Sector	年末所有者权益合计 Creditors´ Equity	实收资本 Total Capital Hold	主营业务收入 Revenues in Main Business	主营业务成本 Costs in Main Business
石油加工、炼焦和核燃料加工业	Petroleum Processing,Coking and Nuclear Fuel Processing	213.44	219.95	1521.08	1288.17
化学原料和化学制品制造业	Raw Chemical Materials and Chemical Production	1356.13	499.14	3581.68	3123.20
医药制造业	Medical and Pharmaceutical Production	540.23	133.30	651.06	407.75
化学纤维制造业	Chemical Fiber	571.28	203.18	1685.62	1573.34
橡胶和塑料制品业	Rubber and Plastic Production	473.72	155.72	1325.02	1128.59
非金属矿物制品业	Nonmetal Mineral Production	400.23	200.63	594.58	481.69
黑色金属冶炼和压延加工业	Smelting and Pressing of Ferrous Metals	392.68	230.46	1581.84	1474.19
有色金属冶炼和压延加工业	Smelting and Pressing of Nonferrous Metals	265.74	129.08	1159.20	1087.93
金属制品业	Metal Production	395.00	152.94	912.16	772.90
通用设备制造业	Equipment in Common Use	1091.43	367.60	2170.39	1761.69
专用设备制造业	Special Purpose Equipment	369.83	138.55	671.93	542.03
汽车制造业	Automotive Manufacturing	728.67	316.41	1432.98	1168.21
铁路、船舶、航空航天和其他运输设备制造业	Railway, Shipbuilding, Aerospace and other Transport Equipment	282.52	132.01	593.22	531.02
电气机械和器材制造业	Electric Equipment and Machinery	1359.58	541.93	3320.14	2802.45
计算机、通信和其他电子设备制造业	Computers, Communications and Other Electronic Equipment Manufacturing	927.88	411.84	1837.84	1474.48
仪器仪表制造业	Instruments Manufacturing	276.88	95.48	389.84	283.84
其他制造业	Other Manufacturing	86.09	25.16	157.05	130.80
废弃资源综合利用业	Comprehensive Utilization of Waste Resources	18.77	9.34	132.66	130.59
金属制品、机械和设备修理业	Metal Products,Machinery and Equipment Repair Industry	34.64	21.07	36.12	30.98
电力、热力的生产和供应业	Production and Supply of Electricity and Heating Power	1050.83	200.35	3191.83	2979.43
燃气生产和供应业	Production and Supply of Gas	32.70	29.04	37.77	33.84
水的生产和供应业	Production and Supply of Water	178.63	100.96	67.81	57.71

续表 8 Continued 单位:亿元(100 million yuan)

行业	Sector	主营业务税金及附加 Sales Taxes and Extra Charges in Main Business	利润总额 Total Profits	利税总额 Total Profits and Taxes	本年应交增值税 Value Added Taxes Payable	全部从业人员年平均人数(万人) Average Number of Employed Persons (10000 persons)
总计	**Total**	**382.45**	**2165.61**	**3542.84**	**991.38**	**368.43**
按登记注册类型分	**by Registered Type**					
#国有	#State - owned	93.40	77.15	279.22	108.17	8.40
集体	Collective owned	0.06	0.54	1.08	0.48	0.32
私营	Private	42.30	548.66	854.48	262.47	132.84
港澳台商投资	Enterprises Funded by Entrepreneurs From Hong Kong,Macao and Taiwan	53.19	348.20	551.56	150.05	58.45
外商投资	Foreign Funded Enterprises	23.90	362.39	520.85	133.58	60.92
在总计中:轻工业	Light Industry	147.88	833.10	1399.28	417.24	196.29
重工业	Heavy Industry	234.58	1332.51	2143.55	574.14	172.14
按工业行业分	**By Sector**					
煤炭开采和洗选业	Coal Mining and Dressing					
黑色金属矿采选业	Ferrous Metals Mining and Dressing	0.13	0.52	1.06	0.41	0.16
有色金属矿采选业	Nonferrous Metals Mining and Dressing	0.08	0.48	1.08	0.48	0.15
非金属矿采选业	Nonmetal Minerals Mining and Dressing	0.55	2.25	3.44	0.64	0.32
农副食品加工业	Non - staple Food Processing	0.75	12.67	17.81	4.38	3.80
食品制造业	Food Manufacturing	1.40	34.84	49.22	12.98	4.27
酒、饮料和精制茶制造业	Wine, Soft Drinks and Refined Tea Manufacturing	8.94	27.54	52.93	16.43	3.36
烟草制品业	Tobacco Processing	82.86	14.36	114.05	16.82	0.11
纺织业	Textile Industry	12.72	148.94	241.68	79.87	39.56
纺织服装、服饰业	Garments and Apparel Industry	7.76	93.20	146.98	45.79	34.63
皮革、毛皮、羽毛及其制品和制鞋业	Leather,Furs,Down and Related Production,Shoes Manufacturing	3.92	48.14	80.35	28.28	21.85
木材加工和木、竹、藤、棕、草制品业	Timber Processing,Bamboo,Cane Palm Fiber and Straw Production	1.10	6.77	11.46	3.59	1.94
家具制造业	Furniture Manufacturing	2.11	22.01	39.67	15.53	10.44
造纸和纸制品业	Papermaking and Paper Production	1.73	32.44	48.71	14.51	4.81
印刷和记录媒介复制业	Printing and Record Medium Reproduction	0.43	7.47	11.25	3.32	1.91
文教、工美、体育和娱乐用品制造业	Cultural and Educational, Arts and Crafts,Sports and Entertainment Goods	2.03	29.48	43.55	12.01	9.19

续表 9 Continued 单位:亿元(100 million yuan)

行业	Sector	主营业务税金及附加 Sales Taxes and Extra Charges in Main Business	利润总额 Total Profits	利税总额 Total Profits and Taxes	本年应交增值税 Value Added Taxes Payable	全部从业人员年平均人数(万人) Average Number of Employed Persons (10000 persons)
石油加工、炼焦和核燃料加工业	Petroleum Processing, Coking and Nuclear Fuel Processing	149.21	66.05	280.36	65.09	0.82
化学原料和化学制品制造业	Raw Chemical Materials and Chemical Production	12.41	243.22	331.32	75.49	13.52
医药制造业	Medical and Pharmaceutical Production	5.17	76.59	121.14	39.32	8.57
化学纤维制造业	Chemical Fiber	3.45	62.62	97.12	30.93	8.05
橡胶和塑料制品业	Rubber and Plastic Production	5.81	95.88	135.04	33.01	13.22
非金属矿物制品业	Nonmetal Mineral Production	3.56	54.31	82.65	24.76	6.99
黑色金属冶炼和压延加工业	Smelting and Pressing of Ferrous Metals	3.96	45.37	74.28	24.95	7.33
有色金属冶炼和压延加工业	Smelting and Pressing of Nonferrous Metals	1.44	39.32	52.29	11.49	3.86
金属制品业	Metal Production	4.93	55.87	85.37	24.52	14.36
通用设备制造业	Equipment in Common Use	10.27	177.62	256.79	68.77	27.65
专用设备制造业	Special Purpose Equipment	2.85	61.64	83.49	18.99	9.25
汽车制造业	Automotive Manufacturing	11.68	119.80	177.25	45.75	17.49
铁路、船舶、航空航天和其他运输设备制造业	Railway, Shipbuilding, Aerospace and other Transport Equipment	2.67	12.97	23.56	7.90	6.82
电气机械和器材制造业	Electric Equipment and Machinery	12.51	195.06	290.48	81.83	43.94
计算机、通信和其他电子设备制造业	Computers, Communications and Other Electronic Equipment Manufacturing	8.77	191.71	244.93	44.43	27.63
仪器仪表制造业	Instruments Manufacturing	2.30	44.42	61.99	15.26	7.72
其他制造业	Other Manufacturing	0.87	11.45	17.31	4.98	3.51
废弃资源综合利用业	Comprehensive Utilization of Waste Resources	0.63	-0.51	3.27	3.15	0.76
金属制品、机械和设备修理业	Metal Products, Machinery and Equipment Repair Industry	0.27	0.53	1.93	1.12	1.30
电力、热力的生产和供应业	Production and Supply of Electricity and Heating Power	12.67	130.05	254.52	111.20	7.73
燃气生产和供应业	Production and Supply of Gas	0.07	1.17	1.76	0.49	0.14
水的生产和供应业	Production and Supply of Water	0.45	-0.66	2.76	2.92	1.28

7-15 按行业分的大中型工业企业主要经济效益指标(2013年)
Main Economic Beneficial Indicators of Large and Medium-sized Industrial Enterprises by Sector(2013)

行业	Sector	每百元固定资产原值实现利税(元) Pre tax Profits per 100 Yuan Original Value of Fixed Assets(yuan)	每百元主营业务收入实现利税(元) Pre tax Profits per 100 Yuan Revenues in Main Business (yuan)	产品销售率(%) Rate of Production Sold (%)	出口交货值占工业销售(%) Export delivery value of the proportion of total sales value(%)	新产品产值率(%) New product ratio (%)
总计	**Total**	**25.53**	**10.19**	**97.43**	**19.53**	**32.28**
按登记注册类型分	**by Registered Type**					
#国有	#State-owned	12.36	9.22	99.82	0.19	0.55
集体	Collective owned	22.36	8.63	100.00		
私营	Private	30.81	8.96	96.54	21.11	35.61
港澳台商投资	Enterprises Funded by Entrepreneurs From Hong Kong,Macao and Taiwan	33.75	11.42	97.61	25.80	37.13
外商投资	Foreign Funded Enterprises	28.14	10.14	98.54	32.83	33.86
在总计中:轻工业	Light Industry	29.20	10.71	97.48	25.79	34.09
重工业	Heavy Industry	23.59	9.87	97.40	15.81	31.19
按工业行业分	**By Sector**					
煤炭开采和洗选业	Coal Mining and Dressing					
黑色金属矿采选业	Ferrous Metals Mining and Dressing	19.29	9.05	99.24		
有色金属矿采选业	Nonferrous Metals Mining and Dressing	33.82	6.43	99.98		0.06
非金属矿采选业	Nonmetal Minerals Mining and Dressing	82.01	11.48	99.40	0.11	
农副食品加工业	Non-staple Food Processing	18.40	5.01	97.74	17.32	15.06
食品制造业	Food Manufacturing	41.29	15.12	96.97	14.41	32.28
酒、饮料和精制茶制造业	Wine, Soft Drinks and Refined Tea Manufacturing	29.51	16.88	96.95	1.54	14.48
烟草制品业	Tobacco Processing	348.05	86.93	99.02	2.16	
纺织业	Textile Industry	21.19	8.98	96.90	21.24	29.41
纺织服装、服饰业	Garments and Apparel Industry	38.92	11.46	97.66	41.42	26.85
皮革、毛皮、羽毛及其制品和制鞋业	Leather,Furs,Down and Related Production,Shoes Manufacturing	49.32	9.94	97.32	40.25	31.48
木材加工和木、竹、藤、棕、草制品业	Timber Processing,Bamboo,Cane Palm Fiber and Straw Production	39.87	9.62	97.57	28.07	53.94
家具制造业	Furniture Manufacturing	30.49	9.25	96.78	55.48	37.00
造纸和纸制品业	Papermaking and Paper Production	12.02	9.44	98.20	8.99	32.79
印刷和记录媒介复制业	Printing and Record Medium Reproduction	18.81	9.30	97.54	19.33	31.09
文教、工美、体育和娱乐用品制造业	Cultural and Educational, Arts and Crafts,Sports and Entertainment Goods	38.14	7.58	98.38	34.69	42.09

续表 Continued

行业	Sector	每百元固定资产原值实现利税(元) Pre tax Profits per 100 Yuan Original Value of Fixed Assets(yuan)	每百元主营业务收入实现利税(元) Pre tax Profits per 100 Yuan Revenues in Main Business (yuan)	产品销售率(%) Rate of Production Sold (%)	出口交货值占工业销售(%) Export delivery value of the proportion of total sales value(%)	新产品产值率(%) New product ratio (%)
石油加工、炼焦和核燃料加工业	Petroleum Processing,Coking and Nuclear Fuel Processing	78.74	18.43	94.42	0.11	0.31
化学原料和化学制品制造业	Raw Chemical Materials and Chemical Production	25.02	9.25	97.02	7.62	36.65
医药制造业	Medical and Pharmaceutical Production	38.02	18.61	98.96	31.28	48.39
化学纤维制造业	Chemical Fiber	15.97	5.76	97.78	6.53	37.88
橡胶和塑料制品业	Rubber and Plastic Production	30.85	10.19	101.71	20.56	31.21
非金属矿物制品业	Nonmetal Mineral Production	19.68	13.90	97.05	9.03	31.00
黑色金属冶炼和压延加工业	Smelting and Pressing of Ferrous Metals	12.45	4.70	97.88	3.55	32.71
有色金属冶炼和压延加工业	Smelting and Pressing of Nonferrous Metals	32.68	4.51	95.42	9.68	29.19
金属制品业	Metal Production	30.72	9.36	96.38	30.57	28.98
通用设备制造业	Equipment in Common Use	38.64	11.83	97.36	23.09	47.00
专用设备制造业	Special Purpose Equipment	37.62	12.43	94.78	26.40	48.00
汽车制造业	Automotive Manufacturing	36.19	12.37	94.67	17.29	48.84
铁路、船舶、航空航天和其他运输设备制造业	Railway, Shipbuilding, Aerospace and other Transport Equipment	6.05	3.97	99.64	62.85	33.89
电气机械和器材制造业	Electric Equipment and Machinery	34.89	8.75	97.34	26.19	45.44
计算机、通信和其他电子设备制造业	Computers, Communications and Other Electronic Equipment Manufacturing	42.76	13.33	96.98	46.97	49.72
仪器仪表制造业	Instruments Manufacturing	50.87	15.90	96.33	28.47	56.11
其他制造业	Other Manufacturing	34.30	11.02	94.15	47.66	40.46
废弃资源综合利用业	Comprehensive Utilization of Waste Resources	35.65	2.47	101.74		12.98
金属制品、机械和设备修理业	Metal Products,Machinery and Equipment Repair Industry	4.45	5.34	100.00	28.86	0.04
电力、热力生产和供应业	Production and Supply of Electricity and Heating Power	9.16	7.97	99.93		0.28
燃气生产和供应业	Production and Supply of Gas	3.58	4.65	98.18		
水的生产和供应业	Production and Supply of Water	0.93	4.07	98.07		

7－16 规模以上工业企业能源购进、消费及库存(2013 年)

Purchasing,Consuming and Stocking of Energy in Industrial Enterprises Above Designated Size(2013)

能源名称	Item	年初库存 Stock at the Beginning of the Year	购进量实物量 Number of Purchasing	消费量 Consumption	#工业生产消费 Industry	年末库存 Stock at the End of the Year
原煤 （吨）	Coal (ton)	7140088	132255612	133019493	132884301	6322485
洗精煤 （吨）	Coal Washing (ton)	195570	4254913	4239797	4239265	210574
其他洗煤 （吨）	Other Coal Washing (ton)	155	11604	11601	11320	163
煤制品 （吨）	Coal Puoducts (ton)	17907	1179149	1171432	1170683	25589
焦炭 （吨）	Coke (ton)	84870	1616067	4461771	4461728	79005
其他焦化产品 （吨）	Other Coking Production (ton)	1045	34746	34523	34523	1267
焦炉煤气 （万立方米）	Coking Coal (10000 cu. m)		2641	69431	69431	
高炉煤气 （万立方米）	Blast Furnace Gas (10000 cu. m)		25034	1537456	1537456	
转炉煤气 （万立方米）	Converter Furnace Gas (10000 cu. m)			91964	91964	
发生炉煤气（万立方米）	Producer Furnace Gas (10000 cu. m)			1679	1679	
天然气 （万立方米）	Natural Gas (10000 cu. m)		1288631	462255	460598	
原油 （吨）	Crude Oil (ton)	889392	28621313	28536541	28536403	960360
汽油 （吨）	Gasoline (ton)	2533	300306	304116	152967	1772
煤油 （吨）	Kerosene (ton)	1287	19296	19454	19063	1047
柴油 （吨）	Diesel Oil (ton)	32211	759274	763804	637854	32352
燃料油 （吨）	Fuel Oil (ton)	91328	1601426	1777883	1776274	124548
液化石油气 （吨）	LPG (ton)	3247	101232	425924	423108	1922
其他石油制品 （吨）	Other Petroleum Production (ton)	66106	1520643	4023641	4023519	58963
热力 （百万千焦）	Heat (100 Million coke)		289735565	334374212	331687072	
电力 （万千瓦小时）	Electricity (1000 kw. h)		15846446	18275419	17984967	
其他燃料 （吨标准煤）	Other Fuel (Tons of SCE)	8602	171842	230805	230120	9690

7-17 能源生产弹性系数(1990-2013年)
Elasticity Ratio of Energy Production(1990-2013)

年份 Year	全省能源生产量(万吨标准煤) Output of Energy Production (10000 tons of SCE)	全省电力生产量(亿千瓦小时) Output of Electricity Production (10000 million kwh)	能源生产比上年增长(%) Growth Rate of Energy Production Over Preceding year (%)	电力生产比上年增长(%) Growth Rate of Electricity Production Over Preceding year (%)	生产总值比上年增长(%) Growth Rate of GDP Over Preceding year (%)	能源生产弹性系数 Elasticity Ratio of Energy Production	电力生产弹性系数 Elasticity Ratio of Electricity Production
1990	317.18	208.58			3.93		
1991	324.1	242.25	2.18	16.14	17.83	0.12	0.91
1992	355.57	284.13	9.71	17.29	19.02	0.51	0.91
1993	388.8	308.52	9.35	8.58	22.02	0.42	0.39
1994	402.53	340.90	3.53	10.5	19.97	0.18	0.53
1995	460.7	407.11	14.45	19.42	16.78	0.86	1.16
1996	379.17	448.36	-17.7	10.13	12.69	-1.39	0.8
1997	392.16	485.77	3.43	8.34	11.1	0.31	0.75
1998	494.04	539.16	25.98	10.99	10.17	2.55	1.08
1999	454.81	597.26	-7.94	10.78	10.03	-0.79	1.07
2000	439.24	696.59	-3.42	16.63	11.04	-0.31	1.51
2001	516.41	790.35	17.57	13.46	10.65	1.65	1.26
2002	745.64	887.82	44.39	12.33	12.64	3.51	0.98
2003	945.58	1090.86	26.81	22.87	14.7	1.82	1.56
2004	1091.63	1258.81	15.45	15.4	14.48	1.07	1.06
2005	1273.02	1456.42	16.62	15.7	12.76	1.3	1.23
2006	1216.21	1765.93	-4.46	21.25	13.88	-0.32	1.53
2007	1169.43	2080.41	-3.85	17.81	14.67	-0.26	1.21
2008	1228.75	2133.87	5.07	2.57	10.05	0.50	0.26
2009	1238.39	2250.71	0.78	5.48	8.94	0.1	0.61
2010	1489.94	2567.51	20.31	14.08	11.94	1.70	1.18
2011	1354.08	2790.24	-9.12	8.67	9.05	-1.01	0.96
2012	1709.98	2846.91	26.28	2.03	7.98	3.29	0.25
2013	1607.91	2940.68	-5.97	3.29	8.20	-0.73	0.40

7-18 能源消费弹性系数(1990-2013年)
Elasticity Ratio of Energy Consumption(1990-2013)

年份 Year	全省能源消费量(万吨标准煤) Total Energy Consumption (10000 tons of SCE)	全省电力消费量(亿千瓦小时) Total Electricity Consumption (100 million kwh)	能源消费比上年增长(%) Growth Rate of Energy Consumption Over Preceding year (%)	电力消费比上年增长(%) Growth Rate of Electricity Consumption Over Preceding year (%)	生产总值比上年增长(%) Growth Rate of GDP Over Preceding year (%)	能源消费弹性系数 Elasticity Ratio of Energy Consumption	电力消费弹性系数 Elasticity Ratio of Electricity Consumption
1990	2732.86	230.29			3.93		
1991	3123.17	263.07	14.28	14.23	17.83	0.80	0.80
1992	3484.22	303.28	11.56	15.28	19.02	0.61	0.80
1993	4044.22	346.75	16.07	14.33	22.02	0.73	0.65
1994	4496.67	396.74	11.19	14.42	19.97	0.56	0.72
1995	4851.26	439.59	7.89	10.80	16.78	0.47	0.64
1996	5165.43	479.34	6.48	9.04	12.69	0.51	0.71
1997	5446.74	511.45	5.45	6.70	11.10	0.49	0.60
1998	5656.96	547.78	3.86	7.10	10.17	0.38	0.70
1999	5960.14	611.67	5.36	11.66	10.03	0.53	1.16
2000	6560.37	742.89	10.07	21.45	11.04	0.91	1.94
2001	7253.11	855.29	10.56	15.13	10.65	0.99	1.42
2002	8279.64	1015.84	14.15	18.77	12.64	1.12	1.49
2003	9522.56	1240.35	15.01	22.10	14.70	1.02	1.50
2004	10824.69	1419.53	13.67	14.45	14.48	0.94	1.00
2005	12031.67	1642.32	11.15	15.69	12.76	0.87	1.23
2006	13218.85	1909.23	9.87	16.25	13.88	0.71	1.17
2007	14524.13	2189.37	9.87	14.67	14.67	0.67	1.00
2008	15106.88	2322.87	4.01	6.10	10.05	0.40	0.61
2009	15566.89	2471.44	3.05	6.40	8.94	0.34	0.72
2010	16865.29	2820.93	8.34	14.14	11.94	0.70	1.18
2011	17827.27	3116.91	5.70	10.49	9.05	0.63	1.16
2012	18076.18	3210.55	1.40	3.00	7.98	0.18	0.38
2013	18819.64	3453.05	4.11	7.55	8.20	0.50	0.92

7-19 全社会用电情况(2009-2013年)
The Total Electricit Consumption(2009-2013)

单位:万千瓦时(10000 kw.h)

指标	Item	2009	2010	2011	2012	2013
全社会用电总计	**Total**	**24714378**	**28209304**	**31169134**	**32105518**	**34530507**
全行业用电合计	**Total by Sector**	**21909824**	**25019898**	**27642805**	**28186507**	**30130010**
第一产业	Primary Industry	157060	172955	193595	210895	240911
第二产业	Secondary Industry	19343012	22064707	24271987	24487542	25981999
第三产业	Teriary Industry	2409752	2782236	3177223	3488070	3907100
全行业用电按行业分	**By Sector**					
农、林、牧、渔业	Farming, Forestry, Animal Husbandry and Fishery	157060	172955	193595	210895	240911
工业	Industry	19042380	21685595	23831545	24027285	25453614
采矿业	Mining and Quarrying	190129	190577	208909	202208	196307
制造业合计	Manufacturing	15562679	18072825	20130822	20299377	21346741
电力燃气及水的生产和供应业	Electicity, Gas and Water Production and Supply	3289573	3422192	3491814	3525700	3910567
建筑业	Construction	300632	379112	440442	460257	528384
交通运输、仓储、邮政业	Ttransport, Storage and Post	212361	269682	317771	332122	405215
信息传输计算机服务软件业	Information Transmission, Computer Services and Software	155348	194160	232594	260184	290584
商业、住宿和餐饮业	Commerce, Hotels and Catering Services	841679	973866	1118963	1223055	1346738
金融房地产商务及居民服务业	Finace, Real Estate, Business and Service for the Residents	418105	489829	567553	633225	725133
公共事业及管理组织	Public Administration	782258	854699	940341	1039485	1139431
城乡居民生活用电合计	**Total Electricity Consumption by Urban and Rural Residents**	**2804554**	**3189406**	**3526329**	**3919011**	**4400497**
城镇居民	Urban Residents	1491628	1688189	1865688	2083490	2332496
乡村居民	Rural Residents	1312925	1501217	1660642	1835521	2068001

7-20 规模以下工业主要指标
Basic Indictators on Total Industry Below Designated Size

指标名称		Item		2012	2013
企业(单位)数	(万家)	Number of Enterprises	(10000 units)	85.75	88.52
年末从业人数	(万人)	Number of Employed Persons at the Year-end	(10000 persons)	770.68	772.29
工业总产值	(亿元)	Gross Industrial Output Value	(100 million yuan)	19331.60	21129.96

7-21 规模以下工业企业主要指标
Basic Indictators on Industry Enterprise Below Designated Size

单位:亿元(100 million yuan)

指标		Item		2012	2013
企业数	(万家)	Number of Enterprises	(10000 units)	17.32	17.48
年末从业人数	(万人)	Number of Employed Persons at the Year-end	(10000 persons)	355.05	349.84
工业总产值		Gross Industrial Output Value		9749.49	10481.84
主营业务收入		Revenues in Main Business		9652.96	10378.06
税金总额		Total Taxes		412.03	422.53
所得税		Income Taxes		61.46	56.93
营业利润		Sales Profits		412.58	453.26
应付工资、福利及保险费		Expense of Payment, Benefits and Insurance		942.49	1032.35
折旧		Depreciation		279.72	303.33

注：1. 规模以下工业企业为年主营业务收入2000万以下工业企业。
Industrial enterprises below designated size are those with annual revenue from principal business under 20 million yuan.
2. "应付工资、福利及保险费"指标为"应付职工薪酬"。
Expense of payment, benefits and insurance refers to employee benefits payable.

7-22 个体工业主要指标
Basic Indictators on Individual Industry

单位:亿元(100 million yuan)

指标		Item		2012	2013
单位数	(万家)	Number	(10000 units)	68.43	71.04
年末从业人数	(万人)	Number of Employed Persons at the Year-end	(10000 persons)	415.63	422.44
营业收入		Revenues in Business		9487.24	10542.69
生产支出		Cost of Produce		6808.39	7358.70
工资及福利		Payment and Benefits		1083.67	1228.28

注："工资及福利"指标为"应付职工薪酬"。Payment and benefits refers to employee benefits payable.

浙/江/统/计/年/鉴

主要统计指标解释

■ 工业增加值

是指工业行业在报告期内以货币表现的工业生产活动的最终成果。

■ 固定资产原价

固定资产原值指企业在建造、购置、安装、改建、扩建、技术改造某项固定资产时所支出的全部货币总额。它一般包括买价、包装费、运杂费和安装费等。

■ 固定资产净值

是指固定资产原价减去历年已提折旧额后的净额。

■ 流动资产

流动资产是指可以在一年或者超过一年的一个营业周期内变现或者耗用的资产,包括现金及各种存款、短期投资、应收及预付货款、存货等。

■ 利税总额

指企业利润总额、产品销售税金及附加和应交增值税之和。

■ 主营业务收入

指企业在销售商品(不一定是本企业生产)、提供劳务及让渡资产使用权等日常活动中所产生的收入。

■ 主营业务成本

指企业在销售商品、提供劳务及让渡资产使用权等日常活动而发生的实际成本。

■ 主营业务税金及附加

指企业日常活动应负担的税金及附加,包括营业税、消费税、城市维护建设税、资源税、土地增值税和教育费附加等。

■ 产品销售利润

指企业销售产品和提供工业性劳务等主要经营业务收入扣除其成本、费用、税金后的利润。

■ 利润总额

指企业实现的利润。

■ 应交增值税

指企业在报告期内应交纳的增值税额。

■ 资本金

指企业在工商行政管理部门登记的注册资金合计。企业资本金按投资主体可分为国家资本金、法人资本金、个人资本金和外商资本金等。资本金合计包括企业各种投资主体注册的全部资本金。

■ 总资产

指企业拥有或控制的全部资产。包括流动资产、长期投资、固定资产、无形及递延资产、其他长期资产、递延税项等,即为企业资产负债表的资产总计项。

(1) 流动资产　指企业可以在一年内或者超过一年的一个生产周期内变现或耗用的资产合计。包括现金及各种存款、短期投资、应收及预付款项、存货等。

(2) 固定资产　指企业固定资产净值、固定资产清理、在建工程、待处理固定资产损失所占用的资金合计。

(3) 无形资产　指企业长期使用而没有实物形态的资产。包括专利权、非专利技术、商标权、著作权、土地使用权、商誉等。

■ 总负债

指企业承担并需要偿还的全部债务。包括流动负债和长期负债、递延税项等,即为企业资产负债表的负债合计项。

(1) 流动负债　指企业在一年内或者超过一年的一个营业周期内需要偿还的债务合计,其中包括短期借款、应付及预收款项、应付工资、应交税金和应交利润等。

主要统计指标解释

（2）长期负债　指企业在一年以上或者超过一年的一个生产周期以上需要偿还的债务合计，其中包括长期借款、应付债务、长期应付款项等。

■ 所有者权益

指企业投资人对企业净资产的所有权。企业净资产等于企业全部资产减去全部负债后的余额，其中包括投资者对企业的最初投入，以及资本公积金、盈余公积金和未分配利润，对股份制企业即为股东权益。

■ 流动资产周转次数

指在一定时间内流动资产完成的周转次数，反映流动资产的周转速度。计算公式为：

流动资金周转次数＝产品销售收入/全部流动资产平均余额。

■ 全员劳动生产率

指根据产品的价值量指标计算的平均每一从业人员在单位时间内的产品生产量。计算公式为：

全员劳动生产率＝工业增加值÷全部从业人员数。

■ 能源生产总量

指一定时期内某地区一次能源生产量的总和。该指标是观察全国能源生产水平、规模、构成和发展速度的总量指标。一次能源生产量包括原煤、原油、天然气、水电、核能及其他动力能（如风能、地热能等）发电量，不包括低热值燃料生产值、生物能、太阳能等的利用和由一次能源加工转换而成的二次能源产量。

■ 能源消费总量

指一定时期内某地区物质生产部门、非物质生产部门和生活消费的各种能源的总和。该指标是观察能源消费水平、构成和增长速度的总量指标。能源消费总量包括原煤和原油及其制品、天然气、电力，不包括低热值燃料、生物质能和太阳能等的利用。能源消费总量分为终端能源消费量、能源加工转换损失量和能源损失量三部分。

（1）终端能源消费量：指一定时期内生产和生活消费的各种能源在扣除了用于加工转换二次能源消费量和损失量以后的数量。

（2）能源加工转换损失量：指一定时期内投入加工转换的各种能源数量之和与产出各种能源产品之和的差额。该指标是观察能源在加工转换过程中损失量变化的指标。

（3）能源损失量：指一定时期内能源在输送、分配、储存过程中发生的损失和由客观原因造成的各种损失量，不包括各种气体能源放空、放散量。

■ 能源生产弹性系数

研究能源生产增长速度与国民经济增长速度之间关系的指标。计算公式为：

$$能源生产弹性系数=\frac{能源生产总量年平均增长速度}{生产总值年平均增长速度}$$

■ 电力生产弹性系数

研究电力生产增长速度与国民经济增长速度之间关系的指标。一般来说，电力的发展应当快于国民经济的发展，也就是说电力应超前发展。计算公式为：

$$电力生产弹性系数=\frac{电力生产量年平均增长速度}{生产总值年平均增长速度}$$

■ 能源消费弹性系数

反映能源消费增长速度与国民经济增长速度之间比例关系的指标。计算公式为：

$$能源消费弹性系数=\frac{能源消费量年平均增长速度}{生产总值年平均增长速度}$$

■ 电力消费弹性系数

反映电力消费增长速度与国民经济增长速度之间比例关系的指标。计算公式为：

$$电力消费弹性系数=\frac{电力消费量年平均增长速度}{生产总值年平均增长速度}$$

ZHEJIANG STATISTICAL YEARBOOK

Explanatory Notes on Main Statistical Indicators

□ Value Added of Industry

refers to the final results of industrial production of the industrial trade in money terms during the reference period.

□ Original Value of Fixed Assets

refers to the original value of all fixed assets owned by industrial enterprises, calculated at the cost paid at the time of purchase, installation, reconstruction, expansion, and technical innovation and transformation of the said assets, which includes expenses on purchase, package, transportation, and installation, etc.

□ Net Value of Fixed Assets

is obtained by deducting depreciation over years from the original value of fixed assets.

□ Circulating Assets

refers to assets which can be cashed in or spent or consumed in an operating cycle of one year or over one year, which includes cash, various deposits, short term investment, and receivable payments, and advance payments, stock, etc.

□ Total Value of Profit and Tax (Pre – tax Profits)

refers to the sum of the total profits, products sales tax and surcharges and the value added tax payable of industrial enterprises. It is also called pre – tax profits.

□ Revenue on Main Business

refers to revenues from the sales of products, labor services provided, alienation of using asset right and etc.

□ Cost on Main Business

refers to real costs from the sales of products, labor services provided, alienation of using asset right and etc.

□ Tax and Extra Charges on Main Business

refer to the tax the business tax, consumption tax, city maintenance and construction, resources tax, land increasing value tax and extra charges for education and etc.

□ Sales Profit of Products

refers to the profit gained by the enterprises by deducting cost, charges and taxes from the business income of the enterprises obtained in selling products and providing industrial services.

□ Total Profits

refer to the profits gained by the enterprises.

□ Value Added Tax Payable

refers to the amount of the value added tax which should be paid by the enterprises in the reporting period.

□ Capital

refers to the corporation's capital registered in the departments of administration for industry and commerce. According to the different nature of investors, corporations' capital can be divided into state capital, legal person's capital, personal capital, foreign capital, etc. Total capital includes total registered capital of all investors in the corporation.

□ Total Assets

refer to all assets which are owned or controlled by enterprises, including circulating assets, long – term investment, fixed assets, intangible assets and deferred assets, other long – term assets, and deferred taxes, etc. The summation of above items is equal to total assets shown in the balance sheets of the enterprises.

EXPLANATORY NOTES ON MAIN STATISTICAL INDICATORS

(1) Circulating assets (working capital) refer to assets which can be cashed in or spent or consumed in an operating cycle of one year or over one year, including cash, all kinds of deposits, short term investment, receivables, advance payment, stock, etc.

(2) Fixed assets refer to the net value of fixed assets, clearance of fixed assets, project under construction, fixed assets losses in suspense. These are corporations' fund holdings.

(3) Intangible assets refer to the assets without material form used by enterprises over a long time, such as patents, non - patent technologies, trade marks, copyright, land use right, business reputation, etc.

□ Total Liabilities

refer to the debts that enterprises are responsible for repayment, including liquid liabilities, long - term liabilities and deferred taxes, etc. Total liabilities correspond to the summation item of liabilities shown in the balance sheets of the enterprises.

(1) Liquid liabilities (also called quick liabilities or immediate liabilities) refer to enterprises total debt payable within an operating cycle of one year or over one year, including short term loans, payables and advance payments, wages payables, taxes payable and profit payable, etc.

(2) Long - term liabilities refers to total debt payable within an operating cycle of one year or over one year, including long - term loans, payable liabilities, long - term payables, etc.

□ Creditors' Equity

refers to investors' ownership of net assets of the enterprise. It is equal to the total assets of the enterprise minus its total liabilities, including the primary input from investors, capital accumulation fund, surplus accumulation fund and undistributed profit. It is the stock holders' equity in stock companies.

□ Turnover of Working Capital

refers to the number of times of turnover of working capital in a given period of time, which reflects the speed of the turnover of working capital and is calculated as follows:

Turnover of Working Capital (%) = 100% (Sales Revenue of Products) / (Average Balance of Total Working Capital)

□ Overall Labour Productivity of Industrial Enterprises

refers to the average output per employed person in industrial enterprises in value terms. At present, the value added and the average number of staff and worders of an industrial enterprises in a given period are used to calculate the overall labour productivity. The formula used is:

Overall Labour Productivity = Value Added of Industry/ Average Number of Staff and Worders

□ Total Energy Production

refers to the total production of primary energy by all energy producing enterprises in the region in a given period of time. It is a comprehensive indicator to show the capacity, scale, composition and development of energy production of the country. The production of primary energy includes that of coal, crude oil, natural gas, hydro - power and electricity generated by nuclear energy and other means such as wind power and geothermal power. However, it excludes the production of fuels of low calorific value, bio - energy, solar energy and the secondary energy converted from the primary energy.

□ Total Domestic Energy Consumption

refers to the total consumption of energy of various kinds by material production sectors, non material production sectors and households in the region in a given period of time. It is a comprehensive indicator to show the scale, composition and development of energy consumption. The total energy consumption includes that of coal, crude oil and their products, natural gas and electricity. However, it excludes the consumption of fuel of low calorific value, bioenergy and solar energy. Total domestic energy consumption can be divided into three parts: final energy consumption, loss during the process of energy conversion, and energy loss.

(1) Final Energy Consumption: It refers to the total energy consumption by material production sectors, non

EXPLANATORY NOTES ON MAIN STATISTICAL INDICATORS

material production sectors and households in the region in a given period of time, but excludes the consumption in conversion of the primary energy into the secondary energy and the loss in the process of energy conversion.

(2) Loss During the Process of Energy Conversion: It refers to the total input of various kinds of energy for conversion, minus the total output of various kinds of energy in the region in a given period of time. It is an indicator to show the loss that occurs during the process of energy conversion.

(3) Energy Loss: It refers to the total of the loss of energy during the course of energy transport, distribution and storage and the loss caused by any objective reason in a given period of time. The loss of various kinds of gas due to gas discharges and stocktaking is excluded.

□ Elasticity Ratio of Energy Production

is an indicator to show the relationship between the growth rate of energy production and the growth rate of the national economy. The formula is:

Elasticity Ratio of the Energy Production = Average Annual Growth Rate of Energy Production/Average Annual Growth Rate of GDP.

□ Elasticity Ratio of Electricity Production

is an indicator to show the relationship between the growth rate of electricity production and the growth rate of electricity production should be higher than that of the national economy.

Its formula is:

Elasticity Ratio of Electricity Production = Average Annual Growth Rate of Electricity Production/Average Annual Growth Rate of GDP.

□ Elasticity Ratio of Energy Consumption

is an indicator to show the relationship between the growth rate of energy consumption and the growth rate of the national economy. The formula is:

Elasticity Ratio of Energy Consumption = Average Annual Growth Rate of Energy Consumption/Average Annual Growth Rate of GDP.

□ Elasticity Ratio of Electricity Consumption

is an indicator to show the relationship between the growth rate of electricity consumption and the growth rate of the national economy. The formula is:

Elasticity Ratio of Electricity Consumption = Average Annual Growth Rate of Electricity Consumption/Average Annual Growth Rate of GDP.

2014

浙江统计年鉴

ZHEJIANG STATISTICAL YEARBOOK

CHAPTER 8

建筑业

Construction

8-1 建筑业企业主要指标(1990-2013年)
Key Indicators of Construction Enterprises(1990-2013)

年份 Year	建筑业企业单位数(个) Construction Enterprises (unit)	#其他经济类型 Other types of	建筑业企业平均就业人数(万人) The average number of construction enterprises employed (10000 persons)	#其他经济类型 Other types of	建筑业总产值(亿元) Gross Output Value (100 million yuan)	#其他经济类型 Other types of
1990	2550		67.37		78.98	
1991	2503		70.46		92.83	
1992	2450	24	75.25	0.68	134.00	1.80
1993	2901	20	97.28	0.50	260.54	1.62
1994	3538	50	127.89	1.11	470.79	4.58
1995	3549	115	144.21	5.17	710.23	35.79
1996	3691	666	145.32	18.24	845.68	104.46
1997	3937	969	141.22	24.21	883.33	154.07
1998	3540	1627	142.51	45.17	942.53	306.62
1999	3657	1994	150.63	66.37	1128.28	499.57
2000	3592	3238	165.90	97.14	1383.77	841.47
2001	3370	2595	185.17	140.61	1768.45	1365.60
2002	3210	2801	201.10	171.49	2282.99	1959.72
2003	3514	3131	247.22	218.94	3127.28	2802.02
2004	4053	3756	276.87	256.39	3911.30	3623.30
2005	4226	3942	322.12	302.82	4743.30	4450.60
2006	4482	4234	370.92	353.75	5701.00	5445.70
2007	4688	4465	427.52	411.58	7036.80	6778.30
2008	5259	5042	465.48	451.42	8268.60	8004.50
2009	5392	5185	530.95	517.54	9746.21	9474.70
2010	5627	5419	615.65	602.72	12210.90	11956.22
2011	5969	5771	601.42	590.19	15171.80	14859.10
2012	6286	6087	677.21	663.48	17656.00	17290.00
2013	6634	6500	739.18	728.93	20658.80	20360.10

8-2 国有建筑企业主要经济指标(2007-2013年)
Major Economic Indicators of State-Owned Consruction Enterprises(2007-2013)

指标		Item		2007	2008	2009	2010	2011	2012	2013
建筑业总产值	(亿元)	Cross Output Value of Construction	(100 million yuan)	159.4	155.6	156.8	125.9	166.1	181.9	125.6
增加值	(亿元)	Added Value	(100 million yuan)	31.6	28.1	29.4	25.8	28.7	38.0	35.5
实现利润总额	(亿元)	Total Profits	(100 million yuan)	3.6	3.2	4.1	3.7	4.5	4.2	7.4
上缴税金	(亿元)	Taxes Turned over to State	(100 million yuan)	4.5	4.7	5.0	4.1	5.3	5.2	3.8
房屋建筑施工面积	(万平方米)	Floor Space of Buildings under Construction	(10000 sq.m)	499.7	550.5	556.5	85.2	99.1	80.5	55.7
房屋建筑竣工面积	(万平方米)	Floor Space of Buildings Completed	(10000 sq.m)	196.5	185.5	140.5	32.0	52.1	38.7	22.1
计算劳动生产率的平均人数	(万人)	Average Staff and Workers to Calculate Labor Productivity	(10000 persons)	7.7	6.8	6.1	5.0	4.8	5.7	3.1
年末拥有固定资产合计	(亿元)	Net Value of Fixed Assets Owned (year-end)	(100 million yuan)	18.9	25.6	28.5	15.1	17.6	17.8	17.3
年末拥有机械设备总功率	(万千瓦)	Total Power of Machinery and Equipment Owned (year-end)	(10000 kw)	43.5	48.1	50.0	46.0	54.4	39.7	26.9
年末拥有机械设备净值	(亿元)	Net Value of Machinery and Equipment Owned(year-end)	(100 million yuan)	10.7	8.2	9.2	8.6	9.6	7.7	7.2
全员劳动生产率		Overall Labor Productivity								
按总产值计算	(元/人)	Calculated by Gross Output Value	(yuan/person)	207121	227995	256991	252639	346975	321032	407351
按增加值计算	(元/人)	Calculated by Added value	(yuan/person)	41101	41396	48239	51706	59911	67069	115013
技术装备率	(元/人)	Value of Machines per Labourer	(yuan/person)	15058	13915	16140	19254	28687	16042	24182
动力装备率	(千瓦/人)	Power of Machines per Labourer	(kw/person)	6.2	8.2	8.8	10.3	16.3	8.3	9.0
产值利润率	(%)	Ratio of Profit to Gross Output Value	(%)	2.3	2.1	2.6	2.9	2.7	2.3	5.9

注：1.8—2至8—18各表2004年以后数据为资质以上总承包、专业承包建筑业企业、不包括劳务分包企业。
The data in table 8-2 to 8-18 include enterprises of labor contracting which having qualificates since 2004.
2.2004年开始机械设备为年末施工机械设备。表8-3同。
The number of Machinery and Equipment Owned in 2004 refers to the machinery and equipment under construction(year end).
The table 8-3 is the same.

8－3 私营建筑企业主要经济指标(2007－2013年)
Major Economic Indicators of Private Construction Enterprises(2007－2013)

指标		Item		2007	2008	2009	2010	2011	2012	2013
建筑业总产值	(亿元)	Gross Output Value of Constrution	(100 million yuan)	3133.4	3544.0	4280.6	5935.1	7835.9	9419.2	10837.5
增加值	(亿元)	Added Value	(100 million yuan)	655.9	750.6	866.6	1200.8	1493.0	1976.1	2243.9
实现利润总额	(亿元)	Total Profits	(100 million yuan)	91.6	101.5	135.8	186.6	229.5	263.1	303.6
上缴税金	(亿元)	Taxes Turned over to state	(100 million yuan)	99.1	114.2	136.3	187.9	266.4	274.3	318.5
房屋建筑施工面积	(万平方米)	Floor Space of Buildings under Constrution	(100 million yuan)	40081	40813	44790	59530	76206	87610	94297
房屋建筑竣工面积	(万平方米)	Floor Space of Buildings Completed	(100 million yuan)	17953	18456	20119	24396	29478	32781	34040
计算劳动生产率的平均人数	(万人)	Average Staff and Workers to Calculate Labor Productivity	(100 million yuan)	198.2	211.7	240.7	306.7	326.6	369.6	391.8
年末拥有固定资产净值	(亿元)	Net Value of Fixed Assets Owned (year－end)	(100 million yuan)	233.2	286.1	318.9	412.3	533.9	557.3	600.6
年末拥有机械设备总功率	(万千瓦)	Total Power of Machinery and Equipment Owned (year－end)	(100 million yuan)	596.7	688.5	760.9	942.6	1093.5	1171.8	1330.4
年末拥有机械设备净值	(亿元)	Net Value of Machinery and Equipment Owned(year－end)	(100 million yuan)	138.9	159.6	175.5	219.2	257.8	278.2	293.5
全员劳动生产率		Overall Labor Productivity								
按总产值计算	(元/人)	Calculated by Gross Output Value	(100 million yuan)	158079	167411	177810	193496	239929	254875	276628
按增加值计算	(元/人)	Caculated by Added0－value	(100 million yuan)	33088	35457	35998	39153	45715	53470	57276
技术装备率	(元/人)	Value of Machines per Labourer	(100 million yuan)	6893	7568	7328	7085	7720	7086	7093
动力装备率	(元/人)	Power of Machines per Labourer	(100 million yuan)	3.0	3.3	3.2	3.0	3.3	3.0	3.1
产值利润率	(%)	Ratio of Profit to Gross Output Value	(100 million yuan)	2.9	2.9	3.2	3.1	2.9	2.8	2.8

8-4 各地建筑业企业单位数(2007-2013年)
Number of Construction Enterprises by Region(2007-2013)

单位:个(unit)

地区	Region	2007	2008	2009	2010	2011	2012	2013
合　计	**Total**	**4333**	**4728**	**4855**	**5111**	**5430**	**5726**	**6066**
杭州市	Hangzhou	972	1174	1230	1331	1373	1430	1515
宁波市	Ningbo	674	687	729	753	844	922	976
温州市	Wenzhou	530	561	551	547	593	617	639
嘉兴市	Jiaxing	245	248	247	271	291	308	325
湖州市	Huzhou	188	148	166	178	197	205	216
绍兴市	Shaoxing	486	530	534	541	572	620	661
金华市	Jinhua	497	543	547	583	625	666	687
衢州市	Quzhou	129	154	175	197	208	212	226
舟山市	Zhoushan	103	112	119	118	121	122	133
台州市	Taizhou	355	398	385	408	402	411	438
丽水市	Lishui	154	173	172	184	204	213	250

8-5 各地建筑业企业年末就业人员(2007-2013年)
Employed Persons in Construction Enterprises by Region(Year-end,2007-2013)

单位:万人(10000 Persons)

地区	Region	2007	2008	2009	2010	2011	2012	2013
合　计	**Total**	**406.53**	**428.62**	**487.76**	**566.16**	**541.84**	**640.91**	**682.34**
杭州市	Hangzhou	75.82	80.12	92.30	111.73	91.55	100.29	102.12
宁波市	Ningbo	50.03	51.38	64.04	74.36	86.68	95.59	107.14
温州市	Wenzhou	28.29	29.11	32.26	36.42	40.44	46.26	52.85
嘉兴市	Jiaxing	15.81	18.86	22.89	30.09	24.67	27.48	24.75
湖州市	Huzhou	11.57	10.94	12.71	14.13	11.76	16.33	17.54
绍兴市	Shaoxing	112.27	117.86	128.49	143.61	149.26	171.37	180.49
金华市	Jinhua	54.30	56.39	62.56	73.97	52.92	91.62	95.97
衢州市	Quzhou	7.57	8.51	9.89	11.98	13.17	14.49	16.44
舟山市	Zhoushan	4.03	4.76	5.30	6.50	6.63	6.41	7.36
台州市	Taizhou	41.14	45.27	51.17	55.66	57.55	63.28	68.65
丽水市	Lishui	5.70	5.42	6.15	7.72	7.20	7.80	9.04

8－6 各地建筑业企业总产值(2007－2013 年)
Gross Output Value of Construction Enterprises By Region(2007－2013)

单位:亿元(100 million yuan)

地区	Region	2007	2008	2009	2010	2011	2012	2013
合　计	**Total**	**6971.7**	**8158.7**	**9588.9**	**12008.7**	**14907.4**	**17332.6**	**20200.0**
杭州市	Hangzhou	1484.5	1800.5	2110.2	2663.8	3032.5	3307.6	3755.5
宁波市	Ningbo	796.4	921.5	1077.7	1425.1	1933.4	2509.1	3135.5
温州市	Wenzhou	395.6	458.7	540.8	610.8	791.0	964.7	1149.1
嘉兴市	Jiaxing	237.3	315.5	407.2	589.9	764.3	844.3	942.5
湖州市	Huzhou	208.0	215.5	283.5	354.2	433.6	464.9	526.7
绍兴市	Shaoxing	2112.6	2413.3	2750.9	3263.4	4212.2	4847.7	5523.3
金华市	Jinhua	879.4	995.3	1197.3	1566.7	1914.7	2321.3	2711.6
衢州市	Quzhou	106.8	133.8	164.5	225.6	266.6	300.1	371.9
舟山市	Zhoushan	70.6	94.1	103.7	133.8	160.8	163.6	179.8
台州市	Taizhou	600.5	716.8	852.8	1034.4	1243.5	1448.1	1695.9
丽水市	Lishui	80.2	93.8	100.4	141.1	155.0	161.2	208.2

8－7 各地区按登记注册类型分的建筑业企业单位数(2013 年)
Number of Construction Enterprises by Registration Status and Region (2013)

单位:个(unit)

地区	Region	建筑业企业单位数 Number of Construction Enterprises	内资企业 Domestic Capital Enterprises	#国有企业 State－owned Enterprises	#集体企业 Collective owned Enterprises	#股份合作企业 Share Holdings Enterprises	#私营企业 Private Enterprises	港澳台商投资企业 Enterprises Funded by Enterpre－neurs from Hong Kong Macao and Taiwan	外商投资企业 Foreign Funded Enterprises
合　计	**Total**	**6066**	**6036**	**50**	**81**	**10**	**4564**	**22**	**8**
杭州市	Hangzhou	1515	1504	16	9	1	1129	7	4
宁波市	Ningbo	976	972	8	6	2	851	2	2
温州市	Wenzhou	639	639	4	26	4	418		
嘉兴市	Jiaxing	325	325	1	2	1	276		
湖州市	Huzhou	216	213	8	5		95	3	
绍兴市	Shaoxing	661	654		6		491	5	2
金华市	Jinhua	687	684	4	12	1	549	3	
衢州市	Quzhou	226	226	2	2		201		
舟山市	Zhoushan	133	132	3	2		104	1	
台州市	Taizhou	438	437	3	8	1	240	1	
丽水市	Lishui	250	250	1	3		210		

8－8 各地区按登记注册类型分的建筑业企业年末就业人员(2013 年底)

Number of Employed Persons in Construction Enterprises by Registration Status and Region(End of 2013)

单位:人(Person)

地区	Region	年末就业人员 Average Number of Employed Persons	内资企业 Domestic Funded Enterprises	#国有企业 State－owned Enterprises	#集体企业 Collective Owned Enterprises	#股份合作企业 Cooperative Enterprises	#私营企业 Private Enterprises	港澳台商投资企业 Enterprises Funded by Entrepre－neurs From Hong Kong Macao and Taiwan	外商投资企业 Foreign Funded Enterprises
合　计	**Total**	**6823369**	**6788154**	**29774**	**73075**	**6372**	**4138152**	**20431**	**14784**
杭州市	Hangzhou	1021168	1016654	9426	902	4	545819	2422	2092
宁波市	Ningbo	1071361	1070153	6560	746	3510	776655	822	386
温州市	Wenzhou	528517	528517	591	26013	518	278884		
嘉兴市	Jiaxing	247450	247450	80	217	350	219899		
湖州市	Huzhou	175351	175166	4954	1300		49798	185	
绍兴市	Shaoxing	1804911	1780657		5105		1087580	11948	12306
金华市	Jinhua	959727	954781	3385	4286	1178	530114	4946	
衢州市	Quzhou	164380	164380	595	1122		146950		
舟山市	Zhoushan	73607	73581	1215	366		51481	26	
台州市	Taizhou	686501	686419	2876	32387	812	371213	82	
丽水市	Lishui	90396	90396	92	631		79759		

8－9 各地区建筑业总产值的构成(2013 年)

Total Construction Output Value by Structure and Region (2013)

单位:万元(10000 yuan)

地区	Region	建筑业总产值 Gross Output Value of Construction	建筑工程产值 Output Value of Construction	安装工程产值 Output Value of Installation	其他产值 Others
合　计	**Total**	**202000242**	**183587720**	**13756720**	**4655802**
杭州市	Hangzhou	37554704	33244948	3270944	1038812
宁波市	Ningbo	31354555	27745638	2699734	909183
温州市	Wenzhou	11491422	10746320	662086	83015
嘉兴市	Jiaxing	9425426	8697144	434614	293668
湖州市	Huzhou	5266749	4680211	431553	154985
绍兴市	Shaoxing	55233455	50541548	3495244	1196663
金华市	Jinhua	27115571	24793464	1774721	547386
衢州市	Quzhou	3719296	3376950	221340	121006
舟山市	Zhoushan	1798174	1700243	92581	5350
台州市	Taizhou	16958952	16230227	520977	207749
丽水市	Lishui	2081938	1831027	152926	97984

8－10 各地区按登记注册类型分的建筑业总产值(2013 年)
Total Construction Output Value by Registration Status and Region (2013)

单位:万元(10000 yuan)

地区	Region	建筑业总产值 Gross Output Value of Construction	内资企业 Domestic Capital Enterprises	#国有企业 State－owned Enterprises	#集体企业 Collective owned Enterprises	#股份合作企业 Share Holdings Enterprises	#私营企业 Private Enterprises	港澳台商投资企业 Enterprises Funded by Enterpre－neurs from Hong Kong Macao and Taiwan	外商投资企业 Foreign Funded Enterprises
合　计	**Total**	**202000242**	**200635558**	**1255823**	**1728555**	**214174**	**108374539**	**741891**	**622793**
杭州市	Hangzhou	37554704	37303851	665478	13219	10	15028351	193234	57620
宁波市	Ningbo	31354555	31296894	219107	15740	162994	20375781	46389	11273
温州市	Wenzhou	11491422	11491422	28572	590819	7654	5737921		
嘉兴市	Jiaxing	9425426	9425426	2558	23998	15900	7875549		
湖州市	Huzhou	5266749	5263130	118411	70891		1224540	3619	
绍兴市	Shaoxing	55233455	54281948		117275		29991927	397606	553901
金华市	Jinhua	27115571	27017792	116810	82593	17269	12908882	97779	
衢州市	Quzhou	3719296	3719296	10545	40286		3296877		
舟山市	Zhoushan	1798174	1797595	31294	9193		1204568	580	
台州市	Taizhou	16958952	16956268	60519	747307	10348	8927697	2684	
丽水市	Lishui	2081938	2081938	2530	17235		1802445		

8－11 各地区按所含专业分的建筑业总产值(2013 年)
Totel Construction Output Value by Sector And Region (2013)

单位:万元(10000 yuan)

地区	Region	建筑业总产值 Gross Output Value of Construction	房屋工程建筑 Housing	土木工程建筑 Civil Engineering	#铁路、道路、隧道和桥梁工程建筑 Railways, Tunnels, Roads and Bridges	建筑安装业 Installation	建筑装饰业和其他建筑业 Building Decoration and Others
合　计	**Zhejiang**	**202000242**	**151098104**	**37509778**	**27019162**	**5597436**	**7794924**
杭州市	Hangzhou	37554704	25007449	8562604	5807611	1488903	2495748
宁波市	Ningbo	31354555	21563936	7147605	4711089	1209586	1433428
温州市	Wenzhou	11491422	7631797	3166662	1911298	279666	413296
嘉兴市	Jiaxing	9425426	7321521	1497308	1191626	293383	313214
湖州市	Huzhou	5266749	3861105	1180001	946799	109272	116371
绍兴市	Shaoxing	55233455	45535803	6119966	4763785	1717799	1859886
金华市	Jinhua	27115571	22707814	3747564	2574785	147502	512692
衢州市	Quzhou	3719296	2384240	1161879	955205	34899	138278
舟山市	Zhoushan	1798174	1395752	232555	98859	73142	96725
台州市	Taizhou	16958952	12433023	4044241	3628655	186222	295466
丽水市	Lishui	2081938	1255663	649394	429450	57063	119818

8－12 各地区建筑业企业房屋建筑面积(2013年)
Floor Space of Building Construction Enterprises by Region (2013)

单位:万平方米(10000 sq. m)

地区	Region	房屋建筑施工面积 Floor Space Under Construction				房屋建筑竣工面积 Floor Space Under Construction			
		合计 Total	#国有企业 State－owned Construction Enterprises	#集体企业 Collective owned Construction Enterprises	#私营企业 Private Enterprises	合计 Total	#国有企业 State－owned Construction Enterprises	#集体企业 Collective owned Construction Enterprises	#私营企业 Private Enterprises
合　计	**Total**	**185017.5**	**55.7**	**2319.6**	**94296.7**	**61549.4**	**22.1**	**796.0**	**34039.5**
杭州市	Hangzhou	29537.6	18.8	5.3	11888.8	9613.1	8.0	4.5	4328.6
宁波市	Ningbo	25043.3	0.7		16013.0	7841.9	0.7		5064.3
温州市	Wenzhou	11217.6	1.5	1127.3	5945.9	2473.2	1.5	240.4	1379.9
嘉兴市	Jiaxing	8477.6		7.6	7071.3	3112.8		5.0	2620.9
湖州市	Huzhou	4099.3	2.4	7.2	963.6	1634.9	1.2	7.2	436.9
绍兴市	Shaoxing	51214.8		171.9	27268.2	19280.7		103.5	10494.1
金华市	Jinhua	32301.7	24.4	51.7	11773.8	9723.4	6.2	30.6	4574.2
衢州市	Quzhou	2833.7			2527.6	1439.3			1400.5
舟山市	Zhoushan	1576.7	7.9	1.3	1130.1	396.7	4.6	0.8	251
台州市	Taizhou	17255.4		929.0	8376.3	5327.0		400.7	2852.3
丽水市	Lishui	1459.9		18.5	1338.1	706.4		3.5	637

8－13 各地区建筑业企业劳动生产率(2013年)
Labor Productivity of Construction Enterprises by Region (2013)

单位:元/人(yuan/person)

地区	Region	按建筑业总产值计算的劳动生产率 Overall Labor Productivity Calculated by Gross Output Value of Construction	#国有企业 State－owned Enterprises	#集体企业 Collective owned Enterprise	按增加值计算的劳动生产率 Overall Labor Productivity Calculated by Added Value	国有企业 State－owned Enterprises	集体企业 Collective owned Enterprises
合　计	**Total**	**299934**	**407351**	**241469**	**60956**	**115013**	**54838**
杭州市	Hangzhou	298223	569466	193542	60170	136013	50502
宁波市	Ningbo	317487	356619	196996	65714	216174	86815
温州市	Wenzhou	246443	425812	237869	53145	83769	50245
嘉兴市	Jiaxing	356857	300929	1188030	58527	60176	185366
湖州市	Huzhou	307966	246793	597734	52981	44468	154847
绍兴市	Shaoxing	321764		261075	62102		62805
金华市	Jinhua	298660	408142	219311	66824	29811	49158
衢州市	Quzhou	243325	240751	541474	49419	40187	135027
舟山市	Zhoushan	258898	246994	243838	59890	60500	71756
台州市	Taizhou	257972	216914	220692	55829	60324	51029
丽水市	Lishui	252892	287500	270991	59160	62989	46994

8－14 各地区建筑业企业技术装备情况(2013年)
Technology and Equipment Owned by Construction Enterprises by Region (2013)

地区	Region	自有机械设备总台数(台) Number of Machinery and Equipment Owned (unit)	自有机械设备总功率(万千瓦) Total Power of Machinery and Equipment Owned (1000kw)	自有机械设备净值(万元) Net Value of Machinery and Equipment Owned (10000 yuan)	技术装备率(元/人) Value of Machines per Labourer (yuan/person)	动力装备率(千瓦/人) Power of Machines per Labourer (Kw/person)
合 计	**Total**	**1037379**	**2038.37**	**4559074**	**6682**	**2.99**
杭州市	Hangzhou	185792	346.04	832466	8152	3.39
宁波市	Ningbo	122951	235.32	684957	6393	2.20
温州市	Wenzhou	72066	150.62	360794	6827	2.85
嘉兴市	Jiaxing	71299	116.59	197846	7995	4.71
湖州市	Huzhou	33722	76.12	126125	7193	4.34
绍兴市	Shaoxing	246013	449.55	938614	5200	2.49
金华市	Jinhua	135342	269.34	714748	7447	2.81
衢州市	Quzhou	34081	67.84	114031	6937	4.13
舟山市	Zhoushan	14060	26.03	55374	7523	3.54
台州市	Taizhou	81777	160.64	443464	6460	2.34
丽水市	Lishui	40276	140.27	90654	10029	15.52

8－15 各地区建筑业企业资产与负债(2013年)
Assets and Liabilities of Construction Enterprises by Region (2013)

单位:万元(10000 yuan)

地区	Region	资产合计 Total Assets	#流动资产 Circulating Assets	#固定资产 Fixed Assets	流动负债 Liquid Liabilities	非流动负债 Non－current Liabilities	所有者权益 Creditors′ Equity
合 计	**Total**	**99613482**	**80390258**	**9963075**	**56719141**	**1917794**	**38828795**
杭州市	Hangzhou	26205266	19959672	2371260	16473990	757530	8559878
宁波市	Ningbo	16867867	14077843	1415679	9803478	338609	5954929
温州市	Wenzhou	6566293	5362291	747879	3811222	53468	2651583
嘉兴市	Jiaxing	4574659	3845427	403942	3025997	46058	1304543
湖州市	Huzhou	3555843	2930528	354727	2264198	49014	1180718
绍兴市	Shaoxing	17071092	13698197	1971063	8770392	326898	7602663
金华市	Jinhua	12443338	10273180	1347634	6333916	128096	5804075
衢州市	Quzhou	1725581	1387242	235370	864413	7588	839315
舟山市	Zhoushan	1878363	1626357	143191	1404756	18097	449451
台州市	Taizhou	7328550	6094851	789420	3291883	182234	3798498
丽水市	Lishui	1396632	1134671	182910	674897	10202	683140

8－16 各地区建筑业企业总收入(2013 年)
Total Income of Construction Enterprises by Region (2013)

单位:万元(10000 yuan)

地区	Region	企业总收入 Total Income	工程结算收入 Revenue of Project Settlement Accounts	#工程结算成本 Costs of Project Settlement Accounts	#工程结算利润 Profits of Project Settlement Accounts	其他业务收入 Other Revenue from Business	#其他业务利润 Other Profits from Business
合 计	**Total**	**164850543**	**163738902**	**147613711**	**10131896**	**1111640**	**180804**
杭州市	Hangzhou	33709184	33375924	30159197	2134340	333260	82262
宁波市	Ningbo	22920816	22766196	20254742	1708629	154620	39782
温州市	Wenzhou	9159759	9125682	8189928	587009	34077	7255
嘉兴市	Jiaxing	7120907	7015181	6453483	323613	105725	6364
湖州市	Huzhou	4571486	4543380	4105899	268008	28106	3030
绍兴市	Shaoxing	43975897	43677314	39754700	2213115	298583	11973
金华市	Jinhua	23336428	23242252	20686442	1681737	94176	8522
衢州市	Quzhou	3277746	3266100	2900218	238073	11646	2359
舟山市	Zhoushan	1631156	1622840	1478538	84344	8317	4503
台州市	Taizhou	13269979	13246194	12007553	736845	23785	13916
丽水市	Lishui	1877185	1857839	1623013	156181	19345	838

8－17 各地区建筑业企业利税总额(2013 年)
Profit and Taxes of Construction Enterprises by Region (2013)

地区	Region	利税总额(万元) Total Pre－tax Profits (10000 yuan)	利润总额 Total Profits	工程结算税金及附加 Taxes and Extra Charges on Project Settlement Accounts	管理费中的税金 Taxes In Management fees	产值利税率(%) Ratio of Pre－tax Profits to Output Value (%)	资产利税率(%) Ratio of Pre－tax Profits to Assets (%)
合 计	**Total**	**11003193**	**5309602**	**5544587**	**149003**	**5.45**	**11.05**
杭州市	Hangzhou	1904403	883887	987132	33384	5.07	7.27
宁波市	Ningbo	1779945	1015926	739750	24268	5.68	10.55
温州市	Wenzhou	582303	243429	323198	15675	5.07	8.87
嘉兴市	Jiaxing	352177	120615	226096	5467	3.74	7.70
湖州市	Huzhou	279477	113192	157652	8633	5.31	7.86
绍兴市	Shaoxing	3016621	1389507	1602972	24141	5.46	17.67
金华市	Jinhua	1711075	882611	811743	16720	6.31	13.75
衢州市	Quzhou	198967	83267	109515	6185	5.35	11.53
舟山市	Zhoushan	73427	18780	51857	2790	4.08	3.91
台州市	Taizhou	950258	475323	465278	9657	5.60	12.97
丽水市	lishui	154541	83066	69393	2082	7.42	11.07

8－18 建筑业企业财务状况(2013 年)
Financial Indicators of Construction Enterprises (2013)

单位:万元(10000 yuan)

指标	Item	资产合计 Total Assets	流动资产小计 Liquid Assets	固定资产小计 Fixed Assets	流动负债小计 Total Liquid Liabilities
总计	**Total**	**99613482**	**80390258**	**9963074**	**56719142**
#特、一、二级企业	The First Enterprises	85262933	68845648	8090336	49762836
#国有及国有控股	State－owend and State－holding Enterprises	8909329	7229668	696758	6194272
按登记注册类型分组	**Group by registration type**				
内资企业	Domestic Funded Enterprises	98928759	79808100	9893917	56314632
#国有企业	State－owned Enterprises	1590688	1294100	172915	1016183
集体企业	Cooperative Enterprises	918311	778563	100405	634232
股份合作企业	Limited Liability Corporations	79951	70149	8524	41652
私营企业	Private Enterprises	52431885	41708271	6005900	27605576
港、澳、台商投资企业	Funded by Enterpreneurs From Hong Kong Macao and Taiwan	607482	515806	62330	364065
外商投资企业	Foreign Funded Enterprises	77241	66353	6827	40445
按国民经济行业分组	**Group by national economy industry**				
房屋建筑业	Housing	61180113	50659082	5664965	35959990
土木工程建筑业	Civil Engineering	26796550	21045048	3286027	13552710
建筑安装业	Installation	5011903	4089789	506175	3207301
建筑装饰和其他建筑业	Building Decoration and Others	6624916	4596338	505907	3999141

续表 1 Continued 单位:万元(10000 yuan)

指标	Item	非流动负债 Non - Current Liabilities	负债合计 Total Liabilities	所有者权益合计 Creditors' Equity	工程结算收入 Revenue of Project Settled Account	工程结算成本 Costs of Project Settled Accounts	工程结算税金及附加 Taxes and Extra Charges on Project Settled Accounts
总计	**Total**	**1917794**	**60583510**	**38828795**	**163738902**	**147613711**	**5544587**
#特、一、二级企业	The First Enterprises	1669722	52983264	32188119	148680449	134703653	5029617
#国有及国有控股	State - owend and State - holding Enterprises	591760	6923667	1985662	10408454	9490243	278115
按登记注册类型分组	**Group by registration type**						
内资企业	Domestic Funded Enterprises	1917703	60072472	38655108	162720295	146797930	5522598
#国有企业	State - owned Enterprises	173366	1194891	395797	1829053	1616738	35549
集体企业	Cooperative Enterprises	7659	653193	264667	1393818	1249628	49518
股份合作企业	Limited Liability Corporations	582	43266	36685	142739	131359	4769
私营企业	Private Enterprises	612137	28926155	23389914	88399438	79253654	3097496
港、澳、台商投资企业	Funded by Entrepreneurs From Hong Kong Macao and Taiwan	82	470583	136899	702130	522011	11673
外商投资企业	Foreign Funded Enterprises	9	40454	36787	316477	293771	10317
按国民经济行业分组	**Group by national economy industry**						
房屋建筑业	Housing	1092769	37775796	23350224	117933531	107699953	4058914
土木工程建筑业	Civil Engineering	575056	15117695	11628800	33008637	28968497	1113294
建筑安装业	Installation	35916	3306681	1612620	5626472	4855736	146850
建筑装饰和其他建筑业	Building Decoration and Others	214053	4383338	2237151	7170263	6089525	225530

续表 2 Continued　　单位：万元(10000 yuan)

指标	Item	管理费用 Management Expenses	财务费用 Financial Expenses	营业利润 Business Profits	利润总额 Total Profits	应交所得税 Income Tax Payable	应付职工薪酬 Employee Benefits Payable
总计	**Total**	**3301387**	**1212756**	**5242665**	**5309602**	**1252418**	**29265915**
#特、一、二级企业	The First Enterprises	2575466	1102388	4619036	4679319	1089257	26598903
#国有及国有控股	State - owend and State - holding Enterprises	348962	28977	281638	289112	72735	1629776
按登记注册类型分组	**Group by registration type**						
内资企业	Domestic Funded Enterprises	3278350	1200276	5218168	5284754	1247188	29100518
#国有企业	State - owned Enterprises	102859	2855	70794	73639	23474	228756
集体企业	Cooperative Enterprises	49301	3641	28554	30016	8778	303756
股份合作企业	Limited Liability Corporations	2407	229	3701	3833	2335	39713
私营企业	Private Enterprises	1816264	703297	3005896	3036137	740178	15736100
港、澳、台商投资企业	Funded by Enterpreneurs From Hong Kong Macao and Taiwan	17719	10816	19340	19818	3978	77755
外商投资企业	Foreign Funded Enterprises	5318	1664	5157	5031	1252	87642
按国民经济行业分组	**Group by national economy industry**						
房屋建筑业	Housing	1569962	840622	3364340	3393442	796622	22064251
土木工程建筑业	Civil Engineering	1114494	274064	1321464	1352485	327171	5238050
建筑安装业	Installation	337510	37952	227163	233553	57237	827161
建筑装饰和其他建筑业	Building Decoration and Others	279421	60118	329698	330122	71387	1136454

浙/江/统/计/年/鉴

主要统计指标解释

■ 建筑业增加值

指建筑业企业在报告期内以货币表现的建筑业生产经营活动的最终成果。目前建筑业增加值采用分配法计算，即从收入的角度出发，根据生产要素在生产过程中应得的收入份额计算。具体计算公式为：

建筑业企业增加值 = 本年提取的固定资产折旧 + 应付工资 + 应付福利费 + 管理费用中的劳动待业保险金、税金 + 工程结算税金及附加 + 营业利润 - 转作奖金的利润。

■ 房屋建筑施工面积

指在报告期内施工的全部房屋建筑面积。包括本期内新开工的、上期施工跨入本期继续施工、上期停建本期复工的房屋建筑面积；不包括上期开工后又停工，本期未施工的房屋建筑面积。

■ 房屋建筑竣工面积

指在报告期内，按照设计所规定的工程内容全部完成，达到了设计规定的交工条件，经有关部门检查验收鉴定合格的房屋建筑面积。

■ 自有施工机械设备年末总台数

指年末本企业（或单位）自有的直接用于工程施工的各种机械设备的台数。但不包括附属辅助生产机械设备、运输机械设备、生产试验机械设备的台数。

■ 自有施工机械设备年末总功率

指年末本企业（或单位）自有的直接用于工程施工的各种机械备年末总功率，按设定能力或查定能力计算。包括施工机械本身的动力和为该机械服务的单独动力设备，如电动机等。但不包括附属辅助生产机械设备、运输机械设备、生产试验机械设备的功率。计量单位用千瓦，动力换算可按 1 马力 = 0.735 千瓦折合成千瓦数。电焊机、变压器、锅炉不计算动力。

■ 工程结算收入

指企业（或单位）按工程的分部分项自行完成的建筑产品价值并已与甲方在报告期内办理结算手续的工程价款收入，以及向甲方收取的除工程价款以外的按规定列作营业收入的各种款项，如临时设施费、劳动保险费、施工机械调迁费等以及向甲方收取的各种索赔款。

■ 工程结算利润

指已结算工程实现的利润。如为亏损以“ - ”号表示。其计算公式为：

工程结算利润 = 工程结算收入 - 工程结算成本 - 工程结算税金及附加 - 经营费用

■ 企业总收入

指与企业生产经营直接有关的各项收入，包括工程结算收入和其他业务收入，即：

企业总收入 = 工程结算收入 + 其他业务收入

ZHEJIANG STATISTICAL YEARBOOK

Explanatory Notes on Main Statistical Indicators

□ Value Added of Construction

refers to the final result of the activities of production and management of construction in monetary terms in the reference period. At present, the value added of construction is calculated with the method of distribution. In other words, it is the sum of incomes of various production factors in the production process. The formula is as follows:

Value added of construction = depreciation of fixed assets in the year + wages payable + welfare expenses payable + insurance premium and tax for waiting for employment in the administrative expenses + taxes and surcharges on project settlement + profit gained from project settlement - profit used as bonus.

□ Floor Space of Buildings Under Construction

refers to floor space of buildings under construction during the reference period, including newly started buildings, buildings started earlier and continued during the reference period, and buildings suspended earlier but restarted during the reference period. Excluded are buildings started and then suspended earlier that have not been restarted during the reference time.

□ Floor Space of Buildings Completed

refers to the floor space of buildings that are completed in the reference period in accordance with the requirements of the design, up to the standard for putting them into use, and have been checked and accepted by concerned departments as qualified ones.

□ Total Number of Machinery and Equipment Owned by the Construction Enterprises(or Units)by the End of Year

refers to the number of machines and equipment which are used directly in constraction owned by the enterprises (or units) it does not include the number of ancilary machinery and equipment for construction, production and transportation.

□ Total Power of Machinery and Equipment Owned by the Construction Enterprises (or Units) by the End of Year

refer to the total power of machinery and equipment owned by the enterprises(or units), used directly in construction by the end of the year, including machinery and equipment for construction, production and transportation. The power of the machinery is calculated on basis of the designed or verified capacity, covering the power of the machinery/equipment and the separate power equipment serving the machinery/equipment (such as electric motors), but excluding welders, transformers and boilers. The unit use for the calculation of power is kilowatt, with horsepower converted to kilowatt by 1horsepower = 0.735 kilowatt.

□ Income from Settlement of Projects

refers to the income received by the construction enterprise/unit from the completed portion of the project through settlement procedures with the contractee during the reference period, and other charges to the contractee as operational costs, such as facility fee, labour insurance premium, moving cost of construction unit, as well as various types of claims to the contractee.

□ Profit from Settlement of Projects

refers to profit realized through settled projects. It is calculated with the following formula:

Profit from Settlement of Projects = Income from Settlement of Projects - Settled Cost - Settled Taxes and other Cost - Business Expense

□ Total Revenue of Enterprises

refers to the sum of income from production and operation of enterprises, including income from settlement of projects and other operational incomes, namely:

Total Revenue of Enterprises = Income from settlement of Projects + Other Operational Incomes

2014

浙江统计年鉴

ZHEJIANG STATISTICAL YEARBOOK

CHAPTER 9

交通运输和邮电通信业务

Transportation, Posts and Telecommunications

9-1 运输线路长度(2006-2013年)
Length of Transportation Routes(2006-2013)

单位:公里(km)

指标	Item	2006	2007	2008	2009	2010	2011	2012	2013
铁路营业里程	**Length of Railways in Operation**	**1265**	**1306**	**1306**	**1665**	**1761**	**1765**	**1765**	**2031**
#复线里程	Double-tracking Length	714	714	714	1065	1164	1167	1185	1453
公路通车里程	**Length of Highways**	**95310**	**99812**	**103652**	**106942**	**110177**	**111776**	**113550**	**115426**
#一级公路	First Class Highways	3410	3617	3795	4099	4293	4565	4903	5310
二级公路	Second Class Highways	7710	8207	8596	8882	9101	9224	9447	9610
高速公路	Expressway	2383	2651	3073	3298	3383	3500	3618	3787
内河通航里程	**Length of Navigable Inland Waterways**	**9652**	**9667**	**9695**	**9704**	**9704**	**9750**	**9739**	**9747**
民用航空航线(条)	**Number of Civil Aviation Routes(line)**	**203**	**188**	**166**	**206**	**217**	**239**	**264**	**334**
#国内航线	Domestic Routes	171	148	135	170	174	194	224	285

注：2006年起公路通车里程包含村道。
The length of highways is including that of village road since 2006.

9-2 主要港口货物吞吐量(2007-2013年)
Cargo Handled at Principal Ports(2007-2013)

单位:万吨(10000 tons)

港口名称	Port	2007	2008	2009	2010	2011	2012	2013
沿海港口合计	**Total**	**57439**	**64518**	**71462**	**78846**	**86700**	**92760**	**100591**
宁波-舟山港	Ningbo-zhoushan	47336	52047	57684	63300	69393	74401	80978
温州港	Wenzhou	3496	4958	5999	6408	6950	6997	7379
台州港	Taizhou	3312	3898	4294	4706	5099	5358	5628
嘉兴港	Jiaxing	2418	2834	3485	4432	5258	6004	6605
内河港口合计	**Total**	**31222**	**31120**	**32282**	**33941**	**35673**	**39171**	**37459**
其中:	Include							
杭州港	Hangzhou	5550	5299	7605	8753	8929	9097	9382
湖州港	Huzhou	4204	4241	14945	14357	14668	17840	15312
嘉兴港	Jiaxing	902	7871	8404	9486	10690	10856	11107

注：2009年起,湖州港统计范围扩大到了全市。
The data of Huzhou harbar was adjusted since 2009.

9－3 民用车辆拥有量
Number of Civil Vehicles Owned

单位：辆(unit)

指标	Item	合计 Total			#个人 Individual		
		2011	2012	2013	2011	2012	2013
总计	**Total**	**12353966**	**13085624**	**14230747**	**11064019**	**11712801**	**12774329**
汽车	**Vehicles**	**6582445**	**7749089**	**9033044**	**5360950**	**6446472**	**7651464**
载客汽车	Passenger Vehicles	5555814	6640840	7850003	4728492	5752637	6904639
#大型	Large－Sized	56427	59958	63987	1379	1575	1796
中型	Medium－Sized	71546	70012	68415	24716	25192	25673
小型	Small－Sized	5253722	6330596	7538323	4539286	5556215	6708245
微型	Minicar	174119	180274	179278	163111	169655	168925
#轿车	Cars	4019719	4808423	5675484	3531638	4290331	5132858
载货汽车	Trucks	969984	1050189	1123643	612083	673478	725891
#重型	Heavy－Sized	116291	128766	147373	29571	32550	35117
中型	Medium－Size	95009	92048	80793	42611	41907	36435
轻型	Light－Sized	735987	811633	880200	521208	584212	641462
微型	Minicar	22697	17742	15277	18693	14809	12877
#普通载货	Ordinary	655523	705588	744102	473620	518807	554895
其它汽车	Others	56647	58060	59398	20375	20357	20934
摩托车	**Motorcycles**	**5380631**	**4951366**	**4859195**	**5349988**	**4921447**	**4828530**
普通	Ordinary	4951292	4636056	4565426	4921978	4607098	4535666
轻便	Lightweigh	429339	315310	293769	428010	314349	292864
拖拉机	**Tractors**	**349632**	**341202**	**290192**	**349632**	**341202**	**290192**
挂车	**Trailers**	**41167**	**43865**	**48209**	**3442**	**3673**	**4136**
其它类型车	**Others**	**91**	**102**	**107**	**7**	**7**	**7**
机动车驾驶员(人)	**Motor Drivers(person)**	**11974909**	**13186636**	**14222312**			
#汽车驾驶员	Automobile Drivers	9625486	11144918	12424429			

9-4 水路运输工具年末实有数
Number of Means of Waterway Transportation(Year-end)

指标		Item		合计 Total			#私人 Individuals		
				2011	2012	2013	2011	2012	2013
机动船	**(艘)**	**Motor Vessels**	**(unit)**	**19383**	**18929**	**17732**	**12995**	**12695**	**11619**
净载重量	(吨位)	Dead Weight Tonnage	(ton)	20668558	22512624	23684637	2842803	2893533	2903348
载客量	(客位)	Passenger Capacity	(seat)	75769	76854	77531	408	408	288
货船	(艘)	Cargo Ships	(unit)	17962	17501	16384	12902	12610	11561
净载重量	(吨位)	Dead Weight Tonnage	(ton)	20660802	22504885	23676660	2842802	2893532	2903348
客货船	(艘)	Passenger cargo Vessels	(unit)	13	14	9			
净载重量	(吨位)	Dead Weight Tonnage	(ton)	2	2				
载客量	(客位)	Passenger Capacity	(seat)	2421	2511	1979			
客船	(艘)	Passenger Ships	(unit)	1277	1299	1238	34	34	24
载客量	(客位)	Passenger Capacity	(seat)	73348	74343	75552	408	408	288
拖船	(艘)	Tugboats	(unit)	131	115	101	59	51	34
驳船	**(艘)**	**Barges**	**(unit)**	**770**	**655**	**476**	**380**	**337**	**196**
净载重量	(吨位)	Dead Weight Tonnage	(tons)	109515	99757	90685	29114	27890	25750

9－5 客运量和旅客周转量(1978－2013年)
Passenger Traffic and Turnover Volume of Passenger Traffic(1978－2013)

年份 Year	客运量合计(万人) Passenger Traffic Total (10000 persons)	铁路 Railway	公路 Highway	水运 Waterway	民用航空 Civil Aviation	旅客周转量合计(亿人公里) Turnover Volume of Passenger Traffic Total (100 million person－km)	铁路 Railway	公路 Highway	水运 Waterway
1978	20535	1889	12815	5828	3	66.68	29.75	27.60	9.33
1979	23781	2068	15543	6166	4	68.22	24.77	33.26	10.19
1980	28454	2421	19326	6702	5	96.74	43.55	41.70	11.49
1981	32458	2677	22864	6909	8	111.40	49.05	50.25	12.10
1982	35988	2735	26150	7094	9	120.66	50.73	57.28	12.65
1983	37856	2919	28468	6461	8	134.73	57.46	64.54	12.73
1984	40827	3252	30882	6683	10	157.81	66.74	76.86	14.21
1985	52776	3225	39375	10163	13	201.35	75.26	107.23	18.86
1986	57973	3126	45759	9066	22	220.38	78.43	124.91	17.04
1987	61403	3258	49589	8526	30	246.98	83.94	145.85	17.19
1988	64571	3595	52560	8382	34	269.43	93.12	158.81	17.50
1989	59477	3453	48726	7275	23	257.28	87.63	153.87	15.78
1990	60347	3018	51083	6214	32	257.29	75.94	166.87	14.48
1991	64906	3040	56495	5286	85	285.85	80.91	190.95	13.99
1992	71017	3051	62767	5087	112	322.40	87.83	220.68	13.89
1993	91553	3249	83606	4560	138	398.87	98.05	288.10	12.72
1994	100068	3559	92090	4269	150	435.15	108.35	314.95	11.85
1995	109139	3566	101370	3968	235	483.06	109.80	360.09	13.17
1996	114098	3071	107317	3446	264	500.98	98.11	391.65	11.22
1997	115141	2990	108654	3231	266	529.79	101.20	417.77	10.82
1998	118329	3169	111847	3034	279	552.35	106.57	436.34	9.44
1999	118819	3750	111771	3034	264	582.71	140.01	433.50	9.20
2000	124133	3909	116996	2938	290	606.73	148.33	449.51	8.89
2001	132881	4193	126008	2371	309	651.79	164.48	479.53	7.78
2002	135995	4511	128980	2122	382	706.85	180.95	519.20	6.70
2003	140699	4338	133968	1983	410	718.39	181.03	531.63	5.73
2004	150254	5195	142177	2311	571	795.32	216.41	571.50	7.41
2005	160669	5274	152222	2510	663	848.49	222.95	617.87	7.67
2006	174626	5588	165441	2792	805	929.15	241.05	681.39	6.71
2007	189658	5931	179501	3164	1062	1026.50	258.52	761.07	6.91
2008	217209	6448	206111	3494	1156	1118.62	289.76	821.57	7.29
2009	222130	6508	210584	3680	1358	1152.38	291.30	853.63	7.45
2010	228017	7634	215708	3155	1520	1250.74	362.67	882.04	6.03
2011	231900	8439	218415	3466	1580	1296.25	381.66	908.15	6.44
2012	234366	8725	220517	3454	1670	1317.58	390.25	921.18	6.16
2013	136790	10579	121185	3111	1915	1025.10	437.02	582.99	5.09

注：1、民用航空客运量指发送量。
Passenger traffic of civil aviation refers to volume of transmitting passenger.
2、2008年始公路按新的调查方法进行统计；2013年起公路、水路按新的口径统计。
The data of highway is adjusted since 2008, The data of highway and waterway are adjusted since 2013.

9-6 货运量和货物周转量(1978-2013年)
Freight Traffic and Turnover Volume of Freight Traffic(1978-2013)

年份 Year	货运量合计(万吨) Freight Traffic Total (10000 ton)	铁路 Railway	公路 Highway	水运 Waterway	货物周转量合计(亿吨公里) Turnover Volume of Freight Traffic Total (100 million ton-km)	铁路 Railway	公路 Highway	水运 Waterway
1978	8460	1415	2690	4355	164.19	112.77	6.69	44.73
1979	9202	1461	2998	4743	181.29	121.50	7.62	52.17
1980	9577	1523	3012	5042	190.76	126.23	8.25	56.28
1981	9608	1495	3042	5071	192.29	121.27	9.25	61.77
1982	10746	1609	3616	5521	201.83	120.49	11.49	69.85
1983	10877	1681	3728	5468	212.49	123.02	13.58	75.89
1984	11781	1736	3988	6057	232.67	127.59	16.67	88.41
1985	22385	1781	9397	11207	293.54	132.54	33.45	127.55
1986	31775	1893	17680	12202	341.20	135.18	68.14	137.88
1987	32346	1924	19426	10996	369.21	138.07	82.52	148.62
1988	37502	1877	24128	11497	403.96	136.50	96.25	171.21
1989	36358	1911	24354	10093	408.99	146.51	92.75	169.73
1990	33474	1691	22879	8904	400.65	144.43	100.75	155.47
1991	35198	1773	24162	9263	456.00	144.95	136.25	183.80
1992	41115	1915	28957	10243	546.81	167.52	158.83	220.46
1993	49867	1989	36439	11439	617.69	179.58	160.48	277.63
1994	54765	1841	40593	12331	685.41	181.55	171.63	332.23
1995	62287	1914	45052	15321	874.29	186.75	245.16	442.38
1996	63875	1928	47400	14547	900.80	178.92	266.22	455.66
1997	60956	1721	45224	14011	914.54	172.22	262.32	480.00
1998	60369	1726	45338	13305	897.88	173.28	257.11	467.49
1999	64004	1710	45754	16540	1004.10	171.80	256.90	575.40
2000	74884	1955	55008	17921	1199.74	187.16	280.02	732.56
2001	77832	2181	55706	19945	1371.60	206.48	282.53	882.59
2002	90507	2411	63532	24564	1616.61	230.41	293.60	1092.60
2003	103163	2658	70907	29598	2047.48	252.92	313.70	1480.86
2004	117298	2887	78540	35871	2701.48	288.22	353.62	2059.64
2005	126176	2960	81448	41768	3416.90	282.85	372.66	2761.39
2006	140095	3231	89342	47522	4363.71	300.74	431.07	3631.9
2007	153318	3447	98742	51129	4962.38	336.06	493.64	4132.68
2008	146637	3398	91625	51614	5476.25	339.74	1114.50	4022.01
2009	151239	3435	95802	52002	5659.78	323.30	1188.70	4147.78
2010	170540	3888	103394	63258	7117.04	342.08	1298.71	5476.24
2011	185692	4166	108654	72872	8634.82	312.24	1434.82	6887.75
2012	191057	3847	113393	73817	9183.30	291.26	1525.59	7366.45
2013	187885	4037	107186	76662	8949.57	270.44	1322.13	7357.00

注：2008年始公路按新的调查方法进行统计；2013年起公路、水路按新的口径统计。
The data of highway and waterway are adjusted since 2013.

9－7 邮电业务基本情况(1978－2013年)
Post and Telecommunications Services(1978－2013)

年份 Year	邮电业务总量(万元) Business Volume of Post and Telecommunications (10000 yuan)	函件(万件) Number of Letters (10000 cases)	订销报刊累计份数(万份) Total Number of Newspaper and Magazine Subscribed (10000 copies)	快递业务量(万件) Express Business (10000 pieces)	城市电话年末户数(户) Number of Urban Telephone Subscribers at Year end (Subscriber)	农村电话年末户数(户) Number of Rural Telephone Subscribers at Year end (Subscriber)
1978	6851	11663	52264		42043	32919
1979	7832	14236	52264		46141	34120
1980	8991	16466	58538		51230	36838
1981	9970	18039	64945		57610	38749
1982	10834	19123	67993		65931	41513
1983	12477	23155	7373		75314	44677
1984	14879	28517	89384		89805	50487
1985	18837	33742	101657		104430	58012
1986	20564	34729	103759		121240	62935
1987	24878	39847	116953		145987	72806
1988	31300	42035	116694		188547	88729
1989	37020	36577	64557		234081	106895
1990	45396	34879	67183		280232	125783
1991	114607	32219	68849		355000	156500
1992	165815	33649	80349		486400	222100
1993	275148	39190	77457		782464	346685
1994	429179	38617	81515		1188163	585589
1995	630167	38678	85226		1666979	936297
1996	865336	37785	90955		1997814	1219930
1997	1129657	34186	98207		2392544	1631650
1998	1577157	33133	102761		2809491	2213890
1999	2190000	29439	107683		3409993	3249300
2000	3240800	30643	106807		4197800	4645000
2001	2799000	34839	116156		5477000	5739000
2002	3634295	37862	114707		7153572	6664178
2003	5047179	74901	116953		9373773	7191544
2004	6771657	73462	110417		11881841	7865948
2005	8303851	69844	112417	5835	14215278	8101240
2006	9720807	73349	117573	7274	15665856	8241649
2007	13270593	74475	124782	8441	16014157	8044271
2008	15454226	75528	131296	9860	14823869	8152032
2009	16663726	83625	137328	14765	13137656	8048195
2010	19719626	84869	147074	24898	12130911	7854547
2011	8979698	84741	154043	49661	11682165	7796637
2012	10240156	77656	164608	81987	11274422	7550455
2013	11786022	65746	183014	141953	10518851	7294643

注：1. 邮电业务总量1978—2000年按1990年不变价计算,2001－2010年按2000年不变价计算,2011年起按2010年不变价计算。
Business volume of post and telecommunications from 1978 to 2000 were calculated at constant price of 1990, at constant price of 2000 from 2001 to 2010, at constant price of 2010 since 2011.
2. 按最新统计口径,自2003年函件包括邮送广告。
The letters include advertisements sent by post according to new statistical scope since 2003.

9-8 邮电企业主要指标(2010-2013年)
Principal Indicators of Post and Telecommunications Enterprises(2010-2013)

指标		Item		2010	2011	2012	2013
邮电线路长度		**Length of Postal Routes**					
邮路总长度	(公里)	Length of Postal Routes	(km)	234673	260054	1957791	1956181
农村投递路线总长度	(公里)	Rural Delivery Routes	(km)	179456	184497	170167	179220
长途电话电路总数	(2M)	Long-distance Telephone Service Circuits	(2M)				5353171
邮运通信工具		**Telecommunications Facilities**					
火车邮厢	(辆)	Postal Railway Carriage	(unit)	7	6	6	7
邮政汽车	(辆)	Postal Cars	(unit)	3550	4363	17431	20027
公用电话	(万部)	Public Telephone	(10000 units)	220	217	212	207
固定长途电话交换机容量	(路端)	Long-distance Switchboard	(terminal circuit)	936300	847600	851520	851520
本地电话交换机容量	(万门)	Urbon Switchboard	(10000 lines)	3062	2986	2791	2613
移动电话交换机	(万户)	Mobile Switchboard	(10000 users)	8666	9605	9685	10807
移动电话	(万户)	Mobile Telephone	(10000 users)	5047	5756	6443	7072
互联网用户	(万户)	Users of International Computer Network	(10000 users)	3970	4944	5887	5998
#固定互联网宽带接入用户	(万户)	Fixed Broadband Internet Access	(10000 users)	868	1020	1153	1243
长途光缆线路长度	(公里)	Length of Long Distance Optical Fibre Cable	(km)	23269	23792	25001	25801

注：2012年起邮路总长度和邮政汽车含规模以上快递企业数据。
The Data of Length of Postal Routes and Postal Cars include Courier Companies Above Dsignated Size since 2012。

9-9 邮电通信水平(2010-2013年)
Level of Post and Telecommunications Services(2010-2013)

指标		Item		2010	2011	2012	2013
每百人平均函件量	(件/百人)	Average Number of Letters Mailed per 100 Persons	(Piece/hundred People)	1590	1554	1420	1198
每百人平均累计订阅报刊量	(份/百人)	Average Number of Newspaper Subscribed per 100 Persons	(piece/hundred People)	2702	2824	3009	3335
每百人平均包件	(件/百人)	Average Number of Parcels per 100 Persons	(Piece/hundred People)	8.1	8.7	9.0	9.3
固定电话普及率	(部/百人)	Popularization Rate of Fixed Telephone	(pars/hundred person)	36.9	35.6	34.2	32.4
移动电话普及率	(部/百人)	Popularization Rate of Mobile Telephone	(pars/hundred person)	93.3	105.2	117.2	128.7
人均邮政、电信费用支出(按合计总量算)	(元/人)	Per Capital Expenditure of Telecommunications	(yuan/person)	1301	1463	1637	1836
已通电话的乡镇	(个)	Number of Townships with Telephone Communication	(Number)	1512	1346	1341	1324
已通邮的行政村比重	(%)	Fixed broadband Internet access	(Percentage)	99.99	99.99	100	100
设有局所的乡(镇)比重	(%)	Percentage of Townships with Postal Offices	(Percentage)	70.9	80.4	82.1	89.8

浙/江/统/计/年/鉴

主要统计指标解释

■ 铁路营业里程

又称营业长度,指办理客货运输业务的铁路正线总长度。凡是全线或部分建成双线及以上的线路,以第一线的实际长度计算;复线、站线、段管线、岔线和特殊用途线以及不计算运费的联络线都不计算营业里程。铁路营业里程是反映铁路运输业基础设施发展水平的重要指标,也是计算客货周转量、运输密度和机车车辆运用效率等指标的基础资料。

■ 公路里程

指在一定时期内实际达到《公路工程技术标准JTJ01-88》规定的等级公路,并经公路主管部门正式验收交付使用的公路里程数。其计算单位为:km。它包括大中城市的郊区公路以及通过小城镇街道部分的公路里程,也包括桥梁、渡口的长度,但不包括大中城市的街道、厂矿、林区生产用道和农业生产用道的里程。两条或多条公路共同经由同一路段,只计算一次,不得重复计算里程长度。公路里程是反映公路建设发展规模的重要指标,也是计算运输网密度等指标的基础资料。

■ 内河航道里程

也称“内河通航里程”,是反映内河水运网规模、水平和发展情况的主要指标;是指在一定时期内,能通航运输船舶及排筏的天然河流、湖泊水库、运河及通航渠道的长度。包括全年季节性通航累计三个月以上的航道,但不包括仅供零散流放竹、木排的河道。

■ 货(客)运量

指在一定时期内,各种运输工具实际运送的货物(旅客)数量。是反映运输业为国民经济和人民生活服务的数量指标,也是制定和检查运输生产计划,研究运输发展规模和速度的重要指标。货运按吨计算,客运按人计算。货物不论运输距离长短,货物类别,均按实际重量统计;旅客不论行程远近或票价多少,均按一人一次作为客运量统计。半价票、小孩票也按一人统计。

■ 货物(旅客)周转量

指在一定时期内,由各种运输工具运送的货物(旅客)数量与其相应运输距离的乘积之总和,是反映运输业生产总成果的重要指标,也是编制和检查运输生产计划,计算运输效率、劳动生产率以及核算运输单位成本的主要基础资料。通常以吨公里和人公里为计算单位。计算货物周转量通常按发出站与到达站之间的最短距离,也就是计费距离计算。

■ 沿海主要港口货物吞吐量

指由水运进出沿海主要港区范围,并经过装卸的货物数量,包括邮件及办理托运手续的行李、包裹以及补给运输船舶的燃、物料和淡水。其计量单位为吨。货物吞吐量的货种分类及其主要流向流量,反映了港口在国内外物资交流和对外贸易运输中的地位和作用。吞吐量可以分为进口、出口,又可以分为国内贸易和对外贸易。

■ 邮电业务总量

指以货币表现的邮电部门用于传递信息和提供其他邮电服务的总数量。它综合反映了一定时期邮电工作的总成果,是研究邮电业务量构成和发展趋势的重要指标。它用各种邮电分类业务量,如函件件数、长途电话业务量、市内电话和农村电话的年均户数、订销报刊累计份数等,分别乘以相应的平均单价(不变价),加总后再加上出租电路和设备的收入、代用户维护电话交换机和线路等设备的收入、其他业务收入求得。

ZHEJIANG STATISTICAL YEARBOOK

Explanatory Notes on Main Statistical Indicators

□ Length of Railways in Operation

refers to the total length of the trunk line under passenger and freight transportation. The calculation is based on the actual length of the first line even if this line has a full or partial double track or more tracks, excluding double tracks, stationsidings, tracks under the charge of stations; branch lines, specialpurpose lines and the non-payable connecting lines. The length of railways in operation is an important indicator to show the development of the intra – structure for the railway transport, and also the essential data to calculate volume of passenger freight transport, traffic density and utilization efficiency of the locomotives and carriages.

□ Length of Highways

refers to the length of highways which are built in conformity with the grades specified by the highway engineering standard formulated by the Ministry of Communications, and have been formally checked and accepted by the departments of highways and put into use. The length of highways includes that of the suburb highways at large and medium – sized cities, highways passing through streets at small cities and towns, and also the length of bridges and ferries. It does not include the length of streets in big and medium – sized cities and highways built for the production purpose at factories, mines, forest areas and agricultural areas. If two or more highways go the same section of the way, the length of the section is only calculated for once and no duplication is allowed. The length of highways is an important indicator to show the development of the highway construction and to provide essential information to calculate the transport network density.

□ Length of Navigable Inland Waterways

refers to the length of the natural rivers, lakes, reservoirs, canals, and ditches open to navigation during a given period, which enables the transport by ships and rafts. It includes the channels open to navigation for over 3 months accumulatively in a year, yet this does not include the river courses which are only used to float odd logs and bamboo rafts.

□ Length of Civil Aviation Routes

refers to the length of all routes for regular civil aviation flights. There are usually two ways to calculate the distance between airports connected by the route length: One is to put the length of all air routes together, called duplicated calculation of the length of the routes; the other is not to allow the duplication in calculation when two or more routes passing the same section. The latter is usually used, as it can precisely show the size of the civil aviation network and indicate the extent of civil aviation serving the national economy and the people.

□ Freight (Passenger) Traffic

refers to the volume of freight (passenger) transported with various means. Freight transport is calculated in tons and passenger traffic is calculated in the number of persons. Despite the type of freight and travelling distance, the freight transport is calculated by the principle that one person can be counted only once in one travel. The passenger who travel with a half – price ticket or a child ticket is also calculated as one person. The freight (passenger) traffic provides a quantitative measure to show how the transport industry serves the national economy and people, and is also an important indicator for planning the transport industry and for studying the development scale and speed of the transport industry.

□ Freight Ton-kilometers(Passenger – kilometers)

refer to the sum of the products of the volume of transported cargo(passengers) multiplying by the transport distance, usuallyusington – kilometreandpassenger – kilometre

EXPLANATORY NOTES ON MAIN STATISTICAL INDICATORS

as units for measurement. Normally, the shortest distance between the departure station and the destination station (i. e. , the payable distance) is the basis to calculate the freight ton – kilometres. This is an important indicator to show the total results of the transport industry, to prepare and examine the transport plan and to measure the efficiency, the labour productivity and the unit cost of transport.

□ Volume of Freight Handled in Major Coastal Ports

refers to the volume of cargo passing in and out the harbor area of the major coastal ports and having been loaded and unloaded. The volume includes that of the postal matters, registered luggages and fuels, materials and fresh water as supplies of the ships. The volume of freight handled may be classfied as import, export, or as domestic trade and foreign trade. The volume of freight handled by type of cargo and by main flow direction reflects the position and function of the ports in the inflow of Chinese and foreign commodities and in the transportation for foreign trade.

□ Business Volume of Post and Telecommunications

refers to the total amount of the imformation delivered and other post and telecommunications services provided by the post and telecommunications departments for the customers. It is derived by first multiplying the business volume of different types, such as number of letters, telegrams, long distance calls, city and rural telephone subscribers and accumulated number of newspapers and journals subscribed and sold, etc. by their respective average unit price (fixed price) and then adding these products together; plus the income from maintenance of telephone exchanges and lines, and the income from other business operations. The business volume of post and telecommunications indicates the total achievements made by the post and telecommunications department during a given period of time in a comprehensive way, and is an important indicator to study the composition and development of the post and telecommunications business.

2014
浙江统计年鉴
ZHEJIANG STATISTICAL YEARBOOK

CHAPTER 10

批发、零售贸易和餐饮业
Wholesale and Retail Trade and Catering Trade

10－1 社会消费品零售总额(1978－2013年)
Total Retail Sales of Consumer Goods by Region(1978－2013)

单位:亿元(100 million yuan)

年份 Year	社会消费品零售总额 Total Retail Sales of Consumer Goods	按地区分 By Rergion			按行业分 By Secter		
		市 City	县 County	县以下 County Level	批发和零售业 Wholesale and Retail Trade	餐饮业 Catering Services	其他 Others
1978	46.86	9.75	14.46	22.65	43.57	1.84	1.45
1979	58.97	11.56	17.68	29.73	55.06	2.28	1.63
1980	74.87	14.99	21.68	38.20	69.62	2.86	2.39
1981	85.99	23.76	17.59	44.64	79.98	3.21	2.80
1982	93.77	25.01	19.57	49.19	86.78	3.45	3.54
1983	104.24	28.06	23.10	53.08	96.93	3.87	3.44
1984	125.82	35.66	27.96	62.20	116.37	4.98	4.47
1985	172.27	55.99	40.74	75.54	157.44	6.56	8.27
1986	203.49	67.15	44.71	91.63	185.26	7.90	10.33
1987	242.58	87.80	45.29	109.49	220.40	9.73	12.45
1988	325.88	132.28	51.23	142.37	298.19	12.55	15.14
1989	346.01	141.80	51.91	152.30	316.71	14.06	15.24
1990	353.75	153.27	48.55	151.93	321.45	15.90	16.40
1991	404.00	184.56	55.79	163.65	366.65	19.07	18.28
1992	493.87	230.23	73.72	189.92	442.64	25.04	26.19
1993	772.11	371.59	112.72	287.80	722.81	40.09	9.21
1994	1133.18	615.40	115.15	402.63	1013.18	55.24	64.76
1995	1472.66	791.45	142.73	538.48	1360.01	85.92	26.73
1996	1776.67	950.80	181.68	644.19	1610.94	115.02	50.71
1997	1951.96	1054.90	193.40	703.66	1759.87	129.88	62.21
1998	2120.78	1150.81	203.92	766.05	1896.93	149.33	74.52
1999	2305.86	1257.49	223.54	824.83	2041.43	188.31	76.12
2000	2553.59	1394.29	250.36	908.94	2235.01	237.67	80.91
2001	2839.59	1594.35	275.10	970.14	2478.04	277.97	83.57
2002	3166.15	1816.22	315.53	1034.40	2736.10	340.34	89.72
2003	3511.26	2224.23	366.42	920.61	2998.92	399.14	113.20
2004	4055.50	2573.23	452.89	1029.38	3525.14	452.78	77.58
2005	4645.85	3056.03	462.00	1127.83	4033.32	534.85	77.69
2006	5357.97	3540.56	522.60	1294.80	4687.61	613.63	56.73
2007	6271.32	4155.19	610.31	1505.83	5488.43	724.04	58.85
2008	7533.30	5021.44	735.99	1775.86	6678.37	804.09	50.85
2009	8622.26	5770.67	839.12	2012.47	7668.98	901.16	52.12
2010	10245.40	9013.87		1231.53	9105.36	1057.84	82.20
2011	12028.00	10122.59		1905.41	10680.41	1250.19	97.40
2012	13588.34	11450.68		2137.66	12101.15	1445.19	42.00
2013	15225.54	12813.88		2411.65	13570.93	1567.10	87.50

注：1.2004、2008年数据按经济普查资料测算,1993－2003年、2005－2007年数据根据经济普查数据调整。
The data in 2004 and 2008 are calculatednomic Census, while the data are adjusted by Economic Census from 1993 to 2003 and 2005 to 2007.
2.2010年起社会消费品零售总额由于口径变化,分为"城镇"和"乡村"两部分,分别列入原口径中的"市"和"县以下"中。
The data of total retail sales of consumer goods are adjusted since 2010.

10－2 按登记注册类型分限额以上批发零售贸易业基本情况
Basic Information of Enterprises Above Designated Size in Wholesale and Retail Trades by Types of Registration

指标	Item	法人企业(个) Number of Corporation (unit)		从业人员(人) Persons Employed (person)	
		2012	2013	2012	2013
总计	**Total**	**12917**	**14603**	**641490**	**691577**
批发业合计	**Wholesale Trade**	**9237**	**10387**	**332714**	**352019**
#国有及国有控股企业	State－owend and State Holding Enterprises	360	403	61507	64136
内资企业	Domestic Funded Enterprises	9111	10225	321885	341115
国有企业	State－owned Enterprises	147	62	14807	9837
集体企业	Collective Owned Enterprises	45	28	2078	837
股份合作企业	Cooperative Enterprises	23	24	449	426
联营企业	Joint Ownership Enterprises	5		128	
国有联营企业	State Joint Ownership Enterprises				
集体联营企业	Collective Joint Ownership Enterprises	2		21	
其他联营企业	Other Joint Ownership Enterprises	3		107	
有限责任公司	Limited Liability Corporations	1738	2064	85946	97212
国有独资公司	State Sole Funded Corporations	51	111	4036	8231
其他有限责任公司	Other Limited Liability Corporations	1687	1953	81910	88981
股份有限公司	Share－holding Corporations Ltd.	138	158	57253	56379
私营企业	Private Enterprises	6980	7848	159894	175498
私营独资企业	Private Funded Enterprises	142	41	3031	674
私营合伙企业	Private Partnership Corporations	94	53	1206	606
私营有限责任公司	Private Limited Liability Corporations	6626	7642	151290	169947
私营股份有限公司	Private Share－holding Corporations Ltd.	118	112	4367	4271
港、澳、台商投资企业	Enterprises With Funds From Hong Kong, Macao and Taiwan	62	78	7237	6368
合资经营企业	Joint－venture Enterprises	22	20	3828	1894
独资经营企业	Enterprises with Sole Investment	1	56	83	4246
外商投资企业	Foreign Funded Enterprises	64	84	3592	4536
中外合资经营企业	Joint－venture Enterprises	25	29	1139	1780
中外合作经营企业	Cooperation Enterprises				
外资企业	Enterprises With Sole Foreign Investment	37	49	2340	2093
外商投资股份有限公司	Foreign Invesment Share－holding Corporations Ltd.	2	3	113	494

续表 Continued

指标	Item	法人企业(个) Number of Corporation (unit)		从业人员(人) Persons Employed (person)	
		2012	2013	2012	2013
零售业合计	**Retail Sale Trade**	**3680**	**4216**	**308776**	**339558**
#国有及国有控股企业	State - owend and State Holding Enterprises	324	358	31146	38303
内资企业	Domestic Funded Enterprises	3552	4068	271420	298565
国有企业	State - owned Enterprises	84	26	5724	1616
集体企业	Collective Owned Enterprises	61	47	2838	2388
股份合作企业	Cooperative Enterprises	18	24	445	580
联营企业	Joint Ownership Enterprises	26	11	411	196
国有联营企业	State Joint Ownership Enterprises	8	2	146	37
国有与集体联营企业	Joint State - collective Enterprises	9	7	166	132
其他联营企业	Other Joint Ownership Enterprises	8	2	99	27
有限责任公司	Limited Liability Corporations	1002	1220	108209	123927
国有独资公司	State Sole Funded Corporations	59	97	3519	5875
其他有限责任公司	Other Limited Liability Corporations	943	1123	104690	118052
股份有限公司	Share - holding Corporations Ltd.	73	86	23098	30166
私营企业	Private Enterprises	2277	2625	130227	139091
私营独资企业	Private Funded Enterprises	96	109	4594	2007
私营合伙企业	Private Partnership Corporations	39	30	3159	2666
私营有限责任公司	Private Limited Liability Corporations	2090	2436	119660	131498
私营股份有限公司	Private Share - holding Corporations Ltd.	52	50	2814	2920
港、澳、台商投资企业	Enterprises With Funds From Hong Kong, Macao and Taiwan	67	78	15408	18419
合资经营企业	Joint - venture Enterprises From Hong Kong, Macao and Taiwan	23	29	4416	6124
合作经营企业	Cooperation Enterprises From Hong Kong, Macao and Taiwan	1	1	415	366
港、澳、台商独资经营企业	Enterprises with Sole Hong Kong, Macao and Taiwan	40	45	10403	11529
港、澳、台商投资股份有限公司	Share - holding Corporations Ltd. with Funds From Hong Kong, Macao and Taiwan	2	2	172	98
外商投资企业	Foreign Funded Enterprises	61	70	21948	22574
中外合资经营企业	Joint - venture Enterprises	19	19	13053	12553
中外合作经营企业	Cooperation Enterprises	1	1	54	50
外资企业	Enterprises With Sole Foreign Investment	40	49	8695	9753

10－3 分行业限额以上批发零售贸易基本情况
Basic Information of Enterprises Above Designated Size in Wholesale and Retail Trade by Sector

指标	Item	法人企业（个） Number of Corporation (unit)		从业人员（人） Persons Employed (person)	
		2012	2013	2012	2013
总计	**Total**	**12917**	**14603**	**641490**	**691577**
批发业	**Wholesale**	**9237**	**10387**	**332714**	**352019**
农、林、牧产品批发	Agriculture, forest, animal husbandry products wholesale	143	177	3898	4578
食品、饮料及烟草制品批发	Food, Beverages, Tobacoo and Its Production	495	579	48597	55007
#米、面制品及食用油批发	Rice, Flour and Its Production, Edible Oil	83	94	5761	6450
烟草制品批发	Tobacoo and Its Production	15	16	5349	6460
纺织、服装及家庭用品批发	Textile, Garments and Articles for Daily Use	2327	2707	95519	97770
#服装批发	Garments	529	600	33508	31717
文化、体育用品及器材批发	Culture, Sports Articles and Equipment	253	340	9444	10879
医药及医疗器材批发	Medicines and Medical Appliances	240	276	23682	24655
矿产品、建材及化工产品批发	Mineral Production, Building Materials and Chemical Production	4107	4456	101072	106723
#煤炭及制品批发	Coal and Related Production	474	502	6739	6554
石油及制品批发	Petroleurn and Related Production	404	463	42241	41497
金属及金属矿批发	Metal Materials and Mineral	1791	1875	24056	25197
建材批发	Building Materials	318	359	7642	11279
化肥批发	Fertilizer	65	70	1747	1920
机械设备、五金交电及电子产品批发	Machinery Equipment, Hardware and Electric Production	1165	1341	41696	44371
#汽车批发	Motor Vehicles	78	96	3480	4142
五金产品批发	Hardware products Wholesale	290	335	9377	9828
计算机、软件及辅助设备批发	Computers, Software and Auxiliary Equipment	61	66	1739	1940
贸易经纪与代理	Manage and Agencies in Trade	147	134	2103	1610
其他批发	Others	360	377	6703	6426

续表 Continued

指标	Item	法人企业（个）Number of Corporation（unit）		从业人员（人）Persons Employed（person）	
		2012	2013	2012	2013
零售业	**Retail Sale**	**3680**	**4216**	**308776**	**339558**
综合零售	Synthesizs	432	464	113952	119493
#百货零售	Consumer Goods	170	175	32936	33750
超级市场零售	Supermarkets	217	235	73127	74288
食品、饮料及烟草制品专门零售	Food,Beverages,Tobacoos and Its Production	116	183	9640	11200
纺织、服装及日用品专门零售	Textile Garments and Articles for Daily Use	158	199	19885	26240
#服装零售	Garments Articles	97	115	15736	20731
文化、体育用品及器材专门零售	Culture,Sports Articles and Equipment	193	221	11747	13314
#体育用品及器材零售	Sports Articles	6	8	293	1161
#图书报刊零售	Books,newspaper	89	89	5782	5755
医药及医疗器材专门零售	Medicines and Medical Appliances	190	219	19179	20514
#药品零售	Medicines	180	203	18956	20214
汽车、摩托车、燃料及零配件专门零售	Motor Vehicles Motorcycles Fuel	1849	2058	102375	114385
汽车零售	Motor Vehicles	1383	1551	84711	94806
机动车燃料零售	Fuel for Motor Vehicles Use	402	459	16182	18364
家用电器及电子产品专门零售	Household Appliance Electric Production	501	554	24407	23886
#日用家电设备零售	Household Appliance	249	212	13342	9967
计算机、软件及辅助设备零售	Computer,Software and Auxiliary Equipment	144	155	4384	4174
通信设备零售	Communication Equipment	49	58	3016	3517
五金、家具及室内装修材料专门零售	Hardware Furniture Decoration Indoors	92	123	2617	3357
货摊、无店铺及其他零售	Non - shop and Other Retail Sale	149	195	4974	7169
#邮购及电视电话零售	Mail, telephone and TV retail	5	6	621	857

10－4 按登记注册类型分限额以上批发零售贸易业商品销售总额
Total Sales of Enterprises Above Designated Size in Wholesale and Retail Trade by Types of Registration

单位:亿元(100 million yuan)

指标	Item	合计 Total		批发 Wholesale		零售 Retail Sale	
		2012	2013	2012	2013	2012	2013
总计	**Total**	**32682.96**	**38399.93**	**26709.04**	**30798.75**	**5973.92**	**7601.19**
批发业合计	**Wholesale Trade**	**27000.06**	**32035.68**	**26031.43**	**30161.11**	**968.63**	**1874.57**
#国有及国有控股企业	State－owend and State Holding Enterprises	6154.36	8209.69	5592.97	6826.02	561.39	1383.67
内资企业	Domestic Funded Enterprises	26260.07	30910.64	25313.92	29044.61	946.15	1866.03
国有企业	State－owned Enterprises	2190.00	1253.03	2146.79	1212.08	43.21	40.95
集体企业	Collective Owned Enterprises	89.90	32.43	86.47	31.94	3.43	0.50
股份合作企业	Cooperative Enterprises	17.63	17.17	17.40	17.07	0.23	0.10
联营企业	Joint Ownership Enterprises	48.18		40.39		7.79	
国有联营企业	State Joint Ownership Enterprises						
集体联营企业	Collective Joint Ownership Enterprises	8.73		8.72		0.01	
其他联营企业	Other Joint Ownership Enterprises	39.45		31.66		7.79	
有限责任公司	Limited Liability Corporations	9115.83	11576.30	8865.54	11221.16	250.29	355.14
国有独资公司	State Sole Funded Corporations	395.26	709.66	391.60	690.33	3.67	19.33
其他有限责任公司	Other Limited Liability Corporations	8720.56	10866.64	8473.94	10530.83	246.62	335.81
股份有限公司	Share－holding Corporations Ltd.	2760.45	4250.06	2289.61	2993.70	470.84	1256.37
私营企业	Private Enterprises	11980.82	13766.14	11817.85	13553.63	162.97	212.51
私营独资企业	Private Funded Enterprises	356.47	31.40	351.95	30.04	4.52	1.36
私营合伙企业	Private Partnership Corporations	54.17	25.25	50.91	25.20	3.26	0.06
私营有限责任公司	Private Limited Liability Corporations	11323.81	13378.91	11176.32	13185.47	147.48	193.45
私营股份有限公司	Private Share－holding Corporations Ltd.	246.37	330.58	238.67	312.92	7.71	17.65
港澳台商投资企业	Enterprises With Funds From Hong Kong Macao and Taiwan	324.43	393.70	308.42	388.43	16.01	5.27
合资经营企业	Joint－venture Enterprises	114.73	133.60	106.65	132.58	8.08	1.02
独资经营企业	Enterprises with Sole Investment	208.04	1.55	200.11	1.55	7.93	
外商投资企业	Foreign Funded Enterprises	415.57	731.34	409.10	728.07	6.47	3.27
中外合资经营企业	Joint－venture Enterprises	344.34	553.11	343.31	550.87	1.03	2.24
中外合作经营企业	Cooperation Enterprises						
外资企业	Enterprises With Sole Foreign Investment	69.63	69.25	64.25	68.37	5.38	0.88
外商投资股份有限公司	Foreign Invesment Share－holding Corporations Ltd.	1.60	12.18	1.53	12.10	0.06	0.08

续表 Continued

单位:亿元(100 million yuan)

指标	Item	合计 Total 2012	合计 Total 2013	批发 Wholesale 2012	批发 Wholesale 2013	零售 Retail Sale 2012	零售 Retail Sale 2013
零售业合计	**Retail Trade**	**5682.90**	**6364.25**	**677.61**	**637.64**	**5005.29**	**5726.61**
#国有及国有控股企业	State－owend and State Holding Enterprises	1046.77	1211.37	225.44	203.17	821.32	1008.20
内资企业	Domestic Funded Enterprises	4909.57	5523.36	628.00	583.30	4281.57	4940.07
国有企业	State－owned Enterprises	124.56	23.51	15.39	0.68	109.16	22.83
集体企业	Collective Owned Enterprises	57.58	47.88	12.92	13.03	44.65	34.84
股份合作企业	Cooperative Enterprises	5.18	7.35	0.22	0.21	4.96	7.14
联营企业	Joint Ownership Enterprises	20.17	8.64	1.07	0.17	19.10	8.47
国有联营企业	State Joint Ownership Enterprises	8.46	1.96	0.38		8.08	1.96
国有与集体联营企业	State－collective Joint Enterprises		5.61		0.17		5.44
其他联营企业	Other Joint Ownership Enterprises	7.26	1.07	0.69		6.56	1.07
有限责任公司	Limited Liability Corporations	1870.50	2293.15	210.42	219.59	1660.08	2073.56
国有独资公司	State Sole Funded Corporations	35.99	86.51	1.33	2.42	34.65	84.09
其他有限责任公司	Other Limited Liability Corporations	1834.52	2206.64	209.09	217.18	1625.43	1989.46
股份有限公司	Share－holding Corporations Ltd.	697.73	768.76	183.78	183.57	513.95	585.20
私营企业	Private Enterprises	2117.76	2368.09	203.54	165.58	1914.22	2202.51
私营独资企业	Private Funded Enterprises	48.22	27.24	4.02	3.72	44.19	23.53
私营合伙企业	Private Partnership Corporations	27.81	22.11	3.18	2.26	24.63	19.85
私营有限责任公司	Private Limited Liability Corporations	1983.68	2247.03	192.26	156.33	1791.42	2090.70
私营股份有限公司	Private Share－holding Corporations Ltd.	58.05	71.71	4.08	3.28	53.97	68.43
港澳台商投资企业	Enterprises With Funds From Hong Kong Macao and Taiwan	329.07	361.17	15.47	21.44	313.60	339.72
合资经营企业	Joint－venture Enterprises	155.62	187.90	8.43	19.62	147.18	168.27
合作经营企业	Cooperation Enterprises	6.69	7.24			6.69	7.24
独资经营企业	Enterprises with Sole Investment	165.20	163.92	7.03	1.82	158.17	162.10
港、澳、台商投资股份有限公司	Share－holding Corporations Ltd. with Funds From Hong Kong, Macao and Taiwan	1.48	1.29			1.48	1.29
外商投资企业	Foreign Funded Enterprises	444.26	479.72	34.15	32.90	410.11	446.82
中外合资经营企业	Joint－venture Enterprises	238.23	251.00	33.02	32.88	205.21	218.12
中外合作经营企业	Cooperation Enterprises	0.67	0.79			0.67	0.79
外资企业	Enterprises With Sole Foreign Investment	202.89	221.17	1.12	0.01	201.77	221.15

10－5 分行业限额以上批发零售贸易业销售总额
Total Sales of Enterprises Above Designated Size in Wholesale and Retail Trade by Sector

单位:亿元(100 million yuan)

指标	Item	销售总额 Sales					
		合计 Total		批发 Wholesale		零售 Retail Sale	
		2012	2013	2012	2013	2012	2013
总计	**Total**	**32682.96**	**38399.93**	**26709.04**	**30798.75**	**5973.92**	**7601.19**
批发业	**Wholesale**	**27000.06**	**32035.68**	**26031.43**	**30161.11**	**968.63**	**1874.57**
农、林、牧产品批发	Agricultural and Animal Production	170.02	181.74	164.22	170.99	5.80	10.75
食品、饮料及烟草制品批发	Food, Beverages, Tobacoo and Its Production	2225.91	2409.01	2187.81	2367.52	38.10	41.49
#米、面制品及食用油批发	Rice, Flour and ItsProduction, Edible Oil	216.14	256.07	205.88	244.99	10.26	11.08
烟草制品批发	Tobacoo and Its Production	850.16	895.35	849.90	895.18	0.26	0.17
纺织、服装及家庭用品批发	Textile, Garments and Articles for Daily Use	4205.24	4579.97	4143.12	4509.74	62.12	70.23
#服装批发	Garments	1119.02	1245.91	1091.90	1219.94	27.12	25.97
文化、体育用品及器材批发	Culture, Sports Articles and Equipment	390.97	590.07	379.43	582.01	11.54	8.07
医药及医疗器材批发	Medicines and Medical Appliances	990.62	1164.24	713.41	811.40	277.21	352.83
矿产品、建材及化工产品批发	Mineral Products, Building Materials and Chemical Production	16198.89	19774.91	15688.20	18447.62	510.70	1327.29
#煤炭及制品批发	Coal and Related Production	1500.59	1653.35	1491.59	1606.38	9.00	46.98
石油及制品批发	Petroleurn and Related Production	2987.36	4528.08	2525.50	3380.31	461.85	1147.76
金属及金属矿批发	Metal Materials and Mineral	7866.73	9192.59	7853.61	9179.79	13.12	12.80
建材批发	Building Materials	528.73	669.02	516.78	652.34	11.95	16.68
化肥批发	Fertilizer	139.03	147.47	138.43	146.98	0.60	0.49
机械设备、五金交电及电子产品批发	Machinery Equipment, Hardware and Electric Production	2166.91	2491.32	2107.04	2429.78	59.87	61.54
#汽车批发	Motor Vehicles	345.62	474.00	332.93	458.53	12.69	15.47
五金产品批发	Household Appliances	435.15	410.96	428.07	406.46	7.09	4.50
计算机、软件及辅助设备批发	Computers, Software and Auxiliary Equipment	101.58	88.35	96.10	82.80	5.47	5.56
贸易经纪与代理	Manage and Agencies in Trade	108.37	103.38	107.36	102.96	1.01	0.42
其他批发	Others	543.14	741.03	540.85	739.09	2.29	1.94

续表 Continued 单位:亿元(100 million yuan)

指标	Item	销售总额 Sales					
		合计 Total		批发 Wholesale		零售 Retail Sale	
		2012	2013	2012	2013	2012	2013
零售业	**Retail Sale**	**5682.90**	**6364.25**	**677.61**	**637.64**	**5005.29**	**5726.61**
综合零售	Synthesizs	1272.24	1398.04	132.55	157.08	1139.69	1240.96
#百货零售	Consumer Goods	551.68	599.47	35.21	40.59	516.47	558.88
超级市场零售	Supermarkets	680.22	731.68	88.45	98.79	591.77	632.88
食品、饮料及烟草制品专门零售	Food, Beverages, Tobacoos and Its Production	63.66	82.67	10.74	10.00	52.93	72.67
纺织、服装及日用品专门零售	Textile Garments and Articles for Daily Use	141.21	235.13	27.17	41.52	114.04	193.61
#服装零售	Garments Articles	106.88	178.38	17.53	33.79	89.35	144.59
文化、体育用品及器材专门零售	Culture, Sports Articles and Equipment	131.61	161.52	20.04	30.23	111.57	131.29
#体育用品及器材零售	Sports Articles	2.78	5.43	0.29	0.19	2.49	5.24
#图书报刊零售	Books	45.33	48.10	1.28	1.54	44.05	46.56
医药及医疗器材专门零售	Medicines and Medical Appliances	204.52	238.25	24.73	35.80	179.79	202.45
#药品零售	Medicines	201.93	233.93	23.35	35.16	178.58	198.77
汽车、摩托车、燃料及零配件专门零售	Motor Vehicles Motorcycles Fuel	3446.97	3771.25	364.81	285.85	3082.16	3485.40
#汽车零售	Motor Vehicles	2567.22	2867.94	147.28	116.39	2419.94	2751.55
机动车燃料零售	Fuel for Motor Vehicles Use	853.38	882.92	212.62	167.19	640.77	715.74
家用电器及电子产品专门零售	Household Appliance Electric Production	300.38	302.57	62.74	47.19	237.64	255.38
#日用家电设备零售	Household Appliance	163.15	139.14	23.41	19.19	139.74	119.95
计算机、软件及辅助设备零售	Computer, Software and Auxiliary Equipment	50.70	46.35	18.96	10.40	31.74	35.95
通信设备零售	Communication Equipment	38.56	37.51	14.44	10.12	24.12	27.39
五金、家具及室内装修材料专门零售	Hardware Furniture Decoration Indoors	39.43	55.71	11.44	9.81	27.99	45.91
货摊、无店铺及其他零售	Non - shop and Other Retail Sale	82.88	119.11	23.38	20.16	59.49	98.95
#邮购及电视电话零售	Mail Order and Electron Vendition	11.13	23.80	0.26	0.13	10.88	23.67

10－6 限额以上批发零售贸易业商品分类销售额(2010－2013年)
Total Sales of Enterprises Above Designated Size(2010－2013)

单位:亿元(100 million yuan)

商品分类	Commodity	合计 Total			
		2010	2011	2012	2013
食品、饮料、烟酒类	Food, Beverage, Tobacco and Liquor	2171.73	2540.18	2878.14	3041.75
肉禽蛋类	Meat, Poultry and Eggs	80.75	109.16	121.62	119.43
其他食品类	Other Food	354.59	828.85	978.05	77.39
饮料类	Beverages	452.00	626.93	713.35	744.49
烟酒类	Tobacco and Liquor	951.24	975.23	1065.12	1093.13
服装鞋帽、针、纺织品类	Garments, Shoes, Hats, Knit and Textile Goods	2089.27	2703.22	2857.72	3148.04
服装类	Garments	934.89	1153.46	1215.36	1312.96
鞋帽类	Shoes and Hats	263.02	333.03	355.74	354.90
针、纺织品类	Knit and Textile Goods	891.36	1216.73	1286.62	1480.18
化妆品类	Cosmetics	67.47	93.48	110.64	111.72
金银珠宝类	Jewelry	100.59	150.63	178.34	291.38
日用品类	Articles For Daily Use	686.46	798.74	864.80	905.82
洗涤用品类	Washing	162.39	172.93	206.62	207.56
儿童玩具类	Toy For Children	20.80	24.26	27.81	30.83
五金、电料类	Hardware & Electric Materials	346.45	376.44	360.33	365.44
体育、娱乐用品类	Sports and Recreation	35.55	38.24	36.24	41.93
书报杂志类	Newspapers and Magazines	61.70	65.25	69.95	77.22
电子出版物及音像制品类	Electronic Publication and Audiovisual Products	5.34	5.33	6.19	6.49
家用电器及音像器材类	Household Appliances and Audiovisual Equipment	621.80	808.98	825.10	876.14
中西药品类	Traditional Chinese & Western Medicines	752.17	917.14	1045.33	1228.43
西药	Western Medicines	556.66	660.43	777.10	908.38
中草药及中成药	Chinese Herbal Medicine and Other Traditional Chinese Medicine	149.41	173.70	188.11	217.93
文化办公用品类	Culture and Official Articles	358.37	404.13	447.13	444.46
家具类	Furniture	55.99	75.26	86.14	101.69
通讯器材类	Communication Appliances	137.18	180.28	214.54	274.28
煤炭及制品类	Coal and Related Products	709.70	1026.93	1322.25	1412.52
木材及制品类	Timber and Related Products	91.72	113.93	148.74	168.28
石油及制品类	Oil and Related Products	2942.38	3483.04	3998.33	4529.84
化工材料及制品类	Chemical Materials and Related Products	2056.84	2798.94	3302.85	3600.47
化肥类	Fertilizer	91.02	130.25	139.63	152.52
金属材料类	Metal Materials	5035.98	7258.17	7849.86	8795.74
建筑及装潢材料类	Building and Decoration Materials	168.47	227.50	249.63	371.32
机电成品及设备类	Mechanical and Electrical Products and Appliances	773.04	849.95	724.69	770.53
农机类	Agricutural Mechanical Products	12.58	12.48	10.16	8.40
汽车类	Motor Vehicles	2335.69	2768.18	2972.83	3376.14
种子饲料类	Seed and Forage	20.39	28.80	39.50	45.55
棉麻类	Cotton & Ambery	87.01	89.34	107.23	81.16
其他类	Others	971.46	1089.00	1179.38	1459.06

续表 1 Continued 单位:亿元(100 million yuan)

商品分类	Commodity	批发额 Wholesale 2010	2011	2012	2013
食品、饮料、烟酒类	Food, Beverage, Tobacco and Liquor	1765.61	2035.36	2238.59	2415.41
肉禽蛋类	Meat, Poultry and Eggs	41.45	59.24	63.26	67.79
其他食品类	Other Food	254.36	508.99	550.93	55.05
饮料类	Beverages	409.62	574.55	653.70	688.85
烟酒类	Tobacco and Liquor	877.04	892.58	970.71	996.12
服装鞋帽、针、纺织品类	Garments, Shoes, Hats, Knit and Textile Goods	1725.54	2250.04	2343.10	2632.06
服装类	Garments	653.81	801.85	821.96	917.73
鞋帽类	Shoes and Hats	210.10	273.01	280.88	280.33
针、纺织品类	Knit and Textile Goods	861.63	1175.17	1240.26	1434.00
化妆品类	Cosmetics	16.16	31.54	40.42	39.68
金银珠宝类	Jewelry	27.07	41.34	27.84	53.58
日用品类	Articles For Daily Use	553.46	633.90	659.51	695.64
洗涤用品类	Washing	126.45	127.43	148.78	152.73
儿童玩具类	Toy For Children	14.69	17.01	18.91	22.36
五金、电料类	Hardware & Electric Materials	336.79	363.94	345.56	349.08
体育、娱乐用品类	Sports and Recreation	23.01	24.95	21.12	25.99
书报杂志类	Newspapers and Magazines	25.22	26.53	25.49	31.88
电子出版物及音像制品类	Electronic Publication and Audiovisual Products	2.43	2.55	3.69	4.43
家用电器及音像器材类	Household Appliances and Audiovisual Equipment	355.78	500.33	518.09	562.64
中西药品类	Traditional Chinese & Western Medicines	403.99	511.12	840.91	1000.36
西药	Western Medicines	287.19	359.51	637.68	752.47
中草药及中成药	Chinese Herbal Medicine and Other Traditional Chinese Medicine	81.38	94.62	136.58	160.43
文化办公用品类	Culture and Official Articles	301.23	337.39	379.47	373.57
家具类	Furniture	47.84	61.69	58.30	68.39
通讯器材类	Communication Appliances	101.57	131.14	162.33	202.20
煤炭及制品类	Coal and Related Products	705.32	1025.17	1320.64	1411.22
木材及制品类	Timber and Related Products	91.72	113.93	147.57	166.79
石油及制品类	Oil and Related Products	2247.60	2482.72	3037.51	3554.87
化工材料及制品类	Chemical Materials and Related Products	2056.84	2798.94	3300.61	3592.01
化肥类	Fertilizer	91.02	130.25	138.74	151.58
金属材料类	Metal Materials	5035.98	7258.17	7846.86	8791.90
建筑及装潢材料类	Building and Decoration Materials	160.09	216.60	222.59	328.30
机电成品及设备类	Mechanical and Electrical Products and Appliances	764.94	843.37	719.81	765.38
农机类	Agricutural Mechanical Products	12.58	12.48	9.73	8.12
汽车类	Motor Vehicles	527.66	557.23	472.38	594.58
种子饲料类	Seed and Forage	20.39	28.80	39.43	45.55
棉麻类	Cotton & Ambery	87.01	89.34	106.80	81.00
其他类	Others	945.99	1049.75	1121.84	1397.51

续表 2 Continued 单位:亿元(100 million yuan)

商品分类	Commodity	零售额 Retail Sale			
		2010	2011	2012	2013
食品、饮料、烟酒类	Food, Beverage, Tobacco and Liquor	406.11	504.82	639.55	626.34
肉禽蛋类	Meat, Poultry and Eggs	39.29	49.92	58.36	51.64
其他食品类	Other Food	100.22	319.86	427.13	22.34
饮料类	Beverages	42.38	52.38	59.65	55.65
烟酒类	Tobacco and Liquor	74.19	82.65	94.41	97.01
服装鞋帽、针、纺织品类	Garments, Shoes, Hats, Knit and Textile Goods	363.72	453.19	514.62	515.98
服装类	Garments	281.08	351.61	393.40	395.23
鞋帽类	Shoes and Hats	52.91	60.02	74.86	74.57
针、纺织品类	Knit and Textile Goods	29.73	41.56	46.36	46.18
化妆品类	Cosmetics	51.31	61.94	70.22	72.04
金银珠宝类	Jewelry	73.52	109.29	150.51	237.79
日用品类	Articles For Daily Use	133.00	164.84	205.28	210.18
洗涤用品类	Washing	35.94	45.50	57.84	54.83
儿童玩具类	Toy For Children	6.11	7.25	8.91	8.47
五金、电料类	Hardware & Electric Materials	9.66	12.50	14.77	16.36
体育、娱乐用品类	Sports and Recreation	12.54	13.29	15.12	15.94
书报杂志类	Newspapers and Magazines	36.48	38.73	44.46	45.34
电子出版物及音像制品类	Electronic Publication and Audiovisual Products	2.91	2.78	2.50	2.06
家用电器及音像器材类	Household Appliances and Audiovisual Equipment	266.02	308.65	307.01	313.50
中西药品类	Traditional Chinese & Western Medicines	348.18	406.02	204.42	228.07
西药	Western Medicines	269.47	300.91	139.42	155.91
中草药及中成药	Chinese Herbal Medicine and Other Traditional Chinese Medicine	68.03	79.09	51.53	57.50
文化办公用品类	Culture and Official Articles	57.14	66.74	67.65	70.89
家具类	Furniture	8.15	13.57	27.84	33.30
通讯器材类	Communication Appliances	35.61	49.14	52.21	72.09
煤炭及制品类	Coal and Related Products	4.38	1.76	1.61	1.30
木材及制品类	Timber and Related Products			1.17	1.49
石油及制品类	Oil and Related Products	694.78	1000.33	960.82	974.97
化工材料及制品类	Chemical Materials and Related Products			2.24	8.45
化肥类	Fertilizer			0.89	0.94
金属材料类	Metal Materials			3.00	3.83
建筑及装潢材料类	Building and Decoration Materials	8.38	10.90	27.04	43.02
机电成品及设备类	Mechanical and Electrical Products and Appliances	8.09	6.58	4.88	5.15
农机类	Agricutural Mechanical Products			0.43	0.28
汽车类	Motor Vehicles	1808.03	2210.95	2500.45	2781.56
种子饲料类	Seed and Forage			0.07	
棉麻类	Cotton & Ambery			0.43	0.16
其他类	Others	25.46	39.24	57.55	61.55

10－7 限额以上批发零售贸易企业财务状况(2006－2013 年)
Finanical Conditions of Wholesale and Retail Trade Above Designated Siae(2006－2013)

单位:亿元(100 million yuan)

指标	Item	2006	2007	2008	2009	2010	2011	2012	2013
法人企业数(个)	Corporation Units(unit)	4249	4716	9316	8990	10053	11943	12917	14603
从业人员(人)	Employed Persons(person)	295790	363920	422631	447634	516727	601464	641490	691577
流动资产合计	Total Circulating Assets	2674.20	3520.00	5137.40	5926.70	7716.00	10011.10	11186.82	13177.24
固定资产合计	Total Fixed Assets	495.56	580.61	594.87	555.61	620.00	676.23	755.73	947.51
资产总计	Total Assets	3556.40	4546.40	6608.00	7661.40	9678.10	12417.10	13925.58	16605.02
负债合计	Total Liabilities	2592.50	3423.30	4926.80	5728.60	7412.80	9650.10	10850.65	12893.32
商品销售收入净额	Net Value of Sales Revenue	9266.10	11419.90	16248.40	15171.80	20927.10	26913.80	29083.68	34510.37
商品销售成本	Cost of Sales	8741.60	10765.70	15339.70	14232.10	19729.80	25435.30	27524.14	32563.71
经营费用	Business Expenses	227.80	276.74	411.31	424.92	546.72	654.62	738.07	831.60
商品销售税金及附加费	Tax and Extra Charges on Goods Sales	10.33	13.35	21.70	41.64	63.66	74.33	83.06	98.66
主营业务利润	Profits of Major Management	514.17	640.77	886.94	897.11	1134.66	1404.17	1476.47	1739.19
管理费用	Management Expenses	135.27	164.59	223.48	241.54	293.83	353.76	398.49	466.47
财务费用	Financial Expenses	31.65	48.92	87.20	65.87	114.34	183.29	206.29	196.52
利润总额	Total Profits	191.22	238.93	274.49	308.82	376.72	407.73	352.50	493.37
本年应付职工薪酬	Total Wages Payable In the Year						292.02	389.62	421.39

10－8 按登记注册类型分限额以上批发零售贸易企业资产及负债情况(2013 年)
Assets and Liabilities of Enterprises Above Designated Size in Wholesale and Retail Trade by Types of Registration(2013)

单位:亿元(100 million yuan)

指标	Item	资产合计 Total Assets	固定资产 Fixed assets	流动资产 Circulating assets	负债合计 Total Liabilities	所有者权益合计 Total Creditor's Equity
批发和零售贸易业合计	**Total**	**16605.02**	**13177.24**	**947.51**	**12893.32**	**3711.70**
批发企业合计	**Wholesale Trade**	**13614.42**	**11074.92**	**538.75**	**10599.12**	**3015.31**
#国有及国有控股	State－owend and State Holding Enterprises	2351.13	1750.93	157.15	1408.62	942.50
内资企业	Domestic Funded Enterprises	13194.91	10712.24	524.80	10300.63	2894.28
国有企业	State－owned Enterprises	497.73	430.30	33.74	103.00	394.72
集体企业	Collective Owned Enterprises	18.14	15.85	1.39	15.45	2.69
股份合作企业	Cooperative Enterprises	7.78	6.89	0.43	5.59	2.19
联营企业	Joint Ownership Enterprises					
国有联营企业	State Joint Ownership Enterprises					
集体联营企业	Collective Joint Ownership Enterprises					
国有与集体联营企业	State－collective Joint Enterprises					
其他联营企业	Other joint ownership enterprises					
有限责任公司	Limited Liability Corporations	4559.54	3602.18	173.01	3575.47	984.07
国有独资公司	State Sole Funded Corporations	375.49	258.78	26.83	251.14	124.35
其他有限责任公司	Other Limited Liability Corporations	4184.05	3343.40	146.19	3324.34	859.71
股份有限公司	Share－holding Corporations Ltd.	1275.74	749.72	98.48	853.35	422.39
私营企业	Private Enterprises	6831.52	5903.98	216.91	5744.73	1086.79
私营独资企业	Private Funded Enterprises	9.95	9.05	0.83	8.65	1.30
私营合伙企业	Private Partnership Corporations	3.32	3.24	0.06	2.70	0.62
私营有限责任公司	Private Limited Liability Corporations	6667.27	5753.70	212.39	5611.37	1055.90
私营股份有限公司	Enterprises With Funds From Hong Kong Macao and Taiwan	150.98	138.00	3.64	122.01	28.97
港澳台商投资企业	Enterprises With Funds From Hong Kong Macao and Taiwan	197.67	168.26	9.17	140.27	57.41
与港澳台合资经营企业	Joint－venture Enterprises	43.16	28.06	4.14	32.05	11.11
港澳台商独资企业	Enterprises with Sole Hong Kong, Macao and Taiwan	152.85	138.59	5.02	107.41	45.45
外商投资企业	Foreign Funded Enterprises	221.84	194.42	4.79	158.22	63.62
中外合资经营企业	Joint－venture Enterprises	183.83	161.98	3.46	134.92	48.91
中外合作经营企业	Cooperation Enterprises					
外资企业	Enterprises With Sole Foreign Investment	31.41	27.47	1.20	19.21	12.20
外商投资股份有限企业	Foreign Invesment Share－holding Corporations Ltd.	5.44	3.82	0.11	3.47	1.97

续表 Continued 单位:亿元(100 million yuan)

指标	Item	资产合计 Total Assets	固定资产 Fixed assets	流动资产 Circulating assets	负债合计 Total Liabilities	所有者权益合计 Total Creditor's Equity
零售企业总计	**Retail Sale**	**2990.60**	**2102.32**	**408.76**	**2294.21**	**696.39**
#国有及国有控股	State－owend and State Holding Enterprises	380.98	219.59	59.67	216.45	164.53
内资企业	Domestic Funded Enterprises	2568.90	1835.79	331.11	2003.78	565.12
国有企业	State－owned Enterprises	13.53	10.07	1.69	9.26	4.27
集体企业	Collective Owned Enterprises	13.88	8.84	2.47	10.03	3.85
股份合作企业	Cooperative Enterprises	3.03	2.26	0.34	2.47	0.56
联营企业	Joint Ownership Enterprises	0.93	0.64	0.21	0.36	0.57
国有联营企业	State Joint Ownership Enterprises	0.15	0.08	0.06	0.01	0.14
集体联营	Collective Joint Ownership Enterprises					
国有与集体联营企业	State－collective Joint Enterprises	0.55	0.43	0.10	0.31	0.24
其他联营企业	Other Joint Ownership Enterprises	0.24	0.13	0.05	0.04	0.19
有限责任公司	Limited Liability Corporations	1134.26	808.61	141.72	874.16	260.10
国有独资公司	State Sole Funded Corporations	58.48	32.60	16.74	27.75	30.73
其他有限责任公司	Other Limited Liability Corporations	1075.78	776.01	124.98	846.41	229.37
股份有限公司	Share－holding Corporations Ltd.	292.26	153.99	47.52	180.36	111.90
私营企业	Private Enterprises	1106.61	847.99	136.45	924.11	182.51
私营独资企业	Private Funded Enterprises	8.46	6.68	1.22	6.51	1.94
私营合伙企业	Private Partnership Corporations	12.28	8.10	1.67	10.66	1.62
私营有限责任公司	Private Limited Liability Corporations	1054.23	811.78	131.56	884.80	169.43
私营股份有限公司	Private Share－holding Corporations Ltd.	31.65	21.43	2.00	22.14	9.51
港澳台商投资企业	Funded by Entrepreneurs From Hong Kong Macao and Taiwan	198.07	117.15	35.06	125.48	72.59
与港澳台商合资经营	Joint－venture Enterprises	90.51	58.13	15.32	56.12	34.38
与港澳台商合作经营	Cooperation Enterprises From Hong Kong, Macao and Taiwan	3.57	1.86	1.00	0.53	3.03
港澳台独资企业	Enterprises with Sole Hong Kong, Macao and Taiwan	103.06	56.61	18.48	67.90	35.16
港澳台商股份有限公司	Share－holding Corporations Ltd. with Funds From Hong Kong, Macao and Taiwan	0.57	0.21	0.26	0.55	0.02
外商投资企业	Foreign Funded Enterprises	223.64	149.38	42.59	164.95	58.69
中外合资经营企业	Joint－venture Enterprises	62.50	27.08	23.63	52.48	10.01
中外合作经营企业	Cooperation Enterprises	1.40	0.72	0.33	0.51	0.89
外资企业	Enterprises With Sole Foreign Investment	157.28	119.40	18.36	109.35	47.93
外商投资股份有限公司	Foreign Invesment Share－holding Corporations Ltd.	2.46	2.18	0.28	2.61	－0.15

10－9 分行业限额以上批发零售贸易企业资产及负债情况(2013 年)
Assets and Liabilities of Enterprises Retail Trade by Types of Registration(2013)

单位:亿元(100 million yuan)

指标	Item	资产合计 Total Assets	固定资产 Fixed	流动资产 Circulating	负债合计 Total Liabilities	所有者权益合计 Total Creditor's Equity
批发企业合计	**Wholesale**	**13614.42**	**11074.92**	**538.75**	**10599.12**	**3015.31**
农、林、牧产品批发	Agricultural and Animal Production	99.23	72.29	13.77	74.40	24.83
食品、饮料及烟草制品批发	Food, Beverages, Tobacoo and Its Production	1239.15	988.99	87.06	675.79	563.36
米、面制品及食用油批发	Rice, Flour and Its Production, Edible Oil	252.14	163.45	19.42	203.38	48.77
烟草制品批发	Tobacoo and Its Production	385.28	347.46	26.57	18.20	367.08
纺织、服装及日用品批发	Textile, Garments and Articles for Daily Use	2653.57	2327.22	81.13	2207.82	445.75
服装批发	Garments	575.97	479.09	26.90	451.61	124.36
文化、体育用品及器材批发	Culture, Sports Articles and Equipment	281.59	235.08	10.19	206.82	74.77
医药及医疗器材批发	Medicines and Medical Appliances	493.36	422.73	23.25	365.35	128.01
矿产品、建材及化工产品批发	Mineral Products, Building Materials and Chemical Production	7426.41	5836.47	273.42	5941.78	1484.63
#煤炭及制品批发	Coal and Related Production	766.94	614.95	13.49	652.33	114.61
石油及制品批发	Petroleurn and Related Production	1119.14	731.64	130.71	827.80	291.34
金属及金属矿批发	Metal Materials and Mineral	3713.18	3005.89	73.38	3037.41	675.78
建材批发	Building Materials	547.55	434.25	15.48	419.88	127.67
化肥批发	Fertilizer	91.08	66.52	3.61	60.94	30.13
机械设备、五金交电及电子产品批发	Machinery Equipment, Hardware and Electric Production	1137.77	948.87	36.59	892.33	245.45
#汽车批发	Motor Vehicles	142.41	119.44	4.26	127.62	14.79
五金产品批发	Household Appliances	200.38	163.89	8.08	140.43	59.95
计算机、软件及辅助设备批发	Computers, Software and Auxiliary Equipment	40.88	36.02	0.35	34.77	6.11
贸易经纪与代理	Manage and Agencies in Trade	48.24	44.25	2.04	40.78	7.45
其他批发	Others	235.10	199.03	11.30	194.05	41.05

续表 Continued 单位:亿元(100 million yuan)

指标	Item	资产合计 Total Assets	固定资产 Fixed	流动资产 Circulating	负债合计 Total Liabilities	所有者权益合计 Total Creditor's Equity
零售业合计	**Retail Sale**	**2990.60**	**2102.32**	**408.76**	**2294.21**	**696.39**
综合零售	Synthesizs	979.02	603.56	165.94	723.23	255.79
#百货零售	Consumer Goods	557.51	309.27	99.02	370.29	187.22
超级市场零售	Supermarkets	393.68	276.24	61.66	330.92	62.77
食品、饮料及烟草制品专门零售	Food, Beverages, Tobacoos and Its Production	51.73	36.80	7.03	32.29	19.44
纺织、服装及日用品专门零售	Textile Garments and Articles for Daily Use	180.32	125.93	16.16	134.03	46.30
#服装零售	Garments Articles	144.25	100.21	12.98	108.53	35.72
文化、体育用品及器材专门零售	Culture, Sports Articles and Equipment	133.73	90.65	23.34	81.55	52.19
#体育用品及器材零售	Sports Articles	4.31	2.78	0.57	3.40	0.91
图书报刊零售	Books	72.97	43.95	17.15	37.66	35.30
医药及医疗器材专门零售	Medicines and Medical Appliances	101.52	88.02	7.46	78.52	23.00
#药品零售	Medicines	99.35	86.33	7.06	76.89	22.47
汽车、摩托车、燃料及零配件专门零售	Motor Vehicles Motorcycles Fuel	1299.41	972.35	155.70	1058.10	241.30
汽车零售	Motor Vehicles	1136.44	890.51	127.46	959.66	176.78
机动车燃料零售	Fuel for Motor Vehicles Use	154.44	75.79	27.46	93.18	61.26
家用电器及电子产品专门零售	Household Appliance Electric Production	142.37	120.55	10.31	108.06	34.31
#日用家电设备零售	Household Appliance	68.33	57.73	4.82	54.32	14.00
计算机、软件及辅助设备零售	Computer, Software and Auxiliary Equipment	25.13	20.76	0.88	13.98	11.16
通信设备零售	Communication Equipment	14.88	12.49	1.96	12.07	2.81
五金、家具及室内装修材料专门零售	Hardware Furniture Decoration Indoors	52.58	33.76	13.38	40.61	11.97
货摊、无店铺及其他零售	Non - shop and Other Retail Sale	49.93	30.70	9.43	37.84	12.10
#邮购及电子销售	Mail Order and Electron Vendition	2.78	2.30	0.14	1.44	1.35

10-10 按登记注册类型分限额以上批发零售贸易企业主要财务指标情况(2013 年)

Main Financial Indicators of Enterprises Above Designated Size in Wholesale and Retail Trade by Types of Regidtration(2013)

单位:亿元(100 million yuan)

指标	Item	主营业务收入 Revenue in Main Business	主营业务成本 Cost in Main Business	主营业务税金及附加 Tax and Extra Changes in Main Business	主营业务利润 Profits in Main Business	销售费用 Sales Expenses
批发和零售贸易业合计	**Total**	**34250.03**	**32414.02**	**96.82**	**1739.19**	**831.60**
批发企业合计	**Wholesale Trade**	**28759.05**	**27433.48**	**77.22**	**1248.35**	**534.91**
#国有及国有控股	State - owned and State Holding Enterprises	7029.67	6649.22	51.10	329.35	89.50
内资企业	Domestic Funded Enterprises	27726.65	26457.17	76.32	1193.16	510.43
国有企业	State - owned Enterprises	1091.74	876.93	46.95	167.85	12.82
集体企业	Collective Owned Enterprises	28.84	27.66	0.09	1.09	0.42
股份合作企业	Cooperative Enterprises	15.11	14.26	0.03	0.82	0.31
联营企业	Joint Ownership Enterprises					
国有联营企业	State Joint Ownership Enterprises					
集体联营企业	Collective Joint Ownership Enterprises					
国有与集体联营企业	State - collective Joint Enterprises					
其他联营企业	Other Joint Ownership Enterprises					
有限责任公司	Limited Liability Corporations	10404.82	10020.25	12.15	372.42	185.09
国有独资公司	State Sole Funded Corporations	637.29	617.23	0.58	19.48	7.70
其他有限责任公司	Other Limited Liability Corporations	9767.53	9403.02	11.57	352.94	177.39
股份有限公司	Share - holding Corporations Ltd.	3604.95	3459.47	3.17	142.31	78.31
私营企业	Private Enterprises	12565.81	12044.15	13.92	507.74	233.41
私营独资企业	Private Funded Enterprises	28.34	26.86	0.11	1.38	0.47
私营合伙企业	Private Partnership Corporations	24.13	23.17	0.03	0.93	0.23
私营有限责任公司	Private Limited Liability Corporations	12216.75	11712.27	13.46	491.02	224.29
私营股份有限公司	Private Share - holding Corporations Ltd.	296.59	281.85	0.33	14.41	8.41
港、澳、台商投资企业	Enterprises With Funds From Hong Kong, Macao and Taiwan	356.03	326.63	0.53	28.87	19.04
港澳台商合资经营企业	Joint - venture Enterprises	117.87	110.81	0.07	6.99	7.88
港澳台商独资经营企业	Enterprises with Sole Hong Kong, Macao and Taiwan	235.74	213.58	0.46	21.70	11.11
外商投资企业	Foreign Funded Enterprises	676.37	649.68	0.37	26.32	5.43
中外合资经营企业	Joint - venture Enterprises	506.35	486.64	0.17	19.54	2.62
中外合作经营企业	Cooperation Enterprises					
外商企业	Enterprises With Sole Foreign Investment	63.60	58.25	0.08	5.27	2.57
外商投资股份有限公司	Foreign Invesment Share - holding Corporations Ltd.	10.60	9.51	0.02	1.07	0.21

续表 1 Continued 单位:亿元(100 million yuan)

指标	Item	主营业务收入 Revenue in Main Business	主营业务成本 Cost in Main Business	主营业务税金及附加 Tax and Extra Changes in Main Business	主营业务利润 Profits in Main Business	销售费用 Sales Expenses
零售企业总计	**Retail Sale**	**5490.97**	**4980.54**	**19.60**	**490.84**	**296.69**
#国有及国有控股	State-owend and State-holding Enterprises	972.57	891.38	2.84	78.35	34.99
内资企业	Domestic Funded Enterprises	4848.29	4423.56	16.08	408.65	243.10
国有企业	State-owned Enterprises	20.85	18.60	0.05	2.20	1.35
集体企业	Collective Owned Enterprises	32.50	29.65	0.11	2.75	1.39
股份合作企业	Cooperative Enterprises	6.38	5.90	0.02	0.46	0.22
联营企业	Joint Ownership Enterprises	7.38	6.85	0.01	0.52	0.16
国有联营企业	State Joint Ownership Enterprises	1.67	1.53		0.15	0.03
集体联营企业	Collective Joint Ownership Enterprises					
国有与集体联营企业	State-collective Joint Enterprises	4.79	4.46	0.01	0.32	0.12
其他联营企业	Other Joint Ownership Enterprises	0.91	0.86		0.05	0.01
有限责任公司	Limited Liability Corporations	1998.40	1801.46	7.54	189.40	120.85
国有独资公司	State Sole Funded Corporations	73.37	63.23	0.41	9.72	4.60
其他有限责任公司	Other Limited Liability Corporations	1925.04	1738.23	7.13	179.68	116.25
股份有限公司	Share-holding Corporations Ltd.	670.47	623.12	2.37	44.99	24.29
私营企业	Private Enterprises	2106.42	1932.50	5.98	167.94	94.76
私营独资企业	Private Funded Enterprises	24.34	22.31	0.07	1.95	0.67
私营合伙企业	Private Partnership Corporations	19.27	17.40	0.08	1.79	1.80
私营有限责任公司	Private Limited Liability Corporations	2003.41	1837.94	5.61	159.85	90.72
私营股份有限公司	Private Share-holding Corporations Ltd.	59.40	54.84	0.22	4.34	1.57
其他企业	others	5.88	5.50	0.01	0.38	0.08
港澳台商投资企业	Enterprises With Funds From Hong Kong Macao and Taiwan	297.72	251.10	1.74	44.88	24.02
与港澳台商合资经营	Joint-venture Enterprises	143.02	120.46	0.91	21.66	10.49
与港澳台商合作经营	Cooperation Enterprises From Hong Kong, Macao and Taiwan	6.19	5.20	0.03	0.96	0.29
港澳台商独资经营	Enterprises with Sole Hong Kong, Macao and Taiwan	146.51	123.76	0.80	21.95	12.95
港澳台商投资股份有限公司	Share-holding Corporations Ltd. with Funds From Hong Kong,Macao and Taiwan	1.29	1.10		0.19	0.03
外商投资企业	Foreign Funded Enterprises	344.97	305.87	1.78	37.31	29.57
中外合资经营企业	Joint-venture Enterprises	146.31	135.20	0.71	10.40	13.48
中外合作经营企业	Cooperation Enterprises	0.67	0.54		0.13	0.16
外商企业	Enterprises With Sole Foreign Investment	192.20	164.40	1.06	26.74	15.86
外商投资股份有限公司	Foreign Invesment Share-holding Corporations Ltd.	5.78	5.73		0.05	0.07

续表 2 Continued 单位:亿元(100 million yuan)

指标	Item	管理费用 Managemen Expenses	财务费用 Financial Expenses	利润总额 Profits	应付职工薪酬(本年贷方累计发生额) Total Wages Pagable in the Year	本年应交增值税 Value added tases payab in the year
批发和零售贸易业合计	**Total**	**466.47**	**196.52**	**493.37**	**421.39**	**299.91**
批发企业合计	**Wholesale Trade**	**307.38**	**151.14**	**422.51**	**251.23**	**220.80**
#国有及国有控股	State - owned and State Holding Enterprises	79.41	-2.52	207.34	81.30	57.07
内资企业	Domestic Funded Enterprises	295.73	149.01	399.40	242.00	213.83
国有企业	State - owned Enterprises	34.09	-8.48	129.48	30.10	35.59
集体企业	Collective Owned Enterprises	0.58	0.31	0.21	0.35	0.78
股份合作企业	Cooperative Enterprises	0.26	0.11	0.16	0.18	0.14
联营企业	Joint Ownership Enterprises					
国有联营企业	State Joint Ownership Enterprises					
集体联营企业	Collective Joint Ownership Enterprises					
国有与集体联营企业	State - collective Joint Enterprises					
其他联营企业	Other Joint Ownership Enterprises					
有限责任公司	Limited Liability Corporations	92.30	44.32	125.02	77.25	62.20
国有独资公司	State Sole Funded Corporations	9.77	1.80	11.21	9.17	1.79
其他有限责任公司	Other Limited Liability Corporations	82.53	42.52	113.81	68.08	60.41
股份有限公司	Share - holding Corporations Ltd.	35.07	14.15	53.62	43.04	20.14
私营企业	Private Enterprises	133.28	98.56	90.22	90.86	94.93
私营独资企业	Private Funded Enterprises	0.41	0.28	0.24	0.30	0.83
私营合伙企业	Private Partnership Corporations	0.20	0.09	0.43	0.21	0.04
私营有限责任公司	Private Limited Liability Corporations	129.16	97.07	80.66	87.90	91.38
私营股份有限公司	Private Share - holding Corporations Ltd.	3.51	1.12	8.88	2.45	2.67
港、澳、台商投资企业	Enterprises With Funds From Hong Kong, Macao and Taiwan	6.02	1.37	4.35	4.72	4.24
港澳台商合资经营企业	Joint - venture Enterprises	1.15	0.32	-2.05	1.17	0.42
港澳台商独资经营企业	Enterprises with Sole Hong Kong, Macao and Taiwan	4.81	1.04	6.33	3.49	3.80
外商投资企业	Foreign Funded Enterprises	5.63	0.76	18.75	4.51	2.73
中外合资经营企业	Joint - venture Enterprises	2.87	0.39	17.49	2.30	1.01
中外合作经营企业	Cooperation Enterprises					
外商企业	Enterprises With Sole Foreign Investment	2.18	0.31	0.58	1.91	1.52
外商投资股份有限公司	Foreign Invesment Share - holding Corporations Ltd.	0.48	0.02	0.39	0.24	0.14

续表 3 Continued 单位：亿元(100 million yuan)

指标	Item	管理费用 Managemen Expenses	财务费用 Financial Expenses	利润总额 Profits	应付职工薪酬(本年贷方累计发生额) Total Wages Pagable in the Year	本年应交增值税 Value added tases payab in the year
零售企业总计	**Retail Sale**	**159.09**	**45.38**	**70.86**	**170.16**	**79.11**
#国有及国有控股	State－owend and State－holding Enterprises	18.32	0.90	29.63	25.24	11.03
内资企业	Domestic Funded Enterprises	132.00	41.34	50.90	145.00	66.21
国有企业	State－owned Enterprises	0.80	－0.02	0.55	1.06	0.31
集体企业	Collective Owned Enterprises	1.11	0.05	0.63	0.89	0.45
股份合作企业	Cooperative Enterprises	0.16	0.03	0.11	0.18	0.06
联营企业	Joint Ownership Enterprises	0.04		0.34	0.10	0.07
国有联营企业	State Joint Ownership Enterprises			0.10	0.02	0.02
集体联营企业	Collective Joint Ownership Enterprises					
国有与集体联营企业	State－collective Joint Enterprises	0.02		0.20	0.07	0.04
其他联营企业	Other Joint Ownership Enterprises	0.02		0.03	0.01	0.01
有限责任公司	Limited Liability Corporations	55.10	13.45	29.93	66.88	29.62
国有独资公司	State Sole Funded Corporations	3.12	0.07	3.02	3.82	1.59
其他有限责任公司	Other Limited Liability Corporations	51.98	13.38	26.91	63.06	28.03
股份有限公司	Share－holding Corporations Ltd.	12.99	2.31	15.95	16.60	7.20
私营企业	Private Enterprises	61.76	25.49	3.19	59.15	28.49
私营独资企业	Private Funded Enterprises	0.77	0.12	0.48	0.59	0.30
私营合伙企业	Private Partnership Corporations	0.43	0.20	0.25	0.91	0.21
私营有限责任公司	Private Limited Liability Corporations	58.82	24.43	1.44	56.49	27.14
私营股份有限公司	Private Share－holding Corporations Ltd.	1.73	0.75	1.02	1.16	0.85
其他企业	others	0.06	0.02	0.21	0.15	
港澳台商投资企业	Enterprises With Funds From Hong Kong Macao and Taiwan	14.87	1.90	14.99	12.73	6.73
与港澳台商合资经营	Joint－venture Enterprises	5.54	0.90	7.38	5.54	3.91
与港澳台商合作经营	Cooperation Enterprises From Hong Kong, Macao and Taiwan	0.63	0.01	0.19	0.30	0.07
港澳台商独资经营	Enterprises with Sole Hong Kong, Macao and Taiwan	8.35	0.97	7.76	6.70	2.71
港澳台商投资股份有限公司	Share－holding Corporations Ltd. with Funds From Hong Kong,Macao and Taiwan	0.21	0.01	－0.06	0.04	
外商投资企业	Foreign Funded Enterprises	12.21	2.14	4.97	12.43	6.17
中外合资经营企业	Joint－venture Enterprises	3.37	0.89	0.25	6.06	1.54
中外合作经营企业	Cooperation Enterprises	0.01		0.08	0.04	0.02
外商企业	Enterprises With Sole Foreign Investment	8.67	1.17	4.79	6.27	4.60
外商投资股份有限公司	Foreign Invesment Share－holding Corporations Ltd.	0.16	0.08	－0.15	0.06	

10－11 分行业限额以上批发零售贸易企业主要财务指标情况(2013 年)
Main Financial Indicators of Enterprises Above Designated Size in Wholesale and Retail Trade by Sector(2013)

单位:亿元(100 million yuan)

指标	Item	主营业务收入 Revenue in Main Business	主营业务成本 Cost in Main Business	主营业务税金及附加 Tax and Extra Changes in Main Business	主营业务利润 Profits in Main Business	销售费用 Sales Expenses
批发企业合计	**Wholesale**	**28759.05**	**27433.48**	**77.22**	**1248.35**	**534.91**
农、林、牧产品批发	Agriculture, forest, animal husbandry products wholesale	172.88	165.11	0.17	7.61	2.69
食品、饮料及烟草制品批发	Food,Beverages,Tobacoo and Its Products	2122.06	1763.90	50.77	307.39	100.42
#米、面制品及食用油批发	Rice,Flour and Its Products, Edible Oil	232.46	223.36	0.46	8.64	5.04
烟草制品批发	Tobacoo and Its Products	769.62	562.81	46.78	160.03	10.07
纺织、服装及日用品批发	Textile,Garments and Articles for Daily Use	4329.27	4026.35	6.86	296.05	135.29
#服装批发	Garments	1192.37	1100.86	2.84	88.66	37.52
文化、体育用品及器材批发	Culture,Sports Articles and Equipment	539.78	512.41	0.65	26.72	11.91
医药及医疗器材批发	Medicines and Medical Appliances	1009.22	922.87	1.73	84.62	36.36
矿产品、建材及化工产品批发	Mineral Products,Building Materials and Chemical Products	17474.30	17084.12	11.46	378.72	172.98
#煤炭及制品批发	Coal and Related Products	1493.11	1457.06	1.61	34.44	23.74
石油及制品批发	Petroleum and Related Products	3799.50	3685.68	3.05	110.78	53.89
金属及金属矿批发	Metal Materials and Mineral	8212.55	8077.97	3.58	131.01	49.39
建材批发	Building Materials	599.97	577.89	1.03	21.05	7.36
化肥批发	Fertilizer	144.02	140.35	0.05	3.62	2.10
机械设备、五金交电及电子产品批发	Machinery Equipment,Hardware and Electric Products	2324.05	2193.14	3.03	127.88	68.62
#汽车批发	Motor Vehicles	413.04	394.63	0.51	17.90	17.90
五金产品批发	Hardware products Wholesale	401.59	374.17	0.30	27.12	11.36
计算机、软件及辅助设备批发	Computers,Software and Auxiliary Equipment	79.84	77.09	0.07	2.68	1.21
贸易经纪与代理	Manage and Agencies in Trade	104.10	100.07	0.07	3.96	1.46
其他批发	Others	683.39	665.50	2.49	15.40	5.18

续表 1 Continued　单位:亿元(100 million yuan)

指标	Item	主营业务收入 Revenue in Main Business	主营业务成本 Cost in Main Business	主营业务税金及附加 Tax and Extra Changes in Main Business	主营业务利润 Profits in Main Business	销售费用 Sales Expenses
零售企业合计	**Retail Sale**	**5490.97**	**4980.54**	**19.60**	**490.84**	**296.69**
综合零售	Synthesizs	1174.54	1010.10	9.17	155.27	114.90
#百货零售	Consumer Goods	487.92	413.94	5.54	68.43	33.21
超级市场零售	Supermarkets	635.77	553.45	3.26	79.07	76.92
食品、饮料及烟草制品专门零售	Food, Beverages, Tobacoos and Its Products	73.99	62.46	0.25	11.28	7.25
纺织服装及日用品专门零售	Textile Garments and Articles for Daily Use	196.59	140.54	1.52	54.53	36.78
#服装零售	Garments Articles	146.51	102.33	1.16	43.02	30.15
文化、体育用品及器材专门零售	Culture, Sports Articles and Equipment	139.87	118.73	1.88	19.26	11.45
#体育用品及器材零售	Sports Articles	4.67	3.97	0.03	0.67	0.89
图书报刊零售	Books, newspaper	39.21	30.26	0.17	8.79	4.83
医药及医疗器材专门零售	Medicines and Medical Appliances	205.94	181.27	0.51	24.17	12.25
#药品零售	Medicines	202.14	178.32	0.49	23.33	11.78
汽车、摩托车、燃料及零配件专门零售	Motor Vehicles Motorcycles Fuel	3282.85	3102.11	4.69	176.04	82.34
#汽车零售	Motor Vehicles	2569.66	2427.17	3.84	138.65	66.22
机动车燃料零售	Fuel for Motor Vehicles Use	695.53	658.26	0.79	36.48	15.47
家用电器及电子产品专门零售	Household Appliance Electric Products	262.30	232.03	0.80	29.47	20.11
#日用家电设备零售	Household Appliances Retail	119.47	102.24	0.34	16.88	11.51
计算机、软件及辅助设备零售	Computer, Software and Auxiliary Equipment	40.85	37.57	0.11	3.17	1.48
通信设备零售	Communication Equipment	32.95	30.87	0.14	1.93	1.67
五金、家具及室内装修材料专门零售	Hardware Furniture Decoration Indoors	45.18	36.85	0.46	7.87	2.91
货摊、无店铺及其他零售	Stalls, No Satores and Other Retail	109.71	96.44	0.32	12.95	8.69
#邮购及电视、电话零售	Mail, telephone and TV retail	23.74	21.27	0.08	2.39	1.56

续表 2　Continued　　单位:亿元(100 million yuan)

指标	Item	管理费用 Manage－ment Expenses	财务费用 Financial Expenses	利润总额 Profits	应付职工薪酬 Total Wages Pagable in the Year	本年应交增值税 Value Added Tases payable in the year
批发企业合计	**Wholesale**	**307.38**	**151.14**	**422.51**	**251.23**	**220.80**
农、林、牧产品批发	Agriculture, forest, animal husbandry products wholesale	3.20	2.78	2.54	2.27	1.83
食品、饮料及烟草制品批发	Food, Beverages, Tobacoo and Its Products	63.46	-1.04	170.32	58.35	57.48
#米、面制品及食用油批发	Rice, Flour and Its Products, Edible Oil	5.45	3.58	3.40	3.93	3.10
烟草制品批发	Tobacoo and Its Products	30.27	-9.19	128.05	26.86	34.76
纺织、服装及日用品批发	Textile, Garments and Articles for Daily Use	69.13	31.91	77.79	59.61	53.60
#服装批发	Garments	27.59	7.87	27.48	20.21	14.25
文化、体育用品及器材批发	Culture, Sports Articles and Equipment	8.09	3.04	6.72	6.02	3.82
医药及医疗器材批发	Medicines and Medical Appliances	19.16	4.43	31.47	15.77	13.00
矿产品、建材及化工产品批发	Mineral Products, Building Materials and Chemical Products	102.08	87.36	100.89	75.39	52.79
#煤炭及制品批发	Coal and Related Products	8.48	12.93	-0.29	4.56	7.58
石油及制品批发	Petroleurn and Related Products	23.18	8.72	37.28	30.12	16.88
金属及金属矿批发	Metal Materials and Mineral	38.81	48.01	36.32	19.44	16.11
建材批发	Building Materials	7.12	5.56	4.50	6.13	2.84
化肥批发	Fertilizer	1.59	0.82	3.86	1.22	0.14
机械设备、五金交电及电子产品批发	Machinery Equipment, Hardware and Electric Products	36.52	14.90	28.83	28.78	16.37
#汽车批发	Motor Vehicles	2.13	0.62	-2.39	2.85	2.62
五金产品批发	Hardware products Wholesale	8.21	3.27	6.68	6.65	1.42
计算机、软件及辅助设备批发	Computers, Software and Auxiliary Equipment	1.04	0.10	0.47	0.85	0.38
贸易经纪与代理	Manage and Agencies in Trade	1.18	0.46	1.10	0.76	0.15
其他批发	Others	4.57	7.28	2.85	4.28	21.75

续表 3　Continued　　单位:亿元(100 million yuan)

指标	Item	管理费用 Manage－ment Expenses	财务费用 Financial Expenses	利润总额 Profits	应付职工薪酬 Total Wages Pagable in the Year	本年应交增值税 Value Added Tases payable in the year
零售企业合计	**Retail Sale**	**159.09**	**45.38**	**70.86**	**170.16**	**79.11**
综合零售	Synthesizs	55.29	7.00	32.56	56.46	21.49
#百货零售	Consumer Goods	33.87	6.63	20.56	18.78	10.55
超级市场零售	Supermarkets	19.29	-0.06	9.99	34.70	10.45
食品、饮料及烟草制品专门零售	Food, Beverages, Tobacoos and Its Products	3.63	0.53	1.39	4.55	1.44
纺织服装及日用品专门零售	Textile Garments and Articles for Daily Use	12.88	2.16	12.06	15.29	7.82
#服装零售	Garments Articles	9.73	1.60	9.51	12.29	5.60
文化、体育用品及器材专门零售	Culture, Sports Articles and Equipment	6.14	1.49	2.03	7.75	2.82
#体育用品及器材零售	Sports Articles	0.23	0.16	-0.35	0.41	0.20
图书报刊零售	Books, newspaper	3.35	-0.30	2.24	4.30	1.25
医药及医疗器材专门零售	Medicines and Medical Appliances	7.36	1.31	4.60	9.07	3.58
#药品零售	Medicines	7.12	1.25	4.41	8.90	3.38
汽车、摩托车、燃料及零配件专门零售	Motor Vehicles Motorcycles Fuel	60.36	29.33	15.54	62.27	35.36
#汽车零售	Motor Vehicles	54.03	28.33	-0.21	51.99	29.35
机动车燃料零售	Fuel for Motor Vehicles Use	5.82	0.95	15.66	9.79	5.68
家用电器及电子产品专门零售	Household Appliance Electric Products	7.78	1.75	0.29	9.94	3.99
#日用家电设备零售	Household Appliances Retail	3.20	0.89	-0.67	4.52	1.87
计算机、软件及辅助设备零售	Computer, Software and Auxiliary Equipment	1.39	0.13	0.69	1.60	0.57
通信设备零售	Communication Equipment	1.12	0.35	0.06	1.17	0.33
五金、家具及室内装修材料专门零售	Hardware Furniture Decoration Indoors	2.42	1.30	1.52	1.66	0.67
货摊、无店铺及其他零售	Stalls, No Satores and Other Retail	3.24	0.52	0.87	3.16	1.96
#邮购及电视、电话零售	Mail, telephone and TV retail	0.43	-0.03	0.43	0.50	0.23

10－12 限额以上住宿餐饮业基本情况(2013 年)
Main Indicator of Hotels and Catering Services Above Designated Size(2013)

单位:亿元(100 million yuan)

指标	Item	法人企业(个) Number of Corporation (unit)	从业人员数(人) Persons Employed (person)	营业额 Business Volume
总计	**Total**	**2794**	**282266**	**536.93**
住宿业	**Hotels**	**1288**	**145708**	**275.94**
#国有及国有控股	State－owend and State Holding Enterprises	181	28041	56.46
按登记注册类型分组	**by Registration**			
内资企业	Domestic Funded Enterprises	1225	129842	235.76
国有企业	State－owned Enterprises	84	9563	18.65
集体企业	Collective owned Enterprises	31	2446	4.64
股份合作企业	Cooperative Enterprises	7	321	0.51
联营企业	Joint Ownership Enterprises	3	396	0.55
国有联营企业	State Joint Ownership Enterprises			
集体联营企业	Collective Joint Ownership Enterprises	1	195	0.12
国有与集体联营企业	Joint State－collective Enterprises	2	201	0.44
有限责任公司	Limited Liability Corporations	369	55751	103.80
国有独资公司	State Sole Funded Corporations	26	4628	8.67
其他有限责任公司	Other Limited Liability Corporations	343	51123	95.14
股份有限公司	Share－holding Corporations Ltd.	18	4127	8.63
私营企业	Private Enterprises	711	57143	98.85
私营独资企业	Private Funded Enterprises	74	2887	4.45
私营合伙企业	Private Partnership Corporations	38	1959	2.45
私营有限责任公司	Private Limited Liability Corporations	578	49650	87.00
私营股份有限公司	Private Share－holding Corporations Ltd.	21	2647	4.94
其他企业	others	2	95	0.12
港、澳、台商投资企业	Enterprises With Funds From Hong Kong, Macao and Taiwan	35	10912	29.85
合资经营企业	Joint－venture Enterprises From Hong Kong, Macao and Taiwan	15	5223	16.39
合作经营企业	Cooperation Enterprises From Hong Kong, Macao and Taiwan	1	75	0.06
独资经营企业	Enterprises with Sole Hong Kong, Macao and Taiwan	17	4746	11.99
外商投资企业	Foreign Funded Enterprises	28	4954	10.34
中外合资经营企业	Joint－venture Enterprises	14	3478	7.07
外资企业	Enterprises With Sole Foreign Investment	11	1146	2.78
外商投资股份有限公司	Foreign Invesment Share－holding Corporations Ltd.	1	28	0.09
按住宿行业中类分组	**by Category**			
旅游饭店	Restaurant for Tourism	874	125631	240.41
一般旅馆	Ordinary Hotels	397	18838	33.75
其他住宿服务	Others	17	1239	1.78

续表 Continued 单位:亿元(100 million yuan)

指标	Item	法人企业(个) Number of Corporation (unit)	从业人员数(人) Persons Employed (person)	营业额 Business Volume
餐饮业	**Catering Services**	**1506**	**136558**	**260.99**
#国有及国有控股	State - owend and State Holding Enterprises	30	6506	12.35
按登记注册类型分组	**by Registration**			
内资企业	Domestic Funded Enterprises	1469	108628	203.54
国有企业	State - owned Enterprises	10	819	3.41
集体企业	Collective owned Enterprises	1	24	0.04
股份合作企业	Cooperative Enterprises	4	475	0.94
有限责任公司	Limited Liability Corporations	206	21211	39.99
国有独资公司	State Sole Funded Corporations	8	1093	2.00
其他有限责任公司	Other Limited Liability Corporations	198	20118	38.00
股份有限公司	Share - holding Corporations Ltd.	8	3291	6.22
私营企业	Private Enterprises	1231	82487	152.62
私营独资企业	Private Funded Enterprises	262	9474	13.90
私营合伙企业	Private Partnership Corporations	62	3293	4.74
私营有限责任公司	Private Limited Liability Corporations	889	62403	122.26
私营股份有限公司	Private Share - holding Corporations Ltd.	18	7317	11.72
其他企业	Others	8	269	0.26
港、澳、台商投资企业	Enterprises With Funds From Hong Kong, Macao and Taiwan	19	2876	5.36
合资经营企业	Joint - venture Enterprises From Hong Kong, Macao and Taiwan	9	1484	3.00
合作经营企业	Cooperation Enterprises From Hong Kong, Macao and Taiwan			
独资经营企业	Enterprises with Sole Hong Kong, Macao and Taiwan	9	1330	2.24
外商投资企业	Foreign Funded Enterprises	18	25054	52.10
中外合资经营企业	Joint - venture Enterprises	8	21564	42.12
中外合作经营企业	Cooperation Enterprises			
外资企业	Enterprises With Sole Foreign Investment	9	3456	9.93
按餐饮行业中类分组	**by Category**			
正餐服务	Dinner Services	1389	103342	194.14
快餐服务	Snack Services	49	28750	57.81
饮料及冷饮服务	Beverages and Cold Drink Services	21	742	1.44
其他餐饮服务	Others	47	3724	7.60

10－13 限额以上餐饮企业财务状况(2007－2013年)

Financial Indicators of Enterprises in Catering Serveices Above Designated Size(2007－2013)

单位:亿元(100 million yuan)

指标	Item	2007	2008	2009	2010	2011	2012	2013
法人企业数(个)	Corporation Unit(unit)	595	946	878	1003	1179	1273	1506
从业人员(人)	Employed Persons(person)	90643	99629	102056	129524	162017	144237	136523
流动资产合计	Total Circulating Assets	45.99	54.89	69.04	98.02	117.63	131.00	122.77
固定资产合计	Total Fixed Assets	62.51	42.20	45.17	64.61	87.81	99.72	109.21
资产总计	Total Assets	118.93	123.15	152.29	204.26	266.74	290.19	299.61
负债合计	Total Liabilities	82.83	85.65	112.02	151.01	196.20	222.15	235.70
主营业务收入	Businese Income	112.47	150.22	165.46	210.05	264.72	276.61	257.59
主营业务成本	Business Cost	56.33	79.44	87.44	109.92	143.24	143.56	134.08
营业费用	Business Expenses	32.41	42.15	47.22	58.82	65.31	77.47	77.17
主营业务税金及附加	Sale Tax and Extra Charges of Major Management	6.04	8.08	8.87	11.38	14.22	14.77	13.64
主营业务利润	Profits of Major Management	50.09	62.71	69.22	88.70	107.26	118.28	109.87
管理费用	Management Expenses	12.37	14.55	15.59	20.75	30.50	35.20	34.97
财务费用	Financial Expenses	1.95	2.27	2.47	3.41	5.61	7.17	6.25
利润总额	Total Profits	4.62	6.49	6.45	8.97	8.75	3.81	-4.69
本年应付工资总额	Total Wages Payable in this year					43.91	46.05	49.31
本年应付福利费总额	Total Welfare Expenses Payable in this year	1.07	0.91	0.89	0.99			

10－14 限额以上住宿餐饮企业资产负债情况(2013 年)
Assets and Liabilities of Hotel and Catering Services Above Designated Size(2013)

单位:亿元(100 million yuan)

指标	Item	资产合计 Total Assets	固定资产 Fixed Assets	流动资产 Circulating Assets	负债合计 Total Liabilities	所有者权益合计 Total Creditor's Equity
总计	**Total**	**1157.04**	**410.44**	**476.71**	**895.40**	**261.64**
住宿业	**Hotels**	**857.44**	**287.67**	**367.50**	**659.70**	**197.74**
#国有及国有控股	State－owend and State－holding Enterprises	168.19	49.17	78.59	92.01	76.18
按登记注册类型分组	**by Registration**					
内资企业	Domestic Funded Enterprises	702.55	234.96	289.20	548.32	154.23
国有企业	State－owned Enterprises	29.81	11.76	13.59	13.56	16.26
集体企业	Collective Owned Enterprises	10.10	2.81	5.76	7.61	2.49
股份合作企业	Cooperative Enterprises	1.62	0.76	0.61	1.15	0.48
联营企业	Joint Ownership Enterprises	0.86	0.54	0.30	0.18	0.69
国有联营企业	State Joint Ownership Enterprises					
集体联营企业	Collective Joint Ownership Enterprises	0.24	0.13	0.10	0.07	0.17
国有与集体联营企业	State－collective Joint Enterprises	0.63	0.41	0.19	0.11	0.52
有限责任公司	Limited Liability Corporations	345.74	94.86	165.90	261.40	84.35
国有独资公司	State Sole Funded Corporations	23.07	7.66	10.06	14.43	8.64
其他有限责任公司	Other Limited Liability Corporations	322.67	87.20	155.84	246.96	75.71
股份有限公司	Share－holding Corporations Ltd.	34.93	19.27	7.10	21.79	13.14
私营企业	Private Enterprises	278.88	104.91	95.79	242.21	36.67
私营独资企业	Private Funded Enterprises	8.48	3.17	3.64	4.96	3.52
私营合伙企业	Private Funded Corporations	4.27	1.49	1.61	2.99	1.28
私营有限责任公司	Private Limited liability Corporations	236.88	90.77	84.36	207.67	29.21
私营股份有限公司	Private Share－holding Corporations Ltd.	29.25	9.49	6.17	26.59	2.66
其他企业	Others Enterprises	0.60	0.05	0.15	0.44	0.16
港澳台商投资企业	Enterprises With Funds From Hong Kong Macao and Taiwan	104.59	35.76	55.16	69.87	34.72
合资经营企业	Joint－venture Enterprises	47.40	22.39	19.37	26.37	21.04
合作经营企业	Cooperation Enterprises From Hong Kong,Macao and Taiwan	0.10	0.01	0.06	0.10	
独资经营企业	Enterprises with Sole Hong Kong,Macao and Taiwan	51.88	11.86	32.07	39.72	12.16
外商投资企业	Foreign Funded Enterprises	50.30	16.95	23.13	41.50	8.79
中外合资经营企业	Joint－venture Enterprises	29.64	7.35	18.73	23.94	5.70
外资企业	Enterprises With Sole Foreign Investment	16.77	7.65	2.56	14.63	2.15
外商投资股份有限公司	Foreign Invesment Share－holding Corporations Ltd.	0.08	0.05		0.01	0.07

续表 1 Continued　　单位:亿元(100 million yuan)

指标	Item	资产合计 Total Assets	固定资产 Fixed Assets	流动资产 Circulating Assets	负债合计 Total Liabilities	所有者权益合计 Total Creditor's Equity
按住宿行业中类分组	**by Category**					
旅游饭店	Restaurant for Tourism	779.51	260.04	334.74	599.59	179.92
一般旅馆	Ordinary Hotels	73.49	26.71	30.11	56.43	17.06
其他住宿服务	others	4.44	0.92	2.64	3.68	0.76
餐饮业	**Catering Services**	**299.61**	**122.77**	**109.21**	**235.70**	**63.90**
#国有及国有控股	State - owend and State - holding Enterprises	13.92	6.35	2.81	7.00	6.92
按登记注册类型分组	**By Registration**					
内资企业	Domestic Funded Enterprises	248.48	110.31	85.72	192.69	55.79
国有企业	State - owned Enterprises	1.00	0.63	0.15	0.55	0.45
集体企业	Collective Owned Enterprises				0.01	-0.01
股份合作企业	Cooperative Enterprises	0.27	0.16	0.08	0.15	0.12
有限责任公司	Limited Liability Corporations	62.20	22.24	26.13	52.17	10.03
国有独资公司	State Sole Funded Corporations	4.48	1.51	1.66	2.88	1.60
其他有限责任公司	Other Limited Liability Corporations	57.72	20.73	24.47	49.29	8.43
股份有限公司	Share - holding Corporations Ltd.	9.69	3.64	1.69	4.43	5.26
私营企业	Private Enterprises	174.76	83.48	57.34	135.29	39.48
私营独资企业	Private Funded Enterprises	11.14	3.83	4.58	5.10	6.04
私营合伙企业	Private Partnership Corporations	4.17	2.18	1.47	2.22	1.96
私营有限责任公司	Catering Services	148.31	70.63	49.26	119.82	28.50
私营股份有限公司	Private Share - holding Corporations Ltd.	11.14	6.85	2.02	8.16	2.98
其他	Others	0.53	0.14	0.33	0.09	0.45
港澳台商投资企业	Funded by Entrepreneurs From Hong Kong Macao and Taiwan	15.05	4.30	6.84	12.66	2.39
合资经营企业	Joint - venture Enterprises	4.04	1.36	1.48	3.11	0.94
独资经营企业	Enterprises with Sole Hong Kong,Macao and Taiwan	10.93	2.86	5.36	9.49	1.43
外商投资企业	Foreign Funded Enterprises	36.07	8.16	16.64	30.35	5.72
中外合资经营企业	Joint - venture Enterprises	25.97	5.79	12.37	21.27	4.70
中外合作经营企业	Cooperation Enterprises					
外商独资企业	Enterprises With Sole Foreign Investment	10.05	2.36	4.27	9.00	1.06
按餐饮行业中类分组	**by Category**					
正餐服务	Dinner Services	266.36	109.18	100.62	211.76	54.61
快餐服务	Snack Services	26.42	8.95	7.03	19.91	6.51
饮料及冷饮服务	Beverages and Cold Drink Services	0.82	0.65	0.10	0.41	0.40
其他餐饮服务	Others	6.00	3.99	1.46	3.63	2.38

续表 2 Continued 单位:亿元(100 million yuan)

指标	Item	主营业务收入 Revenue in Main Business	主营业务成本 Cost in Main Business	主营业务税金及附加 Tax and Extra Changes in Main Business	营业费用 Management Cost
总计	**Total**	**532.34**	**224.06**	**29.08**	**168.54**
住宿业	**Hotels**	**274.75**	**89.98**	**15.43**	**91.37**
#国有及国有控股	State – owend and State – holding Enterprises	57.83	17.17	3.25	18.53
按登记注册类型分组	**by Registration**				
内资企业	Domestic Funded Enterprises	233.29	77.84	13.02	79.80
国有企业	State – owned Enterprises	18.61	5.96	0.96	5.99
集体企业	Collective Owned Enterprises	4.75	1.45	0.27	1.69
股份合作企业	Cooperative Enterprises	0.48	0.14	0.02	0.15
联营企业	Joint Ownership Enterprises	0.53	0.19	0.02	0.16
国有联营企业	State Joint Ownership Enterprises				
集体联营企业	Collective Joint Ownership Enterprises	0.09	0.08		
国有与集体联营企业	State – collective Joint Enterprises	0.44	0.11	0.02	0.16
有限责任公司	Limited Liability Corporations	102.56	31.34	5.81	35.94
国有独资公司	State Sole Funded Corporations	8.56	2.55	0.48	3.10
其他有限责任公司	Other Limited Liability Corporations	94.00	28.79	5.33	32.84
股份有限公司	Share – holding Corporations Ltd.	8.00	2.60	0.44	2.86
私营企业	Private Enterprises	98.24	36.09	5.48	32.96
私营独资企业	Private Funded Enterprises	4.44	2.13	0.22	0.95
私营合伙企业	Private Funded Corporations	2.45	1.15	0.13	0.61
私营有限责任公司	Private Limited liability Corporations	86.42	30.93	4.84	29.80
私营股份有限公司	Private Share – holding Corporations Ltd.	4.93	1.88	0.29	1.61
其他企业	Others Enterprises	0.12	0.07	0.01	0.05
港澳台商投资企业	Enterprises With Funds From Hong Kong Macao and Taiwan	31.44	8.69	1.83	8.38
合资经营企业	Joint – venture Enterprises	18.09	5.14	1.10	3.88
合作经营企业	Cooperation Enterprises From Hong Kong, Macao and Taiwan	0.06	0.02		0.03
独资经营企业	Enterprises with Sole Hong Kong, Macao and Taiwan	11.89	3.14	0.66	3.78
外商投资企业	Foreign Funded Enterprises	10.02	3.45	0.58	3.19
中外合资经营企业	Joint – venture Enterprises	6.80	2.65	0.39	1.97
外资企业	Enterprises With Sole Foreign Investment	2.73	0.69	0.16	1.08
外商投资股份有限公司	Foreign Invesment Share – holding Corporations Ltd.	0.09	0.04		0.03

续表 3　Continued　　　　单位：亿元(100 million yuan)

指标	Item	主营业务收入 Revenue in Main Business	主营业务成本 Cost in Main Business	主营业务税金及附加 Tax and Extra Changes in Main Business	营业费用 Management Cost
按住宿行业中类分组	**by Category**				
旅游饭店	Restaurant for Tourism	239.41	78.87	13.46	78.45
一般旅馆	Ordinary Hotels	33.59	10.52	1.87	12.05
其他住宿服务	others	1.76	0.59	0.10	0.87
餐饮业	**Catering Services**	**257.59**	**134.08**	**13.64**	**77.17**
#国有及国有控股	State - owend and State - holding Enterprises	10.24	5.10	0.47	3.52
按登记注册类型分组	**By Registration**				
内资企业	Domestic Funded Enterprises	200.62	106.85	10.55	57.89
国有企业	State - owned Enterprises	1.33	0.61	0.08	0.40
集体企业	Collective Owned Enterprises	0.04	0.03		0.01
股份合作企业	Cooperative Enterprises	0.91	0.66	0.05	0.09
有限责任公司	Limited Liability Corporations	40.09	20.16	2.09	13.14
国有独资公司	State Sole Funded Corporations	1.98	0.81	0.10	0.66
其他有限责任公司	Other Limited Liability Corporations	38.11	19.35	2.00	12.48
股份有限公司	Share - holding Corporations Ltd.	6.20	3.07	0.30	2.21
私营企业	Private Enterprises	151.73	82.14	8.02	41.97
私营独资企业	Private Funded Enterprises	13.70	8.51	0.65	2.04
私营合伙企业	Private Partnership Corporations	4.96	2.89	0.23	0.95
私营有限责任公司	Catering Services	121.54	65.60	6.53	34.25
私营股份有限公司	Private Share - holding Corporations Ltd.	11.52	5.14	0.61	4.74
其他	Others	0.27	0.16	0.02	0.06
港澳台商投资企业	Funded by Enterpreneurs From Hong Kong Macao and Taiwan	5.36	1.91	0.30	2.40
合资经营企业	Joint - venture Enterprises	3.00	1.06	0.17	1.31
独资经营企业	Enterprises with Sole Hong Kong, Macao and Taiwan	2.24	0.80	0.12	1.04
外商投资企业	Foreign Funded Enterprises	51.61	25.31	2.79	16.89
中外合资经营企业	Joint - venture Enterprises	42.07	21.73	2.31	11.73
中外合作经营企业	Cooperation Enterprises				
外商独资企业	Enterprises With Sole Foreign Investment	9.49	3.56	0.48	5.10
按餐饮行业中类分组	**by Category**				
正餐服务	Dinner Services	191.38	100.79	10.24	56.54
快餐服务	Snack Services	57.34	27.82	3.07	18.99
饮料及冷饮服务	Beverages and Cold Drink Services	1.35	0.63	0.06	0.34
其他餐饮服务	Others	7.52	4.84	0.26	1.31

续表 4 Continued 单位:亿元(100 million yuan)

指标	Item	管理费用 Management Expenses	财务费用 Financial Expenses	利润总额 Profits	本年应付工资薪酬(本年贷方累计发生额) Total Wages Pagable in the year
总计	**Total**	**117.82**	**25.07**	**-17.60**	**111.95**
住宿业	**Hotels**	**82.85**	**18.82**	**-12.91**	**62.64**
#国有及国有控股	State - owend and State - holding Enterprises	18.65	2.19	0.97	14.58
按登记注册类型分组	**by Registration**				
内资企业	Domestic Funded Enterprises	70.40	15.71	-14.36	54.04
国有企业	State - owned Enterprises	5.42	0.07	0.86	4.35
集体企业	Collective Owned Enterprises	1.42	0.09	-0.11	1.06
股份合作企业	Cooperative Enterprises	0.14		0.02	0.13
联营企业	Joint Ownership Enterprises	0.15	-0.01	0.03	0.12
国有联营企业	State Joint Ownership Enterprises				
集体联营企业	Collective Joint Ownership Enterprises			0.03	0.03
国有与集体联营企业	State - collective Joint Enterprises	0.15	-0.01	-0.01	0.09
有限责任公司	Limited Liability Corporations	33.61	7.50	-7.12	25.69
国有独资公司	State Sole Funded Corporations	3.13	0.20	-0.54	2.62
其他有限责任公司	Other Limited Liability Corporations	30.48	7.30	-6.58	23.07
股份有限公司	Share - holding Corporations Ltd.	2.37	0.69	-0.35	2.03
私营企业	Private Enterprises	27.26	7.36	-7.65	20.63
私营独资企业	Private Funded Enterprises	0.78	0.17	0.20	0.74
私营合伙企业	Private Funded Corporations	0.41	0.09	0.04	0.59
私营有限责任公司	Private Limited liability Corporations	24.52	6.18	-7.25	18.14
私营股份有限公司	Private Share - holding Corporations Ltd.	1.54	0.92	-0.64	1.16
其他企业	Others Enterprises	0.02		-0.03	0.02
港澳台商投资企业	Enterprises With Funds From Hong Kong Macao and Taiwan	9.08	2.36	2.30	6.08
合资经营企业	Joint - venture Enterprises	4.40	0.89	3.08	2.85
合作经营企业	Cooperation Enterprises From Hong Kong, Macao and Taiwan	0.03		-0.02	0.02
独资经营企业	Enterprises with Sole Hong Kong, Macao and Taiwan	4.29	1.37	-0.53	2.82
外商投资企业	Foreign Funded Enterprises	3.38	0.75	-0.85	2.53
中外合资经营企业	Joint - venture Enterprises	2.28	0.54	-0.61	1.61
外资企业	Enterprises With Sole Foreign Investment	0.86	0.08	-0.08	0.75
外商投资股份有限公司	Foreign Invesment Share - holding Corporations Ltd.	0.01			0.01

续表 5 Continued 单位:亿元(100 million yuan)

指标	Item	管理费用 Management Expenses	财务费用 Financial Expenses	利润总额 Profits	本年应付工资薪酬(本年贷方累计发生额) Total Wages Pagable in the year
按住宿行业中类分组	**by Category**				
旅游饭店	Restaurant for Tourism	73.17	17.33	-11.73	55.54
一般旅馆	Ordinary Hotels	9.41	1.45	-1.07	6.65
其他住宿服务	others	0.27	0.04	-0.11	0.46
餐饮业	**Catering Services**	**34.97**	**6.25**	**-4.69**	**49.31**
#国有及国有控股	State - owend and State - holding Enterprises	1.49	0.06	1.05	2.92
按登记注册类型分组	**By Registration**				
内资企业	Domestic Funded Enterprises	27.96	5.33	-5.07	37.34
国有企业	State - owned Enterprises	0.20		0.04	0.30
集体企业	Collective Owned Enterprises	0.01			0.01
股份合作企业	Cooperative Enterprises	0.04	0.02	0.06	0.14
有限责任公司	Limited Liability Corporations	6.99	1.37	-2.81	7.94
国有独资公司	State Sole Funded Corporations	0.44	0.02	0.05	0.58
其他有限责任公司	Other Limited Liability Corporations	6.55	1.35	-2.86	7.36
股份有限公司	Share - holding Corporations Ltd.	0.84	0.07	1.02	1.50
私营企业	Private Enterprises	19.78	3.87	-3.43	27.33
私营独资企业	Private Funded Enterprises	1.73	0.17	0.42	2.73
私营合伙企业	Private Partnership Corporations	0.49	0.07	0.32	1.05
私营有限责任公司	Catering Services	17.00	3.35	-4.36	21.14
私营股份有限公司	Private Share - holding Corporations Ltd.	0.56	0.28	0.20	2.41
其他	Others	0.10		0.04	0.10
港澳台商投资企业	Funded by Enterpreneurs From Hong Kong Macao and Taiwan	1.12	0.45	-0.14	1.16
合资经营企业	Joint - venture Enterprises	0.30	0.07	0.07	0.57
独资经营企业	Enterprises with Sole Hong Kong, Macao and Taiwan	0.80	0.38	-0.21	0.56
外商投资企业	Foreign Funded Enterprises	5.89	0.47	0.52	10.81
中外合资经营企业	Joint - venture Enterprises	4.91	0.24	1.15	8.71
中外合作经营企业	Cooperation Enterprises				
外商独资企业	Enterprises With Sole Foreign Investment	0.97	0.23	-0.60	2.08
按餐饮行业中类分组	**by Category**				
正餐服务	Dinner Services	29.03	5.65	-7.64	36.19
快餐服务	Snack Services	4.97	0.50	2.49	11.67
饮料及冷饮服务	Beverages and Cold Drink Services	0.27	0.01	0.06	0.23
其他餐饮服务	Others	0.69	0.10	0.40	1.21

10－15 商品交易市场情况(1978－2013年)
Basic Conditions of Business Markets of Commodity(1978－2013)

年份 Year	交易市场数(个) Business Markets (unit)	10亿元以上(个) Above 1000 Million Yuan (unit)	100亿元以上(个) Above 10000 Million Yuan (unit)	商品市场成交额(亿元) Transaction (100b million yuan)
1978	1051			8.6
1979	1322			11.3
1980	1415			12.2
1981	1656			14.7
1982	1736			18.1
1983	1788			21.6
1984	2241			26.9
1985	2345			44.0
1986	3653			59.1
1987	3706			80.9
1988	3632			96.3
1989	3669			149.0
1990	3797			161.9
1991	3802			204.6
1992	3865			321.3
1993	4127			651.2
1994	4207			1480.5
1995	4349			2165.7
1996	4388	57	3	2545.3
1997	4488	57	2	2798.0
1998	4619	58	2	3209.6
1999	4347	69	3	3606.0
2000	4348	68	4	4023.0
2001	4278	78	6	4652.0
2002	4193	77	6	4997.0
2003	4036	93	9	5591.0
2004	4049	114	9	6384.0
2005	4008	120	10	7173.0
2006	4064	125	13	8247.0
2007	4096	133	15	9325.0
2008	4087	139	15	9794.0
2009	4194	180	18	10744.9
2010	4146	202	22	12717.3
2011	4212	210	25	14500.0
2012	4297	233	31	15816.6
2013	4316	225	38	17800.0

10－16 亿元以上商品交易市场成交情况
Basic Conditions of Business Markets of Commodity Above 100 Million Yuan

单位：万元(10000 yuan)

指标	Item	摊位数量(个) Number of Stall(unit)			成交额 Value		
		2011	2012	2013	2011	2012	2013
总计	**Total**	**431919**	**457275**	**463648**	**131004799**	**137692506**	**148403313**
食品、饮料、烟酒类	Food, Beverage, Tobacco and Liquor	135828	140618	142537	27650939	29593084	32716716
服装鞋帽、针、纺织品类	Garments, Shoes, Hats, Knit and Textile Goods	131300	137715	139300	29840859	32457560	36256556
化妆品类	Cosmetics	2155	2551	2396	313215	398068	415477
金银珠宝类	Jewelry	963	1523	1771	715055	1021761	1995165
日用品类	Articles For Daily Use	24384	23597	24704	4708322	4939493	5190424
五金、电料类	Hardware & Electric Materials	18044	18582	18770	3728355	4027544	4828213
体育、娱乐用品类	Sports and Recreation	1390	1155	1397	205129	216331	302293
书报杂志类	Newspapers and Magazines	146	130	263	35897	32538	53675
电子出版物及音像制品类	Electronic Publication and Audiovisual Production	137	73	93	38415	40205	28625
家用电器和音像器材类	Household Appliances and Audiovisual Equipment	4000	4101	3725	607705	669734	726312
中西药品类	Traditional Chinese & Western Medicines	966	744	909	242203	156165	226406
#中草药及中成药	Chinese Herbal Medicine and Other Traditional Chinese Medicine	596	685	850	78124	141279	211596
文化办公用品类	Culture and Official Articles	9161	12540	11244	1577004	1704868	1654422
家具类	Furniture	10506	13141	13310	2419764	2562912	2677526
通讯器材类	Communication Appliances	2161	2253	2104	253496	253146	254792
煤炭及制品类	Coal and Related Production	76	79	81	1414092	1789101	1930855
木材及制品类	Timber and Related Production	4003	4746	5046	1227053	1232845	1300823
石油及制品类	Oil and Related Production		30	47		917511	1127166
化工材料及制品类	Chemical Materials and Related Production	4235	4381	4518	7067778	7801375	8408791
金属材料类	Metal Materials	15765	14760	14480	25708958	24739732	22434663
建筑及装潢材料类	Building and Decoration Materials	23764	25871	26983	5341385	5068344	5265248
机电成品及设备类	Mechanical and Electrical Products and Appliances	7337	6943	6582	2736427	2447310	2440749
#农机类	Agricutural Mechanical Production	11	11	11	3300	3300	4700
汽车类	Motor Vehicles	6504	11812	12614	8470359	9153078	10776701
种子饲料类	Seed and Forage	191	183	175	58950	59196	62561
棉麻类	Cotton & Ambery	688	197	179	1817419	898651	759700
其他类	Others	28215	29550	30420	4826020	5511954	6569454

10－17 个体经济发展情况
Developments in Individual Economy

项目	Item	2010	2011	2012	2013
户数(户)	**Number of Households(household)**	**2122141**	**2301306**	**2498636**	**2592246**
农、林、牧、渔业	Farming, Forestry, Animal Husbandry and Fishery	18627	21312	24077	30080
采矿业	Ming and Quarrying	726	633	573	430
制造业	Manufacturing	400107	448888	482147	471377
电力、燃气及水的生产和供应业	Production and Supply of Electricity, Gas and Water	769	617	556	450
建筑业	Construction	5017	5461	5873	6096
交通运输、仓储和邮政业	Transport, Storage and Post	79452	87311	91808	83326
信息传输、计算机服务和软件业	Information Transmission, Computer Services and Software	4619	4508	3742	4307
批发和零售业	Wholesale and Retail Trade	1257735	1361851	1490252	1566472
住宿和餐饮业	Hotels and Catering Services	127963	135673	143837	158088
房地产业	Real Estate	6458	6431	6546	6201
租赁和商务服务业	Leasing and Services and Other Services	22670	25110	29726	35212
居民服务和其他服务业	Resident Services and Other Services	178543	184041	192927	202973
卫生、社会保障和社会福利业	Health Care, Social Securities and Social Welfare	2202	2369	2574	2764
文化、体育和娱乐业	Culture, Sports and Recreation	12799	13085	13651	13760
其他行业	Others	2228	1685	1418	1095
从业人员(人)	**Number of Employed Persons(person)**	**4684663**	**5214880**	**5593201**	**5380824**
农、林、牧、渔业	Farming, Forestry, Animal Husbandry and Fishery	53236	62227	73922	89011
采矿业	Ming and Quarrying	3345	3007	2732	2037
制造业	Manufacturing	1316970	1513493	1691670	1666704
电力、燃气及水的生产和供应业	Production and Supply of Electricity, Gas and Water	1576	1410	1330	1050
建筑业	Construction	16014	17646	19670	20347
交通运输、仓储和邮政业	Transport, Storage and Post	104634	113788	119648	109954
信息传输、计算机服务和软件业	Information Transmission, Computer Service and Software	8023	7966	6644	7468
批发和零售业	Wholesale and Retail Sale Trade	2262884	2542120	2664552	2416126
住宿和餐饮业	Hotels and Catering Services	371515	376011	413086	434108
房地产业	Real Estate	23443	23386	23533	22993
租赁和商务服务业	Leasing and Services and Other Services	77182	82482	91139	108500
居民服务和其他服务业	Resident Services and Other Services	400263	422842	419092	433712
卫生、社会保障和社会福利业	Health Care, Social Securities and Social Welfare	5117	5555	6276	6888
文化、体育和娱乐业	Culture, Sports and Recreation	32353	35328	38927	39626
其他行业	Others	2854	1924	1391	1109

10-18 私营经济发展情况
Developments of Private-owned Economy

项目	Item	2010	2011	2012	2013
户数(户)	**Number of Households(household)**	**638905**	**719499**	**775290**	**936330**
农、林、牧、渔业	Farming,Forestry,Animal Husbandry and Fishery	8851	10248	11583	19462
采矿业	Ming and Quarrying	973	934	873	829
制造业	Manufacturing	276812	295146	304903	355799
电力、燃气及水的生产和供应业	Production and Supply of Electricity,Gas and Water	2168	2185	2226	2444
建筑业	Construction	23750	27473	30396	34989
交通运输、仓储和邮政业	Transport,Storage and Post	13126	14445	15453	17218
信息传输、计算机服务和软件业	Information Transmission,Computer Service and Software	18935	20692	21122	23042
批发和零售业	Wholesale and Retail Trade	179841	212910	235812	299659
住宿和餐饮业	Hotels and Catering Services	7150	7931	8639	13021
房地产业	Real Estate	15330	17295	17437	19702
租赁和商务服务业	Leasing and Services and Other Services	48979	58486	64963	74786
居民服务和其他服务业	Resident Services and Other Services	16474	18418	20774	24929
卫生、社会保障和社会福利业	Health Care,Social Securities and Social Welfare	803	854	916	1142
文化、体育和娱乐业	Culture,Sports and Recreation	3096	3789	5225	7362
其他行业	Others	962	790	578	461
从业人员(人)	**Number of Employed Persons(person)**	**7380339**	**8081053**	**8250462**	**10337454**
农、林、牧、渔业	Farming,Forestry,Animal Husbandry and Fishery	60409	64831	73252	124909
采矿业	Ming and Quarrying	18815	17938	17493	17330
制造业	Manufacturing	4509021	4805597	4772748	6034142
电力、燃气及水的生产和供应业	Production and Supply of Electricity,Gas and Water	18599	18678	20773	23587
建筑业	Construction	468717	489375	506454	563860
交通运输、仓储和邮政业	Transport,Storage and Post	104533	112913	112172	134803
信息传输、计算机服务和软件业	Information Transmission,Computer Service and Software	126811	151051	127091	148768
批发和零售业	Wholesale and Retail Sale Trade	1196650	1411244	1563529	1917720
住宿和餐饮业	Hotels and Catering Services	92889	95284	92551	146371
房地产业	Real Estate	122645	129338	126462	150589
租赁和商务服务业	Leasing Services and Other Services	371555	432464	443323	554165
居民服务和其他服务业	Resident Services and Other Services	98941	110017	119471	152910
卫生、社会保障和社会福利业	Health Care,Social Securities and Social Welfare	7320	8109	8389	10069
文化、体育和娱乐业	Culture,Sports and Recreation	24171	28847	35565	55109
其他行业	Others	12052	10336	10273	9460

10－19 个体和私营经济发展情况(2013 年)
Developments on Individual an d Private－owned Economy(2013)

项目	Item	个体 Individuals	#城镇 Urban Areas	私营 Privates	#城镇 Urban Areas
户数(户)	**Number of Households(household)**	**2592246**	**1619025**	**936330**	**594446**
农、林、牧、渔业	Farming,Forestry,Animal Husbandry and Fishery	30080	11709	19462	8333
采矿业	Ming and Quarrying	430	175	829	280
制造业	Manufacturing	471377	198440	355799	158968
电力、燃气及水的生产和供应业	Production and Supply of Electricity,Gas and Water	450	166	2444	851
建筑业	Construction	6096	3219	34989	24333
交通运输、仓储和邮政业	Transport,Storage and Post	83326	47933	17218	11384
信息传输、计算机服务和软件业	Information Transmission,Computer Service and Software	4307	3148	23042	19622
批发和零售业	Wholesale and Retail Sale Trade	1566472	1051545	299659	225551
住宿和餐饮业	Hotels and Catering Services	158088	110234	13021	9798
房地产业	Real Estate	6201	5512	19702	14874
租赁和商务服务业	Leasing and Services and Other Services	35212	26735	74786	62412
居民服务和其他服务业	Resident Services and Other Services	202973	141235	24929	18474
卫生、社会保障和社会福利业	Health Care,Social Securities and Social Welfare	2764	2175	1142	853
文化、体育和娱乐业	Culture,Sports and Recreation	13760	9307	7362	5986
其他行业	Others	1095	638	461	322
从业人员(人)	**Number of Employed(person)**	**5380824**	**3368803**	**10337454**	**5431306**
农、林、牧、渔业	Farming,Forestry,Animal Husbandry and Fishery	89011	32171	124909	49472
采矿业	Ming and Quarrying	2037	730	17330	4112
制造业	Manufacturing	1666704	779656	6034142	2265798
电力、燃气及水的生产和供应业	Production and Supply of Electricity,Gas and Water	1050	367	23587	11925
建筑业	Construction	20347	10088	563860	385537
交通运输、仓储和邮政业	Transport,Storage and Post	109954	66490	134803	89606
信息传输、计算机服务和软件业	Information Transmission,Computer Service and Software	7468	5435	148768	121338
批发和零售业	Wholesale and Retail Sale Trade	2416126	1674989	1917720	1433575
住宿和餐饮业	Hotels and Catering Services	434108	317376	146371	101011
房地产业	Real Estate	22993	21778	150589	113588
租赁和商务服务业	Leasing and Services and Other Services	108500	92290	554165	467990
居民服务和其他服务业	Resident Services and Other Services	433712	315542	152910	117196
卫生、社会保障和社会福利业	Health Care,Social Securities and Social Welfare	6888	5527	10069	7610
文化、体育和娱乐业	Culture,Sports and Recreation	39626	29493	55109	43854
其他行业	Others	1109	799	9460	1594

10－20 服务业企业主要经济指标(2013 年)
Main Indicators of Service Enterprises Above Designated Size(2013)

单位:亿元(100 million yuan)

项目	Item	单位数(个) Number of Enterprises (unit)	资产总计 Total assets	固定资产原价 Original value of fixed assets	本年折旧 This Year Depreciation
总　计	**Total**	**14166**	**27644.68**	**7746.70**	**462.98**
按登记注册类型分	**by Registered Type**				
国有企业	State－owned	657	1661.21	354.63	20.90
集体企业	Collective Owned	339	321.26	97.34	4.56
股份合作企业	Share－cooperations	69	59.72	30.71	0.90
联营企业	Joint	20	13.61	6.22	0.37
有限责任公司	Limited Liability Corporations	3961	16468.49	3730.62	186.51
股份有限公司	Share－holding Corporations Ltd.	386	2878.45	1341.30	83.25
私营企业	Private	8145	3088.93	1089.41	76.92
其他企业	Others	176	59.82	24.47	1.37
港澳台商投资企业	Investment from HongKong, Macao and Taiwan	181	2457.93	866.59	74.58
外商投资企业	Investment from Foreign	232	635.25	205.40	13.62
按国民经济行业分	**by Sector**				
交通运输、仓储和邮政业	Transportation, Storage and Post	3386	5079.78	2946.24	161.80
信息传输、软件和信息技术服务业	Information Transmission, Software and Information Technology Services	1410	3674.98	2100.98	172.60
金融业	Finance	362	1840.26	20.67	1.51
房地产业(除房地产开发经营)	Real Estate	1069	794.85	158.48	7.50
租赁和商务服务业	Renting and Business Services	3893	13078.08	1752.85	69.79
科学研究和技术服务业	Scientific Research and Technical Services	1454	841.35	149.37	12.77
水利、环境和公共设施管理业	Water Conservancy, Environment and Public Utility	495	1390.50	329.03	17.35
居民服务、修理和其他服务业	Service for the Residents, Repair and Others	813	92.78	25.74	2.07
教育	Education	284	81.62	41.62	2.93
卫生和社会工作	Health Care and Social Work	215	69.78	41.79	2.90
文化、体育和娱乐业	Culture, Sports and Recreation	785	700.69	179.93	11.76

续表 1 Continued 单位:亿元(100 million yuan)

项目	Item	负债合计 Total Liabilities	所有者权益 Owner's Equity	营业收入 The Business revenue	主营业务收入 Revenues in Main Business
总　　计	**Total**	**14299.45**	**13345.22**	**7525.31**	**7285.02**
按登记注册类型分	**by Registered Type**				
国有企业	State - owned	753.71	907.50	411.81	390.19
集体企业	Collective Owned	150.68	170.58	67.15	64.42
股份合作企业	Share - cooperations	22.03	37.69	13.79	11.14
联营企业	Joint	8.71	4.90	4.77	4.65
有限责任公司	Limited Liability Corporations	8680.87	7787.62	3042.06	2928.03
股份有限公司	Share - holding Corporations Ltd.	1526.45	1352.00	742.56	730.62
私营企业	Private	1916.83	1172.10	2051.07	2018.81
其他企业	Others	28.29	31.53	34.81	33.86
港澳台商投资企业	Investment from HongKong, Macao and Taiwan	740.70	1717.23	871.41	825.52
外商投资企业	Investment from Foreign	471.17	164.08	285.88	277.78
按国民经济行业分	**by Sector**				
交通运输、仓储和邮政业	Transportation, Storage and Post	3068.60	2011.18	2028.93	1971.38
信息传输、软件和信息技术服务业	Information Transmission, Software and Information Technology Services	1295.22	2379.75	1950.44	1875.08
金融业	Finance	1093.94	746.32	205.99	203.55
房地产业(除房地产开发经营)	Real Estate	490.57	304.28	198.89	190.70
租赁和商务服务业	Renting and Business Services	6719.89	6358.19	1850.73	1786.67
科学研究和技术服务业	Scientific Research and Technical Services	489.84	351.51	627.19	621.51
水利、环境和公共设施管理业	Water Conservancy, Environment and Public Utility	714.23	676.28	214.23	200.08
居民服务、修理和其他服务业	Service for the Residents, Repair and Others	56.55	36.23	70.24	68.78
教育	Education	39.88	41.74	41.50	39.41
卫生和社会工作	Health Care and Social Work	45.95	23.83	67.74	67.18
文化、体育和娱乐业	Culture, Sports and Recreation	284.78	415.91	269.43	260.68

续表 2 Continued 单位:亿元(100 million yuan)

项目	Item	营业成本 Costs in Business	主营业务成本 Costs in Main Business	营业税金及附加 Sales Taxes and Extra Charges in Business	主营业务税金及附加 Sales Taxes and Extra Charges in Main Business
总　计	**Total**	**4991.81**	**4881.72**	**132.73**	**127.20**
按登记注册类型分	**by Registered Type**				
国有企业	State－owned	290.92	283.66	5.72	5.38
集体企业	Collective Owned	29.13	28.25	3.19	3.10
股份合作企业	Share－cooperations	7.10	4.69	0.49	0.49
联营企业	Joint	2.67	2.64	0.10	0.10
有限责任公司	Limited Liability Corporations	2147.08	2099.47	53.53	50.87
股份有限公司	Share－holding Corporations Ltd.	410.06	402.53	21.65	21.01
私营企业	Private	1569.44	1551.99	30.98	30.23
其他企业	Others	20.32	19.79	0.54	0.52
港澳台商投资企业	Investment from HongKong, Macao and Taiwan	297.72	276.19	13.81	12.86
外商投资企业	Investment from Foreign	217.38	212.50	2.72	2.64
按国民经济行业分	**by Sector**				
交通运输、仓储和邮政业	Transportation, Storage and Post	1710.24	1685.47	17.64	16.95
信息传输、软件和信息技术服务业	Information Transmission, Software and Information Technology Services	885.49	834.74	35.67	33.84
金融业	Finance	56.40	55.74	8.58	8.41
房地产业(除房地产开发经营)	Real Estate	119.04	116.59	10.14	9.74
租赁和商务服务业	Renting and Business Services	1371.00	1357.36	37.36	35.65
科学研究和技术服务业	Scientific Research and Technical Services	432.16	428.02	10.01	9.79
水利、环境和公共设施管理业	Water Conservancy, Environment and Public Utility	145.57	137.16	5.71	5.52
居民服务、修理和其他服务业	Service for the Residents, Repair and Others	47.34	46.71	1.47	1.44
教育	Education	23.16	22.45	1.36	1.30
卫生和社会工作	Health Care and Social Work	41.59	41.22	0.17	0.16
文化、体育和娱乐业	Culture, Sports and Recreation	159.83	156.26	4.62	4.41

续表 3 Continued 单位:亿元(100 million yuan)

项目	Item	销售费用 Sales Charges	管理费用 Management Expenses	税金 Taxes	财务费用 Financial Expenses	营业利润 Operating Profits
总　　计	**Total**	**494.70**	**854.47**	**20.40**	**188.79**	**1118.98**
按登记注册类型分	**by Registered Type**					
国有企业	State - owned	19.93	65.70	1.30	1.24	39.51
集体企业	Collective Owned	5.61	18.54	0.37	0.77	14.37
股份合作企业	Share - cooperations	1.03	2.68	0.04	-0.23	2.89
联营企业	Joint	0.95	0.69		0.05	0.32
有限责任公司	Limited Liability Corporations	172.23	313.07	8.81	127.22	392.74
股份有限公司	Share - holding Corporations Ltd.	76.38	71.88	2.93	19.06	178.17
私营企业	Private	104.48	227.74	3.81	43.74	95.22
其他企业	Others	2.55	7.65	0.04	0.25	3.66
港澳台商投资企业	Investment from HongKong, Macao and Taiwan	100.95	119.41	2.31	-10.22	364.76
外商投资企业	Investment from Foreign	10.59	27.11	0.78	6.90	27.35
按国民经济行业分	**by Sector**					
交通运输、仓储和邮政业	Transportation, Storage and Post	41.20	142.25	4.86	81.67	59.95
信息传输、软件和信息技术服务业	Information Transmission, Software and Information Technology Services	268.11	260.86	3.99	-10.65	514.94
金融业	Finance	2.64	26.28	0.27	4.29	104.57
房地产业(除房地产开发经营)	Real Estate	18.47	38.94	1.26	5.02	13.24
租赁和商务服务业	Renting and Business Services	77.36	191.93	7.05	95.42	283.25
科学研究和技术服务业	Scientific Research and Technical Services	24.73	99.15	1.06	1.68	63.28
水利、环境和公共设施管理业	Water Conservancy, Environment and Public Utility	15.16	26.18	0.79	8.73	17.01
居民服务、修理和其他服务业	Service for the Residents, Repair and Others	6.66	11.41	0.18	0.80	2.83
教育	Education	3.75	9.11	0.13	0.30	4.01
卫生和社会工作	Health Care and Social Work	8.42	12.53	0.08	0.83	4.33
文化、体育和娱乐业	Culture, Sports and Recreation	28.20	35.81	0.74	0.71	51.57

续表 4　Continued　　单位:亿元(100 million yuan)

项目	Item	利润总额 Profits	应交所得税 Income tax payable	应付职工薪酬 Total Wages Pagable	应交增值税 Value Added Taxes Payable	就业人员平均数(万人) Average Number of Employed Persons (10000 persons)
总　计	**Total**	**1240.66**	**182.09**	**1097.60**	**102.99**	**157.54**
按登记注册类型分	**by Registered Type**					
国有企业	State - owned	46.02	4.63	116.85	6.86	14.02
集体企业	Collective Owned	13.79	1.03	16.47	0.58	2.97
股份合作企业	Share - cooperations	3.06	0.10	4.53	0.16	0.68
联营企业	Joint	0.32	0.03	1.47	0.07	0.14
有限责任公司	Limited Liability Corporations	469.51	54.27	421.22	29.18	58.78
股份有限公司	Share - holding Corporations Ltd.	195.03	36.10	95.12	5.92	10.42
私营企业	Private	107.75	26.89	298.83	30.21	59.14
其他企业	Others	3.75	0.57	9.72	0.50	1.33
港澳台商投资企业	Investment from HongKong, Macao and Taiwan	372.33	50.92	105.97	26.84	7.16
外商投资企业	Investment from Foreign	29.10	7.56	27.42	2.66	2.90
按国民经济行业分	**by Sector**					
交通运输、仓储和邮政业	Transportation, Storage and Post	107.58	32.82	265.07	26.97	38.09
信息传输、软件和信息技术服务业	Information Transmission, Software and Information Technology Services	541.41	59.34	233.76	39.67	19.47
金融业	Finance	107.72	26.42	13.05	0.44	0.78
房地产业(除房地产开发经营)	Real Estate	16.58	3.32	68.30	0.31	17.28
租赁和商务服务业	Renting and Business Services	303.01	32.85	276.06	11.10	48.25
科学研究和技术服务业	Scientific Research and Technical Services	67.20	12.31	129.80	15.07	14.14
水利、环境和公共设施管理业	Water Conservancy, Environment and Public Utility	24.40	4.51	30.85	0.61	6.18
居民服务、修理和其他服务业	Service for the Residents, Repair and Others	3.87	1.00	15.89	1.25	4.11
教育	Education	4.27	0.70	13.48	0.01	2.33
卫生和社会工作	Health Care and Social Work	4.36	1.17	15.42		2.25
文化、体育和娱乐业	Culture, Sports and Recreation	60.25	7.65	35.92	7.55	4.67

注:限额以上服务业单位统计不包括批发零售业,住宿餐饮业,房地产开发业,银行、保险和证券业。
Above designated size services unit statistics do not include wholesale and retail trade, hotel and restaurant industry, the real estate development industry , banking, insurance and securities industries .

10－21 限额以上服务业非企业单位主要经济指标(2013年)
Main Indicators of Services Non－Enterprise Units Above Designated Size(2013)

单位:亿元(100 million yuan)

项目	Item	单位数(个) Number of Enterprises (unit)	从业人员平均人数(万人) Average Number of Employed Persons(10000 persons)	年末资产 Total assets At the End of Year	固定资产原价 Original Value of Fixed Assets	收入合计 Total revenue
总计	**Total**	**9459**	**130.96**	**7761.43**	**3723.67**	**4772.46**
按国民经济行业分	**by Sector**					
交通运输、仓储和邮政业	Transportation,Storage and Post	134	1.43	100.22	48.64	81.34
信息传输、软件和信息技术服务业	Information Transmission, Software and Information Technology Services	108	0.47	53.46	30.15	16.48
房地产业(除房地产开发经营)	Real Estate	82	0.29	75.80	13.82	10.98
租赁和商务服务业	Renting and Business Services	188	0.84	179.68	55.61	32.70
科学研究和技术服务业	Scientific Research and Technical Services	410	2.84	863.08	103.37	211.80
水利、环境和公共设施管理业	Water Conservancy,Environment and Public Utility	378	4.85	271.86	92.06	116.23
居民服务、修理和其他服务业	Service for the Residents, Repair and Others	109	0.49	22.29	9.50	10.90
教育	Education	3124	46.42	2144.95	1441.96	977.79
卫生和社会工作	Health Care and Social Work	1554	34.08	1375.13	867.68	1374.69
文化、体育和娱乐业	Culture,Sports and Recreation	529	3.26	248.34	129.55	96.26
公共管理、社会保障和社会组织	Public management, social security and social organization	2843	35.99	2426.62	931.33	1843.30

续表 Continued 单位:亿元(100 million yuan)

项目	Item	支出合计 Total expenditure	工资福利支出 Wages and welfare expenses	商品和服务支出 Goods and services spending	对个人和家庭的补助 For individual and family allowance
总计	**Total**	**4574.85**	**1272.66**	**1686.63**	**427.97**
按国民经济行业分	**by Sector**				
交通运输、仓储和邮政业	Transportation,Storage and Post	68.59	12.51	8.18	3.22
信息传输、软件和信息技术服务业	Information Transmission,Software and Information Technology Services	15.25	4.13	7.01	0.81
房地产业(除房地产开发经营)	Real Estate	8.47	2.48	2.06	0.57
租赁和商务服务业	Renting and Business Services	26.89	6.43	13.35	1.10
科学研究和技术服务业	Scientific Research and Technical Services	175.78	27.85	39.68	12.04
水利、环境和公共设施管理业	Water Conservancy,Environment and Public Utility	110.51	24.75	40.98	5.28
居民服务、修理和其他服务业	Service for the Residents, Repair and Others	9.69	3.15	4.86	0.50
教育	Education	960.38	436.18	238.44	149.48
卫生和社会工作	Health Care and Social Work	1325.94	375.97	816.28	53.98
文化、体育和娱乐业	Culture,Sports and Recreation	90.93	27.52	34.18	7.58
公共管理、社会保障和社会组织	Public management, social security and social organization	1782.43	351.69	481.59	193.41

浙/江/统/计/年/鉴

主要统计指标解释

■ 社会消费品零售总额

指各种经济类型的批发零售贸易业、餐饮业和除制造业和农业外的其他行业对城乡居民和社会集团的消费品零售额。这个指标反映通过各种商品流通渠道向居民和社会集团供应的生活消费品来满足他们生活需要，是研究人民生活，社会消费品购买力、货币流通等问题的重要指标。社会消费品零售总额包括：(1)售给城乡居民作为生活用的商品和修建房屋用的建筑材料；(2)售给社会集团的各种办公用品和公用消费品；(3)售给机关、团体、学校、部队、企业、事业单位的职工食堂和旅店（招待所）附设专门供本店旅客食用，不对外营业的食堂的各种食品、燃料；企业、单位和国营农场直接售给本单位职工和职工食堂的自己生产的产品；(4)售给部队干部、战士生活用的粮食、副食品、衣着品、日用品、燃料；(5)售给来华的外国人、华侨、港澳（台）同胞的消费品；(6)居民自费购买的中、西药品、中药材及医疗用品；(7)报社、出版社直接售给居民和社会集团的报纸、图书、杂志、集邮公司出售的新、旧纪念邮票、特种邮票、首日封、集邮册、集邮工具等；(8)旧货寄售商店自购、自销部分的商品；(9)煤气公司、液化石油气站售给居民和社会集团的煤气灶具和罐装液化石油气。不包括售给国民经济各部门企业、事业单位（包括国有经济的农场）生产经营用的各种原材料、燃料、设备、工具等和售给批发零售贸易业、餐饮业作为转卖用的商品、旧货寄售商店受托寄售卖出的商品、服务业的营业收入、邮局出售邮票的收入、自来水、电力、煤气生产（供应）单位的产品供应收入。

■ 商品销售总额

指对本企业（单位）以外的单位和个人出售（包括对国（境）外直接出口）的商品。这个指标反映批发零售贸易业在国内市场上销售商品以及出口商品的总量。商品销售总额包括：(1)售给城乡居民和社会集团消费用的商品；(2)售给工业、农业、建筑业、运输邮电业、批发零售贸易业、餐饮业、服务业等作为生产、经营使用的商品；(3)售给批发零售贸易业作为转卖或加工后转卖的商品；(4)对国（境）外直接出口的商品。不包括：出售本企业（单位）自用的废旧包装用品，未通过买卖行为付出的商品，经本单位介绍，由买卖双方直接结算，本单位只收取手续费的业务，购货退回的商品以及商品损耗和损失等。

■ 消费品市场成交额

指在全国消费品交易市场成交的全部商品金额。消费品市场包括农副产品市场和工业消费品市场。

■ 亿元商品交易市场成交额

年成交额达到亿元以上，经工商部门批准，专门从事商品批发、零售业务活动的市场，其市场所有摊位销售总额称为亿元商品交易市场成交额。

■ 连锁企业（或称连锁店、连锁公司）

指在核心企业或总店的领导下，由分散的、经营同类商品或服务的企业或活动单位，采取共同方针，实行集中采购和分散销售的有机结合，通过规范化经营，实行集中采购和分散销售的有机结合，通过规范化经营，实现规模效益的经济联合组织形式。一般连锁店应由若干个分店组成。其经营特征：(1)经营同类商品；(2)使用统一商号；(3)统一采购配送，采购与销售相分离（部分商品可根据物流合理和保质保鲜原则，由供应商直接送货到门店，其余均由总部统一配送）。

连锁门店包括下列两种形式：

直营连锁：指正规连锁。连锁门店均由总部独资或控股开设，在总部的直接领导下统一经营。

加盟连锁：指特许连锁。各连锁门店（被特许人）通过合同形式，取得使用总部（特许人）商标、商号、经营技术和销售总部开发的商品的特许权，各加盟连锁门店为独立法人，在总部指导下统一经营。

ZHEJIANG STATISTICAL YEARBOOK

Explanatory Notes on Main Statistical Indicators

□ Total Retail Sales of Consumer Goods

refer to the sum of retail sales of consumer goods by the establishments in wholesale trade, retail sale trade, catering trade and other industries except manufacturing and agriculture of different types of ownership, to urban and rural residents and social groups. This indicator is used to show the supply of consumers goods through various channels to households and institutions to meet their demands, and is therefore very important for the study of the issues on people's livelihood, on the purchasing power of consumer goods and on the circulation of money. The retail sales of consumer goods include: (1) commodities sold to urban and rural residents for residential use and building materials sold to them for the construction or repair of houses; (2) food and fuels sold to canteens of institutions, enterprises, schools, military units and to canteens of hotels and hostels that only serve their guests, and commodities produced by enterprises, institutions or state farms and sold directly to their employees or their canteens; (3) grain and non-staple food, clothing, daily articles and fuels sold to military personnel; (4) consumer goods sold to foreigners, overseas Chinese, and Chinese compatriots from Taiwan, Hong Kong and Macao during their stay in the mainland of China; (5) Chinese and western medicines, herbs and medical facilities purchased by residents; (6) newspapers, books and magazines directly sold to residents and social groups by publishers, new and old commemorative stamps, special stamps, first-day covers, stamp albums and other stamp-collection articles sold by stamp companies; (7) consumer goods purchased and then sold by second-hand shops; (8) stoves and other heating facilities and liquified gas sold by gas companies to households and institutions. Excluded under this heading are: raw materials, fuels, equipment, tools sold to enterprises, institutions and state farms for production purpose; commodities sold to trade establishments for re-selling; commissioned sales at second-hand shops; operational income of urban public utilities; stamps sold at post offices; income of water, power, gas production and supply establishments from the supply of their products.

□ Total Sales of Commodities

refer to selling of commodities by the establishments to other establishments and individuals (including direct export). This indicator is used to show the total value of sales of commodities at domestic markets and export. The total sales include: (1) commodities sold to urban and rural residents and social groups for their consumption; (2) commodities sold to establishments in industry, agriculture, construction, transportation, post and telecommunications, wholesale and retail trades, catering trade and public utility for their production and operation; (3) commodities sold to wholesale and retail establishments for re-selling, with or without further processing; and (4) commodities for direct export to other countries. Excluded are selling of waste packaging materials used by the establishments (units) themselves, commodities transferred without buying or selling procedures, commission income from brokerage in transactions whose settlement is directly handled by buyers and sellers, rejected commodities in the purchase, loss in commodities, etc.

□ Volume of Transaction at Consumer Goods Markets

refers to the value of transaction of all goods at consumer goods markets in the country, including both markets for farm and sideline products and for industrial consumption goods.

□ Volume of Transaction at Large Commodity Markets(with transaction value over 100 million yuan)

refers to markets approved by the industrial and commercial administration departments, which specialize in

EXPLANATORY NOTES ON
MAIN STATISTICAL INDICATORS

wholesale and retail of modities with transaction value over 100 million yuan. The stall of sales of all sellers in the markets makes up the transaction value of the markets.

□ Chain Enterprises (also called chain stores or called corporations)

refer to a form of joint economic entities unit which scattered enterprises or establishments engaged in pithing homogeneous commodities or services, with the central leadership of core enterprise or headquarters and guided by policies, conduct centralized purchase and distributed selling commodities, in order to gain better efficiency through standardized operation. Consisting of a number of branch stores the chain stores have in general following features: (1) homogeneous commodities, (2) unique name of stores, (3) centralized purchase and delivery which is separated from the headquarters cept some items which, from logistics, quality or considerations, might be delivered by the suppliers directy.

Chain stores have two categories:

(a) Chain stores under direct management: These are chain stores invested or controlled by the headquarters operate under the direct and unified management from the headquarters.

(b) Chain stores through license arrangement: These are contracts, chain stores (their owners) obtain licenses from the headquarters to use designated trade marks, names, operates know – how, and to sell the commodity developed by the headquarters. Under this arrangement. Each store in the chairs an independent legal entity and operates under the guidance the headquarters.

2014
浙江统计年鉴
ZHEJIANG STATISTICAL YEARBOOK

CHAPTER 11

对外经济贸易和旅游
Foreign Economy and Trade, Tourism

11－1 进出口总值(1986－2013 年)
Total Value of Imports and Exports(1986－2013)

单位:万美元(USD_10000)

年份 Year	进出口总值 Total Value of Imports and Exports	出口 Export	#一般贸易 Ordinary Trade	进口 Import	#一般贸易 Ordnary Trade
1986	129291	109128		20163	
1987	149984	123406		26578	
1988	198628	149004		49624	
1989	251387	187222		64165	
1990	277342	218881		58461	
1991	385052	290628		94424	
1992	499907	357127	258763	142780	48230
1993	673269	432313	326388	240956	78690
1994	899144	608657	474070	290487	75292
1995	1151230	769782	593336	381448	92160
1996	1254126	804147	572545	449979	102558
1997	1427732	1011113	739172	416619	106496
1998	1485382	1086623	820244	398759	148712
1999	1830540	1287125	1001423	543415	314525
2000	2783265	1944279	1540108	838986	528135
2001	3279969	2297747	1825752	982222	635302
2002	4195650	2941102	2426940	1254548	859007
2003	6141083	4159499	3418932	1981584	1361717
2004	8521312	5814638	4674761	2706674	1665622
2005	10739123	7680353	6023916	3058770	1858590
2006	13914686	10089427	7731170	3825259	2143288
2007	17685633	12827293	9935900	4858341	2922772
2008	21110927	15426700	12185303	5684227	3440144
2009	18773488	13301032	10664403	5472456	3744581
2010	25353311	18046487	14500708	7306824	4943317
2011	30937777	21634949	17648423	9302827	6534332
2012	31240276	22451854	17968381	8788421	6243733
2013	33578871	24874624	19629669	8704246	6320295

11－2 出口总值分类表(2007－2013 年)
Total Value of Exports by Category(2007－2013)

单位:万美元(USD 10000)

项目	Item	2007	2008	2009	2010	2011	2012	2013
出口总值	**Export**	**12827293**	**15426700**	**13301032**	**18046487**	**21634949**	**22451854**	**24874624**
#机电产品	Electrical and Mechanical Production	5557980	6804800	5550552	7912485	9242116	9589938	10155084
总值中:	**Among Total**							
国有企业	State－owned Enterprises	1896622	1993053	1497457	1822803	2113709	2058912	1932966
三资企业	Foreign Funded Enterprises	4725567	5426543	4477847	5813723	6528698	6298252	6206415
集体企业	Collective Owned Enterprises	1178304	1238192	899306	1107903	1178390	1029500	936231
私营企业	Private Enterprises	5009210	6738201	6393095	9259160	11758106	13000168	15726403
其他企业	Others	17589	30712	33327	42898	56047	65022	72609
总值中:	**Among Total**							
工业制成品	Manufactured Goods	12342087	14868136	12831464	17412873	20743661	21443210	23841361
初级产品	Primary Goods	485206	558564	469568	633613	891288	1008644	1033263

11－3 进口总值分类表(2007－2013 年)
Total Value of Imports by Category(2007－2013)

单位:万美元(USD 10000)

项目	Item	2007	2008	2009	2010	2011	2012	2013
进口总值	**Total**	**4858341**	**5684227**	**5472456**	**7306824**	**9302827**	**8788421**	**8704246**
#机电产品	Electrical and Mechanical Production	1379370	1502351	1189665	1631207	1803721	1590660	1495148
总值中:	**Among Total**							
国有企业	State－owned Enterprises	852194	846188	894294	847264	1036810	904531	961541
三资企业	Foreign Funded Enterprises	2389784	2933865	2451898	3425816	4263893	4021255	3770510
集体企业	Collective Owned Enterprises	389369	397254	434019	690342	795269	663920	476642
私营企业	Private Enterprises	1221395	1495030	1686184	2333907	3196934	3185058	3476978
其他企业	Others	5599	11889	6061	9494	9921	13656	18575
总值中:	**Among Total**							
工业制成品	Manufactured Goods	3832578	4221124	4092752	5388682	6510300	6042550	5849765
初级产品	Primary Goods	1025762	1463103	1379704	1918142	2792527	2745871	2854482

11－4 浙江省与各国(地区)的进出口总额
Zhejiang's Foreign Trade with Related Countries (Regions)

单位:万美元(USD 10000)

国别(地区)	Country(Region)	出口 Exports			进口 Imports		
		2011	2012	2013	2011	2012	2013
总值	**Total**	**21634949**	**22451854**	**24874624**	**9302827**	**8788421**	**8704246**
#亚太经济合作组织	APEC	9794000	10668988	11563182	6421205	6150685	6071150
亚洲	**Asia**	**7097940**	**7544121**	**8469537**	**5351420**	**5153241**	**5061201**
#中国香港	Hong Kong, China	594117	662934	591134	33170	28820	26952
日本	Japan	1333878	1344569	1331439	1185441	1126154	1014641
中国台湾	Taiwan, China	237254	233390	262031	1123252	1087949	1101056
韩国	Korea Rep	545287	556538	585006	872016	839921	744079
东南亚联盟	The Association of Southeast Asian Nations	1474798	1695998	2016659	1064872	1133909	1169937
非洲	**Africa**	**1341111**	**1578458**	**2007369**	**243236**	**221883**	**237259**
欧洲	**Europe**	**6743560**	**6292509**	**6807633**	**1425734**	**1294851**	**1235486**
#欧洲联盟	EU	5576880	5055909	5445047	1118344	1030496	1017670
#英国	United Kingdom	686774	722275	816070	104347	91817	85175
德国	Germany	1187459	1043111	1102136	377772	315768	337553
意大利	Italy	708214	517559	539814	139418	108558	111543
法国	France	491726	456603	467178	105507	132906	96174
比利时	Belgium	281154	243854	257117	76336	78246	72752
#俄罗斯	Russia	700575	798195	930461	182860	164527	129773
拉丁美洲	**Latin America**	**2050943**	**2208945**	**2414322**	**753895**	**670746**	**606609**
北美洲	**North America**	**3878939**	**4210030**	**4571762**	**1001507**	**897432**	**840090**
#美国	United States	3491686	3817181	4139863	777637	720982	655183
加拿大	Canada	386851	392735	431555	223829	176424	184845
大洋洲	**Oceania**	**522457**	**617791**	**604002**	**526848**	**550085**	**723454**
#澳大利亚	Australia	441062	484406	500699	439286	446044	598011

11－5 进出口货物分贸易方式总值表(2010－2013 年)
Total Value of Imports and Exports by Type(2010－2013)

单位:万美元(USD 10000)

贸易方式	Type	出口 Exports				进口 Imports			
		2010	2011	2012	2013	2010	2011	2012	2013
总值	**Total**	**18046487**	**21634949**	**22451854**	**24874624**	**7306824**	**9302827**	**8788421**	**8704246**
一般贸易	Ordinary Trade	14500708	17648423	17968381	19629669	4943317	6534332	6243733	6320295
补偿贸易	Compensation Trade								
来料加工装配贸易	Processing and Assembling Raw Material Supplied by Foreign Firms	236865	253583	245343	223983	161160	185349	166124	130813
进料加工贸易	Processing Imported Raw Materials	3064189	3350211	3224060	2999990	1414075	1533967	1360785	1313982
外商投资企业作为投资进口的设备	Imported Equipment as Investment of Foreign Enterprises					74330	72590	61480	80445
出料加工贸易	Processing Exported Raw Materials	1		44	12	1		31	34
保税监管场所进出境货物	Bonded cargo entry and exit monitoring sites	145874	288896	393973	364683	378887	588681	681105	637453
海关特殊监管区域物流货物	Customs supervision of goods logistics	83602	76745	66548	101086	312353	349928	243882	199433
国家间、国际组织无偿援助和赠送物资	Assistant Goods From International Organization	272	246	782	513				
华侨、港澳台同胞、外籍华人捐赠物资	Assistant Goods From Overseas Chinese Compatriots from Hong Kong, Macao and Taiwan		2			53	15	2686	137
来料加工装配进口的设备	Assembling Imported Equipment					1241	704	109	318
对外承包工程出口货物	Exported Commodities for Contracted Projects	4461	4135	8735	16104				
其他	Others	10515	12708	543988	1538583	21406	37261	28486	21337

11－6 出口主要商品情况(2009－2013年)
Statistics on Export of Commodities(2009－2013)

单位:万美元(USD_10000)

项目名称	Item	2009	2010	2011	2012	2013
机电产品	Electrical and Mechanical Products	5550552	7912485	9242116	9589938	10155084
高新技术产品	High－tech Production	987404	1473315	1533458	1480117	1427065
农副产品	Farm Production	673752	829581	966358	971841	1005141
服装及衣着附件	Garments and Related Production	2073888	2489643	2913835	2854395	3188259
纺织纱线、织物及制品	Spinning,Textile and Related Production	1901720	2486184	3110820	3126421	3536825
鞋类	Shoes	440849	598273	748640	755695	888177
家具及其零件	Furniture and Related Parts	504529	676729	761579	807384	892432
塑料制品	Plastic Articles	223595	314253	391872	489003	652103
自动数据处理设备及其部件	Automatic Data Processing Equipment and Related Parts	87461	137184	125570	130479	127315
灯具、照明装置及类似品	Lamps & Lanterns and Lighting Installation	167486	229472	277376	327029	410897
箱包及类似容器	Bags	177738	243479	296561	322729	412970
汽车零件	Parts of Moter Vehicles	247372	350998	450209	465458	638298
钢材	Steel	115886	223114	298983	282509	336089
床垫、寝具及类似品	Mattress and Beddings	145073	176272	195695	206287	220256
船舶	Seawater Aquatic Production	434872	733778	658922	570711	344798
医药品	Medical and Pharmaceutical Production	162856	199535	213015	211528	222688
电线和电缆	Electric Wire and Cables	142106	195826	235762	249921	261117
水海产品	Freshwater and Seawater Aquatic Production	72092	92738	177399	174833	189409
通断及保护电路装置	Equipment for Switching or Protecting Electrical Circuits	131958	202715	240004	254062	278894
钢铁或铜制标准紧固件	Standard Parts Made by Iron & Steel or Copper	107858	162909	208565	195170	198361

11-7 进口主要商品情况(2009-2013年) Statistics on Import of Commodities(2009-2013)

单位:万美元(USD 10000)

商品名称	Item	2009	2010	2011	2012	2013
机电产品	Electrical and Mechanical Production	1189665	1631207	1803721	1590660	1495148
高新技术产品	High-tech Production	617492	895664	967357	875158	766405
农副产品	Farm Production	370054	565421	713452	736390	737500
钢材	Steed Production	148938	134049	156321	118269	90487
初级形状的塑料	Plastics of Primary Forms	499839	545979	610595	654046	678670
对苯二甲酸	Telephthatic Acid	218599	274958	364507	253296	95134
纺织机械及零件	Textile Machinery and Related Parts	65315	106503	124806	97100	104539
未锻造的铜及铜材	Unwrought Copper	262422	363077	404615	309164	277777
自动数据处理设备及其部件	Automatic Data Processing Equipment and Related Parts	18812	26299	18855	15867	
液晶显示板	LCD Panel	211840	296949	271750	288467	212126
原油	Crude Oil	160902	128405	134568	129337	66714
集成电路	Integrated Circuit	148899	189177	165607	160040	172127
苯乙烯	Styrene	78107	92369	89279	98381	150535
铁矿砂及其精矿	Iron ore in Sand Form and Refined ore	357769	458200	717326	655343	772378
橡胶或塑料加工机械及零件	Machinery Parts for Processing Rubber and Plastics	15886	34205	39453	40105	31491
金属加工机床	Processing Machine Tools	31150	52977	71174	58634	57844
纸浆	Paper Pulp	124778	155751	212641	185388	162708
乙二醇	Glycol	138281	236466	331738	288388	262932
原木	Log	49022	72740	76992	91151	87066
计量检测分析自控仪器及器具	Automatic Instruments for Measurement Examination Analysis	40282	51932	67300	63821	66834
成品油	Processed Oil	57855	148979	323136	427057	499066

11－8 利用外资协议合同(项目)和金额(1979－2013年)
Total Amount of Foreign Capital Utilized Through the Signed Agreements and Contracts(1979－2013)

年份 Year	协议合同(项目)(个) Projects(unit)			协议金额(万美元) Value(USD 10000)		
	合计 Total	对外借款 Foreign Loans	外商直接投资 Direct Foreign Investment	合计 Total	对外借款 Foreign Loans	外商直接投资 Direct Foreign Investment
1979				1120		
1980	4		4	620		138
1981	1	1		749	385	
1982	1		1	552		1
1983	2		2	440		94
1984	25	2	23	8506	4005	3955
1985	58	3	55	9154	4352	3650
1986	33	3	30	5224	2414	2307
1987	68	29	39	14291	7745	4525
1988	185	33	152	26815	14865	11326
1989	226	41	185	37107	23910	12212
1990	296	2	294	24792	11274	13313
1991	592	7	585	37480	5634	31728
1992	2343	5	2338	324084	32076	290922
1993	4497	10	4487	404330	29274	374562
1994	2537	9	2528	321573	27839	289317
1995	1861	25	1836	422153	92950	325031
1996	1243	35	1208	429083	107750	312866
1997	888	36	852	486522	294123	121008
1998	1013	48	965	225795	41999	183390
1999	1154	41	1113	302839	85528	214793
2000	1742	100	1642	306977	56029	250948
2001	2311	1	2310	717502	209462	501588
2002	3364		3364	720846	38453	678912
2003	4442		4442	1317478	108301	1205014
2004	3824		3824	1567591	106407	1456066
2005	3396		3396	1858137	209649	1612667
2006	3583		3583	2175249	192344	1910261
2007	2919		2919	2585485	271271	2040043
2008	1858		1858	2115422	290101	1781995
2009	1738		1738	1761290	142406	1601785
2010	1944		1944	2313902	260493	2004666
2011	1691		1691	2637868	579475	2058393
2012	1597		1597	2666132	558919	2107213
2013	1572		1572	2438359		2438359

11－9 实际利用外资金额(1984－2013 年)
Amount of Foreign Capital Actually Used(1984－2013)

单位:万美元(USD 10000)

年份 Year	合计 Total	对外借款 Foreign Loans	外商直接投资 Direct Foreign Investment	其他投资 Others
1984	4887	4005	252	630
1985	6452	4352	1634	466
1986	4891	2414	1853	624
1987	11360	7745	2337	1278
1988	18124	14419	2957	748
1989	26918	21503	5181	234
1990	16235	11305	4844	86
1991	17186	7947	9162	77
1992	40971	10496	29398	1077
1993	121991	18226	103271	494
1994	137073	22038	114449	586
1995	153965	27692	125775	498
1996	238313	77825	152021	8467
1997	306641	84905	150345	71391
1998	241656	109448	131802	406
1999	252499	97036	153262	2201
2000	248919	87022	161266	631
2001	451934	223301	221162	7471
2002	469547	148515	316002	5030
2003	757824	207160	544936	5728
2004	974631	298657	668128	7846
2005	1393826	582049	772271	39506
2006	1450582	486127	888935	75520
2007	1432049	119126	1036576	276347
2008	1244995	192632	1007294	45069
2009	1087685	74715	993974	18996
2010	1322584	172425	1100175	49984
2011	1539807	353257	1166601	19949
2012	1622327	287791	1306926	27610
2013	1415898		1415898	

11－10 按行业分的外商直接投资
Foreign Direct Investment

单位:万美元(USD 10000)

指标	Item	项目 Number of Projects (unit) 2012	2013	合同外资 Compact of Foreign Captial 2012	2013	实际利用外资 Foreign Investments Actually Used 2012	2013
总计	**Total**	**1597**	**1572**	**2107213**	**2438359**	**1306926**	**1415898**
合资企业	Joint Enterprises	429	434	346604	416637	338681	354182
独资企业	Foreign Enterprises	1157	1130	1628683	1995163	885998	996766
第一产业	Primary Industry	29	21	11125	13685	8303	8094
第二产业	Secondary Industry	658	550	1025012	914802	652212	620096
#制造业	Manufacturing	640	542	977586	896284	640577	604012
纺织业	Textile Industry	26	31	32883	47084	25692	35896
化学原料及化学制品制造业	Raw Chemical Materials and Chemical Products	21	10	53695	65629	59400	59151
医药制造业	Medical and Pharmaceutical Products	15	8	26666	20984	12655	28555
通用设备制造业	Ordinary Machinery	82	83	112056	111620	68419	64163
专用设备制造业	For Special Purpose Equipment Manufacturing	62	61	54595	98447	35432	61266
通信设备、计算机及其他电子设备制造业	Telecommunications Equipment, Computer and Other Electronic Equipment Manufacturing	64	42	109568	74766	47781	58165
#电力、燃气及水的生产和供应业	Electricity, Gas and Water Production and Supply	6	4	11854	8680	5847	7983
#建筑业	Construction	11	4	33701	2308	3902	6391
第三产业	Tertiary Industry	910	1001	1071076	1509872	646411	787708
#交通运输、仓储和邮政业	Transport, Storage and Post	11	12	59244	66917	64255	93762
信息传输、计算机服务和软件业	Information Transmission, Computer Services and Software	94	79	125269	110951	35207	60765
批发和零售业	Wholesale and Retail Trade	438	484	198327	267018	124649	107304
住宿和餐饮业	Hotels and Catering Services	24	13	17948	2121	13385	11271
金融业	Banking	7	29	10401	47485	5421	15094
房地产业	Real Estate	36	59	254732	621431	262629	345374
租赁和商务服务业	Renting and Business Services	130	153	143832	191641	76895	85474
科学研究、技术服务和地质勘查业	Scientific Research, Technic Service and Geological Prospecting	154	149	238553	170888	59173	60202
水利、环境和公共设施管理业	Water Conservancy, Environment and Public Utility	5	6	6159	10843	1249	3243
居民服务和其他服务业	Service for the Residents and Other	7	5	5517	－1522	2752	692
教育	Education		1	－10	110	7	
卫生、社会保障和社会福利业	Health Care, Sports and Social Welfare	2	1	10700	1951		2108
文化、体育和娱乐业	Culture, Sports and Entertainment	2	10	404	20038	789	2419

11－11 按国别（地区）分的外商直接投资
Foreign Direct Investment by Country（Region）

国别（地区）	Country（Region）	2013年末实有企业 Number of Enterprises at the End of 2013		项目（个）Number of Projects（unit）		合同外资金额（万美元）Agreements of Foreign Capital（USD 10000）		实际利用外资（万美元）Foreign Capital Actually Used（USD 10000）	
		个数 Number	外方注册资本（万美元）Foreign Registered Capital（USD 10000）	2012	2013	2012	2013	2012	2013
总计	**Total**	**30674**	**10878773**	**1579**	**1572**	**2107213**	**2438359**	**1306926**	**1415898**
#中国香港	Hong Kong,China	9330	6615103	700	802	1319778	1845279	801667	965042
中国台湾	Taiwan,China	1754	219250	120	96	69792	37122	11181	6014
日本	Japan	1415	467554	75	58	59070	61187	45971	41431
新加坡	Singapore			26	33	46137	55687	55656	53577
韩国	Korea Rep	639	166882	51	58	25695	15231	8913	16540
英国	United Kingdom	315	115545	25	22	18298	14270	3560	7428
法国	France	244	78240	12	21	72258	8279	1094	20825
德国	Germany	336	66248	32	20	12431	3228	6844	3933
意大利	Italy			23	23	7675	8585	7557	7669
美国	United States	1849	421758	153	115	77720	64069	40429	19245
加拿大	Canada	336	42623	31	36	10579	28013	2758	3326
澳大利亚	Australia	334	51476	25	17	11101	15303	2875	2425
维尔京群岛	Virgin Islands	1022	975804	56	44	120770	109616	88532	86034

注：年末实有企业指在工商行政管理部门登记注册的外商投资企业。
The number of Foreign－invested enterprises at year－end refer to the enterprises registered at Industry and Commerce Administrative Department.

11－12 对外经济合作情况（2007－2013年）
Labour Services Contracted Projects with Foreign and Regions（2007－2013）

项目	Item	2007	2008	2009	2010	2011	2012	2013
新签对外承包工程和劳务合作合同额（万美元）	Amount of Newly Signed Contracts（USD 10000）	174753	336265	247103	246106	295438	361220	464707
对外承包工程和劳务合作营业额（万美元）	Business Income（USD 10000）	208451	209313	239345	291076	302693	382974	440266
对外承包工程和劳务合作在年底在外人数（人）	Population in Foreign Countries and Regions（person）	24462	25054	23504	26261	17836	27149	27923
境外投资企业数（个）	Number of Enterprises Investing Abroad（unit）	420	427	475	630	568	634	568
境外企业中方投资额（万美元）	Amount of Investing Abroad（USD 10000）	60606	86088	123491	336008	344551	389236	551648

11－13 国际旅游发展情况(1979－2013年)
Development of International Tourism(1979－2013)

单位:人(person)

年份 Year	入境旅游者人数(人) International Tourists	#外国人 Foreigners	#港澳台同胞 Compatriots from Hong Kong, Macao and Taiwan, China	旅游创汇收入(万美元) Foreign Exchange Earnings (USD 10000)
1979	93094	49021	42901	
1980	138877	68583	68218	
1981	171710	102088	67005	
1982	180271	109309	67972	
1983	184287	114524	64618	1458
1984	213098	131977	73916	1900
1985	272870	178282	84621	2519
1986	293968	190695	90501	4175
1987	330062	206192	104005	4289
1988	392672	169782	182901	5624
1989	294062	84800	187607	3568
1990	496218	116429	342248	5440
1991	554091	176605	351881	7489
1992	685367	234282	403458	10210
1993	728408	289559	393251	11679
1994	612689	329529	261226	18055
1995	672717	366491	283353	23591
1996	729012	412970	293000	29184
1997	811468	453449	328430	34495
1998	819615	414273	364074	36122
1999	947788	506650	408454	41009
2000	1125898	643840	482058	51397
2001	1469502	818686	650816	70693
2002	2041761	1214635	827126	92763
2003	1817986	1069318	748668	87249
2004	2766680	1776392	990288	130047
2005	3480089	2328941	1151148	171626
2006	4272786	2817266	1455520	213490
2007	5111789	3436358	1675431	270790
2008	5396682	3661293	1735389	302408
2009	5706385	3776024	906547	322358
2010	6847102	4474054	2373048	393020
2011	7736908	5150408	2586500	454173
2012	8659290	5705072	2954218	515174
2013	8662817	5765720	2897097	539293

注：1979－1999年旅游者人数中包括华侨。
Total Tourists number from 1979－1999 in this table included Overseas Chinese.

11－14 旅游事业发展情况(2007－2013年) Development of Tourism(2007－2013)

项目	Item	2007	2008	2009	2010	2010	2012	2013
国内旅游	**Domestic Tourism**							
人数(万人次)	Number of Touris (10000 person－times)	19100.0	20900	24410	29500	34295	39124	43439
收入(亿元)	Earnings(100 million yuan)	1820.0	2040	2424	3046	3785	4476	5202
入境旅游	**International Tourism**							
人数合计(人次)	Total(person－time)	5111789	5396682	5706385	6847102	7736908	8659290	8662817
#外国人	Foreigners	3436358	3661293	3776024	4474054	5150408	5705072	5765720
港澳同胞	Compatriots from Hong Kong and Macao, China	785905	820554	906547	1085362	1173601	1334035	1363811
台湾同胞	Compatriots from Taiwan, China	889526	914835	1023814	1287686	1412899	1620183	1533286
创汇收入(万美元)	**Foreign Exchange Earnings(USD 10000)**	**270821**	**302408**	**322358**	**393020**	**454173**	**515174**	**539293**

11－15 接待入境旅游者人数(2007－2013 年)
Reception and Tourism Departments(2007－2013)

单位:人次(person－time)

国别(地区)	Country(Region)	2007	2008	2009	2010	2011	2012	2013
日本	Japan	655671	661465	655722	708286	773145	717114	567087
韩国	Korea Rep	614454	661668	623905	714301	790920	838539	857061
马来西亚	Malaysia	175444	177103	197084	238386	259275	263866	267461
美国	United States	271406	272776	270430	338155	388266	419638	441632
新加坡	Singapore	129356	135770	128438	160493	167125	168995	180420
泰国	Thailand	100585	103423	100083	104606	113853	125147	131264
德国	Germany	100991	111433	117846	136780	161516	158434	205304
意大利	Italy	97688	96407	103074	124211	156184	194011	227382
法国	France	86619	94438	95883	120369	140761	123699	171045
印度尼西亚	Indonesia	58673	62860	62639	79815	83225	85869	80659
澳大利亚	Australia	75528	77793	73816	93118	102934	115200	120212
英国	United Kingdom	68323	81024	83805	107092	124179	135582	169887
印度	India	60830	61419	70565	85319	91729	110701	115530
菲律宾	Philippines	38019	42903	46148	51418	55099	61038	60639
加拿大	Canada	71301	78835	75366	102507	110807	121858	125987
西班牙	Spain	68525	69117	68112	76984	92656	121332	121215
荷兰	Netherlands	44003	49240	46033	53506	63018	19878	67309
俄罗斯	Russia	50790	61761	81844	93631	113778	62749	116026
瑞典	Sweden	21018	25380	25704	27929	28657	8052	23049
瑞士	Switzerland	18544	22486	23136	26721	26026	28171	29393
新西兰	New Zealand	15359	19165	21757	25126	32411	35208	36530
中国香港	Hong Kong,China	687738	700548	742035	855220	924711	1032449	1022083
中国澳门	Macao,China	98167	120006	164512	230142	248990	301586	341728
中国台湾	Taiwan,China	889526	914835	1023814	1287686	1412899	1620183	1533286

浙/江/统/计/年/鉴

主要统计指标解释

■ 利用外资

指我国各级政府、部门、企业和其他经济组织通过对外借款、吸收外商直接投资以及用其他方式筹措的境外现汇、设备、技术等。

■ 对外借款

指通过对外正式签订借款协议，从境外筹措的资金，包括外国政府贷款、国际金融组织贷款、外国银行商业贷款、出口信贷以及对外发行债券等。1996 年及以前还包括对外发行股票。

■ 外商直接投资

是指外国企业和经济组织或个人(包括华侨、港澳台胞以及我国在境外注册的企业)按我国有关政策、法规，用现汇、实物、技术等在我国境内开办外商独资企业、与我国境内的企业或经济组织共同举办中外合资经营企业、合作经营企业或作合作开发资源的投资(包括外商投资收益的再投资)。

■ 外商其他投资

指除对外借款和外商直接投资以外的各种利用外资的形式。包括企业在境内外股票市场公开发行的以外币计价的股票(目前主要是在香港证券市场发行的 H 股和在境内证券市场发行的 B 股)发行价总额，国际租赁进口设备的应付款，补偿贸易中外商提供的进口设备、技术、物料的价款，加工装配贸易中外商提供的进口设备、物料的价款。

■ 对外劳承包工程及劳务合作

包括对外承包工程、对外劳务合作及对外设计咨询。其中对外承包工作指各对外承包公司以招标议标承包方式承揽的下列业务：(1)承包国外工程建设项目，(2)承包我国对外经授项目，(3)承包我国驻外机构的工程建设项目，(4)承包我国境内利用外资进行建设的工程项目，(5)与外国承包公司合营或联合承包工程项目时我国公司分包部分，(6)对外承包兼营的房屋开发业务。对外承包工程的营业额是以货币表现的本期内完成的对外承包工程的工作量，包括以前年度签订的合同和本年度新签订的合同在报告期内完成的工作量。对外劳务合作指以收取工资的形式向业主或承包商提供技术和劳动服务的活动。我国对外承包公司在境外开办的合营企业，中国公司同时又提供劳务的，其劳务部分也纳入劳务合作统计。劳务合作营业额按报告期内向雇主提交的结算数(包括工资、加班费和奖金等)统计。对外设计咨询指以服务成果向业主收费的技术服务项目。包括承担地形地貌测绘，地质资源勘探与普查，建设区域规划，提供设计文件、图纸、生产工艺技术资料和工程技术经济咨询，工程项目的可行性考察、研究和评估，进行技术指导和培训人员等；也包括承担国(境)内利用外资进行建设的工程项目的上述规定的设计咨询项目的收取外币部分。

■ 旅游人数

指来我国参观、访问、旅行、探亲、访友、休养、考察、参加会议和从事经济、科技、文化、教育、体育、宗教等活动的外国人、华侨、港澳和台湾同胞的人数。不包括外国在我国的常住机构，如领使馆、通讯社、企业办事处的工作人员；来我国常驻的外国专家、留学生以及在岸逗留不过夜人员。

■ 国际旅游(外汇)收入

指入境旅游的外国人、华侨、港澳台同胞在中国大陆旅游过程中发生的一切旅游支出。

ZHEJIANG STATISTICAL YEARBOOK

Explanatory Notes on Main Statistical Indicators

□ Utilization of Foreign Capital

refers to remittance, equipment and technology financed from abroad, by loans, foreign direct investment and other forms undertaken by the Chinese governments at all levels, by various departments, enterprises and other economic units.

□ Foreign Borrowings

refer to funds borrowed from abroad through formal signing of borrowing agreements with foreign institutions, including loans of foreign governments, loans of international financial institutions, commercial loans of foreign banks, export credit, and funds raised by Chinese bonds (and shares before 1996) issued abroad.

□ Foreign Direct Investment

refers to the investments inside China by foreign enterprises and economic organizations or individuals (including overseas Chinese, compatriots from Hong Kong and Macao, and Chinese enterprises registered abroad), following the relevant policies and laws of China, for the establishment of ventures exclusively with foreign own investment, si no – foreign joint ventures and cooperative enterprises or for co – operative exploration of resources with enterprises or economic organizations in China. It includes the re – investment of the foreign entrepreneurs with the profits gained from the investment.

□ Other Foreign Investment

refers to all forms of utilization of foreign capitals other than foreign borrowings and foreign direct investment. It includes the total value of stock shares in foreign currencies issued by enterprises at domestic or foreign stock exchanges (now mainly consisting of H shares issued at Hong Kong Security Market and B shares issued at domestic security markets), rent payable for the imported equipment through international leasing arrangement, cost of imported equipment, technology and materials provided by foreign counterparts in compensation trade and processing and assembly trade.

□ Overseas Contracted Project and Overseas Labour Services

It includes Overseas Contracted Project 、Overseas Labour Services and Overseas Design and Consultation Services. Overseas Contracted Project refers to projects undertaken by Chinese contractors (project contracting companies) through bidding process. They include: (1) overseas civil engineering construction projects financed by foreign investors; (2) overseas projects financed by the Chinese government through its foreign aid programs; (3) construction projects of Chinese diplomatic missions, trade offices and other institutions stationed abroad; (4) construction projects in China financed by foreign investment; (5) sub – contracted projects to be taken by Chinese contractors through a joint umbrella project with foreign contractor(s); (6) housing development projects. The business income from international contracted projects is the work volume of contracted projects completed during the reference period, expressed in monetary terms, including completed work on projects signed in previous years. Overseas Labour Services refer to the activities of providing technology and labour services to employers or contractors in the forms of receiving salaries and wages. Labour services providing by contractual joint ventures of Chinese international contracting corporations should be included in the statistics of service co – operation with foreign countries. The business income of labour service cooperation is the income in the form of wages and salaries, overtime pay, bonuses and other remuneration received from the employers during the reference period. Overseas Design and Consultation Services refer to projects with income for technical services provided to overseas operators. It includes geographic and topographic mapping, geological resource prospecting and survey, planning of construction areas, provision of design documents, blueprints, materials on production process and techniques, as well as engineering, technical and economic consultation, and feasibility study, research and evaluation of projects. Also included under this category are the above – mentioned services of foreign – financed projects in China that are paid in foreign currencies.

EXPLANATORY NOTES ON MAIN STATISTICAL INDICATORS

□ Number of Tourists

refers to the number of foreigners, overseas Chinese, and compatriots from Hong Kong, Macao and Taiwan coming to China for sightseeing, visits, tours, family reunions, vacations, study tours and other activities of an economic, scientific and technological, cultural, physical culture and religious nature. This does not include the number of employees of foreign organizations stationed in China such as embassies, consulates, news agencies, the offices of corporations and enterprises and foreign experts and students residing in China and the persons staying briefly in China but not for passing the night .

□ Foreign Exchange Earnings from International Tourism

refer to the total expenditures of the foreigners, overseas Chinese, compatriots from Hong Kong, Macao and Taiwan in the process of their tourism in the mainland of China.

2014
浙江统计年鉴
ZHEJIANG STATISTICAL YEARBOOK

CHAPTER 12

财政、金融和保险
Public Finance,Banking and Insurance

12-1 一般预算总收入和总支出(1978-2013年)
Total Financial Budgettary Revenue and Expenditure(1978-2013)

单位:亿元(100 million yuan)

年份 Year	总收入 Total Revenue	#地方 The local	总支出 Total Expenditure	#一般公共服务支出 Expenditure on Public Service	#教育支出 Expenditure on Education	#城乡社区事务支出 Expenditure Urban and Lural Community Affairs	#农林水事务支出 Expenditure on Agriculture, Forestry and Land Reclamation, and Water Conservancy Affairs
1978	27.45		17.43				
1979	25.87		17.74				
1980	31.13		17.34				
1981	34.34		17.12				
1982	36.64		18.88				
1983	41.79		21.94				
1984	46.67		28.80				
1985	58.25		37.40				
1986	68.61		50.96				
1987	76.36		51.24				
1988	85.55		63.14				
1989	98.21		74.77				
1990	101.59		80.23				
1991	108.94		88.43				
1992	118.36		95.31				
1993	166.64		125.04				
1994	209.39	94.63	153.03				
1995	248.50	116.82	180.29				
1996	291.75	139.63	213.71				
1997	340.52	157.33	240.16				
1998	401.80	198.10	286.81				
1999	477.40	245.47	344.04				
2000	658.42	342.77	431.30				
2001	917.76	418.00	597.30				
2002	1166.58	566.85	749.90				
2003	1468.89	706.56	896.77				
2004	1805.16	900.99	1062.94				
2005	2115.36	1066.60	1265.53				
2006	2567.66	1298.2	1471.86	272.88	310.77	127.37	114.03
2007	3239.89	1649.5	1806.79	328.91	383.89	154.63	142.15
2008	3730.06	1933.39	2208.58	372.46	453.99	193.95	177.42
2009	4122.04	2142.51	2653.35	397.69	519.33	224.61	236.08
2010	4895.41	2608.47	3207.88	434.29	606.54	272.30	290.37
2011	5925.00	3150.80	3842.59	471.55	751.42	338.43	373.32
2012	6408.49	3441.23	4161.88	503.61	877.86	307.82	408.20
2013	6908.41	3796.92	4730.47	538.88	950.07	332.93	513.03

12-2 地方一般预算收入和支出(2009-2013年)
The Local Financial Budgetary Revenue and Expenditure(2009-2013)

单位:亿元(100 million yuan)

项目	Item	2009	2010	2011	2012	2013
一般预算收入合计	**The Amount of Tax Revenue**	**2142.51**	**2608.47**	**3150.80**	**3441.23**	**3796.92**
税收收入小计	The Amount of Tax Revenue	1983.81	2464.96	2952.01	3227.77	3545.66
国内增值税(25%部分)	Value-added Taxe(25%)	368.55	398.82	461.75	507.57	651.67
营业税	Business Taxe	663.62	816.68	915.71	1063.49	1069.97
企业所得税	Company Income Tax	295.06	374.13	497.56	536.97	565.88
个人所得税	Personal Income Tax	124.11	151.08	185.56	178.93	193.84
城市维护建设税	City Maintenance and Construction Tax	114.13	143.06	200.07	218.09	232.58
房产税	Tax on Real Estates	68.63	71.97	99.19	126.94	134.11
契税	Contract Tax	154.42	227.94	234.17	192.72	254.20
其它地方各税	Others	195.29	281.29	357.99	403.06	443.40
非税收入小计	The Amount of Non Tax Revenue	158.70	143.51	198.79	213.46	251.26
排污费收入	Fee on Sewage Treatment	9.42	9.33	9.54	8.45	9.78
教育费附加收入	Extra Charge for Education	54.97	69.02	95.44	103.70	109.23
行政事业性收费收入	Adiministrative Fees Income	41.94	44.59	40.80	33.60	34.71
罚没收入	Penalty and Confiscatory Income	78.97	70.60	82.76	83.32	97.80
其它收入	Others	20.46	23.41	35.69	38.51	52.88
国有企业计划亏损补贴	Subsidies for the Loss of State-owned Enterprises	-47.06	-73.45	-65.43	-54.12	-53.13
一般预算支出合计	**The Local Financial Budgetary Expenditure**	**2653.35**	**3207.88**	**3842.59**	**4161.88**	**4730.47**
一般公共服务	Public Service	397.69	434.29	471.55	503.61	538.88
公共安全	Public Safe	216.98	260.67	290.87	319.03	347.78
教育	Education	519.33	606.54	751.42	877.86	950.07
科学技术	Science and Technology	99.30	121.40	143.90	165.98	191.87
文化体育与传媒	Culture,Physical Culture and the Media	64.09	77.15	85.09	94.18	106.00
社会保障和就业	Social Security and Employment	153.08	206.39	291.82	345.44	397.06
医疗卫生	Medical and Health Sevice	177.05	224.53	278.98	305.91	350.73
环境保护	Environment Protect	55.42	82.07	78.11	77.70	98.14
城乡社区事务	Urban and Rural Community Affairs	224.61	272.30	338.43	307.82	332.93
农林水事务	Agriculture,Forestry and Land Reclamation and Water Conservancy Affairs	236.08	290.37	373.32	408.20	513.03
交通运输	Transportation	246.36	233.37	273.99	287.64	372.51
工业商业等事务	Industrial and Business Affairs	162.32	248.19	284.10	296.72	331.90
其他支出	Others	101.03	150.60	181.01	171.80	199.58

12-3 金融机构存贷款年末余额(1978-2013年)
Deposits and Loans of Financial Institutions(year-end,1978-2013)

单位:亿元(100 million yuan)

年份 Year	全部金融机构本外币存款余额 Deposits	全部金融机构人民币存款余额 RMB Deposits	城乡居民本外币储蓄存款年末余额 Savings Deposits	城乡居民人民币储蓄存款年末余额 RMB Savings Deposits	全部金融机构本外币贷款余额 Loans	全部金融机构人民币贷款余额 RMB Loans
1978		35.79		7.73		48.90
1979		44.92		11.79		54.91
1980		60.74		16.95		73.30
1981		74.26		21.47		85.85
1982		88.20		28.52		97.88
1983		108.14		37.34		109.42
1984		143.17		49.58		161.39
1985		185.66		67.73		210.81
1986		248.68		97.92		288.97
1987		306.44		129.12		365.87
1988		354.26		144.03		433.41
1989		441.13		214.98		505.48
1990		606.01		306.74		618.14
1991		789.64		402.09		749.93
1992		1036.72		514.44		972.09
1993		1316.53		664.64		1247.76
1994		1910.98		990.26		1627.87
1995		2623.60		1377.22		2103.65
1996		3400.19		1844.74		2584.09
1997		4297.07		2293.55		3273.73
1998		5264.21		2847.29		3897.12
1999		6273.15		3261.34		4650.50
2000		7299.57		3594.65		5423.52
2001		8823.12		4262.38		6482.22
2002	11899.34	11242.84	5700.77	5233.73	8791.38	8612.81
2003	15415.67	14758.15	6889.28	6452.21	12418.6	12014.28
2004	17855.05	17236.62	7741.65	7364.06	14982.54	14350.75
2005	21117.94	20494.16	9123.12	8746.02	17122.14	16557.67
2006	25005.92	24413.94	10801.7	10473.47	20757.83	20153.94
2007	29030.34	28504.46	11381.16	11160.73	24939.89	24144.42
2008	35481.20	34806.43	14804.54	14501.49	29649.22	28958.36
2009	45112.01	44336.49	18169.41	17833.44	39223.91	37997.98
2010	54482.29	53441.45	21093.62	20612.16	46938.54	45288.07
2011	60893.14	59727.91	23945.23	23470.25	53239.34	51276.64
2012	66679.08	64886.28	26902.40	26406.81	59509.12	56982.64
2013	73732.36	71986.58	29360.48	28922.97	65338.54	62597.56

注：2008年起含外资金融机构。
Data of this table include foreign financial institutions since 2008.

12－4 金融机构人民币信贷收支表(资金来源)
Credit Funds Balance Sheet of Financial Institution(RMB, Sources of Funds)

单位:亿元(100 million yuan)

项目	Item	2011	2012	2013
资金来源总计	**ALL Sources**	**70238.78**	**70161.91**	**78329.64**
各项存款	Deposits	59727.91	64886.28	71986.58
单位存款	Corporate Deposits	32890.75	34697.37	37839.62
个人存款	Individual Deposits	24013.70	26955.13	30231.46
财政性存款	Fiscal Deposits	1324.24	1404.57	1553.70
临时性存款	Temporay Drposits	89.76	121.81	107.53
委托存款	Commission Deposits	114.63	158.66	260.62
其他存款	Other Deposits	1294.83	1548.74	1993.67
金融债券	**Bonds**	**172.10**	**362.28**	**463.93**
中长期借款	**Medium－term and Long－term Borrowings**	**115.51**	**170.77**	**214.97**
应付及暂收款	**Accounts Payable and Temporary Collection of Money**	**1435.02**	**1607.93**	**1948.73**
其中:应付利息	Interst Payable	551.65	744.13	1013.63
同业往来	**Interbank Fund Transfer**	**414.05**	**510.48**	**1007.41**
系统内资金往来	**Current of Bankroll in System**			
外汇买卖	**Foreign Exchange Trading**	**10548.78**	**5578.18**	**7830.54**
其中:结售汇	Exchange Settlement	10369.37	5267.14	7567.47
各项准备	**ALL Reserves**	**940.22**	**1253.37**	**1495.31**
其中:贷款损失准备金	Loan Loss Reserve	926.99	1231.33	1469.23
所有者权益	**Creditor's Equity**	**2661.07**	**2938.49**	**3299.20**
其中:实收资本	**Paid－in Capital**	**554.92**	**674.43**	**841.05**
其他	Others	－5775.87	－7145.86	－9917.05

注：本表含外资金融机构。
Data of this table include foreign financial institutions

12-5 金融机构人民币信贷收支表(资金运用,2007-2013年)
Credit Funds Balance Sheet of Financial Institution(RMB,Use of Funds,2007-2013)

(年末余额)单位:亿元(year-end)(100 million yuan)

项目	Item	2007	2008	2009	2010	2011	2012	2013
资金运用合计	**All Uses**	**28823.18**	**34872.15**	**44008.27**	**52283.57**	**70238.78**	**70161.91**	**78329.64**
各项贷款	**Loans**	**24144.42**	**28958.36**	**37997.98**	**45288.07**	**51276.64**	**56982.64**	**62597.56**
短期贷款	Short-term Loans	14600.36	17057.62	21382.81	25715.19	30818.25	34864.43	37600.99
中长期贷款	Medium-term & Long-term Loans	8886.43	10610.95	15100.77	18468.99	19354.38	20347.65	23242.76
信托贷款	Trusted Loans							
融资租赁	Circulating Funds Tenancy	81.12	141.57	210.00	298.14	394.33	493.75	574.62
委托贷款	Commission Loans	75.36	78.83	113.46	170.58			
票据融资	Circulating Funds of Bills	495.97	1046.89	1152.61	607.25	639.96	1061.56	969.64
各项垫款	Paying in Advance	5.18	22.50	38.33	27.51	50.14	198.82	195.66
有价证券	**Securities**	**998.57**	**1074.64**	**1654.94**	**1908.49**	**1289.50**	**1579.31**	**2082.16**
股权及其他投资	**Eqnity and other Investments**					**437.20**	**1153.55**	**2384.90**
应收及预付款	**Collectable Account and Advance Payment**	**462.53**	**577.60**	**583.50**	**450.88**	**853.98**	**564.46**	**1059.44**
同业往来	**Interbank Fund Transfer**	**26.76**	**47.25**	**38.27**	**74.61**	**133.51**	**351.51**	**871.44**
系统内资金往来	**Current of bankroll in system**	**2341.30**	**3475.39**			**4806.48**	**3012.22**	**396.99**
二级准备金	**Secondary Reserve Against Deposits**							
行内资金往来	**Inside-bank Transaction**			**2975.53**	**4245.72**			
证券业务占款	**Funding of Securities Purchase**							
委托投资	**Consigned Investments**							
金银占款	**Purchase of Gold & Silver**							
固定资产	**Fitness Assets**	**375.55**	**432.79**	**489.82**	**536.01**	**628.88**	**720.79**	**764.57**
外汇占款	**Purchase of Foreign Excharges**	**33.32**	**57.10**	**-1.75**	**-561.45**	**10379.73**	**5330.31**	**7673.61**
库存现金	**Storage Cash**	**252.89**	**247.02**	**269.97**	**335.91**	**429.07**	**463.79**	**494.15**

注:1.2008年起含外资金融机构。Data of this table include foreign financial institutions since 2008.
2.2010年起按照新的分类方式设置贷款指标。Loans were grouped by new item since 2010.
3.2011年前有价证券为有价证券及投资。Data of Securities include securities and investment before 2011.

12－6 保险公司分支机构情况(2013 年底)
Basic Statistics on Institution of Insurance Corporations(End of 2013)

单位:(个)(unit)

城市	City	人寿保险 Life Insurance					财产保险 Property Insurance				
		分公司 Companies at City Level	中心支公司 Centers	支公司 Business Branches	营业部 Business Division	营销服务部 Service Division of Business	分公司 Companies at City Level	中心支公司 Centers	支公司 Business Branches	营业部 Business Division	营销服务部 Service Division of Business
合 计	**Total**	**55**	**162**	**314**	**99**	**849**	**64**	**207**	**790**	**156**	**898**
杭州市	Hangzhou	40	5	46	18	135	34	17	131	38	160
宁波市	Ningbo	15	7	65	2	77	26	7	173	16	214
温州市	Wenzhou		17	30	15	93	4	21	84	17	115
嘉兴市	Jiaxing		20	23		95		26	71	3	59
湖州市	Huzhou		17	21	12	58		21	36	15	42
绍兴市	Shaoxing		19	24	12	71		25	63	22	72
金华市	Jinhua		23	31	13	105		31	81	13	75
衢州市	Quzhou		15	16	12	54		11	24	9	25
舟山市	Zhoushan		8	11		32		11	15		33
台州市	Taizhou		22	29	15	84		26	74	16	71
丽水市	Lishui		9	18		45		11	38	7	32

12－7 保险公司主要业务经济技术指标(2007－2013 年)
Economic Technical Indicators of Insurance Companies(2007－2013)

单位:亿元(100 million yuan)

项目	Item	2007	2008	2009	2010	2011	2012	2013
保费收入	**Premium**	**441.94**	**576.35**	**645.54**	**834.40**	**879.27**	**984.58**	**1109.91**
财产险	Property Insurance	175.48	203.39	247.41	325.67	387.61	444.45	511.99
#机动车辆保险	Motor Vehicle Insurance	136.16	156.56	196.29	262.14	308.30	352.81	408.09
人身意外伤害险	Unforeseen Human Injury Insurance	14.57	14.75	16.74	20.34	23.88	27.13	30.03
健康险	Health Insurance	18.63	29.09	29.07	30.82	32.81	42.50	54.63
寿险	Life Insurance	233.27	329.13	352.31	457.57	434.97	470.50	513.26
各项赔款和给付	**Settled Claim and Payment**	**173.66**	**212.99**	**220.07**	**216.08**	**256.21**	**342.63**	**451.02**
财产险	Property Insurance	90.19	128.74	128.71	143.93	187.44	250.87	349.26
#机动车辆保险	Motor Vehicle Insurance	69.71	96.10	104.83	120.55	157.12	204.41	272.63
人身意外伤害险	Unforeseen Human Injury Insurance	4.49	3.76	3.67	4.03	4.55	5.09	5.85
健康险	Health Insurance	5.82	8.92	12.30	12.85	15.66	15.93	19.30
寿险	Life Insurance	73.16	71.58	75.39	55.26	48.56	70.74	76.60
退保金	**Insurance Withdrawn**	**48.88**	**73.78**	**76.17**	**71.66**	**68.06**	**88.79**	**117.13**
手续费及佣金支出	**Service Charges and Expenditure for Commission**	**37.22**	**50.94**	**57.51**	**61.87**	**61.70**	**67.42**	**79.66**

浙/江/统/计/年/鉴

主要统计指标解释

■ 财政收入

包括:(1) 各项税收　包括增值税、营业税、消费税、土地增值税、城市维护建设税、资源税、城市土地使用税、印花税、固定资产投资方向调节税、个人所得税、企业所得税、农牧业税和耕地占用税等。

(2) 专项收入　包括征收排污费、征收城市水资源费收入、教育费附加收入等。

(3) 其他收入　包括基本建设贷款归还收入、国家能源交通重点建设基金收入、国家预算调节基金等。

(4) 国有企业计划亏损补贴　这项为负收入,冲减财政收入。

■ 财政支出

国家财政将筹集起来的资金进行分配使用,以满足经济建设和各项事业的需要,主要包括:

(1) 一般公共服务

(2) 公共安全

(3) 教育

(4) 科学技术

(5) 文化体育传媒

(6) 社会保障和就业

(7) 医疗卫生

(8) 环境保护

(9) 城乡社区事务

(10) 农林水事务

(11) 交通运输

(12) 工业商业等事务

■ 信贷资金

指金融机构以信用方式积聚和分配的货币资金。金融机构信贷资金的来源有各项存款、金融债券发行、应付及暂收款、对国际金融机构负债、流通中货币、各项准备、所有者权益和其他项目等;信贷资金的运用有各项贷款、有价证券及投资、应收入预付款、委托投资、金银占款、外汇占款、库存现金、财政借款及在国际金融机构中的资产等。

■ 存款

指企业、机关、团体或居民根据资金必须收回的原则,把货币资金存入银行或其他信贷机构保管并取得一定利息的一种信用活动形式。根据存款对象或性质的不同可划分为企业存款、财政存款、机关团体存款、基本建设存款、储蓄存款、农村存款、委托存款、其他存款等科目。它是银行信贷资金的主要来源。

■ 贷款

指银行或其他信贷机构根据资金必须归还的原则,按一定利率,为企业、个人等提供资金的一种信用活动形式。我国银行贷款分为短期贷款、中期流动资金贷款、中长期贷款、信托贷款、融资租赁,委托贷款、票据融资、各项垫款等。

■ 保险公司

在中国境内的、经过保险监督管理部门批准设立,并依法登记注册的各类商业保险公司。

■ 保险金额

指保险人承担赔偿或者给付保险责任的最高限额。

■ 保费

指投保人为取得保险人在约定范围内所承担赔偿责任而支付给保险人的费用。

■ 赔款

指保险人根据保险合同的规定,向被保险人支付的赔偿保险责任损失的金额。

■ 给付

包括死伤医疗给付和满期给付。死伤医疗给付是指保险人根据人寿保险及长期健康保险合同的规定,因被保险人在保险期内发生保险责任范围内的保险事故支付给被保险人(或受益人)的金额。满期给付是指被保险人生存期满,保险人按人寿保险合同规定支付给被保险人的满期保险金额。

ZHEJIANG STATISTICAL YEARBOOK

Explanatory Notes on Main Statistical Indicators

□ Financial Revenue

It includes the following main items:

(1) Various tax revenues, including value added tax, business tax, consumption tax, land value added tax, tax on city maintenance and construction, resources tax, tax on use of urban land, stamp tax, tax on adjustment of the orientation of investment in fixed assets, personal income tax, enterprise income tax, tax on agriculture and animal husbandry and tax on occupancy of cultivated land, etc.

(2) Special revenues, including revenue collected from imposing fee on sewage treatment, revenue collected from imposing fee on urban water resources, and extra – charges for education, etc.

(3) Other revenues, including revenue from the repayment of capital construction loan, the funds for the state key construction projects in energy industry and transportation, and the funds for state budget adjustment, etc.

(4) Planned subsidies for the losses of the state – owned enterprises. This is an item of negative revenue, used to eat up part of the government revenue.

□ Financial Expenditure

refers to the distribution and use of the funds the government finance has raised, so as to meet the needs of economic construction and various causes. It includes the following main items:

(1) Public Service

(2) Pubic Safe

(3) Education

(4) Science and Technology

(5) Culture, Physical Culture and the Media

(6) Social Security and Employment

(7) Medical and Health Service

(8) Environment Protect

(9) Urban and Rural Community Affairs

(10) Agriculture, Forestry and Land Reclamation, and Water Conservancy Affairs

(11) Transportation

(12) Industrial and Business Affairs

□ Credit Funds

refer to the funds issued as loans by banking institutions. The sources of credit funds of the banking institutions included deposits, issue of financial bonds , account – pay – able and temporary gathering, liabilities to international financial institutions, currency in circulation, various reserves, owners' rights and interests and other items. The credit funds can be used in forms of loans, securities and investment, account receivable and advance payment, entrusted investment, gold, foreign exchange, cash on hand, government debt and assets in the international financial institutions.

□ Deposit

is a form of credit by which enterprises, institutions, organizations or households can put money into banks and other credit institutions for safekeeping and interest earning under the principle of free withdrawal. According to different depositors, deposits are divided into enterprise deposits, treasury deposits, deposits of government agencies and organizations, capital construction deposits, savings deposits, rural saving deposits, entrusted deposits and other deposits. Deposits are major sources of the credit funds of banks.

□ Loan

is a form of credit by which banks and other creditinstitutions provide funds at certain interest rate to enterprises and individuals in the light of the principle of unconditional repayment. Loans from Chinese banks include circulating capital loans, fixed assets loans, loans to urban and rural individuals engaged in industrial and commercial

EXPLANATORY NOTES ON MAIN STATISTICAL INDICATORS

business and agricultural loans.

□ Insurance Companies

refer to commercial insurance companies of various forms registered by law and established in China with the approval of insurance regulatory agencies.

□ Amount Insured

refers to the maximum that the insurant will get for the claim of the case insured.

□ Premium

is the fee paid by the insurant to the insurer to obtain the obligation of compensation from the insurance within the agreed terms.

□ Settled Claim

is the compensation paid by the insurer to the insurant in accordance with the insurance contract.

□ Payment

includes payment fordeath, injury or medical teatment and mature payment. Payment for death, injury or medical treatment refers to the money paid to the insurant (or the beneficiary) in accordance with the life or health insurance contract when the insurant encounters accidents within the insured period covered in the contract. Mature payment refers to the mature payment to the insurant in accordance with the life insurance contract at the end of the insured period.

2014
浙江统计年鉴
ZHEJIANG STATISTICAL YEARBOOK

CHAPTER 13

城市建设和环境保护
City Construction and Environment

13－1 城市公用事业(2007－2013年)
Urban Public Utilities(2007－2013)

项目		Item		2007	2008	2009	2010	2011	2012	2013
自来水全年供水总量	**(万吨)**	**Annual Supply of Tap Water**	**(10000 tons)**	**265542**	**267864**	**269809**	**270044**	**273591**	**281165**	**304982**
#生活用水量		Water Consumption for Residential Use		120314	124350	129393	122841	130583	134079	140214
人均日生活用水量	(升)	Daily Average Water Consumption for Residential Use Per Capita	(Litres)	189.28	194.22	201.55	185.43	196.30	195.81	192.32
用水普及率	(%)	Percentage of Population with Access to Tap Water	(%)	99.58	99.70	99.81	99.79	99.84	99.88	99.97
公共车辆总数	**(辆.标台)**	**Number of Public Transportation Vehicles**	**(unit. set)**	**18712**	**21836**	**19889**	**21589**	**21927**	**26219**	**29260**
每万人拥有公共车辆	(标台)	Number of Public Transportation Vehicles Owned 10000 Population	(set)	11.34	13.24	12.24	13.10	13.55	13.96	14.64
城市道路面积	**(万平方米)**	**Area of Paved Roads**	**(10000 sq. m)**	**25534**	**26736**	**28244**	**30381**	**31998**	**33575**	**35633**
人均拥有道路面积	(平方米)	Areas of Paved Roads Per Capita	(sq. m)	14.60	15.20	16.03	16.70	17.53	17.88	17.83
排水道长度	**(公里)**	**Length of Sewer Pipelines**	**(km)**	**22064**	**23522**	**24456**	**26367**	**28103**	**29786**	**33502**
液化石油气供气总量	**(万吨)**	**Total Supply of LPG**	**(10000 tons)**	**93.83**	**93.70**	**90.95**	**87.80**	**80.76**	**77.64**	**82.17**
液化石油气家庭用量	(万吨)	Consumption of LPG for Residential Use	(10000 tons)	68.46	59.22	57.75	55.10	55.02	51.82	53.28
用气普及率	(%)	Percentage of Population with Access to LPG	(%)	97.78	97.72	97.93	99.07	97.06	99.49	99.80
城市绿化覆盖面积	**(公顷)**	**Green Area of City**	**(hectare)**	**75090**	**81007**	**85854**	**91111**	**119131**	**138877**	**144481**
园林绿地面积	(公顷)	Green Areas in Gardens	(hectare)	63303	69621	74362	79459	105200	122723	127927
#公园绿地面积		Public Green Areas		15379	16882	18969	20090	21480	23420	24852
人均公园绿地	(平方米)	Public Green Areas Per Capita	(sq. m)	8.79	9.60	10.76	11.05	11.77	12.47	12.44
公园个数	(个)	Number of Parks	(unit)	764	842	893	914	954	1015	1068
公园面积	(公顷)	Areas of Parks	(hectare)	11378	12291	13727	12631	13511	14803	15165
环境卫生		**Environmental Sanitation**								
污水处理率	(%)	Sewage Treatment Rate	(%)	70.08	75.10	78.88	82.74	85.09	87.50	89.28
生活垃圾清运量	(万吨)	Volume of Living Garbage Disposal	(10000 tons)	772	806.78	925.60	954.78	1018.08	1048.01	1123.36

注：1、2007年起，人均指标统计口径进行了调整，包含暂住人口。The data of Per capita indicators were adjusted since 2007.
2、2012年起，公共车辆总数包含轨道交通，计量单位改为标台。
Number of public transportation vehicles included number of rail transit vehicles sinc 2012.

13－2 自然资源(2010－2013 年)
Natural Resources (2010－2013)

项目		Item		2010	2011	2012	2013
人口		**Population**					
年末人口总数	(万人)	Year－end Population	(10000 persons)	4747.95	4781.31	4799.34	4826.89
人口密度	(人/平方公里)	Density of Population	(person/sq. km)	466	470	471	474
土地		**Land**					
土地面积	(万平方公里)	Land Area	(10000 sq. km)	10.18	10.18	10.18	10.18
山区面积	(%)	Mountains Area	(%)	70.4	70.4	70.4	70.4
平原面积	(%)	Plains Area	(%)	23.2	23.2	23.2	23.2
河流湖泊面积	(%)	Rivers Area	(%)	6.4	6.4	6.4	6.4
气候(主要城市)		**Climate(Main Cities)**					
年平均降雨量	(毫米)	Total Precipitation	(millimeter)	1835.2	1302.5	1959.5	1442.8
年平均气温	(摄氏度)	Average Tempreature	(℃)	17.5	17.2	17.1	17.9
森林		**Forest**					
林地面积	(万公顷)	Area of Afforetated Land	(10000 hectare)	660.74	660.74	660.74	661.27
森林覆盖率	(%)	Forest－coverage Rate	(%)	60.58	60.58	60.58	60.82
林木蓄积量	(万立方米)	Volume of Standing Forests	(10000 cu. m)	24225	24225	24225	28225
水资源		**Water Resources**					
水资源总量	(亿标立方米)	Hydropower Resources	(100 million cu. m)	1397.61	744.21	1444.79	930.90
总供水量	(亿标立方米)	Total Amount of Water Supply	(100 million cu. m)	220.08	222.24	222.31	224.75
用水量构成	(%)	Component of Water Use	(%)				
农田灌溉		Farmlands Irrigation		36.60	34.80	34.10	33.7
农牧渔畜		Agriculture, Animal Husbandry and Fishery		7.20	7.50	7.00	7.2
工业		Indrstry		27.10	27.80	27.30	26.1
居民生活		Residential Consumption		11.80	11.90	12.40	12.4
城镇公共用水		Urban Public Consumption		5.30	5.20	6.30	6.5
环境配水		Supplement for Environment		10.10	10.70	10.90	11.8
生态环境用水		Eco－Environmental Water Consumption		1.90	2.10	2.00	2.3
淡水已养殖面积	(千公顷)	Cultivated Freshwater Area	(1000 hectare)	218.95	213.17	213.22	213.02
海水已养殖面积	(千公顷)	Cultivated Seawater Area	(1000 hectare)	93.90	90.84	89.75	89.36
海岸线总长度	(公里)	Length of Mainland Coastline	(km)	6486	6486	6486	6486
矿产资源(保有储量)	**(万吨)**	**Mineral Resources (Ensured Reserves)**	**(10000 tons)**				
铁矿石		Iron Ore		3551	9460	8604	11852
煤		Coal		9434	9000	9309	9309
沸石(矿石)		Zeolite		12704	12761	12754	12764
叶蜡石(矿石)		Pyrophylite		3965	4427	4892	4868
普通萤石		Fluorite		1783	2841	3129	3298
明矾石		Alumstone		9829	9817	16883	16840
水泥用灰岩		Cement Limestone		259411	316299	334000	316281

13－3 各市水资源总量(2007－2013年)
Total Amount of Water Resource by City(2007－2013)

单位:亿立方米(100 million cu. m)

城市	City	2007	2008	2009	2010	2011	2012	2013
合 计	**Total**	**892.15**	**855.23**	**931.35**	**1397.61**	**744.21**	**1444.79**	**930.90**
杭州市	Hangzhou	104.13	154.38	141.50	190.40	136.70	221.26	141.15
宁波市	Ningbo	83.20	71.60	87.48	96.22	61.23	129.82	81.03
温州市	Wenzhou	179.92	111.70	140.86	196.47	88.76	183.94	138.08
嘉兴市	Jiaxing	17.86	27.31	26.48	30.04	15.01	36.87	21.70
湖州市	Huzhou	33.64	46.85	46.71	46.30	34.72	56.48	30.19
绍兴市	Shaoxing	58.94	56.55	65.78	75.90	58.58	102.23	67.04
金华市	Jinhua	72.31	79.14	80.48	152.22	80.19	144.34	81.66
衢州市	Quzhou	62.71	86.54	80.73	158.77	81.96	154.15	72.18
舟山市	Zhoushan	5.33	8.08	7.11	7.53	4.26	13.05	5.69
台州市	Taizhou	102.25	67.75	83.96	139.62	63.94	129.58	99.79
丽水市	Lishui	171.86	145.34	170.28	304.13	118.86	273.07	192.40

13－4 各市供水总量(2007－2013年)
Total Amount of Water Supply by City(2007－2013)

单位:亿立方米(100 million cu. m)

城市	City	2007	2008	2009	2010	2011	2012	2013
合 计	**Total**	**210.98**	**216.62**	**217.07**	**220.08**	**222.24**	**222.31**	**224.75**
杭州市	Hangzhou	49.36	56.70	54.29	54.95	56.99	56.45	57.77
宁波市	Ningbo	20.82	21.12	22.57	21.51	22.13	22.21	22.32
温州市	Wenzhou	18.08	19.00	20.90	21.17	20.41	22.66	22.83
嘉兴市	Jiaxing	22.98	20.05	20.04	19.87	19.61	18.99	20.24
湖州市	Huzhou	18.38	17.67	17.21	17.58	18.02	18.01	18.07
绍兴市	Shaoxing	21.90	21.34	22.08	22.53	21.94	21.55	21.10
金华市	Jinhua	19.02	19.63	19.90	19.44	18.91	18.96	18.78
衢州市	Quzhou	14.81	14.59	13.17	13.58	13.92	14.20	14.09
舟山市	Zhoushan	1.39	1.28	1.26	1.37	1.41	1.44	1.49
台州市	Taizhou	15.55	16.34	17.05	19.53	20.05	19.18	19.25
丽水市	Lishui	8.69	8.88	8.61	8.56	8.86	8.66	8.82

13－5 主要城市平均气温(2013 年)
Average Temperature in Major Cities(2013)

单位:0.1 摄氏度(0.1℃)

城市名称	City	1 月 Jan.	2 月 Feb.	3 月 Mar.	4 月 Apr.	5 月 May	6 月 June	7 月 July	8 月 Aug.	9 月 Sep.	10 月 Oct.	11 月 Nov.	12 月 Dec.	年平均 Annual Average
杭　州	Hangzhou	45	70	123	169	230	248	323	313	250	193	136	63	180
宁　波	Ningbo	48	78	121	164	222	249	312	307	255	199	138	66	180
温　州	Wenzhou	82	102	138	171	223	260	297	300	265	219	158	97	193
嘉　兴	Jiaxing	39	64	110	156	214	241	314	307	246	192	130	55	172
湖　州	Huzhou	36	63	112	163	222	246	318	312	247	187	125	49	173
绍　兴	Shaoxing	45	73	124	172	235	253	328	319	256	200	144	69	185
金　华	Jinhua	56	86	131	173	241	258	320	312	258	199	144	69	187
衢　州	Quzhou	53	85	127	166	235	258	311	308	253	195	137	62	183
舟　山	Zhoushan	54	75	108	148	203	237	286	290	252	205	142	76	173
丽　水	Lishui	66	106	144	174	241	263	311	307	260	200	142	74	191
临　海	Linhai	58	90	127	162	221	255	301	297	250	199	136	71	181

注：本表由省气象局整理提供。表 13－6 至 13－7 同。
The data on this table are provided by Provincial Meteorological Bureau. Table from 13－6 to 13－7 are the same.

13－6 主要城市降水量(2013 年)
Precipitation in Major Cities(2013)

单位:0.1 毫米(0.1 millimeters)

城市名称	City	1 月 Jan.	2 月 Feb.	3 月 Mar.	4 月 Apr.	5 月 May	6 月 June	7 月 July	8 月 Aug.	9 月 Sep.	10 月 Oct.	11 月 Nov.	12 月 Dec.	全年 Annual Total
杭　州	Hangzhou	410	940	1090	973	1177	3372	88	2098	494	3310	326	931	15209
宁　波	Ningbo	341	892	1145	1125	736	3242	693	2516	329	4240	426	1143	16828
温　州	Wenzhou	226	976	1042	1181	2040	2579	623	1816	659	2308	691	968	15109
嘉　兴	Jiaxing	321	892	1129	514	1080	2422	720	677	1256	2681	140	573	12405
湖　州	Huzhou	300	996	936	443	1113	1083	353	1182	520	3230	113	489	10758
绍　兴	Shaoxing	452	839	1440	1129	1292	3117	105	2746	759	4024	314	846	17063
金　华	Jinhua	389	968	1619	1429	1113	2388	187	1529	451	704	332	1062	12171
衢　州	Quzhou	356	1283	1926	1753	1672	3103	136	509	429	673	397	910	13147
舟　山	Zhoushan	244	963	886	1453	1225	2718	74	1094	451	1993	349	1128	12578
丽　水	Lishui	263	1003	1284	1804	1088	1987	459	1367	121	1019	811	1299	12505
临　海	Linhai	213	792	1203	1153	945	2536	377	4235	672	2905	509	1008	16548

13－7 主要城市日照时数(2013年)
Sunshine Hours in Major Cities(2013)

单位:0.1小时(0.1hours)

城市名称	City	1月 Jan.	2月 Feb.	3月 Mar.	4月 Apr.	5月 May	6月 June	7月 July	8月 Aug.	9月 Sep.	10月 Oct.	11月 Nov.	12月 Dec.	全年 Annual Total
杭　州	Hangzhou	814	387	1301	1626	1676	792	2897	2132	1271	1284	1421	1054	16655
宁　波	Ningbo	1228	460	1710	1928	1924	1006	3383	2631	2238	1613	1783	1731	21635
温　州	Wenzhou	999	370	1427	1213	991	1158	2400	2096	1665	1877	1181	1256	16633
嘉　兴	Jiaxing	1016	575	1549	1832	1717	675	2975	2526	1651	1447	1367	1134	18464
湖　州	Huzhou	1131	685	1593	2183	1742	895	3057	2379	1710	1858	1608	1644	20485
绍　兴	Shaoxing	962	490	1457	1772	1790	957	3374	2625	1886	1592	1709	1283	19897
金　华	Jinhua	1066	461	1441	1352	1639	796	3114	2462	1801	1730	1501	1617	18980
衢　州	Quzhou	887	200	1141	1110	1156	686	2770	2001	1514	1725	1566	1469	16225
舟　山	Zhoushan	1205	543	1540	1850	1469	1006	3093	2417	2128	1588	1603	1621	20063
丽　水	Lishui	677	524	1346	1118	1294	882	2884	2320	1786	1713	1333	1111	16988
临　海	Linhai	1231	492	1639	1533	1364	837	3093	2355	1982	1967	1561	1604	19658

13－8 环境保护机构和人员情况(2013 年)
Institutions and Personnel on Environmental Protection(2013)

项目	Item	合计 Total	环保局 Environ－ment Protection Bureau	监测站 Monitoring Station	环境监察 Environ－mental monitoring	科研所 Research Insti－tutions	其他 Others
机构数(个)	**Number of Institutions(unit)**	**610**	**108**	**88**	**88**	**11**	**315**
年末实有人数(人)	Number of Personnel(person)	7546	1496	2324	2068	220	1438
各类专业技术人员	All kinds of professional and technical personnel	3748					
#高级职称	Senior Titles	826					
中级职称	Medium Titles	1600					

13－9 废水排放及处理利用情况(2007－2013 年)
Discharge and Useage of Industrial Waste Water(2007－2013)

单位:万吨(10000 tons)

项目	Item	2007	2008	2009	2010	2011	2012	2013
废水排放总量	**Waste Water Discharged**	**338101**	**350377**	**365017**	**422618**	**420417**	**420960**	**419120**
工业	Industry	201211	200488	203441	184506	182425	175416	163674
城镇生活及其他	For Living and Others	136890	149889	161575	237740	237592	245049	254972
集中式治理设施污水排放	Centralized Treatment Facilities				372	400	495	474
工业重复用水率(%)	**Rate of Water Utilized Repeatedly in Industry(%)**	**63.00**	**62.20**	**60.60**	**57.40**	**63.30**	**66.70**	**65.40**

13－10 工业废气排放及处理利用情况(2007－2013 年)
Discharge and Useage of Industrial Waste Gas(2007－2013)

项目	Item	2007	2008	2009	2010	2011	2012	2013
工业废气排放总量 (亿标立方米)	**Total Volume of Industrial Waste Gas Discharged (100 million cu. m)**	**17467**	**17633**	**18860**	**24435**	**24940**	**23967**	**24565**
燃料燃烧废气排放总量 (万吨)	Waste Gas in the Process of Fuel Burning (10000 tons)	11542	8881	11913	16472			
生产工艺废气排放量 (万吨)	Volume of Waste Gas from the Process of Production (10000 tons)	5925	6143	6947	7963			
二氧化硫排放量 (万吨)	**Volume of Industrial SO2 Discharged (10000 tons)**	**77.59**	**71.59**	**67.70**	**66.50**	**64.70**	**61.10**	**57.90**
氮氧化物排放量 (万吨)	**Volume of Industrial Nitrogen Oxide Discharged (10000 tons)**	**61.40**	**56.40**	**63.80**	**69.40**	**69.10**	**63.50**	**57.30**
烟(粉)尘排放总量 (万吨)	**Volume of Industrial Smoke (Powder) Dust Discharged (10000 tons)**	**37.50**	**33.60**	**34.80**	**43.30**	**30.20**	**23.30**	**29.70**

13－11 工业固体废物排放及处理利用情况(2006－2013 年)
Discharge and Treatment of Industrial Solid Wastes(2006－2013)

单位:万吨(10000 tons)

项目	Item	2006	2007	2008	2009	2010	2011	2012	2013
工业固体废物生产量	**Volume of Industrial Solid Wastes Produced**	**3096**	**3613**	**3785**	**3910**	**4843**	**4529**	**4542**	**4404**
工业固体废物排放量	Volume of Industrial Solid Wastes Discharged	5.18	1.44	1.67	0.78	2.54	0.34	0.40	
工业固体废物综合利用量	Volume of Industrial Solid Wastes Utilized	2855	3334	3498	3586	3983	4129	4111	4123
工业固体废物贮存总量	Volume of Industrial Solid Wastes Accumulated	90.15	101.06	222.53	74.70	134.90	45.3	69.3	53.8
工业固体废物处置量	Volume of Industrial Solid Wastes Consumed	161.91	179.06	180.61	255.96	299.00	362	366	248
工业固体废物综合利用率(%)	Comprehensive utilization ratio of Industrial Solid Wastes(%)	91.77	92.23	92.19	91.55	82.07	91.07	90.45	93.24

浙/江/统/计/年/鉴

主要统计指标解释

■ 工业废水排放量

指经过企业厂区所有排放口排到企业外部的工业废水量 。包括生产废水、外排的直接冷却水、超标排放的矿井地下水和与工业废水混排的厂区生活污水,不包括外排的间接冷却水(清污不分流的间按冷却水应计算在内)。

■ 工业废水排放达标量

指各项指标都达到国家或地方排放标准的外排工业废水量,包括未经处理外排达标的和经过处理后外排达标的两部分。国家排放标准见 GB8978-88。

■ 工业废气排放量

指企业厂区内燃料燃烧和生产工艺过程中产生的各种排入空气的含有污染物的气体的总量,以标准状态(273K,101325Pa)计。

■ 工业固体废物产生量

指企业在生产过程中产生的固体状、半固体状和高浓度液体状废弃物的总量,包括危险废物、冶炼废渣、粉煤灰、炉渣、煤矸石、尾矿、放射性废物和其他废物等;不包括矿山开采的剥离废石和掘进废石(煤矸石和呈酸性或碱性的废石除外)。酸性或碱性废石是指采掘的废石其流经水、雨淋水的 pH 值小于 4 或 pH 值大于 10.5 者 。

■ 工业固体废物综合利用量

指通过回收、加工、循环、交换等方式,从固体废物中提取或者使其转化为可以利用的资源、能源和其他原材料的固体废物量(包括当年利用往年的工业固体废物累计贮存量)。如用作农业肥料、生产建筑材料、筑路等。综合利用量由原产生固体废物的单位统计。

ZHEJIANG STATISTICAL YEARBOOK

Explanatory Notes on Main Statistical Indicators

□ Volume of Industrial Waste Water Discharged

refers to the volume of industrial waste water discharged, through all outlets, to the outside of industrial enterprises, including waste water produced, direct - cooling water, underground water from mines that does not meet the standard of discharge, and the domestic sewage mixed up with industrial waste water when discharged, but excluding discharged indirect - cooling water.

□ Volume of Waste Water up to the Standard for Discharge

refers to the volume of discharged industrial waste water that, with or without treatment, has come up to the national or local standards for discharge.

□ Volume of Waste Gas Emission

refers to waste gas emitted from burning of fuels and from production process in the area of the factory, and is measured by 10000 standard cubic metres each year under normal condition.

□ Volume of Industrial Solid Wastes Produced

refers to the total volume of solid, semi - solid or highconcentration liquid residue produced by industrial enterprises in their production process, including dangerous wastes, residues from melting, slag, powdered coal ash, gangue, chemical residues, tailings, radioactive residues and other residues, but excluding stripped or dug stones in mining (except gangue and acid or alkali stones which are stones washed or soaked by water with a pH value smaller than 4 or larger than 10.5.)

□ Volume of Industrial Solid Wastes Utilized in a Comprehensive Way

refers to the volume of solid wastes from which useful materials can be extracted or which can be changed to be utilizable resources, energy or other materials, including the volume of industrial solid wastes stored up in the previous years and utilized in the current year, such as the solid wastes utilized as fertilizers, building materials, for making roads or for other purpose. Statistical data on utilization of industrial solid wastes are collected by solid wastes producing units.

2014
浙江统计年鉴
ZHEJIANG STATISTICAL YEARBOOK

CHAPTER 14

教育、科技、专利、测绘和标准计量

Education,Science,Patent,Surveying and Mapping and Standard Calculating

14-1 高等学校基本情况(1978-2013年)
Basic Statistics on Institutions of Higher Education(1978-2013)

年份 Year	学校数(所) Number of Schools (unit)	招生数(人) New Students Enrollment (person)		在校学生数(人) Students Enrollment (person)		毕业生数(人) Graduates (person)		教职员工数(人) Number of School Staff and Workers (person)	
		本专科 Regular College Course and Specialized Subject	研究生 Graduates	本专科 Regular College Course and Specialized Subject	研究生 Graduates	本专科 Regular College Course and Specialized Subject	研究生 Graduates		#专任教师 Teachers
1978	20	14241		24223		3743		11961	5389
1979	20	9498		32227		1013		13889	6275
1980	22	9387		37815		3710		15619	6886
1981	22	9208		41020		5852		16365	6933
1982	22	10162		36088		14968		18181	7701
1983	24	12750		39008		10411		19274	8219
1984	27	15030		44883		9002		20431	8690
1985	35	19026		52688		11044		22497	9908
1986	37	17877		57352		13027		24723	10804
1987	37	18190		60072		15017		25620	11223
1988	37	19364		60419		18712		26472	11578
1989	37	18270		61045		17323		26772	11574
1990	37	18264		60327		18417		26787	11578
1991	36	18651		59822		18175		27004	11208
1992	35	21217		62226		18267		27821	11105
1993	36	27716		73586		15971		27898	11148
1994	37	30482		87428		17895		28212	11345
1995	37	28094		92857		22443		28194	11491
1996	36	30541		96480		27133		28107	11530
1997	35	33145		102302		26386		28123	11595
1998	32	36668	2155	113543	5991	24296		28327	11816
1999	36	59300	3216	151318	7460	30561	1578	30532	13140
2000	35	93516	4130	212375	9895	32477	1600	40037	18981
2001	38	120195	5577	293078	13237	37230	1882	44347	22168
2002	60	152470	6111	393145	16297	48431	2645	48481	25993
2003	64	173519	6863	484639	19269	78685	3514	48691	29945
2004	68	195617	8029	572759	22062	103123	4858	60833	35766
2005	67	215362	9577	651307	25637	133051	5558	58924	38402
2006	68	237157	10996	719869	27125	162531	8731	69730	42143
2007	77	249749	12326	777982	31409	183863	7387	73704	45622
2008	77	265696	13691	832224	35812	203203	8944	75986	47795
2009	78	261361	16184	866496	43381	218226	7941	77852	49516
2010	80	260111	16575	884867	47991	233741	11156	79785	50969
2011	104	271285	17565	907482	51846	238448	13046	81384	52296
2012	105	280824	18748	932292	54369	247537	15112	83843	54154
2013	106	283353	19535	959629	57801	244860	15592	85381	56000

注：2011年起包含独立学院。
The data since 2011 include independent College.

14－2 中等职业学校基本情况(1978－2013 年)
Basic Statistics on Secondary Professional Schools(1978－2013)

年份 Year	学校数(所) Number of Schools(unit)	招生数(万人) New Students Enrolled(10000 persons)	在校学生数(万人) Students Enrolled(10000 persons)	毕业生数(万人) Graduates(10000 persons)	教职员工数(万人) Staff and Workers(10000 persons)	#专任教师 Teachers
1978	73	1.29	2.79	0.14	0.54	0.24
1979	75	1.24	3.42	0.61	0.55	0.30
1980	81	1.13	3.10	1.44	0.67	0.33
1981	83	1.16	2.67	1.59	0.75	0.35
1982	92	1.19	2.77	1.08	0.85	0.39
1983	96	1.30	3.07	0.98	0.87	0.41
1984	104	1.64	3.66	1.16	0.96	0.44
1985	119	1.99	4.36	1.29	1.12	0.49
1986	130	2.14	5.22	1.27	1.25	0.58
1987	134	2.26	5.79	1.66	1.34	0.65
1988	136	2.31	6.31	1.81	1.40	0.70
1989	140	2.31	6.61	2.02	1.49	0.72
1990	141	2.23	6.67	2.12	1.50	0.73
1991	141	2.41	6.77	2.29	1.52	0.72
1992	142	2.72	7.20	2.27	1.54	0.72
1993	144	3.59	8.48	2.28	1.55	0.72
1994	155	4.92	10.87	2.32	1.58	0.74
1995	158	6.00	13.91	2.90	1.61	0.78
1996	161	7.30	17.72	3.44	1.63	0.80
1997	151	5.68	15.74	3.99	1.64	0.81
1998	150	5.65	16.70	4.58	1.60	0.79
1999	149	5.16	16.52	5.08	1.49	0.78
2000	86	3.54	14.80	5.08	0.97	0.53
2001	82	3.10	12.93	4.77	0.57	0.31
2002	62	4.22	12.25	4.67	0.59	0.34
2003	57	4.67	12.07	4.12	0.60	0.36
2004	53	4.33	12.81	3.22	0.57	0.37
2005	51	4.36	12.94	3.83	0.55	0.37
2006	49	3.39	11.36	4.10	0.50	0.37
2007	402	21.38	63.13	20.56	3.36	2.69
2008	392	21.09	59.36	20.84	3.32	2.69
2009	377	22.81	59.02	19.21	3.32	2.72
2010	358	22.62	60.64	17.29	3.35	2.77
2011	338	22.09	61.59	17.39	3.49	2.91
2012	319	18.89	58.40	19.06	3.58	3.04
2013	300	17.84	54.76	19.33	3.62	3.10

注：2007 年起数据口径调整为职业高中和普通中等专业学校
The data scope were adjusted since 2007, including the vocational high schools and the general secondary specialized schools.

14－3 普通高等教育分类情况(2013 年)
Institutions of Higher Education by Type(2013)

分类	Item	学校数(所) Number of Schools (unit)	本、专科学生(人) Regular College Course and Specialized Subject (person) 毕业生数 Graduates	招生数 New Students Enrolled	在校学生数 Students Enrolled	教职员工数(人) Number of Schools Staff and Workers (person)	#专任教师 Teachers
总计	**Total**	**106**	**244860**	**283353**	**959629**	**85381**	**56000**
普通本科	**Institutions of Higher Education**	**57**	**128186**	**151665**	**587410**	**61920**	**40223**
#民办本科	Private Institutions	25	52879	62050	241946	15626	11989
#独立学院	Indenpendency Institutions	22	39980	43123	173018	10989	8552
高职(高专)院校	**Higher(Colleges) Professional Institutions**	**49**	**116674**	**131688**	**372219**	**23461**	**15777**
#民办	Private Higher Professional Institutions	10	21110	22830	65095	4137	2873

14－4 各级成人教育基本情况
Adult Education by Level

类别	Item	学校数(所) Schools (Unit)			毕(结)业生数(万人) Graduates (10000 persons)			在校学生数(万人) Students Enrollment (10000 persons)		
		2011	2012	2013	2011	2012	2013	2011	2012	2013
成人高等学历教育	**Adult Higher Education**	**9**	**9**	**9**	**10.45**	**9.75**	**10.11**	**24.86**	**26.32**	**27.66**
广播电视大学	Radio and TV Universities	2	2	2	0.63	0.29	0.45	1.15	1.35	1.52
职工高等学校	Schools of Higher Education for Staff and Workers	4	4	4	0.31	0.26	0.22	0.52	0.46	0.44
教育学院	Pedagogical Colleges	3	3	3	0.14	0.16	0.21	0.59	0.73	0.81
普通高校	Institutions of Higher Education	75	75	74	9.37	9.04	9.22	22.60	23.78	24.89
成人中等学历教育	**Secondary Education for Adults**	**44**	**39**	**37**	**1.48**	**1.29**	**1.39**	**3.61**	**3.46**	**3.09**
成人中学	**Secondary Schools for Adults**	**393**	**343**	**321**	**2.96**	**13.37**	**9.63**	**4.30**	**14.31**	**11.58**
成人技术培训学校	**Technical Training Schools for Adults**	**4753**	**4599**	**4452**	**328.92**	**319.20**	**303.99**	**318.87**	**304.79**	**296.90**
成人初等学校	**Primary Schools for Adults**	**59**	**18**	**210**	**0.25**	**0.25**	**1.01**	**0.36**	**0.08**	**3.79**

14-5 技工学校基本情况(1980-2013年)
Basic Statistics on Technical Schools(1980-2013)

年份 Year	学校数 (所) Number of Schools (unit)	在校学生数 (人) Students Enrolled (person)	毕业生数 (人) Graduates (person)	招生数 (人) New Students Enrolled (person)	教职员工数 (人) Number of School Staff and Workers (person)
1980	140	17093	5895	5139	2709
1981	139	12180	8718	4115	4462
1982	141	9386	5798	3813	3987
1983	142	8536	3935	4260	4266
1984	101	11152	2696	6110	4673
1985	94	14065	4138	6790	5146
1986	94	17122	3529	6717	5936
1987	92	19006	4663	6907	5960
1988	91	18243	6121	6125	5881
1989	94	17323	6377	6060	4464
1990	96	16365	5815	6176	5826
1991	94	18230	5083	7489	6131
1992	98	21663	5414	9480	6373
1993	99	31998	7523	14204	6541
1994	102	38658	10523	17603	6993
1995	104	15149	12140	20852	7273
1996	107	49246	15415	20438	7335
1997	107	56633	13709	24026	6758
1998	106	62052	17268	23916	6560
1999	99	63128	18081	22681	6197
2000	95	60968	21029	22630	7204
2001	97	59068	20410	23983	5914
2002	96	62572	17684	27123	5774
2003	87	70650	15933	33494	5616
2004	83	88652	19062	40536	6335
2005	79	97783	21954	39406	5441
2006	76	101968	25444	39318	7128
2007	72	95295	22940	35323	6348
2008	71	97072	23944	35621	6316
2009	68	103862	26374	37892	5785
2010	68	108791	26328	39120	6875
2011	68	113036	25681	39173	7660
2012	66	106085	26618	35537	8431
2013	66	118587	27273	37351	8877

14－6 特殊教育情况(1980－2013 年)
Basic Statistics on Special Education(1980－2013)

年份 Year	学校数 (所) Number of Schools (unit)	在校学生数 (人) Students Enrolled (person)	毕业生数 (人) Graduates (person)	招生数 (人) New Students Enrolled (person)	教职员工数 (人) Number of School Staff and Workers (person)	#专任教师 Teachers
1980	7	1293	73	203	174	116
1981	7	1347	109	204	177	117
1982	7	1407	118	224	186	136
1983	8	1478	129	271	225	162
1984	11	1668	81	340	258	186
1985	13	1784	150	380	311	231
1986	15	1979	125	412	334	242
1987	18	2303	128	553	410	294
1988	24	2621	201	641	507	370
1989	32	2985	135	594	600	435
1990	43	3443	222	832	729	555
1991	46	3963	142	784	847	639
1992	47	6907	346	918	963	735
1993	53	13202	548	4288	1081	824
1994	55	18038	1172	2774	1291	1003
1995	56	23690	1791	2831	1433	1130
1996	60	22691	1778	2261	1462	1169
1997	61	23919	2190	2306	1419	1154
1998	63	22812	3086	2486	1453	1172
1999	62	21840	3315	2437	1382	1120
2000	62	19749	3701	2445	1396	1139
2001	64	19358	2783	2593	1385	1068
2002	64	16484	2603	2158	1424	1122
2003	63	15357	2561	1947	1445	1133
2004	62	14195	2124	1663	1475	1194
2005	62	12889	1782	1465	1531	1233
2006	63	12160	1717	1535	1576	1281
2007	63	12993	1567	1612	1603	1326
2008	64	12924	1603	1864	1680	1413
2009	64	12268	1649	1751	1605	1351
2010	67	13010	1718	1904	1837	1586
2011	78	13048	1544	2174	2095	1794
2012	79	14425	1550	2741	2185	1915
2013	82	16327	1777	2812	2331	2038

14 - 7 普通中学基本情况(1978 - 2013 年)
Basic Statistics on Regular Secondary Schools(1978 - 2013)

年份 Year	学校数(所) Number of Schools (unit)	招生数(万人) New Students Enrolled (10000 persons)	在校学生数(万人) Students Enrolled (10000 persons)	毕业生数(万人) Graduates (10000 persons)	教职员工数(万人) Workers and Staff (10000 persons)	#专任教师 Teachers
1978	4097	83.92	214.65	83.59	12.29	9.94
1979	3680	72.29	181.12	80.45	11.04	9.04
1980	3391	64.67	170.04	49.05	11.45	8.53
1981	3243	61.03	155.75	50.75	10.88	8.07
1982	3115	59.93	151.08	44.01	10.34	7.89
1983	3161	61.28	154.91	39.43	10.44	7.90
1984	3199	61.95	166.13	39.50	10.56	7.87
1985	3235	63.29	177.46	41.84	10.94	8.24
1986	3296	65.09	184.04	47.49	11.14	8.41
1987	3346	62.41	182.95	50.19	11.26	8.56
1988	3389	54.34	169.74	52.04	11.53	8.83
1989	3384	58.19	163.34	52.09	11.76	8.95
1990	3353	64.78	169.62	49.92	11.59	8.98
1991	3381	66.01	180.75	46.02	11.87	9.24
1992	3283	66.14	188.38	49.55	12.17	9.53
1993	3259	63.08	185.02	55.67	12.36	9.73
1994	3315	72.82	194.02	56.88	12.72	10.12
1995	3255	80.67	210.54	58.84	13.37	10.77
1996	3240	75.03	223.64	57.41	14.15	11.55
1997	3186	71.92	222.74	68.10	14.74	12.19
1998	3128	76.23	217.67	75.49	15.11	12.52
1999	2995	85.72	228.15	69.91	15.78	13.14
2000	2940	92.51	249.55	66.83	16.52	13.93
2001	2900	89.34	263.00	71.57	17.70	14.73
2002	2781	92.10	270.30	81.36	18.25	15.33
2003	2695	90.99	270.07	88.09	18.78	15.83
2004	2609	84.72	266.14	86.48	19.17	16.29
2005	2524	86.45	261.08	89.71	19.49	16.69
2006	2459	91.93	262.32	88.60	19.82	17.01
2007	2404	90.14	266.55	82.99	20.05	17.34
2008	2377	90.40	269.80	83.40	20.36	17.76
2009	2353	85.47	262.27	87.73	20.56	18.02
2010	2314	83.30	255.15	85.97	20.82	18.29
2011	2314	80.03	244.50	85.30	21.05	18.26
2012	2306	78.85	236.88	81.15	21.15	18.34
2013	2296	77.76	232.24	78.19	21.14	18.29

14－8 小学基本情况(1978－2013年)
Basic Statistics on Primary Schools(1978－2013)

年份 Year	学校数(万所) Number of Schools (unit)	招生数(万人) New Students Enrolled (10000 persons)	在校学生数(万人) Students Enrolled (10000 persons)	毕业生数(万人) Graduates (10000 persons)	教职员工数(万人) Workers and Staff (10000 persons)	#专任教师 Teachers	小学学龄儿童入学率(%) Percentage of Schoolage Children Enrolled(%)
1978	4.45	104.85	501.43	81.56	18.07	17.35	97.60
1979	4.26	86.44	486.77	72.47	18.38	17.54	97.40
1980	4.17	83.58	482.42	71.07	18.45	17.26	97.00
1981	4.10	74.19	459.83	78.66	17.66	16.50	97.20
1982	3.94	70.63	430.59	81.06	17.09	15.94	97.00
1983	3.82	70.20	407.20	83.03	16.44	15.25	97.40
1984	3.75	70.10	395.46	76.47	16.08	14.82	97.80
1985	3.65	67.78	384.91	75.34	16.09	14.62	98.10
1986	3.56	69.38	378.09	72.15	15.84	14.42	98.30
1987	3.45	57.33	365.15	67.32	15.55	14.16	98.60
1988	3.36	63.19	366.04	58.54	15.78	14.39	98.90
1989	3.27	72.30	375.73	60.16	16.11	14.65	99.10
1990	3.18	64.60	372.43	65.81	14.88	13.46	99.30
1991	2.97	57.85	362.64	65.64	14.97	13.50	99.30
1992	2.73	57.90	355.21	63.74	15.10	13.63	99.40
1993	2.53	64.74	359.23	59.33	15.23	13.77	99.50
1994	2.37	72.71	366.15	66.20	15.46	13.98	99.70
1995	2.26	66.19	362.98	70.01	15.84	14.34	99.70
1996	2.14	63.84	363.80	63.90	16.30	14.85	99.80
1997	1.97	61.39	368.57	57.72	16.84	15.40	99.88
1998	1.69	56.19	365.23	59.59	17.17	15.69	99.92
1999	1.38	65.46	363.31	67.83	17.53	16.00	99.95
2000	1.18	61.58	353.76	71.58	17.57	16.04	99.93
2001	1.00	58.45	346.28	66.66	17.64	15.99	99.97
2002	0.90	57.78	343.75	64.48	17.65	16.01	99.99
2003	0.77	52.45	340.29	59.78	17.54	15.91	99.98
2004	0.67	51.42	344.31	53.24	17.61	16.01	99.99
2005	0.61	48.96	342.40	55.25	17.79	16.22	99.99
2006	0.55	52.99	339.43	62.04	17.98	16.38	99.99
2007	0.48	54.85	335.46	62.81	18.12	16.56	99.99
2008	0.44	55.78	332.28	62.48	18.28	16.78	99.99
2009	0.41	53.91	325.14	57.24	18.45	17.01	99.99
2010	0.40	60.21	333.33	54.13	18.61	17.19	99.99
2011	0.38	62.88	344.06	51.78	18.53	17.44	99.99
2012	0.37	60.72	346.73	53.83	19.03	17.95	99.99
2013	0.34	60.75	349.58	54.04	19.44	18.35	99.99

14－9 幼儿园基本情况(1979－2013 年) Basic Statistics on Kindergartens(1979－2013)

年份 Year	园数 (所) Number of Kindergartens (unit)	班数 (个) Number of Classes (unit)	在园幼儿数 (万人) Number of Children Enrolled (10000 persons)	教职员工数 (人) Staff and Workers (person)	#专任教师 Teachers
1979	3100	8908	28.34	13400	10095
1980	7067	14951	43.39	20601	17473
1981	5235	14605	41.97	20737	17473
1982	6409	14916	44.52	22209	18212
1983	6120	15440	47.19	23198	18839
1984	11511	20043	60.65	28735	24074
1985	12468	21902	65.41	30801	26180
1986	12375	24286	71.90	34210	29012
1987	13366	25980	81.25	37548	31680
1988	12590	26048	80.32	38205	32261
1989	12153	26277	74.85	38955	32703
1990	11824	26684	75.16	39859	33556
1991	11242	28308	85.72	41706	34425
1992	9860	29035	94.30	41052	34024
1993	9179	29396	97.63	43522	35887
1994	11705	31178	99.33	48006	39453
1995	11794	31530	99.43	49377	40220
1996	11915	32654	98.95	50389	40678
1997	12920	34637	100.21	54459	43503
1998	14068	37270	105.90	58867	46500
1999	14864	38637	108.38	61549	47902
2000	15073	41271	112.45	67773	51168
2001	12501	43167	115.13	72593	48195
2002	11920	44483	117.61	75000	49442
2003	11560	44651	117.96	83022	54056
2004	11367	46490	127.85	91772	58732
2005	11472	47153	132.22	98629	62679
2006	11437	48666	138.91	106202	67046
2007	10411	51048	147.78	115965	73164
2008	10212	53755	159.34	127635	79741
2009	10067	55922	167.06	139977	87271
2010	9863	60856	183.05	157174	95101
2011	9649	63850	187.14	168497	100019
2012	9573	65192	188.63	180518	107289
2013	9209	64058	186.88	190186	110251

14－10 各级学校女学生和女教师数(2007－2013年)
Female Students and Teachers by Level of Schools(2007－2013)

类别	Category	2007	2008	2009	2010	2011	2012	2013
女学生数（万人）	Number of Female Students (10000 persons)	353.63	354.29	349.60	352.35	355.04	353.10	352.16
普通高等学校	Institutions of Higher Education	40.40	43.15	45.17	46.61	48.59	50.72	52.79
中等职业学校	Specialized Secondary Schools	32.62	30.42	30.10	30.63	30.99	29.08	26.63
普通中学	Regular Secondary Schools	126.55	128.52	125.26	122.31	117.42	114.13	111.86
小学	Primary Schools	154.06	152.21	149.07	152.80	158.04	159.17	160.88
女学生占学生总数（%）	Percentage of Female Students to Total Students (%)	47.36	47.34	47.45	47.77	47.69	47.80	47.87
普通高等学校	Institutions of Higher Education	51.93	51.85	52.13	52.67	53.55	54.40	55.01
中等职业学校	Specialized Secondary Schools	48.77	48.16	47.95	47.70	47.53	47.02	46.02
普通中学	Regular Secondary Schools	47.48	47.63	47.76	47.94	48.02	48.18	48.17
小学	Primary Schools	45.92	45.81	45.85	45.84	45.93	45.91	46.02
女教师数（万人）	Number of Female Teachers (10000 persons)	23.08	23.83	24.45	25.07	25.59	26.40	27.06
普通高等学校	Institutions of Higher Education	1.97	2.08	2.17	2.26	2.32	2.42	2.51
中等职业学校	Specialized Secondary Schools	1.61	1.59	1.58	1.60	1.64	1.73	1.78
普通中学	Regular Secondary Schools	8.73	9.11	9.36	9.60	9.71	9.82	9.91
小学	Primary Schools	10.77	11.06	11.34	11.61	11.92	12.43	12.86
女教师占教师总数（%）	Percentage of Female Teachers to Total Teachers (%)	55.43	56.16	56.81	57.50	58.12	58.76	59.46
普通高等学校	Institutions of Higher Education	43.20	43.53	43.84	44.41	44.31	44.65	44.89
中等职业学校	Specialized Secondary Schools	50.63	51.16	51.63	52.41	53.04	53.53	54.26
普通中学	Regular Secondary Schools	50.35	51.27	51.94	52.51	53.18	53.53	54.22
小学	Primary Schools	65.04	65.86	66.67	67.55	68.38	69.24	70.10

14－11 每万人口中在校学生数和构成(1979－2013 年)
Students Enrollment Per 10 Thousand Population and Its Composition(1979－2013)

年份 Year	各级学校在校学生占全省人口(%) Students Enrollment as Percentage of Total Population(%)	平均每万人口中 Number of Students Per 10000 Population			大、中、小学生占学生总数 Students of Different Level as Percentage of Total Students(%)		
		大学生(人) University and College Students (person)	中学生(人) Secondary School Students (person)	小学生(人) Primary School Students (person)	大学生(人) University and College Students (person)	中学生(人) Secondary School Students (person)	小学生(人) Primary School Students (person)
1979	17.79	8.50	486.60	1283.56	0.5	27.4	72.2
1980	17.27	9.88	456.50	1260.71	0.6	26.4	73.0
1981	16.11	10.60	412.65	1187.73	0.7	25.6	73.7
1982	15.01	9.20	394.84	1097.23	0.6	26.3	73.1
1983	14.43	9.84	405.18	1027.48	0.7	28.1	71.2
1984	14.38	11.24	436.36	990.36	0.8	30.3	68.9
1985	14.37	13.08	469.11	955.22	0.9	32.6	66.5
1986	14.29	14.09	486.19	928.95	1.0	34.0	65.0
1987	13.80	14.58	479.78	886.03	1.1	34.8	64.2
1988	13.36	14.49	443.83	877.83	1.1	33.2	65.7
1989	13.32	14.50	424.92	892.71	1.1	31.9	67.0
1990	13.33	14.25	439.14	879.43	1.1	32.9	66.0
1991	13.29	14.04	463.63	850.99	1.1	34.9	64.0
1992	13.25	14.52	481.58	828.79	1.1	36.3	62.6
1993	13.28	17.06	477.71	832.84	1.3	36.0	62.7
1994	13.72	20.14	508.46	843.42	1.5	37.0	61.5
1995	14.07	21.25	554.97	830.70	1.5	39.5	59.0
1996	14.37	21.93	588.29	826.80	1.5	41.0	57.5
1997	14.48	23.13	591.39	833.44	1.6	40.8	57.6
1998	14.34	25.52	587.47	821.32	1.8	41.0	57.2
1999	14.58	33.87	611.26	813.24	2.3	41.9	55.8
2000	14.86	47.19	554.41	785.92	3.2	43.9	52.9
2001	14.61	61.97	667.40	732.27	4.3	45.2	50.5
2002	14.94	82.31	691.96	719.69	5.5	46.3	48.2
2003	15.01	99.78	699.06	700.65	6.7	46.6	46.7
2004	15.11	116.29	695.51	699.08	7.7	46.0	46.3
2005	14.97	130.49	668.96	686.05	9.1	44.6	46.3
2006	14.86	141.93	674.74	669.25	9.6	45.4	45.0
2007	14.66	157.02	658.03	650.76	10.7	44.9	44.4
2008	14.54	166.53	650.11	637.48	11.5	44.7	43.8
2009	14.18	172.47	628.70	616.33	12.2	44.3	43.5
2010	13.83	171.28	599.78	612.00	12.4	43.4	44.3
2011	13.86	175.60	580.99	629.80	12.7	41.9	45.4
2012	13.72	180.15	558.49	633.06	13.1	40.7	46.2
2013	13.59	185.05	543.59	630.64	13.6	40.0	46.4

注：从 2001 年起按常住人口计算。
The data in this table were calculated by resident population since 2001.

14－12 学校教师负担学生数(1979－2013年)
Students－Teachers Ratio by Level of Schools(1979－2013)

年份 Year	高等学校 Institutions of Higher Education		中等学校 Secondary Schools		小学 Primary Schools	
	教师数 (万人) Number of Teachers (10000 persons)	平均每个教师负担学生 (人) Student－Teacher Ratio (person)	教师数 (万人) Number of Teachers (10000 persons)	平均每个教师负担学生 (人) Student－Teacher Ratio (person)	教师数 (万人) Number of Teachers (10000 persons)	平均每个教师负担学生 (人) Student－Teacher Ratio (person)
1979	0.63	5.10	9.34	19.80	17.54	27.80
1980	0.69	5.50	8.95	19.50	17.26	28.00
1981	0.69	5.90	8.51	18.80	16.50	27.90
1982	0.77	4.70	8.35	18.60	15.94	27.00
1983	0.82	4.70	8.45	19.00	15.25	26.70
1984	0.87	5.20	8.54	20.40	14.82	26.70
1985	0.99	5.30	9.12	20.70	14.62	26.30
1986	1.08	5.30	9.45	20.90	14.42	26.20
1987	1.12	5.40	9.71	20.40	14.16	25.80
1988	1.16	5.20	10.12	18.30	14.39	25.40
1989	1.16	5.30	10.28	17.40	14.65	25.60
1990	1.16	5.20	10.36	18.00	13.46	27.70
1991	1.12	5.30	10.62	18.60	13.50	26.90
1992	1.11	5.60	10.97	18.80	13.63	26.10
1993	1.11	6.60	11.27	18.30	13.77	26.10
1994	1.13	7.70	11.75	18.80	13.98	26.20
1995	1.15	8.10	12.57	19.30	14.34	25.30
1996	1.15	8.40	13.43	19.30	14.85	24.50
1997	1.16	8.80	13.46	19.40	15.40	23.93
1998	1.18	9.60	14.66	17.80	15.69	23.28
1999	1.31	11.55	15.40	17.73	16.00	22.71
2000	1.90	11.17	14.83	18.24	16.04	22.05
2001	2.22	13.20	17.08	18.48	15.99	21.66
2002	2.60	15.12	18.01	18.35	16.01	21.47
2003	2.99	16.21	18.82	18.04	15.91	21.39
2004	3.58	16.00	19.57	17.50	16.01	21.51
2005	3.84	17.60	19.36	17.04	16.22	21.11
2006	4.21	17.10	20.26	16.40	16.38	20.70
2007	4.56	17.74	20.02	16.47	16.56	20.26
2008	4.78	18.16	20.82	16.28	16.78	19.80
2009	4.95	18.38	21.10	15.72	17.01	19.11
2010	5.10	18.30	21.61	15.12	17.19	19.39
2011	5.23	18.34	21.74	14.60	17.44	19.73
2012	5.42	18.22	21.97	13.92	17.95	19.32
2013	5.60	18.17	22.01	13.58	18.35	19.05

注：2010年起中等学校教师数包括了技工学校专任教师数。
Since 2010 the number of secondary school teachers in technical schools, including the number of full－time teachers.

14－13 科技活动经费投入情况(1990－2013)
Basic Statistics on Scientific and Technoligical Activities Funds(1990－2013)

单位:亿元(100 million yuan)

年份 Year	科技活动经费 Scientific and Technoligical Activities Funds	研究与试验发展经费支出 Expenditure on R&D	按执行部门分 By Sector				按经费来源分 By Source			
			研究机构 Research and Development Institutions	高等院校 Colleges and Universities	工业企业 Enterprises	其他部门 Others	政府资金 Government Appropriation Funds	企业资金 Self－raised Funds by Enterprises	国外资金 Overseas Capital	其他资金 Other
1990	8.60	2.04	0.96	0.51	0.52	0.05				
1991	9.86	2.27	0.87	0.69	0.64	0.06				
1992	14.12	3.46	1.21	1.25	0.90	0.09				
1993	17.93	4.43	1.48	1.77	1.04	0.13				
1994	23.21	7.88	1.33	1.82	4.52	0.21				
1995	32.57	9.14	1.85	2.42	4.63	0.24				
1996	37.96	10.50	2.23	2.43	5.56	0.29				
1997	51.33	15.19	2.96	3.04	7.85	1.34				
1998	60.89	19.70	3.10	3.00	11.80	1.80				
1999	76.78	27.05	3.04	3.71	17.80	2.50				
2000	104.89	36.59	3.21	3.33	26.54	3.51	5.73	26.93	0.53	3.40
2001	124.29	44.74	3.32	5.09	32.04	4.29	6.59	32.73	0.64	4.78
2002	150.03	57.65	2.97	6.58	42.58	5.52	6.77	42.20	0.17	8.51
2003	185.20	77.76	4.35	7.88	59.62	5.91	9.46	57.70	0.32	10.28
2004	243.85	115.55	4.62	13.33	91.10	6.50	13.78	97.42	0.63	3.72
2005	321.42	163.29	11.58	13.90	130.41	7.40	24.12	134.74	0.55	3.88
2006	407.85	224.03	12.38	15.99	183.39	12.27	28.00	190.28	1.12	4.63
2007	516.78	286.32	13.63	18.18	235.55	18.96	30.94	246.39	2.50	6.49
2008	619.52	345.76	13.89	19.15	283.73	28.99	37.08	296.46	4.39	7.83
2009	717.08	398.84	12.85	23.91	330.10	31.98	36.63	354.22	2.48	5.51
2010	832.44	494.23	15.36	34.55	407.43	36.89	48.00	435.45	3.27	7.53
2011	1003.40	612.93	18.07	40.81	501.87	52.18	53.56	539.41	9.51	10.45
2012	1143.83	722.59	21.83	44.72	588.61	67.43	60.41	644.37	3.13	14.68
2013	1292.90	817.27	24.17	47.28	684.36	61.46	66.16	733.62	2.38	15.12

14－14 县级以上政府部门属研究与开发机构情况(1986－2013年)
Basic Statistics on Research and Development Organizations Attached to Goverment at County Level and Above(1986－2013)

年份 Year	机构数(个) Institutions (unit)	从事科技活动人员数(人) Specialized Technical Persons (person)	科技经费收入(万元) Science and technology fund income (10000 yuan)	政府拨款 Government Appropriations	科技经费支出(万元) Spending on science and technology (10000 yuan)	#人员费用 Charge for Person
1986	153		14015	8877	12580	3067
1987	152		17721	10431	15234	3001
1988	156		18920	14073	27715	4065
1989	161		24889	11974	25070	4026
1990	163		33801	15801	29169	5123
1991	164		29623	9330	26494	5001
1992	165		40512	14410	37017	6156
1993	162		47139	14289	45206	9001
1994	161		53069	18251	48025	13993
1995	161		62021	11784	59248	15589
1996	161		72172	25110	63407	18189
1997	162		91503	31795	83434	20806
1998	164		126704	47919	107580	23018
1999	160		126740	50194	113565	28392
2000	146		120587	54365	108129	27263
2001	127		89248	51719	82109	26341
2002	110	5470	89540	54571	80771	28286
2003	104	5095	115029	65770	97981	38157
2004	92	4792	116542	80373	102949	34213
2005	99	5798	144821	109676	120907	31646
2006	99	6178	176610	128341	142664	38853
2007	100	6677	211682	155461	167207	44752
2008	98	7123	247818	177210	203732	51972
2009	97	7517	259300	188672	217138	57000
2010	95	7771	281040	205659	250360	60634
2011	94	8247	324294	223070	289858	71232
2012	97	8971	375690	270412	336575	80561
2013	97	9255	412979	309667	369037	92073

注：从事科技活动人员数包括本单位在职科技活动人员，也包括外聘的流动学者和非本单位在读研究生，和表14－17的科技活动人员口径一致。
Specialized technical persons include the on－the－job technical staff in the unit, including external flow scholars and the graduate students outside the unit, same as the table 14－17.

14－15 县级以上政府部门属研究与开发机构课题情况
Basic Statistics on Topics in Research and Development Organizations Attache to Government at County Level and Above

分类	Item	课题数(项) Topics (unit)			投入人员(人年) Persons (Person－year)			投入经费(万元) Funds (10000 yuan)		
		2011	2012	2013	2011	2012	2013	2011	2012	2013
总计	**Total**	**3223**	**3743**	**4044**	**4401**	**5358**	**5411**	**123464**	**133137**	**129391**
按活动类型分	**By Type**									
基础研究	Fundational Research	174	266	308	204	315	340	4688	4518	5318
应用研究	Applied Research	640	645	644	913	953	983	30325	30817	33005
试验发展	Experimental Development	920	1127	1134	1261	1779	1708	39255	45818	42150
R&D 成果应用	Applying of R&D Results	722	924	1040	977	1188	1267	20104	20064	23315
科技服务	Technology Service	767	781	918	1046	1123	1113	29093	31920	25603

14－16 县级以上政府部门属研究与机构科学论文与科技著作
Basic Statistics on Papers in Research and Development Organizations Attached to Government at County Level and Above

单位:篇(paper)

项目	Item	科学论文 Papers of Science			#国外发表 Publishing Abroad			科技著作 Works of Science and Technology		
		2011	2012	2013	2011	2012	2013	2011	2012	2013
合计	**Total**	**3797**	**3908**	**3957**	**588**	**676**	**864**	**153**	**130**	**144**
国务院部门属	Attaching to the Sate Council	1079	1066	1119	354	363	514	34	30	33
省属	Attaching to Province	2007	2413	2391	206	295	330	101	88	98
市属	Attaching to City	711	429	447	28	18	20	18	12	13

14－17 县级以上政府部门属研究与开发机构情况(2013年)
Basic Statistics on Research and Development Organizations Attached to Government at County Level and Above(2013)

项目	Item	机构数(个) Institutions (unit)	从事科技活动人员数(人) Specialized Technical Persons (person)	经费收入(万元) Income (10000 yuan)	#政府拨款 Government Appropriations	经费支出(万元) Expenditures (10000 yuan)	#科技费用 Charge of Science
总计	**Total**	**97**	**9255**	**491337**	**333428**	**450931**	**369037**
按隶属关系分	**By Relationship of Subordination**						
中央	Central Enterprises	10	2650	156972	124887	134921	120032
地方	The Local	87	6605	334365	208541	316010	249005
按机构地域分	**By Region**						
杭州市	Hangzhou	39	5391	325513	208664	300333	236239
宁波市	Ningbo	10	1615	81978	69642	72089	70458
温州市	Wenzhou	15	1143	41068	26424	37743	31096
嘉兴市	Jiaxing	2	231	10957	4553	11289	8649
湖州市	Huzhou	4	171	7915	6086	8085	5653
绍兴市	Shaoxing	2	49	1602	1467	1603	1320
金华市	Jinhua	8	207	8222	5287	6837	5481
衢州市	Quzhou	4	47	1175	1020	1211	951
舟山市	Zhoushan	6	122	2840	2320	3089	2324
台州市	Taizhou	4	172	6174	4298	5553	4200
丽水市	Lishui	3	107	3893	3666	3100	2666

注：该表中的经费收入和经费支出均指的是全部经费收入和支出。
The data of income and expenditure in the table refers to the data of all financial income and expenditure.

14－18 县级以上政府部门属研究与开发机构课题情况(1986－2013年)
Basic Statistics on Research and Development Organizations Attached to Government at County Level and Above(1986－2013)

年份 Year	课题数 (项) Number of Topics (topic)	投入人员 (人年) Persons (person－year)	投入经费 (万元) Funds (10000 yuan)	人均经费 (元/人年) Funds per Capital (yuan/person－year)	课题平均经费 (元/项) Funds per Topic (yuan/topic)
1986	2568	6506	3590	5518	13980
1987	3272	6892	4467	6481	13652
1988	3066	7053	5180	7344	16895
1989	3134	7405	5644	7622	18009
1990	3120	6276	5551	8845	17792
1991	3457	5506	4720	8572	13653
1992	3452	5533	6772	12239	19618
1993	2941	4948	7418	14992	25223
1994	2540	4401	9262	21045	36465
1995	2453	4301	10058	23385	41003
1996	2315	4331	12792	29536	55257
1997	2440	4390	17798	40542	72943
1998	2534	5568	25194	45248	99424
1999	2558	5070	26927	53110	105266
2000	1989	4040	29664	73426	149140
2001	1790	2818	21663	76874	121022
2002	1746	2812	23329	89262	133614
2003	1700	2944	30816	104674	181271
2004	1540	2769	42463	153351	275734
2005	2121	3383	58242	172161	274597
2006	2834	3787	65945	174135	232392
2007	3539	4372	82918	189657	234298
2008	3151	4542	92146	202875	292434
2009	3132	4457	101017	226648	322532
2010	3278	4211	113576	269713	346480
2011	3223	4401	123464	280536	383072
2012	3743	5358	133137	248483	355697
2013	4044	5411	129391	239126	319958

14－19 高等学校科技活动情况(1986－2013年)
Basic Statistics on Scientific Technological Activities on Higher Education(1986－2013)

年份 Year	科技活动机构数(个) Institutions (unit)	科技活动人员(人) Persons Engaged in Scientific and Technological Activities (person)	经费拨入总额(万元) Funds (10000 yuan)	#政府拨款 Government Appropriations	经费支出总额(万元) Expenditures (10000 yuan)	#仪器设备费 Expenditurs for Instrument and Equipment
1986	31	16086	2760	2061	2191	943
1987	32	15363	2954	1836	2557	823
1988	45	19874	3167	1789	2757	639
1989	44	20166	4514	2039	3926	884
1990	45	20267	5320	2773	4068	881
1991	43	20251	6442	3234	5505	1101
1992	58	20597	11083	5250	9996	2128
1993	234	20940	26974	9129	26563	4917
1994	262	20933	25766	8965	24830	3449
1995	259	21098	28731	7522	24805	3067
1996	259	22111	32341	7404	29516	3417
1997	295	22247	38327	10791	34538	4497
1998	433	23092	45677	11598	45008	4592
1999	365	23869	58749	13654	51850	3035
2000	430	28555	81153	23554	74714	8225
2001	534	34716	108576	37059	90486	11448
2002	405	19659	150651	61506	112630	17339
2003	421	21763	178362	67396	136090	19425
2004	203	29031	209249	90951	178960	27796
2005	191	25077	271011	136055	203204	37122
2006	160	25436	314684	170843	257099	53033
2007	161	26496	350014	178132	261104	41679
2008	169	28594	398755	225555	297278	51504
2009	575	53160	449992	242782	391720	72279
2010	471	56822	596839	348846	539237	61563
2011	494	60216	660167	376049	635506	108295
2012	524	62209	718381	410322	686972	98605
2013	595	64507	722863	406115	675602	96108

14－20 高等学校自然科学领域研究与发展课题情况(1986－2013年)
Basic Statistics on Topics of Natural Scientific Research and Development in Institutions of Higher Education(1986－2013)

年份 Year	课题数 (项) Number of Topics (topic)	投入人员 (人年) Persons (person－year)	投入经费 (万元) Funds (10000 yuan)	课题平均经费 (元/项) Funds per Topic (yuan/tipic)
1986	1684		2295	13569
1987	1849		2681	14500
1988	2163		2616	12094
1989	2285		3848	16840
1990	2925		4667	15956
1991	3400		5053	14862
1992	4083		7905	19361
1993	4263		12961	30403
1994	4398		17082	38840
1995	4264		16211	38018
1996	4415		17900	40544
1997	4713		23901	50713
1998	5173		24912	48158
1999	5412		25385	46905
2000	5268		29482	55964
2001	6375	3821	40110	62918
2002	8736	4295	37511	42938
2003	13385	6363	90175	67370
2004	16003	8354	154804	96734
2005	18789	8676	133346	70970
2006	19896	8844	126763	63713
2007	19945	8966	150157	75286
2008	21657	9687	192980	89107
2009	22235	9581	210106	94493
2010	22391	10073	346706	154842
2011	22193	9847	351999	158608
2012	23938	9745	342897	143244
2013	25264	9984	385379	152541

14－21 高等学校自然科学领域研究与发展课题情况
Basic Statistics on Topics of Natural Scientific Research and Development in Institutions of Higher Education

项目	Item	课题数(项) Number of Topics (topic)		投入人员(人年) Persons (person)		投入经费(万元) Funds (10000 yuan)		课题平均经费(元) Funds per Topic (yuan)	
		2012	2013	2012	2013	2012	2013	2012	2013
总计	**Total**	**23938**	**25264**	**9745**	**9984**	**342897**	**385379**	**143244**	**152541**
按活动类型分	**By Type of Activities**								
基础研究	Fundational Research	8775	9282	3405	3771	107290	123867	122268	133448
应用研究	Applied Research	11034	11331	4539	4432	156247	175750	141605	155105
试验发展	Experimental Development	1540	1777	730	732	24015	26481	155944	149024
研究与试验发展成果应用	Applying in R&D Results	1328	1395	592	538	26457	27801	199226	199292
科技服务	Technology Service	1261	1479	479	512	28887	31480	229083	212843

14－22 高等学校自然科学领域研究与发展机构科技著作
Scientific and Technical Works of Research and Development Organizations in Institutions of Higher Education

项目	Item	出版科技专著(部) Science and Technology Workers Published (work)			发表学术论文(篇) Academic Papers Published (paper)			#国外及全国性学术刊物 Published in Foreign Academic Publications		
		2011	2012	2013	2011	2012	2013	2011	2012	2013
合计	**Total**	**68**	**104**	**108**	**31273**	**32471**	**31363**	**11266**	**12454**	**11914**
自然科学	Natural Sciences	7	15	26	7792	8046	7524	3277	3817	3035
工程与技术	Engineering and Technology	35	38	42	13630	13282	13307	4943	5160	5907
医学科学	Medical Sciences	24	44	33	7592	8216	7770	2209	2476	1888
农业科学	Agricultural Sciences	2	7	7	2259	2927	2762	837	1001	1084

14－23 规模以上工业企业科技活动情况(2008－2013 年)

Basic Statistics on Scientific and technological Activities of Enterprises above Designated Size by Industrial Sector(2008－2013)

单位:亿元(100 million yuan)

项目		Item		2008	2009	2010	2011	2012	2013
有科技活动企业数	(个)	Number of Enterprises with Scientific and Technoligical Activities	(unit)	12897	13883	14537	11791	13830	15179
企业有科技机构	(个)	Number of Research Intitutions	(unit)	5748	5694	6745	6781	7498	8278
从业人员年平均人数	(万人)	Average Number of Employed Person	(10000 persons)	811.26	797.13	602.72	714.96	712.64	719.13
科技活动人员	(万人)	Persons with Scientific and Technoligical Activities	(10000 persons)	31.19	33.31	38.18	40.20	45.53	49.20
#高中级职称人员	(万人)	Persons with Senior or Middle Titles	(10000 persons)	7.27	7.26	7.29	7.97	8.66	9.10
科技活动经费支出		Internal Expenditures on S &T Activities		492.35	545.09	675.50	774.76	903.71	1031.11
#劳务费		Service Fees		132.06	141.65	181.53	202.90	243.14	289.34
原材料费		Material Costs		159.48	202.00	260.31	314.75	382.47	437.96
#新产品开发经费支出		Expenditure on New Product Developmet		408.06	418.31	526.16	601.47	714.53	821.66
委托外单位开发经费支出		Expenditure on Entrustment		33.98	32.89	36.48	39.56	43.50	35.31
研究与试验发展人员	(万人)	Persons Engaged in R&D	(10000 persons)	16.03	18.49	22.39	24.82	29.75	33.72
研究与试验发展经费支出		Expenditure on R&D		274.13	330.10	407.43	479.91	588.61	684.36
新产品产值		Output of New Product		6753.2	6801.6	8789.3	10749.6	11778.5	15862.2
新产品销售收入		Sales income of New Product		6408.2	6348.6	8352.5	10049.4	11284.0	14882.1
#出口		Export		1970.85	1612.00	2232.92	2535.51	2674.50	2981.38
专利申请数	(项)	Number of Patent Application	(item)	33652	46420	48334	52207	68003	77067
#发明专利	(项)	Patent of Invention	(item)	6107	8698	8879	9335	12844	15036
拥有发明专利数	(项)	Owning Invention Patent	(item)	11098	11789	14178	18091	20553	22578
技术改造经费支出		Expenditure for Technology Transform		389.16	329.36	285.37	257.27	246.09	257.55
技术引进经费支出		Expenditure for Acquisition of Foreign Technology		22.67	21.37	24.89	16.94	14.61	11.04
消化吸收经费支出		Expenditure for Assimilation of Technology		10.96	9.91	12.73	8.55	7.97	5.26
购买国内技术经费支出		Expenditure for Purchasing of Domestic Technology		16.67	16.08	14.84	13.33	12.16	17.06

注：2011 年起规模以上工业为主营业务收入为 2000 万及以上工业企业。
Industrial enterprises above designated size refer to those with annual revenue from principal business over 20 million yuan since 2011.

14－24 大中型工业企业科技活动情况(2008－2013年)
Basic Statistics on Science and Technology Activities of Large and Medium sized Industrial Enterprises(2008－2013)

单位:亿元(100 million yuan)

项目		Item		2008	2009	2010	2011	2012	2013
企业数	(个)	Number of Enterprises	(unit)	4516	4328	4420	5040	5240	5209
#有科技活动企业数	(个)	Number of Enterprises with Scientific and Technoligical Activities	(unit)	2602	2613	3078	3137	3376	3443
企业有科技机构	(个)	Number of Research Intitutions	(unit)	2102	2247	2733	2583	2689	2844
从业人员年平均人数	(万人)	Average Number of Employed Person	(10000 persons)	353.30	331.22	352.08	374.11	380.35	368.25
科技活动人员	(万人)	Persons Related with Scientific and Technoligical Activities	(10000 persons)	17.86	18.62	23.09	25.48	28.05	29.38
#高中级职称人员	(万人)	Persons with Senior or Middle Titles	(10000 persons)	4.31	4.19	4.54	4.92	5.03	5.10
科技活动经费内部支出		Internal Expenditures on S &T Activities		325.41	338.53	441.25	519.36	592.37	655.83
#劳务费		Service Fees		89.78	91.22	121.07	138.09	161.23	189.67
原材料费		Material Costs		105.49	124.75	173.00	215.36	257.90	284.25
#新产品开发经费支出		Expenditure on New Product Developmet		273.89	261.35	349.64	411.35	480.50	541.39
委托外单位开发经费支出		Expenditure on Entrustment		25.85	24.40	28.45	32.03	35.25	27.51
研究与试验发展人员	(万人)	Persons Engaged in R&D	(10000 persons)	9.84	10.78	13.82	15.67	18.58	20.39
研究与试验发展经费支出		Expenditure on R&D		192.52	215.85	272.34	321.24	389.73	440.57
新产品产值		Output of New Product		4958.88	4826.22	6584.46	8046.62	9037.27	11519.70
新产品销售收入		Sales income of New Porduct		4767.36	4526.20	6282.62	7537.02	8697.36	10900.12
#出口		Export		1521.87	1182.57	1775.97	1967.37	2083.53	2233.26
专利申请数	(项)	Number of Patent Application	(item)	15897	19964	22859	25529	31218	34470
#发明专利	(项)	Patent of Invention	(item)	2643	3837	4241	5071	6513	7548
拥有发明专利数	(项)	Owning Invention Patent	(item)	4756	5189	6924	9693	11495	12639
技术改造经费支出		Expenditure for Technology Transform		306.62	240.24	226.64	209.97	202.61	212.40
技术引进经费支出		Expenditure for Acquisition of Foreign Technology		16.16	16.14	21.33	14.55	12.97	8.33
消化吸收经费支出		Expenditure for Assimilation of Technology		7.35	7.12	10.59	7.29	6.78	4.28
购买国内技术经费支出		Expenditure for Purchasing of Domestic Technology		12.10	11.58	10.70	10.54	9.03	10.98

14－25 大中型工业企业科技活动情况(2013 年)
Basic Statistics on Scientific and Technological Activities in Large and Medium sized Industrial Enterprises(2013)

项目	Item	企业数(个) Number of Enterprises (unit)	有 R&D 的企业数(个) Number of Enterprises with R&D (unit)	企业办科技机构(个) Number of Institutions Found by Enterprises (unit)
总计	**Total**	**5209**	**2669**	**2844**
按企业规模分	**By Scale**			
大型企业	Large－sized Enterprises	601	440	635
中型企业	Medium－sized Enterprises	4608	2229	2209
按登记注册类型分	**By Status of Registration**			
内资企业	Domestic Funded Enterprises	3652	1935	2140
国有企业	State－owned Enterprises	67	17	7
股份合作企业	Cooperative Enterprises	15	9	7
有限责任公司	Limited Liability Corporations	900	493	523
股份有限公司	Share－holding Corporations Ltd.	361	314	436
私营企业	Private Enterprises	2303	1101	1167
其他企业	Others	6	1	
港、澳、台商投资企业	Funded by Enterpreneurs From Hong Kong Macao and Taiwan	812	384	356
合资经营企业	Joint－venture Enterprises	473	234	214
合作经营企业	Cooperation Enterprises From Hong Kong, Macao and Taiwan	14	9	7
港、澳、台商独资经营企业	Enterprises with Sole Hong Kong,Macao and Taiwan	307	126	124
港、澳、台商投资股份有限公司	Share－holding Corporations Ltd. with Funds From Hong Kong,Macao and Taiwan	18	15	11
外商投资企业	Foreign Funded Enterprises	745	350	348
中外合资经营企业	Joint－venture Enterprises	422	216	203
中外合作经营企业	Cooperation Enterprises	6	3	5
外资企业	Enterprises With Sole Foreign Investment	302	120	124
外商投资股份有限公司	Foreign Invesment Share－holding Corporations Ltd.	14	10	15
其他外商投资企业	Other foreign investment	1	1	1
按隶属关系分	**By Relationship**			
中央企业	Central Enterprises	49	19	18
地方企业	Local Enterprises	5160	2650	2826

企业办机构仪器设备原价（万元）Original Value of Machines (10000 yuan)	企业科技活动人员数（人）Persons with Scientific and Technical Activities (person)	R&D人员 Persons Engaged in R&D	科技活动经费内部支出 Internal Expenditures on S&T Activities	R&D支出 Expenditure on R&D	#新产品开发经费支出 Expenditure on New Product Development	发明专利申请数（项）Number of Patent Applications (item)	有效发明专利数（项）Patent of Inventions Owned (item)
2778508	**293827**	**203856**	**6558349.6**	**4405721.5**	**5413926.1**	**7548**	**12639**
1241728	128811	88271	3157062.1	2108755.9	2659055.1	3576	5991
1536780	165016	115585	3401287.5	2296965.6	2754871.0	3972	6648
1850645	208605	146503	4486892.1	3049674.4	3650791.4	5206	8153
3912	2886	1360	70003.3	39675.6	45692.0	519	264
5973.4	539	435	9124.7	7580.9	9047.7	2	20
540990.6	60031	41881	1363587.4	931808.2	1097163.0	1275	2182
604505.6	59320	44972	1250769.4	959278.0	1062714.2	1504	2592
695263.0	85817	57843	1793197.3	1111121.7	1435964.5	1906	3093
	12	12	210.0	210.0	210.0		2
527507.0	44566	30736	1110207.6	776367.2	949768.1	1465	3200
274633.7	22013	14826	546161.6	336006.8	437198.1	495	680
2091.5	509	373	9053.8	6188.9	6340.4	1	
239851.7	18348	12363	419371.2	305894.2	375887.5	799	2331
10930.1	3696	3174	135621.0	128277.3	130342.1	170	189
400356.6	40656	26617	961249.9	579679.9	813366.6	877	1286
264246.8	24551	16014	620482.3	355498.3	516718.0	585	771
4089.1	125	108	1441.0	1326.6	1441.0		
113132.3	13909	9228	294901.7	196059.3	253842.4	276	399
18877.4	1886	1104	42593.2	24997.1	39557.1	13	113
11.0	185	163	1831.7	1798.6	1808.1	3	3
30305	4115	1973	94814.0	50383.9	39558.2	536	362
2748203	289712	201883	6463535.6	4355337.6	5374367.9	7012	12277

14－26 “星火”计划项目情况
Basic Statistics on “Sparkle” Programmes

项目	Item	验收项目数（项）Programmes (item)			新增经济效益（万元）Newly Added Economic Efficiency (10000 yuan) 新增产值 Newly Added Output Value			新增利税 Newly Added Profits and Taxes		
		2011	2012	2013	2011	2012	2013	2011	2012	2013
合计	**Total**	**412**	**476**	**289**	**713636**	**568645**	**468802**	**73674**	**73786**	**86453**
国家级	Country Level	91	120	133	547494	399941	399002	50926	47066	76903
省级	Province Level	40	16	25	67200	29516	27800	9451	5664	5250
市县级	City and County Level	281	340	131	98942	139189	42000	13297	21056	4300

14－27 “星火”计划项目情况（1986－2013 年）
Basic Statistics on “Sparkle” Programmes (1986－2013)

单位：项（item）

年份 Year	国家级 Country Level 立项 Programmmes	国家级 验收 Checked and Accepted	省级 Province Level 立项 Programmmes	省级 验收 Checked and Accepted	市县级 City and County Level 立项 Programmmes	市县级 验收 Checked and Accepted
1986	29	7	70	188	203	44
1987	33	3	71	11	191	21
1988	38		66	2	185	2
1989	10		71	3	208	6
1990	28	8	79	44	298	102
1991	37	9	81	66	343	159
1992	37	26	89	65	413	161
1993	44	40	149	78	246	124
1994	43	14	152	34	302	100
1995	45	19	165	54	379	175
1996	58	17	119	38	509	165
1997	74	26	144	37	587	193
1998	82	35	144	35	636	200
1999	79	42	143	75	656	285
2000	80	54	171	83	540	261
2001	88	39	156	61	665	303
2002	100	35	84	45	785	535
2003	115	58	138	65	831	498
2004	118	65	116	51	493	330
2005	107	40	131	49	591	244
2006	147	55	132	36	495	339
2007	165	48	23	44	537	320
2008	177	59	13	33	491	177
2009	13	62	13	35	269	134
2010	210	66	13	35	404	140
2011	265	91	16	40	300	281
2012	236	120	16	16	375	340
2013	259	133	31	25	228	131

注：1. 从 2007 年起，我省“星火”计划项目管理口径发生变化。
The data of "Sparkle Plan" Programmes by province level are adjusted since 2007.
2. 2009 年国家星火只安排了重点项目，没有设立一般项目。
The data of "Sparkle Plan" Programmes by country level includes key projects, except general projects in 2009.

14－28 科协系统科技活动情况
Basic Statistics on Scientific and Technological Activities

项目		Item		科协合计 Total Associations with Science and Technology System		省科协 Associations at province Level		市科协 Associations at City level		县级科协 Associations at County Level	
				2012	2013	2012	2013	2012	2013	2012	2013
机构数	（个）	**Institutions**	（unit）	**104**	**104**	**1**	**1**	**11**	**11**	**92**	**92**
人员数	（人）	**Personnel**	（person）	**1476**	**1532**	**200**	**233**	**367**	**383**	**909**	**916**
学术活动		**Academic Activities**									
学术会议		Academic Meetings									
次数	（次）	Number	（time）	575	612	31	7	258	357	286	248
参加人数	（人）	Participants	（person）	119771	94246	9621	7860	54926	42070	55224	44316
继续教育		Continuing Education									
办培训班	（个）	Training Classes	（class）	1093	23	9	7	213	16	871	
结业人数	（人次）	People Graduated	（person－time）	81223	2546	811	638	11736	1908	68676	
科普活动		Activities for Popular Science									
宣讲活动	（次）	Propaganda Activity	（time）	8420	8580	93	105	1581	1470	6746	7005
受众	（人次）	Audience	（time）	7030341	7833213	3100000	3630000	461513	699329	3468828	3503884
出版		**Publications**									
编著科技图书	（种）	Books Edited	（kind）	129	102	3	5	28	14	98	83
年发行总量	（册）	Number of Annual Published	（copy）	2103100	682800	1000	56000	1622300	123500	479800	503300

注：2012 年开始科协统计口径有变化，后表同。
Data of this table is adjusted since 2012, following tables are the same.

14－29 科协系统省级学会情况(2007－2013 年)
Basic Statistics on Academy in Science Systems(2007－2013)

项目		Item		2007	2008	2009	2010	2011	2012	2013
机构数	**(个)**	**Institutions**	**(unit)**	**153**	**156**	**157**	**160**	**162**	**162**	**165**
会员数	**(人)**	**Personnel**	**(person)**	**155008**	**156523**	**169856**	**171028**	**181803**	**200156**	**197578**
学术活动		**Academic Activities**								
学术会议		Domestic Academic Meetings								
次数	(次)	Number	(time)	652	621	637	587	656	768	771
参加人数	(人)	Participants	(person)	70349	82543	81493	79565	88064	95156	100846
交流论文数	(篇)	Papers Presented	(paperr)	33617	26074	23475	16959	21940	27289	14873
科技培训		Training								
继续教育	(个)	Continuing Education	(unit)	440	435	335	363	388	234	253
结业人数	(人次)	Number of Students Graduated	(time)	56007	46892	29666	46121	49922	28115	35343
科普活动		Activities for Popular Science								
宣讲活动	(次)	Propaganda Activity	(time)	674	588	613	734	874	909	937
受众人数	(人次)	Audience Numbers	(person)	208156	153174	235496	335215	374632	263943	265364
青少年科技竞赛次数	(次)	Teenagers Participating in Science technology Competitions	(time)	50	20	25	31	32	58	61
出版		Publications								
主办科技期刊	(种)	Journals by held	(kind)	42	46	48	47	45	50	58
年发行总数	(册)	Number of Copies Distributed	(cope)	1448900	817295	1518030	1614535	1137611	2212513	981607
编著科技图书	(种)	Academic Newspaper	(kind)	32	36	20	5	11	44	44
年发行总量	(册)	Number of Copies Distributed	(cope)	130800	121001	142500	53100	40400	150300	167000

14－30 专利申请量和授权量(2007－2013 年)
Patent Applications Accepted and Approved(2007－2013)

项目	Item	2007	2008	2009	2010	2011	2012	2013
申请量合计(项)	**Number of Patent Applications Accepted(item)**	**68933**	**89965**	**108563**	**120782**	**177081**	**249373**	**294014**
发明	Inventions	9532	12063	15655	18024	24745	33265	42744
实用新型	Utility Models	19270	25168	40436	50249	75875	108599	127122
外观设计	Outward Designs	40131	52734	52472	52509	76461	107509	124148
授权量合计(项)	**Number of Patent Applications Approved(item)**	**42069**	**52955**	**79945**	**114643**	**130190**	**188431**	**202350**
发明	Inventions	2213	3269	4818	6409	9135	11459	11139
实用新型	Utility Models	16108	20002	25295	47615	56030	84897	106238
外观设计	Outward Designs	23748	29684	49832	60616	65025	92075	84973

14－31 测绘部门主要指标完成情况(2008－2013 年)
Major Indicators of Surveying and Mapping Department(2008－2013)

项目		Item		2008	2009	2010	2011	2012	2013
基础测绘经费总投入	(万元)	Gross Investment on Surveying and Mapping	(10000 yuan)	23348	30656	35920	34496	40576	50675
测绘服务总值	(亿元)	Gross Output Value	(100 million yuan)	11.42	12.83	15.13	25.10	27.95	32.39
年末测绘人数	(人)	Personnel	(person)	8682	9686	10295	10774	11742	12488
1:1 万地形图测制与更新	(幅)	1:10000 Topographic Maps and Updated	(Suit)	743	1446	1819	1473	1657	1639
1:5 千地形图测制与更新	(幅)	1:5000 Topographic Maps and Updated	(Suit)			124	338	162	165
提供各种比例尺地形图	(张)	Topographic Maps of All Kinds	(Piece)	86603	72404	53470	108450	87825	149968

14－32 标准计量、质量监督机构和人员数(2006－2013 年)
Institutions and Personnel Engaged in Standard Measuring and Quality Supervising (2006－2013)

项目				2006	2007	2008	2009	2010	2011	2012	2013
质量技术监督行政部门及其技术机构	(个)	Number of Institutions Engaged in Standard Measuring	(unit)	192	190	191	250	254	251	266	266
省级机构数	(个)	Institutions at Province Level	(unit)	15	15	15	15	15	15	15	15
市级机构数	(个)	Institutions at City Level	(unit)	51	51	52	51	52	52	57	57
县(市、区)级机构数	(个)	Institutions at County Level	(unit)	126	124	124	184	187	184	194	194
产品质量监督检验机构数	(个)	Number of Institutions Engaged in Quality Supervising	(unit)	987	1024	1116	1122	1195	1294	1360	1407
省级院	(所)	Institutions at Province Level	(unit)	121	125	132	128	127	134	153	118
市级院	(所)	Institutions at City Level	(unit)	392	406	410	429	498	487	495	505
县级院	(所)	Institutions at County Level	(unit)	474	493	574	565	570	673	712	787
年末职工总数	(人)	Number of Staff and Workers year－end (person)	(person)	5133	5295	5747	5732	5915	6131	6018	6407
专业技术人员	(人)	Specialized Technological Personnel	(person)	2433	2545	2777	2718	2679	2864	2648	3044
业务管理人员	(人)	Professional Management Personnel	(person)	774	701	884	895	1002	1213	823	983
行政人员	(人)	Administrative Personnel	(person)	1544	1621	1761	1874	1945	1806	2315	2142
工人	(人)	Workers	(person)	382	428	325	245	285	248	232	238
已建省级社会公用计量标准	(大类)	Social Public Measurement Standard Established at Province Level	(type)	10	10	10	15	10	10	10	10
已建市级社会公用计量标准	(大类)	Social Public Measurement Standard Established at City Level	(type)	10	10	10	58	10	10	10	10
已开展强制检定工作计量器具	(项)	Measurement Implement Tested Compulsively	(item)	43	42	41	41	41	41	41	41

续表 Continued

项目				2006	2007	2008	2009	2010	2011	2012	2013
强制检定计量器具实际检出数	(万台件)	Actual Quantity Checked by Measurement Implement Tested Compulsively	(10000 units)	96	140.77	216.07	586.35	588.46	616.24	1701.60	682.32
计量仪器检定	(万台件)	Quantity Checked by Measurement Implement	(10000 units)	135	150.20	217.09	613.65	614.50	711.91	1850.23	1035.52
产品质量监督检验受检企业数	(个)	Number of Enterprises Passed Quality Check	(unit)	25612	25101	22844	28617	27948	26593	26412	19644
本年度财政拨款	(万元)	Financial Allocations	(10000 yuan)	59348	85812	94233	102674	106977	147006	197577	197295
#省级机构拨款		Province Level		11118	22704	19809	31298	26969	22356	27422	31341
市级机构拨款		City Level		19605	25263	32541	30947	35952	60492	83156	81290
县级机构拨款		County Level		28625	37845	41883	40429	44055	64157	86999	84664
固定资产总值	(万元)	Total Value of Fixed Assets	(10000 yuan)	116160	138284	166794	193566	216826	248366	268170	295782
省级固定资产	(万元)	Province Level	(10000 yuan)	18729	24988	29247	28597	35268	42789	42776	45579
市级固定资产	(万元)	City Level	(10000 yuan)	43790	53829	64919	88730	94677	114243	125100	143801
县级固定资产	(万元)	County Level	(10000 yuan)	53641	59466	72628	76239	86882	91334	100295	106401
现有工作用房	(万平方米)	Floor Space of Working Houses	(10000 sq. m)	34.48	33.44	34.41	36.55	43.97	47.55	54.64	59.28
标准馆藏总量	(万件)	Volume of Standard Measurement Implement Collected	(10000 pieces)	20	25	35	41	65	54	55	61
国内标准		Domestic Standard		13.0	13.5	13.0	15.2	15.2	15.0	14.5	12.5
国外标准		Foreign Standard		7.0	11.5	22.0	25.8	50.5	39.0	40.5	48.5
打击假冒伪劣案件立案数	(个)	Cases of Imitions and Poor Guantity Products Registered	(case)	11000	10310	8778	6260	6252	5273	5301	5978

14－33 按行业分的事业单位专业技术人员(2013 年)
Specialized Technical Personnel in Enterprises by Sector(2013)

单位:人(person)

项目	Item	总数 Total	高级岗位 Senior		中级岗位 Medium	
			四级及以上 The forth and above	五至七级 The fifth to seventh	八至九级 The eighth to ninth	十级 The tenth
总计	**Total**	**821709**	**13096**	**114539**	**186762**	**161433**
农、林、牧、渔业	Farming, Forestry, Animal Husbandry and Fishery	20826	180	1826	4947	4382
采矿业	Mining and Quarrying					
制造业	Manufacturing					
电力、热力、燃气及水生产和供应业	Electricity, Heat, Gas and Water Production and Supply					
建筑业	Construction	3042	35	560	557	573
批发和零售业	Wholesale and Retail Sale Trade					
交通运输、仓储和邮政业	Transport, Storage and Post	7131	63	1208	1401	1679
住宿和餐饮业	Hotels and Catering Services	192		3	38	35
信息传输、软件和信息技术服务业	Information Transmission, Software and Information Technology	811	11	98	158	175
金融业	Finance	950		15	7	253
房地产业	Real Estate	1549	7	228	395	298
租赁和商务服务业	Leasing and Commercial Services	523		28	80	100
科学研究和技术服务业	Scientific Research and Technic Services	15485	718	3850	2934	3664
水利、环境和公共设施管理业	Water Conservancy, Environment and Public Facilities Management	15695	230	2329	3095	3199
居民服务、修理和其他服务业	Resident Services, Repair and Other Services	1580	4	220	263	290
教育	Education	468659	5247	76615	127628	99810
卫生和社会工作	Health Care and Social Work	226153	5880	21850	34172	35300
文化、体育和娱乐业	Culture, Sports and Recreation	24181	637	3082	4773	5084
公共管理、社会保障和社会组织	Public Management, Social Security and Social Organization	34932	84	2627	6314	6591

续表 Continued

单位:人(person)

项目	Item	按职务分 By Post 初级岗位 Junior 十一级 The eleventh	十二级 The twelvth	十三级 The thirteenth	其他 Others
总计	**Total**	**95730**	**161553**	**55405**	**33191**
农、林、牧、渔业	Farming, Forestry, Animal Husbandry and Fishery	3107	4330	1579	475
采矿业	Mining and Quarrying				
制造业	Manufacturing				
电力、热力、燃气及水生产和供应业	Electricity, Heat, Gas and Water Production and Supply				
建筑业	Construction	318	559	81	359
批发和零售业	Wholesale and Retail Sale Trade				
交通运输、仓储和邮政业	Transport, Storage and Post	815	1532	317	116
住宿和餐饮业	Hotels and Catering Services	40	29	47	
信息传输、软件和信息技术服务业	Information Transmission, Software and Information Technology	104	211	41	13
金融业	Finance	8	13	386	268
房地产业	Real Estate	199	316	86	20
租赁和商务服务业	Leasing and Commercial Services	97	150	49	19
科学研究和技术服务业	Scientific Research and Technic Services	1152	2323	419	425
水利、环境和公共设施管理业	Water Conservancy, Environment and Public Facilities Management	1967	3243	1166	466
居民服务、修理和其他服务业	Resident Services, Repair and Other Services	225	378	131	69
教育	Education	53726	80363	11567	13703
卫生和社会工作	Health Care and Social Work	25820	53770	34163	15198
文化、体育和娱乐业	Culture, Sports and Recreation	3102	4941	1955	607
公共管理、社会保障和社会组织	Public Management, Social Security and Social Organization	5050	9395	3418	1453

14-34 按行业分的企业单位专业技术人员(2013年)
Specialized Technical Personnel in Enterprises by Sector(2013)

单位:人(person)

项目	Item	总数 Total	按职务分 By Post 高级职务 Senior	#正高级职务 Chief Senior	中级职务 Medium	初级职务 Junior	未聘任专业技术职务 Not Appointed
总计	**Total**	**120203**	**8038**	**199**	**31770**	**53600**	**26795**
农、林、牧、渔业	Farming, Forestry, Animal Husbandry and Fishery	798	29	1	217	417	135
采矿业	Mining and Quarrying	556	59		205	273	19
制造业	Manufacturing	22484	1621	36	6060	9857	4946
电力、热力、燃气及水生产和供应业	Electricity, Heat, Gas and Water Production and Supply	13875	1003	3	3935	7285	1652
建筑业	Construction	12565	1207		3592	5283	2483
批发和零售业	Wholesale and Retail Sale Trade	15446	462	3	3044	7102	4838
交通运输、仓储和邮政业	Transportation, Storage and Post	19391	1380		5680	9790	2541
住宿和餐饮业	Hotels and Catering Services	2389	36		216	669	1468
信息传输、软件和信息技术服务业	Information Transmission, Software and Information Technology	2635	26		109	545	1955
金融业	Finance	9105	165		2107	3370	3463
房地产业	Real Estate	4114	423	4	1648	1617	426
租赁和商务服务业	Leasing and Commercial Services	2320	93		474	1499	254
科学研究和技术服务业	Scientific Research and Technic Services	2406	374	20	818	894	320
水利、环境和公共设施管理业	Water Conservancy, Environment and Public Facilities Management	4208	312		1316	2028	552
居民服务、修理和其他服务业	Resident Services, Repair and Other Services	2885	270		944	1116	555
教育	Education	278	45	8	186	42	5
卫生和社会工作	Health Care and Social Work	556	23		195	298	40
文化、体育与娱乐业	Culture, Sports and Recreation	4192	510	124	1024	1515	1143
公共管理、社会保障和社会组织	Public Management, Social Security and Social Organization						

续表　Continued　　　　单位:人(person)

项目	Item	按专业分 By Occupation					
		#工程技术人员 Engine - ering	#农业技术人员 Agricu - lature	#科学技术人员 Scientific Research	#卫生技术人员 Medical Profess - ionals	#教学人员 Teaching	#其他专技人员 Others
总计	**Total**	**56626**	**617**	**520**	**3118**	**678**	**58644**
农、林、牧、渔业	Farming, Forestry, Animal Husbandry and Fishery	202	200	15	16	3	362
采矿业	Mining and Quarrying	271	1		8		276
制造业	Manufacturing	13685	98	141	724	246	7590
电力、热力、燃气及水生产和供应业	Electricity, Heat, Gas and Water Production and Supply	8901	5	1	20	17	4931
建筑业	Construction	10114			12	12	2427
批发和零售业	Wholesale and Retail Sale Trade	1965	175	3	988	10	12305
交通运输、仓储和邮政业	Transportation, Storage and Post	9207	95		100	76	9913
住宿和餐饮业	Hotels and Catering Services	153			3	4	2229
信息传输、软件和信息技术服务业	Information Transmission, Software and Information Technology	1940		43			652
金融业	Finance	327			5	2	8771
房地产业	Real Estate	2342	5	4	1	13	1749
租赁和商务服务业	Leasing and Commercial Services	342	3		713	36	1226
科学研究和技术服务业	Scientific Research and Technic Services	1987	1	241	1	3	173
水利、环境和公共设施管理业	Water Conservancy, Environment and Public Facilities Management	2628	24	71	10	7	1468
居民服务、修理和其他服务业	Resident Services, Repair and Other Services	1992			4	8	881
教育	Education	15			3	232	28
卫生和社会工作	Health Care and Social Work	10			507		39
文化、体育与娱乐业	Culture, Sports and Recreation	545	10	1	3	9	3624
公共管理、社会保障和社会组织	Public Management, Social Security and Social Organization						

浙/江/统/计/年/鉴

主要统计指标解释

■ 普通高等学校

指按照国家规定的设置标准和审批程序批准举办，通过国家统一招生考试，招收高中毕业生为主要培养对象，实施高等教育的全日制大学、独立设置的学院和高等专科学校、短期职业大学。

■ 成人高等学校

指按照国家有关规定审批，招收通过全国成人高教统一招生考试的具有高中毕业或同等学历的在职从业人员利用脱产、半脱产、业余或函授等多种形式对其实施高等学历教育，培养高等教育专科或本科毕业水平的专门人才，修业年限、课程设置和总学时数均按高等学历教育要求付诸实施的学校。包括广播电视大学、职工高等学校、农民高等学校、管理干部学院、教育学院、独立设置的函授学院等。

■ 小学学龄儿童入学率

指调查范围内已入小学学习的学龄儿童占校内外学龄儿童总数（包括弱智儿童在内，但不包括盲聋哑儿童）的比重。计算公式

$$\text{小学学龄儿童入学率}=\frac{\text{已入学的小学学龄儿童数}}{\text{校内外小学学龄儿童总数}}\times 100\%$$

■ 独立研究与开发机构

指有明确的任务和研究方向，有一定学术水平的业务骨干和一定数量的研究人员，具有研究、开发、开展学术工作的基本条件，主要进行科学研究与技术开发活动，并且在行政上有独立的组织形式，财务上独立核算盈亏，有权与其他单位签订合同，在银行有单独户头的单位。包括国务院各部门、中国科学院、中国社会科学院和各省、自治区、直辖市以及地（市）以上（含地，市）各部门所属的国有独立的科学研究与技术开发机构。

■ 科学家和工程师

指具有大学本科及以上学历的和不具备上述学历但有高、中级职称的人员。

ZHEJIANG STATISTICAL YEARBOOK

Explanatory Notes on Main Statistical Indicators

□ Regular Institutions of Higher Education

refer to educational establishments set up according to the government evaluation and approval procedures, enrolling graduates from senior secondary schools and providing higher education courses and training for senior professionals. They include full-time universities, colleges, high professional schools and short-term professional universities.

□ Institutions of Higher Education for Adults

refer to educational establishments, set up in line with relevant rules approved by the government, enrolling staff and workers with senior secondary school or equivalent education, and providing higher education courses in many forms of full-time, part-time, spare-time, or correspondence for adults. Professionals thus trained receive a qualification equivalent to graduates studying regular courses at regular universities, colleges and professional colleges. Institutions of higher learning for adults include Radio and TV universities, schools of high education for staff and workers and peasants, colleges for management cadres, pedagogical colleges, independent correspondence colleges.

□ Enrollment Rate of Primary School-age Children

refers to the proportion of school-age children enrolled at schools to the total number of school-age children both in and outside schools (including retarded children, but excluding blind, deaf and mute children). The formula is:

$$\text{Enrollment Rate of Primary School-age Children} = \frac{\text{Total Primary School-age Children at Schools}}{\text{Total Primary School-age Children Both at and Outside Schools}} \times 100\%$$

□ Independent Research and Development Institutions

refer to the state-owned insitutions which have direct mission and research purpose, a certain number of core member with higher research level and a certain number of research personnel, favorable conditions for R&D and engaging in scientific rese arch and technological development. The institutions also have their own indepen dent organization and finance, authority to sign contracts with other units, with their own accounts in banks. Independent research and development institutions include the institutions attached to central government agencies, Chinese Acade my of Sciences. Chinese Academy of Social Sciences and the institutions attached to local governments.

□ Scientists and Engineers

refer to persons who have completed university or higher education or obtained titles of senior and middle-level professional positions.

2014
浙江统计年鉴
ZHEJIANG STATISTICAL YEARBOOK

CHAPTER 15

文化、体育和卫生
Culture, Sports and Public Health

15－1 文化部门文化、艺术、文物机构数(1978－2013 年)
Number of Institutions for Culture, Arts and Heritage (1978－2013)

单位:个(unit)

年份	电影放映单位 Film Projection Units	艺术表演团体 Art Performance Troupes	文化馆、站 Cultural Centers, Stations	#文化馆 Cultural Centers	公共图书馆 Public Libraries	博物馆 Museums
1978	4375	128	1125	76	63	19
1979	4320	161	1332	79	69	17
1980	4218	170	1659	79	69	19
1981	4126	147	1753	79	70	20
1982	4095	135	2124	82	73	20
1983	4625	131	2954	86	73	20
1984	5242	133	3607	91	74	21
1985	5592	126	3598	93	76	21
1986	5375	122	3617	95	78	35
1987	5089	112	3619	93	80	40
1988	4896	98	3501	87	80	45
1989	4673	90	3547	87	80	47
1990	4580	90	3554	85	80	51
1991	4436	91	3695	85	80	55
1992	4050	89	2065	84	80	55
1993	3600	89	2033	84	81	58
1994	3327	87	2010	84	82	58
1995	3029	83	1974	83	81	59
1996	2817	85	2114	83	81	61
1997	2766	86	2014	83	81	63
1998	2723	82	2016	83	82	68
1999	2381	82	1956	84	83	69
2000	2129	79	1932	84	83	65
2001	1868	80	1640	86	83	69
2002	1984	80	1676	86	83	70
2003	83	77	1650	87	83	70
2004	1758	71	1634	87	84	73
2005	1505	68	1592	87	90	73
2006	1829	68	1593	87	92	72
2007	1626	71	1582	87	93	75
2008		71	1593	87	94	81
2009	100	72	1613	88	96	90
2010	136	70	1612	89	97	90
2011	160	77	1449	104	97	89
2012	196	65	1447	102	97	103
2013	263	60	1432	102	98	103

注：1、2003 年电影放映单位为发行机构数,2009 年起为城市影院数。
The film projection units in 2003 refer to publishing institutions, as it refers to the number of urban theater since 2009.
2. 2011 年“群艺馆”更名为“文化馆”,2011 年之前“文化馆”单位数未包括“群艺馆
" Art House" was renamed " Museum" in 2011, before 2011 the number of" Museum" did not include the number of " Mass Art".

15-2 文化部门文化及相关产业机构和人员数(2013年)
Number of Cultural Institutions and Persons(2013)

单位:个、人(unit,person)

类别	Category	文化部门 Cultural Department		按登记注册类型分 By Registration			
				国有单位 State-owned Units		集体单位 Collective-owned Units	
		机构数 Institutions	人数 Persons	机构数 Institutions	人数 Persons	机构数 Institutions	人数 Persons
总计	**Total**	**2180**	**26655**	**2119**	**24947**	**6**	**58**
艺术业	Art Institutions	121	4921	108	4481	2	51
图书馆	Libraries	98	3273	98	3273		
群众文化服务	Mass Cultural Services	1432	6724	1432	6724		
艺术教育业	Art and Education	6	718	6	718		
文艺科研	Cultural,Art and Science Research	7	146	6	59		
文物业	Cultural Relic	263	5698	256	5656	1	1
其他	Other	253	5175	213	4036	3	6

15-3 电影放映情况(2007-2013年)
Considions of Film Projection(2007-2013)

项目	Item	2007	2008	2009	2010	2011	2012	2013
城市影院数 (个)	**Number of Urban Theaters (unit)**	**1626**		**100**	**136**	**160**	**196**	**263**
放映场次 (万场)	Number of Projection (10000 shows)	33	38	43	69	108	151	232
观众人数 (万人次)	Number of Audiences (10000 person-times)	871	915	1299	2021	2624	3440	4862
放映收入 (万元)	Projection Income (10000 yuan)	21000	27300	42144	71450	97533	137500	180368

注：2009年之前为电影放映单位。The data of urban theaters refers to the data of projection units before 2009.

15－4 文化馆(站)业务活动和经费情况
Basic Statistics on Activities and Expenditures of Cultural Centers

项目		Item		总计 Total			文化馆 Cultural Centers			文化站 Cultural Stations		
				2011	2012	2013	2011	2012	2013	2011	2012	2013
单位数	**(个)**	**Number of Units**	**(unit)**	**1449**	**1447**	**1432**	**104**	**102**	**102**	**1345**	**1345**	**1330**
举办展览	(个)	Number of Exhibitions	(unit)	6510	7053	7560	1042	1211	1380	5468	5842	6180
组织文艺活动	(次)	Entertainment Activities	(Times)	35368	40738	45132	9257	8455	10424	26111	32283	34708
举办训练班班次	(次)	Number of Training Classes	(Times)	19969	25300	27119	6821	9447	8201	13148	15853	18918
培训人次	(千人次)	Persons Training Courses	(1000 person－times)	1204	1498	1982	304	460	657	900	1038	1326
由本馆(站)指导单位		**Units Responsible for Guilding Centers(Stations)**										
群众业余文艺团队	(个)	Part time Art Groups	(Number)	27155	30441	34230	2532	2731	3390	24623	27710	30840
总支出	**(万元)**	**Total Expenditures**	**(10000 yuan)**	**121547**	**149577**	**164864**	**41633**	**50314**	**55024**	**79913**	**99263**	**109840**
#事业支出	(万元)	Operating Expenditures	(10000 yuan)	66443	73871	76953	27378	34111	35247	39065	39760	41706

注：1.2011 年“群艺馆”更名为“文化馆”,2011 年之前“文化馆”数据未包括“群艺馆”。
"Art house" was renamed "Museum" in 2011, before 2011 the number of "Museum" did not include the number of "Art house".
2.2011 年之后事业支出为基本支出,不包含项目支出。
The Data of operating expenditures refers to basic expenditures, excluding project expenditures since 2011.

15－5 博物馆、文物保护管理单位基本情况
Basic Statistics on Museums and Cultural Relic Protiction & Management Agencies

项目		Item		博物馆 Museums			文物保护管理单位 Protection & Management Agencies		
				2011	2012	2013	2011	2012	2013
单位数	**（个）**	**Number of Units**	**(unit)**	**89**	**103**	**103**	**91**	**89**	**94**
藏　品	**（件）**	**Number of Collections**	**(case)**	**668296**	**723413**	**724756**	**68451**	**61540**	**60474**
#一级品		Grade One		1911	2011	2216	278	232	216
业务活动		**Vocational Activities**							
陈列、展览	（个）	Number of Displays(Exhibitions)	(unit)	915	1025	1176	141	140	119
参观人数	（万人次）	Number of Visitors	(10000 person－times)	2120	2716	3348	1196	1170	1115
本年收入	**（万元）**	**Total Income**	**(10000 yuan)**	**60748**	**67567**	**73604**	**55459**	**61738**	**73634**
本年支出	**（万元）**	**Total Expenditure**	**(10000 yuan)**	**62758**	**66024**	**78262**	**47673**	**57855**	**70545**
固定资产原值	**（万元）**	**Original Value of Fixed Assets**	**(10000 yuan)**	**94955**	**117989**	**132462**	**80965**	**92579**	**76443**

15－6 公共图书馆基本情况(2007－2013年)
Basic Statistics on Public Libraries(2007－2013)

项目		Item		2007	2008	2009	2010	2011	2012	2013
单位数	**（个）**	**Number of Units**	**(unit)**	**93**	**94**	**96**	**97**	**97**	**97**	**98**
从业人员	（人）	Staff and Workers	(person)	2332	2526	2646	3040	3091	3096	3273
总藏量	**（万册件）**	**Total Collections**	**(10000 volume－tome)**	**2699**	**3179**	**3552**	**3761**	**3964**	**4539**	**5165**
有效借书证数	（万个）	Number of Library Cards Borrowed	(10000 units)	97	129	139	177	203	241	322
书刊文献外借人次	（万人次）	Number of Persons Borrowing Books and Papers	(10000 person－times)	981	1180	1214	1376	1766	1677	1912
书刊文献外借册次	（万册次）	Number of Books and Papers Borrowed by the Readers	(10000 volume－times)	1919	2386	2785	2924	3660	3900	3919
经费总支出	**（万元）**	**Total Expenditure**	**(10000 yuan)**	**31151**	**38113**	**44880**	**47316**	**56470**	**73446**	**76969**
本年新购藏量	（万册）	Number of Books Purchased During the Year	(10000 volumes)	202	448	321	337	450	628	480
固定资产原值	**（万元）**	**Original Value of Fixed Assets**	**(10000 yuan)**	**93057**	**105130**	**119547**	**128663**	**142779**	**167655**	**191237**
实际使用房建筑面积	（万平方米）	Space of Actual Building Area	(10000 sq. m)	47	55	56	58	63	69	75
阅览室座席数	**（千个）**	**Seating Capacity of Reading Rooms**	**(1000 seats)**	**28**	**31**	**35**	**35**	**36**	**40**	**42**

注：总藏量未包含电子图书。The data of total collections does not include electronic books.

15－7 报纸和杂志出版数量
Number of Newspaper and Magazines Published

项目	Item	种数(种) Number of Publications (kind)			总印量 (万册、万份) Total Printed Copies (10000 Copies)			总印张 (千印张) Total Printed Sheets (1000 sheets)		
		2011	2012	2013	2011	2012	2013	2011	2012	2013
报纸	**Newspaper**	**71**	**71**	**69**	**359090**	**347100**	**346280**	**16055487**	**16283603**	**16224654**
综合报	Synthetical Newspapers	42	44	40	275588	280346	274296	13230290	14299205	13961395
专业报	Special Newspapers	29	27	29	83502	66754	71984	2825197	1984398	2263259
杂志	**Magazines**	**220**	**222**	**223**	**8001**	**8312**	**8149**	**380441**	**429265**	**416743**
综合	Synthesis	23	22	22	23	21	23	1580	1483	1612
哲学、社会科学	Philosophy and Social Science	44	46	48	2217	2217	2343	117608	131634	141052
自然科学技术	Natural Science and Technology	106	106	106	495	654	644	28297	33478	33191
文化教育	Culture and Education	30	32	31	4504	4695	4486	169422	204424	186023
文学艺术	Literature and Arts	17	16	16	762	725	653	63534	58245	54865
画刊	Pictorial		4			104			4931	
#少年儿童读物	Books for Children		6			1725			43099	

15－8 图书出版数量
Number of Books Published

项目	Item	本版图书种数 (种) Number of Publications (kind)		租型图书种数 (种) Number of Publications for Lease (kind)		总印数 (万册、万份) Total Printed Copies (10000 Copies)		总印张 (千印张) Total Printed Sheets (10000 sheets)	
		2012	2013	2012	2013	2012	2013	2012	2013
图书总计	**Total**	**11478**	**12706**	**272**	**266**	**37250**	**38491**	**2361735**	**2376981**
使用《中国标准书号》部分合计	Publications with" China Standard Book Number"	11357	12578	272	266	37120	38299	2352682	2366688
#哲学	Philosophy	111	100	4		71	66	9071	8495
社会科学总论	General Social Science	260	285			199	255	19798	26792
文化、科学、教育、体育	Culture, Science, Education and Sports	5583	6994	257	266	27565	28497	1733975	1736373
文学	Literature	1199	1321			1418	3369	135392	291029
艺术	Arts	900	1137			514	529	37637	45081
自然科学总论	General Natural Science	23	40			12	38	1455	4243
不使用《中国标准书号》部分合计	Publications without" China Standard Book Number"	121	128			130	192	9053	10293

15 -9 电视节目制作情况(2007 -2013 年)
Prodiction of Television Programs(2007 -2013)

项目		Item		2007	2008	2009	2010	2011	2012	2013
基本情况		**Basic Statistics**								
省市级电视台	(座)	Television Station	(set)	12	12	12	12	12	12	12
电视节目套数	(套)	Sets of Television Programs	(Set)	114	114	114	115	116	116	116
电视发射台及转播台	(座)	Number of TV Transmission Stations and Relaying Stations at 1 kw and Higher Level	(set)	117	110	104	98	97	97	100
播出时间	(小时)	Broadcasting Hours (Hour/per week)	(hour)	659073	679332	700188	712130	722035	733784	738055
新闻资讯节目		News and Informating Programs		74528	75456	75452	82533	86552	94558	98587
专题服务节目		Special Subject Service Programs		58954	63925	64751	66995	72850	73588	84682
综艺益智节目		Programs of General Entertainment		32278	33734	32120	35839	38317	38789	32970
影视剧节目		Movie and Teleplay Programs		302255	302801	313022	319215	322303	329109	322553
广告节目		Advertisement		101530	109865	122910	122267	122537	123652	122328
其他节目		Other Programs		89526	93551	91931	85280	79475	74085	66935
电视人口覆盖率	(%)	Viewer Rating	(%)	99.07	99.13	99.27	99.35	99.38	99.60	99.64
中央电视台(一套节目)	(%)	CCTV -1	(%)	97.53	98.34	98.42	98.52	98.63	98.91	99.00
浙江电视台(一套节目)	(%)	ZJTV -1	(%)	97.53	98.47	98.60	98.72	98.70	99.16	99.24
有线电视入户率	(%)	Rate of Households with Cable Television	(%)	66.69	66.93	69.61	74.13	82.78	83.89	98.65

15－10 广播节目制作情况(2007－2013 年)
Prodiction of Broadcasting Programs(2007－2013)

项目		Item		2007	2008	2009	2010	2011	2012	2013
基本情况		**Basic Stations**								
省市级广播电台	(座)	Broadcasting Stations	(set)	12	12	12	12	12	12	12
广播节目套数	(套)	Sets of Broadcasting Programs	(Set)	106	106	106	107	107	108	110
中短波广播发射台和转播台	(座)	Number of Broadcasting Transmission Stations and Relaying Stations	(set)	36	36	37	37	37	36	36
县级广播电视台	(个)	Number of Broadcast Stations at County and Higher Level	(unit)	66	66	66	66	66	66	66
广播人口综合覆盖率	(%)	Listener Rating	(%)	98.73	98.92	99.09	99.17	99.20	99.54	99.56
中央人民广播电台第一套节目	(%)	Channel 1, Central People Broadcasting Station	(%)	97.84	98.05	98.13	98.26	98.40	98.81	98.81
浙江电台第一套节目	(%)	Zhejiang Channel 1	(%)	97.73	98.31	98.45	98.61	98.56	98.97	99.02
全年公共广播节目播出时间	(小时)	Broadcasting Hours Per Day	(hours)	672587	687024	694857	709854	713198	714622	740977
新闻资讯类节目		News Programs		130482	127897	127753	123775	140654	145666	156168
专题服务类节目		Special Subject Programs		153390	147620	145694	158029	176263	174486	188969
综艺类节目		Programs of Entertainment		162042	161767	177756	179135	178555	179916	177619
广播剧类节目		Educational Programs		21285	23859	24279	25821	26072	26662	28500
广告类		Advertisement		71196	78723	76959	74354	72488	72741	73229
其他类节目		Service Programs		134188	147158	142413	148739	119166	115105	116492

15－11 体委系统职工人数(2013 年)
Number of Staff and Workers in Sports Commissions(2013)

单位:人(person)

类别	Category	总计 Total	体育行政机关 Sports Commis－sion Organization	运动项目管理部门 Sports Manag－ement	职业运动技术学院 Profes－sional Sports and Technical Colleges	体育运动学校 Physical Education and Sports Schools	竞技(业余)体校 Amateur Sports Schools	体育场所 Public Sports Places	训练基地 Training bases	体育科研机构 Sports Science Research Institutions	其他事业单位 Others
总计	**Total**	**6393**	**950**	**104**	**2253**	**469**	**1142**	**611**	**39**	**24**	**801**
公务员	Government Office Worker	742	742								
运动员	Athletes	1929		30	1631		266	2			
专职教练员(教练员)	Full-time Coaches	947		12	210	189	464	19	16		37
专职教师(文化教师)	Full-time Teachers	415		1	66	140	188	3			17
科研人员	Scientific and Technical Personnel	45		4	11	7	3		1	16	3
医务人员	Medical Personnel	62		3	47	4	4	2			2
管理人员	Administrative Personnel	1027		26	198	67	113	236	14	5	368
工勤人员	workers	412	156		61	20	31	115		1	28
其他人员	Others	814	52	28	29	42	73	234	8	2	346

注：业余体校包括重点业余体校和普通业余体校。
Sparetime sports schools included key and ordinary spare schools.

15－12 等级运动员、裁判员人数(2009－2013 年)
Number of Athletes and Referees in Different Levels(2009－2013)

单位:人(person)

项目	Item	2009	2010	2011	2012	2013
等级运动员	**Number of Athletes in Grades**	**2408**	**2032**	**1950**	**2889**	**2256**
国际级健将	International Master of Sports	4	15	9	12	10
国家级健将	National Master of Sports	39	65	122	126	85
一级	First Grade Sportsmen	277	472	633	517	545
二级	Second Grade Sportsmen	2088	1480	1186	2234	1616
等级裁判员	**Number of Referees in Grades**	**2196**	**1619**	**1671**	**1430**	**1958**
国际裁判员	International Referees		1			
国家级裁判员	National Referees		38	26	58	5
一级	First Grade Referees	390	417	214	247	676
二级	Second Grade Referees	1806	1163	1431	1125	1277

15 - 13 运动员分项获奖情况(2009 - 2013 年)
Awards Own by Athletes by Item(2009 - 2013)

单位:项(item)

项目	Item	世界冠军 World Championships					亚洲冠军 Asia Championships					全国冠军 National Championships				
		2009	2010	2011	2012	2013	2009	2010	2011	2012	2013	2009	2010	2011	2012	2013
合计	**Total**	**11**	**7**	**11**	**15**	**17**	**23**	**31**	**14**	**36**	**7**	**59**	**173**	**203**	**208**	**204**
举重	Weightlifting			2						8		1		6	1	
游泳	Swimming	2		3	7	3	11	8		13		9	21	30	24	37
田径	Track and Field						1			2	2	5	8	11	6	4
棋类	Chess	2					1		2	2		4	1		2	
羽毛球	Badminton	1	1									2		1	2	1
射击	Shooting	1	1	1	1		1	5		1	1		2	1	10	1
拳击	Boxing				1			1	4	2			7	6	3	2
体操	Gymnastics					1		1		1		1		1	1	2
皮划艇	Canoe/Kayak						9	6				15	3	8	7	
其他	Others	5	5	5	6	13		10	8	7	4	22	131	139	152	157

15 - 14 群众体育活动和新建体育场地情况
Basic Statistics on Activities of Mass Sports and Number of Newly - built Sports Ground

项目		Item		2009	2010	2011	2012	2013
群众体育活动		**Activities of Mass Sports**						
#省级	(次)	Provincial Level	(unit)	62	117	79	211	494
参加人数	(万人)	Number of active persons	(10000 persons)	35	34	7	13	145
#市级	(次)	City level	(item)	591	692	1195	1319	2446
参加人数	(万人)	Number of active persons	(10000 persons)	49	113	97	51	204
#县级	(次)	County level	(item)	6647	7073	5532	7616	11747
参加人数	(万人)	Number of active persons	(10000 persons)	213	234	200	298	1818
国民体质监测		**Monitor Wational constitution**						
站点数	(个)	Sites	(unit)	759	572	592	597	1934
累计受测人员数	(万人)	Accumulative persons involved monitoring	(10000 persons)	43.9	57.6	62.3	71.6	109.0
本年受测人员数	(万人)	Persons involved monitoring this year	(10000 persons)	11.7	16.5	15.0	15.6	37.4
测试达标人员数	(万人)	Number of persons reached the Standards	(10000 persons)	10.2	14.6	13.4	14.1	7.0
测试达标率	(%)	Attainment rate	(Percentage)	87.1	88.7	88.9	89.9	89.5
体育俱乐部		**Sport Club**						
个数	(个)	Number of Sport Club	(unit)	1044	1157	1378	1944	2886
#国家级	(个)	National level	(unit)					
#省级	(个)	Provincial level	(unit)	508	516	493	788	700
教练员	(人)	Coach	(person)	1572	2132	2454	2685	4928
会员数	(万人)	Club members	(10000 persons)	13.4	15.8	13.9	17.4	54.0
年组织活动参加人数	(万人)	Number of active persons	(10000 persons)	113.8	49.5	35.3	36.6	128.4
政府命名群众体育场地		**Sports Ground**						
数量	(个)	Number of Sports Ground	(unit)	288	347	89	913	1640
占地面积	(千平方米)	Area of Sports Ground	(1000 sq. m)	677.0	754.7	690.1	2071.3	2941.1
场地面积	(千平方米)	Space of sports Ground	(1000 sq. m)	564.1	304.6	408.6	1556.4	2070.8

15－15 卫生事业情况(2008－2013 年)
Statistics on Health Undertakings(2008－2013)

项目	Item	2008	2009	2010	2011	2012	2013
卫生机构数合计(个)	**Total Number of Health Institutions(unit)**	**15291**	**15618**	**29941**	**30515**	**30267**	**30060**
医院	Hospital	635	652	687	731	782	843
疗养院	Sanatoriam	15	13	14	12	16	18
社区卫生服务中心(站)	Center of Community Service	5191	5313	6105	6526	6622	6264
卫生院	Commune Hospital	1849	1821	1550	1205	1151	1146
门诊部	Clinics	632	620	712	746	822	917
诊所医务室卫生所	Consulting Room	6357	6581	6634	6879	7253	7824
专科防治所站	Specialized Prevention Station	27	25	25	25	22	25
疾控中心防疫站	Sanitation and Antiepidemic Institutions	100	101	101	100	99	100
#卫生防疫站	Sanitaion Station	2	1				
妇幼保健机构	Maternity and Child Care Institutions	87	87	87	85	86	87
卫生监督所	Sanitation Supervisory Station	98	99	100	100	100	103
医学科学研究机构	Research Institutions of Medical Science	9	8	8	8	7	7
医学在职培训机构	Training Institutions	48	47	47	44	44	42
村卫生室	Clinics by Village			13643	13851	13091	12504
其他卫生机构	Others	243	251	228	203	172	169
床位合计数(张)	**Total Beds(bed)**	**161203**	**170187**	**184097**	**194759**	**213267**	**230056**
#医院	Hospital	129844	137512	150986	162905	180722	197096
社区服务中心(站)	Center of Community Service	3690	3526	6219	9425	8463	7775
卫生院	Commune Hospital	19784	20365	18339	14274	14893	15207
门诊部	Clinics	471	502	495	268	496	428
妇幼保健机构	Maternity and Child Care Institutions	4640	5092	5491	5845	6568	6794
专科防治所站	Specialized Prevention Sation	732	687	722	610	634	241
其他卫生机构	Others	2042	2503	1845	1432	1491	2022
卫生人员合计(人)	**Persons Engaged in Health Institutions(persons)**	**288344**	**309451**	**352883**	**374157**	**399930**	**427215**
卫生技术人员	Medical Technical Personnel	242912	260028	288491	306922	328660	352393
#医生	Doctors	101897	107930	120444	124497	129998	138289
其他技术人员	Others	11927	12683	13856	15014	16068	16812
管理人员	Management Personnel	13127	13660	14492	14015	13599	14075
工勤人员	Logistics Workers	20378	23080	25049	27373	31825	34990
乡村医生和卫生员	Doctors and Health Workers in Rural Area			10995	10833	9778	8945
在卫生技术人员中	Among them						
执业医师	Licenced Doctors	83387	89712	99375	103554	109484	117370
执业助理医师	Licenced Assistant Doctors	18510	18218	21069	20943	20514	20919
注册护士	Registered Nurses	78284	87843	99615	109275	121313	132705
药剂人员	Medical Pharmacists	17212	17996	19168	20339	21613	23036
检验人员	Laboratory Technicians	13887	14440	15614	16126	16950	18047
其他	Others	31682	31819	33650	36685	38786	40316
平均每千人口拥有卫生技术人员(按常住人口计算)	Number of Medical Technical Personnel Per 1000 Population(Calculated by Number of Permanent population)	4.66	4.93	5.30	5.62	6.00	6.41
#医生	Doctors	1.95	2.05	2.21	2.28	2.37	2.52
平均每千人口拥有卫生技术人员(按户籍人口计算)	Number of Medical Technical Personnel Per 1000 Population(Calculated by Number of Household population)	5.18	5.51	6.08	6.42	6.85	7.30
#医生	Doctors	2.17	2.29	2.54	2.60	2.71	2.86

注：自 2010 年开始，卫生机构中包含村卫生室，卫生人员中包含乡村医生和卫生员。
Since 2010, health agencies are included in the village clinics, health personnel include rural doctors and health workers.

15－16 医院诊疗次数和入院人数(2013 年)
Number of Hospital Patients(2013)

类别	Type	机构数(个) Number of Institu－tions (unit)	诊疗人次数(万人次) Total Number of Patients Treate (10000 person－times)	#门、急诊 Out－Patients and Emer－gency Patients	入院人数(人) Hospital Admiss－ions (person)	每百门急诊次入院人数(人) Hospital Admiss－ions Per 100 Patient－time (person)
医院合计	**Hospitals**	**843**	**22165**	**22009**	**6224210**	**2.83**
综合医院	**General Hospitals**	**405**	**15487**	**13535**	**4709493**	**3.06**
中医医院	**Hospitals of Chinese Medicine**	**129**	**4378**	**4010**	**843181**	**1.94**
中西医结合医院	**Hospitals which Integrate Traditional Chinese Therapeutics with Western Therapeutics**	**21**	**378**	**372**	**71185**	**1.91**
专科医院	**Specialized Hospitals**	**278**	**1919**	**1910**	**597480**	**3.13**
传染病院	Hospitals for Infectious Diseases	3	52	51	22090	4.31
精神病院	Mental Hospitals	43	344	343	86302	2.52
肿瘤医院	Tumor Hospitals	5	95	95	102333	10.81
眼科病院	Ophthalmology Hospitals	16	124	124	32400	2.62
妇幼保健院	**Hospitals for Maternity and Children Care**	**87**	**1605**	**1563**	**377065**	**2.41**
社区卫生服务中心	**Center of Community Service**	**487**	**7691**	**7406**	**63740**	**0.09**
卫生院	**Rural Hospitals**	**1146**	**7846**	**7619**	**198612**	**0.26**
门诊部	**Clinics**	**917**	**1044**	**993**	**21188**	

15－17 医疗机构病床使用情况(2013 年)
Utilization of Beds of Medical Institutions

类别	Type	入院人数(人) Hospital Admissions (person)	病床使用率(%) Utilization Rate of Beds (%)	病床周转次数(次) Turnover of Beds (time)	出院者平均住院日(日) Average Hospitalization Period (day)
合计	**Total**	**6905457**	**87.3**	**31.4**	**10.1**
#医院	Hospital	6224210	93.2	32.7	10.4
#社区卫生服务中心	Center of Community Service	63740	39.4	9.1	15.6
#卫生院	Rural Hospitals	198612	35.7	14.2	8.8

15－18 县(区)村卫生室基本情况
Basic Conditions of Rual Clinics on Country

项目	Item	总计 Total		村办 Villiage－run		乡卫生院设点 Township－run	
		2012	2013	2012	2013	2012	2013
机构数 （个）	Number of Institutions (unit)	13091	12504	9069	8806	1162	1261
执业(助理)医师 （个）	Licensed(Assistant)Doctors (unit)	5742	5766	4456	4607		
注册护士 （人）	Registered Nurse (person)	471	578	366	455		
乡村医生和卫生员 （人）	Rural Doctors and Health Workers (person)	9778	8945	6867	6476	536	520
乡村医生数 （人）	Rural Doctors (person)	9127	8423	6484	6130	520	508
#大专及以上学历	College and Above	819		555		23	
中专学历及中专水平	The Level on Special Secondary School	5962		3916		773	
在职培训合格者	Persons Passed Training	3615		2575		196	
卫生员 （人）	Health Workers (person)	651	522	383	346	16	12
年内培训人次数 （人次）	Training Number (Times)	20864	21216	14704	15503	1383	1510
当年考核合格的乡村医生数 （人）	Doctor Number (person)	4522	4566	3200	3331	348	352
年总收入 （千元）	Total Income (1000 yuan)	102515	111461	73971	81524	4704	6668
#上级补助收入	Subsidies of the Higher Level	5752	7651	3090	4827	1026	1101
村或集体补助收入	Subiness of Villiage	46	64	43	54		1
医疗和药品收入	Medical and Pharmaceutical Income	149912	164027	108871	120058	6297	9165
年总支出 （千元）	Total Expenditure (1000 yuan)	96388	103638	71215	75615	4413	6910
#人员经费	Persons Expenditure	36906	39971	26557	29274	1766	2474
药品支出	Medicines Expenditure	50355	54198	36971	39300	2328	3807
诊疗人次数 （万人）	Patients Treated (10000 persons－times)	3788.1	3733.5	2743.0	2842.6	145.9	175.5
其中:出诊人次数 （万人）	Medical Treatment Outside (10000 persons－times)	108.9	105.8	75.0	76.2	6.8	5.4
报告疑似传染病例数 （数）	The Number of Suspected Infections Diseases (person)	6414	3942	4459	3384	1343	98
参加乡镇卫生院例会次数 （次）	The Number of Rural Hospital to Psrticipate in Regular Meetings (Times)	84841	90408	57763	65174	6638	6997

按设置/主办单位分 by Ownership						按行医方式分 by Type					
联合办 Combination		私人办 Privata - run		其他 Others		中医 Chinese Medicine		西医 Western Medicine		中西医结合 Combining Chinese Medicine With Western Medicine	
2012	2013	2012	2013	2012	2013	2012	2013	2012	2013	2012	2013
220	218	2214	1848	426	371	210	190	12152	11578	729	736
210	177	818	790	258	192	168	162	5463	5536	464	496
3	21	78	74	24	28	3	4	463	563	41	61
89	115	1973	1531	313	303	82	65	9125	8352	571	528
85	112	1782	1415	256	258	78	64	8542	7869	507	490
6		192		43		12		749		58	
49		1059		165		52		5563		347	
22		743		79		26		3432		157	
4	3	191	116	57	45	4	1	583	483	64	38
196	186	3961	3606	620	411	334	388	19286	19762	1244	1066
27	21	862	745	85	117	40	41	4262	4286	220	239
2450	2754	17804	17432	3586	3083	1638	2155	94392	100882	6486	8424
25	40	1137	1419	475	265	74	84	5295	6959	383	609
		2	8		1			44	62	2	2
4081	4650	25607	25782	5057	4373	2466	3506	137982	148188	9464	12333
2356	2643	14986	15620	3418	2850	1435	2131	88855	92848	6099	8659
1004	1099	6101	5890	1478	1234	591	696	34056	36199	2258	3076
1248	1441	8096	8230	1711	1420	749	1206	46300	48348	3306	4644
99.7	86.2	688.1	536.0	111.4	93.1	58.9	58.8	3503.1	3417.6	226.2	257.2
1.0	1.0	23.2	21.4	2.4	1.9	0.9	2.0	87.8	77.6	20.2	26.2
7	73	570	360	35	27	134	70	5931	3595	349	277
467	709	18078	15105	1895	2423	1200	1251	79698	84464	3943	4693

15 - 19 城市和农村前十位疾病死亡原因和构成
Main 10 Causes of Death by Diseases in Urban and Rural Areas

2012				2013			
位次 No.	城市死因	Cause of Death in Urban Area	占死亡总数(%) As % of Total Death	位次 No.	城市死因	Cause of Death in Urban Area	占死亡总数(%) As % of Total Death
1	恶性肿瘤	Malignant Tumour	29.39	1	恶性肿瘤	Malignant Tumour	30.94
2	脑血管病	Cerebrovasular Disease	18.22	2	脑血管病	Cerebrovasular Disease	17.67
3	呼吸系统疾病	Respiratory Disease	16.10	3	呼吸系统疾病	Respiratory Disease	15.22
4	心脏病	Heart Trouble	12.91	4	心脏病	Heart Trouble	12.29
5	损伤和中毒	Trauma and Toxicosis	8.34	5	损伤和中毒	Trauma and Toxicosis	8.52
6	内分泌、营养和代谢的其他疾病	Other Diseases of Endocrine, Nutrilion and Supersession	3.14	6	内分泌、营养和代谢的其他疾病	Other Diseases of Endocrine, Nutrilion and Supersession	3.14
7	消化系统疾病	Disease of Digestion System	2.15	7	消化系统疾病	Disease of Digestion System	2.33
8	神经系统疾病	Mental Disease	1.69	8	神经系统疾病	Mental Disease	1.90
9	传染病和寄生虫病	Infections and Parasite Disease	1.45	9	传染病和寄生虫病	Infections and Parasite Disease	1.33
10	泌尿生殖系统疾病	Urinary Disease	1.11	10	泌尿生殖系统疾病	Urinary Disease	1.10
	合计	Total	94.5		合计	Total	94.44

2012				2013			
位次 No.	农村死因	Cause of Death in Rural Area	占死亡总数(%) As % of Total Death	位次 No.	农村死因	Cause of Death in Rural Area	占死亡总数(%) As % of Total Death
1	恶性肿瘤	Malignant Tumour	28.13	1	恶性肿瘤	Malignant Tumour	29.04
2	脑血管病	Cerebrovasular Disease	17.96	2	脑血管病	Cerebrovasular Disease	18.38
3	呼吸系统疾病	Respiratory Disease	16.61	3	呼吸系统疾病	Respiratory Disease	14.38
4	心脏病	Heart Trouble	11.68	4	心脏病	Heart Trouble	12.01
5	损伤和中毒	Trauma and Toxicosis	10.26	5	损伤和中毒	Trauma and Toxicosis	10.11
6	消化系统疾病	Disease of Digestion System	2.42	6	消化系统疾病	Disease of Digestion System	2.69
7	神经系统疾病	Mental Disease	2.31	7	神经系统疾病	Mental Disease	2.53
8	内分泌、营养和代谢的其他疾病	Other Diseases of Endocrine, Nutrilion and Supersession	2.15	8	内分泌、营养和代谢的其他疾病	Other Diseases of Endocrine, Nutrilion and Supersession	2.47
9	传染病和寄生虫病	Infections and Parasite Disease	1.47	9	传染病和寄生虫病	Infections and Parasite Disease	1.23
10	泌尿生殖系统疾病	Urinary Disease	1.15	10	泌尿生殖系统疾病	Urinary Disease	1.12
	合计	Total	94.14		合计	Total	93.96

浙/江/统/计/年/鉴

主要统计指标解释

■ 文化事业机构

指从事专业文化工作和为专业文化工作服务的独立建制的单独核算的单位。不包括这些单位另外举办独立核算的其他机构和各部门的业余文化组织。

■ 艺术表演团体

指从事戏曲、音乐、舞蹈、杂技等专业艺术表演，有独立帐户，实行单独核算的团体。不包括半工半艺、半农半艺和民间职业剧团。

■ 电影放映单位

指具有放映机器设备、固定或不固定的放映场所与专职或兼职的放映技术人员，经有关部门登记批准，经常为一定的观众对象放映电影的机构。包括经批准对外开放进行营业，并与电影发行放映管理机构分帐的专用放映单位和军委系统租片单位。

■ 等级运动员人数

指经考核正式批准授予等级运动员称号的人数。运动员等级分为国际级运动健将、运动健将、一级运动员、二级运动员、三级运动员、少年级运动员 。

■ 等级裁判员人数

指经考核正式批准授予等级裁判员称号的人数。裁判员等级分为国际裁判、国家级裁判、一级裁判、二级裁判、三级裁判。

■ 医院

指名称为医院，设有固定床位能收容病人住院并能为病人提供医疗、护理服务的医疗机构。包括县及县以上医院、农村乡卫生院、其他医院三部分。按所属性质分为卫生部门、工业及其他部门，集体经济单位三类。其中县及县以上医院按业务性质分为综合医院和专科医院。

■ 卫生技术人员

指卫生事业机构支付工资的全部固定职工和合同制职工中现任职务为卫生技术工作的专业人员。包括中医师、西医师、中西医结合高级医师、护师、中药师、西药师、检验师、其他技师、中医士、西医士、护士、助产士、中药剂士、西药剂士 、检验士、其他技士、其他中医、护理员、中药剂员、西药剂员、检验员，其他初级卫生技术人员。

■ 医生

指领取职业医生证书，从事医疗工作的专业人员。分为中医医生、西医医生和助理中西医医生。

ZHEJIANG STATISTICAL YEARBOOK

Explanatory Notes on Main Statistical Indicators

□ Cultural Institutions

refer to units which have their own organizational system and independent accounting system and specialize in or serve cultural development. They exclude other establishments run by these cultural institutions and amateur cultural groups established by various departments.

□ Art Troupe

refers to the troupe which is engaged in drama, opera, music, dance, acrobatics or other art performance, opens independent accounts with banks and has self - supporting accounting system; excluding the troupes which are engaged partly in industrial or agricultural activities, partly in art performance and the professional troupes organized by the people.

□ Film Projection Units

refer to units with film projection equipment, full or part - time projectionists, permanent or non - permanent places, approved by related administrative departments to show films regularly for certain groups of audience, including those film projection units which have been approved to give commercial shows and run business with independent accounting system as well as those film - renting units of the military system.

□ Number of Athletes in Grades

refers to the number of at athletes who have been given titles through examination. The titles of athletes include international masters of sports, masters of sports, first - grade, second - grade and third - grade sportsmen and young athletes.

□ Number of Referees in Grades

refers to the number of referees who have been given titles after examination. They are classified as international referees, national referees and referees of the first, second and third grades.

□ Hospitals

refer to medical institutions named as "hospital" with permanent hospital beds, which are able to take in patients and provide them with medical and nursing services. Hospitals are classified into three categories: hospitals at or above the county level, hospitals of rural townships, and other hospitals. According to their ownership, hospitals can be classified into three categories: hospitals under the public health departments, hospitals under industrial and other departments and Collective Owned hospitals. Hospitals at or above county level are divided into comprehensive and specialized hospitals.

□ Medical Technical Personnel

refers to all permanent medical staff and workers employed by medical institutions, including doctors of Chinese and Western medicine, senior doctors who integrate traditional Chinese thrapeutics with Western thrapeutics in practice, senior nurses, pharmacists of Chinese and Western medicine, laboratory specialists, other specialists, paramedics of Chinese and Western medicine, nurses, midwives, druggists in Chinese and Western medicine, laboratory technicians, other technicians, other practitioners of Chinese medicine, nursing attendants, pharmacological workers of Chinese and Western medicine, laboratory workers, and other primary medical personnel.

□ Doctors

refer to qualified professional medical workers approved to practice by public health departments. They are classified into doctors of Chinese medicine, doctors of Western medicine, Assistant Doctors.

2014
浙江统计年鉴
ZHEJIANG STATISTICAL YEARBOOK

CHAPTER 16

档案、司法、社会福利和工会组织
Archives,Judicature,Social Welfare and Labour Union

16－1 档案事业机构和人员数
Number of Persons and Archiving Instituions

项目	Item	机构数（个）Number of Institutions (unit) 2012	2013	专职人员数（人）Full－time Persons (person) 2012	2013	#女性 Female 2012	2013	#大专以上文化程度 College and Higher Level 2012	2013
总计	**Total**	**4680**	**5344**	**5881**	**8550**	**3987**	**4448**	**5329**	**5939**
档案行政管理部门	Administrative Department of Archives	100	100	1285	1316	571	575	1233	1273
档案馆	Archives	114	114	452	574	232	288	425	554
档案室（处、科）	Archive Offices (Sections)	4466	5130	4144	4660	3184	3585	3671	4112

16－2 档案馆档案资料馆藏和利用情况（2006－2013年）
Conditions and Files Stored and Used in the Archives (2006－2013)

项目	Item	2006	2007	2008	2009	2010	2011	2012	2013
馆藏档案	**Archives Stored**								
全宗（个）	Whole Volume (unit)	17377	17772	17888	18260	18606	19289	19491	19608
案卷（万卷、件）	Files (10000 volumes, part)	915	1066	1118	1173	1310	1399	1446	2269
录音录像影片（盘）	Records, Films on Videotape (copy)	14020	16824	17801	23855	23282	24778	29194	32213
照片（万张）	Pictures (10000 Pieces)	103.00	135.00	144.94	158.87	170.00	177.56	185.40	181.00
馆藏资料（万册）	**Number of Material Stored (10000 volumes)**	**107.00**	**114.00**	**116.53**	**124.75**	**127.00**	**124.95**	**124.22**	**179.45**
档案馆面积（平方米）	**Areas of Archives (sq. m)**	**222319**	**268856**	**298709**	**318659**	**351321**	**399899**	**389569**	**391816**
#库房建筑面积	Areas of Storerooms	99403	120018	126447	127168	126535	132358	132231	140090
档案资料利用	**Use of Archive Material**								
利用人次（万人次）	Number of Persons Using Material (10000 person－times)	20.00	20.00	21.85	26.36	27.00	64.06	50.66	47.36
利用档案（万卷、次）	Number of Archives Used (10000 volume－times)	56.00	63.00	74.75	56.09	56.06	186.00	138.49	121.81
利用资料（万册、次）	Number of Material Used (10000 volume－times)	2.90	3.60	2.69	3.69	4.00	2.67	7.10	7.15
复制（万页）	Copies (10000 pages)	126.00	80.00	90.66	87.27	102.41	137.11		
开放档案	**Opening Archives**								
全宗（个）	Whole Volume (unit)	9961	10240	10517	10580	11062	11866	11711	11958
案卷（万卷、件）	Files (10000 volumes, part)	227.00	233.00	256.22	282.83	301.96	321.61	328.11	458.23

注：2013年起案卷的计量单位改为万卷、件。The unit of files is adjusted since 2013.

16-3 律师、公证及调解工作基本情况(2007-2013年)
Basic Statistics on Lawyers, Notarization and Mediation(2007-2013)

项目		Item		2007	2008	2009	2010	2011	2012	2013
律师工作		**Lawyers**								
律师事务所	(个)	Number of Law Offices	(unit)	609	700	787	868	957	1021	1072
律师工作人员	(人)	Number of Lawyers	(person)	9575	10441	11917	12994	14623	15698	16657
聘请担任常年法律顾问单位	(处)	Number of Units with Permanent Legal Advisors	(unit)	26589	27727	28144	33076	35941	63978	37623
民事诉讼代理	(件)	Agent of Civil Cases	(case)	150701	140515	168615	152714	158360	173321	181043
刑事辩护及代理	(件)	Defending and Agent of Criminal Cases	(case)	45662	44836	24813	28410	25576	27396	23992
非诉讼法律事务	(件)	Agent of Non litigious Legal Affairs	(case)	21949	18212	14541	16645	18364	15949	16716
解答法律咨询	(人次)	Legal Advisory Services	(person-times)	219773	203023	245373	191413	196616	190738	201693
代写法律事务文书	(件)	Agent of Legal Document Written on Behalf of Clients	(case)	25515	34102	22374	23091	20927	20201	21688
公证工作		Notarization								
公证处	(个)	Number of Notary Offices	(unit)	92	93	92	92	92	92	92
公证人员	(人)	Notarial Personnel	(person)	916	940	957	1044	1133	1186	1252
#公证员		Notaries		346	346	365	383	395	408	410
公证员助理		Assistant Notaries		291	321	306	378	443	447	509
办理国内公证文书	(件)	Number of Domestic Notarized Documents	(case)	387855	360655	447429	486654	483449	494958	606423
#经济合同公证	(件)	Notarized Business Contracts	(case)	164283	134058	167300	192312	190298	199471	169214
人民调解工作		**People's Mediation**								
专职司法助理员	(人)	Number of Full-time Judicial Assistants	(person)	2875	3051	3269	5005	3527	4533	3598
人民调解委员会	(个)	Number of People's Mediation Committees	(unit)	46636	47779	47056	46688	45805	45050	44032
调解人员	(人)	Number of Mediators	(person)	168914	175616	175849	174422	174570	173677	170704
调解民事纠纷	(件)	Number of Civil Disputes Mediated	(case)	238795	295042	357388	408744	492858	562072	601314
法律援助机构	(个)	Assistance Institution of Law	(unit)	102	102	102	102	102	102	103
工作人员	(人)	Staff and Workers	(person)	454	461	461	511	501	530	529
承办案件总数	(件)	Number of Cases Accepted	(case)	24125	28408	37730	41811	44917	58965	75129
受援人总数	(人)	Number of Persons Being Assisted	(person)	34422	45263	44509	47210	53153	73053	84921

16－4 涉外公证文书分类(2007－2013 年)
Foreign－related Notarial Documents by Type(2007－2013)

单位:件(case)

项目	Item	2007	2008	2009	2010	2011	2012	2013
合　　计	**Total**	**220712**	**211895**	**210341**	**200432**	**199146**	**197025**	**214091**
收养子女	Children Adoption	61	51	113	100	91	90	61
遗　　嘱	Testaments	3	8	20	4	9	5	2
出　　生	Births	42665	38897	39385	35439	34653	33656	33655
死　　亡	Deaths	490	683	739	577	521	537	486
生存、居住	Survival and Residence	1195	618	692	793	902	671	728
学　　历	Schooling	7904	6750	6372	5755	5632	5180	5804
经　　历	Personal Histories	1158	1177	1064	1021	616	906	689
婚姻状况	Marriages	13435	13779	14983	12805	14428	12237	9525
亲属关系	Kinship	20340	19122	19354	20409	21143	18574	18283
继 承 权	Rights of Inheritance	250	769	530	18	103	55	144
受、未受刑事处分	Criminal Records & Uncriminal Records	32189	27131	27883	20334	18139	15876	16530
声 明 书	Declarations	5095	5540	5069	6938	7087	5591	6823
委 托 书	Trust Deeds	3011	2976	3689	3728	4075	2752	4239
文本相符	Confirmation of Copies and Photo－offset Copies to Originals	25400	29910	27685	29626	30909	35323	43700
签名印鉴属实	Confirmation of Signatures and Seals		32726	30301	31381	29503	19376	15904
其　　他	Others	67516	31758	32462	31504	31335	46196	57518

16－5 调解民间纠纷分类(2007－2013 年)
Civil Disputes Mediated by Type(2007－2013)

单位:件(case)

分类	Item	2007	2008	2009	2010	2011	2012	2013
合　　计	**Total**	**238795**	**295042**	**357388**	**408744**	**492858**	**562072**	**601314**
婚　　姻	Marriages	31767	32962	40078	45628	52534	50762	51544
邻　　里	Neighbor Disputes	51827	64030	75971	88362	99751	103940	102239
合　　同	Contracts	9956	11631	14176	15369	14851	17146	18421
损害赔偿	Compensation for Damages	39192	69230	91245	60703	60728	57361	65421
劳　　动	Labour Dispates	26017	29201	31620	32529	36342	34956	34692
村务管理	Management of Rural Business	3360	4659	4750	3687	5205	5479	6935
土地承包	Contracts of Land	9034	9634	10643	13268	15744	15485	15330
征地拆迁	Land Expropriating and Rehouse	10350	10556	12570	18113	14753	12733	14525
计划生育	Family Planning	1177	1321	1329	1031	671	1029	531
施工扰民	Fazing Civilian with Construction	2518	3010	3482			4242	
房屋、宅基地	Housing and Housing Sites	14586	15877	20355	22931	24610	24092	21413
其　　他	Others	39011	42931	51169	107123	167669	234847	90239

16－6 国内公证文书分类(2007－2013 年)
Domestic Notarial Documents by type(2007－2013)

单位:件(case)

分类	Item	2007	2008	2009	2010	2011	2012	2013
总计	**Domestic Notarial Documents**	**387855**	**360655**	**447429**	**486654**	**483449**	**494958**	**606423**
经济公证	**Notarized Documents on Economic Affairs**	**164283**	**134058**	**167300**	**192312**	**190298**	**199471**	
购　销	Purchases and Sales of Production	235	274	181	382	45	25	
联　营	Joint Business	116	296	4	13	2	23	
拍　卖	Auctions	3234	2768	3956	3744	5545	3785	5225
贷　款	Loans	98029	78866	103315	115540	118531	119889	
担　保	Guarantees	1443	691	218	264	69	277	3715
招标、投标	Bidding	17312	8728	9908	12485	11144	11876	15929
科技协作	Coordination of Science and Technology	8	1	85	11		1	
供用电	Supply and Use of Electric Power				40			
劳务合同	Labor Contracts	559	316	154	278	63	307	14
建筑工程承包	Construction Project Contracts	1522	1300	863	1467	1220	902	1915
工商服务业承包	Industrial and Commercial Service Contracts	108	697	1041	647	529	431	
农林牧副渔业承包	Farming, Forestry, Animal Husbandry, Sideline Production and Fishery Contracts	725	260	266	160	79	147	
财产租赁	Property Leases	461	312	73	931	23	61	
企业租赁	Enterprise Leases	7	12	8	2	10	45	
资产经营责任制	System of Asset Business Responsibility	2			105	70	64	
还款协议	Repayment Agreement	866	673	509	555	416	649	444
土地使用权出让转让	Transferring or Renting the Use Right of Land	5272	4059	4274	4182	3368	2823	2267
其他经济合同	Other Business Contracts	4544	5207	4980	7476	6909	10072	20409
法人(代表人)资格	Legal Person (Agent) Identification	464	311	508	463	674	589	
法人委托书	Legal Person Trust Deeds	9642	10430	14059	15147	13936	12806	
公司章程	Corporation Constitutions	268	86	85	75	4	22	3
执行许可证明	Operating Permits	777	810	879	880	820	1393	1246
其　他	Others	18689	17961	21934	27465	26841	33284	

续表 Continued 单位:件(case)

分类	Item	2007	2008	2009	2010	2011	2012	2013
民事公证	**Notarized Documents on Civil Relations**	**223572**	**226597**	**280129**	**294342**	**293151**	**295487**	
收　　养	Child Adoption	57	58	373	228	158	103	90
解除收养	Adoption Renouncements	8	281	8	133	8	6	
继 承 权	Rights of Inheritance	21809	22868	30123	32178	38220	38131	44907
遗　　嘱	Testaments	5001	5851	6322	6406	6098	4889	4897
产　　权	Property Rights	6553	4251	2240	2748	2478	2106	
亲属关系	Kinship	1390	1131	1327	2133	2631	3036	2518
死　　亡	Death Certificates	54	81	100	778	83	126	89
房屋买卖	Purchases and Sales Of Houses	9713	6103	13061	8874	6725	5970	
房屋租赁	House Leases	255	343	232	134	799	226	
留学协议	Foreign Study Contracts	191	143	71	114	154	272	456
遗赠扶养协议	Donations and Family Fostering	229	180	543	698	260	270	578
委 托 书	Trust Deeds	71647	60208	108375	109487	96067	88395	111539
赠 与 书	Presentation Documents	4689	4681	6005	6663	6725	7496	6287
声 明 书	Declarations	8677	10002	15881	14443	15867	16359	22853
现场监督	Field Supervision	14936	38285	12545	11242	32181	13877	52645
文本相符	Confirmation of Copies and Photo-offset Copies to Originals	4694	5828	4165	4682	6372	17820	21366
签名印鉴属实	Confirmation of Signatures and Seals	4694	3834	8457	10494	14094	19738	40968
宅基地使用权	Rights to Housing Site	1686	1137	572	417	204	183	
证据保全	Evidence Preservation	6969	9873	10307	12504	11945	11813	10379
拆迁协议	Housing Demolition Agreements		5243	6259	11500	2956	3951	11716
计划生育协议	Birth Control Contracts	2215	24	16	13	4	12	
夫妻财产协议	Property Agreements Between Spouses		3626	5976	5267	4371	3879	
其他民事协议	Other Civil Agreements	31606	12824	12318	12004	13403	13477	
其　　他	Others	31193	29742	34853	41202	31348	43352	

16－7 社会福利事业单位基本情况(2007－2013 年)
Basic Statiatics on Social Welfare Institutions(2007－2013)

项目		Item		2007	2008	2009	2010	2011	2012	2013
收养性社会福利单位	(个)	Adoptive Social Welfare Institutions	(unit)	1641	1591	1633	1695	1863	1979	2089
床位数	(万张)	Hospital Beds	(10000 bed)	14.78	15.49	17.25	19.42	21.80	24.92	27.96
收养人数	(万人)	Number of Persons Adopted	(10000 persons)	10.53	9.87	10.40	10.88	11.96	12.70	14.04
福利企业单位	(个)	Number of Social Welfare Enterprises and Institutions	(unit)	2926	2771	2769	2708	2664	2574	2123
福利企业单位全部职工数	(万人)	Total Number of Staff and Workers Engaged in Welfare Institutions	(10000 persons)	25.90	26.67	26.53	26.71	27.03	25.64	22.33
#残疾人数		Number of Disabled Persons		10.04	10.34	10.00	10.00	9.88	9.78	7.36
殡葬事业单位	(个)	Funeral and Interment Services Institutions	(unit)	208	220	226	240	240	251	217

16－8 享受国家抚恤、补助及救济人员情况(2007－2013 年)
Pensons Enjoying Subsidy and Commiseration of Country(2007－2013)

单位:人、户(persons,household)

项目	Item	2007	2008	2009	2010	2011	2012	2013
享受定期抚恤人数	Number of Persons Receiving Periodical Commiseration	5669	5486	5478	5501	5382	5419	4872
革命伤残人员抚恤人数	Number of Persons Receiving Disability Commiseration	22141	22458	22255	22004	21879	22232	22285
享受定期补助优抚对象数	Number of Persons Receiving Periodical Subsidies	95090	91379	90299	90653	119449	182445	235293
#在乡复员军人数	Rural Demobilized Soldier	39321	36447	33972	31910	29711	27418	23048
在乡退伍军人数	Rural Veteran	29507	29995	29543	30780	34688	26224	23536
社会困难户得到国家临时救济人数	Number of Persons in Poor Households Receiving Temporary Government Relief Funds	163460	166894	182088	138000	213895	157164	138637

注：2012 年起社会困难户得到国家临时救济人数计量单位为户次。
The data of number of persons in poor households receiving temporary government relief funds was adjusted since 2012.

16－9 最低生活保障和救济情况(2007－2013年)
Basic Statistics of Lowest Cost－of－Living and Relief(2007－2013)

项目	Item		2007	2008	2009	2010	2011	2012	2013
最低生活保障人数（万人）	Number of Person Receiving Lowest Cost－of－Living	(10000 persons)	65.16	70.08	70.40	70.67	71.09	68.56	66.05
#城镇	In Urban Areas		9.02	9.28	9.33	8.98	8.76	7.85	7.18
#农村(含五保)	In Rural Areas (Including Beneficiaries)		56.14	60.80	61.08	61.70	62.33	60.71	58.87
保障资金总额（亿元）	Amount of Security Money	(100 million yuan)	7.69	10.68	12.15	14.71	18.98	22.19	24.32
#城镇	In Urban Areas		1.97	2.73	2.97	3.44	4.17	4.37	4.38
#农村(不含五保)	In Rural Areas (Not Including Beneficiaries)		5.72	7.95	9.18	11.27	14.81	17.82	19.94
医疗救助支出（亿元）	Expenditure of Medical Care Relief	(100 million yuan)	3.26	4.19	5.10	6.03	6.50	7.72	9.23
自然灾害救济支出（亿元）	Expenditure of Natural Disasters Relief	(100 million yuan)	1.97	1.55	1.28	1.12	1.73	2.37	3.32

注：农村最低生活保障人数中包含了农村五保供养人数。
Number of Persons Receiving Lowest Cost－of－Living in Rural Areas include Number of Persons with Livlihood Guaranteed in Five Aspects.

16－10 内地居民婚姻登记情况(2007－2013年)
Conditions of Marriages(2007－2013)

项目		Item		2007	2008	2009	2010	2011	2012	2013
准予登记结婚数	**(对)**	**Registered Marriages**	**(couple)**	**381227**	**413774**	**427614**	**431568**	**440931**	**441984**	**422174**
初婚数	(人)	First Marriages	(person)	687337	750003	755950	757741	775973	770792	712969
恢复结婚数	(对)	Resume Marriages	(couple)	3550	4670	5856	7527	8796	10229	11758
再婚数	(人)	Remarriages	(person)	75117	77545	99278	105395	105889	113176	131379
男	(人)	Male	(person)	37772	36021	47832	48384	51631	53731	69154
女	(人)	Female	(person)	37345	41524	51446	57011	54258	59445	62225
准予登记离婚数	**(对)**	**Divorces Approved**	**(couple)**	**66901**	**73689**	**82902**	**87671**	**90442**	**98082**	**108097**

16－11 工会、妇联工作情况(2006－2013 年)
Basic statistics on Unions and Women Federation(2006－2013)

项目	Item	2006	2007	2008	2009	2010	2011	2012	2013
工会情况	**Basic Statistics on Unions**								
基层工会组织数 (个)	Number of Grass Roots Unions (unit)	80774	91203	102339	110416	117501	134706	143885	149865
全省已建立工会组织的基层单位职工和会员人数	**Membership and Number of Staff and Workers in Grass Roots Unions**								
在岗职工人数 (万人)	Number of Staff and Workers (10000 persons)	1050.43	1194.84	1306.58	1415.99	1569.35	1770.70	2011.04	2098.18
#女职工	Female	464.95	525.16	580.08	624.35	687.79	778.49	862.39	891.27
会员人数 (万人)	Membership (10000 persons)	959.27	1078.60	1190.04	1307.32	1468.97	1669.22	1925.75	2010.34
#女会员	Female	407.97	476.09	537.75	583.74	652.65	739.90	831.71	865.38
工会专职干部 (万人)	Full－time Cadres (10000 persons)	1.10	1.27	1.34	1.56	1.38	1.80	1.75	1.26
提出合理化建议 (万件)	Advanced Rationalization Proposals (10000 cases)	25.95	22.98	29.31	27.39	34.14	36.00	46.53	42.12
建立劳动保护监督检查委员会 (个)	Commissions for Labour protection Supervising and inspecting (unit)			38637	42657	48577	66083	70031	88385
建立了工会劳动法律监督组织 (个)	Organization of Labor Law Supervision Established by Grass Roots Unions (unit)	19118	22540	29542	38657	45075	53883	57646	68971
建立劳动争议调解委员会 (个)	Labour dispute mediation Committee (unit)			35812	46005	53437	63753	62278	83380
劳动争议调解委员会调解成功劳动争议 (件)	Disputes resolved through mediation by the committees (unit)			10411	9653	6421	10459	8733	12668
妇联工作情况	**Condition of the Women Federation**								
妇联的基层组织数 (个)	Number of Grass Roots Women Federation (unit)	35995	34955	33604	34503	34337	33508	33548	33996
接受技术培训人数 (万人)	Number of Women Participating in Technical Training (10000 persons)	69.90	57.80	75.30	53.30	70.33	38.68	25.94	38.09
巾帼文明示范岗	**The Demonstration Posts of Women Civilization**								
巾帼文明示范岗数 (个)	Number of Posts (unit)	3491	2961	2891	2665	2423	2437	1955	3385
评选巾帼建功标兵数 (人)	Number of Persons (person)	1036	721	1078	814	912	864	885	961
来信来访处理情况	**Treatment of the Letters From the People and the Persons Coming to Visit**								
女职工劳动保护信访案件 (件)	Petition Letter and Visit Cases about Women Laber Protection (Piece)	1587	1241	678	897	1022	505	453	379
侵犯妇女财产权利信访案件 (件)	Petition Letter and Visit Cases about Woman's Property Right be Violated (Piece)	2821	4351	3136	1581	1487	892	1034	901
文明家庭户数 (万户)	Civilized family households (10000 households)	136.44	156.81	150.79	46.76	30.95	815.57	815.18	882.31

注：1. 自 2011 年起接受技术培训人数统计口径有调整。
The data of number of women participating in technical training was adjusted since 2011.
2. 自 2011 年起文明家庭户数统计口径有调整。
The data of civilized family households was adjusted since 2011.

浙/江/统/计/年/鉴

主要统计指标解释

■ 社会福利事业单位

指集中收养社会孤老,残,幼的机构。包括由民政部门管理的社会福利院、儿童福利院、精神病人福利院和城镇集体办的福利院,以及农村集体举办的敬老院。

■ 社会福利事业单位收养人数

包括民政部门管理和城镇及农村集体举办的社会福利事业单位中收养的老人,少年儿童,缺乏生活自理能力的残疾人员和精神病人。

■ 社会福利企业单位

指以安置城镇有一定劳动能力的盲,聋,哑和肢体残疾人员就业为目的,享受国家减免税待遇的国有或集体经济性质的企业。包括福利工厂、福利商业服务业、假肢厂和安置农场等单位。

■ 律师

指受聘参加法律顾问处工作,提任法律顾问、刑(民)事代埋人、刑事辩护人、办埋非诉讼事件、解答法律询问、代定法律事务文书等主要从事律师业务的专职法律工作者和兼职律师。

■ 公证人员

指在国家公证机关依法办理公证事务的司法人员。包括公证员、助理公证员和在公证员和在公证处工作的其他人员。

■ 办理公证文书

指公证处在一定时期内办结的公证文书件数。公证文书系按司法部规定或批准的格式制作。包括国内公证和涉外公证两部分。其中国内公证分为经济合同公证和民事法律关系公证两大类。

■ 调解人员

在人民调解委员会担负调解民间一般民事纠纷和轻微违法行为所引起和纠纷的工作人员。包括调解委员会的委员和调解小组的调解员。

■ 调解民间纠纷

指调解委员会依照法律规定,根据自愿原则,用说服教育的方法调解民间发生的有关民事权利和义务的争执,促成当事双方达到协议和谅解,解决纠纷。包括婚姻家庭纠纷,财产权益纠纷等。不包括法院受理调解的民事案件数。

■ 受理劳动争议案件数

是指劳动争议仲裁委员会根据国家有关规定,对劳动争议当事人的申请予以审查,符合受理条件而正式立案,准备处理的劳动争议案件数。

■ 离休、退休、通职人员

指正式办理了离休、退休、退职手续,并享受相应的离休、退休、退职待遇的人员。

■ 保险福利费用

指企业、事业、机关单位在工资以外实际支付给职工和离休、退休、退职人员个人以及用于集体的劳动保险和福利费用。

ZHEJIANG STATISTICAL YEARBOOK

Explanatory Notes on Main Statistical Indicators

□ Social Welfare Institutions

refer to institutions taking care of old people without children, handicapped people and orphans. They include social welfare institutions run by civil affairs departments, children's welfare institutions social welfare institutions for mental patients, and Collective Owned old people's homes in tual areas.

□ Number of People Taken in by Social Welfare Institutions

refers to the number of old people, children, totally dependent handicapped people and mental patiens taken in by scoial welfare institutions run by civil affairs departments and those run by collective units in urban and rural aress.

□ Social Welfare Enterprises

are Collective Owned enterprises which employ the blind, deaf-mute, and other handicapped people who are able to work in cities and towns and enjoy exemption from state taxes, including welfare plants, welfare commercial services, artificial limb plants and farms, etc.

□ Lawyers

are legal workers who are employed full-time by legal counseling firms to act as legal advisres, agents in criminal or civil lawsuits, or defenders in criminal lawsuits, or to handle non-litigious legal affairs, to advise on matters of law or to write legal papers for others. Both full-time and part-time lawyers are included.

□ Notary Personnel

refers to judicial workers of the state notary offices handing notarization work according to law. They include notaries, assistant notaries, and other people working for notary offices.

□ Notarized Documents

refer to the documents settled by notary offices in a year. The notarial documents are drawn up in accordance with the regulations of the Ministry of Justice, including domestic documents and foreign-related documents. Domestic documents are divided into two major categoriees, documents on economic contracts and documents on civil legal relations.

□ Mediators

refer to workers on people's mediation committees responsible for mediating in civil dispites and cases of slight infraction of the law. They include members of the mediation committees and mediators of mediation groups.

□ Mediation of Civil Disputes

refers to mediation committees' work in mediating in civi ldisputes concerning civil rights and duties through persuasion and education in accordance with the provisions of law on a voluntary basis, so as to solve disputes by helping the parties involved come to an agreement and understanding. These disputes include divorce cases and disputes over property ownership, but exclude the civil cases to be handled by the court.

□ Number of Labour Dispute Cases Accepted

refers to the number of cases of labour dispute submitted that, after being reviewed by the labour dispute arbitration committees in line with the relevant state regulations, are accepted and registered for treament.

□ Retired or Resigned Personnel

refers to the persons who have formally gone through the formalities for their retorement or quitting work and enjoy the corresponding treatments.

□ Insurance and welfare funds

refers to labour insurance and welfare fund paid by enterprises, organizations and institutions to their staff and workers as well as retired and resigned in addition to their wages and salaries.

2014

浙江统计年鉴

ZHEJIANG STATISTICAL YEARBOOK

CHAPTER 17

各市、县国民经济主要经济指标

Major Indicators of National Economy by City,Prefecture and County

17－1 各市土地面积和行政区划(2013 年)
Land Area and Administrative Divisions by City (2013)

城市	City	土地面积（平方公里）Land Area (sq. km)	市辖区（个）Districts Under City Administration (unit)	县(县级市)（个）Counties (Cities) (unit)	建制镇（个）Towns (unit)	乡（个）Townships (unit)	村（个）Villages (unit)
浙东北	**Eastern and Northern Region**	**45889**	**23**	**23**	**340**	**65**	**8911**
杭州市	Hangzhou	16571	8	5	82	23	2051
宁波市	Ningbo	9845	6	5	77	11	2550
嘉兴市	Jiaxing	3915	2	5	44		804
湖州市	Huzhou	5824	2	3	41	11	986
绍兴市	Shaoxing	8279	3	3	79	15	2176
舟山市	Zhoushan	1455	2	2	17	5	344
浙西南	**Western and Southern Region**	**58290**	**11**	**33**	**299**	**199**	**19428**
温州市	Wenzhou	11784	3	8	64	6	5403
金华市	Jinhua	10942	2	7	76	36	4795
衢州市	Quzhou	8845	2	4	45	43	1480
台州市	Taizhou	9411	3	6	61	24	5025
丽水市	Lishui	17308	1	8	53	90	2725

17－2 各市国民经济主要指标(2013 年)
Main Indicators of National Economy by City (2013)

城市	City	年末总人口（万人）Total Population by year－end (10000 persons)	生产总值（亿元）Gross Domestic Product (100 million yuan)	第一产业 Primary Industry	第二产业 Secondary Industry	#工业 Industry
浙东北	**Eastern and Northern Region**	**2434.15**	**25321.34**	**1111.94**	**12598.10**	**11247.81**
杭州市	Hangzhou	706.61	8343.52	265.42	3661.98	3246.67
宁波市	Ningbo	580.15	7128.87	276.35	3741.72	3377.97
嘉兴市	Jiaxing	345.93	3147.66	155.62	1726.73	1560.88
湖州市	Huzhou	262.49	1803.15	125.56	953.19	861.10
绍兴市	Shaoxing	441.66	3967.29	193.27	2102.93	1882.10
舟山市	Zhoushan	97.31	930.85	95.73	411.54	319.10
浙西南	**Western and Southern Region**	**2392.76**	**12155.62**	**636.68**	**6030.53**	**5289.47**
温州市	Wenzhou	807.24	4003.86	115.39	2015.48	1767.98
金华市	Jinhua	473.35	2958.78	140.20	1445.70	1256.66
其中:义乌市	Yiwu	75.99	882.87	21.90	357.32	305.60
衢州市	Quzhou	254.21	1056.57	83.15	555.92	477.29
台州市	Taizhou	594.04	3153.34	213.30	1515.55	1357.40
丽水市	Lishui	263.92	983.08	84.65	497.87	430.15

续表 1 Continued

城市	City	第三产业 Tertiary Industry	人均生产总值（元）Per Capita GDP (yuan)	全社会就业人员年末数（万人）Total Employed Persons by year－end (10000 persons)	社会消费品零售总额（亿元）Total Retail Sales of Consumer Goods (100 million yuan)
浙东北	**Eastern and Northern Region**	**11611.30**		**2079.51**	**9780.07**
杭州市	Hangzhou	4416.12	118589	650.51	3531.17
宁波市	Ningbo	3110.80	123139	503.36	2635.71
嘉兴市	Jiaxing	1265.31	91177	327.70	1196.93
湖州市	Huzhou	724.40	65871	180.90	766.22
绍兴市	Shaoxing	1671.09	89911	344.39	1318.39
舟山市	Zhoushan	423.57	95726	72.65	331.65
浙西南	**Western and Southern Region**	**5488.42**		**1590.07**	**5857.10**
温州市	Wenzhou	1872.99	49817	573.96	2136.38
金华市	Jinhua	1372.88	62688	345.29	1406.98
其中:义乌市	Yiwu	503.65	116688	93.70	412.85
衢州市	Quzhou	417.51	41676	133.60	443.67
台州市	Taizhou	1424.49	53222	397.15	1449.27
丽水市	Lishui	400.56	37343	140.07	420.80

续表 2 Continued

城 市	City	固定资产投资(亿元) Investment in Fixed Assets (100 million yuan)	出口总额(亿美元) Exports (USD 100 million)	财政总收入(亿元) Total Financial Revenue (100 million yuan)	地方财政收入(亿元) Local Financial Revenue (100 million yuan)
浙东北	**Eastern and Northern Region**	**13419.03**	**1746.41**	**4814.88**	**2560.68**
杭州市	Hangzhou	4263.87	447.66	1734.98	945.20
宁波市	Ningbo	3422.95	657.10	1651.18	792.81
嘉兴市	Jiaxing	1910.15	215.12	517.49	282.31
湖州市	Huzhou	1070.05	80.88	271.66	154.66
绍兴市	Shaoxing	2001.99	279.16	502.15	293.07
舟山市	Zhoushan	750.02	66.49	137.42	92.63
浙西南	**Western and Southern Region**	**6731.53**	**741.63**	**1672.49**	**960.63**
温州市	Wenzhou	2618.16	181.46	565.63	323.98
金华市	Jinhua	1364.36	325.32	415.96	242.47
其中:义乌市	Yiwu	358.94	182.18	109.66	63.31
衢州市	Quzhou	670.72	23.90	118.21	72.75
台州市	Taizhou	1507.87	187.21	448.47	247.73
丽水市	Lishui	570.42	23.73	124.22	73.70

续表 3 Continued

城 市	City	地方财政支出(亿元) Local Financial Expenditure (100million yuan)	城乡居民储蓄存款年末余额(亿元) Savings Deposits of Urban and Rural Residents (100 million yuan)	城镇居民人均可支配收入(元) Per Capita Disposable Income of Urban Residents (yuan)	农村居民人均纯收入(元) Per Capita Net Income of Rural Residents (yuan)
浙东北	**Eastern and Northern Region**	**2798.54**	**17853.01**		
杭州市	Hangzhou	855.74	6339.75	39310	18923
宁波市	Ningbo	939.89	4562.36	41657	20534
嘉兴市	Jiaxing	303.36	2438.21	39087	20556
湖州市	Huzhou	197.61	1243.80	36220	19044
绍兴市	Shaoxing	312.11	2724.25	40454	19618
舟山市	Zhoushan	189.83	544.64	37646	20573
浙西南	**Western and Southern Region**	**1450.12**	**11074.97**		
温州市	Wenzhou	437.96	3821.25	37852	16194
金华市	Jinhua	322.25	3005.13	36423	14788
其中:义乌市	Yiwu	61.65	1154.22	48962	21273
衢州市	Quzhou	165.51	704.08	28883	11924
台州市	Taizhou	329.03	2698.13	37038	16126
丽水市	Lishui	195.38	846.38	29045	10024

17－3 全社会就业人员数(2013 年底)
Total Employed Persons (end of 2013)

单位:万人(10000 persons)

城市	City	全社会就业人员数 Total Employed Persons	第一产业 Primary Industry	第二产业 Secondary Industry	第三产业 Tertiary Industry
浙东北	**Eastern and Northern Region**	**2079.51**	**217.67**	**1062.15**	**799.69**
杭州市	Hangzhou	650.51	70.07	291.51	288.93
宁波市	Ningbo	503.36	28.85	274.07	200.44
嘉兴市	Jiaxing	327.70	31.68	194.20	101.82
湖州市	Huzhou	180.90	24.95	92.43	63.52
绍兴市	Shaoxing	344.39	51.28	179.11	114.00
舟山市	Zhoushan	72.65	10.84	30.83	30.98
浙西南	**Western and Southern Region**	**1590.07**	**316.87**	**662.32**	**610.89**
温州市	Wenzhou	573.96	66.87	247.53	259.56
金华市	Jinhua	345.29	68.36	163.42	113.51
其中:义乌市	Yiwu	93.70	5.88	56.73	31.09
衢州市	Quzhou	133.60	53.22	40.25	40.14
台州市	Taizhou	397.15	74.84	175.17	147.14
丽水市	Lishui	140.07	53.58	35.95	50.54

17－4 各市年末城镇就业人员数(2013 年)
Employed Persons in Towns by City (End of 2013)

单位:万人(10000 persons)

城市	City	年末城镇就业人员数 Total Employed Persons in Towns	农、林、牧、渔业 Agriculture	采矿业 Mining and Quarrying	制造业 Manufac－turing	电力、煤气及水的生产和供应业 Electricity, Gas and Water Production and Supply	建筑业 Construction	交通运输仓储及邮电通信业 Transport, Storage, Post & Telecom－munication
浙东北	**Eastern and Northern Region**	**735.91**	**0.42**	**0.73**	**260.66**	**7.68**	**199.82**	**24.74**
杭州市	Hangzhou	282.56	0.17	0.15	72.67	2.10	78.47	11.13
宁波市	Ningbo	171.35	0.06	0.01	78.79	1.90	31.36	5.81
嘉兴市	Jiaxing	79.75	0.07		48.81	1.22	3.02	1.81
湖州市	Huzhou	48.22	0.03	0.29	18.27	0.70	12.56	1.98
绍兴市	Shaoxing	135.54	0.06	0.21	37.89	1.28	72.15	2.39
舟山市	Zhoushan	18.49	0.03	0.07	4.23	0.48	2.26	1.62
浙西南	**Western and Southern Region**	**333.73**	**0.35**	**0.26**	**96.29**	**5.17**	**105.17**	**8.72**
温州市	Wenzhou	103.04	0.05	0.14	34.29	2.08	24.98	3.44
金华市	Jinhua	90.04	0.03	0.03	15.87	0.81	43.36	2.34
其中:义乌市	Yiwu	12.18			2.82	0.14	2.40	0.60
衢州市	Quzhou	20.39	0.03	0.04	6.82	0.51	1.89	0.64
台州市	Taizhou	102.25	0.11	0.02	36.22	0.99	33.88	1.77
丽水市	Lishui	18.01	0.13	0.03	3.09	0.78	1.06	0.53

续表 1 Continued 单位:万人(10000 persons)

城市	City	信息传输、计算机服务和软件业 Information Transmission, Computer Services and Software	批发和零售贸易 Wholesale and Retail Sale Trade	住宿、餐饮业 Hotels and Catering Services	金融业 Finance	房地产业 Real Estate	租赁和商业服务 Leasing and Commercial Services	科学研究、技术服务和地质勘查 Technic and Geological Prospecting
浙东北	**Eastern and Northern Region**	**14.04**	**29.00**	**11.16**	**22.70**	**14.88**	**20.40**	**12.91**
杭州市	Hangzhou	9.82	18.05	7.16	9.14	8.59	9.98	8.62
宁波市	Ningbo	1.17	6.41	1.82	7.18	2.50	5.69	1.94
嘉兴市	Jiaxing	0.53	2.51	0.85	1.91	1.65	2.53	0.88
湖州市	Huzhou	0.91	0.50	0.45	1.56	0.71	0.58	0.45
绍兴市	Shaoxing	1.38	0.84	0.48	2.13	0.70	1.02	0.70
舟山市	Zhoushan	0.23	0.69	0.40	0.78	0.73	0.60	0.32
浙西南	**Western and Southern Region**	**2.91**	**7.70**	**3.17**	**13.61**	**3.41**	**6.30**	**3.05**
温州市	Wenzhou	0.62	2.51	1.10	4.23	1.41	2.27	1.05
金华市	Jinhua	0.84	1.95	0.82	2.94	0.60	1.57	0.49
其中:义乌市	Yiwu	0.07	0.26	0.22	0.64	0.21	0.53	0.10
衢州市	Quzhou	0.52	0.21	0.26	1.25	0.11	0.30	0.26
台州市	Taizhou	0.64	2.55	0.74	3.97	1.20	1.70	0.92
丽水市	Lishui	0.29	0.48	0.25	1.22	0.09	0.46	0.33

续表 2 Continued 单位:万人(10000 persons)

城市	City	水利、环境和公共设施管理业 Water Conservancy, Environment and Public Facilities Management	居民服务和其他服务业 Resident Services and Other Services	教育 Education	卫生、社会保障和社会福利业 Health Care, Social Security and Social Welfare	文化、体育和娱乐业 Culture Sports and Recreation	公共管理和社会组织 Public Management and Social Organization
浙东北	**Eastern and Northern Region**	**7.97**	**1.67**	**41.20**	**25.00**	**4.87**	**36.75**
杭州市	Hangzhou	3.42	0.86	16.91	10.00	2.39	13.23
宁波市	Ningbo	1.57	0.50	8.91	6.00	0.90	9.07
嘉兴市	Jiaxing	0.92	0.09	5.29	3.00	0.56	4.24
湖州市	Huzhou	0.58	0.05	3.20	2.00	0.19	3.31
绍兴市	Shaoxing	0.97	0.05	5.43	3.00	0.62	4.19
舟山市	Zhoushan	0.51	0.12	1.46	1.00	0.21	2.71
浙西南	**Western and Southern Region**	**3.66**	**0.52**	**27.21**	**16.00**	**2.27**	**28.83**
温州市	Wenzhou	0.64	0.16	9.50	5.00	0.85	8.80
金华市	Jinhua	1.52	0.14	6.04	4.00	0.50	6.56
其中:义乌市	Yiwu	0.24	0.10	1.21	1.00	0.10	1.80
衢州市	Quzhou	0.21	0.02	2.40	1.00	0.21	3.43
台州市	Taizhou	0.91	0.15	6.20	4.00	0.42	6.27
丽水市	Lishui	0.38	0.05	3.07	2.00	0.29	3.77

17－5 各市农、林、牧、渔业总产值(2013 年)
Gross Output Value of Farming, Forestry, Animal Husbandry and Fishery by City(2013)

单位:亿元(100 million yuan)

城市	City	农、林、牧、渔业总产值 Total Output Value	农业产值 Farming	林业产值 Forestry	牧业产值 Animal Husbandry	渔业产值 Fishery	农林牧渔业服务业产值 Services
浙东北	**Eastern and Northern Region**	**1775.71**	**829.92**	**102.10**	**347.70**	**458.11**	**37.87**
杭州市	Hangzhou	399.37	216.11	40.82	91.13	40.73	10.59
宁波市	Ningbo	428.72	202.28	11.64	60.54	148.29	5.96
嘉兴市	Jiaxing	255.67	122.71	0.95	92.01	29.61	10.39
湖州市	Huzhou	212.98	95.01	23.17	45.94	40.38	8.48
绍兴市	Shaoxing	291.21	183.23	25.20	53.11	27.66	2.01
舟山市	Zhoushan	187.76	10.58	0.32	4.97	171.44	0.44
浙西南	**Western and Southern Region**	**1052.03**	**485.65**	**48.52**	**223.01**	**280.73**	**14.14**
温州市	Wenzhou	187.87	80.88	4.11	37.45	61.95	3.49
金华市	Jinhua	221.37	126.02	6.62	70.91	12.61	5.21
其中:义乌市	Yiwu	31.97	18.85	0.63	10.70	1.47	0.32
衢州市	Quzhou	140.17	64.29	11.08	57.85	5.80	1.16
台州市	Taizhou	372.96	129.67	5.90	36.02	198.02	3.36
丽水市	Lishui	129.66	84.79	20.81	20.78	2.35	0.92

17－6 各市播种面积(2013 年)
Sown Area by City (2013)

城市	City	农作物播种面积(千公顷) Swon Area of Farm Crop (1000 hectares)	#粮食 Grain	#谷物 Cereal	#油料 Oilbearing Crops	#棉花 Cotton	#蔬菜 Vegetable	果用瓜 Melo used as Fruit
浙东北	**Eastern and Northern Region**	**1590.65**	**856.07**	**663.92**	**122.28**	**9.97**	**367.07**	**59.41**
杭州市	Hangzhou	365.68	163.92	107.67	41.10	0.56	94.96	11.37
宁波市	Ningbo	307.91	148.57	103.78	14.22	5.32	80.05	20.13
嘉兴市	Jiaxing	340.15	208.06	180.25	19.47	1.87	82.08	9.96
湖州市	Huzhou	223.07	136.09	111.24	19.89	0.15	36.91	5.69
绍兴市	Shaoxing	330.71	188.76	156.74	25.61	1.90	65.31	10.40
舟山市	Zhoushan	23.13	10.66	4.24	2.00	0.18	7.76	1.86
浙西南	**Western and Southern Region**	**1171.17**	**679.99**	**494.94**	**97.21**	**9.68**	**252.06**	**41.63**
温州市	Wenzhou	245.65	155.64	117.84	12.00	0.08	56.44	9.80
金华市	Jinhua	272.13	153.42	113.41	25.37	6.83	43.48	10.41
其中:义乌市	Yiwu	30.68	17.46	11.07	1.53	0.03	7.28	1.39
衢州市	Quzhou	230.84	134.02	105.00	39.31	2.04	36.59	5.19
台州市	Taizhou	252.86	140.06	98.25	10.69	0.71	69.76	13.05
丽水市	Lishui	169.69	96.86	60.44	9.85	0.02	45.80	3.19

17－7 各市主要农产品产量(2013 年)
Output of Major Farm Products by City (2013)

单位:吨(ton)

城市	City	粮食 Grain	#谷物 Cereal	油菜籽 Rapeseeds	棉花 Cotton	水果 Fruit	#柑桔 Citrus	茶叶 Tea	蚕茧 Silkworm Cocoons
浙东北	**Eastern and Northern Region**	**5323799**	**4545975**	**239683**	**12637**	**3695619**	**516933**	**104159**	**51484**
杭州市	Hangzhou	959224	730519	79826	825	814075	178341	28503	14502
宁波市	Ningbo	812458	649823	22732	6072	1284490	250939	15277	
嘉兴市	Jiaxing	1388319	1274170	49033	2800	601917	42778	97	22763
湖州市	Huzhou	905545	794603	43332	244	272649	693	10487	11620
绍兴市	Shaoxing	1206830	1070379	41993	2551	641171	18259	49710	2599
舟山市	Zhoushan	51423	26481	2767	145	81317	25923	85	
浙西南	**Western and Southern Region**	**3834622**	**3124308**	**149315**	**15321**	**3460906**	**1413335**	**64443**	**3708**
温州市	Wenzhou	830573	682892	18045	125	430359	63288	5117	2
金华市	Jinhua	882966	730243	40250	10689	579064	102606	20900	1211
其中:义乌市	Yiwu	103802	72937	2146	33	90480	14734	995	26
衢州市	Quzhou	799195	689776	59954	3456	824763	640655	6231	833
台州市	Taizhou	799124	630387	16909	1018	1223521	426759	4609	298
丽水市	Lishui	522764	391010	14157	33	403199	180027	27586	1364

续表 Continued

单位:吨(ton)

城市	City	生猪年末存栏头数(万头) Year-end Hogs (10000 heads)	牛年末存栏头数(头) Year-end Cattle (head)	羊年末存栏只数(万只) Year-end Sheep and Goats (10000 heads)	肉产量(吨) Output of Meat (ton)	#猪肉 Pork (ton)	禽蛋产量(吨) Poultry Eggs (ton)	牛奶产量(吨) Cow Milk (ton)	水产品产量(吨) Output of Aquatic Production (ton)
浙东北	**Eastern and Northern Region**	**772**	**53983**	**138**	**1287348**	**976750**	**410278**	**83617**	**3315338**
杭州市	Hangzhou	219	19031	21	340380	270332	152883	40519	197992
宁波市	Ningbo	122	17456	9	195034	152263	75894	21064	992050
嘉兴市	Jiaxing	195	2434	62	362349	279015	73808	11598	180005
湖州市	Huzhou	97	3520	33	191747	117056	52483	3851	292010
绍兴市	Shaoxing	124	10959	12	178146	141508	50314	6273	99459
舟山市	Zhoushan	15	583	1	19692	16576	4896	312	1553822
浙西南	**Western and Southern Region**	**636**	**163117**	**41**	**934201**	**764253**	**179612**	**106179**	**2164438**
温州市	Wenzhou	80	39107	14	128890	96295	42163	20166	573834
金华市	Jinhua	180	41937	8	262957	227353	53847	75351	77813
其中:义乌市	Yiwu	21	420	1	40563	34426	3843	993	4200
衢州市	Quzhou	237	21244	4	306061	268173	22987	661	56844
台州市	Taizhou	79	29758	6	134840	94110	48450	8768	1437533
丽水市	Lishui	60	31071	8	101453	78322	12165	1233	18414

17-8 各市农业现代化情况(2013 年)
Agricultural Modernization by City (2013)

城市	City	农业机械总动力(万千瓦) Total Power of Agricultural Machinery (10000 million kw)	农村用电量(万千瓦小时) Electricity Consumed in Rural Area (10000 million kw. h)	农用化肥施用量(折纯)(吨) Consumption of Chemical Fertilizers (pure) (ton)	机耕面积(千公顷) Area Ploughed by Tractors (1000 hectares)	有效灌溉面积(千公顷) Irrigated Area (1000 hectares)
浙东北	**Eastern and Northern Region**	**1380.85**	**6599425**	**483160**	**845.17**	**867.91**
杭州市	Hangzhou	348.42	1088959	103300	171.41	167.09
宁波市	ningbo	323.70	1852634	112886	187.70	191.45
嘉兴市	jiaxing	152.32	1113884	104587	161.53	198.77
湖州市	huzhou	165.24	378036	52722	133.46	136.37
绍兴市	shaoxing	234.74	2037443	104836	182.42	160.30
舟山市	zhoushan	156.44	128469	4829	8.66	13.93
浙西南	**Western and Southern Region**	**1081.35**	**2449630**	**441118**	**615.40**	**603.11**
温州市	wenzhou	222.73	837788	86800	146.02	126.95
金华市	jinhua	262.65	432694	124065	153.36	160.02
其中:义乌市	yiwu	29.36	106207	14695	17.24	20.46
衢州市	quzhou	163.92	98539	75160	120.87	95.53
台州市	taizhou	320.07	1024355	92561	136.34	128.54
丽水市	lishui	111.98	56254	62532	58.80	92.07

17-9 各市规模以上工业企业单位数(2013 年)
Number of Industrial Enterprises Above Designated Size by City (2013)

单位:个(unit)

城市	City	工业企业单位数 Number of Enterprises	内资企业 Domestic-funded Enterprises	港澳台商投资企业 Enterprises with Investment from Hong Kong, Macao and Taiwan	外商投资企业 Enterprises with Foreign Investment
浙东北	**Eastern and Northern Region**	**25228**	**19611**	**2881**	**2736**
杭州市	Hangzhou	6284	5086	533	665
宁波市	Ningbo	7167	5171	1066	930
嘉兴市	Jiaxing	4707	3617	509	581
湖州市	Huzhou	2577	2074	252	251
绍兴市	Shaoxing	4079	3278	512	289
舟山市	Zhoushan	414	385	9	20
浙西南	**Western and Southern Region**	**14332**	**13409**	**414**	**509**
温州市	Wenzhou	4521	4259	100	162
金华市	Jinhua	3871	3578	143	150
其中:义乌市	Yiwu	789	731	34	24
衢州市	Quzhou	1005	952	20	33
台州市	Taizhou	3733	3451	136	146
丽水市	Lishui	1202	1169	15	18

17-10 各市规模以上工业总产值(2013 年)
Gross Output Value of Industry by City Above Designated Size (2013)

单位:亿元(100 million yuan)

城市	City	工业总产值 Gross Output Value of Industry	内资企业 Domestic-funded Enterprises	港澳台商投资企业 Enterprises with Investment from Hong Kong, Macao and Taiwan	外商投资企业 Enterprises with Foreign Investment
浙东北	**Eastern and Northern Region**	**46812.63**	**32695.42**	**7139.64**	**6977.57**
杭州市	Hangzhou	12407.98	8645.52	1450.95	2311.51
宁波市	Ningbo	13010.09	7994.83	2954.78	2060.48
嘉兴市	Jiaxing	6893.67	4661.96	890.43	1341.28
湖州市	Huzhou	3828.02	2937.95	476.30	413.77
绍兴市	Shaoxing	9339.31	7253.93	1356.49	728.88
舟山市	Zhoushan	1333.56	1201.22	10.68	121.65
浙西南	**Western and Southern Region**	**15841.04**	**14345.85**	**591.69**	**903.50**
温州市	Wenzhou	4516.56	4144.41	105.99	266.17
金华市	Jinhua	4233.36	3828.55	235.26	169.55
其中:义乌市	Yiwu	776.83	677.37	68.56	30.89
衢州市	Quzhou	1491.95	1378.84	24.87	88.24
台州市	Taizhou	3805.76	3254.10	196.09	355.56
丽水市	Lishui	1793.41	1739.96	29.48	23.97

17－11 各市工业企业经济指标(2013 年)
Main Indicators of Industrial Enterprises by City (2013)

单位:亿元(100 million yuan)

城市	City	从业人员平均人数(万人) Average Number of Employed Persons (10000 persons)	流动资产年平均余额 Annual Average Balance of Circulating Assets	固定资产净值年平均余额 Annual Average Balance of Net Value of Fixed Assets	主营业务收入 Revenues in Main Business
浙东北	**Eastern and Northern Region**	**463.31**	**25528.61**	**11991.04**	**45648.31**
杭州市	Hangzhou	114.21	7616.10	3031.70	12425.65
宁波市	Ningbo	147.50	6870.14	3220.09	12594.24
嘉兴市	Jiaxing	78.86	3569.03	2409.88	6708.11
湖州市	Huzhou	33.47	1626.68	832.05	3772.88
绍兴市	Shaoxing	81.00	4973.31	1991.62	9079.80
舟山市	Zhoushan	8.27	873.35	505.69	1067.64
浙西南	**Western and Southern Region**	**237.47**	**9296.21**	**3934.49**	**15170.03**
温州市	Wenzhou	79.79	2771.89	967.06	4176.55
金华市	Jinhua	63.29	2716.31	1086.50	4081.76
其中:义乌市	Yiwu	13.53	500.59	248.90	751.19
衢州市	Quzhou	15.75	779.22	512.42	1587.02
台州市	Taizhou	60.62	2291.84	983.10	3571.68
丽水市	Lishui	18.02	736.95	385.40	1753.03

续表 Continued

单位:亿元(100 million yuan)

城市	City	利税总额 Total Profits and Taxes	产品销售税金及附加 Sales Tax and Extra Charges	本年应交增值税 Tax Payable of Value Added	利润总额 Total Profits
浙东北	**Eastern and Northern Region**	**4471.09**	**581.82**	**1239.60**	**2649.67**
杭州市	Hangzhou	1450.10	215.19	380.77	854.14
宁波市	Ningbo	1313.88	274.51	337.69	701.68
嘉兴市	Jiaxing	590.47	28.78	205.30	356.39
湖州市	Huzhou	341.05	21.18	99.60	220.27
绍兴市	Shaoxing	743.73	38.06	200.17	505.50
舟山市	Zhoushan	31.87	4.10	16.07	11.70
浙西南	**Western and Southern Region**	**1480.33**	**82.71**	**475.86**	**921.76**
温州市	Wenzhou	404.46	23.49	144.16	236.81
金华市	Jinhua	388.58	23.06	123.80	241.72
其中:义乌市	Yiwu	70.50	4.51	18.35	47.64
衢州市	Quzhou	154.13	7.99	48.60	97.54
台州市	Taizhou	333.21	20.37	115.31	197.53
丽水市	Lishui	199.94	7.79	43.98	148.17

17－12 各市客运量和货运量(2013 年)
Passenger Traffic and Freight Traffic by City (2013)

城市	City	客运量(万人) Passenger Traffic (10000 persons)				货运量(万吨) Freight Traffic (10000 tons)		
		铁路 Railways	公路 Highways	水运 Waterways	航空 Civil Aviation	铁路 Railways	公路 Highways	水运 Waterways
浙东北	**Eastern and Northern Region**	**8122.94**	**105442**	**3268.94**	**1744.38**	**3345.01**	**71227**	**57548.35**
杭州市	Hangzhou	3717.04	30994	547.00	1150.54	283.94	23884	6544.00
宁波市	Ningbo	2834.09	22850	124.00	545.93	2904.60	17790	15441.00
嘉兴市	Jiaxing	957.65	11578	43.00		41.00	8843	8383.00
湖州市	Huzhou		8325	38.19			7192	9435.84
绍兴市	Shaoxing	614.16	17441	105.00		115.47	8560	1311.00
舟山市	Zhoushan		14254	2411.75	47.91		4958	16433.51
浙西南	**Western and Southern Region**	**2929.54**	**100888**	**318.85**	**512.49**	**1287.90**	**44632**	**13464.40**
温州市	Wenzhou	675.06	31075	51.85	342.84	641.45	7989	2786.67
金华市	Jinhua	1366.92	29040	10.80	116.15	130.14	12108	123.61
其中:义乌市	Yiwu	706.92	10164		116.15	22.59	3537	
衢州市	Quzhou	241.92	5266	6.02	22.21	370.91	8209	3.68
台州市	Taizhou	547.00	29776	203.00	31.29	27.00	11828	10424.00
丽水市	Lishui	98.64	5731	47.18		118.40	4498	126.44

17－13 各市公路里程、邮电通信和用电量情况(2013 年)
Length of Highways, Posts and Telecommunications and Electricity by City (2013)

城市	City	境内公路里程(公里) Length of Highways (km)	#高速公路 Expressway	民用汽车拥有量(辆) Civil Motor Vehicles (unit)	固定电话用户(万户) Telephone Subscribers (10000 subscribers)	年末移动电话用户数(万户) Number of Mobile Telephones Subscribers (10000 subscribers)
浙东北	**Eastern and Northern Region**	**54663.18**	**2177.60**	**5394912**	**1110.22**	**4544.47**
杭州市	Hangzhou	15900.31	549.53	2045618	334.87	1546.83
宁波市	Ningbo	10891.66	495.82	1420578	298.00	1228.00
嘉兴市	Jiaxing	8000.32	391.40	683694	152.54	560.65
湖州市	Huzhou	8216.26	289.15	405647	97.03	366.35
绍兴市	Shaoxing	9785.55	419.57	739962	179.04	686.04
舟山市	Zhoushan	1869.08	32.13	99413	48.74	156.60
浙西南	**Western and Southern Region**	**54505.86**	**1610.00**	**3625268**	**653.35**	**3411.93**
温州市	Wenzhou	8088.00	289.00	1257791	239.88	1185.10
金华市	Jinhua	12036.79	309.78	1004858	161.73	985.03
其中:义乌市	Yiwu	1413.00	54.12	309301	48.24	311.63
衢州市	Quzhou	7933.87	317.32	212521	50.68	201.14
台州市	Taizhou	11910.00	298.00	922061	152.04	744.77
丽水市	Lishui	14537.20	395.90	228037	49.02	295.89

续表 Continued

城市	City	国际互联网用户数(万户) Users of International Computer Network (10000 subscribers)	电信业务收入(万元) Telecom Business Income (10000 yuan)	全年用电量(亿千瓦小时) Total Electricity Consumption (100 million kw.h)	#工业用电 Industrial Consumption	#城乡居民生活用电 Residential Consumption
浙东北	**Eastern and Northern Region**	**971.76**	**4857090**	**2168.46**	**1596.27**	**251.72**
杭州市	Hangzhou	338.63	1752286	638.55	417.15	89.52
宁波市	Ningbo	250.00	1225466	559.39	414.98	66.13
嘉兴市	Jiaxing	131.73	832749	385.45	314.46	31.73
湖州市	Huzhou	81.27	315944	182.94	137.69	22.14
绍兴市	Shaoxing	134.53	571128	359.56	290.81	34.49
舟山市	Zhoushan	35.60	159517	42.57	21.18	7.70
浙西南	**Western and Southern Region**	**641.26**	**3022770**	**1085.48**	**749.98**	**188.33**
温州市	Wenzhou	236.94	1216822	343.33	216.08	77.80
金华市	Jinhua	165.05	736882	290.68	209.54	38.92
其中:义乌市	Yiwu	52.15	250734	74.21	47.37	9.71
衢州市	Quzhou	43.05	161885	125.79	101.45	12.11
台州市	Taizhou	151.21	718147	247.97	169.30	46.55
丽水市	Lishui	45.01	189034	77.71	53.61	12.96

17－14 各市固定资产投资(2013 年)
Investment in Fixed Assets by City (2013)

单位:亿元(100 million yuan)

城市	City	固定资产投资 Inventment in Fixed Assets	第一产业 Primary Industry	第二产业 Secondary Industry	第三产业 Tertiary Industry
浙东北	**Eastern and Northern Region**	**13419.03**	**80.96**	**4645.57**	**8692.50**
杭州市	Hangzhou	4263.87	8.40	912.53	3342.94
宁波市	Ningbo	3422.95	21.17	1066.23	2335.55
嘉兴市	Jiaxing	1910.15	16.49	895.67	997.99
湖州市	Huzhou	1070.05	6.81	529.22	534.01
绍兴市	Shaoxing	2001.99	15.05	999.79	987.15
舟山市	Zhoushan	750.02	13.04	242.13	494.85
浙西南	**Western and Southern Region**	**6731.53**	**120.02**	**2398.17**	**4213.34**
温州市	Wenzhou	2618.16	64.20	617.50	1936.46
金华市	Jinhua	1364.36	3.90	667.53	692.93
其中:义乌市	Yiwu	358.94	0.85	109.42	248.66
衢州市	Quzhou	670.72	26.89	317.93	325.90
台州市	Taizhou	1507.87	11.33	610.83	885.71
丽水市	Lishui	570.42	13.69	184.38	372.34

续表 Continued 单位:亿元(100 million yuan)

城市	City	#房地产开发投资 Real Estate Development	#住宅 Residential Buildings	新增固定资产 Newly Increased Fixed Assets	商品房屋销售面积(万平方米) Floor Space of Commerical Houses Sold (10000 sq. m)	商品房屋销售额 Total Value of Commerical Houses Sold
浙东北	**Eastern and Northern Region**	**4435.67**	**2837.82**	**7609.15**	**3493.58**	**3873.48**
杭州市	Hangzhou	1853.28	1169.56	1965.30	1139.13	1711.20
宁波市	Ningbo	1123.14	642.33	2296.64	730.09	810.40
嘉兴市	Jiaxing	510.83	333.80	1135.71	601.13	439.78
湖州市	Huzhou	267.64	179.02	557.19	308.48	215.71
绍兴市	Shaoxing	536.99	418.29	1265.61	607.74	568.65
舟山市	Zhoushan	143.79	94.82	388.69	107.01	127.74
浙西南	**Western and Southern Region**	**1780.58**	**1251.40**	**3498.99**	**1393.42**	**1510.97**
温州市	Wenzhou	734.37	522.20	1403.79	349.73	575.93
金华市	Jinhua	384.97	251.99	551.01	392.68	374.20
其中:义乌市	Yiwu	129.33	83.39	115.65	29.84	41.21
衢州市	Quzhou	88.82	70.53	401.52	170.19	115.86
台州市	Taizhou	453.54	318.90	768.41	351.75	339.83
丽水市	Lishui	118.88	87.78	374.25	129.07	105.14

17－15 各市国内贸易情况(2013 年)
The Situation of Domestic Trade by City (2013)

城市	City	社会消费品零售总额(亿元) Total Retail Sales of Consumer Goods (100 million yuan)	限额以上批发、零售贸易业商品销售总额(亿元) Total Sales of Wholesale and Retailsale Trade Above Designated Size (100 million yuan)	限额以上批发零售企业数(个) Number of Wholesale and retail enterprises above the Designated Size (unit)	零售 Retail
浙东北	**Eastern and Northern Region**	**9780.07**	**31968.47**	**9939**	**2572**
杭州市	Hangzhou	3531.17	15861.42	3684	923
宁波市	Ningbo	2635.71	9552.41	2936	676
嘉兴市	Jiaxing	1196.93	1939.82	1300	349
湖州市	Huzhou	766.22	1771.26	464	193
绍兴市	Shaoxing	1318.39	2015.61	1259	333
舟山市	Zhoushan	331.65	827.94	296	98
浙西南	**Western and Southern Region**	**5857.10**	**6296.27**	**4292**	**1525**
温州市	Wenzhou	2136.38	2593.77	2068	556
金华市	Jinhua	1406.98	1287.06	843	348
其中:义乌市	Yiwu	412.85	291.45	264	93
衢州市	Quzhou	443.67	485.99	299	139
台州市	Taizhou	1449.27	1453.26	785	303
丽水市	Lishui	420.80	476.19	297	179

17－16 各市外贸及利用外资情况(2013 年)
The Situation of Foreign Trade and the Use of Foreign Capital by City(2013)

城市	City	进口总额(亿美元) Total imports (100 million USD)	出口总额(亿美元) Total exports (100 million USD)	外国和港澳台地区在华直接投资 Foreign Funded Enterprises and Enterprises Funded by Entrepreneurs from Hong Kong, Macao & Taiwan	
				新签项目(合同)数(个) Newly Signed Contracts(unit)	实际使用外资金额(万美元) Amount of Foreign Capital Actually Use (USD 10000)
浙东北	**Eastern and Northern Region**	**780.97**	**1746.41**	**1458**	**1283364**
杭州市	Hangzhou	203.05	447.66	415	527633
宁波市	Ningbo	346.19	657.10	442	327483
嘉兴市	Jiaxing	102.51	215.12	248	220676
湖州市	Huzhou	14.45	80.88	211	105860
绍兴市	Shaoxing	54.53	279.16	138	80782
舟山市	Zhoushan	60.23	66.49	4	20930
浙西南	**Western and Southern Region**	**89.57**	**741.63**	**172**	**134456**
温州市	Wenzhou	24.56	181.46	45	50150
金华市	Jinhua	17.42	325.32	59	24905
其中:义乌市	Yiwu	4.07	182.18	28	6193
衢州市	Quzhou	13.86	23.90	13	6616
台州市	Taizhou	31.57	187.21	29	40001
丽水市	Lishui	2.16	23.73	26	12784

17－17 各市国际旅游事业情况(2013 年)
International Tourism by City (2013)

城市	City	海外游客人数(人) Total Number of International Tourists (person)	#外国人 Foreigners	#港澳台同胞 Compatriots from Hong Kong Macao and Taiwan, China	国际旅游收入(万美元) Total International Income From Tourism (USD 10000)
浙东北	**Eastern and Northern Region**	**6635920**	**4228782**	**2407138**	**380585**
杭州市	Hangzhou	3160058	2198187	961871	216048
宁波市	Ningbo	1273439	666231	607208	79656
嘉兴市	Jiaxing	657800	449500	208300	24389
湖州市	Huzhou	532938	282863	250075	20022
绍兴市	Shaoxing	696310	433312	262998	24386
舟山市	Zhoushan	315375	198689	116686	16084
浙西南	**Western and Southern Region**	**2026945**	**1534357**	**492588**	**158709**
温州市	Wenzhou	742099	544954	197145	42064
金华市	Jinhua	796998	648971	148027	45417
其中:义乌市	Yiwu	622291	537077	85214	39882
衢州市	Quzhou	121019	45956	75063	5724
台州市	Taizhou	108927	61084	47843	4265
丽水市	Lishui	257902	233392	24510	61239

17－18 各市财政收支情况(2013 年)
Total Financial Revenve and Expenditure by City (2013)

单位:万元(10000 yuan)

城市	City	财政总收入(亿元) Total Financial Revenue (100 million)	地方财政预算内收入 Total Local Government Budgetary Financial Revenue	地方财政预算内支出 Total Local Government Financial Expenditures	#一般性公共服务支出 Expenses for Public Service	#教育支出 Expenses for Education
浙东北	**Eastern and Northern Region**	**4814.88**	**25606839**	**27985428**	**3166934**	**5167770**
杭州市	Hangzhou	1734.98	9452020	8557370	915881	1624445
宁波市	Ningbo	1651.18	7928080	9398939	1048949	1484777
嘉兴市	Jiaxing	517.49	2823092	3033633	367746	708107
湖州市	Huzhou	271.66	1546646	1976149	236073	415340
绍兴市	Shaoxing	502.15	2930721	3121077	384976	705628
舟山市	Zhoushan	137.42	926280	1898260	213309	229473
浙西南	**Western and Southern Region**	**1672.49**	**9606346**	**14501219**	**1932542**	**3427505**
温州市	Wenzhou	565.63	3239752	4379565	614463	1163545
金华市	Jinhua	415.96	2424721	3222488	385732	765995
其中:义乌市	Yiwu	109.66	633101	616467	108180	140125
衢州市	Quzhou	118.21	727535	1655099	220789	336675
台州市	Taizhou	448.47	2477341	3290300	434685	776018
丽水市	Lishui	124.22	736997	1953767	276873	385272

17－19 各市金融保险情况(2013年)
Finace and Insurance by City (2013)

单位:亿元(100 million yuan)

城市	City	金融机构年末存款余额 Deposits	城乡居民储蓄年末余额 Residents' Savings Deposits	金融机构年末贷款余额 Loans	保费 Premium	赔款、给付 Settled Claim
浙东北	**Eastern and Northern Region**	**49975.89**	**17853.01**	**43650.47**	**702.20**	**284.49**
杭州市	Hangzhou	21749.05	6339.75	18399.53	279.23	102.40
宁波市	Ningbo	12740.52	4562.36	12493.28	185.49	103.91
嘉兴市	Jiaxing	5072.69	2438.21	3860.03	84.07	25.72
湖州市	Huzhou	2577.93	1243.80	2145.43	47.55	14.37
绍兴市	Shaoxing	6365.45	2724.25	5447.84	84.24	30.46
舟山市	Zhoushan	1470.24	544.64	1304.37	21.62	7.63
浙西南	**Western and Southern Region**	**22088.24**	**11074.97**	**18998.11**	**406.73**	**141.47**
温州市	Wenzhou	7771.16	3821.25	7092.32	131.18	45.18
金华市	Jinhua	6096.38	3005.13	5041.73	120.79	41.42
其中:义乌市	Yiwu	2230.71	1154.22	1743.94	36.41	12.31
衢州市	Quzhou	1481.46	704.08	1237.02	30.27	9.69
台州市	Taizhou	5154.11	2698.13	4340.24	96.28	36.23
丽水市	Lishui	1585.12	846.38	1286.81	28.20	8.95

17－20 各市社会保险福利情况(2013 年)
Basic Statistics on Social Insurance & Welfare by City (2013)

单位:万人(10000 persons)

城市	City	基本养老保险参保人数 Persons Participating in the Basic Retirement Security Program	基本医疗保险参保人数 Persons Participating in the Basic Health Care Program	失业保险人数 Persons Participating in the Unemployment Insurance Program
浙东北	**Eastern and Northern Region**	**1610.34**	**2195.62**	**839.20**
杭州市	Hangzhou	530.70	822.28	316.36
宁波市	Ningbo	508.94	450.51	231.74
嘉兴市	Jiaxing	209.39	231.42	104.12
湖州市	Huzhou	108.61	123.44	57.76
绍兴市	Shaoxing	211.80	473.65	108.9
舟山市	Zhoushan	40.90	94.31	20.27
浙西南	**Western and Southern Region**	**629.92**	**1218.18**	**305.40**
温州市	Wenzhou	236.96	223.06	102.00
金华市	Jinhua	130.56	482.01	70.60
其中:义乌市	Yiwu	31.59	77.69	15.37
衢州市	Quzhou	50.46	82.98	23.26
台州市	Taizhou	161.00	187.38	89.53
丽水市	Lishui	50.95	242.75	20.01

续表　Continued

单位:万人(10000 persons)

城市	City	社会福利院数(个) Social Welfare Homes(unit)	社会福利院床位数(张) Beds of Social Welfare Homes(bed)	社区服务设施数(个) Number of Community Service Facilities Established in Urban Areas (unit)	居民最低生活保障线以下人数(人) Residents under Minimum Life Guarantee Relief (person)
浙东北	**Eastern and Northern Region**	**763**	**124017**		**39033**
杭州市	Hangzhou	284	42869	4948	11201
宁波市	Ningbo	233	37934	2459	8625
嘉兴市	Jiaxing	109	22970	1492	5750
湖州市	Huzhou	83	13427	3886	3137
绍兴市	Shaoxing	5	1913		8266
舟山市	Zhoushan	49	4904	253	2054
浙西南	**Western and Southern Region**	**976**	**105295**	**9728**	**27690**
温州市	Wenzhou	397	37120	5372	12277
金华市	Jinhua	11	3136	398	3439
其中:义乌市	Yiwu	1	200	32	154
衢州市	Quzhou	116	14997	244	3966
台州市	Taizhou	366	38223	3435	3951
丽水市	Lishui	86	11819	279	4057

17－21 各市各类学校在校学生数(2013 年)
Student Enrollment by Type of School and by City (2013)

城市	City	高等学校(人) Institutions of Higher Education (person)	中等职业学校(人) Vocational Secondary Schools (person)	普通中学(万人) Regular Secondary Schools (10000 persons)	小学(万人) Primary Schools (10000 persons)
浙东北	**Eastern and Northern Region**	**812011**	**337377**	**120.07**	**170.00**
杭州市	Hangzhou	471820	100482	32.73	48.35
宁波市	Ningbo	148954	78345	28.59	48.70
嘉兴市	Jiaxing	63731	56020	17.50	22.68
湖州市	Huzhou	26673	33361	12.59	15.67
绍兴市	Shaoxing	77532	60672	25.19	29.96
舟山市	Zhoushan	23301	8497	3.47	4.64
浙西南	**Western and Southern Region**	**245144**	**285085**	**112.16**	**179.58**
温州市	Wenzhou	79158	64039	37.02	60.83
金华市	Jinhua	81281	75328	24.31	40.10
其中:义乌市	Yiwu	7973	13397	4.65	8.87
衢州市	Quzhou	12937	30935	11.38	14.36
台州市	Taizhou	32018	82808	28.26	47.94
丽水市	Lishui	39750	31975	11.19	16.35

17－22 各市专利申请(2013 年)
Patent Application by City (2013)

城市	City	专利申请受理量(项) Patent Application Accepted (item)	专利申请授权量(项) Patent Application Approved (item)	#发明 Invention
浙东北	**Eastern and Nortern Region**	**206602**	**141515**	**9002**
杭州市	Hangzhou	58279	41518	4903
宁波市	Ningbo	83334	58406	2246
嘉兴市	Jiaxing	22199	14942	407
湖州市	Huzhou	12656	9870	506
绍兴市	Shaoxing	27651	15123	729
舟山市	Zhoushan	2483	1656	211
浙西南	**Western and Soutern Region**	**83533**	**60303**	**2110**
温州市	Wenzhou	33663	24069	683
金华市	Jinhua	23356	15997	480
其中:义乌市	Yiwu	7735	4693	78
衢州市	Quzhou	3836	3287	126
台州市	Taizhou	16956	12673	737
丽水市	Lishui	5722	4277	84

17-23 各市文化和卫生事业主要指标(2013年)
Main Indicators of Culture and Public Healthy by City (2013)

城市	City	体育场馆数(个) Number of Sports Grounds and Gymnasiums (unit)	剧场、影剧院数(个) Number of Theaters and Music Halls (unit)	公共图书馆图书藏量(千册件) Total Collections of Books in Public Libraries (1000 copies)	医院卫生院数(个) Number of Health Institutions (unit)	医院卫生院床位数(张) Number of Beds in Health Institutions (bed)	医生数(人) Doctors (person)
浙东北	**Eastern and Northern Region**	**408**	**191**	**38845**	**988**	**129966**	**79493**
杭州市	Hangzhou	127	60	17979	301	47350	29686
宁波市	Ningbo	122	48	6678	219	28053	19949
嘉兴市	Jiaxing	48	37	7920	127	18398	8837
湖州市	Huzhou	37	5	2019	111	11694	6569
绍兴市	Shaoxing	61	34	2964	158	19850	11605
舟山市	Zhoushan	13	7	1285	72	4621	2847
浙西南	**Western and Southern Region**	**244**	**109**	**18401**	**1225**	**88565**	**60303**
温州市	Wenzhou	37	10	10510	378	29165	21093
金华市	Jinhua	97	20	2562	260	21676	13374
其中:义乌市	Yiwu	22	5	615	34	3595	2541
衢州市	Quzhou	11	14	1417	152	8828	6615
台州市	Taizhou	76	44	2398	201	19033	13338
丽水市	Lishui	23	21	1514	234	9863	5883

17-24 各市、县国民经济主要指标(2013年)
Main Indicators of National Economy by City and Country (2013)

市县名称	City and County	土地面积(平方公里) Land Area (sq. km)	年末总人口(万人) Total Population by year-end (10000 persons)	生产总值(亿元) Gross Domestic Product (100 million yuan)	第一产业 Primary Industry	第二产业 Secondary Industry	#工业 Industry
杭州市区	Hangzhou District	3068	450.82	6639.86	114.91	2732.15	2399.12
富阳市	Fuyang	1808	65.86	571.40	38.01	324.12	302.34
临安市	Linan	3124	52.70	409.23	35.58	225.41	208.68
建德市	Jiande	2364	50.89	271.70	27.40	148.97	137.30
桐庐县	Tonglu	1780	40.59	278.04	20.86	160.32	144.14
淳安县	Chunan	4427	45.75	173.31	28.66	71.02	55.10
宁波市区	Ningbo District	2463	227.59	4309.46	61.34	2194.72	1986.94
余姚市	Yuyao	1527	83.51	749.63	40.06	444.47	413.52
慈溪市	Cixi	1361	104.36	1031.09	49.30	593.57	552.01
奉化市	Fenhua	1268	48.37	290.36	28.35	134.02	115.75
象山县	Xiangshan	1382	54.38	363.85	57.97	166.50	122.36
宁海县	Ninghai	1843	61.93	384.48	39.33	208.43	187.39
温州市区	Wenzhou District	1187	151.00	1578.29	9.90	759.37	626.92
瑞安市	Ruian	1271	122.28	635.95	19.11	319.53	280.55
乐清市	Yueqing	1174	127.79	657.92	19.61	392.97	356.05
洞头县	Dongtou	100	13.17	60.32	5.05	25.49	14.88
永嘉县	Yongjia	2674	96.95	291.91	9.63	179.24	145.97
平阳县	Pingyang	1051	87.96	298.54	13.21	146.92	122.32
苍南县	Cangnan	1272	132.21	364.59	26.38	171.05	139.67
文成县	Wencheng	1293	39.58	58.63	6.45	20.00	13.33
泰顺县	Taishun	1762	36.30	58.91	6.05	22.62	12.50
嘉兴市区	Jiaxing District	968	85.47	780.37	32.70	376.27	333.95
平湖市	Pinghu	537	48.96	461.31	17.83	287.96	275.54
海宁市	Haining	668	66.91	633.65	25.62	364.19	316.94
桐乡市	Tongxiang	727	68.28	573.47	33.19	296.54	263.24
嘉善县	Jiashan	507	38.64	374.25	24.49	213.81	194.14
海盐县	Haiyan	508	37.67	324.75	21.78	187.38	176.48
湖州市区	Huzhou District	1572	109.93	805.57	46.93	423.31	384.91
德清县	Deqing	936	43.57	334.34	21.79	189.38	174.38
长兴县	ChangXing	1430	62.82	407.37	31.18	217.01	188.25
安吉县	Anji	1886	46.18	265.43	25.62	129.68	118.70
绍兴市区	Shaoxing District	2965	216.71	2361.06	87.46	1243.19	1109.52
诸暨市	Zhuji	2311	107.65	900.88	48.75	497.66	437.16
嵊州市	Shengzhou	1790	73.37	396.38	36.56	202.30	184.57

续表 1 Continued

市县名称	City and County	土地面积（平方公里）Land Area (sq. km)	年末总人口（万人）Total Population by year-end (10000 persons)	生产总值（亿元）Gross Domestic Product (100 million yuan)	第一产业 Primary Industry	第二产业 Secondary Industry	#工业 Industry
新昌县	Xinchang	1214	43.94	306.42	20.50	160.48	151.54
金华市区	Jinhua District	2049	94.57	571.92	32.50	249.08	209.04
兰溪市	Lanxi	1312	66.67	251.29	23.60	142.83	130.47
东阳市	Dongyang	1747	83.07	403.91	18.22	198.46	162.72
义乌市	Yiwu	1105	75.99	882.87	21.90	357.32	305.60
永康市	Yongkang	1047	58.54	422.56	9.28	259.94	238.98
武义县	Wuyi	1568	34.03	181.66	15.10	100.11	89.09
浦江县	Pujiang	918	39.44	175.41	9.39	103.16	93.62
磐安县	Panan	1195	21.04	69.14	10.21	34.80	27.13
衢州市区	Quzhou District	2354	83.61	437.83	28.91	219.90	185.03
江山市	Jiangshan	2019	60.69	235.25	20.79	131.98	119.35
常山县	Changshan	1097	33.88	107.15	7.91	56.11	45.47
开化县	Kaihua	2231	35.63	94.84	11.98	44.79	36.28
龙游县	Longyou	1143	40.40	177.82	13.57	103.27	91.24
舟山市区	Zhoushan District	1034	70.63	680.30	48.94	302.63	230.42
岱山县	Daishan	324	18.86	176.92	27.54	96.94	83.26
嵊泗县	Shengsi	97	7.82	73.61	19.25	10.98	4.42
台州市区	Taizhou District	1536	157.76	1138.23	42.50	529.53	477.34
温岭市	Wenling	836	121.05	748.28	58.19	346.60	316.82
临海市	Linhai	2171	118.45	420.44	37.90	210.87	185.18
玉环县	Yuhuan	378	42.81	400.47	27.01	241.36	229.71
三门县	Sanmen	1072	43.83	140.42	22.53	57.63	41.17
天台县	Tiantai	1426	59.54	159.40	11.94	68.96	58.48
仙居县	Xianju	1992	50.60	137.87	13.32	59.69	48.29
丽水市区	Lishui District	1502	39.61	249.15	16.24	104.62	86.47
龙泉市	Longquan	3059	28.93	95.89	12.29	45.47	37.89
青田县	Qingtian	2477	52.79	173.10	7.20	105.49	94.41
云和县	Yunhe	984	11.35	48.13	4.24	26.09	22.23
庆元县	Qingyuan	1898	20.63	48.36	7.07	22.57	17.47
缙云县	Jinyun	1494	46.04	173.76	9.25	102.98	95.11
遂昌县	Suichang	2539	23.25	84.54	9.94	39.55	34.92
松阳县	Songyang	1406	23.97	73.47	12.19	34.47	29.52
景宁自治县	Jingning	1949	17.34	38.70	6.24	14.39	9.98

续表 2 Continued

市县名称	City and County	第三产业 Tertiary Industry	人均生产总值(元) Per-capita GDP (yuan)	社会消费品零售总额(亿元) Total Retail Sales of Consumer Goods (100 million yuan)	固定资产投资(亿元) Investment in Fixed Assets (100 million yuan)	财政总收入(亿元) Total Financia Revenue (100 million yuan)
杭州市区	Hangzhou District	3792.80	148170	3041.90	3402.97	1515.76
富阳市	Fuyang	209.27	86931	142.16	286.83	83.21
临安市	Linan	148.23	77726	119.17	164.45	48.64
建德市	Jiande	95.33	53373	77.27	117.65	30.72
桐庐县	Tonglu	96.86	68642	97.79	172.60	37.44
淳安县	Chunan	73.63	37964	52.88	119.38	19.20
宁波市区	Ningbo District	2053.40	189967	1407.73	1932.02	1218.11
余姚市	Yuyao	265.09	89799	341.29	440.06	106.34
慈溪市	Cixi	388.23	98882	444.86	544.98	164.53
奉化市	Fenhua	127.98	60037	123.81	154.02	51.18
象山县	Xiangshan	139.38	67121	169.89	161.16	50.62
宁海县	Ninghai	136.72	62262	148.12	190.72	60.41
温州市区	Wenzhou District	809.03	106565	1124.39	894.65	253.58
瑞安市	Ruian	297.31	52152	261.04	371.75	78.63
乐清市	Yueqing	245.34	51612	235.88	418.52	102.35
洞头县	Dongtou	29.78	39328	17.04	70.32	7.96
永嘉县	Yongjia	103.04	30216	102.67	206.31	38.64
平阳县	Pingyang	138.40	34068	125.24	256.05	33.03
苍南县	Cangnan	167.16	27809	214.38	299.48	37.03
文成县	Wencheng	32.17	14901	28.19	50.54	7.35
泰顺县	Taishun	30.24	16286	27.56	50.53	7.06
嘉兴市区	Jiaxing District	371.40	91642	328.30	512.09	154.95
平湖市	Pinghu	155.52	94282	133.63	253.04	84.65
海宁市	Haining	243.84	94912	269.34	368.35	94.26
桐乡市	Tongxiang	243.74	84167	238.63	309.68	81.49
嘉善县	Jiashan	135.96	96914	134.72	241.86	54.77
海盐县	Haiyan	115.59	86298	92.33	225.13	47.37
湖州市区	Huzhou District	335.33	70919	398.55	464.85	105.46
德清县	Deqing	123.17	74623	105.27	198.01	55.70
长兴县	ChangXing	159.18	62124	160.94	283.61	68.11
安吉县	Anji	110.13	54324	101.46	123.58	42.39
绍兴市区	Shaoxing District	1030.41	109101	754.42	1244.75	322.27
诸暨市	Zhuji	354.47	83803	274.46	482.28	100.01
嵊州市	Shengzhou	157.52	53991	178.33	162.51	37.57

续表 3　Continued

市县名称	City and County	第三产业 Tertiary Industry	人均生产总值(元) Per-capita GDP (yuan)	社会消费品零售总额(亿元) Total Retail Sales of Consumer Goods (100 million yuan)	固定资产投资(亿元) Investment in Fixed Assets (100 million yuan)	财政总收入(亿元) Total Financia Revenue (100 million yuan)
新昌县	Xinchang	125.44	69759	111.19	112.45	42.30
金华市区	Jinhua District	290.34	60682	414.81	303.72	94.45
兰溪市	Lanxi	84.87	37712	92.65	128.89	34.11
东阳市	Dongyang	187.23	48704	182.49	187.11	59.44
义乌市	Yiwu	503.65	116688	412.85	358.94	109.66
永康市	Yongkang	153.34	72547	140.41	167.51	61.39
武义县	Wuyi	66.46	53487	63.59	97.76	25.97
浦江县	Pujiang	62.87	44647	77.77	78.75	21.48
磐安县	Panan	24.12	32905	22.40	41.68	9.46
衢州市区	Quzhou District	189.03	52526	172.98	279.20	64.43
江山市	Jiangshan	82.47	38888	84.59	129.29	20.44
常山县	Changshan	43.13	31768	43.59	92.27	10.00
开化县	Kaihua	38.07	26672	50.41	63.60	9.21
龙游县	Longyou	60.98	44035	92.09	106.35	14.13
舟山市区	Zhoushan District	328.74	96488	257.66	612.98	113.56
岱山县	Daishan	52.44	93545	50.98	95.45	17.67
嵊泗县	Shengsi	43.38	93880	23.60	41.59	6.19
台州市区	Taizhou District	566.20	72348	586.25	532.37	194.54
温岭市	Wenling	343.48	61930	377.90	286.18	78.60
临海市	Linhai	171.67	35585	162.63	211.22	58.01
玉环县	Yuhuan	132.10	93834	124.85	112.00	60.01
三门县	Sanmen	60.26	32147	61.80	138.66	19.70
天台县	Tiantai	78.50	26842	74.58	109.07	21.43
仙居县	Xianju	64.85	27331	61.26	118.36	16.18
丽水市区	Lishui District	128.29	63172	150.58	159.98	44.33
龙泉市	Longquan	38.13	33184	36.68	66.75	8.52
青田县	Qingtian	60.42	32995	60.47	82.03	20.49
云和县	Yunhe	17.81	42410	18.21	33.29	6.27
庆元县	Qingyuan	18.72	23437	22.57	34.71	4.14
缙云县	Jinyun	61.54	37804	51.46	77.83	15.74
遂昌县	Suichang	35.06	36363	33.65	40.64	9.25
松阳县	Songyang	26.81	30697	27.30	41.53	5.93
景宁自治县	Jingning	18.06	22340	19.87	33.68	9.55

续表 4 Continued

市县名称	City and County	地方财政收入（亿元） Local Financial Revenue (100 million yuan)	地方财政支出（亿元） Local Financial Expendi-ture (100 million yuan)	城乡居民储蓄存款年末余额（亿元） Savings Deposits of Urban and Rural Residents (100 million yuan)	城镇居民人均可支配收入（元） Per Capita Disposable Income of Urban Residents (yuan)	农村居民人均纯收入（元） Per Capita Net Income of Rural Residents (yuan)
杭州市区	Hangzhou District	820.73	666.23	5382.55	41262	
富阳市	Fuyang	46.36	52.69	324.45	36385	19380
临安市	Linan	26.12	41.82	196.97	34320	17561
建德市	Jiande	17.31	27.43	163.60	31771	14495
桐庐县	Tonglu	22.14	29.97	159.09	33597	16986
淳安县	Chunan	12.55	37.59	113.09	27612	10531
宁波市区	Ningbo District	550.73	620.14	2591.53	41729	22605
余姚市	Yuyao	59.64	74.59	565.23	40938	19864
慈溪市	Cixi	92.05	98.39	823.42	41254	22702
奉化市	Fenhua	26.57	45.52	219.63	39414	19442
象山县	Xiangshan	30.69	54.54	172.13	40175	18127
宁海县	Ninghai	33.14	46.71	187.56	39942	18431
温州市区	Wenzhou District	147.79	154.02	1811.46		
瑞安市	Ruian	44.74	50.68	548.22	42302	17553
乐清市	Yueqing	51.29	51.35	539.00	41067	19094
洞头县	Dongtou	3.83	15.41	20.86	28825	13412
永嘉县	Yongjia	20.85	40.20	267.97	30116	12704
平阳县	Pingyang	20.36	32.82	218.10	31264	13045
苍南县	Cangnan	23.65	45.33	264.25	31498	12737
文成县	Wencheng	5.83	24.61	91.59	25320	9402
泰顺县	Taishun	5.62	23.54	59.81	24112	9158
嘉兴市区	Jiaxing District	88.46	99.23	708.06	36743	20149
平湖市	Pinghu	42.22	43.08	305.85	41260	20439
海宁市	Haining	52.49	51.19	485.46	41397	21359
桐乡市	Tongxiang	45.53	47.16	458.60	39884	20298
嘉善县	Jiashan	29.00	37.02	257.29	40082	20382
海盐县	Haiyan	24.61	25.69	222.95	41262	20683
湖州市区	Huzhou District	59.55	83.46	644.12		
德清县	Deqing	30.97	33.57	218.07	36796	19570
长兴县	ChangXing	39.44	47.33	214.84	36732	19341
安吉县	Anji	24.70	33.25	166.77	35286	17617
绍兴市区	Shaoxing District	188.14	187.08	1745.54		
诸暨市	Zhuji	59.60	67.04	547.20	43905	21180
嵊州市	Shengzhou	22.73	30.41	266.47	40585	16522

续表 5 Continued

市县名称	City and County	地方财政收入（亿元）Local Financial Revenue (100 million yuan)	地方财政支出（亿元）Local Financial Expendi－ture (100 million yuan)	城乡居民储蓄存款年末余额（亿元）Savings Deposits of Urban and Rural Residents (100 million yuan)	城镇居民人均可支配收入（元）Per Capita Disposable Income of Urban Residents (yuan)	农村居民人均纯收入（元）Per Capita Net Income of Rural Residents (yuan)
新昌县	Xinchang	22.60	27.57	165.05	37782	16190
金华市区	Jinhua District	58.53	85.60	522.04	35328	13922
兰溪市	Lanxi	18.13	31.86	168.79	26649	10882
东阳市	Dongyang	35.31	43.23	372.96	33350	16634
义乌市	Yiwu	63.31	61.65	1154.22	48962	21273
永康市	Yongkang	35.30	36.02	416.82	35526	16243
武义县	Wuyi	14.23	25.82	147.36	24530	10872
浦江县	Pujiang	12.46	20.51	166.08	30711	12389
磐安县	Panan	5.20	17.56	56.86	24088	9013
衢州市区	Quzhou District	39.77	71.86	231.26	30507	12026
江山市	Jiangshan	12.40	28.50	186.30	28074	13538
常山县	Changshan	6.51	18.88	78.94	23036	11542
开化县	Kaihua	5.08	22.49	84.93	21414	10594
龙游县	Longyou	9.00	23.78	122.66	27791	12584
舟山市区	Zhoushan District	76.67	136.85	434.67		
岱山县	Daishan	10.59	31.46	76.61	32878	20726
嵊泗县	Shengsi	5.37	21.52	33.36	33173	19740
台州市区	Taizhou District	110.39	116.87	1169.52	39123	17926
温岭市	Wenling	43.85	60.72	608.13	37647	18403
临海市	Linhai	32.50	46.51	333.54	34283	15390
玉环县	Yuhuan	27.60	37.15	229.47	44081	20229
三门县	Sanmen	11.80	22.66	93.63	30324	12698
天台县	Tiantai	12.30	23.70	137.35	30405	12546
仙居县	Xianju	9.30	21.42	126.49	27948	11632
丽水市区	Lishui District	27.55	46.25	218.86	31008	12283
龙泉市	Longquan	5.45	18.18	68.31	30918	10368
青田县	Qingtian	11.91	26.91	246.91	30364	10352
云和县	Yunhe	3.36	12.46	33.62	27933	9704
庆元县	Qingyuan	2.51	16.34	32.60	25004	9145
缙云县	Jinyun	8.70	20.19	112.22	29879	10302
遂昌县	Suichang	5.52	17.82	54.25	30370	10224
松阳县	Songyang	3.91	18.25	52.93	26836	9325
景宁自治县	Jingning	4.78	18.99	26.68	25332	9466

17－25 各市、县全社会就业人员数(2013 年底)
Total Employed Persons by City and County (End of 2013)

单位:万人(10000 persons)

市县名称	City and County	全社会就业人员数 Total Employed Persons	第一产业 Primary Industry	第二产业 Secondary Industry	第三产业 Tertiary Industry
杭州市区	Hangzhou District	481.96	26.00	215.04	240.92
富阳市	Fuyang	48.42	9.04	25.34	14.04
临安市	Linan	39.05	7.73	19.98	11.34
建德市	Jiande	26.53	9.46	9.12	7.95
桐庐县	Tonglu	31.30	6.49	16.98	7.83
淳安县	Chunan	23.25	11.35	5.05	6.85
宁波市区	Ningbo District	234.97		133.98	112.48
余姚市	Yuyao	65.74	7.33	32.63	25.78
慈溪市	Cixi	83.20	10.20	49.60	23.40
奉化市	Fenhua	35.36	6.39	18.19	10.78
象山县	Xiangshan	36.29	8.12	17.07	11.10
宁海县	Ninghai	47.80	8.30	22.60	16.90
温州市区	Wenzhou District				
瑞安市	Ruian	72.53	8.62	39.20	24.71
乐清市	Yueqing	73.59	11.66	30.53	31.40
洞头县	Dongtou	4.90	1.06	1.81	2.03
永嘉县	Yongjia	48.51	8.65	25.56	14.29
平阳县	Pingyang	44.01	12.04	18.13	13.84
苍南县	Cangnan	62.69	17.40	25.63	19.66
文成县	Wencheng	17.41	6.18	4.09	7.14
泰顺县	Taishun	17.46	5.62	6.42	5.42
嘉兴市区	Jiaxing District	80.55	7.67	42.60	30.28
平湖市	Pinghu	43.59	3.58	28.83	11.18
海宁市	Haining	62.43	5.51	38.62	18.29
桐乡市	Tongxiang	72.78	5.81	44.15	22.82
嘉善县	Jiashan	38.60	4.41	22.66	11.53
海盐县	Haiyan	29.75	4.70	17.34	7.72
湖州市区	Huzhou District	77.74	10.67	48.85	18.22
德清县	Deqing	31.35	3.88	18.66	8.81
长兴县	ChangXing	41.05	5.72	19.82	15.51
安吉县	Anji	29.15	5.63	13.15	10.37
绍兴市区	Shaoxing District				
诸暨市	Zhuji	80.90	13.35	46.06	21.49
嵊州市	Shengzhou	46.51	10.48	24.41	11.62

续表　Continued　　单位:万人(10000 persons)

市县名称	City and County	全社会就业人员数 Total Employed Persons	第一产业 Primary Industry	第二产业 Secondary Industry	第三产业 Tertiary Industry
新昌县	Xinchang	27.80	7.25	12.59	7.96
金华市区	Jinhua District	69.71	6.57	36.26	26.88
兰溪市	Lanxi	34.80	13.87	14.22	6.71
东阳市	Dongyang	52.11	9.10	26.33	16.68
义乌市	Yiwu	93.70	5.88	56.73	31.09
永康市	Yongkang	49.29	8.15	29.35	11.79
武义县	Wuyi	20.78	4.99	10.64	5.15
浦江县	Pujiang	30.47	6.65	15.11	8.71
磐安县	Panan	11.90	5.30	5.07	1.53
衢州市区	Quzhou District	48.58	19.80	13.49	15.30
江山市	Jiangshan	28.02	9.41	9.69	8.92
常山县	Changshan	15.98	6.30	4.71	4.97
开化县	Kaihua	15.16	7.03	3.98	4.15
龙游县	Longyou	23.77	8.99	7.95	6.83
舟山市区	Zhoushan District	54.91	6.25	21.45	27.21
岱山县	Daishan	12.69	3.19	4.72	4.78
嵊泗县	Shengsi	4.41	1.23	0.78	2.40
台州市区	Taizhou District	123.70	15.55	67.83	40.32
温岭市	Wenling	96.12	18.55	43.78	33.79
临海市	Linhai	61.31	16.54	30.50	14.27
玉环县	Yuhuan	44.20	4.58	28.05	11.57
三门县	Sanmen	21.52	6.55	9.79	5.18
天台县	Tiantai	22.36	8.32	6.34	7.70
仙居县	Xianju	17.47	7.23	5.67	4.57
丽水市区	Lishui District	28.46	6.89	9.70	11.87
龙泉市	Longquan	15.92	6.71	4.24	4.97
青田县	Qingtian	19.30	6.32	6.89	6.09
云和县	Yunhe	7.88	2.35	2.93	2.60
庆元县	Qingyuan	8.36	4.18	2.33	1.85
缙云县	Jinyun	26.18	9.87	5.85	10.46
遂昌县	Suichang	12.02	5.07	3.21	3.74
松阳县	Songyang	13.30	4.80	5.21	3.29
景宁自治县	Jingning	6.08	3.42	0.85	1.81

17－26 各市、县年末单位就业人员数(2013 年底)
Employed Persons in Towns by City and County (End of 2013)

单位:万人(10000 persons)

市县名称	City and County	年末城镇就业人员数 Total Employed Persons in Towns	农、林、牧、渔业 Agriculture	采矿业 Mining and Quarrying	制造业 Manufac－turing	电力、煤气及水的生产和供应业 Electricity, Gas and Water Production and Supply	建筑业 Construction	交通运输仓储及邮电通信业 Transport, Storage, Post & Telecommunication
杭州市区	Hangzhou District	249.37	0.10	0.04	59.35	1.37	74.31	10.36
富阳市	Fuyang	11.14		0.06	4.67	0.28	1.60	0.24
临安市	Linan	9.03		0.01	4.26	0.14	1.67	0.15
建德市	Jiande	4.80	0.01	0.02	1.81	0.12	0.20	0.13
桐庐县	Tonglu	4.45			2.02	0.13	0.10	0.12
淳安县	Chunan	3.76	0.05	0.01	0.58	0.06	0.59	0.14
宁波市区	Ningbo District	99.55	0.02	0.01	49.78	0.87	7.20	4.76
余姚市	Yuyao	15.30	0.01		10.33	0.23	0.56	0.29
慈溪市	Cixi	14.07	0.02		8.69	0.25	0.09	0.34
奉化市	Fenhua	5.87			3.31	0.10	0.14	0.11
象山县	Xiangshan	29.27			3.51	0.16	22.83	0.11
宁海县	Ninghai	7.28	0.01		3.16	0.29	0.54	0.20
温州市区	Wenzhou District	39.38		0.01	9.65	1.05	8.55	2.28
瑞安市	Ruian	11.28			5.19	0.15	1.60	0.29
乐清市	Yueqing	17.14	0.01	0.01	9.10	0.28	3.20	0.26
洞头县	Dongtou	0.81			0.09	0.04	0.04	0.08
永嘉县	Yongjia	10.63	0.01		5.58	0.16	1.99	0.20
平阳县	Pingyang	9.44	0.01		3.25	0.15	2.99	0.06
苍南县	Cangnan	7.16		0.12	1.37	0.08	2.07	0.20
文成县	Wencheng	1.86	0.01		0.04	0.09	0.59	0.05
泰顺县	Taishun	5.34		0.01	0.02	0.09	3.96	0.03
嘉兴市区	Jiaxing District	25.73	0.03		12.96	0.31	1.42	0.96
平湖市	Pinghu	13.35	0.01		9.97	0.33	0.03	0.21
海宁市	Haining	12.08	0.01		7.92	0.18	0.14	0.18
桐乡市	Tongxiang	11.39	0.02		6.51	0.18	0.89	0.22
嘉善县	Jiashan	10.79			8.16	0.09	0.09	0.10
海盐县	Haiyan	6.41			3.30	0.13	0.45	0.14
湖州市区	Huzhou District	24.04	0.02	0.08	6.53	0.34	7.96	1.35
德清县	Deqing	10.56		0.14	6.03	0.13	1.85	0.23
长兴县	ChangXing	7.93		0.06	3.58	0.13	1.47	0.28
安吉县	Anji	5.69	0.01		2.12	0.10	1.29	0.12
绍兴市区	Shaoxing District	88.27	0.03	0.18	23.76	0.93	48.70	1.63
诸暨市	Zhuji	34.25	0.02	0.03	7.40	0.15	21.59	0.58
嵊州市	Shengzhou	6.47			3.46	0.11	0.42	0.05

续表 1 Continued 单位:万人(10000 persons)

市县名称	City and County	年末城镇就业人员数 Total Employed Persons in Towns	农、林、牧、渔业 Agriculture	采矿业 Mining and Quarrying	制造业 Manufac - turing	电力、煤气及水的生产和供应业 Electricity, Gas and Water Production and Supply	建筑业 Construction	交通运输仓储及邮电通信业 Transport, Storage, Post & Telecom munication
新昌县	Xinchang	6.55	0.01		3.27	0.09	1.45	0.14
金华市区	Jinhua District	18.07	0.02		4.05	0.12	4.79	1.02
兰溪市	Lanxi	5.88		0.02	2.44	0.16	0.87	0.13
东阳市	Dongyang	40.29	0.01		3.42	0.12	32.70	0.18
义乌市	Yiwu	12.18			2.82	0.14	2.40	0.60
永康市	Yongkang	5.26			1.10	0.10	0.57	0.13
武义县	Wuyi	2.13	0.01		0.43	0.08	0.03	0.12
浦江县	Pujiang	2.69			0.89	0.06	0.06	0.09
磐安县	Panan	3.54		0.01	0.73	0.04	1.93	0.07
衢州市区	Quzhou District	11.22			4.17	0.20	0.87	0.46
江山市	Jiangshan	2.75			0.93	0.14	0.10	0.03
常山县	Changshan	1.58			0.20	0.05	0.27	0.02
开化县	Kaihua	1.22	0.03		0.15	0.05	0.02	0.02
龙游县	Longyou	3.63		0.04	1.38	0.06	0.62	0.11
舟山市区	Zhoushan District	15.07	0.03		3.62	0.32	1.80	1.38
岱山县	Daishan	2.22		0.07	0.57	0.10	0.27	0.14
嵊泗县	Shengsi	1.20		0.01	0.04	0.05	0.19	0.10
台州市区	Taizhou District	45.64	0.04		15.40	0.36	15.53	0.95
温岭市	Wenling	14.78			5.52	0.11	4.32	0.11
临海市	Linhai	15.85	0.01		3.93	0.25	7.52	0.32
玉环县	Yuhuan	11.80			8.53	0.07	0.50	0.21
三门县	Sanmen	3.77	0.04		0.61	0.09	1.64	0.06
天台县	Tiantai	5.58			1.05	0.05	2.37	0.08
仙居县	Xianju	4.83		0.02	1.18	0.06	2.00	0.03
丽水市区	Lishui District	5.25	0.02		0.59	0.19	0.09	0.18
龙泉市	Longquan	1.95	0.03		0.09	0.08	0.40	0.07
青田县	Qingtian	2.53	0.01	0.02	0.89	0.10	0.03	0.03
云和县	Yunhe	1.13			0.22	0.07	0.16	0.04
庆元县	Qingyuan	0.93	0.02		0.01	0.06	0.01	0.03
缙云县	Jinyun	2.07	0.01		0.38	0.08	0.09	0.06
遂昌县	Suichang	2.09	0.03	0.01	0.90	0.07	0.02	0.05
松阳县	Songyang	1.03				0.06	0.07	0.03
景宁自治县	Jingning	1.03	0.01		0.01	0.07	0.19	0.04

续表 2 Continued 单位:万人(10000 persons)

市县名称	City and County	信息传输、计算机服务和软件业 Information Transmission, Computer Services and Software	批发和零售贸易 Wholesale and Retail Sale Trade	住宿、餐饮业 Hotels and Catering Services	金融业 Finance	房地产业 Real Estate	租赁和商业服务 Leasing and Commercial Services	科学研究、技术服务和地质勘查 Technic and Geological Prospecting
杭州市区	Hangzhou District	9.60	16.89	6.72	8.47	8.07	9.19	8.10
富阳市	Fuyang	0.08	0.29	0.10	0.20	0.11	0.26	0.15
临安市	Linan	0.03	0.18	0.06	0.10	0.15	0.13	0.05
建德市	Jiande	0.04	0.14	0.03	0.17	0.06	0.24	0.21
桐庐县	Tonglu	0.04	0.18	0.03	0.12	0.09	0.06	0.04
淳安县	Chunan	0.04	0.38	0.23	0.09	0.10	0.09	0.07
宁波市区	Ningbo District	0.97	5.25	1.41	6.20	2.12	4.64	1.55
余姚市	Yuyao	0.08	0.20	0.16	0.24	0.11	0.13	0.10
慈溪市	Cixi	0.04	0.59	0.12	0.34	0.14	0.12	0.14
奉化市	Fenhua	0.04	0.19	0.02	0.14	0.03	0.16	0.05
象山县	Xiangshan	0.03	0.09	0.07	0.12	0.04	0.24	0.04
宁海县	Ninghai	0.02	0.10	0.03	0.14	0.06	0.40	0.06
温州市区	Wenzhou District	0.56	1.42	0.61	3.55	0.85	1.28	0.70
瑞安市	Ruian	0.01	0.23	0.10	0.09	0.12	0.22	0.08
乐清市	Yueqing	0.01	0.21	0.12	0.11	0.11	0.39	0.09
洞头县	Dongtou		0.02		0.02	0.01	0.03	0.01
永嘉县	Yongjia	0.03	0.15	0.06	0.14	0.08	0.06	0.06
平阳县	Pingyang		0.23	0.06	0.08	0.10	0.12	0.05
苍南县	Cangnan		0.14	0.09	0.11	0.08	0.08	0.03
文成县	Wencheng	0.01	0.04	0.03	0.09	0.02	0.04	0.01
泰顺县	Taishun		0.07	0.03	0.04	0.02	0.04	0.01
嘉兴市区	Jiaxing District	0.41	1.35	0.33	1.58	0.94	0.69	0.54
平湖市	Pinghu	0.04	0.19	0.13	0.06	0.10	0.28	0.04
海宁市	Haining	0.03	0.26	0.14	0.08	0.25	0.44	0.14
桐乡市	Tongxiang	0.02	0.26	0.12	0.08	0.16	0.39	0.06
嘉善县	Jiashan		0.28	0.08	0.06	0.09	0.11	0.05
海盐县	Haiyan	0.03	0.17	0.05	0.05	0.11	0.61	0.05
湖州市区	Huzhou District	0.65	0.23	0.39	1.28	0.47	0.42	0.31
德清县	Deqing	0.09	0.15	0.03	0.08	0.08	0.08	0.07
长兴县	ChangXing	0.15	0.06	0.02	0.09	0.09	0.06	0.04
安吉县	Anji	0.02	0.06		0.11	0.07	0.01	0.03
绍兴市区	Shaoxing District	1.02	0.62	0.43	1.90	0.46	0.79	0.54
诸暨市	Zhuji	0.14	0.15	0.03	0.10	0.18	0.13	0.09
嵊州市	Shengzhou	0.14	0.04	0.08	0.02	0.05	0.04	0.06

续表 3 Continued 单位:万人(10000 persons)

市县名称	City and County	信息传输、计算机服务和软件业 Information Transmission, Computer Services and Software	批发和零售贸易 Wholesale and Retail Sale Trade	住宿、餐饮业 Hotels and Catering Services	金融业 Finance	房地产业 Real Estate	租赁和商业服务 Leasing and Commercial Services	科学研究、技术服务和地质勘查 Technic and Geological Prospecting
新昌县	Xinchang	0.07	0.04	0.02	0.05	0.04	0.05	0.03
金华市区	Jinhua District	0.53	1.04	0.16	1.21	0.25	0.26	0.20
兰溪市	Lanxi	0.04	0.12	0.02	0.17	0.05	0.07	0.05
东阳市	Dongyang	0.07	0.18	0.25	0.28	0.04	0.42	0.05
义乌市	Yiwu	0.07	0.26	0.22	0.64	0.21	0.53	0.10
永康市	Yongkang	0.09	0.26	0.10	0.31	0.03	0.21	0.04
武义县	Wuyi	0.04	0.05	0.01	0.15		0.02	0.02
浦江县	Pujiang		0.03	0.03	0.12	0.02	0.05	0.02
磐安县	Panan		0.02	0.04	0.05		0.02	0.01
衢州市区	Quzhou District	0.37	0.09	0.25	1.07	0.08	0.17	0.16
江山市	Jiangshan	0.01	0.05		0.06	0.01	0.02	0.03
常山县	Changshan	0.02	0.08		0.03	0.01	0.02	0.02
开化县	Kaihua	0.04			0.03	0.01		0.02
龙游县	Longyou	0.07		0.01	0.05	0.01	0.09	0.03
舟山市区	Zhoushan District	0.23	0.62	0.38	0.72	0.64	0.53	0.29
岱山县	Daishan		0.04	0.01	0.04	0.06	0.02	0.02
嵊泗县	Shengsi		0.04	0.01	0.02	0.02	0.06	0.01
台州市区	Taizhou District	0.56	1.53	0.31	3.26	0.54	0.59	0.41
温岭市	Wenling	0.02	0.23	0.07	0.25	0.19	0.69	0.10
临海市	Linhai	0.03	0.30	0.08	0.11	0.18	0.14	0.20
玉环县	Yuhuan	0.02	0.23	0.15	0.19	0.11	0.09	0.03
三门县	Sanmen	0.01	0.05	0.02	0.08	0.07	0.01	0.03
天台县	Tiantai		0.08	0.07	0.05	0.06	0.16	0.10
仙居县	Xianju		0.13	0.04	0.04	0.05	0.03	0.05
丽水市区	Lishui District	0.21	0.27	0.12	0.71	0.03	0.21	0.17
龙泉市	Longquan	0.01	0.07	0.06	0.07		0.03	0.02
青田县	Qingtian	0.01	0.02		0.12	0.01	0.05	0.02
云和县	Yunhe		0.02		0.03		0.03	0.01
庆元县	Qingyuan	0.02	0.02	0.01	0.05		0.01	0.02
缙云县	Jinyun	0.01	0.04	0.02	0.10	0.01	0.02	0.03
遂昌县	Suichang	0.01	0.01	0.04	0.05	0.02	0.09	0.02
松阳县	Songyang	0.01	0.01		0.05	0.01	0.01	0.03
景宁自治县	Jingning	0.01	0.02		0.04	0.01	0.01	0.01

续表 4 Continued 单位:万人(10000 persons)

市县名称	City and County	水利、环境和公共设施管理业 Water Conservancy, Environment and Public Facilities Management	居民服务和其他服务业 Resident Services and Other Services	教育 Education	卫生、社会保障和社会福利业 Health Care, Social Security and Social Welfare	文化、体育和娱乐业 Culture, Sports and Recreation	公共管理和社会组织 Public Management and Social Organization
杭州市区	Hangzhou District	2.49	0.81	13.32	7.90	2.10	10.18
富阳市	Fuyang	0.37	0.02	1.27	0.49	0.08	0.87
临安市	Linan	0.21	0.01	0.82	0.39	0.04	0.62
建德市	Jiande	0.12	0.01	0.55	0.35	0.04	0.57
桐庐县	Tonglu	0.13	0.01	0.53	0.32	0.02	0.51
淳安县	Chunan	0.10		0.42	0.24	0.10	0.48
宁波市区	Ningbo District	0.95	0.43	4.70	3.32	0.59	4.79
余姚市	Yuyao	0.05	0.02	1.04	0.59	0.04	1.13
慈溪市	Cixi	0.23	0.02	1.23	0.71	0.10	0.93
奉化市	Fenhua	0.10	0.01	0.45	0.35	0.05	0.62
象山县	Xiangshan	0.08		0.64	0.37	0.07	0.85
宁海县	Ninghai	0.17	0.03	0.85	0.43	0.05	0.74
温州市区	Wenzhou District	0.11	0.06	3.11	2.27	0.35	2.99
瑞安市	Ruian	0.20	0.03	1.21	0.67	0.06	1.03
乐清市	Yueqing	0.06	0.02	1.40	0.58	0.12	1.04
洞头县	Dongtou	0.01		0.14	0.05	0.02	0.24
永嘉县	Yongjia	0.10	0.01	0.87	0.28	0.06	0.81
平阳县	Pingyang	0.08	0.01	0.95	0.36	0.08	0.84
苍南县	Cangnan	0.03	0.02	1.18	0.43	0.10	1.04
文成县	Wencheng	0.03		0.25	0.14	0.03	0.39
泰顺县	Taishun	0.03		0.38	0.13	0.03	0.43
嘉兴市区	Jiaxing District	0.16	0.03	1.54	1.05	0.18	1.24
平湖市	Pinghu	0.12	0.01	0.69	0.33	0.16	0.65
海宁市	Haining	0.13	0.01	1.01	0.49	0.07	0.62
桐乡市	Tongxiang	0.35	0.01	0.97	0.45	0.05	0.63
嘉善县	Jiashan	0.11	0.02	0.56	0.28	0.06	0.64
海盐县	Haiyan	0.05	0.01	0.52	0.26	0.04	0.46
湖州市区	Huzhou District	0.29	0.01	1.41	0.93	0.07	1.30
德清县	Deqing	0.12	0.02	0.55	0.30	0.04	0.57
长兴县	ChangXing	0.08	0.01	0.75	0.33	0.05	0.67
安吉县	Anji	0.08	0.01	0.49	0.33	0.03	0.80
绍兴市区	Shaoxing District	0.49	0.02	2.69	1.65	0.22	2.23
诸暨市	Zhuji	0.31	0.02	1.60	0.74	0.06	0.92
嵊州市	Shengzhou		0.02	0.71	0.40	0.31	0.56

续表 5 Continued 单位:万人(10000 persons)

市县名称	City and County	水利、环境和公共设施管理业 Water Conservancy, Environment and Public Facilities Management	居民服务和其他服务业 Resident Services and Other Services	教育 Education	卫生、社会保障和社会福利业 Health Care, Social Security and Social Welfare	文化、体育和娱乐业 Culture, Sports and Recreation	公共管理和社会组织 Public Management and Social Organization
新昌县	Xinchang	0.11	0.01	0.43	0.26	0.02	0.48
金华市区	Jinhua District	0.21	0.02	1.62	1.01	0.16	1.41
兰溪市	Lanxi	0.16	0.01	0.69	0.35	0.07	0.48
东阳市	Dongyang	0.40	0.01	0.83	0.52	0.08	0.75
义乌市	Yiwu	0.24	0.10	1.21	0.73	0.10	1.80
永康市	Yongkang	0.31	0.01	0.70	0.44	0.03	0.84
武义县	Wuyi	0.07		0.39	0.22	0.03	0.48
浦江县	Pujiang	0.10		0.39	0.26	0.02	0.54
磐安县	Panan	0.04		0.20	0.10	0.02	0.26
衢州市区	Quzhou District	0.10	0.01	1.01	0.57	0.12	1.52
江山市	Jiangshan	0.03		0.51	0.28	0.01	0.54
常山县	Changshan	0.03		0.26	0.13	0.03	0.41
开化县	Kaihua	0.03		0.26	0.16	0.02	0.37
龙游县	Longyou	0.02		0.36	0.17	0.02	0.58
舟山市区	Zhoushan District	0.40	0.11	1.15	0.71	0.16	1.98
岱山县	Daishan	0.06		0.20	0.13	0.03	0.45
嵊泗县	Shengsi	0.05		0.11	0.20	0.02	0.28
台州市区	Taizhou District	0.36	0.05	1.84	1.24	0.17	2.48
温岭市	Wenling	0.16	0.05	1.20	0.73	0.05	0.99
临海市	Linhai	0.09	0.02	1.20	0.64	0.04	0.79
玉环县	Yuhuan	0.11	0.01	0.53	0.30	0.04	0.70
三门县	Sanmen	0.04		0.39	0.19	0.04	0.41
天台县	Tiantai	0.09	0.01	0.60	0.28	0.05	0.47
仙居县	Xianju	0.06	0.01	0.45	0.22	0.03	0.44
丽水市区	Lishui District	0.08	0.01	0.72	0.67	0.10	0.88
龙泉市	Longquan	0.06	0.03	0.36	0.15	0.03	0.39
青田县	Qingtian	0.05	0.01	0.46	0.17	0.04	0.49
云和县	Yunhe	0.03		0.13	0.08	0.02	0.29
庆元县	Qingyuan	0.01		0.24	0.09	0.01	0.32
缙云县	Jinyun	0.03		0.49	0.23	0.03	0.44
遂昌县	Suichang	0.06		0.25	0.12	0.02	0.32
松阳县	Songyang	0.02		0.25	0.13	0.02	0.33
景宁自治县	Jingning	0.04		0.17	0.07	0.02	0.31

17－27 各市、县农、林、牧、渔业总产值(2013 年)
Gross Output Value of Farming, Forestry, Animal Husbandry and Fishery by City and County (2013)

单位:万元(10000 yuan)

市县名称	City and County	农、林、牧、渔业总产值 Total Output Value of Agriculture	农业产值 Farming	林业产值 Forestry	牧业产值 Animal Husbandry	渔业产值 Fishery	农林牧渔业服务业产值 Services
杭州市区	Hangzhou District	1802900	946139	78874	405707	299658	72522
建德市	Jiande	432228	229620	22115	146689	23409	10395
桐庐县	Tonglu	306317	184848	26717	65750	22894	6108
富阳市	Fuyang	534970	295989	79243	124850	31011	3877
临安市	Linan	513387	235614	159315	101609	9183	7666
淳安县	Chunan	403910	268845	41906	66719	21137	5303
宁波市区	Ningbo District	897906	623841	25116	141700	87849	19400
余姚市	Yuyao	615399	400145	30486	121784	57715	5269
慈溪市	Cixi	717931	450591	4377	97920	147477	17566
奉化市	Fenhua	460621	190288	30754	84057	150398	5124
象山县	Xiangshan	1056953	197764	9754	80716	758814	9905
宁海县	Ninghai	538371	160145	15955	79212	280683	2376
温州市区	Wenzhou District	181581	108197	1278	52859	17766	1481
瑞安市	Ruian	316271	121528	3419	60423	125643	5258
洞头县	Dongtou	93316	1700	300	1681	89425	210
乐清市	Yucqing	296614	130556	1502	56694	94568	13294
永嘉县	Yongjia	154650	89823	11219	44556	6800	2252
平阳县	Pingyang	243169	85101	4726	68691	80286	4365
苍南县	Cangnan	413027	138859	7549	56533	203992	6094
文成县	Wencheng	92482	69073	5454	16296	604	1055
泰顺县	Taishun	87629	63991	5670	16726	380	862
嘉兴市区	Jiaxing District	615946	232311	897	285906	80527	16305
海宁市	Haining	394387	177231	2176	131154	65980	17846
平湖市	Pinghu	268211	148057	1164	59214	40391	19385
嘉善县	Jiashan	496293	303191	294	127915	54751	10142
海盐县	Haiyan	320813	148427	3224	125426	28138	15598
桐乡市	Tongxiang	461026	217854	1774	190439	26310	24649
湖州市区	Huzhou District	788997	258405	24435	241217	221302	43638
德清县	Deqing	397281	60206	64855	133246	113630	25344
长兴县	ChangXing	559869	389271	51897	56374	50980	11347
安吉县	Anji	383688	242203	90552	28514	17907	4512
绍兴市区	Shaoxing District	1344568	816930	84947	242756	188930	11005
诸暨市	Zhuji	743242	413144	95009	152766	77891	4432
嵊州市	Shengzhou	543573	386221	45637	104153	5682	1880

续表 Continued 单位:万元(10000 yuan)

市县名称	City and County	农、林、牧、渔业总产值 Total Output Value of Agriculture	农业产值 Farming	林业产值 Forestry	牧业产值 Animal Husbandry	渔业产值 Fishery	农林牧渔业服务业产值 Services
新昌县	Xinchang	280694	215989	26370	31452	4078	2805
金华市区	Jinhua District	580558	263265	13487	250361	34602	18843
兰溪市	Lanxi	399350	187986	3166	154385	46645	7168
东阳市	Dongyang	266874	190569	11461	46605	8936	9303
义乌市	Yiwu	319696	188541	6286	106950	14719	3200
永康市	Yongkang	131121	82326	4089	27022	12084	5600
武义县	Wuyi	232150	146266	10264	65587	5474	4559
浦江县	Pujiang	133075	84083	2794	41064	3294	1840
磐安县	Panan	150838	117149	14671	17160	312	1546
衢州市区	Quzhou District	496106	202408	32271	235717	22428	3282
江山市	Jiangshan	366203	172880	16621	163601	10451	2650
常山县	Changshan	120408	66038	17984	28189	5474	2723
开化县	Kaihua	174296	120234	26640	21596	4326	1500
龙游县	Longyou	244731	81321	17251	129354	15355	1450
舟山市区	Zhoushan District	969398	85539	2143	39853	837912	3951
岱山县	Daishan	592414	19042	1023	8509	563690	150
嵊泗县	Shengsi	315745	1262	61	1288	312834	300
台州市区	Taizhou District	724451	329417	3853	68499	317005	5677
玉环县	Yuhuan	498137	66086	847	18248	407337	5619
三门县	Sanmen	443902	90365	4570	31688	317091	188
天台县	Tiantai	181505	118844	13352	44963	3418	928
仙居县	Xianju	204115	139353	19227	39279	4826	1430
温岭市	Wenling	1055351	255128	719	78998	702901	17605
临海市	Linhai	622166	297463	16412	78507	227619	2165
丽水市区	Lishui District	242867	171234	20285	43191	6007	2150
龙泉市	Longquan	194916	126589	42781	23047	1692	807
青田县	Qingtian	108402	67599	14048	18376	7372	1007
云和县	Yunhe	65540	50487	4750	7364	1140	1799
庆元县	Qingyuan	107838	63197	33669	8867	1768	337
缙云县	Jinyun	141593	82040	18028	39069	1626	830
遂昌县	Suichang	157541	92361	38778	24301	1166	935
松阳县	Songyang	181239	128550	20995	29921	1377	396
景宁县	Jingning	96636	65855	14720	13701	1386	974

17－28 各市、县农作物播种面积(2013 年)
Sown Area by City and County (2013)

单位:千公顷(1000 hectares)

县市名称	City and County	农作物播种面积(千公顷) Sown Area of Farm Crops (1000 hectares)	#粮食 Grain	#谷物 Cereal	油料 Oil－bearing Crops	棉花 Cotton	蔬菜 Vegetables	#果用瓜 Melon Used as Fruit
杭州市区	Hangzhou District	170.95	71.53	51.18	9.31	0.30	55.84	3.98
建德市	Jiande	35.80	16.82	11.36	5.91	0.11	7.41	2.08
桐庐县	Tonglu	32.92	15.51	9.11	6.74		6.16	1.39
富阳市	Fuyang	50.06	22.82	15.42	8.14		10.28	2.03
临安市	Linan	32.54	15.15	9.70	3.20		6.49	0.89
淳安县	Chunan	43.40	22.09	10.89	7.79	0.14	8.78	1.00
宁波市区	Ningbo District	81.93	37.48	31.55	1.23	0.09	19.65	5.62
余姚市	Yuyao	62.12	32.80	27.01	3.11	1.06	17.03	2.03
慈溪市	Cixi	80.93	29.83	11.79	6.82	3.01	27.70	7.83
奉化市	Fenhua	22.52	11.71	9.87	0.35		2.52	0.80
象山县	Xiangshan	31.29	17.48	11.03	1.23	0.08	8.69	1.95
宁海县	Ninghai	29.13	19.27	12.53	1.49	1.09	4.46	1.90
温州市区	Wenzhou District	22.28	9.20	6.97	0.85		10.28	0.87
瑞安市	Ruian	36.30	21.34	18.94	2.33	0.01	9.40	2.41
洞头县	Dongtou	1.26	0.82	0.07	0.18		0.25	0.01
乐清市	Yueqing	36.16	25.50	21.73	1.94	0.06	5.82	1.17
永嘉县	Yongjia	31.03	20.87	14.80	2.90		5.10	1.29
平阳县	Pingyang	34.38	23.98	18.84	1.50		5.85	1.52
苍南县	Cangnan	43.79	29.89	24.39	0.63		9.83	1.84
文成县	Wencheng	20.85	11.94	5.20	0.67		5.52	0.56
泰顺县	Taishun	19.62	12.11	6.91	1.02		4.39	0.13
嘉兴市区	Jiaxing District	86.52	53.38	45.77	4.54	0.25	21.77	3.70
海宁市	Haining	50.56	27.76	21.18	4.82	0.19	12.02	1.16
平湖市	Pinghu	53.61	39.99	38.47	3.98	0.38	7.87	0.87
嘉善县	Jiashan	47.46	28.08	25.33	0.75		15.23	1.96
海盐县	Haiyan	43.46	32.03	28.22	2.46	0.75	6.80	0.91
桐乡市	Tongxiang	58.55	26.83	21.28	2.93	0.31	18.39	1.35
湖州市区	Huzhou District	77.68	50.41	38.88	8.35	0.05	14.46	1.23
德清县	Deqing	19.84	13.77	9.51	0.90	0.09	3.31	0.82
长兴县	ChangXing	84.52	46.24	42.62	7.48		12.15	2.25
安吉县	Anji	41.04	25.68	20.24	3.16	0.01	6.99	1.39
绍兴市区	Shaoxing District	149.49	88.87	77.98	10.61	1.62	30.67	5.75
诸暨市	Zhuji	94.71	56.43	47.11	5.94	0.01	16.31	2.50
嵊州市	Shengzhou	56.35	28.67	21.89	4.20	0.14	12.71	1.49

续表 Continued 单位:千公顷(1000 hectares)

县市名称	City and County	农作物播种面积(千公顷) Sown Area of Farm Crops (1000 hectares)	#粮食 Grain	#谷物 Cereal	油料 Oil - bearing Crops	棉花 Cotton	蔬菜 Vegetables	#果用瓜 Melon Used as Fruit
新昌县	Xinchang	30.16	14.79	9.76	4.86	0.13	5.62	0.66
金华市区	Jinhua District	56.44	28.29	22.23	5.55	1.41	8.40	2.41
兰溪市	Lanxi	47.07	23.07	16.82	9.57	5.19	5.60	1.32
东阳市	Dongyang	46.61	31.32	24.38	1.94	0.10	5.71	1.59
义乌市	Yiwu	30.68	17.46	11.07	1.53	0.03	7.28	1.39
永康市	Yongkang	19.30	12.98	10.53	0.55		3.60	0.99
武义县	Wuyi	30.64	18.57	14.84	2.91	0.01	5.36	0.94
浦江县	Pujiang	23.93	13.56	8.80	2.95	0.09	4.18	1.07
磐安县	Panan	17.45	8.16	4.75	0.38		3.36	0.70
衢州市区	Quzhou District	68.83	36.20	26.12	8.76	0.03	15.46	2.96
江山市	Jiangshan	59.59	37.19	30.73	9.75	0.70	8.45	0.50
常山县	Changshan	22.83	14.00	11.61	4.09	0.06	3.55	0.36
开化县	Kaihua	31.96	16.83	10.89	7.09	0.05	5.09	0.53
龙游县	Longyou	47.63	29.80	25.65	9.61	1.20	4.05	0.84
舟山市区	Zhoushan District	18.47	8.49	3.48	1.58	0.18	6.03	1.55
岱山县	Daishan	4.42	2.12	0.75	0.42		1.54	0.31
嵊泗县	Shengsi	0.24	0.06				0.19	
台州市区	Taizhou District	47.53	22.25	16.56	0.30	0.07	18.97	2.38
玉环县	Yuhuan	11.20	4.50	1.74	0.84	0.18	4.41	0.98
三门县	Sanmen	25.56	15.45	10.07	1.68	0.17	5.46	2.19
天台县	Tiantai	35.47	23.84	18.45	1.75	0.06	6.37	0.75
仙居县	Xianju	32.54	18.22	12.36	3.47		6.20	1.00
温岭市	Wenling	52.83	27.41	18.86	0.53	0.15	16.06	3.23
临海市	Linhai	47.73	28.39	20.20	2.11	0.08	12.30	2.54
丽水市区	Lishui District	24.08	9.77	4.69	1.44		10.47	1.13
龙泉市	Longquan	26.27	16.24	12.13	1.25		6.07	0.19
青田县	Qingtian	18.97	12.43	7.67	0.72	0.01	4.41	0.52
云和县	Yunhe	7.29	5.02	2.99	0.14		1.65	0.22
庆元县	Qingyuan	14.15	10.27	7.99	0.06		2.83	0.10
缙云县	Jinyun	20.56	10.67	7.38	1.74	0.01	6.29	0.50
遂昌县	Suichang	24.14	13.59	7.27	2.63		4.78	0.18
松阳县	Songyang	18.19	10.80	5.50	1.57		4.20	0.09
景宁县	Jingning	16.04	8.07	4.83	0.30		5.10	0.26

17－29 各市、县主要农产品产量(2013 年)
Output of Major Farm Products by City and County (2013)

单位:吨(ton)

县市名称	City and County	粮食 Grain	#谷物 Cereal	油菜籽 Rapeseeds	棉花 Cotton	水果 Fruit	#柑桔 Citrus	茶叶 Tea	蚕茧 Silkworm Cocoons
杭州市区	Hangzhou District	444901	364668	18715	482	211688	986	8291	263
建德市	Jiande	96989	76487	10286	148	175375	98763	2852	951
桐庐县	Tonglu	91715	62359	12055	2	86400	6294	1753	3673
富阳市	Fuyang	145259	109593	18831		163617	5171	6610	2023
临安市	Linan	88504	62937	6636	1	50564	620	2472	2410
淳安县	Chunan	91856	54475	13303	192	126431	66507	6525	5182
宁波市区	Ningbo District	229579	203225	1437	138	329369	44140	5619	
余姚市	Yuyao	176038	152739	6329	1118	187537	2478	4267	
慈溪市	Cixi	126121	67916	12070	3515	324946	5161	147	
奉化市	Fenhua	72065	66015	138		78978	10463	1321	
象山县	Xiangshan	108335	82019	1187	80	204942	121876	1269	
宁海县	Ninghai	100320	77909	1571	1221	158718	66821	2654	
温州市区	Wenzhou District	53381	43579	1600	2	64268	25040	37	
瑞安市	Ruian	119231	110235	3667	26	76676	6340	70	
洞头县	Dongtou	2666	497	186		217			
乐清市	Yueqing	156861	142175	2894	90	62710	8980	152	
永嘉县	Yongjia	114164	88820	3946	4	63627	8070	594	
平阳县	Pingyang	108788	89966	2427		49025	5095	584	2
苍南县	Cangnan	148226	130062	1062		52327	8770	787	
文成县	Wencheng	63433	34699	914		38278	612	275	
泰顺县	Taishun	63823	42859	1349	3	23231	381	2618	
嘉兴市区	Jiaxing District	357294	327245	10432	365	218733	174		1996
海宁市	Haining	182759	156174	12239	339	97682	17991		6326
平湖市	Pinghu	262524	256862	10371	443	33686	1034		1
嘉善县	Jiashan	187048	177269	1679		89244	3859		1
海盐县	Haiyan	205897	191832	6557	940	85760	19039	97	2532
桐乡市	Tongxiang	192797	164788	7755	713	76812	681		11907
湖州市区	Huzhou District	366230	310711	19817	50	49669	149	382	6273
德清县	Deqing	97453	74979	1975	183	30818	55	1290	2752
长兴县	ChangXing	290434	277538	15600	3	141986	401	4363	1161
安吉县	Anji	151428	131375	5940	8	50176	88	4452	1434
绍兴市区	Shaoxing District	566309	523160	21280	2188	346460	2385	12023	760
诸暨市	Zhuji	387662	341488	9056	19	143654	4777	12175	368
嵊州市	Shengzhou	170597	143112	5150	141	115315	9394	19867	773

续表 1　Continued　　　　单位:吨(ton)

县市名称	City and County	粮食 Grain	#谷物 Cereal	油菜籽 Rapeseeds	棉花 Cotton	水果 Fruit	#柑桔 Citrus	茶叶 Tea	蚕茧 Silkworm Cocoons
新昌县	Xinchang	82262	62619	6507	203	35742	1703	5645	698
金华市区	Jinhua District	166248	139740	8421	2092	149048	37823	3378	7
兰溪市	Lanxi	126709	106637	17027	8283	85673	20365	1223	384
东阳市	Dongyang	180371	159956	2800	153	72166	12066	1272	144
义乌市	Yiwu	103802	72937	2146	33	90480	14734	995	26
永康市	Yongkang	84763	75199	822	1	62076	10939	23	78
武义县	Wuyi	107536	95214	4380	14	50913	4867	10766	413
浦江县	Pujiang	74503	53688	4449	113	53980	1765	1147	30
磐安县	Panan	39034	26872	205		14728	47	2096	129
衢州市区	Quzhou District	207451	169014	12266	39	498225	406090	1023	47
江山市	Jiangshan	231758	207267	13825	1065	53213	25598	1311	7
常山县	Changshan	80188	72096	6867	87	144858	129707	117	31
开化县	Kaihua	99861	75914	10968	52	28635	4663	1490	748
龙游县	Longyou	179937	165485	16028	2213	99832	74597	2290	
舟山市区	Zhoushan District	41100	22203	2253	145	69316	22297	47	
岱山县	Daishan	10084	4278	514		11833	3486	38	
嵊泗县	Shengsi	239				168	140		
台州市区	Taizhou District	137002	116589	273	98	231899	74964	48	
玉环县	Yuhuan	24175	12671	1229	378	91292	41938	13	
三门县	Sanmen	83850	61965	2615	214	147120	69923	695	
天台县	Tiantai	120666	102622	2398	43	72169	17786	2295	58
仙居县	Xianju	101751	77326	5786	3	90869	7823	509	109
温岭市	Wenling	163071	128366	852	167	246455	20975	49	
临海市	Linhai	168609	130848	3756	115	343717	193350	1000	131
丽水市区	Lishui District	50391	30323	1879		175303	89818	1672	2
龙泉市	Longquan	97912	84387	1526		9563	1745	1568	
青田县	Qingtian	63200	45141	920	6	75363	42203	182	
云和县	Yunhe	24115	18127	206		8270	502	870	
庆元县	Qingyuan	58538	49943	80		11618	7394	521	
缙云县	Jinyun	62252	47621	3103	18	53830	3927	2018	1322
遂昌县	Suichang	68308	46606	3382		8174	1361	7548	
松阳县	Songyang	54922	35402	2771	9	50501	30032	10959	40
景宁县	Jingning	43126	33460	290		10577	3045	2248	

续表 2 Continued 单位:吨(ton)

县市名称	City and County	生猪年末存栏头数(万头) Year-end Hogs (10000 heads)	牛年末存栏头数(头) Year-end Cattle (head)	羊年末存栏只数(万只) Year-end Sheep and Goats (10000 heads)	肉产量(吨) Output of Meat (ton)	#猪肉(吨) Pork (ton)	禽蛋产量(吨) Poultry Eggs (ton)	牛奶产量(吨) Cow Milk (ton)	水产品产量(吨) Output of Aquatic Production (ton)
杭州市区	Hangzhou District	121	6449	12	179324	142487	24126	24890	149121
建德市	Jiande	22	1643	2	29697	18461	104581	750	12028
桐庐县	Tonglu	13	2333	1	19633	16729	6152		7586
富阳市	Fuyang	24	3403	3	55835	42071	7205	8620	11248
临安市	Linan	21	3345	2	36649	32350	6270	6259	4909
淳安县	Chunan	18	1858		19242	18234	4549		13100
宁波市区	Ningbo District	24	5456	1	45905	35953	20295	13778	43517
余姚市	Yuyao	23	2148	2	42875	27261	7231	3622	27189
慈溪市	Cixi	23	1032	3	34645	28939	9701	2100	51154
奉化市	Fenhua	19	1721	1	25312	22479	16988	964	143341
象山县	Xiangshan	15	748	2	20291	16649	7869		576785
宁海县	Ninghai	18	6351	1	26006	20982	13810	600	150064
温州市区	Wenzhou District	10	3048	1	21099	12396	5152	3320	4784
瑞安市	Ruian	16	5040	1	21512	18406	5831	4017	84616
洞头县	Dongtou		4		572	414	214		151197
乐清市	Yueqing	14	5371	1	18015	13484	12172	5242	68271
永嘉县	Yongjia	12	12108	5	18625	14343	3964	490	3181
平阳县	Pingyang	9	4405	2	14579	11582	3004	2989	58668
苍南县	Cangnan	13	4004	3	19508	16473	10430	2046	201970
文成县	Wencheng		2679	1	6372	3615	937	7	679
泰顺县	Taishun	4	2448	1	8608	5582	459	2055	468
嘉兴市区	Jiaxing District	55	909	6	114242	102711	10767	4270	53081
海宁市	Haining	18		24	47330	18009	5318	4200	42664
平湖市	Pinghu	36	805	1	25310	22441	5220	2248	30364
嘉善县	Jiashan	36	200	1	60080	52041	18606	880	25796
海盐县	Haiyan	31		7	54839	43922	1775		13454
桐乡市	Tongxiang	20	520	22	60548	39891	32122		14646
湖州市区	Huzhou District	35	121	18	104559	47875	18832		148214
德清县	Deqing	46	1394	6	59331	52702	19800	3619	90922
长兴县	ChangXing	10	1031	7	17171	10074	12249	232	40506
安吉县	Anji	6	974	1	10686	6405	1602		12368
绍兴市区	Shaoxing District	65	1736	6	87259	69034	24195	2273	74173
诸暨市	Zhuji	31	2709	2	53545	40441	18886		18360
嵊州市	Shengzhou	22	4924	4	30353	26381	4984	4000	4216

续表 3 Continued 单位:吨(ton)

县市名称	City and County	生猪年末存栏头数(万头) Year - end Hogs (10000 heads)	牛年末存栏头数(头) Year - end Cattle (head)	羊年末存栏只数(万只) Year - end Sheep and Goats (10000 heads)	肉产量(吨) Output of Meat (ton)	#猪肉(吨) Pork (ton)	禽蛋产量(吨) Poultry Eggs (ton)	牛奶产量(吨) Cow Milk (ton)	水产品产量(吨) Output of Aquatic Production (ton)
新昌县	Xinchang	5	1590	1	6989	5652	2249		2710
金华市区	Jinhua District	75	33362	2	97577	86191	19198	72150	20289
兰溪市	Lanxi	37	2282	2	49920	43783	19369	1439	19774
东阳市	Dongyang	8	1226	1	14362	12650	3883		9566
义乌市	Yiwu	21	420	1	40563	34426	3843	993	4200
永康市	Yongkang	6	389		9849	7904	768	2	13366
武义县	Wuyi	20	2610	1	29943	24836	867	747	5803
浦江县	Pujiang	9	710		14891	12445	4173		4605
磐安县	Panan	4	938	1	5852	5118	1746	20	210
衢州市区	Quzhou District	83	8362	2	133071	123468	7422	581	18378
江山市	Jiangshan	60	5125	1	71123	59585	4213	20	12553
常山县	Changshan	12	1670	1	15459	12457	1847	60	5311
开化县	Kaihua	9	2638		9969	8947	695		4302
龙游县	Longyou	73	3449	1	76439	63716	8810		16300
舟山市区	Zhoushan District	12	480	1	15953	13274	4212	310	870968
岱山县	Daishan	2	91	1	3020	2617	661	2	367826
嵊泗县	Shengsi		12		719	685	23		315028
台州市区	Taizhou District	15	4065		25135	20427	13561	5390	309951
玉环县	Yuhuan	4	1055	1	9137	6381	2857	10	250317
三门县	Sanmen	5	1983	1	9016	7499	7366	104	215480
天台县	Tiantai	14	7253	1	20273	8050	3655	17	2726
仙居县	Xianju	10	7349	1	13355	11178	3257	1525	4371
温岭市	Wenling	14	2262	1	36285	20495	11117	456	533193
临海市	Linhai	18	5791	2	21639	20080	6637	1266	121495
丽水市区	Lishui District	11	2073	1	21226	14982	3515	130	4092
龙泉市	Longquan	9	3044	1	11829	10739	316	96	2390
青田县	Qingtian	7	8241	2	11834	10107	623		2815
云和县	Yunhe	3	2000		3848	2835	80	13	1335
庆元县	Qingyuan	3	2496	1	4268	3170	359		716
缙云县	Jinyun	6	1988	2	15351	8446	4400	34	2380
遂昌县	Suichang	8	3720		11313	9873	1466		1278
松阳县	Songyang	8	2237		15343	13445	1067	960	2103
景宁县	Jingning	4	5272	1	6441	4725	339		1305

17-30 各市、县农业现代化情况(2013年) Agricultural Modernization by City and County (2013)

市县名称	City and County	农业机械总动力(千瓦) Total Power of Agricultural Machinery (kw)	农村用电量(万千瓦小时) Electricity Consumed in Rural Areas (10000 kw.h)	农用化肥施用量(折纯)(吨) Consumption of Chemical Fertilizers (pure) (ton)	机耕面积(千公顷) Area Ploughed by Tractors (1000 hectares)	有效灌溉面积(千公顷) Irrigated Area (1000 hectares)
杭州市区	Hangzhou District	1685215	535929	44050	90.20	73.57
建德市	Jiande	297300	21457	17295	24.46	15.10
桐庐县	Tonglu	263787	60063	8041	13.08	13.930
富阳市	Fuyang	461209	346527	9214	16.87	21.970
临安市	Linan	474707	112603	17074	14.53	20.02
淳安县	Chunan	301957	12380	7626	12.27	8.76
宁波市区	Ningbo District	679974	589793	29025	52.42	45.51
余姚市	Yuyao	634088	257017	13451	37.18	39.74
慈溪市	Cixi	447474	724552	25810	47.85	37.32
奉化市	Fenhua	293013	120580	20796	13.81	20.40
象山县	Xiangshan	879095	57642	12421	18.53	16.46
宁海县	Ninghai	303316	103050	11383	17.91	14.66
温州市区	Wenzhou District	141688	230211	8186	12.62	10.66
瑞安市	Ruian	418540	97045	14940	30.86	19.36
洞头县	Dongtou	285832	3310	122	0.65	0.09
乐清市	Yueqing	295499	120369	13221	27.29	17.40
永嘉县	Yongjia	173130	209036	13152	11.19	14.23
平阳县	Pingyang	283430	82716	14199	25.50	14.99
苍南县	Cangnan	495969	77230	8320	27.56	19.29
文成县	Wencheng	74229	10260	6318	5.84	8.27
泰顺县	Taishun	58958	7611	8342	4.50	9.07
嘉兴市区	Jiaxing District	295302	206630	26991	33.73	36.41
海宁市	Haining	270359	186848	8340	22.08	33.43
平湖市	Pinghu	236109	225224	23144	29.01	23.01
嘉善县	Jiashan	237341	150314	9799	29.59	24.19
海盐县	Haiyan	160291	110631	17198	22.21	25.49
桐乡市	Tongxiang	323750	234237	19115	24.91	38.10
湖州市区	Huzhou District	585150	153862	16983	49.02	54.09
德清县	Deqing	344182	142989	5902	8.81	23.39
长兴县	ChangXing	361217	55957	16624	53.98	37.55
安吉县	Anji	361877	25228	13213	21.66	20.89
绍兴市区	Shaoxing District	954280	1384523	46007	102.70	67.57
诸暨市	Zhuji	806948	533070	35933	45.97	43.16
嵊州市	Shengzhou	398061	75200	11443	26.31	29.61

续表 Continued

市县名称	City and County	农业机械总动力（千瓦）Total Power of Agricultural Machinery (kw)	农村用电量（万千瓦小时）Electricity Consumed in Rural Areas (10000 kw. h)	农用化肥施用量（折纯）（吨）Consumption of Chemical Fertilizers (pure) (ton)	机耕面积（千公顷）Area Ploughed by Tractors (1000 hectares)	有效灌溉面积（千公顷）Irrigated Area (1000 hectares)
新昌县	Xinchang	188085	44650	11453	7.43	12.65
金华市区	Jinhua District	596123	52092	33810	29.12	41.660
兰溪市	Lanxi	309650	107736	27802	27.91	30.04
东阳市	Dongyang	490876	58111	16041	29.64	22.51
义乌市	Yiwu	293579	106207	14695	17.24	17.88
永康市	Yongkang	352191	62332	8640	15.89	15.89
武义县	Wuyi	202004	15167	14488	21.53	14.95
浦江县	Pujiang	138958	22925	4449	7.74	10.86
磐安县	Panan	243119	8124	4140	4.28	4.22
衢州市区	Quzhou District	594044	32660	23878	29.49	32.38
江山市	Jiangshan	397695	25239	16094	31.15	23.61
常山县	Changshan	153175	20589	10033	19.43	12.80
开化县	Kaihua	174104	6261	7485	15.07	15.98
龙游县	Longyou	320182	13790	17670	25.74	26.81
舟山市区	Zhoushan District	760251	115019	3615	7.26	12.73
岱山县	Daishan	566982	10230	1189	1.33	2.15
嵊泗县	Shengsi	237156	3220	25	0.06	0.01
台州市区	Taizhou District	637898	392498	30564	29.940	28.240
玉环县	Yuhuan	274019	89531	2441	3.91	5.09
三门县	Sanmen	324578	36780	6357	13.33	12.70
天台县	Tiantai	163777	29817	7120	10.45	13.63
仙居县	Xianju	207739	30387	4656	18.69	15.50
温岭市	Wenling	1123006	291088	18394	26.02	21.50
临海市	Linhai	469728	154254	23029	33.99	26.760
丽水市区	Lishui District	159803	4696	12593	9.48	8.60
龙泉市	Longquan	214443	7675	7140	10.89	15.81
青田县	Qingtian	71532	13602	2290	3.79	7.83
云和县	Yunhe	66098	1683	603	2.66	5.87
庆元县	Qingyuan	101537	2526	7497	6.48	14.43
缙云县	Jinyun	162011	11470	7020	11.87	14.25
遂昌县	Suichang	107155	5396	9409	6.61	8.59
松阳县	Songyang	143438	6478	11819	4.14	9.690
景宁县	Jingning	93751	2728	4161	2.88	6.08

17-31 各市、县规模以上工业企业单位数(2013年)
Number of Industrial Enterprises Above Designated Size by City and County (2013)

单位:个(unit)

市县名称	City and County	工业企业单位数 Number of Enterprises	内资企业 Domestic-Funded Enterprises	港澳台商投资企业 Enterprises with Investment from Hong Kong, Macao and Taiwan	外商投资企业 Enterprises with Foreign Investment
杭州市区	Hangzhou District	4145	3192	406	547
富阳市	Fuyang	713	606	52	55
临安市	Linan	577	534	20	23
建德市	Jiande	364	350	6	8
桐庐县	Tonglu	357	286	46	25
淳安县	Chunan	128	118	3	7
宁波市区	Ningbo District	3379	2190	620	569
余姚市	Yuyao	1184	871	187	126
慈溪市	Cixi	1268	1049	135	84
奉化市	Fenhua	437	354	35	48
象山县	Xiangshan	430	343	34	53
宁海县	Ninghai	469	364	55	50
温州市区	Wenzhou District	1621	1471	48	102
瑞安市	Ruian	873	847	5	21
乐清市	Yueqing	981	956	12	13
洞头县	Dongtou	23	19	4	
永嘉县	Yongjia	339	322	10	7
平阳县	Pingyang	285	258	16	11
苍南县	Cangnan	347	335	5	7
文成县	Wencheng	31	30		1
泰顺县	Taishun	21	21		
嘉兴市区	Jiaxing District	951	686	109	156
平湖市	Pinghu	610	424	64	122
海宁市	Haining	1107	925	98	84
桐乡市	Tongxiang	982	790	108	84
嘉善县	Jiashan	627	428	92	107
海盐县	Haiyan	430	364	38	28
湖州市区	Huzhou District	951	781	82	88
德清县	Deqing	649	448	118	83
长兴县	ChangXing	607	541	26	40
安吉县	Anji	371	304	26	40
绍兴市区	Shaoxing District	2393	1879	328	186
诸暨市	Zhuji	1021	872	91	58
嵊州市	Shengzhou	440	328	78	34

续表 Continued 单位:个(unit)

市县名称	City and County	工业企业单位数 Number of Enterprises	内资企业 Domestic - Funded Enterprises	港澳台商投资企业 Enterprises with Investment from Hong Kong, Macao and Taiwan	外商投资企业 Enterprises with Foreign Investment
新昌县	Xinchang	225	199	15	11
金华市区	Jinhua District	623	534	48	41
兰溪市	Lanxi	443	408	19	16
东阳市	Dongyang	428	406	7	15
义乌市	Yiwu	789	731	34	24
永康市	Yongkang	637	613	11	13
武义县	Wuyi	483	466	3	14
浦江县	Pujiang	338	304	15	19
磐安县	Panan	130	116	6	8
衢州市区	Quzhou District	312	291	3	18
江山市	Jiangshan	295	279	8	8
常山县	Changshan	109	102	4	3
开化县	Kaihua	82	80	2	
龙游县	Longyou	207	200	3	4
舟山市区	Taizhou District	342	322	8	12
岱山县	Daishan	59	51	1	7
嵊泗县	Shengsi	13	12		1
台州市区	Taizhou District	1162	1084	40	38
温岭市	Wenling	1005	948	22	35
临海市	Linhai	447	405	26	16
玉环县	Yuhuan	712	647	31	34
三门县	Sanmen	151	142	1	8
天台县	Tiantai	130	116	6	8
仙居县	Xianju	126	109	10	7
丽水市区	Lishui District	227	220	5	2
龙泉市	Longquan	186	182	1	3
青田县	Qingtian	191	183	2	6
云和县	Yunhe	46	44		2
庆元县	Qingyuan	63	62	1	
缙云县	Jinyun	277	272	4	1
遂昌县	Suichang	55	50	2	3
松阳县	Songyang	119	119		
景宁自治县	Jingning	38	37		1

17－32 各市、县规模以上工业总产值(2013 年)
Gross Output Value of Industry Above Designated Size by City and County (2013)

单位:亿元(100 million yuan)

市县名称	City and County	工业总产值 Gross Output Value of Industry	内资企业 Domestic－Funded Enterprises	港澳台商投资企业 Enterprises with Investment from Hong Kong, Macao and Taiwan	外商投资企业 Enterprises with Foreign Investment
杭州市区	Hangzhou District	9408.69	6044.48	1249.92	2114.29
富阳市	Fuyang	1269.61	1075.37	86.10	108.13
临安市	Linan	657.90	606.88	27.15	23.87
建德市	Jiande	404.57	379.86	7.41	17.30
桐庐县	Tonglu	426.16	316.90	76.93	32.33
淳安县	Chunan	241.06	222.03	3.44	15.59
宁波市区	Ningbo District	8598.58	4831.36	2252.48	1514.73
余姚市	Yuyao	1237.64	818.62	257.57	161.45
慈溪市	Cixi	1744.89	1250.52	259.10	235.27
奉化市	Fenhua	369.29	228.58	95.93	44.78
象山县	Xiangshan	482.37	372.60	43.99	65.78
宁海县	Ninghai	577.32	493.14	45.71	38.47
温州市区	Wenzhou District	1628.97	1481.82	51.27	95.88
瑞安市	Ruian	768.55	707.07	6.67	54.80
乐清市	Yueqing	1119.12	1026.22	17.49	75.41
洞头县	Dongtou	45.61	43.10	2.50	
永嘉县	Yongjia	401.47	389.20	8.73	3.54
平阳县	Pingyang	248.08	203.24	13.08	31.76
苍南县	Cangnan	262.98	252.24	6.25	4.50
文成县	Wencheng	21.32	21.04		0.28
泰顺县	Taishun	20.47	20.47		
嘉兴市区	Jiaxing District	1624.90	1067.24	174.30	383.36
平湖市	Pinghu	1195.48	663.47	148.07	383.94
海宁市	Haining	1325.85	945.02	179.11	201.72
桐乡市	Tongxiang	1254.73	981.54	182.11	91.08
嘉善县	Jiashan	817.79	415.71	148.31	253.76
海盐县	Haiyan	674.93	588.99	58.52	27.42
湖州市区	Huzhou District	1450.34	1182.33	119.17	148.84
德清县	Deqing	913.43	583.73	219.36	110.35
长兴县	ChangXing	1014.70	805.83	96.36	112.51
安吉县	Anji	449.55	366.06	41.42	42.07
绍兴市区	Shaoxing District	6182.17	4658.36	1047.18	476.64
诸暨市	Zhuji	2224.36	1833.92	199.66	190.79
嵊州市	Shengzhou	399.82	257.50	87.35	54.96

续表 Continued 单位:亿元(100 million yuan)

市县名称	City and County	工业总产值 Gross Output Value of Industry	内资企业 Domestic - Funded Enterprises	港澳台商投资企业 Enterprises with Investment from Hong Kong, Macao and Taiwan	外商投资企业 Enterprises with Foreign Investment
新昌县	Xinchang	532.96	504.16	22.30	6.50
金华市区	Jinhua District	644.09	498.49	105.24	40.36
兰溪市	Lanxi	703.95	650.94	24.66	28.35
东阳市	Dongyang	422.09	402.24	5.89	13.96
义乌市	Yiwu	776.83	677.37	68.56	30.89
永康市	Yongkang	839.08	815.02	6.95	17.12
武义县	Wuyi	442.17	426.19	1.09	14.89
浦江县	Pujiang	334.64	298.86	19.41	16.37
磐安县	Panan	70.51	59.43	3.47	7.61
衢州市区	Quzhou District	686.02	618.76	13.55	53.71
江山市	Jiangshan	327.54	309.69	3.82	14.04
常山县	Changshan	96.34	92.25	2.71	1.38
开化县	Kaihua	106.20	104.35	1.85	
龙游县	Longyou	275.84	253.78	2.95	19.11
舟山市区	Zhoushan District	1045.57	993.60	9.87	42.10
岱山县	Daishan	280.90	200.77	0.81	79.32
嵊泗县	Shengsi	7.09	6.86		0.24
台州市区	Taizhou District	1386.20	1199.95	78.58	107.66
温岭市	Wenling	694.29	620.52	36.43	37.33
临海市	Linhai	606.03	552.22	25.15	28.66
玉环县	Yuhuan	675.96	488.72	36.65	150.59
三门县	Sanmen	155.65	145.44	0.34	9.88
天台县	Tiantai	173.99	149.21	6.19	18.59
仙居县	Xianju	113.65	98.04	12.75	2.85
丽水市区	Lishui District	390.84	382.50	3.92	4.42
龙泉市	Longquan	161.22	158.45	0.60	2.17
青田县	Qingtian	366.35	342.94	15.82	7.59
云和县	Yunhe	73.16	72.20		0.96
庆元县	Qingyuan	55.93	54.43	1.50	
缙云县	Jinyun	391.62	382.05	5.42	4.15
遂昌县	Suichang	169.18	162.92	2.22	4.04
松阳县	Songyang	166.44	166.44		
景宁自治县	Jingning	18.67	18.03		0.64

17－33 各市、县工业企业经济指标(2013 年)
Main Indicators of Industrial Enterprises by City and County (2013)

单位:亿元(100 million yuan)

市县名称	City and County	从业人员平均人数(万人) Average Number of Employed Persons (10000 persons)	流动资产合计 Circulating Assets	固定资产净值合计 Net Value of Fixed Assets	主营业务收入 Revenues in Main Business
杭州市区	Hangzhou District	87.65	5950.56	2360.50	9505.98
富阳市	Fuyang	9.60	833.97	301.30	1241.49
临安市	Linan	7.62	394.77	131.53	642.46
建德市	Jiande	3.51	179.08	107.58	393.81
桐庐县	Tonglu	4.09	196.14	93.24	409.05
淳安县	Chunan	1.74	61.57	37.55	232.85
宁波市区	Ningbo District	75.02	4008.22	2083.68	8444.01
余姚市	Yuyao	20.18	819.80	269.57	1189.56
慈溪市	Cixi	27.24	1098.18	350.50	1604.69
奉化市	Fenhua	8.64	247.90	102.44	351.05
象山县	Xiangshan	7.07	347.65	188.64	460.90
宁海县	Ninghai	9.35	348.40	225.27	544.03
温州市区	Wenzhou District	32.16	891.36	345.63	1374.80
瑞安市	Ruian	13.77	458.34	147.72	733.83
乐清市	Yueqing	16.63	841.41	224.80	1098.80
洞头县	Dongtou	0.30	17.79	6.51	43.73
永嘉县	Yongjia	7.71	260.30	97.65	387.35
平阳县	Pingyang	4.92	114.24	60.15	240.02
苍南县	Cangnan	3.76	171.78	71.01	258.15
文成县	Wencheng	0.28	8.67	6.05	20.93
泰顺县	Taishun	0.25	8.01	7.54	18.94
嘉兴市区	Jiaxing District	18.15	810.12	513.04	1603.33
平湖市	Pinghu	16.13	662.54	483.59	1204.14
海宁市	Haining	15.07	748.46	376.90	1278.44
桐乡市	Tongxiang	12.69	554.48	371.65	1217.35
嘉善县	Jiashan	10.59	425.78	212.89	752.57
海盐县	Haiyan	6.22	367.65	451.81	652.29
湖州市区	Huzhou District	12.28	717.95	318.64	1443.31
德清县	Deqing	8.29	321.95	156.15	876.68
长兴县	ChangXing	7.14	399.34	249.80	1010.93
安吉县	Anji	5.76	187.45	107.45	441.95
绍兴市区	Shaoxing District	51.63	3139.32	1451.84	5987.59
诸暨市	Zhuji	17.00	1155.05	347.82	2181.29
嵊州市	Shengzhou	7.00	274.19	91.76	381.74

续表 Continued 单位:亿元(100 million yuan)

市县名称	City and County	从业人员平均人数(万人) Average Number of Employed Persons (10000 persons)	流动资产合计 Circulating Assets	固定资产净值合计 Net Value of Fixed Assets	主营业务收入 Revenues in Main Business
新昌县	Xinchang	6.00	404.74	100.20	529.18
金华市区	Jinhua District	9.81	525.72	175.54	649.80
兰溪市	Lanxi	5.93	319.19	195.59	649.81
东阳市	Dongyang	7.65	250.30	120.84	398.04
义乌市	Yiwu	13.53	500.59	248.90	751.19
永康市	Yongkang	11.84	636.89	164.88	827.52
武义县	Wuyi	7.76	268.86	94.64	414.01
浦江县	Pujiang	5.11	168.03	68.67	324.75
磐安县	Panan	1.65	46.74	17.42	66.65
衢州市区	Quzhou District	6.87	402.26	264.54	813.53
江山市	Jiangshan	3.46	132.53	86.89	321.19
常山县	Changshan	1.43	39.68	35.98	92.96
开化县	Kaihua	0.81	87.80	31.58	103.03
龙游县	Longyou	3.19	116.95	93.43	256.30
舟山市区	Zhoushan District	6.83	546.67	353.64	849.81
岱山县	Daishan	1.37	323.68	146.75	210.57
嵊泗县	Shengsi	0.07	3.01	5.31	7.26
台州市区	Taizhou District	20.38	918.43	342.36	1368.44
温岭市	Wenling	13.70	335.41	126.57	650.33
临海市	Linhai	7.93	395.39	156.31	509.81
玉环县	Yuhuan	11.67	369.63	215.01	635.06
三门县	Sanmen	2.36	97.33	46.69	139.32
天台县	Tiantai	2.23	111.96	59.83	160.23
仙居县	Xianju	2.36	63.68	36.32	108.49
丽水市区	Lishui District	4.15	254.98	99.62	454.22
龙泉市	Longquan	1.87	52.15	30.52	150.19
青田县	Qingtian	3.56	149.89	101.60	358.89
云和县	Yunhe	0.76	11.53	12.26	68.74
庆元县	Qingyuan	0.96	16.49	15.28	52.65
缙云县	Jinyun	3.88	141.04	57.51	369.06
遂昌县	Suichang	1.24	58.58	36.08	124.58
松阳县	Songyang	1.29	44.91	24.58	156.93
景宁自治县	Jingning	0.30	7.39	7.96	17.78

17－34 各市、县客运量和货运量(2013 年)
Passenger Traffic and Freight Traffic by City and County (2013)

市县名称	City and County	客运量(万人) Passenger Traffic (10000 persons)			货运量(万吨) Freight Traffic (10000 tons)		
		铁路 Railways	公路 Highways	水运 Waterways	铁路 Railways	公路 Highways	水运 Waterways
杭州市区	Hangzhou District	3717.04	19315	265.30	211.15	17884	5780.00
富阳市	Fuyang		3150	4.90		1449	371.00
临安市	Linan		2802	30.40		1931	112.00
建德市	Jiande		2196	13.20		1307	84.00
桐庐县	Tonglu		2551	22.70		814	99.00
淳安县	Chunan		980	210.50	72.79	499	98.00
宁波市区	Ningbo District	2201.89	11060	7.79	2727.53	12260	11566.00
余姚市	Yuyao	455.03	2450	0.29	118.67	1470	40.00
慈溪市	Cixi		2640		58.40	1450	12.00
奉化市	Fenhua	34.40	2260			1110	342.00
象山县	Xiangshan		2020	84.18		720	2548.00
宁海县	Ninghai	142.77	2420	31.74		780	933.00
温州市区	Wenzhou District		10096			3096	303.32
瑞安市	Ruian		3072	4.98		1258	105.86
乐清市	Yueqing		5393			1107	662.04
洞头县	Dongtou		968	33.41		97	1287.37
永嘉县	Yongjia		3733			1068	109.83
平阳县	Pingyang		2747	13.46		558	70.74
苍南县	Cangnan		3874			608	247.51
文成县	Wencheng		767			151	
泰顺县	Taishun		424			46	
嘉兴市区	Jiaxing District	528.56	4110	43.00	32.70	2469	1911.00
平湖市	Pinghu		1605			1869	1098.00
海宁市	Haining	171.24	2735		3.20	957	963.00
桐乡市	Tongxiang	137.62	1191			1134	1740.00
嘉善县	Jiashan	120.23	1072		5.10	1735	1469.00
海盐县	Haiyan		865			679	1202.00
湖州市区	Huzhou District		4033	9.24		2392	2787.31
德清县	Deqing		1294	18.17		1098	861.48
长兴县	ChangXing		1236	10.78		2357	4058.92
安吉县	Anji		1762			1345	1728.13
绍兴市区	Shaoxing District	430.84	9251	67.00	108.15	4411	791.00
诸暨市	Zhuji	183.32	3909	35.00	7.32	1987	409.00
嵊州市	Shengzhou		2473			1171	111.00

续表 Continued

市县名称	City and County	客运量(万人) Passenger Traffic (10000 persons)			货运量(万吨) Freight Traffic (10000 tons)		
		铁路 Railways	公路 Highways	水运 Waterways	铁路 Railways	公路 Highways	水运 Waterways
新昌县	Xinchang		1808	3.00		991	
金华市区	Jinhua District	561.59	7260		96.55	2030	
兰溪市	Lanxi	10.03	2033		2.80	744	37.21
东阳市	Dongyang		3775	10.80		1663	86.40
义乌市	Yiwu	706.92	10164		22.59	3537	
永康市	Yongkang	62.81	3194		4.64	2800	
武义县	Wuyi	25.57	871		2.98	659	
浦江县	Pujiang		1162		0.58	490	
磐安县	Panan		581			186	
衢州市区	Quzhou District	163.51	2123	3.72	56.41	3200	
江山市	Jiangshan	54.68	1062	0.74	305.69	2332	
常山县	Changshan		542			868	
开化县	Kaihua		707			580	
龙游县	Longyou	23.73	832	1.56	8.81	1229	3.68
舟山市区	Zhoushan District		12816	1640.07		4018	11523.08
岱山县	Daishan		1100	589.08		772	2954.26
嵊泗县	Shengsi		339	182.60		169	1956.18
台州市区	Taizhou District	207.00	10917	10.00	27.00	5671	6318.00
温岭市	Wenling	253.00	5177			3663	1413.00
临海市	Linhai	50.00	2800			639	696.00
玉环县	Yuhuan		8200	193.00		1103	1252.00
三门县	Sanmen	37.00	1253			192	745.00
天台县	Tiantai		755			292	
仙居县	Xianju		674			268	
丽水市区	Lishui District	53.40	1781	16.91	82.30	2141	
龙泉市	Longquan		539	3.01		347	0.23
青田县	Qingtian	24.57	1125	5.00	7.60	338	115.77
云和县	Yunhe		223	14.80		166	1.29
庆元县	Qingyuan		214			311	
缙云县	Jinyun	20.67	893		28.50	328	
遂昌县	Suichang		474	3.19		301	
松阳县	Songyang		271			448	
景宁自治县	Jingning		211	4.27		118	9.15

17－35 各市、县公路里程邮电通信和用电量情况(2013 年)
Length of Highways, Posts and Telecommunications, Electricity Consumption by City and County (2013)

市县名称	City and County	境内公路里程(公里) Length of Highways (km)	#高速公路 Expressway	民用汽车拥有量(辆) Civilb Motor Vehicles (unit)	固定电话用户(万户) Telephone Subscribers (10000 subscribers)	年末移动电话用户数(万户) Number of Mobile Telephones Subscribers (10000 subscribers)
杭州市区	Hangzhou District	4854.84	282	1734678	272.46	1252.54
富阳市	Fuyang	1933.36	37	105299	16.07	87.79
临安市	Linan	2883.49	104	89945	15.51	73.05
建德市	Jiande	1875.48	83	39679	10.51	47.64
桐庐县	Tonglu	1739.61	29	53303	11.15	49.14
淳安县	Chunan	2613.53	13	22714	9.18	36.67
宁波市区	Ningbo District	3306.92	244	777972	158.94	573.85
余姚市	Yuyao	1895.68	41	182756	36.27	163.53
慈溪市	Cixi	1554.34	81	224926	47.08	260.51
奉化市	Fenghua	1286.96	55	79578	20.11	66.26
象山县	Xiangshan	1300.60	21	75699	20.18	84.32
宁海县	Ninghai	1547.16	50	79647	15.42	79.53
温州市区	Wenzhou District	1020.00	53	452861	92.27	482.59
瑞安市	Ruian	1354.00	15	242067	37.19	172.46
乐清市	Yueqing	1036.00	68	166030	37.15	165.97
洞头县	Dongtou	176.00		10488	2.37	11.49
永嘉县	Yongjia	1160.00	102	137286	19.37	90.98
平阳县	Pingyang	655.00	27	79587	15.84	84.24
苍南县	Cangnan	857.00	24	120858	26.70	134.72
文成县	Wencheng	804.00		23864	5.01	18.46
泰顺县	Taishun	1026.00		24750	3.99	24.09
嘉兴市区	Jiaxing District	1623.94	124	213079	45.33	169.72
平湖市	Pinghu	1227.99	45	77237	19.69	72.87
海宁市	Haining	1382.70	99	113086	29.85	95.90
桐乡市	Tongxiang	2001.35	43	136462	24.13	109.31
嘉善县	Jiashan	771.21	37	76195	18.07	66.85
海盐县	Haiyan	993.13	40	67635	15.47	46.00
湖州市区	Huzhou District	2644.85	120	190950	48.92	194.97
德清县	Deqing	1119.16	43	61526	14.99	51.43
长兴县	Changxing	2191.52	89	82749	16.93	66.25
安吉县	Anji	2260.74	35	70422	16.19	53.70
绍兴市区	Shaoxing District	3625.82	148	419863	102.99	407.81
诸暨市	Zhuji	2604.15	131	196401	40.49	147.41
嵊州市	Shengzhou	2231.16	99	73544	22.87	78.98

续表 1 Continued

市县名称	City and County	境内公路里程(公里) Length of Highways (km)	#高速公路 Expressway	民用汽车拥有量(辆) Civilb Motor Vehicles (unit)	固定电话用户(万户) Telephone Subscribers (10000 subscribers)	年末移动电话用户数(万户) Number of Mobile Telephones Subscribers (10000 subscribers)
新昌县	Xinchang	1324.42	40	50151	12.69	51.83
金华市区	Jinhua District	2572.04	73	187354	34.98	201.14
兰溪市	Lanxi	1330.55	14	54823	12.82	62.73
东阳市	Dongyang	2287.13	82	132265	22.33	128.09
义乌市	Yiwu	1413.00	54	309301	48.24	311.63
永康市	Yongkang	1100.46	27	190614	20.15	134.83
武义县	Wuyi	1355.80	25	49606	8.69	56.71
浦江县	Pujiang	830.96	13	63630	10.93	67.70
磐安县	Panan	1146.85	18	17265	3.59	22.20
衢州市区	Quzhou District	2250.03	38	88661	20.43	84.02
江山市	Jiangshan	1757.02	76	53768	10.14	43.48
常山县	Changshan	975.90	72	18814	5.45	20.76
开化县	Kaihua	1501.62	49	20001	4.94	20.95
龙游县	Longyou	1449.30	79	31277	9.72	31.93
舟山市区	Zhoushan District	1313.47	32	85954	38.37	124.79
岱山县	Daishan	389.16		10660	7.41	21.71
嵊泗县	Shengsi	166.45		2799	2.96	10.10
台州市区	Taizhou District	2400.00	34	388712	56.02	273.66
温岭市	Wenling	1891.00	11	208846	31.93	171.16
临海市	Linhai	2197.00	85	120160	20.29	107.41
玉环县	Yuhuan	577.00		81958	18.51	80.04
三门县	Sanmen	1213.00	21	31732	7.69	33.89
天台县	Tiantai	1829.00	42	47449	10.31	40.78
仙居县	Xianju	1802.00	106	43204	7.30	37.83
丽水市区	Lishui District	1317.30	68	74288	13.47	77.66
龙泉市	Longquan	2436.70	65	25170	4.27	30.15
青田县	Qingtian	2155.80	67	27726	8.34	47.26
云和县	Yunhe	870.60	43	11017	2.18	16.63
庆元县	Qingyuan	1496.80	21	10869	2.43	17.39
缙云县	Jinyun	1404.80	35	36556	8.53	44.24
遂昌县	Suichang	1663.70	29	15531	4.08	23.73
松阳县	Songyang	1363.80	52	17189	3.76	23.53
景宁自治县	Jingning	1827.70	12	8900	1.97	15.31

续表 2 Continued

市县名称	City and County	电信业务收入（万元）Telecom Business Income (10000 yuan)	全年用电量（万千瓦小时）Total Electricity Consumption (10000 kw.h)	#工业用电 Industrial Consumption	#城乡居民生活用电 Residential Consumption
杭州市区	Hangzhou District	1501199	4840497	2960819	715234
富阳市	Fuyang	82702	691761	582992	62039
临安市	Linan	62912	309187	229868	44391
建德市	Jiande	37558	269965	222376	25973
桐庐县	Tonglu	42949	173121	112012	31331
淳安县	Chunan	24966	100931	63462	16270
宁波市区	Ningbo District	690047	3081224	2262718	320387
余姚市	Yuyao	133369	707855	549954	82171
慈溪市	Cixi	204986	1105005	869631	128849
奉化市	Fenghua	63850	261108	185471	41297
象山县	Xiangshan	65057	186261	106522	41034
宁海县	Ninghai	68156	252490	175492	47539
温州市区	Wenzhou District	490404	1228977	735419	254254
瑞安市	Ruian	175941	626285	439254	132041
乐清市	Yueqing	183317	487637	287643	132786
洞头县	Dongtou	11328	21652	6326	7732
永嘉县	Yongjia	92500	226893	140346	54517
平阳县	Pingyang	85593	246868	153828	62454
苍南县	Cangnan	141700	487666	327531	111075
文成县	Wencheng	15865	36970	18974	10827
泰顺县	Taishun	23070	32053	13194	12293
嘉兴市区	Jiaxing District	268704	991233	768964	87116
平湖市	Pinghu	103633	525212	443147	40583
海宁市	Haining	143628	681078	547921	56483
桐乡市	Tongxiang	154823	756453	629989	62218
嘉善县	Jiashan	97314	464679	380816	43511
海盐县	Haiyan	64646	396067	334007	27415
湖州市区	Huzhou District	172507	755944	532200	100419
德清县	Deqing	43769	341436	267264	49208
长兴县	Changxing	54206	527456	436770	35346
安吉县	Anji	45462	202224	138247	36458
绍兴市区	Shaoxing District	359394	2447315	2013613	191942
诸暨市	Zhuji	121943	740511	601789	81243
嵊州市	Shengzhou	55275	209546	138998	44956

续表 3 Continued

市县名称	City and County	电信业务收入（万元）Telecom Business Income (10000 yuan)	全年用电量（万千瓦小时）Total Electricity Consumption (10000 kw. h)	#工业用电 Industrial Consumption	#城乡居民生活用电 Residential Consumption
新昌县	Xinchang	34516	175217	130683	26776
金华市区	Jinhua District	169368	491643	302977	88017
兰溪市	Lanxi	39261	490300	435814	31999
东阳市	Dongyang	88356	346721	235845	63028
义乌市	Yiwu	250734	742052	473717	97076
永康市	Yongkang	94271	371749	282094	54215
武义县	Wuyi	35222	189559	150553	20834
浦江县	Pujiang	47130	224207	178888	26322
磐安县	Panan	12540	37003	21907	7671
衢州市区	Quzhou District	79018	675752	571817	49921
江山市	Jiangshan	28696	211340	161168	25500
常山县	Changshan	15651	118260	95229	12891
开化县	Kaihua	14488	53986	30436	12176
龙游县	Longyou	24031	195557	152843	20633
舟山市区	Zhoushan District	130443	339076	180537	60514
岱山县	Daishan	19852	46137	24270	11721
嵊泗县	Shengsi	9222	40449	7027	4727
台州市区	Taizhou District	284420	942172	643060	156840
温岭市	Wenling	158840	522128	344862	116215
临海市	Linhai	92758	334858	228681	65504
玉环县	Yuhuan	82696	366780	283276	57202
三门县	Sanmen	31450	102777	61732	21208
天台县	Tiantai	36044	103799	61246	26941
仙居县	Xianju	31939	85699	50026	21595
丽水市区	Lishui District	64815	176299	100458	32758
龙泉市	Longquan	17169	15426	6192	12864
青田县	Qingtian	28936	136642	91274	25818
云和县	Yunhe	9086	159426	126663	7016
庆元县	Qingyuan	8991	76975	60717	6071
缙云县	Jinyun	25458	78870	67073	20028
遂昌县	Suichang	13543	49214	26924	9572
松阳县	Songyang	12845	22013	10995	10113
景宁自治县	Jingning	8191	48819	32419	5340

17－36 各市、县固定资产投资(2013 年)
Investment in Fixed Assets by City and County (2013)

单位:亿元(100 million yuan)

市县名称	City and County	固定资产投资 Investment in Fixes Assets	第一产业 Primary Industry	第二产业 Secondary Industry	第三产业 Tertiary Industry
杭州市区	Hangzhou District	3402.97	0.49	580.84	2821.63
富阳市	Fuyang	286.83	0.96	122.39	163.48
临安市	Linan	164.45	1.67	67.79	94.99
建德市	Jiande	117.65	2.00	52.95	62.69
桐庐县	Tonglu	172.60	2.85	59.20	110.55
淳安县	Chunan	119.38	0.43	29.35	89.59
宁波市区	Ningbo District	1932.02	1.78	541.45	1388.79
余姚市	Yuyao	440.06	2.94	177.40	259.71
慈溪市	Cixi	544.98	4.25	218.24	322.49
奉化市	Fenghua	154.02	5.14	31.35	117.54
象山县	Xiangshan	161.16	4.75	42.56	113.85
宁海县	Ninghai	190.72	2.30	55.24	133.18
温州市区	Wenzhou District	894.65	4.11	158.95	731.58
瑞安市	Ruian	371.75	6.24	110.16	255.35
乐清市	Leqing	418.52	8.46	133.17	276.89
洞头县	Dontou	70.32		25.68	44.64
永嘉县	Yongjia	206.31	10.26	47.18	148.86
平阳县	Pingyang	256.05	13.32	55.37	187.36
苍南县	Cangnan	299.48	9.58	77.85	212.05
文成县	Wencheng	50.54	4.15	5.22	41.16
泰顺县	taishun	50.53	8.07	3.91	38.56
嘉兴市区	Jiaxing District	512.09	6.37	173.49	332.24
平湖市	Pinghu	253.04	1.87	138.22	112.95
海宁市	Haining	368.35	2.07	172.53	193.75
桐乡市	Tongxiang	309.68	3.11	146.18	160.39
嘉善县	Jiashan	241.86	0.19	126.01	115.66
海盐县	Haiyan	225.13	2.89	139.24	83.00
湖州市区	Huzhou District	464.85	2.41	196.42	266.02
德清县	Deqing	198.01	3.02	114.24	80.75
长兴县	Changxing	283.61	1.38	144.08	138.15
安吉县	Anji	123.58		74.48	49.10
绍兴市区	Shaoxing District	1244.75	6.96	579.94	657.84
诸暨市	Zhuji	482.28	3.38	249.89	229.01
嵊州市	Shengzhou	162.51	3.92	97.29	61.30

续表 1 Continued 单位:亿元(100 million yuan)

市县名称	City and County	固定资产投资 Investment in Fixes Assets	第一产业 Primary Industry	第二产业 Secondary Industry	第三产业 Tertiary Industry
新昌县	Xinchang	112.45	0.78	72.66	39.00
金华市区	Jinhua District	303.72	0.61	149.44	153.67
兰溪市	Lanxi	128.89		86.00	42.89
东阳市	Dongyang	187.11	1.06	103.71	82.33
义乌市	Yiwu	358.94	0.85	109.42	248.66
永康市	Yongkang	167.51		88.58	78.93
武义县	Wuyi	97.76	0.45	60.72	36.59
浦江县	Pujiang	78.75	0.34	50.59	27.82
磐安县	Panan	41.68	0.59	19.07	22.03
衢州市区	Quzhou District	279.20	7.72	116.92	154.56
江山市	Jiangshan	129.29	4.12	65.45	59.73
常山县	Changshan	92.27	8.09	50.71	33.48
开化县	Kaihua	63.60	3.49	24.97	35.15
龙游县	Longyou	106.35	3.47	59.88	42.99
舟山市区	District	612.98	5.35	188.42	419.22
岱山县	Daishan	95.45	6.20	44.64	44.61
嵊泗县	Shengsi	41.59	1.50	9.07	31.03
台州市区	Taizhou District	532.37	1.21	161.40	369.77
温岭市	Wenling	286.18	2.73	98.92	184.53
临海市	Linhai	211.22	1.39	114.40	95.43
玉环县	Yuhuan	112.00	0.89	44.98	66.13
三门县	Sanmen	138.66	1.47	93.88	43.31
天台县	Tiantai	109.07	2.67	48.03	58.37
仙居县	Xianju	118.36	0.97	49.22	68.16
丽水市区	Lishui District	159.98	0.81	35.68	123.49
龙泉市	Longquan	66.75	0.43	24.56	41.76
青田县	Qingtian	82.03	0.93	35.49	45.61
云和县	Yunhe	33.29	2.73	10.72	19.84
庆元县	Qingyuan	34.71	2.89	9.98	21.84
缙云县	Jinyun	77.83	2.81	24.32	50.69
遂昌县	Suichang	40.64	1.35	18.14	21.15
松阳县	Songyang	41.53	0.58	18.36	22.58
景宁自治县	Jingning	33.68	1.17	7.14	25.37

续表 2 Continued 单位:亿元(100 million yuan)

市县名称	City and County	#房地产开发投资 Real Estate	#住宅 Residential Buildings	新增固定资产 Newly Increased Fixed Assets	商品房屋销售面积(万平方米) Floor Space of Commercial Houses Sold (10000 sq. m)	商品房屋销售额(亿元) Total Value of Commercial Houses
杭州市区	Hangzhou District	1597.85	989.06	1490.54	922.11	1530.80
富阳市	Fuyang	78.57	54.55	147.90	49.98	63.15
临安市	Linan	63.71	52.07	87.96	61.99	44.57
建德市	Jiande	27.50	17.39	66.50	19.31	14.42
桐庐县	Tonglu	50.40	37.81	98.25	59.79	37.82
淳安县	Chunan	35.26	18.68	74.15	25.95	20.44
宁波市区	Ningbo District	668.77	357.75	1567.16	429.34	506.91
余姚市	Yuyao	133.03	71.65	246.75	79.40	91.91
慈溪市	Cixi	174.92	108.43	227.23	128.15	122.44
奉化市	Fenghua	53.62	38.93	96.08	20.87	21.86
象山县	Xiangshan	52.67	38.12	105.59	30.61	32.73
宁海县	Ninghai	40.12	27.45	53.83	41.72	34.55
温州市区	Wenzhou District	284.77	211.03	372.31	118.93	271.81
瑞安市	Ruian	106.94	69.16	171.47	37.63	68.00
乐清市	Leqing	113.28	79.79	213.69	43.90	69.00
洞头县	Dontou	6.51	5.29	51.67	3.83	3.17
永嘉县	Yongjia	71.76	51.35	85.44	19.62	32.33
平阳县	Pingyang	44.27	34.36	273.47	54.02	52.97
苍南县	Cangnan	81.94	55.43	163.23	43.72	55.44
文成县	Wencheng	8.40	4.15	31.08	6.89	7.10
泰顺县	taishun	16.49	11.65	41.42	21.18	16.11
嘉兴市区	Jiaxing District	185.85	107.66	247.29	233.15	178.89
平湖市	Pinghu	50.88	37.66	138.44	77.50	51.41
海宁市	Haining	83.63	65.67	267.31	86.30	73.61
桐乡市	Tongxiang	90.99	54.34	195.14	94.33	64.69
嘉善县	Jiashan	55.67	36.18	167.09	67.98	45.38
海盐县	Haiyan	43.82	32.28	120.44	41.87	25.79
湖州市区	Huzhou District	130.08	87.23	226.57	142.68	106.07
德清县	Deqing	31.43	25.60	133.77	48.18	35.17
长兴县	Changxing	74.40	44.43	153.96	66.34	44.82
安吉县	Anji	31.73	21.76	42.90	51.28	29.65
绍兴市区	Shaoxing District	366.48	300.79	739.61	383.32	374.81
诸暨市	Zhuji	117.14	78.27	362.74	148.28	132.88
嵊州市	Shengzhou	28.80	19.16	84.05	44.90	39.28

续表 3 Continued 单位:亿元(100 million yuan)

市县名称	City and County	#房地产开发投资 Real Estate	#住宅 Residential Buildings	新增固定资产 Newly Increased Fixed Assets	商品房屋销售面积(万平方米) Floor Space of Commercial Houses Sold (10000 sq. m)	商品房屋销售额(亿元) Total Value of Commercial Houses
新昌县	Xinchang	24.57	20.07	79.21	31.23	21.67
金华市区	Jinhua District	115.23	70.86	70.50	169.07	155.47
兰溪市	Lanxi	20.54	14.62	59.03	34.97	25.70
东阳市	Dongyang	46.14	27.69	93.68	68.50	55.32
义乌市	Yiwu	129.33	83.39	115.65	29.84	41.21
永康市	Yongkang	38.09	29.09	84.99	50.30	67.33
武义县	Wuyi	15.73	14.03	27.35	18.72	14.89
浦江县	Pujiang	14.87	8.82	84.79	15.24	10.28
磐安县	Panan	5.05	3.49	15.03	6.06	4.01
衢州市区	Quzhou District	54.22	44.68	115.33	97.39	67.50
江山市	Jiangshan	12.77	9.36	108.90	36.82	24.06
常山县	Changshan	5.88	3.43	35.91	13.33	8.49
开化县	Kaihua	4.52	4.07	32.39	10.03	6.93
龙游县	Longyou	11.43	9.00	108.98	12.61	8.88
舟山市区	District	132.38	88.31	308.45	96.62	119.90
岱山县	Daishan	10.27	6.35	59.01	9.12	6.81
嵊泗县	Shengsi	1.14	0.16	21.23	1.27	1.04
台州市区	Taizhou District	236.63	169.59	228.18	157.92	161.10
温岭市	Wenling	81.32	58.93	148.91	60.28	68.91
临海市	Linhai	39.15	24.12	155.31	47.65	44.92
玉环县	Yuhuan	27.59	21.37	96.56	10.38	12.25
三门县	Sanmen	21.78	12.38	23.87	25.64	12.36
天台县	Tiantai	20.54	13.32	47.48	26.54	21.02
仙居县	Xianju	26.55	19.19	68.11	23.34	19.26
丽水市区	Lishui District	55.87	46.24	87.91	62.12	49.31
龙泉市	Longquan	11.45	7.29	32.60	17.76	17.10
青田县	Qingtian	13.15	10.29	66.45	16.38	10.35
云和县	Yunhe	1.43	0.39	21.52	1.82	1.36
庆元县	Qingyuan	2.85	0.87	14.22	0.97	2.23
缙云县	Jinyun	20.15	14.35	45.17	13.62	12.65
遂昌县	Suichang	4.75	3.21	48.41	3.06	3.34
松阳县	Songyang	4.67	2.64	41.45	7.62	4.41
景宁自治县	Jingning	4.56	2.50	16.52	5.73	4.38

17－37 各市、县国内贸易情况(2013 年)
Domestic and Foreign Trade by City and County (2013)

市县名称	City and County	社会消费品零售总额(亿元) Total Retail Sales of Consumer Goods (100 million yuan)	限额以上批发、零售贸易业商品销售总额(亿元) Total Sales of Wholesale and Retailsale Trade Above Designated Size(100 million yuan)	限额以上批发零售企业数(个) Number of Wholesale and retail enterprises above Designaged Size(unit)	#零售 Retail
杭州市区	District	3041.90	15258.50	3150	711
富阳市	Fuyang	142.16	284.08	224	54
临安市	Linan	119.17	118.84	105	64
建德市	Jiande	77.27	54.68	52	21
桐庐县	Tonglu	97.79	98.85	104	40
淳安县	Chunan	52.88	46.47	49	33
宁波市区	District	1407.73	8211.06	2252	402
余姚市	Yuyao	341.29	463.19	197	61
慈溪市	Cixi	444.86	570.77	215	97
奉化市	Fenhua	123.81	110.29	78	34
象山县	Xiangshan	169.89	113.08	91	30
宁海县	Ninghai	148.12	84.02	103	52
温州市区	District	1124.39	1793.93	1093	250
瑞安市	Ruian	261.04	307.66	316	64
乐清市	Yueqing	235.88	186.69	262	88
洞头县	Dongtou	17.04	48.05	25	5
永嘉县	Yongjia	102.67	94.00	75	36
平阳县	Pingyang	125.24	50.14	104	36
苍南县	Cangnan	214.38	102.12	161	52
文成县	Wencheng	28.19	5.33	17	12
泰顺县	Taishun	27.56	5.85	15	13
嘉兴市区	District	328.30	886.97	417	129
平湖市	Pinghu	133.63	196.58	109	31
海宁市	Haining	269.34	354.81	306	60
桐乡市	Tongxiang	238.63	272.88	296	86
嘉善县	Jiashan	134.72	132.32	94	21
海盐县	Haiyan	92.33	96.26	78	22
湖州市区	District	398.55	743.63	216	86
德清县	Deqing	105.27	233.24	86	28
长兴县	ChangXing	160.94	748.65	109	47
安吉县	Anji	101.46	45.74	53	32
绍兴市区	District	754.42	1476.70	841	184
诸暨市	Zhuji	274.46	406.44	270	86
嵊州市	Shengzhou	178.33	54.43	84	39

续表 Continued

市县名称	City and County	社会消费品零售总额（亿元） Total Retail Sales of Consumer Goods (100 million yuan)	限额以上批发、零售贸易业商品销售总额（亿元） Total Sales of Wholesale and Retailsale Trade Above Designated Size(100 million yuan)	限额以上批发零售企业数（个） Number of Wholesale and retail enterprises above Designaged Size(unit)	#零售 Retail
新昌县	Xinchang	111.19	78.04	64	24
金华市区	District	414.81	550.61	229	100
兰溪市	Lanxi	92.65	88.44	79	30
东阳市	Dongyang	182.49	117.36	74	45
义乌市	Yiwu	412.85	291.45	264	93
永康市	Yongkang	140.41	178.23	104	38
武义县	Wuyi	63.59	24.72	38	21
浦江县	Pujiang	77.77	27.60	41	12
磐安县	Panan	22.40	8.66	14	9
衢州市区	District	172.98	292.67	148	59
江山市	Jiangshan	84.59	36.40	50	31
常山县	Changshan	43.59	13.27	25	14
开化县	Kaihua	50.41	7.87	22	16
龙游县	Longyou	92.09	135.78	54	19
舟山市区	District	257.66	804.28	257	80
岱山县	Daishan	50.98	8.15	25	13
嵊泗县	Shengsi	23.60	15.52	14	5
台州市区	District	586.25	1002.82	387	140
温岭市	Wenling	377.90	207.15	158	52
临海市	Linhai	162.63	98.05	77	46
玉环县	Yuhuan	124.85	91.66	94	28
三门县	Sanmen	61.80	17.25	23	8
天台县	Tiantai	74.58	12.67	18	13
仙居县	Xianju	61.26	23.67	28	16
丽水市区	District	150.58	263.66	124	78
龙泉市	Longquan	36.68	27.36	16	11
青田县	Qingtian	60.47	12.37	26	12
云和县	Yunhe	18.21	12.72	20	11
庆元县	Qingyuan	22.57	9.12	11	10
缙云县	Jinyun	51.46	23.21	41	24
遂昌县	Suichang	33.65	17.08	31	17
松阳县	Songyang	27.30	6.40	14	8
景宁自治县	Jingning	19.87	104.26	14	8

17－38 各市、县外贸及利用外资情况(2013年)
Foreign Trade and Utlization of Foreign Capital by City and County (2013)

市县名称	City and County	进口总额(万美元) Total imports (USD 10000)	出口总额(万美元) Total exports (USD 10000)	外国和港澳台地区在华直接投资 Foreign Funded Enterprises and Enterprises Funded by Entrepreneurs from Hong Kong, Macao & Taiwan	
				新签项目(合同)数(个) Newly Signed Contracts (unit)	实际使用外资金额(万美元) Amount of Foreign Capital Actually Use (USD 10000)
杭州市区	District	1834807	4015159	365	456432
富阳市	Fuyang	145159	120628	15	21337
临安市	Linan	31120	133975	3	14759
建德市	Jiande	9290	77733	8	10963
桐庐县	Tonglu	7913	111626	14	13642
淳安县	Chunan	2244	17448	10	10500
宁波市区	District	2995576	4382176	297	222459
余姚市	Yuyao	182381	650015	42	37011
慈溪市	Cixi	189940	879116	49	41293
奉化市	Fenhua	41330	246363	8	7108
象山县	Xiangshan	29757	208159	21	9011
宁海县	Ninghai	22891	205191	25	10601
温州市区	District	111218	845079	22	28048
瑞安市	Ruian	51643	322610	3	2810
乐清市	Yueqing	18032	204196	7	6600
洞头县	Dongtou	11392	5661	1	3994
永嘉县	Yongjia	10776	66332	7	5582
平阳县	Pingyang	9468	67512	2	2316
苍南县	Cangnan	4117	62701	1	260
文成县	Wencheng	118	2884	1	340
泰顺县	Taishun	4	2177	1	200
嘉兴市区	District	236407	639007	74	64708
平湖市	Pinghu	407752	383304	46	42030
海宁市	Haining	119531	456191	50	33460
桐乡市	Tongxiang	144884	269400	29	23928
嘉善县	Jiashan	77191	253689	36	45496
海盐县	Haiyan	39319	149617	13	11054
湖州市区	District	78611	261271	81	50841
德清县	Deqing	42100	176224	53	19800
长兴县	ChangXing	20366	150958	43	19285
安吉县	Anji	3448	220318	34	15934
绍兴市区	District	443452	2004285	112	56081
诸暨市	Zhuji	78543	461833	22	21311
嵊州市	Shengzhou	10755	152155	2	675

续表 Continued

市县名称	City and County	进口总额（万美元）Total imports (USD 10000)	出口总额（万美元）Total exports (USD 10000)	外国和港澳台地区在华直接投资 Foreign Funded Enterprises and Enterprises Funded by Entrepreneurs from Hong Kong, Macao & Taiwan	
				新签项目（合同）数（个）Newly Signed Contracts (unit)	实际使用外资金额（万美元）Amount of Foreign Capital Actually Use (USD 10000)
新昌县	Xinchang	10287	173357	2	2715
金华市区	District	11926	310479	9	9697
兰溪市	Lanxi	41031	105291	7	2737
东阳市	Dongyang	23762	214509	5	3287
义乌市	Yiwu	40670	1821800	28	6193
永康市	Yongkang	46291	434402	3	306
武义县	Wuyi	2661	235406	3	1129
浦江县	Pujiang	7242	96661	3	1517
磐安县	Panan	655	34695	1	39
衢州市区	District	124705	131920	4	4241
江山市	Jiangshan	1218	52682	4	897
常山县	Changshan	453	14257	4	604
开化县	Kaihua	2071	13172		
龙游县	Longyou	10137	26992	1	874
舟山市区	District	520602	562199	4	10615
岱山县	Daishan	22440	84326		1252
嵊泗县	Shengsi	59296	18386		9063
台州市区	District	250967	731676	10	9447
温岭市	Wenling	14930	383620	6	5705
临海市	Linhai	20754	235805	5	3606
玉环县	Yuhuan	19515	336776	1	18303
三门县	Sanmen	3165	66258	1	903
天台县	Tiantai	3464	57375	4	824
仙居县	Xianju	2918	60558	2	1212
丽水市区	District	9041	53558	6	4298
龙泉市	Longquan	219	25005	4	677
青田县	Qingtian	9158	34124	2	2600
云和县	Yunhe	154	9632	2	500
庆元县	Qingyuan	19	7564	3	300
缙云县	Jinyun	948	70432	3	2745
遂昌县	Suichang	1856	13230	1	800
松阳县	Songyang	4	20516	2	504
景宁自治区	Jingning	183	3240	3	360

17－39 各市、县财政收支情况(2013 年)
Total Financial Revenue and Expenditure by City and County (2013)

单位:亿元(100 million yuan)

市县名称	City and County	财政总收入 Total Financial Revenue	地方财政预算内收入 Total Local Government Budgetary Financial Revenue	地方财政预算内支出 Total Local Government Financial Expenditures	一般性公共服务支出 Expenses for Public Service	#教育事业费 Expenses for Education
杭州市区	Hangzhou District	1515.76	820.73	666.23	71.29	115.21
富阳市	Fuyang	83.21	46.36	52.69	5.13	15.83
临安市	Linan	48.64	26.12	41.82	4.45	10.04
建德市	Jiande	30.72	17.31	27.43	3.04	6.97
桐庐县	Tonglu	37.44	22.14	29.97	3.09	6.95
淳安县	Chunan	19.20	12.55	37.59	4.59	7.45
宁波市区	Ningbo District	1218.11	550.73	620.14	67.99	86.71
余姚市	Yuyao	106.34	59.64	74.59	9.02	13.44
慈溪市	Cixi	164.53	92.05	98.39	10.94	20.68
奉化市	Fenhua	51.18	26.57	45.52	5.49	9.31
象山县	Xiangshan	50.62	30.69	54.54	5.27	9.10
宁海县	Ninghai	60.41	33.14	46.71	6.19	9.24
温州市区	Wenzhou District	253.58	147.79	154.02	25.38	38.66
瑞安市	Ruian	78.63	44.74	50.68	5.90	15.52
乐清市	Yueqing	102.35	51.29	51.35	5.56	16.03
洞头县	Dongtou	7.96	3.83	15.41	2.32	2.63
永嘉县	Yongjia	38.64	20.85	40.20	5.62	11.48
平阳县	Pingyang	33.03	20.36	32.82	4.20	8.81
苍南县	Cangnan	37.03	23.65	45.33	6.42	12.98
文成县	Wencheng	7.35	5.83	24.61	3.14	5.17
泰顺县	Taishun	7.06	5.62	23.54	2.89	5.07
嘉兴市区	Jiaxing District	154.95	88.46	99.23	11.07	17.76
平湖市	Pinghu	84.65	42.22	43.08	5.40	9.68
海宁市	Haining	94.26	52.49	51.19	7.37	13.96
桐乡市	Tongxiang	81.49	45.53	47.16	5.10	13.67
嘉善县	Jiashan	54.77	29.00	37.02	4.62	7.91
海盐县	Haiyan	47.37	24.61	25.69	3.21	7.84
湖州市区	Huzhou District	105.46	59.55	83.46	8.91	15.37
德清县	Deqing	55.70	30.97	33.57	5.06	7.24
长兴县	ChangXing	68.11	39.44	47.33	5.16	11.08
安吉县	Anji	42.39	24.70	33.25	4.47	7.84
绍兴市区	Shaoxing District	322.27	188.14	187.08	25.00	37.72
诸暨市	Zhuji	100.01	59.60	67.04	6.40	17.87
嵊州市	Shengzhou	37.57	22.73	30.41	3.49	8.42

续表 Continued 单位:亿元(100 million yuan)

市县名称	City and County	财政总收入 Total Financial Revenue	地方财政预算内收入 Total Local Government Budgetary Financial Revenue	地方财政预算内支出 Total Local Government Financial Expenditures	一般性公共服务支出 Expenses for Public Service	#教育事业费 Expenses for Education
新昌县	Xinchang	42.30	22.60	27.57	3.61	6.55
金华市区	Jinhua District	94.45	58.53	85.60	8.58	17.12
兰溪市	Lanxi	34.11	18.13	31.86	2.68	7.19
东阳市	Dongyang	59.44	35.31	43.23	4.92	13.20
义乌市	Yiwu	109.66	63.31	61.65	10.82	14.01
永康市	Yongkang	61.39	35.30	36.02	4.41	11.25
武义县	Wuyi	25.97	14.23	25.82	3.40	4.77
浦江县	Pujiang	21.48	12.46	20.51	1.81	5.26
磐安县	Panan	9.46	5.20	17.56	1.95	3.79
衢州市区	Quzhou District	64.43	39.77	71.86	9.77	13.01
江山市	Jiangshan	20.44	12.40	28.50	3.72	6.70
常山县	Changshan	10.00	6.51	18.88	2.60	3.93
开化县	Kaihua	9.21	5.08	22.49	3.25	4.30
龙游县	Longyou	14.13	9.00	23.78	2.73	5.73
舟山市区	Zhoushan District	113.56	76.67	136.85	15.67	17.52
岱山县	Daishan	17.67	10.59	31.46	3.00	3.34
嵊泗县	Shengsi	6.19	5.37	21.52	2.66	2.09
台州市区	Taizhou District	194.54	110.39	116.87	17.28	26.15
温岭市	Wenling	78.60	43.85	60.72	6.23	14.78
临海市	Linhai	58.01	32.50	46.51	5.21	11.62
玉环县	Yuhuan	60.01	27.60	37.15	5.15	7.54
三门县	Sanmen	19.70	11.80	22.66	3.08	4.77
天台县	Tiantai	21.43	12.30	23.70	3.79	7.06
仙居县	Xianju	16.18	9.30	21.42	2.73	5.67
丽水市区	Lishui District	44.33	27.55	46.25	6.62	8.94
龙泉市	Longquan	8.52	5.45	18.18	2.45	3.78
青田县	Qingtian	20.49	11.91	26.91	4.43	5.37
云和县	Yunhe	6.27	3.36	12.46	2.02	1.98
庆元县	Qingyuan	4.14	2.51	16.34	2.15	2.53
缙云县	Jinyun	15.74	8.70	20.19	2.53	5.51
遂昌县	Suichang	9.25	5.52	17.82	2.49	3.63
松阳县	Songyang	5.93	3.91	18.25	2.26	3.38
景宁自治县县	Jingning	9.55	4.78	18.99	2.73	3.40

17-40 各市、县金融业、社会保险、福利情况(2013年)
Basic Statistics on Finace and Social Insurance and Welfare by City and County (2013)

市县名称	City and County	金融机构年末存款余额(亿元) Deposits in Financial Institutions (100 million yuan)	#城乡居民储蓄存款年末余额(亿元) Savings Deposit of Urban and Rural Residents (100 million yuan)	金融机构年末贷款余额(亿元) Loans in Financial Institutions (100 million yuan)	基本养老保险参保人数(万人) Persons Participating in the Basic Retirement Security program (10000 persons)	基本医疗保险参保人数(万人) Persons Participating in the Basic Health Care Program (10000 persons)
杭州市区	Hangzhou District	19747.74	5382.55	16636.59	435.65	575.79
富阳市	Fuyang	789.41	324.45	778.29	34.10	68.65
临安市	Linan	395.81	196.97	328.07	20.51	51.16
建德市	Jiande	269.03	163.60	221.75	17.39	46.13
桐庐县	Tonglu	311.65	159.09	258.62	13.95	37.79
淳安县	Chunan	235.40	113.09	176.21	9.11	42.76
宁波市区	Ningbo District	8681.56	2591.53	8204.58	306.92	296.86
余姚市	Yuyao	1154.24	565.23	1160.98	59.51	53.18
慈溪市	Cixi	1668.63	823.42	1578.80	75.14	37.92
奉化市	Fenhua	406.11	219.63	467.74	22.53	24.45
象山县	Xiangshan	381.65	172.13	544.46	21.68	17.99
宁海县	Ninghai	411.16	187.56	513.70	23.17	20.11
温州市区	Wenzhou District	4279.89	1811.46	3650.74	95.34	97.55
瑞安市	Ruian	941.93	548.22	949.37	42.28	31.04
乐清市	Yueqing	984.76	539.00	1007.90	33.21	22.63
洞头县	Dongtou	50.57	20.86	41.00	2.60	2.21
永嘉县	Yongjia	435.78	267.97	380.85	19.17	17.70
平阳县	Pingyang	359.71	218.10	331.47	18.15	17.94
苍南县	Cangnan	471.69	264.25	571.94	20.50	27.67
文成县	Wencheng	140.66	91.59	81.64	2.44	3.55
泰顺县	Taishun	106.18	59.81	77.41	3.26	2.78
嘉兴市区	Jiaxing District	1741.00	708.06	1297.14	58.56	62.07
平湖市	Pinghu	641.37	305.85	448.76	35.78	36.86
海宁市	Haining	990.93	485.46	706.79	34.42	37.52
桐乡市	Tongxiang	807.98	458.60	626.18	38.15	42.63
嘉善县	Jiashan	484.79	257.29	368.16	22.18	26.47
海盐县	Haiyan	406.61	222.95	413.00	20.29	25.87
湖州市区	Huzhou District	1356.67	644.12	1033.32	44.82	50.82
德清县	Deqing	431.45	218.07	341.58	23.99	25.78
长兴县	ChangXing	470.49	214.84	421.38	19.94	29.91
安吉县	Anji	319.32	166.77	349.16	19.86	16.93
绍兴市区	Shaoxing District	4468.50	1745.54	3881.77	140.68	255.86
诸暨市	Zhuji	1098.74	547.20	967.72	35.05	107.37
嵊州市	Shengzhou	458.70	266.47	354.17	22.81	70.00

续表 1 Continued

市县名称	City and County	金融机构年末存款余额（亿元） Deposits in Financial Institutions (100 million yuan)	#城乡居民储蓄存款年末余额（亿元） Savings Deposit of Urban and Rural Residents (100 million yuan)	金融机构年末贷款余额（亿元） Loans in Financial Institutions (100 million yuan)	基本养老保险参保人数（万人） Persons Participating in the Basic Retirement Security program (10000 persons)	基本医疗保险参保人数（万人） Persons Participating in the Basic Health Care Program (10000 persons)
新昌县	Xinchang	339.52	165.05	244.18	13.26	40.42
金华市区	Jinhua District	1257.26	522.04	1059.70	33.66	100.52
兰溪市	Lanxi	320.13	168.79	291.04	11.01	61.32
东阳市	Dongyang	748.40	372.96	549.63	19.95	85.01
义乌市	Yiwu	2230.71	1154.22	1743.94	31.59	77.69
永康市	Yongkang	886.09	416.82	793.06	15.81	62.55
武义县	Wuyi	278.85	147.36	281.42	8.55	36.19
浦江县	Pujiang	264.17	166.08	236.04	7.10	37.93
磐安县	Panan	110.77	56.86	86.89	2.87	20.80
衢州市区	Quzhou District	668.62	231.26	561.27	25.88	44.27
江山市	Jiangshan	315.82	186.30	287.67	9.52	11.98
常山县	Changshan	139.70	78.94	107.95	5.20	7.42
开化县	Kaihua	142.33	84.93	95.48	3.55	5.43
龙游县	Longyou	214.98	122.66	184.65	6.30	13.88
舟山市区	Zhoushan District	1253.17	434.67	1159.32	31.17	69.99
岱山县	Daishan	153.34	76.61	111.67	6.82	17.46
嵊泗县	Shengsi	63.74	33.36	33.38	2.90	6.86
台州市区	Taizhou District	2453.47	1169.52	2098.21	59.79	63.52
温岭市	Wenling	1058.58	608.13	821.05	32.27	42.10
临海市	Linhai	591.54	333.54	451.76	25.78	32.75
玉环县	Yuhuan	419.44	229.47	376.94	15.57	22.28
三门县	Sanmen	169.60	93.63	198.90	7.96	7.94
天台县	Tiantai	240.73	137.35	211.15	11.18	9.74
仙居县	Xianju	220.73	126.49	182.24	8.44	9.05
丽水市区	Lishui District	557.91	218.86	520.16	14.69	44.15
龙泉市	Longquan	115.60	68.31	99.47	5.65	27.38
青田县	Qingtian	327.96	246.91	181.50	5.96	36.01
云和县	Yunhe	62.92	33.62	47.71	2.40	11.03
庆元县	Qingyuan	65.63	32.60	59.03	3.36	18.77
缙云县	Jinyun	204.32	112.22	170.75	7.92	44.71
遂昌县	Suichang	95.15	54.25	89.74	4.76	22.36
松阳县	Songyang	90.92	52.93	70.85	3.58	22.50
景宁自治县	Jingning	64.72	26.68	47.59	2.63	15.83

续表 2 Continued

市县名称	City and County	失业保险人数(万人) Persons Participating in the Unemployment Insurance Program (10000 persons)	社会福利院数(个) Social Welfare Homes (unit)	社会福利院床位数(张) Beds of Social Welfare Homes (bed)	社区服务设施数(个) Number of Community Service Facilities Established in Urban Areas (unit)	居民最低生活保障线以下人数(人) Residents under Minimum Life Guarantee Relief (person)
杭州市区	Hangzhou District	273.20	170	30656	3555	8404
富阳市	Fuyang	17.98	23	2760	277	274
临安市	Linan	8.32	25	2809	310	296
建德市	Jiande	7.24	26	3109	331	583
桐庐县	Tonglu	5.47	15	1543	24	1040
淳安县	Chunan	4.15	25	1992	451	604
宁波市区	Ningbo District	159.89	107	19267	982	5868
余姚市	Yuyao	18.92	24	5228	582	804
慈溪市	Cixi	22.98	15	4178	374	562
奉化市	Fenhua	9.39	16	2073	29	605
象山县	Xiangshan	10.27	55	3658	472	486
宁海县	Ninghai	10.29	16	3530	20	300
温州市区	Wenzhou District	45.98	62	9176	2035	7306
瑞安市	Ruian	15.13	135	14976		1586
乐清市	Yueqing	14.84	25	1286	316	366
洞头县	Dongtou	0.65	12	818	427	59
永嘉县	Yongjia	8.10	35	1947	1722	778
平阳县	Pingyang	7.29	36	1016	582	613
苍南县	Cangnan	7.83	65	6452		837
文成县	Wencheng	1.06	12	589		297
泰顺县	Taishun	1.13	9	860	289	435
嘉兴市区	Jiaxing District	30.81	35	6500	320	1849
平湖市	Pinghu	18.09	12	3142	247	1616
海宁市	Haining	19.02	20	3160	194	925
桐乡市	Tongxiang	14.86	21	4737	157	406
嘉善县	Jiashan	11.09	12	2971	218	628
海盐县	Haiyan	10.25	9	2460	356	326
湖州市区	Huzhou District	24.28	16	4510	313	2112
德清县	Deqing	12.93	17	2935	185	
长兴县	ChangXing	11.40	24	3427	1193	
安吉县	Anji	9.16	26	2555	2195	1025
绍兴市区	Shaoxing District	72.62	2	1164		6767
诸暨市	Zhuji	17.18	1	200		532
嵊州市	Shengzhou	10.56	1	233		679

续表 3 Continued

市县名称	City and County	失业保险人数（万人） Persons Participating in the Unemployment Insurance Program (10000 persons)	社会福利院数（个） Social Welfare Homes (unit)	社会福利院床位数（张） Beds of Social Welfare Homes (bed)	社区服务设施数（个） Number of Community Service Facilities Established in Urban Areas (unit)	居民最低生活保障线以下人数（人） Residents under Minimum Life Guarantee Relief (person)
新昌县	Xinchang	8.59	1	316		288
金华市区	Jinhua District	22.30	3	185	51	1444
兰溪市	Lanxi	6.85	1	160	82	828
东阳市	Dongyang	10.50	1	280	89	148
义乌市	Yiwu	15.37	1	200	32	154
永康市	Yongkang	7.18	1	498	52	167
武义县	Wuyi	3.50	1	390	35	149
浦江县	Pujiang	3.59	1	350	42	352
磐安县	Panan	1.31	2	1073	15	197
衢州市区	Quzhou District	11.73	33	4486	119	1159
江山市	Jiangshan	4.10	33	3405	42	535
常山县	Changshan	2.08	22	3199	28	913
开化县	Kaihua	1.94	17	1971	36	576
龙游县	Longyou	3.41	11	1936	19	783
舟山市区	Zhoushan District	16.66	30	3675	235	1468
岱山县	Daishan	2.65	13	965	7	200
嵊泗县	Shengsi	0.96	6	264	11	386
台州市区	Taizhou District	35.01	84	10930	747	1040
温岭市	Wenling	16.78	95	8524	562	375
临海市	Linhai	15.37	62	7623	680	912
玉环县	Yuhuan	8.42	25	2622	287	977
三门县	Sanmen	3.72	40	2428	325	184
天台县	Tiantai	5.33	37	3200	419	328
仙居县	Xianju	4.91	23	2896	415	135
丽水市区	Lishui District	8.24	13	1930	40	1115
龙泉市	Longquan	1.75	10	1356	35	448
青田县	Qingtian	2.34	16	2122	47	704
云和县	Yunhe	0.83	4	619	18	238
庆元县	Qingyuan	0.52	7	798	28	392
缙云县	Jinyun	3.13	13	2220	28	100
遂昌县	Suichang	1.30	8	1093	28	213
松阳县	Songyang	0.84	8	976	26	261
景宁自治县	Jingning	1.06	7	705	29	586

17－41 各市、县各类学校在校学生数(2013 年)
Student Enrollment by Type of School ,City and County (2013)

市县名称	City and County	高等学校(人) Institutions of Higher Education (person)	中等职业学校(人) Specialized Secondary Schools (person)	普通中学(万人) Regular Secondary Schools (10000 persons)	小学(万人) Primary Schools (10000 persons)
杭州市	Hangzhou	450456	73404	21.36	34.99
富阳市	Fuyang		9815	3.42	4.41
临安市	Linan	21364	5356	2.18	2.87
建德市	Jiande		4880	2.23	2.10
桐庐县	Tonglu		3085	1.68	2.26
淳安县	Chunan		3942	1.86	1.72
宁波市	Ningbo	148954	34679	12.51	21.25
余姚市	Yuyao		10547	4.04	6.85
慈溪市	Cixi		14218	5.05	9.18
奉化市	Fenhua		6220	2.06	3.26
象山县	Xiangshan		5650	2.18	3.46
宁海县	Ninghai		7031	2.74	4.69
温州市	Wenzhou	79158	21001	8.32	15.71
瑞安市	Ruian		8320	5.69	10.21
乐清市	Yueqing		7868	6.07	10.07
洞头县	Dongtou		505	0.40	0.57
永嘉县	Yongjia		7254	4.40	6.45
平阳县	Pingyang		7861	3.74	5.53
苍南县	Cangnan		8412	5.95	8.88
文成县	Wencheng		900	0.93	1.52
泰顺县	Taishun		1918	1.51	1.90
嘉兴市	Jiaxing	54065	15615	4.92	5.91
平湖市	Pinghu		7784	2.31	2.77
海宁市	Haining	9666	11597	2.96	4.24
桐乡市	Tongxiang		10750	3.54	4.88
嘉善县	Jiashan		4538	1.93	2.61
海盐县	Haiyan		5736	1.84	2.27
湖州市	Huzhou	26673	11082	4.90	6.97
德清县	Deqing		4297	2.22	2.47
长兴县	ChangXing		11773	3.13	3.62
安吉县	Anji		6209	2.35	2.60
绍兴市	Shaoxing	71424	35366	12.02	16.05
诸暨市	Zhuji	6108	13912	7.92	7.39
嵊州市	Shengzhou		6929	3.21	3.80

续表 Continued

市县名称	City and County	高等学校（人）Institutions of Higher Education (person)	中等职业学校（人）Specialized Secondary Schools (person)	普通中学（万人）Regular Secondary Schools (10000 persons)	小学（万人）Primary Schools (10000 persons)
新昌县	Xinchang		4465	2.04	2.73
金华市	Jinhua	59065	32190	5.33	7.59
兰溪市	Lanxi		5759	2.93	3.40
东阳市	Dongyang	14243	8628	4.15	6.92
义乌市	Yiwu	7973	13397	4.65	8.87
永康市	Yongkang		6977	3.03	5.91
武义县	Wuyi		2542	1.37	2.77
浦江县	Pujiang		3942	1.91	3.37
磐安县	Panan		1893	0.94	1.26
衢州市	Quzhou	12937	14986	4.15	5.03
江山市	Jiangshan		7487	2.82	3.58
常山县	Changshan		1590	1.30	1.80
开化县	Kaihua		2888	1.38	1.85
龙游县	Longyou		3984	1.74	2.10
舟山市	Zhoushan	23301	7577	2.72	3.65
岱山县	Daishan		682	0.51	0.71
嵊泗县	Shengsi		238	0.24	0.28
台州市	Taizhou	24203	23720	8.17	14.01
温岭市	Wenling		12900	5.28	9.99
临海市	Linhai	7815	22060	5.63	8.64
玉环县	Yuhuan		5011	1.88	4.82
三门县	Sanmen		4036	1.61	2.80
天台县	Tiantai		9039	3.01	3.67
仙居县	Xianju		6042	2.68	4.01
丽水市	Lishui	39750	9153	2.27	3.29
龙泉市	Longquan		3534	1.16	1.75
青田县	Qingtian		3672	1.87	3.05
云和县	Yunhe		1966	0.48	0.78
庆元县	Qingyuan		2128	0.79	1.08
缙云县	Jinyun		5799	2.18	2.94
遂昌县	Suichang		2262	0.91	1.23
松阳县	Songyang		2163	0.99	1.33
景宁自治县	Jingning		1298	0.54	0.90

17-42 各市、县专利申请(2013年)
Patent Application by City and County (2013)

市县名称	City and County	专利申请受理量(项) Patent Application Accepted (item)	专利申请授权量(项) Patent Application Approved (item)	#发明 Invention
杭州市区	Hangzhou District	45399	31562	4541
富阳市	Fuyang	5524	3846	96
临安市	Linan	3684	2862	115
建德市	Jiande	867	1151	56
桐庐县	Tonglu	908	745	49
淳安县	Chunan	1897	1352	46
宁波市区	Ningbo District	42190	28308	1595
余姚市	Yuyao	17860	12507	183
慈溪市	Cixi	15422	11443	282
奉化市	Fenghua	2418	2198	63
象山县	Xiangshan	2513	1854	46
宁海县	Ninghai	2931	2096	77
温州市区	Wenzhou District	11339	8611	298
瑞安市	Ruian	7125	4934	99
乐清市	Yueqing	6987	5437	181
洞头县	Dongtou	328	260	4
永嘉县	Yongjia	2205	1445	40
平阳县	Pingyang	1721	1272	34
苍南县	Cangnan	2977	1509	20
文成县	Wencheng	511	308	6
泰顺县	Taishun	470	293	1
嘉兴市区	Jiaxing District	5161	3150	178
平湖市	Pinghu	3600	2529	28
海宁市	Haining	4440	2590	76
桐乡市	Tongxiang	4481	3385	63
嘉善县	Jiashan	3038	2023	25
海盐县	Haiyan	1479	1265	37
湖州市区	Huzhou District	4999	4400	153
德清县	Deqing	2872	1939	157
长兴县	Changxing	2941	1964	144
安吉县	Anji	1844	1567	52
绍兴市区	Shaoxing District	14048	6206	427
诸暨市	Zhuji	6619	4997	107
嵊州市	Shengzhou	3036	2416	72

续表 Continued

市县名称	City and County	专利申请受理量（项）Patent Application Accepted (item)	专利申请授权量（项）Patent Application Approved (item)	#发明 Invention
新昌县	Xinchang	3948	1504	123
金华市区	Jinhua District	2853	1933	172
兰溪市	Lanxi	1429	691	28
东阳市	Dongyang	2732	2104	70
义乌市	Yiwu	7735	4693	78
永康市	Yongkang	5088	4265	55
武义县	Wuyi	1374	898	17
浦江县	Pujiang	988	624	50
磐安县	Panan	1157	789	10
衢州市区	Quzhou District	2185	2228	85
江山市	Jiangshan	973	519	16
常山县	Changshan	203	138	5
开化县	Kaihua	184	215	9
龙游县	Longyou	291	187	11
舟山市区	Zhoushan District	2119	1390	197
岱山县	Daishan	265	187	10
嵊泗县	Shengsi	99	79	4
台州市区	Taizhou District	6891	5147	304
温岭市	Wenling	4359	3106	88
临海市	Linhai	1816	1311	195
玉环县	Yuhuan	1985	1771	87
三门县	Sanmen	500	408	18
天台县	Tiantai	957	666	19
仙居县	Xianju	448	264	26
丽水市区	Lishui District	1435	1051	41
龙泉市	Longquan	618	556	11
青田县	Qingtian	446	409	4
云和县	Yunhe	632	418	1
庆元县	Qingyuan	363	398	6
缙云县	Jinyun	1139	793	9
遂昌县	Suichang	388	225	4
松阳县	Songyang	546	306	5
景宁自治县	Jingning	155	121	3

17－43 各市、县文化和卫生事业主要指标(2013 年)
The Culture and Public Health by City and county (2013)

市县名称	City and County	体育场馆数（个） Number of Sports and Gymnsiums (unit)	剧场和影剧院数（个） Number of Theaters and Music Halls (unit)	公共图书馆图书藏量（千册件） Total Collections of Books in Public Libraries (1000 copies)	医院卫生院数（个） Number of Health Institutions (unit)	医院卫生院床位数（张） Number of Beds in Health Institutions (bed)	医生数（人） Doctors (person)
杭州市区	Hangzhou District	82	50	15990	156	39489	23886
富阳市	Fuyang	16	2	352	17	1576	1687
临安市	Linan	13	3	470	52	1813	1323
建德市	Jiande	3	1	511	30	1752	1045
桐庐县	Tonglu	5	3	415	19	1470	1002
淳安县	Chunan	8	1	241	27	1250	743
宁波市区	Ningbo District	56	26	4564	84	16930	11025
余姚市	Yuyao	19	10	533	21	2501	2031
慈溪市	Cixi	24	4	617	32	3245	3030
奉化市	Fenhua	7	2	210	30	2154	1257
象山县	Xiangshan	2	3	408	23	1634	1180
宁海县	Ninghai	14	3	347	29	1589	1426
温州市区	Wenzhou District	16	4	5130	95	14481	7823
瑞安市	Ruian	4	1	889	37	3552	3257
乐清市	Yueqing	4	1	796	50	3230	3277
洞头县	Dongtou		1	411	8	177	199
永嘉县	Yongjia	4		636	52	1389	1632
平阳县	Pingyang	4	1	881	34	1894	1829
苍南县	Cangnan	2		1007	51	3292	2110
文成县	Wencheng	3	1	488	12	602	515
泰顺县	Taishun	3	1	272	39	548	451
嘉兴市区	Jiaxing District	13	7	2347	34	7228	3177
平湖市	Pinghu	7	6	1117	14	2024	1095
海宁市	Haining	9	8	1303	21	3132	1580
桐乡市	Tongxiang	7	8	1651	23	2863	1405
嘉善县	Jiashan	7	4	693	17	1672	803
海盐县	Haiyan	5	4	809	18	1479	777
湖州市区	Huzhou District	14	3	987	24	5607	3206
德清县	Deqing	10		300	18	1796	1060
长兴县	ChangXing	10	1	457	34	2506	1330
安吉县	Anji	3	1	275	35	1785	973
绍兴市区	Shaoxing District	42	20	1935	77	11069	6337
诸暨市	Zhuji	9	8	319	33	4331	2909
嵊州市	Shengzhou	6	3	519	29	2311	1415

续表 Continued

市县名称	City and County	体育场馆数（个）Number of Sports and Gymnsiums (unit)	剧场和影剧院数（个）Number of Theaters and Music Halls (unit)	公共图书馆图书藏量（千册件）Total Collections of Books in Public Libraries (1000 copies)	医院卫生院数（个）Number of Health Institutions (unit)	医院卫生院床位数（张）Number of Beds in Health Institutions (bed)	医生数（人）Doctors (person)
新昌县	Xinchang	4	3	190	19	2139	944
金华市区	Jinhua District	27	6	484	67	7099	3601
兰溪市	Lanxi	6	2	209	34	1782	1355
东阳市	Dongyang	11	2	321	27	3485	2153
义乌市	Yiwu	22	5	615	34	3595	2541
永康市	Yongkang	12	1	304	25	2203	1567
武义县	Wuyi	8	2	259	24	1054	721
浦江县	Pujiang	7	1	224	26	1932	1013
磐安县	Panan	4	1	145	23	526	423
衢州市区	Quzhou District	5	7	780	50	4112	3050
江山市	Jiangshan	3	2	182	25	1794	1161
常山县	Changshan	1	2	170	18	751	631
开化县	Kaihua	1	1	184	23	921	782
龙游县	Longyou	1	2	101	36	1250	991
舟山市区	Zhoushan District	10	3	949	45	3834	2294
岱山县	Daishan	2	2	225	18	461	379
嵊泗县	Shengsi	1	2	111	9	326	174
台州市区	Taizhou District	17	13	1109	50	6214	4345
温岭市	Wenling	15	13	338	49	4363	2835
临海市	Linhai	18	4	381	41	3810	2435
玉环县	Yuhuan	4	7	176	12	1235	912
三门县	Sanmen	6	3	128	14	868	745
天台县	Tiantai	9	2	139	15	1439	1134
仙居县	Xianju	7	2	127	20	1104	932
丽水市区	Lishui District	9	6	315	28	4027	2049
龙泉市	Longquan	2	3	164	38	742	557
青田县	Qingtian	2	2	183	38	971	636
云和县	Yunhe	1	1	173	10	400	299
庆元县	Qingyuan	1	1	96	22	465	370
缙云县	Jinyun	2	1	204	23	1576	831
遂昌县	Suichang	3	2	129	23	647	509
松阳县	Songyang	2	2	167	26	598	398
景宁自治县	Jingning	1	3	83	26	437	234

2014
浙江统计年鉴
ZHEJIANG STATISTICAL YEARBOOK

CHAPTER 18

附 录
Appendix

附表1 企业家信心指数和企业景气指数(2010年－2013年)

行业	1季度				2季度			
	2010年	2011年	2012年	2013年	2010年	2011年	2012年	2013年
企业家信心指数	**138.3**	**134.5**	**111.3**	**116.8**	**133.4**	**127.8**	**112.0**	**113.5**
工业	137.3	140.4	114.3	128.7	136.0	131.4	115.7	121.6
建筑业	150.1	149.3	115.3	101.8	143.7	139.3	119.3	126.6
交通运输、仓储及邮政业	105.7	102.4	93.8	100.9	118.0	115.2	85.9	87.4
批发和零售业	138.4	125.6	113.5	106.1	126.6	119.8	105.2	98.8
房地产业	139.3	103.1	60.6	93.0	98.4	91.0	81.2	100.0
社会服务业	142.6	132.7	140.6	128.9	147.0	146.7	137.5	128.0
信息传输、计算机服务和软件业	169.1	154.9	158.9	154.6	168.4	152.4	158.6	140.2
住宿和餐饮业	133.6	135.4	132.1	88.5	126.7	127.8	121.5	70.7
企业景气指数	**134.6**	**134.1**	**115.4**	**122.5**	**138.6**	**135.6**	**124.7**	**120.9**
工业	134.1	133.3	112.9	135.8	139.0	135.1	127.0	128.4
建筑业	146.1	134.3	123.4	102.2	144.8	147.5	131.2	133.4
交通运输、仓储及邮政业	106.2	112.3	100.0	96.3	127.7	124.4	102.5	90.2
批发和零售业	140.3	143.7	121.9	112.5	135.2	139.5	123.4	113.5
房地产业	130.7	127.1	92.9	110.9	117.3	115.9	100.4	111.9
社会服务业	124.6	140.9	130.4	133.8	151.3	145.2	140.6	123.3
信息传输、计算机服务和软件业	150.5	164.3	150.0	150.2	172.6	159.8	168.2	145.5
住宿和餐饮业	139.3	135.4	131.2	84.3	141.5	135.3	122.2	71.6

续表

行业	3季度				4季度			
	2010年	2011年	2012年	2013年	2010年	2011年	2012年	2013年
企业家信心指数	**134.2**	**123.7**	**111.3**	**117.3**	**138.2**	**113.0**	**117.2**	**115.1**
工业	133.8	126.3	112.6	124.7	138.3	116.3	116.6	122.6
建筑业	145.3	130.4	116.5	127.8	151.7	125.6	128.0	127.2
交通运输、仓储及邮政业	112.3	107.5	88.0	100.9	123.1	93.6	100.9	107.1
批发和零售业	138.0	124.8	107.0	100.7	138.2	106.1	112.2	107.0
房地产业	115.9	79.2	92.2	108.6	125.6	66.4	101.4	101.1
社会服务业	144.1	147.0	131.6	114.9	131.8	135.1	128.2	96.9
信息传输、计算机服务和软件业	161.7	162.8	148.2	148.4	165.7	151.6	159.3	143.0
住宿和餐饮业	128.3	129.0	126.5	90.3	132.6	139.1	130.4	69.7
企业景气指数	**139.8**	**133.0**	**122.6**	**124.7**	**142.1**	**126.0**	**124.7**	**121.3**
工业	140.1	131.1	126.5	130.8	141.1	124.7	125.0	127.4
建筑业	139.7	133.4	128.5	136.5	149.0	142.4	132.2	135.2
交通运输、仓储及邮政业	114.4	126.0	94.8	101.9	126.3	107.5	109.2	109.2
批发和零售业	145.9	145.7	123.2	119.3	143.6	135.9	126.6	116.9
房地产业	122.6	112.7	100.6	115.8	134.1	90.7	106.5	111.8
社会服务业	156.8	149.9	126.5	117.1	151.6	149.9	129.9	104.0
信息传输、计算机服务和软件业	165.7	167.7	154.3	147.5	171.2	160.4	155.7	141.6
住宿和餐饮业	136.7	133.6	126.9	89.4	136.6	134.1	130.7	73.6

注：历年指数均按新国民经济行业分类标准作同口径调整，下同。

附表 2 各季企业景气指数(2013 年)

指标	1 季度	2 季度	3 季度	4 季度
按企业登记注册类型分				
国有企业	132.0	133.3	135.5	133.1
集体企业	130.7	105.5	107.2	86.8
股份合作企业	115.4	120.1	125.5	108.8
联营企业	121.2	121.2	123.8	123.1
有限责任公司	123.6	118.9	123.8	120.7
股份有限公司	137.9	132.3	139.2	137.4
私营企业	120.9	111.7	115.1	113.5
港、澳、台投资企业	131.6	120.7	126.5	121.8
外商投资企业	138.5	130.3	127.1	124.8
附:上市公司				
按企业规模分				
大型	141.9	136.6	142.3	138.3
中型	126.2	119.9	125.3	121.9
小型	115.6	109.5	111.2	110.0
按主要行业大类分				
制造业	**135.7**	**128.3**	**130.6**	**127.2**
农副食品加工业	126.4	127.1	134.8	126.4
食品制造业	152.8	140.8	143.1	146.2
酒、饮料和精制茶制造业	155.8	150.8	142.9	138.3
烟草制品业	120.0	150.0	150.0	180.0
纺织业	132.1	125.4	124.0	117.0
纺织服装、服饰业	123.4	122.7	121.2	114.6
皮革、毛皮、羽毛及其制品和制鞋业	129.1	125.4	124.4	113.4
木材加工及木、竹、藤、棕、草制品业	149.8	139.2	141.2	135.3
家具制造业	135.9	125.6	134.0	141.1
造纸及纸制品业	129.0	116.9	123.4	126.4
印刷和记录媒介复制业	140.5	127.6	133.8	124.0
文教、工美、体育和娱乐用品制造业	152.9	135.6	138.1	133.1
石油加工、炼焦及核燃料加工业	103.3	100.0	100.0	128.0
化学原料及化学制品制造业	133.4	123.9	131.1	126.9
医药制造业	160.0	152.5	152.9	153.6
化学纤维制造业	109.6	111.5	113.3	106.6
橡胶和塑料制品业	143.5	125.4	131.4	126.3
非金属矿物制品业	137.1	116.4	123.1	116.9
黑色金属冶炼及压延加工业	121.5	113.1	115.5	117.2
有色金属冶炼及压延加工业	132.0	124.8	128.0	122.1
金属制品业	140.0	130.7	132.3	131.9
通用设备制造业	138.3	135.9	136.8	138.3
专用设备制造业	142.4	130.8	129.6	135.5
汽车制造业	142.3	143.6	148.6	146.7
铁路、船舶、航空航天和其他运输设备制造业	131.6	99.0	104.9	103.4
电气机械及器材制造业		135.7	138.7	132.2
计算机、通信和其他电子设备制造业	142.5	132.3	135.0	137.4

续表

指标	1 季度	2 季度	3 季度	4 季度
仪器仪表制造业	143.8	138.1	145.6	142.9
其他制造业	142.6	107.5	128.8	135.6
废弃资源综合利用业	130.6	100.0	105.6	108.9
金属制品、机械和设备修理业	131.3	76.9	89.2	74.6
电力、热力、燃气及水生产和供应业	**138.3**	**138.0**	**146.2**	**144.5**
电力、热力生产和供应业	136.6	134.8	144.2	143.0
燃气生产和供应业	140.0	142.9	154.3	117.1
水的生产和供应业	144.0	148.5	151.5	157.7
建筑业	**142.3**	**133.4**	**136.5**	**135.2**
房屋建筑业	151.9	141.3	146.5	141.6
土木工程建筑业	121.0	121.8	125.9	121.8
建筑安装业	140.0	125.0	112.5	157.5
建筑装饰和其他建筑业	112.0	110.0	100.0	100.0
批发和零售业	**118.1**	**119.3**	**119.3**	**116.9**
批发业	118.5	112.7	112.7	117.1
零售业	117.3	133.7	133.7	116.4
交通运输、仓储和邮政业	**96.3**	**90.2**	**101.9**	**109.2**
铁路运输业	140.0	140.0	140.0	100.0
道路运输业	92.1	87.3	92.7	102.4
水上运输业	62.7	58.7	84.0	98.7
航空运输业	200.0	100.0	200.0	200.0
装卸搬运和运输代理业	117.1	122.9	137.1	142.9
仓储业	136.0	120.0	120.0	108.0
邮政业	146.7	133.3	133.3	133.3
住宿和餐饮业	**70.3**	**71.6**	**89.4**	**73.6**
住宿业	72.6	73.8	90.1	77.2
餐饮业	60.0	62.0	86.0	58.0
信息传输、软件和信息技术服务业	**150.2**	**145.5**	**147.5**	**141.6**
电信、广播电视和卫星传输服务	164.4	157.8	157.8	153.3
互联网和相关服务	152.0	140.0	100.0	100.0
软件和信息技术服务业	139.2	136.6	144.7	137.0
房地产业	**110.9**	**111.9**	**115.8**	**111.8**
房地产业	110.9	111.9	115.8	111.8
租赁和商务服务业	**132.1**	**122.4**	**109.7**	**103.6**
租赁业	66.7	113.3	80.0	80.0
商务服务业	135.2	122.9	111.1	104.8
科学研究和技术服务业	**130.0**	**120.0**	**120.0**	**40.0**
专业技术服务业	130.0	120.0	120.0	40.0
水利、环境和公共设施管理业	**147.1**	**131.8**	**135.3**	**114.1**
公共设施管理业	143.8	127.5	131.3	108.8
居民服务、修理和其他服务业	**112.0**	**108.0**	**152.0**	**100.0**
居民服务业	140.0	146.7	173.3	100.0
机动车、电子产品和日用产品修理业	100.0	100.0	200.0	100.0

附表3 各季企业家信心指数(2013年)

指标	1季度	2季度	3季度	4季度
按企业登记注册类型分				
国有企业	125.5	125.9	125.1	123.3
集体企业	115.4	96.0	89.5	86.4
股份合作企业	105.3	98.6	92.7	82.5
联营企业	109.8	121.2	123.8	122.2
有限责任公司	116.9	111.6	115.5	114.1
股份有限公司	127.8	121.9	131.4	125.5
私营企业	118.1	106.3	107.7	117.9
港、澳、台投资企业	127.7	108.0	115.1	112.4
外商投资企业	135.4	125.4	123.2	115.9
附:上市公司				
按企业规模分				
大型	128.9	123.0	128.3	125.3
中型	119.9	112.4	120.6	115.2
小型	115.2	107.2	105.6	108.8
按主要行业大类分				
制造业	**128.55**	**121.3**	**124.6**	**122.3**
农副食品加工业	114.5	121.1	126.8	116.8
食品制造业	144.2	139.0	133.6	136.4
酒、饮料和精制茶制造业	149.6	151.3	139.2	138.8
烟草制品业	150.0	150.0	150.0	200.0
纺织业	125.6	116.6	119.0	111.9
纺织服装、服饰业	113.0	112.7	115.1	110.0
皮革、毛皮、羽毛及其制品和制鞋业	120.3	118.5	119.4	112.5
木材加工及木、竹、藤、棕、草制品业	138.0	130.6	127.5	131.4
家具制造业	127.4	117.1	127.6	135.7
造纸及纸制品业	120.2	111.2	114.6	113.9
印刷和记录媒介复制业	135.0	120.4	129.3	126.2
文教、工美、体育和娱乐用品制造业	146.3	131.0	133.1	130.9
石油加工、炼焦及核燃料加工业	133.3	112.0	120.0	156.0
化学原料及化学制品制造业	121.8	113.1	121.0	122.0
医药制造业	152.8	147.3	141.1	145.4
化学纤维制造业	96.1	103.5	104.9	98.7
橡胶和塑料制品业	142.9	120.5	127.8	123.2
非金属矿物制品业	135.5	114.6	121.3	114.5
黑色金属冶炼及压延加工业	117.9	109.4	110.1	111.1
有色金属冶炼及压延加工业	129.5	110.1	122.6	120.5
金属制品业	125.6	124.0	126.5	127.2
通用设备制造业	129.7	125.4	127.4	130.6
专用设备制造业	134.0	127.5	122.9	125.4
汽车制造业	136.6	136.4	144.1	143.1
铁路、船舶、航空航天和其他运输设备制造业	125.8	92.4	98.4	96.0
计算机、通信和其他电子设备制造业	136.9	128.0	131.4	131.9
仪器仪表制造业	136.2	134.4	140.0	137.9

续表

指标	1季度	2季度	3季度	4季度
其他制造业	140.0	106.6	119.4	124.1
废弃资源综合利用业	123.8	81.1	101.1	106.7
金属制品、机械和设备修理业	120.0	73.1	81.5	73.1
电力、热力、燃气及水生产和供应业	**136.8**	**139.8**	**137.7**	**138.6**
电力、热力生产和供应业	132.7	135.2	132.3	132.8
燃气生产和供应业	132.0	134.3	145.7	145.7
水的生产和供应业	152.0	158.5	155.4	157.7
建筑业	**135.4**	**126.6**	**127.8**	**127.2**
房屋建筑业	137.2	130.1	133.8	127.5
土木工程建筑业	130.5	121.8	122.9	131.2
建筑安装业	132.0	107.5	107.5	112.5
建筑装饰和其他建筑业	136.0	133.3	106.7	120.0
批发和零售业	**108.8**	**100.7**	**100.7**	**107.0**
批发业	109.0	93.7	93.7	106.7
零售业	108.4	115.8	115.8	107.8
交通运输、仓储和邮政业	**100.9**	**87.4**	**100.9**	**107.1**
铁路运输业	200.0	200.0	200.0	200.0
道路运输业	90.3	84.2	80.6	94.6
水上运输业	78.7	60.0	104.0	105.3
航空运输业	200.0	100.0	200.0	100.0
装卸搬运和运输代理业	105.7	85.7	120.0	137.1
仓储业	152.0	120.0	120.0	120.0
邮政业	166.7	166.7	166.7	133.3
住宿和餐饮业	**78.1**	**70.7**	**90.3**	**69.7**
住宿业	81.6	71.3	89.2	69.2
餐饮业	63.0	68.0	95.0	72.0
信息传输、软件和信息技术服务业	**154.6**	**140.2**	**148.4**	**143.0**
电信、广播电视和卫星传输服务	158.3	147.8	148.9	150.0
互联网和相关服务	168.0	116.0	140.0	120.0
软件和信息技术服务业	150.2	137.0	148.9	140.0
房地产业	**93.0**	**100.0**	**108.6**	**101.1**
房地产业	93.0	100.0	108.6	101.1
租赁和商务服务业	**127.0**	**130.9**	**107.0**	**91.8**
租赁业	80.0	153.3	120.0	100.0
商务服务业	129.2	129.8	106.4	91.4
科学研究和技术服务业	**130.0**	**120.0**	**120.0**	**40.0**
专业技术服务业	130.0	120.0	120.0	40.0
水利、环境和公共设施管理业	**141.2**	**114.1**	**130.6**	**116.5**
公共设施管理业	141.3	112.5	130.0	111.3
居民服务、修理和其他服务业	**112.0**	**140.0**	**164.0**	**120.0**
居民服务业	86.7	133.3	173.3	133.3
机动车、电子产品和日用产品修理业	200.0	200.0	200.0	100.0

附表4 各行业企业生产经营状况景气指数(2013年)

指标	1季度	2季度	3季度	4季度
工业	**135.8**	**128.4**	**130.8**	**127.4**
产品订货	90.4	89.3	89.8	92.9
其中:国外订货	89.7	90.1	91.0	92.2
产成品库存	103.7	105.2	103.7	103.7
企业融资	83.3	91.3	92.6	93.2
劳动力需求	114.0	106.3	109.3	114.3
固定资产投资	96.9	92.4	92.6	89.0
建筑业	**142.3**	**133.4**	**136.5**	**135.2**
工程合同签订	83.2	90.4	87.2	96.0
建筑工程量	106.3	117.6	124.0	132.0
新开工工程量	105.3	104.8	108.8	111.2
建筑材料购进价格	85.3	103.2	72.8	67.2
盈利(亏损)变化	82.1	80.8	77.6	87.2
企业融资	82.1	80.8	80.8	76.8
货款拖欠	112.6	79.2	71.2	69.6
劳动力需求	166.3	135.2	129.6	79.2
固定资产投资	120.0	105.6	98.4	97.6
交通运输、仓储及邮政业	**96.3**	**90.2**	**101.9**	**109.2**
业务预订	76.9	69.2	81.5	80.0
业务量	75.4	70.8	86.2	96.9
盈利(亏损)情况	64.6	61.5	67.7	80.0
企业融资	80.0	76.9	73.9	73.9
劳动力需求	107.7	109.2	106.2	107.7
固定资产投资	110.8	95.4	106.2	101.5
批发和零售业	**118.1**	**119.3**	**119.3**	**116.9**
购货合同	81.3	87.4	87.4	88.3
商品销售额	87.9	102.8	102.8	103.3
商品库存	94.4	97.7	97.7	95.8
盈利(亏损)变化	71.5	77.6	77.6	82.2
企业融资	103.7	103.3	103.3	104.7
劳动力需求	101.9	102.3	102.3	100.9

续表

指标	1季度	2季度	3季度	4季度
固定资产投资	97.7	93.0	93.0	96.7
房地产业	**110.9**	**111.9**	**115.8**	**111.8**
新开工面积	92.1	92.1	92.1	97.4
商品房预售面积	87.7	96.5	89.5	85.1
空置商品房面积	134.2	135.1	132.5	121.9
盈利(亏损)变化	80.7	84.2	80.7	77.2
企业融资	71.9	71.1	75.4	64.9
劳动力需求	106.1	102.6	97.4	90.4
固定资产投资	95.6	92.1	93.9	100.0
居民服务、修理和其他服务业	**133.8**	**123.3**	**117.1**	**104.0**
服务预订	86.7	90.0	84.4	76.7
业务量	95.6	88.9	87.8	83.3
盈利(亏损)变化	80.0	83.3	76.7	68.9
企业融资	100.0	97.8	97.8	95.6
劳动力需求	113.3	110.0	98.9	100.0
固定资产投资	101.1	96.7	91.1	90.0
信息传输、软件和信息技术服务业	**150.2**	**145.5**	**147.5**	**141.6**
产品订货	93.2	89.8	90.9	100.0
营业收入	122.7	134.1	130.7	145.5
盈利(亏损)变化	87.5	83.0	88.6	89.8
企业融资	113.6	109.1	108.0	112.5
劳动力需求	115.9	111.4	117.1	106.8
固定资产投资	118.2	103.4	111.4	97.7
住宿和餐饮业	**70.3**	**71.6**	**89.4**	**73.6**
业务预订	41.1	36.5	46.7	47.7
业务量	29.9	36.5	32.7	26.2
客房出租	74.8	79.4	80.4	76.6
盈利(亏损)变化	35.5	35.5	33.6	41.1
企业融资	104.7	91.6	93.5	89.7
劳动力需求	90.7	94.4	116.8	111.2
固定资产投资	87.9	100.0	88.8	90.7

附表5 开发区(园区)主要经济指标

指标	2013	上年同期
工业总产值(亿元)	43200.0	39203.7
资产合计(亿元)	37827.2	34031.8
营业收入(亿元)	41090.6	37152.2
#新产品销售收入	10372.2	8574.1
外资及港澳台企业销售收入	12659.3	11681.4
出口交货值(亿元)	7371.6	6744.5
利税总额(亿元)	3612.4	3137.0
#利润总额	2199.7	1829.1
研究开发费用(亿元)	537.7	476.7
#高新技术企业	358.6	322.8
技术成果引进费用(亿元)	123.3	95.9
工业企业用水总量(亿吨)	16.6	15.7
工业企业用电总量(亿千瓦时)	1067.7	962.9
从业人员年末人数(万人)	562.9	553.6
#直接从事研究开发人员	22.1	21.2
大专及以上学历或高中级技术职称人员	121.4	113.2
从业人员劳动报酬(亿元)	2272.5	1991.2

附表6 开发区(园区)基本建设情况

指标	2013	至2013年累计
投资		
基础建设投入(亿元)	1321.8	8917.0
拆迁安置补偿款(亿元)	264.2	1786.5
入园企业投资额(亿元)	5525.3	39331.8
引进外资		
实际到位外资(亿美元)	92.8	781.8
引进项目		
入园企业(个)	18313	167918
#工业企业	6786	95575
外资及港澳台	696	12603
高新技术企业	126	3380
投产企业	13938	130745

附表7 旅游度假区基本建设情况

指标	2013	至2013年累计
投资		
基础建设投入(亿元)	108.9	475.7
拆迁安置补偿款(亿元)	36.4	160
入园企业投资额(亿元)	249	1174.9
引进外资		
实际到位外资(亿美元)	4.4	24.2
引进项目		
入园企业数(个)	188	3406

附表 8 浙江省投入产出表(2010 年)

(按当年生产价格计算) 单位:万元

投入＼产出	中间使用						
	农林牧渔业	煤炭开采和洗选业	石油和天然气开采业	金属矿采选业	非金属矿及其他矿采选业	食品制造及烟草加工业	纺织业
农林牧渔业	1596963	781	0	1	7	6437412	2867141
煤炭开采和洗选业	4587	0	0	3155	12542	132544	426690
石油和天然气开采业	0	2246	0	10	127019	526	8805
金属矿采选业	0	0	0	172188	0	0	0
非金属矿及其他矿采选业	0	7	0	170	23714	1769	709
食品制造及烟草加工业	1723586	0	0	3	5857	6088075	5628
纺织业	3055	0	0	259	104	8225	31452329
纺织服装鞋帽皮革羽绒及其制品业	0	3696	0	1122	690	28547	2060078
木材加工及家具制造业	150166	27	0	488	39	8129	347276
造纸印刷及文教体育用品制造业	124569	160	0	487	39176	511665	630479
石油加工、炼焦及核燃料加工业	933996	576	0	4313	80542	48406	158955
化学工业	934064	9206	0	7651	717409	840070	8885561
非金属矿物制品业	118223	129	0	1492	4995	43965	28879
金属冶炼及压延加工业	83833	451	0	2346	4313	3528	56951
金属制品业	64701	825	0	3579	8192	205616	117185
通用、专用设备制造业	68712	1941	0	24771	31836	25695	196788
交通运输设备制造业	85083	679	0	1051	10085	14188	53573
电气机械及器材制造业	0	1939	0	3630	11575	14573	96964
通信设备、计算机及其他电子设备制造业	0	46	0	148	6708	5905	42517
仪器仪表及文化办公用机械制造业	0	152	0	2265	11879	10814	43510
工艺品及其他制造业	0	73	0	673	6140	27621	113998
废品废料	0	0	0	0	0	0	53871
电力、热力的生产和供应业	325790	2460	0	18792	199983	334583	2214776
燃气生产和供应业	801	71	0	136	12654	21653	38490
水的生产和供应业	671	367	0	199	3207	28488	72904
建筑业	0	171	0	1126	2709	55426	118167
交通运输及仓储业	252611	747	0	16364	316847	451015	1028188
邮政业	0	22	0	34	5216	5900	10249
信息传输、计算机服务和软件业	52110	184	0	3220	25594	43651	199493
批发和零售业	398806	1113	0	7050	59117	846739	2915946
住宿和餐饮业	29595	154	0	1094	12272	62603	132734
金融业	472863	384	0	3110	51585	294132	1421484
房地产业	0	94	0	134	410	19725	268933
租赁业和商务服务业	208689	177	0	407	63085	577244	214711
研究与试验发展业	0	0	0	144	0	7790	15729
综合技术服务业	346393	219	0	2641	636	19326	179666
水利、环境和公共设施管理业	64599	0	0	217	41803	1588	9747
居民服务和其他服务业	616799	26	0	217	9590	24721	84176
教育	36185	28	0	278	96	3638	13753
卫生、社会保障和社会福利业	109668	5890	0	10794	12706	63671	479981
文化、体育和娱乐业	668	70	0	400	12818	16584	55619
公共管理和社会组织	42389	0	0	8	69	529	1298
中间投入合计	**8850175**	**35111**	**0**	**296167**	**1933219**	**17336279**	**57123931**
劳动者报酬	12322713	16851	0	35723	200327	1705662	4725180
生产税净额	-324204	2867	0	10899	10634	1915294	1260060
固定资产折旧	879921	4109	0	7762	159249	738977	1739166
营业盈余	0	20076	0	120264	96221	2501306	6461928
增加值合计	**12878430**	**43903**	**0**	**174648**	**466431**	**6861239**	**14186334**
总投入	**21728605**	**79014**	**0**	**470815**	**2399650**	**24197518**	**71310265**

续 1

投入＼产出	中间使用：纺织服装鞋帽皮革羽绒及其制品业	木材加工及家具制造业	造纸印刷及文教体育用品制造业	石油加工、炼焦及核燃料加工业	化学工业	非金属矿物制品业	金属冶炼及压延加工业
农林牧渔业	626557	1052258	17918	11	1072372	74	42
煤炭开采和洗选业	143625	24229	342813	3867	822299	1361106	451619
石油和天然气开采业	4276	719	6114	11039790	69277	157384	15531
金属矿采选业	0	0	0	0	54438	94990	960219
非金属矿及其他矿采选业	384	809	3380	224	374567	984089	7211
食品制造及烟草加工业	181156	15188	71681	41	496237	1201	309
纺织业	11480904	446857	431462	283	1890604	31274	1476
纺织服装鞋帽皮革羽绒及其制品业	11185112	1208635	209895	7613	427251	57645	23598
木材加工及家具制造业	259288	3680070	226459	3101	63395	30843	10878
造纸印刷及文教体育用品制造业	686259	257374	9573779	6436	1139735	178756	39894
石油加工、炼焦及核燃料加工业	125829	95478	128458	79530	4482778	583257	396869
化学工业	2374807	2161910	3301207	23851	47395823	962193	196161
非金属矿物制品业	15115	760516	14840	9941	249618	4027793	69479
金属冶炼及压延加工业	33401	954969	316939	5770	524953	691776	21875954
金属制品业	197450	376913	486563	7568	342525	822543	1351500
通用、专用设备制造业	93289	25023	133214	32835	325519	240717	198159
交通运输设备制造业	23628	11836	80706	13242	83577	55460	20609
电气机械及器材制造业	40853	46231	171656	24284	229583	80426	60888
通信设备、计算机及其他电子设备制造业	19311	3598	105976	5073	100123	11857	4259
仪器仪表及文化办公用机械制造业	18674	6227	34946	31024	245014	61782	41769
工艺品及其他制造业	742187	69440	153339	4988	132374	134032	20803
废品废料	11557	8413	1206271	0	384514	259407	3963643
电力、热力的生产和供应业	481203	236187	591385	76811	3152622	1319432	1413385
燃气生产和供应业	22252	11466	35308	2884	111135	184141	35199
水的生产和供应业	30045	12304	14500	1153	77646	22019	14973
建筑业	25168	87499	28450	17072	157643	29568	16808
交通运输及仓储业	639713	430297	525666	68096	1962046	929232	669138
邮政业	14432	2929	5440	1130	19227	6091	4709
信息传输、计算机服务和软件业	159749	62748	68024	17913	302963	74306	52298
批发和零售业	1533390	591743	791803	580891	4135127	767549	1313588
住宿和餐饮业	109799	39158	57422	11791	216739	93431	51208
金融业	534092	367836	532868	185076	1872836	593084	687703
房地产业	351276	77623	92805	223	86746	26201	12284
租赁业和商务服务业	490708	173204	177732	19296	677986	175020	115989
研究与试验发展业	6898	5800	8262	3344	107218	11151	10181
综合技术服务业	57221	35397	116534	6746	448401	34709	201504
水利、环境和公共设施管理业	3909	1339	13190	822	18487	4213	2182
居民服务和其他服务业	32749	5529	33779	5691	179823	122326	58454
教育	10921	3758	6457	1629	23957	10057	5241
卫生、社会保障和社会福利业	337555	67026	160936	19334	295746	44067	83277
文化、体育和娱乐业	40070	13482	20908	4370	74865	40076	16102
公共管理和社会组织	1014	495	496	100	2487	640	390
中间投入合计	**33145826**	**13432513**	**20299581**	**12323844**	**74830276**	**15315918**	**34475483**
劳动者报酬	5776280	1373277	2005223	175837	4749125	1465303	1076881
生产税净额	1065385	435414	538843	1104113	2091361	302292	451185
固定资产折旧	784747	406667	859447	189457	2968001	941085	648871
营业盈余	1793361	1163576	1686746	729983	9123190	2208982	2692092
增加值合计	**9419773**	**3378934**	**5090259**	**2199390**	**18931677**	**4917662**	**4869029**
总投入	**42565599**	**16811447**	**25389840**	**14523234**	**93761953**	**20233580**	**39344512**

续 2

投入 \ 产出	中间使用						
	金属制品业	通用、专用设备制造业	交通运输设备制造业	电气机械及器材制造业	通信设备、计算机及其他电子设备制造业	仪器仪表及文化办公用机械制造业	工艺品及其他制造业
农林牧渔业	3995	5921	155	3981	124	44	48995
煤炭开采和洗选业	80760	87037	35682	9891	7971	20692	49320
石油和天然气开采业	29050	65304	60028	3699	1210	16275	5023
金属矿采选业	71655	216145	3929	152255	28380	151557	784
非金属矿及其他矿采选业	53	7809	932	7577	6099	994	18081
食品制造及烟草加工业	686	7799	580	2153	11332	176	6942
纺织业	8415	75358	82777	1772284	17511	3800	1726233
纺织服装鞋帽皮革羽绒及其制品业	91736	163307	256781	407122	27376	40760	90751
木材加工及家具制造业	18135	155784	77887	65288	12696	10663	691278
造纸印刷及文教体育用品制造业	385745	638969	296082	693639	222215	178701	503236
石油加工、炼焦及核燃料加工业	205712	633587	328616	358317	65502	26694	93689
化学工业	1771855	2259972	1793072	4633736	898319	823637	1895936
非金属矿物制品业	905064	76923	216907	576229	174412	76326	51028
金属冶炼及压延加工业	9496106	13111550	7465264	11830254	1496935	614943	1490434
金属制品业	3524442	7774120	3574813	2741612	1478160	988175	1058905
通用、专用设备制造业	366479	6998694	2557722	1355866	166495	125026	45234
交通运输设备制造业	81774	603419	4805666	157780	26828	23365	8018
电气机械及器材制造业	351358	4604363	2265623	8466831	523768	447751	75369
通信设备、计算机及其他电子设备制造业	36772	733071	215577	1408761	8117099	886634	33467
仪器仪表及文化办公用机械制造业	38056	613166	238310	322847	281778	535100	6579
工艺品及其他制造业	112310	710057	293822	467953	425458	364000	433170
废品废料	386228	649200	55510	17271	3286	0	2021
电力、热力的生产和供应业	995117	1959175	534555	610522	307339	151800	368489
燃气生产和供应业	29962	70164	21849	24310	7046	7345	16669
水的生产和供应业	24469	45542	31246	26057	16673	9062	13090
建筑业	24489	174559	130825	169748	22845	9319	24553
交通运输及仓储业	683821	1526995	702206	1059589	432833	182528	277823
邮政业	6926	27832	14420	15606	5755	4313	5404
信息传输、计算机服务和软件业	76194	329841	152892	232691	91372	46624	56470
批发和零售业	877490	2102132	1150509	1809778	864065	265659	412372
住宿和餐饮业	105723	262743	144325	181273	76328	34807	63012
金融业	603193	1252167	731259	877285	315111	183775	290751
房地产业	34725	161139	108268	52483	40455	7647	7598
租赁业和商务服务业	131088	612609	346070	614082	189185	85950	156475
研究与试验发展业	5234	80498	43571	65536	28097	16215	12719
综合技术服务业	52927	468618	125579	319270	125131	55191	51137
水利、环境和公共设施管理业	6264	17766	3556	3805	799	280	725
居民服务和其他服务业	52799	56797	49896	47962	15623	5265	8974
教育	16053	36581	13417	19344	7989	3704	8877
卫生、社会保障和社会福利业	100419	440646	355237	183236	190670	30030	123022
文化、体育和娱乐业	43445	95648	60564	51705	20332	11038	25844
公共管理和社会组织	1347	3584	1338	2005	877	388	784
中间投入合计	**21838071**	**49916591**	**29347317**	**41821633**	**16751479**	**6446253**	**10259281**
劳动者报酬	2453964	6144902	3474561	3350793	1689095	928952	1611635
生产税净额	660190	1754911	859788	1126148	65375	133185	373923
固定资产折旧	565390	1905809	859656	893771	527906	232989	355438
营业盈余	2268195	6083583	2790255	3626708	1769484	740409	866014
增加值合计	**5947739**	**15889205**	**7984260**	**8997420**	**4051860**	**2035535**	**3207010**
总投入	**27785810**	**65805796**	**37331577**	**50819053**	**20803339**	**8481788**	**13466291**

续3

产出 投入	中间使用						
	废品废料	电力、热力的生产和供应业	燃气生产和供应业	水的生产和供应业	建筑业	交通运输及仓储业	邮政业
农林牧渔业	11	81	3	2	387494	93172	0
煤炭开采和洗选业	1417	6877565	0	131	212531	912	26
石油和天然气开采业	3214	127633	737594	0	0	0	0
金属矿采选业	0	0	0	0	0	0	0
非金属矿及其他矿采选业	11	511	2	16	1423632	1674	0
食品制造及烟草加工业	41	301	6	9	1164	25441	1406
纺织业	546	3274	13	52	181631	160015	5
纺织服装鞋帽皮革羽绒及其制品业	2845	95112	982	8812	334302	119232	14806
木材加工及家具制造业	633	9523	139	508	2214375	28609	1174
造纸印刷及文教体育用品制造业	4714	64475	682	3345	151846	154388	35175
石油加工、炼焦及核燃料加工业	17757	514600	3841	4020	530095	4547785	23106
化学工业	82765	97371	427	125595	2639504	409376	1110
非金属矿物制品业	12598	47370	500	1278	12917342	2229	470
金属冶炼及压延加工业	129347	6491	98	221	18707127	43027	0
金属制品业	2397	163147	1429	23187	1722492	559608	518
通用、专用设备制造业	2546	291416	1780	3048	1324669	119672	3346
交通运输设备制造业	2327	15282	575	2358	404537	1542027	8181
电气机械及器材制造业	639659	362786	192	1650	3512155	132794	1738
通信设备、计算机及其他电子设备制造业	772	20935	248	1034	59005	56730	1225
仪器仪表及文化办公用机械制造业	1797	62373	541	3338	294903	60586	1867
工艺品及其他制造业	3173	41563	1572	3144	362109	14550	0
废品废料	2723082	0	0	0	0	0	0
电力、热力的生产和供应业	92169	10964565	2614	227959	1950747	226960	6435
燃气生产和供应业	12075	18018	439635	2018	42548	9472	19
水的生产和供应业	4601	10955	359	18768	216692	25629	849
建筑业	6853	48806	1261	1882	300490	415048	16615
交通运输及仓储业	51359	320436	19137	5956	1629807	1040642	77001
邮政业	710	7256	90	441	32419	15934	26411
信息传输、计算机服务和软件业	9311	92992	1786	5948	89188	94056	15852
批发和零售业	170127	544908	39825	8923	2906373	235682	22951
住宿和餐饮业	8032	49831	2726	5077	105905	211350	2408
金融业	60390	938850	6428	74642	435421	3135305	4760
房地产业	7992	11081	67	203	22166	157217	17746
租赁业和商务服务业	21651	102975	4302	1922	506634	255336	20711
研究与试验发展业	8438	4070	6	21	70638	373	60
综合技术服务业	5445	33852	1024	1513	791528	37457	38
水利、环境和公共设施管理业	2520	29909	252	134396	120688	4270	0
居民服务和其他服务业	1049	947526	280	27683	63223	263901	2148
教育	1883	9442	232	1257	6	42794	1123
卫生、社会保障和社会福利业	342	72896	15	19993	1114	557	0
文化、体育和娱乐业	4317	21777	1188	2715	46396	89097	9442
公共管理和社会组织	98	712	17	20	1414	945	210
中间投入合计	**4101014**	**23032666**	**1271868**	**723085**	**56714310**	**14333852**	**318932**
劳动者报酬	203194	912569	33673	146147	11533287	3254032	427100
生产税净额	33702	225381	-25074	4200	2979189	919901	30840
固定资产折旧	50896	3355974	95696	243284	835009	2319627	66895
营业盈余	486022	2676330	31709	150877	1712349	4644137	-11804
增加值合计	**773814**	**7170254**	**136004**	**544508**	**17059834**	**11137697**	**513031**
总投入	**4874828**	**30202920**	**1407872**	**1267593**	**73774144**	**25471549**	**831963**

续 4

投入 \ 产出	中间使用						
	信息传输、计算机服务和软件业	批发和零售业	住宿和餐饮业	金融业	房地产业	租赁业和商务服务业	研究与试验发展业
农林牧渔业	29	9855	2454725	485	897928	321	96410
煤炭开采和洗选业	0	0	6692	0	0	0	0
石油和天然气开采业	0	0	5828	0	0	0	0
金属矿采选业	0	0	0	0	0	0	0
非金属矿及其他矿采选业	4	0	0	0	4	7	6
食品制造及烟草加工业	103	117506	3003111	1818	548	1202	96
纺织业	155	22393	112065	9788	2063	1051	34
纺织服装鞋帽皮革羽绒及其制品业	47866	253185	99921	429563	52103	39020	536
木材加工及家具制造业	3366	11393	17818	50673	7674	1255205	357
造纸印刷及文教体育用品制造业	47594	165040	145294	705627	434804	195832	8100
石油加工、炼焦及核燃料加工业	3923	59487	305750	494241	172475	656897	23236
化学工业	1399	150354	302785	121228	30959	493684	2324
非金属矿物制品业	194	36	8547	0	54	120	102
金属冶炼及压延加工业	4	88	6009	0	5	8	7
金属制品业	11119	29440	16376	33481	36409	733730	136008
通用、专用设备制造业	8068	11000	27445	20551	7406	5342	10141
交通运输设备制造业	18202	391895	110570	61565	16103	18777	35
电气机械及器材制造业	259060	110972	30651	10170	128242	987190	223
通信设备、计算机及其他电子设备制造业	2656541	69814	26209	78750	87230	212481	1761
仪器仪表及文化办公用机械制造业	43794	7552	33244	117760	12183	15099	740
工艺品及其他制造业	109282	31270	395805	55454	30311	35386	3011
废品废料	0	0	0	0	0	0	0
电力、热力的生产和供应业	326665	270784	784477	228405	99594	136731	11250
燃气生产和供应业	8479	5654	136513	1110	2709	17135	249
水的生产和供应业	4966	11347	62990	13918	25174	17458	2262
建筑业	349652	453006	260233	330876	713640	272878	957
交通运输及仓储业	54061	4088216	82730	835171	103335	348973	15168
邮政业	4552	22457	38440	103983	46367	32016	1733
信息传输、计算机服务和软件业	194577	57274	99803	1532265	106036	117606	14755
批发和零售业	220018	5204	232012	101046	52302	272364	4083
住宿和餐饮业	115081	638584	178719	886932	356715	670623	22297
金融业	97854	2259478	450831	116471	519858	2778142	9693
房地产业	172962	884283	477535	437964	95806	253380	4676
租赁业和商务服务业	820872	1948146	573716	1718940	295184	618750	9266
研究与试验发展业	4611	5008	12	1562	0	0	1996
综合技术服务业	224797	190701	2233	231	0	0	294
水利、环境和公共设施管理业	1844	543	3931	40456	561	175979	1467
居民服务和其他服务业	13798	457136	196881	98317	55182	41628	7105
教育	11064	55363	12428	94818	7096	38847	2544
卫生、社会保障和社会福利业	977	23754	5541	31791	5372	261	2226
文化、体育和娱乐业	33884	194158	104793	86572	197948	83894	7273
公共管理和社会组织	126	3145	468	67163	3663	62447	117
中间投入合计	**5871543**	**13015521**	**10813131**	**8919145**	**4603043**	**10590464**	**402538**
劳动者报酬	1458731	5093702	2496715	5865608	2306167	1623237	198985
生产税净额	426148	6913100	878750	3751710	1898153	543070	25618
固定资产折旧	1784104	943269	623329	805832	7890754	1073263	20719
营业盈余	2379639	11649025	1291911	14878903	4316129	1482670	70388
增加值合计	**6048622**	**24599096**	**5290705**	**25302053**	**16411203**	**4722240**	**315710**
总投入	**11920165**	**37614617**	**16103836**	**34221198**	**21014246**	**15312704**	**718248**

续5

投入 \ 产出	中间使用						
	综合技术服务业	水利、环境和公共设施管理业	居民服务和其他服务业	教育	卫生、社会保障和社会福利业	文化、体育和娱乐业	公共管理和社会组织
农林牧渔业	165596	185042	159064	450	35	52	866
煤炭开采和洗选业	0	0	0	0	0	0	0
石油和天然气开采业	0	0	0	0	0	0	0
金属矿采选业	0	0	0	0	0	0	0
非金属矿及其他矿采选业	161	417	3	913	2640	407	733
食品制造及烟草加工业	1099	140	238	1683	129	86076	3239
纺织业	1135	15675	5746	18	2	39	35
纺织服装鞋帽皮革羽绒及其制品业	47789	84343	85354	11490	275	9677	76782
木材加工及家具制造业	10625	13217	71571	23492	66560	10499	19364
造纸印刷及文教体育用品制造业	132631	22006	58239	263697	71621	65312	504490
石油加工、炼焦及核燃料加工业	44681	38360	138584	60526	7210	23439	480340
化学工业	15692	11444	136119	24715	2083523	24665	23089
非金属矿物制品业	2730	7018	44	15374	44425	6841	12326
金属冶炼及压延加工业	178	459	4	1008	2912	447	809
金属制品业	802924	4317	632224	8011	23052	15465	6461
通用、专用设备制造业	3052	939	15594	621096	2325022	25441	1267
交通运输设备制造业	13716	6023	53787	4645	13422	4575	3724
电气机械及器材制造业	64701	13472	55636	28320	81835	47732	22704
通信设备、计算机及其他电子设备制造业	380380	6822	65757	15693	12888	229387	77486
仪器仪表及文化办公用机械制造业	33224	16948	10597	17454	17832	10729	17370
工艺品及其他制造业	28194	4960	12084	2381	503	2928	6163
废品废料	0	0	0	0	0	0	0
电力、热力的生产和供应业	52202	103962	79102	161131	101267	97998	254907
燃气生产和供应业	2830	1658	5667	7040	5261	4187	7099
水的生产和供应业	5753	7523	15990	18757	11523	6501	24664
建筑业	44145	84802	98511	51023	144923	27950	67895
交通运输及仓储业	136678	34997	123510	168382	73195	34869	422635
邮政业	22579	1950	11026	12289	3274	11035	120539
信息传输、计算机服务和软件业	117582	67939	107581	221208	148516	72111	798454
批发和零售业	63326	11713	63269	27463	248478	16205	19266
住宿和餐饮业	184710	50744	100619	142808	28096	71810	2773463
金融业	111958	113625	121404	27984	13526	145539	319675
房地产业	95966	1198	189773	481466	276063	62453	63035
租赁业和商务服务业	88470	245147	95994	41882	37392	171815	68471
研究与试验发展业	4494	0	0	0	0	19720	0
综合技术服务业	99931	50759	0	19879	38972	9685	605457
水利、环境和公共设施管理业	248	2250	143	14903	75	3345	4729
居民服务和其他服务业	21582	18488	101568	38080	41685	20432	320603
教育	10722	6590	10043	13333	31471	5793	211296
卫生、社会保障和社会福利业	8505	8500	926	84872	194260	3873	156728
文化、体育和娱乐业	53882	19464	22876	23318	10126	197290	141027
公共管理和社会组织	3014	541	3261	5833	394	3463	3937
中间投入合计	**2877085**	**1263452**	**2651908**	**2662617**	**6162383**	**1549785**	**7641128**
劳动者报酬	1221954	700883	1816380	5492920	2958331	963600	7983277
生产税净额	192070	62321	216704	30940	5043	129698	26779
固定资产折旧	158698	220869	372086	534993	215047	247876	222332
营业盈余	776902	340676	745958	484377	844914	418885	32299
增加值合计	**2349624**	**1324749**	**3151128**	**6543230**	**4023335**	**1760059**	**8264687**
总投入	**5226709**	**2588201**	**5803036**	**9205847**	**10185718**	**3309844**	**15905815**

续 6

投入＼产出	中间使用小计	最终使用				
		农村居民	城镇居民	居民消费小计	政府消费	最终消费合计
农林牧渔业	**18186373**	967040	5719168	6686208	114080	**6800288**
煤炭开采和洗选业	**11119703**	15677	13740	29417	0	**29417**
石油和天然气开采业	**12486555**	0	0	0	0	**0**
金属矿采选业	**1906540**	0	0	0	0	**0**
非金属矿及其他矿采选业	**2869719**	0	0	0	0	**0**
食品制造及烟草加工业	**11863986**	3345298	7729157	11074455	0	**11074455**
纺织业	**49948945**	151181	608901	760082	0	**760082**
纺织服装鞋帽皮革羽绒及其制品业	**18105710**	805844	5008168	5814012	0	**5814012**
木材加工及家具制造业	**9628665**	348077	527674	875751	0	**875751**
造纸印刷及文教体育用品制造业	**19342268**	75072	951150	1026222	0	**1026222**
石油加工、炼焦及核燃料加工业	**16981457**	239633	1557587	1797220	0	**1797220**
化学工业	**88664568**	885841	2546648	3432489	0	**3432489**
非金属矿物制品业	**20501472**	506294	572643	1078937	0	**1078937**
金属冶炼及压延加工业	**88958919**	126831	60066	186897	0	**186897**
金属制品业	**30087182**	149452	71736	221188	0	**221188**
通用、专用设备制造业	**17842856**	0	22340	22340	0	**22340**
交通运输设备制造业	**8852893**	641990	3787515	4429505	0	**4429505**
电气机械及器材制造业	**24009547**	59826	815939	875765	0	**875765**
通信设备、计算机及其他电子设备制造业	**15798050**	443854	1419698	1863552	0	**1863552**
仪器仪表及文化办公用机械制造业	**3323823**	8195	239871	248066	0	**248066**
工艺品及其他制造业	**5356281**	360960	1278806	1639766	0	**1639766**
废品废料	**9724274**	0	0	0	0	**0**
电力、热力的生产和供应业	**31474330**	720745	1632108	2352853	0	**2352853**
燃气生产和供应业	**1382911**	225853	248175	474028	0	**474028**
水的生产和供应业	**951294**	36034	285246	321280	0	**321280**
建筑业	**4787591**	459124	0	459124	0	**459124**
交通运输及仓储业	**21822013**	459323	1826285	2285608	957448	**3243056**
邮政业	**671136**	25166	114018	139184	0	**139184**
信息传输、计算机服务和软件业	**6013177**	600633	3794033	4394666	0	**4394666**
批发和零售业	**26690405**	1586859	4186242	5773101	0	**5773101**
住宿和餐饮业	**8292741**	822976	5550701	6373677	0	**6373677**
金融业	**23012428**	1593034	9610867	11203901	4870	**11208771**
房地产业	**5061801**	3270701	7800995	11071696	0	**11071696**
租赁业和商务服务业	**12677283**	28636	1011628	1040264	946452	**1986716**
研究与试验发展业	**549396**	0	0	0	255553	**255553**
综合技术服务业	**4761042**	0	0	0	411295	**411295**
水利、环境和公共设施管理业	**737800**	11363	227703	239066	1448487	**1687553**
居民服务和其他服务业	**4149491**	310005	1108028	1418033	0	**1418033**
教育	**790108**	1107557	3791782	4899339	4082194	**8981533**
卫生、社会保障和社会福利业	**3736414**	744678	995590	1740268	4709038	**6449306**
文化、体育和娱乐业	**1956045**	142673	595030	737703	480233	**1217936**
公共管理和社会组织	**221226**	0	0	0	15684587	**15684587**
中间投入合计	**645298418**	**21276425**	**75709238**	**96985663**	**29094237**	**126079900**
劳动者报酬	**111972776**					
生产税净额	**33105906**					
固定资产折旧	**37748970**					
营业盈余	**96144669**					
增加值合计	**278972321**					
总投入	**924270739**					

续7

投入＼产出	最终使用				
	固定资本形成总额	存货增加	**资本形成总额合计**	出口	调出外省
农林牧渔业	2536360	0	**2536360**	164145	262447
煤炭开采和洗选业	0	323	**323**	0	19615
石油和天然气开采业	0	0	**0**	354871	8672
金属矿采选业	0	99200	**99200**	263	2565219
非金属矿及其他矿采选业	0	693	**693**	19803	37906
食品制造及烟草加工业	0	188100	**188100**	1953510	5415787
纺织业	0	551673	**551673**	23810624	9355082
纺织服装鞋帽皮革羽绒及其制品业	0	342607	**342607**	10498392	9731925
木材加工及家具制造业	655766	248112	**903878**	6308589	1556015
造纸印刷及文教体育用品制造业	0	78409	**78409**	3563956	4432401
石油加工、炼焦及核燃料加工业	0	209647	**209647**	556060	11550036
化学工业	0	897491	**897491**	13045022	15197613
非金属矿物制品业	0	29850	**29850**	775342	1943012
金属冶炼及压延加工业	0	549192	**549192**	3355210	3186326
金属制品业	1599119	555154	**2154273**	4760116	2431760
通用、专用设备制造业	31526199	1091906	**32618105**	13644286	9276644
交通运输设备制造业	1472392	1748892	**3221284**	8826273	13027079
电气机械及器材制造业	4840597	851225	**5691822**	14392293	10167116
通信设备、计算机及其他电子设备制造业	464992	63055	**528047**	3646959	2833881
仪器仪表及文化办公用机械制造业	1226294	125375	**1351669**	3484918	2499884
工艺品及其他制造业	0	190140	**190140**	2926432	4597613
废品废料	0	127780	**127780**	10937	194976
电力、热力的生产和供应业	0	0	**0**	0	736383
燃气生产和供应业	0	0	**0**	0	0
水的生产和供应业	0	0	**0**	0	0
建筑业	68527433	0	**68527433**	0	0
交通运输及仓储业	517351	85317	**602668**	751941	1354109
邮政业	0	0	**0**	0	49795
信息传输、计算机服务和软件业	1577472	0	**1577472**	41793	471610
批发和零售业	1119193	461580	**1580773**	6200913	1187497
住宿和餐饮业	0	0	**0**	819368	3392084
金融业	0	0	**0**	0	0
房地产业	4880748	0	**4880748**	0	0
租赁业和商务服务业	0	0	**0**	203204	770126
研究与试验发展业	0	0	**0**	0	17300
综合技术服务业	54373	0	**54373**	0	0
水利、环境和公共设施管理业	0	0	**0**	87995	425492
居民服务和其他服务业	0	0	**0**	82621	286820
教育	0	0	**0**	194725	72000
卫生、社会保障和社会福利业	0	0	**0**	0	0
文化、体育和娱乐业	0	0	**0**	144640	505518
公共管理和社会组织	0	0	**0**	0	0
中间投入合计	**120998289**	**8495721**	**129494010**	**124625201**	**119559743**
劳动者报酬					
生产税净额					
固定资产折旧					
营业盈余					
增加值合计					
总投入					

续 8

投入 \ 产出	最终使用合计	进口	调入省内	总产出
农林牧渔业	9763240	1486408	4734597	21728605
煤炭开采和洗选业	49355	19539	11070506	79014
石油和天然气开采业	363543	815921	12034176	0
金属矿采选业	2664682	3407758	692651	470815
非金属矿及其他矿采选业	58402	61540	466935	2399650
食品制造及烟草加工业	18631852	1388683	4909642	24197518
纺织业	34477461	961773	12154366	71310265
纺织服装鞋帽皮革羽绒及其制品业	26386936	246212	1680833	42565599
木材加工及家具制造业	9644233	749979	1711472	16811447
造纸印刷及文教体育用品制造业	9100988	1188697	1864718	25389840
石油加工、炼焦及核燃料加工业	14112963	1541955	15029233	14523234
化学工业	32572615	14042927	13432307	93761953
非金属矿物制品业	3827141	158464	3936568	20233580
金属冶炼及压延加工业	7277625	5193089	51698945	39344512
金属制品业	9567337	346109	11522596	27785810
通用、专用设备制造业	55561375	3901352	3697080	65805796
交通运输设备制造业	29504141	144804	880649	37331577
电气机械及器材制造业	31126996	2186433	2131057	50819053
通信设备、计算机及其他电子设备制造业	8872439	530941	3336210	20803339
仪器仪表及文化办公用机械制造业	7584537	2231090	195480	8481788
工艺品及其他制造业	9353951	420430	823511	13466291
废品废料	333693	4831364	351780	4874828
电力、热力的生产和供应业	3089236	0	4360643	30202920
燃气生产和供应业	474028	0	449069	1407872
水的生产和供应业	321280	0	4979	1267593
建筑业	68986557	0	0	73774144
交通运输及仓储业	5951774	293697	2008546	25471549
邮政业	188979	0	28154	831963
信息传输、计算机服务和软件业	6485541	0	578554	11920165
批发和零售业	14742284	2797187	1020882	37614617
住宿和餐饮业	10585129	325028	2449003	16103836
金融业	11208771	0	0	34221198
房地产业	15952444	0	0	21014246
租赁业和商务服务业	2960046	42757	281868	15312704
研究与试验发展业	272853	0	104000	718248
综合技术服务业	465668	0	0	5226709
水利、环境和公共设施管理业	2201040	38395	312240	2588201
居民服务和其他服务业	1787474	27038	106896	5803036
教育	9248258	714516	118000	9205847
卫生、社会保障和社会福利业	6449306	0	0	10185718
文化、体育和娱乐业	1868094	123819	390478	3309844
公共管理和社会组织	15684587	0	0	15905815
中间投入合计	499758854	50217905	170568624	924270739
劳动者报酬				
生产税净额				
固定资产折旧				
营业盈余				
增加值合计				
总投入				

附表9　浙江省投入产出直接消耗系数表(2010年)

投入＼产出	农林牧渔业	煤炭开采和洗选业	石油和天然气开采业	金属矿采选业	非金属矿及其他矿采选业	食品制造及烟草加工业	纺织业
农林牧渔业	0.0734959	0.0098791	0.0000000	0.0000018	0.0000031	0.2660360	0.0402066
煤炭开采和洗选业	0.0002111	0.0000000	0.0000000	0.0067007	0.0052266	0.0054776	0.0059836
石油和天然气开采业	0.0000000	0.0284295	0.0000000	0.0000221	0.0529321	0.0000217	0.0001235
金属矿采选业	0.0000000	0.0000000	0.0000000	0.3657240	0.0000000	0.0000000	0.0000000
非金属矿及其他矿采选业	0.0000000	0.0000935	0.0000000	0.0003609	0.0098822	0.0000731	0.0000099
食品制造及烟草加工业	0.0793234	0.0000000	0.0000000	0.0000068	0.0024407	0.2515991	0.0000789
纺织业	0.0001406	0.0000000	0.0000000	0.0005500	0.0000431	0.0003399	0.4410631
纺织服装鞋帽皮革羽绒及其制品业	0.0000000	0.0467765	0.0000000	0.0023823	0.0002875	0.0011797	0.0288889
木材加工及家具制造业	0.0069110	0.0003443	0.0000000	0.0010375	0.0000164	0.0003360	0.0048699
造纸印刷及文教体育用品制造业	0.0057329	0.0020308	0.0000000	0.0010340	0.0163257	0.0211453	0.0088413
石油加工、炼焦及核燃料加工业	0.0429846	0.0072910	0.0000000	0.0091607	0.0335642	0.0020005	0.0022291
化学工业	0.0429877	0.1165116	0.0000000	0.0162503	0.2989640	0.0347172	0.1246042
非金属矿物制品业	0.0054409	0.0016373	0.0000000	0.0031684	0.0020815	0.0018169	0.0004050
金属冶炼及压延加工业	0.0038582	0.0057056	0.0000000	0.0049820	0.0017975	0.0001458	0.0007986
金属制品业	0.0029777	0.0104430	0.0000000	0.0076015	0.0034137	0.0084974	0.0016433
通用、专用设备制造业	0.0031623	0.0245605	0.0000000	0.0526136	0.0132669	0.0010619	0.0027596
交通运输设备制造业	0.0039157	0.0085925	0.0000000	0.0022318	0.0042025	0.0005863	0.0007513
电气机械及器材制造业	0.0000000	0.0245432	0.0000000	0.0077097	0.0048236	0.0006022	0.0013597
通信设备、计算机及其他电子设备制造业	0.0000000	0.0005794	0.0000000	0.0003151	0.0027955	0.0002440	0.0005962
仪器仪表及文化办公用机械制造业	0.0000000	0.0019249	0.0000000	0.0048112	0.0049504	0.0004469	0.0006102
工艺品及其他制造业	0.0000000	0.0009186	0.0000000	0.0014298	0.0025587	0.0011415	0.0015986
废品废料	0.0000000	0.0000000	0.0000000	0.0000000	0.0000000	0.0000000	0.0007555
电力、热力的生产和供应业	0.0149936	0.0311351	0.0000000	0.0399133	0.0833384	0.0138272	0.0310583
燃气生产和供应业	0.0000369	0.0009030	0.0000000	0.0002897	0.0052732	0.0008949	0.0005398
水的生产和供应业	0.0000309	0.0046483	0.0000000	0.0004220	0.0013363	0.0011773	0.0010223
建筑业	0.0000000	0.0021637	0.0000000	0.0023920	0.0011291	0.0022906	0.0016571
交通运输及仓储业	0.0116258	0.0094502	0.0000000	0.0347577	0.1320387	0.0186389	0.0144185
邮政业	0.0000000	0.0002791	0.0000000	0.0000731	0.0021738	0.0002438	0.0001437
信息传输、计算机服务和软件业	0.0023982	0.0023264	0.0000000	0.0068387	0.0106656	0.0018040	0.0027975
批发和零售业	0.0183540	0.0140893	0.0000000	0.0149732	0.0246359	0.0349928	0.0408910
住宿和餐饮业	0.0013620	0.0019483	0.0000000	0.0023240	0.0051140	0.0025872	0.0018614
金融业	0.0217622	0.0048588	0.0000000	0.0066054	0.0214969	0.0121555	0.0199338
房地产业	0.0000000	0.0011837	0.0000000	0.0002844	0.0001708	0.0008152	0.0037713
租赁和商务服务业	0.0096043	0.0022421	0.0000000	0.0008641	0.0262894	0.0238555	0.0030109
研究与试验发展业	0.0000000	0.0000000	0.0000000	0.0003051	0.0000000	0.0003219	0.0002206
综合技术服务业	0.0159418	0.0027676	0.0000000	0.0056099	0.0002652	0.0007987	0.0025195
水利、环境和公共设施管理业	0.0029730	0.0000000	0.0000000	0.0004614	0.0174204	0.0000656	0.0001367
居民服务和其他服务业	0.0283865	0.0003321	0.0000000	0.0004609	0.0039963	0.0010216	0.0011804
教育	0.0016653	0.0003550	0.0000000	0.0005913	0.0000400	0.0001504	0.0001929
卫生、社会保障和社会福利业	0.0050472	0.0745409	0.0000000	0.0229264	0.0052947	0.0026313	0.0067309
文化、体育和娱乐业	0.0000308	0.0008863	0.0000000	0.0008488	0.0053416	0.0006853	0.0007800
公共管理和社会组织	0.0019508	0.0000000	0.0000000	0.0000167	0.0000288	0.0000219	0.0000182
中间投入	**0.4073053**	**0.4443709**	**0.0000000**	**0.6290522**	**0.8056252**	**0.7164486**	**0.8010618**
劳动者报酬	0.5671193	0.2132663	0.0000000	0.0758747	0.0834820	0.0704891	0.0662623
生产税净额	-0.0149206	0.0362801	0.0000000	0.0231494	0.0044314	0.0791525	0.0176701
固定资产折旧	0.0404960	0.0520014	0.0000000	0.0164856	0.0663634	0.0305394	0.0243887
营业盈余	0.0000000	0.2540814	0.0000000	0.2554381	0.0400980	0.1033704	0.0906171
增加值	**0.5926947**	**0.5556291**	**0.0000000**	**0.3709478**	**0.1943748**	**0.2835514**	**0.1989382**
总投入	**1.0000000**	**1.0000000**	**0.0000000**	**1.0000000**	**1.0000000**	**1.0000000**	**1.0000000**

续1

投入 \ 产出	纺织服装鞋帽皮革羽绒及其制品业	木材加工及家具制造业	造纸印刷及文教体育用品制造业	石油加工、炼焦及核燃料加工业	化学工业	非金属矿物制品业	金属冶炼及压延加工业
农林牧渔业	0.0147198	0.0625918	0.0007057	0.0000007	0.0114372	0.0000037	0.0000011
煤炭开采和洗选业	0.0033742	0.0014412	0.0135020	0.0002663	0.0087701	0.0672697	0.0114786
石油和天然气开采业	0.0001005	0.0000428	0.0002408	0.7601469	0.0007389	0.0077783	0.0003947
金属矿采选业	0.0000000	0.0000000	0.0000000	0.0000000	0.0005806	0.0046947	0.0244054
非金属矿及其他矿采选业	0.0000090	0.0000481	0.0001331	0.0000154	0.0039949	0.0486364	0.0001833
食品制造及烟草加工业	0.0042559	0.0009034	0.0028232	0.0000028	0.0052925	0.0000594	0.0000078
纺织业	0.2697226	0.0265805	0.0169935	0.0000195	0.0201639	0.0015457	0.0000375
纺织服装鞋帽皮革羽绒及其制品业	0.2627735	0.0718936	0.0082669	0.0005242	0.0045568	0.0028490	0.0005998
木材加工及家具制造业	0.0060915	0.2189026	0.0089193	0.0002135	0.0006761	0.0015243	0.0002765
造纸印刷及文教体育用品制造业	0.0161224	0.0153095	0.3770712	0.0004432	0.0121556	0.0088346	0.0010140
石油加工、炼焦及核燃料加工业	0.0029561	0.0056793	0.0050594	0.0054761	0.0478102	0.0288262	0.0100870
化学工业	0.0557917	0.1285975	0.1300208	0.0016422	0.5054910	0.0475543	0.0049857
非金属矿物制品业	0.0003551	0.0452380	0.0005845	0.0006845	0.0026623	0.1990648	0.0017659
金属冶炼及压延加工业	0.0007847	0.0568047	0.0124829	0.0003973	0.0055988	0.0341895	0.5560103
金属制品业	0.0046387	0.0224200	0.0191637	0.0005211	0.0036531	0.0406524	0.0343504
通用、专用设备制造业	0.0021917	0.0014884	0.0052467	0.0022608	0.0034718	0.0118969	0.0050365
交通运输设备制造业	0.0005551	0.0007041	0.0031787	0.0009118	0.0008914	0.0027410	0.0005238
电气机械及器材制造业	0.0009598	0.0027500	0.0067608	0.0016721	0.0024486	0.0039749	0.0015476
通信设备、计算机及其他电子设备制造业	0.0004537	0.0002140	0.0041740	0.0003493	0.0010678	0.0005860	0.0001082
仪器仪表及文化办公用机械制造业	0.0004387	0.0003704	0.0013764	0.0021361	0.0026131	0.0030534	0.0010616
工艺品及其他制造业	0.0174363	0.0041305	0.0060394	0.0003434	0.0014118	0.0066242	0.0005288
废品废料	0.0002715	0.0005005	0.0475100	0.0000000	0.0041010	0.0128206	0.1007420
电力、热力的生产和供应业	0.0113050	0.0140492	0.0232922	0.0052889	0.0336237	0.0652100	0.0359233
燃气生产和供应业	0.0005228	0.0006820	0.0013906	0.0001986	0.0011853	0.0091008	0.0008946
水的生产和供应业	0.0007058	0.0007319	0.0005711	0.0000794	0.0008281	0.0010883	0.0003806
建筑业	0.0005913	0.0052047	0.0011205	0.0011755	0.0016813	0.0014614	0.0004272
交通运输及仓储业	0.0150289	0.0255955	0.0207038	0.0046888	0.0209258	0.0459253	0.0170071
邮政业	0.0003391	0.0001742	0.0002143	0.0000778	0.0002051	0.0003010	0.0001197
信息传输、计算机服务和软件业	0.0037530	0.0037325	0.0026792	0.0012334	0.0032312	0.0036724	0.0013292
批发和零售业	0.0360242	0.0351988	0.0311858	0.0399974	0.0441024	0.0379344	0.0333868
住宿和餐饮业	0.0025795	0.0023293	0.0022616	0.0008119	0.0023116	0.0046176	0.0013015
金融业	0.0125475	0.0218801	0.0209874	0.0127434	0.0199744	0.0293119	0.0174790
房地产业	0.0082526	0.0046173	0.0036552	0.0000154	0.0009252	0.0012949	0.0003122
租赁和商务服务业	0.0115283	0.0103027	0.0070001	0.0013286	0.0072309	0.0086500	0.0029480
研究与试验发展业	0.0001621	0.0003450	0.0003254	0.0002302	0.0011435	0.0005511	0.0002588
综合技术服务业	0.0013443	0.0021055	0.0045898	0.0004645	0.0047823	0.0017154	0.0051215
水利、环境和公共设施管理业	0.0000918	0.0000797	0.0005195	0.0000566	0.0001972	0.0002082	0.0000554
居民服务和其他服务业	0.0007694	0.0003289	0.0013304	0.0003919	0.0019179	0.0060457	0.0014857
教育	0.0002566	0.0002235	0.0002543	0.0001121	0.0002555	0.0004970	0.0001332
卫生、社会保障和社会福利业	0.0079302	0.0039869	0.0063386	0.0013312	0.0031542	0.0021779	0.0021166
文化、体育和娱乐业	0.0009414	0.0008020	0.0008235	0.0003009	0.0007985	0.0019807	0.0004093
公共管理和社会组织	0.0000238	0.0000294	0.0000195	0.0000069	0.0000265	0.0000316	0.0000099
中间投入	**0.7786999**	**0.7990099**	**0.7995159**	**0.8485606**	**0.7980878**	**0.7569554**	**0.8762463**
劳动者报酬	0.1357030	0.0816870	0.0789774	0.0121073	0.0506509	0.0724194	0.0273706
生产税净额	0.0250293	0.0258999	0.0212228	0.0760239	0.0223050	0.0149401	0.0114675
固定资产折旧	0.0184362	0.0241899	0.0338500	0.0130451	0.0316546	0.0465110	0.0164920
营业盈余	0.0421317	0.0692133	0.0664339	0.0502631	0.0973016	0.1091740	0.0684236
增加值	**0.2213001**	**0.2009901**	**0.2004841**	**0.1514394**	**0.2019122**	**0.2430446**	**0.1237537**
总投入	**1.0000000**	**1.0000000**	**1.0000000**	**1.0000000**	**1.0000000**	**1.0000000**	**1.0000000**

续2

投入＼产出	金属制品业	通用、专用设备制造业	交通运输设备制造业	电气机械及器材制造业	通信设备、计算机及其他电子设备制造业	仪器仪表及文化办公用机械制造业	工艺品及其他制造业
农林牧渔业	0.0001438	0.0000900	0.0000042	0.0000783	0.0000060	0.0000052	0.0036383
煤炭开采和洗选业	0.0029065	0.0013226	0.0009558	0.0001946	0.0003831	0.0024396	0.0036624
石油和天然气开采业	0.0010455	0.0009924	0.0016080	0.0000728	0.0000581	0.0019188	0.0003730
金属矿采选业	0.0025788	0.0032846	0.0001052	0.0029960	0.0013642	0.0178685	0.0000582
非金属矿及其他矿采选业	0.0000019	0.0001187	0.0000250	0.0001491	0.0002932	0.0001172	0.0013427
食品制造及烟草加工业	0.0000247	0.0001185	0.0000155	0.0000424	0.0005447	0.0000208	0.0005155
纺织业	0.0003028	0.0011452	0.0022174	0.0348744	0.0008417	0.0004480	0.1281891
纺织服装鞋帽皮革羽绒及其制品业	0.0033015	0.0024817	0.0068784	0.0080112	0.0013159	0.0048056	0.0067391
木材加工及家具制造业	0.0006527	0.0023673	0.0020864	0.0012847	0.0006103	0.0012571	0.0513339
造纸印刷及文教体育用品制造业	0.0138828	0.0097099	0.0079311	0.0136492	0.0106817	0.0210688	0.0373701
石油加工、炼焦及核燃料加工业	0.0074035	0.0096281	0.0088026	0.0070508	0.0031486	0.0031472	0.0069573
化学工业	0.0637683	0.0343431	0.0480310	0.0911811	0.0431815	0.0971065	0.1407912
非金属矿物制品业	0.0325729	0.0011689	0.0058103	0.0113388	0.0083839	0.0089988	0.0037893
金属冶炼及压延加工业	0.3417610	0.1992461	0.1999718	0.2327917	0.0719565	0.0725016	0.1106789
金属制品业	0.1268432	0.1181373	0.0957584	0.0539485	0.0710540	0.1165055	0.0786338
通用、专用设备制造业	0.0131894	0.1063538	0.0685136	0.0266803	0.0080033	0.0147405	0.0033591
交通运输设备制造业	0.0029430	0.0091697	0.1287293	0.0031047	0.0012896	0.0027547	0.0005954
电气机械及器材制造业	0.0126452	0.0699690	0.0606892	0.1666074	0.0251771	0.0527896	0.0055969
通信设备、计算机及其他电子设备制造业	0.0013234	0.0111399	0.0057747	0.0277211	0.3901825	0.1045339	0.0024853
仪器仪表及文化办公用机械制造业	0.0013696	0.0093178	0.0063836	0.0063529	0.0135449	0.0630880	0.0004886
工艺品及其他制造业	0.0040420	0.0107902	0.0078706	0.0092082	0.0204514	0.0429155	0.0321670
废品废料	0.0139002	0.0098654	0.0014869	0.0003399	0.0001580	0.0000000	0.0001501
电力、热力的生产和供应业	0.0358139	0.0297721	0.0143191	0.0120136	0.0147735	0.0178972	0.0273638
燃气生产和供应业	0.0010783	0.0010662	0.0005853	0.0004784	0.0003387	0.0008660	0.0012379
水的生产和供应业	0.0008806	0.0006921	0.0008370	0.0005127	0.0008014	0.0010684	0.0009720
建筑业	0.0008814	0.0026526	0.0035044	0.0033402	0.0010981	0.0010987	0.0018233
交通运输及仓储业	0.0246105	0.0232046	0.0188100	0.0208502	0.0208059	0.0215199	0.0206310
邮政业	0.0002493	0.0004229	0.0003863	0.0003071	0.0002766	0.0005085	0.0004013
信息传输、计算机服务和软件业	0.0027422	0.0050123	0.0040955	0.0045788	0.0043922	0.0054970	0.0041935
批发和零售业	0.0315805	0.0319445	0.0308186	0.0356122	0.0415349	0.0313212	0.0306225
住宿和餐饮业	0.0038049	0.0039927	0.0038660	0.0035670	0.0036690	0.0041038	0.0046792
金融业	0.0217087	0.0190282	0.0195882	0.0172629	0.0151471	0.0216670	0.0215910
房地产业	0.0012497	0.0024487	0.0029002	0.0010328	0.0019447	0.0009015	0.0005642
租赁和商务服务业	0.0047178	0.0093093	0.0092702	0.0120837	0.0090940	0.0101335	0.0116197
研究与试验发展业	0.0001884	0.0012233	0.0011671	0.0012896	0.0013506	0.0019117	0.0009445
综合技术服务业	0.0019048	0.0071212	0.0033639	0.0062825	0.0060149	0.0065070	0.0037974
水利、环境和公共设施管理业	0.0002255	0.0002700	0.0000953	0.0000749	0.0000384	0.0000330	0.0000538
居民服务和其他服务业	0.0019002	0.0008631	0.0013366	0.0009438	0.0007510	0.0006208	0.0006664
教育	0.0005777	0.0005559	0.0003594	0.0003806	0.0003840	0.0004367	0.0006592
卫生、社会保障和社会福利业	0.0036140	0.0066962	0.0095157	0.0036057	0.0091654	0.0035405	0.0091356
文化、体育和娱乐业	0.0015636	0.0014535	0.0016223	0.0010174	0.0009773	0.0013014	0.0019192
公共管理和社会组织	0.0000485	0.0000545	0.0000358	0.0000394	0.0000421	0.0000458	0.0000582
中间投入	**0.7859433**	**0.7585440**	**0.7861259**	**0.8229518**	**0.8052303**	**0.7600110**	**0.7618491**
劳动者报酬	0.0883172	0.0933793	0.0930730	0.0659358	0.0811935	0.1095231	0.1196791
生产税净额	0.0237600	0.0266680	0.0230311	0.0221600	0.0031425	0.0157025	0.0277673
固定资产折旧	0.0203481	0.0289611	0.0230276	0.0175873	0.0253760	0.0274694	0.0263947
营业盈余	0.0816314	0.0924475	0.0747425	0.0713651	0.0850577	0.0872940	0.0643098
增加值	**0.2140567**	**0.2414560**	**0.2138741**	**0.1770482**	**0.1947697**	**0.2399890**	**0.2381509**
总投入	**1.0000000**	**1.0000000**	**1.0000000**	**1.0000000**	**1.0000000**	**1.0000000**	**1.0000000**

续3

投入 \ 产出	废品废料	电力、热力的生产和供应业	燃气生产和供应业	水的生产和供应业	建筑业	交通运输及仓储业	邮政业
农林牧渔业	0.0000023	0.0000027	0.0000021	0.0000013	0.0052524	0.0036579	0.0000000
煤炭开采和洗选业	0.0002907	0.2277119	0.0000000	0.0001032	0.0028808	0.0000358	0.0000312
石油和天然气开采业	0.0006593	0.0042259	0.5239067	0.0000000	0.0000000	0.0000000	0.0000000
金属矿采选业	0.0000000	0.0000000	0.0000000	0.0000000	0.0000000	0.0000000	0.0000000
非金属矿及其他矿采选业	0.0000023	0.0000169	0.0000016	0.0000126	0.0192972	0.0000657	0.0000000
食品制造及烟草加工业	0.0000084	0.0000100	0.0000040	0.0000074	0.0000158	0.0009988	0.0016901
纺织业	0.0001120	0.0001084	0.0000096	0.0000412	0.0024620	0.0062821	0.0000060
纺织服装鞋帽皮革羽绒及其制品业	0.0005836	0.0031491	0.0006978	0.0069515	0.0045314	0.0046810	0.0177959
木材加工及家具制造业	0.0001299	0.0003153	0.0000988	0.0004005	0.0300156	0.0011232	0.0014116
造纸印刷及文教体育用品制造业	0.0009670	0.0021347	0.0004842	0.0026389	0.0020583	0.0060612	0.0422795
石油加工、炼焦及核燃料加工业	0.0036426	0.0170381	0.0027279	0.0031716	0.0071854	0.1785437	0.0277723
化学工业	0.0169780	0.0032239	0.0003033	0.0990813	0.0357782	0.0160719	0.0013347
非金属矿物制品业	0.0025842	0.0015684	0.0003555	0.0010081	0.1750931	0.0000875	0.0005655
金属冶炼及压延加工业	0.0265337	0.0002149	0.0000699	0.0001743	0.2535729	0.0016892	0.0000000
金属制品业	0.0004916	0.0054017	0.0010147	0.0182924	0.0233482	0.0219699	0.0006226
通用、专用设备制造业	0.0005224	0.0096486	0.0012640	0.0024046	0.0179557	0.0046983	0.0040223
交通运输设备制造业	0.0004773	0.0005060	0.0004082	0.0018603	0.0054834	0.0605392	0.0098331
电气机械及器材制造业	0.1312168	0.0120116	0.0001365	0.0013015	0.0476069	0.0052134	0.0020886
通信设备、计算机及其他电子设备制造业	0.0001583	0.0006932	0.0001761	0.0008160	0.0007998	0.0022272	0.0014729
仪器仪表及文化办公用机械制造业	0.0003686	0.0020651	0.0003844	0.0026337	0.0039974	0.0023786	0.0022446
工艺品及其他制造业	0.0006509	0.0013761	0.0011169	0.0024804	0.0049084	0.0005712	0.0000000
废品废料	0.5586009	0.0000000	0.0000000	0.0000000	0.0000000	0.0000000	0.0000000
电力、热力的生产和供应业	0.0189071	0.3630299	0.0018568	0.1798362	0.0264421	0.0089103	0.0077352
燃气生产和供应业	0.0024769	0.0005966	0.3122688	0.0015919	0.0005767	0.0003719	0.0000223
水的生产和供应业	0.0009439	0.0003627	0.0002548	0.0148061	0.0029372	0.0010062	0.0010200
建筑业	0.0014059	0.0016159	0.0008960	0.0014851	0.0040731	0.0162946	0.0199702
交通运输及仓储业	0.0105356	0.0106094	0.0135927	0.0046989	0.0220918	0.0408551	0.0925538
邮政业	0.0001457	0.0002402	0.0000641	0.0003478	0.0004394	0.0006256	0.0317454
信息传输、计算机服务和软件业	0.0019101	0.0030789	0.0012684	0.0046920	0.0012089	0.0036926	0.0190536
批发和零售业	0.0348991	0.0180416	0.0282875	0.0070396	0.0393956	0.0092527	0.0275865
住宿和餐饮业	0.0016477	0.0016499	0.0019365	0.0040051	0.0014355	0.0082975	0.0028940
金融业	0.0123882	0.0310847	0.0045660	0.0588847	0.0059021	0.1230905	0.0057220
房地产业	0.0016394	0.0003669	0.0000475	0.0001598	0.0003005	0.0061723	0.0213305
租赁和商务服务业	0.0044413	0.0034094	0.0030555	0.0015163	0.0068674	0.0100243	0.0248946
研究与试验发展业	0.0017309	0.0001348	0.0000042	0.0000165	0.0009575	0.0000146	0.0000727
综合技术服务业	0.0011170	0.0011208	0.0007276	0.0011933	0.0107291	0.0014705	0.0000455
水利、环境和公共设施管理业	0.0005169	0.0009903	0.0001790	0.1060242	0.0016359	0.0001676	0.0000000
居民服务和其他服务业	0.0002152	0.0313720	0.0001991	0.0218392	0.0008570	0.0103606	0.0025818
教育	0.0003862	0.0003126	0.0001649	0.0009917	0.0000001	0.0016801	0.0013495
卫生、社会保障和社会福利业	0.0000701	0.0024135	0.0000106	0.0157723	0.0000151	0.0000219	0.0000000
文化、体育和娱乐业	0.0008856	0.0007210	0.0008436	0.0021422	0.0006289	0.0034979	0.0113493
公共管理和社会组织	0.0000200	0.0000236	0.0000119	0.0000158	0.0000192	0.0000371	0.0002525
中间投入	**0.8412634**	**0.7625973**	**0.9033978**	**0.5704395**	**0.7687559**	**0.5627396**	**0.3833504**
劳动者报酬	0.0416823	0.0302146	0.0239176	0.1152951	0.1563324	0.1277517	0.5133629
生产税净额	0.0069134	0.0074622	-0.0178100	0.0033133	0.0403826	0.0361149	0.0370694
固定资产折旧	0.0104405	0.1111142	0.0679721	0.1919255	0.0113185	0.0910674	0.0804056
营业盈余	0.0997004	0.0886116	0.0225224	0.1190266	0.0232107	0.1823265	-0.0141884
增加值	**0.1587366**	**0.2374027**	**0.0966022**	**0.4295605**	**0.2312441**	**0.4372604**	**0.6166496**
总投入	**1.0000000**	**1.0000000**	**1.0000000**	**1.0000000**	**1.0000000**	**1.0000000**	**1.0000000**

续4

投入＼产出	信息传输、计算机服务和软件业	批发和零售业	住宿和餐饮业	金融业	房地产业	租赁和商务服务业	研究与试验发展业
农林牧渔业	0.0000024	0.0002620	0.1524311	0.0000142	0.0427295	0.0000209	0.1342294
煤炭开采和洗选业	0.0000000	0.0000000	0.0004155	0.0000000	0.0000000	0.0000000	0.0000000
石油和天然气开采业	0.0000000	0.0000000	0.0003619	0.0000000	0.0000000	0.0000000	0.0000000
金属矿采选业	0.0000000	0.0000000	0.0000000	0.0000000	0.0000000	0.0000000	0.0000000
非金属矿及其他矿采选业	0.0000004	0.0000000	0.0000000	0.0000000	0.0000002	0.0000005	0.0000083
食品制造及烟草加工业	0.0000087	0.0031239	0.1864842	0.0000531	0.0000261	0.0000785	0.0001336
纺织业	0.0000130	0.0005953	0.0069589	0.0002860	0.0000982	0.0000686	0.0000476
纺织服装鞋帽皮革羽绒及其制品业	0.0040155	0.0067310	0.0062048	0.0125525	0.0024794	0.0025482	0.0007469
木材加工及家具制造业	0.0002824	0.0003029	0.0011065	0.0014808	0.0003652	0.0819715	0.0004970
造纸印刷及文教体育用品制造业	0.0039927	0.0043877	0.0090224	0.0206196	0.0206909	0.0127888	0.0112773
石油加工、炼焦及核燃料加工业	0.0003291	0.0015815	0.0189862	0.0144425	0.0082075	0.0428988	0.0323509
化学工业	0.0001173	0.0039972	0.0188021	0.0035425	0.0014733	0.0322402	0.0032353
非金属矿物制品业	0.0000162	0.0000009	0.0005307	0.0000000	0.0000026	0.0000079	0.0001415
金属冶炼及压延加工业	0.0000003	0.0000023	0.0003731	0.0000000	0.0000002	0.0000005	0.0000100
金属制品业	0.0009328	0.0007827	0.0010169	0.0009784	0.0017326	0.0479164	0.1893603
通用、专用设备制造业	0.0006768	0.0002924	0.0017042	0.0006005	0.0003524	0.0003488	0.0141188
交通运输设备制造业	0.0015270	0.0104187	0.0068661	0.0017990	0.0007663	0.0012262	0.0000480
电气机械及器材制造业	0.0217329	0.0029502	0.0019033	0.0002972	0.0061026	0.0644687	0.0003108
通信设备、计算机及其他电子设备制造业	0.2228611	0.0018560	0.0016275	0.0023012	0.0041510	0.0138762	0.0024516
仪器仪表及文化办公用机械制造业	0.0036740	0.0002008	0.0020644	0.0034411	0.0005798	0.0009860	0.0010297
工艺品及其他制造业	0.0091678	0.0008313	0.0245783	0.0016205	0.0014424	0.0023109	0.0041923
废品废料	0.0000000	0.0000000	0.0000000	0.0000000	0.0000000	0.0000000	0.0000000
电力、热力的生产和供应业	0.0274044	0.0071989	0.0487137	0.0066744	0.0047394	0.0089292	0.0156634
燃气生产和供应业	0.0007113	0.0001503	0.0084771	0.0000324	0.0001289	0.0011190	0.0003466
水的生产和供应业	0.0004166	0.0003017	0.0039115	0.0004067	0.0011980	0.0011401	0.0031489
建筑业	0.0293328	0.0120434	0.0161597	0.0096687	0.0339598	0.0178203	0.0013324
交通运输及仓储业	0.0045353	0.1086869	0.0051373	0.0244051	0.0049174	0.0227898	0.0211177
邮政业	0.0003819	0.0005970	0.0023870	0.0030386	0.0022064	0.0020908	0.0024129
信息传输、计算机服务和软件业	0.0163234	0.0015227	0.0061975	0.0447753	0.0050459	0.0076803	0.0205429
批发和零售业	0.0184576	0.0001383	0.0144073	0.0029527	0.0024889	0.0177868	0.0056844
住宿和餐饮业	0.0096543	0.0169770	0.0110979	0.0259176	0.0169749	0.0437952	0.0310438
金融业	0.0082091	0.0600691	0.0279952	0.0034035	0.0247384	0.1814273	0.0134957
房地产业	0.0145100	0.0235090	0.0296535	0.0127980	0.0045591	0.0165471	0.0065109
租赁和商务服务业	0.0688642	0.0517923	0.0356260	0.0502303	0.0140469	0.0404076	0.0129009
研究与试验发展业	0.0003869	0.0001331	0.0000008	0.0000457	0.0000000	0.0000000	0.0027794
综合技术服务业	0.0188585	0.0050699	0.0001386	0.0000068	0.0000000	0.0000000	0.0004097
水利、环境和公共设施管理业	0.0001547	0.0000144	0.0002441	0.0011822	0.0000267	0.0114923	0.0020428
居民服务和其他服务业	0.0011575	0.0121532	0.0122257	0.0028730	0.0026259	0.0027185	0.0098925
教育	0.0009282	0.0014719	0.0007717	0.0027707	0.0003377	0.0025369	0.0035424
卫生、社会保障和社会福利业	0.0000820	0.0006315	0.0003441	0.0009290	0.0002556	0.0000170	0.0030990
文化、体育和娱乐业	0.0028426	0.0051618	0.0065073	0.0025298	0.0094197	0.0054787	0.0101264
公共管理和社会组织	0.0000106	0.0000836	0.0000290	0.0019626	0.0001743	0.0040781	0.0001628
中间投入	**0.4925723**	**0.3460230**	**0.6714630**	**0.2606322**	**0.2190439**	**0.6916129**	**0.5604447**
劳动者报酬	0.1223751	0.1354181	0.1550385	0.1714028	0.1097430	0.1060059	0.2770415
生产税净额	0.0357502	0.1837876	0.0545678	0.1096312	0.0903270	0.0354654	0.0356677
固定资产折旧	0.1496711	0.0250772	0.0387068	0.0235477	0.3754955	0.0700897	0.0288472
营业盈余	0.1996314	0.3096941	0.0802238	0.4347862	0.2053906	0.0968262	0.0979989
增加值	**0.5074277**	**0.6539770**	**0.3285370**	**0.7393678**	**0.7809561**	**0.3083871**	**0.4395553**
总投入	**1.0000000**	**1.0000000**	**1.0000000**	**1.0000000**	**1.0000000**	**1.0000000**	**1.0000000**

续 5

投入 \ 产出	综合技术服务业	水利、环境和公共设施管理业	居民服务和其他服务业	教育	卫生、社会保障和社会福利业	文化、体育和娱乐业	公共管理和社会组织
农林牧渔业	0.0316826	0.0714946	0.0274104	0.0000489	0.0000034	0.0000157	0.0000544
煤炭开采和洗选业	0.0000000	0.0000000	0.0000000	0.0000000	0.0000000	0.0000000	0.0000000
石油和天然气开采业	0.0000000	0.0000000	0.0000000	0.0000000	0.0000000	0.0000000	0.0000000
金属矿采选业	0.0000000	0.0000000	0.0000000	0.0000000	0.0000000	0.0000000	0.0000000
非金属矿及其他矿采选业	0.0000308	0.0001610	0.0000006	0.0000992	0.0002592	0.0001229	0.0000461
食品制造及烟草加工业	0.0002102	0.0000542	0.0000410	0.0001828	0.0000126	0.0260060	0.0002037
纺织业	0.0002172	0.0060565	0.0009903	0.0000020	0.0000002	0.0000119	0.0000022
纺织服装鞋帽皮革羽绒及其制品业	0.0091432	0.0325873	0.0147085	0.0012481	0.0000270	0.0029238	0.0048273
木材加工及家具制造业	0.0020328	0.0051065	0.0123333	0.0025519	0.0065346	0.0031720	0.0012174
造纸印刷及文教体育用品制造业	0.0253756	0.0085026	0.0100360	0.0286445	0.0070316	0.0197326	0.0317174
石油加工、炼焦及核燃料加工业	0.0085485	0.0148210	0.0238814	0.0065748	0.0007078	0.0070815	0.0301990
化学工业	0.0030024	0.0044216	0.0234565	0.0026847	0.2045533	0.0074522	0.0014516
非金属矿物制品业	0.0005223	0.0027116	0.0000076	0.0016701	0.0043615	0.0020668	0.0007749
金属冶炼及压延加工业	0.0000341	0.0001774	0.0000007	0.0001095	0.0002859	0.0001352	0.0000508
金属制品业	0.1536193	0.0016678	0.1089472	0.0008702	0.0022632	0.0046723	0.0004062
通用、专用设备制造业	0.0005839	0.0003629	0.0026872	0.0674675	0.2282629	0.0076864	0.0000797
交通运输设备制造业	0.0026243	0.0023270	0.0092687	0.0005045	0.0013178	0.0013822	0.0002341
电气机械及器材制造业	0.0123790	0.0052051	0.0095874	0.0030763	0.0080343	0.0144213	0.0014274
通信设备、计算机及其他电子设备制造业	0.0727762	0.0026359	0.0113314	0.0017047	0.0012653	0.0693046	0.0048715
仪器仪表及文化办公用机械制造业	0.0063567	0.0065481	0.0018261	0.0018959	0.0017507	0.0032415	0.0010921
工艺品及其他制造业	0.0053943	0.0019163	0.0020823	0.0002587	0.0000494	0.0008847	0.0003875
废品废料	0.0000000	0.0000000	0.0000000	0.0000000	0.0000000	0.0000000	0.0000000
电力、热力的生产和供应业	0.0099875	0.0401677	0.0136311	0.0175031	0.0099421	0.0296081	0.0160260
燃气生产和供应业	0.0005414	0.0006407	0.0009766	0.0007648	0.0005165	0.0012651	0.0004463
水的生产和供应业	0.0011006	0.0029068	0.0027554	0.0020375	0.0011313	0.0019640	0.0015506
建筑业	0.0084460	0.0327648	0.0169758	0.0055425	0.0142280	0.0084445	0.0042685
交通运输及仓储业	0.0261499	0.0135216	0.0212836	0.0182908	0.0071861	0.0105351	0.0265711
邮政业	0.0043200	0.0007536	0.0019001	0.0013350	0.0003215	0.0033340	0.0075783
信息传输、计算机服务和软件业	0.0224964	0.0262494	0.0185388	0.0240290	0.0145808	0.0217870	0.0501989
批发和零售业	0.0121158	0.0045256	0.0109027	0.0029833	0.0243947	0.0048959	0.0012113
住宿和餐饮业	0.0353396	0.0196058	0.0173390	0.0155127	0.0027584	0.0216958	0.1743679
金融业	0.0214203	0.0439012	0.0209208	0.0030399	0.0013279	0.0439715	0.0200980
房地产业	0.0183608	0.0004628	0.0327023	0.0523001	0.0271030	0.0188688	0.0039630
租赁和商务服务业	0.0169266	0.0947171	0.0165420	0.0045495	0.0036710	0.0519104	0.0043047
研究与试验发展业	0.0008599	0.0000000	0.0000000	0.0000000	0.0000000	0.0059580	0.0000000
综合技术服务业	0.0191193	0.0196116	0.0000000	0.0021594	0.0038262	0.0029262	0.0380651
水利、环境和公共设施管理业	0.0000474	0.0008695	0.0000247	0.0016189	0.0000074	0.0010105	0.0002973
居民服务和其他服务业	0.0041292	0.0071431	0.0175026	0.0041365	0.0040925	0.0061731	0.0201564
教育	0.0020513	0.0025463	0.0017307	0.0014483	0.0030897	0.0017502	0.0132842
卫生、社会保障和社会福利业	0.0016272	0.0032841	0.0001595	0.0092194	0.0190718	0.0011702	0.0098535
文化、体育和娱乐业	0.0103090	0.0075204	0.0039421	0.0025329	0.0009941	0.0596071	0.0088664
公共管理和社会组织	0.0005767	0.0002090	0.0005620	0.0006336	0.0000387	0.0010463	0.0002475
中间投入	**0.5504582**	**0.4881583**	**0.4569864**	**0.2892313**	**0.6050024**	**0.4682352**	**0.4803983**
劳动者报酬	0.2337903	0.2707993	0.3130051	0.5966771	0.2904391	0.2911315	0.5019094
生产税净额	0.0367478	0.0240789	0.0373432	0.0033609	0.0004951	0.0391854	0.0016836
固定资产折旧	0.0303629	0.0853369	0.0641192	0.0581145	0.0211126	0.0748905	0.0139780
营业盈余	0.1486407	0.1316265	0.1285461	0.0526162	0.0829508	0.1265573	0.0020306
增加值	**0.4495418**	**0.5118417**	**0.5430136**	**0.7107687**	**0.3949976**	**0.5317648**	**0.5196017**
总投入	**1.0000000**	**1.0000000**	**1.0000000**	**1.0000000**	**1.0000000**	**1.0000000**	**1.0000000**

附表10　浙江省投入产出完全消耗系数表(2010年)

投入＼产出	农林牧渔业	煤炭开采和洗选业	石油和天然气开采业	金属矿采选业	非金属矿及其他矿采选业	食品制造及烟草加工业	纺织业
农林牧渔业	0.1223025	0.0243412	0.0000000	0.0090447	0.0242824	0.4064304	0.1015049
煤炭开采和洗选业	0.0165680	0.0287200	0.0000000	0.0476924	0.0626117	0.0288546	0.0533955
石油和天然气开采业	0.0537261	0.0622457	0.0000000	0.0392774	0.1508708	0.0402659	0.0495380
金属矿采选业	0.0027369	0.0060207	0.0000000	0.5843857	0.0059707	0.0033509	0.0043317
非金属矿采选业	0.0013381	0.0021988	0.0000000	0.0021274	0.0138211	0.0017149	0.0030706
食品制造及烟草加工业	0.1226621	0.0081326	0.0000000	0.0054076	0.0169572	0.3847975	0.0201053
纺织业	0.0132642	0.0548069	0.0000000	0.0211003	0.0450474	0.0199851	0.8593885
纺织服装鞋帽皮革羽绒及其制品业	0.0081683	0.0743234	0.0000000	0.0156552	0.0201681	0.0123618	0.0880005
木材加工及家具制造业	0.0146950	0.0061726	0.0000000	0.0069136	0.0104829	0.0125410	0.0197196
造纸印刷及文教用品制造业	0.0254229	0.0227241	0.0000000	0.0182088	0.0572568	0.0644659	0.0529868
石油加工、炼焦及核燃料加工业	0.0683370	0.0397872	0.0000000	0.0465284	0.1158386	0.0485497	0.0583255
化学工业	0.1480248	0.3445653	0.0000000	0.1401536	0.7126098	0.1969008	0.5606982
非金属矿物制品业	0.0122418	0.0095639	0.0000000	0.0140773	0.0127261	0.0119568	0.0101368
金属冶炼及压延加工业	0.0574689	0.1231757	0.0000000	0.1600648	0.1128449	0.0694496	0.0832090
金属制品业	0.0255853	0.0412833	0.0000000	0.0543409	0.0421050	0.0367026	0.0310620
通用、专用设备制造业	0.0114984	0.0578944	0.0000000	0.1139595	0.0335778	0.0123994	0.0220211
交通运输设备制造业	0.0097093	0.0159174	0.0000000	0.0138004	0.0225459	0.0097505	0.0114187
电气、机械及器材制造业	0.0116642	0.0504260	0.0000000	0.0429361	0.0351030	0.0177073	0.0241514
通信设备、计算机及其他电子设备制造业	0.0096643	0.0127519	0.0000000	0.0179592	0.0250317	0.0111658	0.0160524
仪器仪表及文化办公用机械制造业	0.0020668	0.0056282	0.0000000	0.0120026	0.0111087	0.0030811	0.0053278
工艺品及其他制造业	0.0024747	0.0059930	0.0000000	0.0072692	0.0086638	0.0047874	0.0087244
废品废料	0.0187366	0.0368774	0.0000000	0.0446034	0.0412008	0.0265072	0.0349930
电力、热力的生产和供应业	0.0536628	0.0980755	0.0000000	0.1410986	0.2076779	0.0726961	0.1503854
燃气生产和供应业	0.0013295	0.0031605	0.0000000	0.0024213	0.0107397	0.0032996	0.0037990
水的生产和供应业	0.0008902	0.0058674	0.0000000	0.0017971	0.0033400	0.0025878	0.0034330
建筑业	0.0048402	0.0080124	0.0000000	0.0100722	0.0124967	0.0092175	0.0112790
交通运输及仓储业	0.0343293	0.0392808	0.0000000	0.0842090	0.1851307	0.0580194	0.0719973
邮政业	0.0006409	0.0008994	0.0000000	0.0007943	0.0034410	0.0010717	0.0012434
信息传输、计算机服务和软件业	0.0088208	0.0096709	0.0000000	0.0180361	0.0233354	0.0102690	0.0155165
批发和零售贸易业	0.0454340	0.0556740	0.0000000	0.0573241	0.0886775	0.0821762	0.1266998
住宿和餐饮业	0.0086841	0.0086488	0.0000000	0.0109543	0.0187488	0.0129939	0.0145192
金融保险业	0.0495584	0.0383302	0.0000000	0.0473050	0.0955765	0.0623948	0.0881403
房地产业	0.0055111	0.0085020	0.0000000	0.0069234	0.0098571	0.0079114	0.0162916
租赁业和商务服务业	0.0252884	0.0172103	0.0000000	0.0164592	0.0555121	0.0532565	0.0309088
研究与试验发展业	0.0004158	0.0007998	0.0000000	0.0011569	0.0013121	0.0009360	0.0014173
综合技术服务业	0.0208152	0.0082320	0.0000000	0.0138886	0.0084826	0.0110971	0.0123947
水利、环境和公共设施管理业	0.0039738	0.0012663	0.0000000	0.0015484	0.0193850	0.0025206	0.0018306
居民服务和其他服务业	0.0364477	0.0074897	0.0000000	0.0088366	0.0177533	0.0187547	0.0148455
教育	0.0025583	0.0013236	0.0000000	0.0018778	0.0015969	0.0017499	0.0016915
卫生、社会保障和社会福利业	0.0093017	0.0826103	0.0000000	0.0441117	0.0160820	0.0106154	0.0221099
文化、体育和娱乐业	0.0018415	0.0029969	0.0000000	0.0036582	0.0096121	0.0032502	0.0046434
公共管理和社会组织	0.0024488	0.0002445	0.0000000	0.0002590	0.0005779	0.0012127	0.0006017

续 1

产出 / 投入	纺织服装鞋帽皮革羽绒及其制品业	木材加工及家具制造业	造纸印刷及文教用品制造业	石油加工、炼焦及核燃料加工业	化学工业	非金属矿物制品业	金属冶炼及压延加工业
农林牧渔业	0.0720682	0.1148411	0.0259371	0.0016312	0.0443987	0.0156151	0.0122244
煤炭开采和洗选业	0.0410870	0.0453083	0.0630571	0.0038642	0.0569949	0.1378829	0.0797727
石油和天然气开采业	0.0437399	0.0576516	0.0561529	0.7682255	0.1061660	0.0947003	0.0581516
金属矿采选业	0.0044765	0.0131845	0.0094763	0.0007231	0.0069053	0.0203262	0.0977597
非金属矿采选业	0.0025119	0.0066360	0.0034535	0.0002319	0.0095868	0.0633466	0.0023579
食品制造及烟草加工业	0.0236824	0.0231026	0.0179467	0.0012633	0.0248366	0.0094499	0.0075694
纺织业	0.7031272	0.1586939	0.0996915	0.0027622	0.0979921	0.0356727	0.0271606
纺织服装鞋帽皮革羽绒及其制品业	0.3980051	0.1455217	0.0392962	0.0025429	0.0282631	0.0253861	0.0189272
木材加工及家具制造业	0.0249277	0.2918465	0.0272330	0.0013783	0.0096897	0.0104233	0.0079276
造纸印刷及文教用品制造业	0.0689783	0.0639041	0.6352280	0.0033641	0.0572022	0.0418462	0.0264951
石油加工、炼焦及核燃料加工业	0.0516022	0.0675133	0.0641717	0.0099659	0.1298545	0.0866764	0.0648228
化学工业	0.4243193	0.4932615	0.5526693	0.0133203	1.1325019	0.2788818	0.1564221
非金属矿物制品业	0.0097756	0.0845437	0.0137541	0.0020512	0.0140138	0.2597933	0.0194341
金属冶炼及压延加工业	0.0903526	0.2947103	0.2031488	0.0141735	0.1079184	0.2505809	1.4930627
金属制品业	0.0368878	0.0745864	0.0745248	0.0048242	0.0370746	0.0982234	0.1319496
通用、专用设备制造业	0.0207939	0.0209710	0.0291642	0.0043038	0.0216801	0.0386578	0.0383748
交通运输设备制造业	0.0107954	0.0126781	0.0167946	0.0027784	0.0120528	0.0172762	0.0136549
电气、机械及器材制造业	0.0235349	0.0355413	0.0681919	0.0050410	0.0298168	0.0448317	0.1159152
通信设备、计算机及其他电子设备制造业	0.0158937	0.0162528	0.0285628	0.0032009	0.0184283	0.0175594	0.0199879
仪器仪表及文化办公用机械制造业	0.0046726	0.0053067	0.0074562	0.0027400	0.0089094	0.0089254	0.0076994
工艺品及其他制造业	0.0302646	0.0133763	0.0162204	0.0010580	0.0074522	0.0140900	0.0074139
废品废料	0.0360606	0.0859032	0.2312565	0.0040510	0.0529281	0.1050268	0.5790944
电力、热力的生产和供应业	0.1108880	0.1187602	0.1379874	0.0133778	0.1497516	0.2014633	0.2038548
燃气生产和供应业	0.0037131	0.0052415	0.0066574	0.0005110	0.0053380	0.0196520	0.0071477
水的生产和供应业	0.0030336	0.0028695	0.0028834	0.0002341	0.0029667	0.0034067	0.0029395
建筑业	0.0101371	0.0157091	0.0110091	0.0026615	0.0110567	0.0106356	0.0105013
交通运输及仓储业	0.0716473	0.0892272	0.0847647	0.0125219	0.0807218	0.1100935	0.0926765
邮政业	0.0014956	0.0013458	0.0014462	0.0002436	0.0013390	0.0015469	0.0014083
信息传输、计算机服务和软件业	0.0163461	0.0166719	0.0158934	0.0028053	0.0155629	0.0159268	0.0151356
批发和零售贸易业	0.1208309	0.1156859	0.1165111	0.0438349	0.1260699	0.0999879	0.1384766
住宿和餐饮业	0.0155984	0.0158289	0.0160348	0.0029070	0.0151502	0.0174753	0.0159323
金融保险业	0.0794692	0.0924368	0.0930850	0.0202843	0.0864734	0.0936917	0.0993975
房地产业	0.0226002	0.0164555	0.0156482	0.0019238	0.0105992	0.0105081	0.0109262
租赁业和商务服务业	0.0413789	0.0416188	0.0380069	0.0060554	0.0365524	0.0356612	0.0334900
研究与试验发展业	0.0012379	0.0016350	0.0020164	0.0003087	0.0028961	0.0016283	0.0023105
综合技术服务业	0.0101704	0.0122641	0.0153937	0.0011858	0.0148019	0.0087260	0.0189029
水利、环境和公共设施管理业	0.0017071	0.0019167	0.0023382	0.0002204	0.0018755	0.0027649	0.0017447
居民服务和其他服务业	0.0120984	0.0135221	0.0127216	0.0018091	0.0143023	0.0197181	0.0154652
教育	0.0017175	0.0018181	0.0018131	0.0003236	0.0016808	0.0019479	0.0018708
卫生、社会保障和社会福利业	0.0234647	0.0164220	0.0212069	0.0020768	0.0148953	0.0185883	0.0174505
文化、体育和娱乐业	0.0049464	0.0048084	0.0050286	0.0008689	0.0046147	0.0062481	0.0049182
公共管理和社会组织	0.0005757	0.0006933	0.0005020	0.0000846	0.0005206	0.0004743	0.0004663

续2

投入 \ 产出	金属制品业	通用、专用设备制造业	交通运输设备制造业	电气、机械及器材制造业	通信设备、计算机及其他电子设备制造业	仪器仪表及文化办公用机械制造业	工艺品及其他制造业
农林牧渔业	0.0145550	0.0148055	0.0155998	0.0209617	0.0164559	0.0179619	0.0388992
煤炭开采和洗选业	0.0654177	0.0531236	0.0494250	0.0510177	0.0433716	0.0472864	0.0530217
石油和天然气开采业	0.0571714	0.0535943	0.0552301	0.0570488	0.0470539	0.0517218	0.0561875
金属矿采选业	0.0470732	0.0402487	0.0362223	0.0413558	0.0269197	0.0525585	0.0192643
非金属矿采选业	0.0045169	0.0026516	0.0030395	0.0039319	0.0037818	0.0037885	0.0049514
食品制造及烟草加工业	0.0091374	0.0091117	0.0094627	0.0110985	0.0112013	0.0107517	0.0144825
纺织业	0.0332437	0.0394776	0.0456383	0.1178512	0.0425052	0.0531985	0.2889304
纺织服装鞋帽皮革羽绒及其制品业	0.0221857	0.0213677	0.0285307	0.0336782	0.0196704	0.0258334	0.0430059
木材加工及家具制造业	0.0088764	0.0125357	0.0126036	0.0126245	0.0122849	0.0140009	0.0785726
造纸印刷及文教用品制造业	0.0502203	0.0464530	0.0451209	0.0575372	0.0575756	0.0718548	0.0954741
石油加工、炼焦及核燃料加工业	0.0633040	0.0603969	0.0619997	0.0664977	0.0545852	0.0573458	0.0648917
化学工业	0.2763734	0.2350273	0.2720828	0.3816699	0.2920576	0.3876315	0.5042026
非金属矿物制品业	0.0593642	0.0216138	0.0279190	0.0339071	0.0340154	0.0322052	0.0230384
金属冶炼及压延加工业	1.0535474	0.8239698	0.8560420	0.8650734	0.5342921	0.5076703	0.4519140
金属制品业	0.2207447	0.2239561	0.2084023	0.1506282	0.1943365	0.2183932	0.1415459
通用、专用设备制造业	0.0428308	0.1478944	0.1163213	0.0612315	0.0396947	0.0449434	0.0266316
交通运输设备制造业	0.0160841	0.0237747	0.1605397	0.0169509	0.0145772	0.0155212	0.0120265
电气、机械及器材制造业	0.0841912	0.1533301	0.1468769	0.2602654	0.0943242	0.1173465	0.0469414
通信设备、计算机及其他电子设备制造业	0.0205279	0.0447959	0.0355401	0.0755795	0.6642834	0.2051438	0.0214592
仪器仪表及文化办公用机械制造业	0.0075316	0.0173169	0.0146965	0.0149065	0.0289375	0.0758075	0.0058519
工艺品及其他制造业	0.0112957	0.0206319	0.0181464	0.0200241	0.0422528	0.0585446	0.0403592
废品废料	0.2897629	0.2288932	0.2168868	0.2155725	0.1396793	0.1363789	0.1248727
电力、热力的生产和供应业	0.1831474	0.1597396	0.1400052	0.1424267	0.1290951	0.1331355	0.1490767
燃气生产和供应业	0.0066965	0.0058170	0.0052867	0.0053311	0.0044447	0.0052609	0.0056824
水的生产和供应业	0.0031385	0.0028299	0.0030754	0.0028446	0.0031768	0.0032652	0.0032004
建筑业	0.0102120	0.0122781	0.0136385	0.0138567	0.0112188	0.0105737	0.0114450
交通运输及仓储业	0.0925331	0.0876260	0.0859996	0.0922048	0.0920032	0.0860987	0.0817123
邮政业	0.0014574	0.0016671	0.0016741	0.0016324	0.0016228	0.0017723	0.0015734
信息传输、计算机服务和软件业	0.0154881	0.0179346	0.0175337	0.0186103	0.0189396	0.0189560	0.0168769
批发和零售贸易业	0.1205261	0.1152353	0.1187926	0.1307729	0.1346445	0.1137147	0.1135640
住宿和餐饮业	0.0174566	0.0179563	0.0183209	0.0187433	0.0194828	0.0184335	0.0179824
金融保险业	0.0960535	0.0901962	0.0933283	0.0955175	0.0896305	0.0914063	0.0914026
房地产业	0.0110900	0.0124549	0.0134662	0.0120131	0.0133928	0.0109697	0.0114905
租赁业和商务服务业	0.0331493	0.0382315	0.0396366	0.0445476	0.0426830	0.0402393	0.0401543
研究与试验发展业	0.0017611	0.0028551	0.0029221	0.0031574	0.0034783	0.0036750	0.0023457
综合技术服务业	0.0134125	0.0186352	0.0152475	0.0192400	0.0189784	0.0177329	0.0138690
水利、环境和公共设施管理业	0.0018191	0.0018050	0.0016709	0.0017318	0.0015911	0.0016055	0.0017253
居民服务和其他服务业	0.0149859	0.0126418	0.0128513	0.0130750	0.0119700	0.0115821	0.0126810
教育	0.0021626	0.0021542	0.0019983	0.0020662	0.0021366	0.0020458	0.0021764
卫生、社会保障和社会福利业	0.0166946	0.0193881	0.0230552	0.0171640	0.0253449	0.0172308	0.0223223
文化、体育和娱乐业	0.0058046	0.0057419	0.0061062	0.0055587	0.0056606	0.0056255	0.0059840
公共管理和社会组织	0.0004949	0.0005168	0.0005131	0.0005546	0.0005412	0.0005270	0.0005681

续3

投入 \ 产出	废品废料	电力、热力的生产和供应业	燃气生产和供应业	水的生产和供应业	建筑业	交通运输及仓储业	邮政业
农林牧渔业	0.0143389	0.0154407	0.0023668	0.0225782	0.0230488	0.0148034	0.0099162
煤炭开采和洗选业	0.0429818	0.3746433	0.0028489	0.0820508	0.0700700	0.0156829	0.0132329
石油和天然气开采业	0.0491319	0.0621956	0.7707804	0.0369318	0.0604481	0.1593532	0.0480729
金属矿采选业	0.0198610	0.0054105	0.0006829	0.0043367	0.0343010	0.0058517	0.0033798
非金属矿采选业	0.0024803	0.0015647	0.0002226	0.0019903	0.0325470	0.0014902	0.0013726
食品制造及烟草加工业	0.0085579	0.0066486	0.0019858	0.0091058	0.0093863	0.0088706	0.0080099
纺织业	0.0481372	0.0326769	0.0035491	0.0316012	0.0428565	0.0286883	0.0256086
纺织服装鞋帽皮革羽绒及其制品业	0.0196112	0.0394216	0.0033274	0.0299122	0.0280148	0.0167199	0.0331041
木材加工及家具制造业	0.0085958	0.0070628	0.0018080	0.0081583	0.0471416	0.0079044	0.0098005
造纸印刷及文教用品制造业	0.0314907	0.0232406	0.0040758	0.0253240	0.0327987	0.0265389	0.0822232
石油加工、炼焦及核燃料加工业	0.0514345	0.0557923	0.0113909	0.0398473	0.0648673	0.2066499	0.0611446
化学工业	0.2330239	0.1737877	0.0117396	0.2901189	0.2491627	0.0984801	0.0715683
非金属矿物制品业	0.0222558	0.0109466	0.0020112	0.0099503	0.2351004	0.0104266	0.0099312
金属冶炼及压延加工业	0.4403472	0.1110061	0.0144786	0.0864940	0.7998972	0.1300165	0.0728064
金属制品业	0.0666798	0.0460112	0.0064231	0.0487633	0.1059836	0.0556819	0.0232525
通用、专用设备制造业	0.0273190	0.0435855	0.0035566	0.0214599	0.0471045	0.0191489	0.0128629
交通运输设备制造业	0.0125921	0.0112490	0.0035464	0.0087662	0.0194022	0.0770310	0.0223422
电气、机械及器材制造业	0.3911224	0.0515466	0.0036022	0.0245488	0.1117880	0.0286934	0.0202648
通信设备、计算机及其他电子设备制造业	0.0316660	0.0163999	0.0032618	0.0165413	0.0215843	0.0166957	0.0191665
仪器仪表及文化办公用机械制造业	0.0073935	0.0072814	0.0010913	0.0073252	0.0106833	0.0060846	0.0048694
工艺品及其他制造业	0.0099123	0.0069433	0.0024011	0.0072661	0.0133666	0.0048294	0.0038162
废品废料	1.3753991	0.0323665	0.0042193	0.0276048	0.1999351	0.0362874	0.0276144
电力、热力的生产和供应业	0.1416870	0.6250830	0.0100145	0.3368598	0.1671882	0.0502633	0.0410530
燃气生产和供应业	0.0110881	0.0033524	0.4543245	0.0044115	0.0076532	0.0020351	0.0012930
水的生产和供应业	0.0038045	0.0032819	0.0005586	0.0167879	0.0052254	0.0019827	0.0019233
建筑业	0.0124909	0.0098583	0.0031670	0.0118295	0.0134892	0.0230565	0.0275878
交通运输及仓储业	0.0787675	0.0476441	0.0284578	0.0362871	0.0945809	0.0677658	0.1197050
邮政业	0.0014279	0.0012801	0.0002805	0.0013750	0.0016919	0.0016272	0.0334567
信息传输、计算机服务和软件业	0.0157055	0.0144016	0.0034021	0.0180778	0.0136340	0.0147300	0.0255173
批发和零售贸易业	0.1416689	0.0639583	0.0452658	0.0459066	0.1220531	0.0429866	0.0522337
住宿和餐饮业	0.0165530	0.0117270	0.0052249	0.0155439	0.0152529	0.0181726	0.0107552
金融保险业	0.0878934	0.0817421	0.0169942	0.1042575	0.0796253	0.1572504	0.0445004
房地产业	0.0130492	0.0090947	0.0022208	0.0077804	0.0100000	0.0130010	0.0279834
租赁业和商务服务业	0.0385288	0.0231784	0.0096144	0.0305402	0.0360202	0.0294302	0.0409267
研究与试验发展业	0.0053040	0.0007916	0.0000880	0.0006984	0.0024185	0.0005923	0.0005433
综合技术服务业	0.0117535	0.0069388	0.0018376	0.0081603	0.0213268	0.0052479	0.0035058
水利、环境和公共设施管理业	0.0026401	0.0025512	0.0005002	0.1089796	0.0039076	0.0012032	0.0010188
居民服务和其他服务业	0.0110053	0.0555123	0.0018502	0.0376975	0.0142672	0.0157591	0.0075857
教育	0.0022420	0.0016009	0.0004830	0.0023724	0.0015345	0.0027313	0.0021886
卫生、社会保障和社会福利业	0.0096402	0.0355679	0.0006890	0.0268281	0.0129576	0.0047104	0.0036509
文化、体育和娱乐业	0.0057760	0.0037536	0.0019613	0.0055812	0.0050648	0.0060298	0.0146261
公共管理和社会组织	0.0004866	0.0003935	0.0001070	0.0004807	0.0004632	0.0005436	0.0005859

续4

投入＼产出	信息传输、计算机服务和软件业	批发和零售贸易业	住宿和餐饮业	金融保险业	房地产业	租赁业和商务服务业	研究与试验发展业
农林牧渔业	0.0136431	0.0140176	0.2589594	0.0130541	0.0560329	0.0327925	0.1660707
煤炭开采和洗选业	0.0280037	0.0103988	0.0353489	0.0102045	0.0090978	0.0245773	0.0264670
石油和天然气开采业	0.0255046	0.0292775	0.0533123	0.0256661	0.0174262	0.0672131	0.0549009
金属矿采选业	0.0098345	0.0027992	0.0041027	0.0023749	0.0025277	0.0089973	0.0112616
非金属矿采选业	0.0023577	0.0010074	0.0018610	0.0008875	0.0014719	0.0025446	0.0015447
食品制造及烟草加工业	0.0090932	0.0134775	0.2843704	0.0108127	0.0124094	0.0215637	0.0297552
纺织业	0.0254597	0.0167234	0.0402875	0.0191363	0.0102971	0.0402559	0.0171331
纺织服装鞋帽皮革羽绒及其制品业	0.0172461	0.0169517	0.0211929	0.0234182	0.0082756	0.0299073	0.0113569
木材加工及家具制造业	0.0152048	0.0101887	0.0156219	0.0111640	0.0062832	0.1177771	0.0087634
造纸印刷及文教用品制造业	0.0313109	0.0207475	0.0440864	0.0435262	0.0412952	0.0516201	0.0393831
石油加工、炼焦及核燃料加工业	0.0288644	0.0365827	0.0570338	0.0319817	0.0212320	0.0829533	0.0676272
化学工业	0.1199507	0.0566115	0.1595884	0.0577515	0.0473037	0.2015636	0.1156667
非金属矿物制品业	0.0188128	0.0071938	0.0128381	0.0061837	0.0105611	0.0212371	0.0163925
金属冶炼及压延加工业	0.2006330	0.0615365	0.0873289	0.0488920	0.0555966	0.1929193	0.2481072
金属制品业	0.0688672	0.0231488	0.0327212	0.0181311	0.0151419	0.0950523	0.2498706
通用、专用设备制造业	0.0167041	0.0074917	0.0137594	0.0061515	0.0054078	0.0151868	0.0307174
交通运输设备制造业	0.0087850	0.0227986	0.0152069	0.0066187	0.0039187	0.0106711	0.0084903
电气、机械及器材制造业	0.0653116	0.0193930	0.0231673	0.0152128	0.0181000	0.1052760	0.0284710
通信设备、计算机及其他电子设备制造业	0.3884748	0.0135202	0.0170115	0.0275133	0.0147752	0.0451820	0.0232438
仪器仪表及文化办公用机械制造业	0.0124780	0.0024348	0.0051765	0.0055658	0.0020986	0.0060452	0.0044744
工艺品及其他制造业	0.0223131	0.0040121	0.0297808	0.0055908	0.0039747	0.0102527	0.0097184
废品废料	0.0536621	0.0180577	0.0280551	0.0173739	0.0185414	0.0557665	0.0710797
电力、热力的生产和供应业	0.0963947	0.0348833	0.1261341	0.0336038	0.0279385	0.0755853	0.0861491
燃气生产和供应业	0.0032479	0.0014183	0.0144306	0.0012893	0.0011935	0.0045256	0.0030322
水的生产和供应业	0.0019291	0.0011594	0.0054730	0.0011349	0.0018099	0.0028342	0.0045355
建筑业	0.0375114	0.0195513	0.0243835	0.0157181	0.0372024	0.0293470	0.0083203
交通运输及仓储业	0.0436312	0.1288601	0.0405995	0.0395316	0.0177914	0.0662438	0.0555129
邮政业	0.0014644	0.0015158	0.0034554	0.0037274	0.0027249	0.0037944	0.0033494
信息传输、计算机服务和软件业	0.0260662	0.0095664	0.0156612	0.0498870	0.0092578	0.0252592	0.0291598
批发和零售贸易业	0.0681985	0.0186563	0.0591932	0.0211231	0.0179805	0.0668554	0.0489709
住宿和餐饮业	0.0226254	0.0267344	0.0224351	0.0332518	0.0215359	0.0611310	0.0405758
金融保险业	0.0602196	0.1001188	0.0763047	0.0316366	0.0419698	0.2360448	0.0576469
房地产业	0.0229208	0.0299557	0.0373653	0.0182834	0.0080239	0.0282745	0.0139682
租赁业和商务服务业	0.0926222	0.0677170	0.0632625	0.0644406	0.0236699	0.0745680	0.0333349
研究与试验发展业	0.0015496	0.0004619	0.0006573	0.0003614	0.0003179	0.0008911	0.0034765
综合技术服务业	0.0264238	0.0075282	0.0082728	0.0031070	0.0029203	0.0066869	0.0079740
水利、环境和公共设施管理业	0.0019068	0.0012623	0.0027721	0.0022964	0.0009048	0.0134337	0.0038343
居民服务和其他服务业	0.0084234	0.0170308	0.0274053	0.0064904	0.0067053	0.0113070	0.0214819
教育	0.0021149	0.0024298	0.0021910	0.0034196	0.0008488	0.0042638	0.0048135
卫生、社会保障和社会福利业	0.0090845	0.0033166	0.0083481	0.0036774	0.0026732	0.0070727	0.0100609
文化、体育和娱乐业	0.0063436	0.0078362	0.0098134	0.0045187	0.0111403	0.0097694	0.0135300
公共管理和社会组织	0.0006126	0.0006307	0.0010153	0.0023455	0.0004942	0.0049845	0.0008123

续 5

投入＼产出	综合技术服务业	水利、环境和公共设施管理业	居民服务和其他服务业	教育	卫生、社会保障和社会福利业	文化、体育和娱乐业	公共管理和社会组织
农林牧渔业	0.0555005	0.0973743	0.0464886	0.0115631	0.0181031	0.0272578	0.0527349
煤炭开采和洗选业	0.0261486	0.0284585	0.0222202	0.0162912	0.0328691	0.0251061	0.0200695
石油和天然气开采业	0.0364701	0.0376930	0.0435452	0.0201333	0.0428423	0.0285980	0.0469124
金属矿采选业	0.0122322	0.0046216	0.0085409	0.0045365	0.0127476	0.0056630	0.0032840
非金属矿采选业	0.0019716	0.0023433	0.0019023	0.0010441	0.0039333	0.0016261	0.0011572
食品制造及烟草加工业	0.0202368	0.0204695	0.0134501	0.0078681	0.0100132	0.0499150	0.0537593
纺织业	0.0281872	0.0496852	0.0296453	0.0119958	0.0357314	0.0195857	0.0205985
纺织服装鞋帽皮革羽绒及其制品业	0.0247863	0.0571784	0.0314911	0.0082250	0.0150758	0.0149553	0.0172189
木材加工及家具制造业	0.0116642	0.0242736	0.0234764	0.0075961	0.0161413	0.0158724	0.0089513
造纸印刷及文教用品制造业	0.0659278	0.0337331	0.0352650	0.0572319	0.0400589	0.0534612	0.0703277
石油加工、炼焦及核燃料加工业	0.0429442	0.0452676	0.0527546	0.0233840	0.0501878	0.0329008	0.0571751
化学工业	0.1318334	0.1049383	0.1392609	0.0651181	0.5270027	0.1049053	0.0852243
非金属矿物制品业	0.0188505	0.0180808	0.0158971	0.0079619	0.0194467	0.0129158	0.0083943
金属冶炼及压延加工业	0.2621241	0.0957268	0.1868365	0.0930233	0.2549396	0.1153017	0.0687343
金属制品业	0.2238045	0.0351478	0.1551096	0.0283018	0.0729710	0.0448364	0.0310478
通用、专用设备制造业	0.0172116	0.0116044	0.0154310	0.0842516	0.2754729	0.0201579	0.0117081
交通运输设备制造业	0.0121294	0.0090526	0.0177323	0.0057368	0.0121460	0.0076334	0.0080127
电气、机械及器材制造业	0.0484278	0.0320045	0.0356993	0.0236386	0.0591993	0.0439719	0.0193431
通信设备、计算机及其他电子设备制造业	0.1445763	0.0301880	0.0359321	0.0201497	0.0262261	0.1418142	0.0419035
仪器仪表及文化办公用机械制造业	0.0122079	0.0101910	0.0052057	0.0046496	0.0088656	0.0082841	0.0045642
工艺品及其他制造业	0.0146748	0.0078371	0.0074699	0.0042852	0.0081472	0.0083151	0.0091970
废品废料	0.0763381	0.0285616	0.0536225	0.0310821	0.0766008	0.0354561	0.0256482
电力、热力的生产和供应业	0.0808198	0.1041436	0.0710488	0.0564505	0.0977028	0.0895620	0.0710080
燃气生产和供应业	0.0036030	0.0028863	0.0034851	0.0024309	0.0038712	0.0038608	0.0041684
水的生产和供应业	0.0026767	0.0042102	0.0040113	0.0028396	0.0028508	0.0033269	0.0032450
建筑业	0.0168815	0.0410708	0.0243002	0.0115907	0.0230781	0.0167688	0.0143758
交通运输及仓储业	0.0659983	0.0416053	0.0514954	0.0356061	0.0555235	0.0392540	0.0505550
邮政业	0.0055515	0.0018958	0.0027863	0.0019490	0.0013173	0.0046364	0.0091149
信息传输、计算机服务和软件业	0.0326315	0.0364558	0.0263392	0.0289510	0.0247967	0.0325404	0.0599026
批发和零售贸易业	0.0612497	0.0379861	0.0482538	0.0244776	0.0878212	0.0394774	0.0309325
住宿和餐饮业	0.0470133	0.0328084	0.0263188	0.0212666	0.0135705	0.0343220	0.1852977
金融保险业	0.0699565	0.0931707	0.0591252	0.0261167	0.0532172	0.0876162	0.0553050
房地产业	0.0272626	0.0094299	0.0396097	0.0568813	0.0355687	0.0276374	0.0169570
租赁业和商务服务业	0.0402745	0.1181772	0.0345143	0.0162977	0.0273415	0.0766610	0.0289757
研究与试验发展业	0.0018154	0.0005686	0.0006402	0.0004461	0.0014629	0.0070170	0.0005293
综合技术服务业	0.0265739	0.0256156	0.0052751	0.0057527	0.0131262	0.0081603	0.0435184
水利、环境和公共设施管理业	0.0014417	0.0034282	0.0013838	0.0024003	0.0012774	0.0027997	0.0015173
居民服务和其他服务业	0.0128819	0.0166556	0.0247968	0.0084663	0.0125616	0.0134995	0.0291095
教育	0.0033085	0.0038372	0.0026895	0.0020248	0.0043061	0.0029295	0.0143716
卫生、社会保障和社会福利业	0.0095062	0.0093367	0.0058964	0.0132112	0.0287641	0.0073918	0.0148139
文化、体育和娱乐业	0.0144189	0.0108980	0.0068550	0.0046673	0.0044997	0.0661852	0.0131082
公共管理和社会组织	0.0010789	0.0011303	0.0009763	0.0008199	0.0003782	0.0017054	0.0006737

附表 11　浙江省乡级以上统计行政区域代码

330000000000	浙江省
330100000000	杭州市
330101000000	市辖区
330102000000	上城区
330102001000	清波街道
330102003000	湖滨街道
330102004000	小营街道
330102008000	南星街道
330102009000	紫阳街道
330102010000	望江街道
330103000000	下城区
330103001000	长庆街道
330103002000	武林街道
330103003000	天水街道
330103005000	潮鸣街道
330103006000	朝晖街道
330103007000	文晖街道
330103008000	东新街道
330103009000	石桥街道
330104000000	江干区
330104005000	凯旋街道
330104006000	采荷街道
330104007000	闸弄口街道
330104008000	四季青街道
330104009000	白杨街道
330104010000	下沙街道
330104102000	彭埠镇
330104103000	笕桥镇
330104104000	丁桥镇
330104105000	九堡镇
330105000000	拱墅区
330105001000	米市巷街道
330105002000	湖墅街道
330105003000	小河街道
330105004000	和睦街道
330105005000	拱宸桥街道
330105007000	大关街道
330105008000	上塘街道
330105009000	祥符街道
330105010000	康桥街道
330105011000	半山街道
330106000000	西湖区
330106002000	北山街道
330106004000	西溪街道
330106005000	翠苑街道
330106007000	古荡街道
330106008000	西湖街道
330106009000	留下街道
330106010000	转塘街道
330106011000	蒋村街道
330106012000	灵隐街道
330106013000	文新街道
330106109000	三墩镇
330106110000	双浦镇
330108000000	滨江区
330108001000	西兴街道
330108002000	长河街道
330108003000	浦沿街道
330109000000	萧山区
330109001000	城厢街道
330109002000	北干街道
330109003000	蜀山街道
330109004000	新塘街道
330109005000	靖江街道
330109006000	南阳街道
330109007000	义蓬街道
330109008000	河庄街道
330109009000	新湾街道
330109010000	临江街道
330109011000	前进街道
330109100000	楼塔镇
330109101000	河上镇
330109102000	戴村镇
330109103000	浦阳镇
330109104000	进化镇
330109105000	临浦镇
330109106000	义桥镇
330109107000	所前镇
330109108000	衙前镇
330109109000	闻堰镇
330109110000	宁围镇
330109111000	新街镇
330109113000	瓜沥镇
330109115000	益农镇
330109120000	党湾镇
330109401000	萧山经济技术开发区
330109403000	萧山商业城
330109501000	围垦区
330109502000	萧山空港经济区
330109503000	红山农场
330110000000	余杭区
330110001000	临平街道
330110002000	南苑街道
330110003000	东湖街道
330110004000	星桥街道
330110005000	五常街道
330110006000	乔司街道
330110007000	运河街道
330110008000	崇贤街道
330110009000	仁和街道
330110010000	良渚街道
330110011000	闲林街道
330110012000	仓前街道
330110013000	余杭街道
330110014000	中泰街道
330110102000	塘栖镇
330110109000	径山镇
330110110000	瓶窑镇
330110111000	鸬鸟镇
330110112000	百丈镇
330110113000	黄湖镇
330122000000	桐庐县
330122002000	旧县街道
330122003000	桐君街道
330122004000	城南街道
330122005000	凤川街道
330122101000	富春江镇
330122102000	横村镇
330122109000	分水镇
330122110000	瑶琳镇
330122112000	百江镇
330122113000	江南镇
330122201000	莪山畲族乡
330122202000	钟山乡
330122204000	新合乡
330122210000	合村乡
330127000000	淳安县
330127100000	千岛湖镇
330127101000	文昌镇
330127102000	石林镇
330127103000	临岐镇
330127104000	威坪镇
330127106000	姜家镇
330127107000	梓桐镇
330127108000	汾口镇
330127109000	中洲镇
330127110000	大墅镇
330127111000	枫树岭镇
330127200000	里商乡
330127201000	金峰乡
330127202000	富文乡
330127203000	左口乡
330127205000	屏门乡
330127206000	瑶山乡
330127208000	王阜乡
330127210000	宋村乡
330127211000	鸠坑乡
330127212000	浪川乡
330127214000	界首乡
330127216000	安阳乡
330182000000	建德市
330182001000	新安江街道
330182002000	洋溪街道
330182003000	更楼街道
330182101000	莲花镇
330182102000	乾潭镇
330182104000	梅城镇
330182105000	杨村桥镇
330182106000	下涯镇
330182107000	大洋镇
330182108000	三都镇
330182109000	寿昌镇
330182110000	航头镇
330182111000	大慈岩镇

330182112000	大同镇
330182113000	李家镇
330182202000	钦堂乡
330183000000	富阳市
330183001000	富春街道
330183002000	春江街道
330183004000	鹿山街道
330183005000	东洲街道
330183006000	银湖街道
330183100000	万市镇
330183101000	洞桥镇
330183103000	渌渚镇
330183105000	永昌镇
330183108000	里山镇
330183109000	常绿镇
330183110000	场口镇
330183111000	常安镇
330183112000	龙门镇
330183115000	新登镇
330183116000	胥口镇
330183117000	大源镇
330183118000	灵桥镇
330183200000	新桐乡
330183201000	上官乡
330183204000	环山乡
330183205000	湖源乡
330183206000	春建乡
330183207000	渔山乡
330185000000	临安市
330185002000	玲珑街道
330185005000	锦南街道
330185006000	锦城街道
330185007000	锦北街道
330185008000	青山湖街道
330185102000	高虹镇
330185103000	太湖源镇
330185104000	於潜镇
330185106000	太阳镇
330185107000	潜川镇
330185108000	昌化镇
330185109000	河桥镇
330185111000	湍口镇
330185112000	清凉峰镇
330185113000	岛石镇
330185115000	板桥镇
330185116000	天目山镇
330185117000	龙岗镇
330200000000	宁波市
330201000000	市辖区
330203000000	海曙区
330203001000	南门街道
330203002000	江厦街道
330203003000	西门街道
330203004000	月湖街道
330203005000	鼓楼街道
330203006000	白云街道
330203007000	段塘街道
330203008000	望春街道
330204000000	江东区
330204001000	百丈街道
330204002000	东胜街道
330204003000	明楼街道
330204004000	白鹤街道
330204005000	东柳街道
330204006000	东郊街道
330204007000	福明街道
330204008000	新明街道
330205000000	江北区
330205001000	中马街道
330205002000	白沙街道
330205003000	孔浦街道
330205004000	文教街道
330205005000	甬江街道
330205006000	庄桥街道
330205007000	洪塘街道
330205103000	慈城镇
330206000000	北仑区
330206001000	大榭街道
330206002000	新碶街道
330206003000	小港街道
330206004000	大碶街道
330206005000	霞浦街道
330206006000	柴桥街道
330206007000	戚家山街道
330206105000	白峰镇
330206107000	春晓镇
330206201000	梅山乡
330206401000	保税区
330211000000	镇海区
330211001000	招宝山街道
330211002000	蛟川街道
330211003000	骆驼街道
330211004000	庄市街道
330211100000	澥浦镇
330211101000	九龙湖镇
330212000000	鄞州区
330212001000	下应街道
330212002000	钟公庙街道
330212003000	石碶街道
330212004000	梅墟街道
330212005000	中河街道
330212006000	首南街道
330212007000	潘火街道
330212100000	瞻岐镇
330212101000	咸祥镇
330212102000	塘溪镇
330212103000	东钱湖镇
330212104000	东吴镇
330212105000	五乡镇
330212106000	邱隘镇
330212108000	云龙镇
330212109000	横溪镇
330212110000	姜山镇
330212113000	高桥镇
330212114000	横街镇
330212115000	集士港镇
330212116000	古林镇
330212118000	洞桥镇
330212119000	鄞江镇
330212120000	章水镇
330212200000	龙观乡
330225000000	象山县
330225001000	丹东街道
330225002000	丹西街道
330225003000	爵溪街道
330225101000	石浦镇
330225102000	西周镇
330225103000	鹤浦镇
330225104000	贤庠镇
330225105000	墙头镇
330225106000	泗洲头镇
330225107000	定塘镇
330225108000	涂茨镇
330225109000	大徐镇
330225110000	新桥镇
330225200000	东陈乡
330225201000	晓塘乡
330225202000	黄避岙乡
330225203000	茅洋乡
330225204000	高塘岛乡
330226000000	宁海县
330226001000	跃龙街道
330226002000	桃源街道
330226003000	梅林街道
330226004000	桥头胡街道
330226101000	长街镇
330226102000	力洋镇
330226104000	一市镇
330226105000	岔路镇
330226106000	前童镇
330226107000	桑洲镇
330226108000	黄坛镇
330226109000	大佳何镇
330226110000	强蛟镇
330226111000	西店镇
330226112000	深甽镇
330226200000	胡陈乡
330226201000	茶院乡
330226202000	越溪乡
330281000000	余姚市
330281001000	梨洲街道
330281002000	凤山街道
330281003000	兰江街道
330281004000	阳明街道

330281005000	低塘街道	330283001000	锦屏街道	330304007000	三垟街道	330326105000	腾蛟镇
330281006000	朗霞街道	330283002000	岳林街道	330304008000	瞿溪街道	330326107000	山门镇
330281100000	临山镇	330283003000	江口街道	330304009000	郭溪街道	330326108000	顺溪镇
330281101000	黄家埠镇	330283004000	西坞街道	330304010000	潘桥街道	330326109000	南雁镇
330281102000	小曹娥镇	330283005000	萧王庙街道	330304011000	丽岙街道	330326117000	万全镇
330281103000	泗门镇	330283100000	溪口镇	330304012000	仙岩街道	330326214000	青街畲族乡
330281106000	马渚镇	330283103000	尚田镇	330304108000	泽雅镇	330327000000	苍南县
330281108000	牟山镇	330283104000	莼湖镇	330322000000	洞头县	330327100000	灵溪镇
330281109000	丈亭镇	330283106000	裘村镇	330322001000	北岙街道	330327101000	龙港镇
330281110000	三七市镇	330283107000	大堰镇	330322002000	东屏街道	330327103000	宜山镇
330281111000	河姆渡镇	330283108000	松岙镇	330322003000	元觉街道	330327104000	钱库镇
330281112000	大隐镇	330300000000	温州市	330322004000	霓屿街道	330327107000	金乡镇
330281113000	陆埠镇	330301000000	市辖区	330322101000	大门镇	330327112000	藻溪镇
330281114000	梁弄镇	330302000000	鹿城区	330322202000	鹿西乡	330327113000	桥墩镇
330281115000	大岚镇	330302006000	五马街道	330324000000	永嘉县	330327116000	矾山镇
330281116000	四明山镇	330302023000	七都街道	330324001000	东城街道	330327117000	赤溪镇
330281201000	鹿亭乡	330302024000	滨江街道	330324002000	北城街道	330327118000	马站镇
330282000000	慈溪市	330302025000	南汇街道	330324003000	南城街道	330327216000	凤阳畲族乡
330282002000	宗汉街道	330302026000	松台街道	330324004000	江北街道	330327218000	岱岭畲族乡
330282003000	坎墩街道	330302027000	双屿街道	330324005000	东瓯街道	330328000000	文成县
330282004000	浒山街道	330302028000	仰义街道	330324006000	三江街道	330328100000	大峃镇
330282005000	白沙路街道	330302102000	藤桥镇	330324007000	黄田街道	330328101000	百丈漈镇
330282006000	古塘街道	330303000000	龙湾区	330324008000	乌牛街道	330328102000	南田镇
330282104000	掌起镇	330303001000	永中街道	330324102000	桥头镇	330328103000	西坑畲族镇
330282107000	观海卫镇	330303002000	蒲州街道	330324104000	桥下镇	330328104000	黄坦镇
330282108000	附海镇	330303003000	海滨街道	330324105000	大若岩镇	330328105000	珊溪镇
330282109000	桥头镇	330303004000	永兴街道	330324106000	碧莲镇	330328106000	巨屿镇
330282110000	匡堰镇	330303005000	海城街道	330324107000	巽宅镇	330328107000	玉壶镇
330282111000	逍林镇	330303006000	状元街道	330324108000	岩头镇	330328108000	峃口镇
330282112000	新浦镇	330303007000	瑶溪街道	330324109000	枫林镇	330328217000	周山畲族乡
330282113000	胜山镇	330303008000	沙城街道	330324110000	岩坦镇	330329000000	泰顺县
330282114000	横河镇	330303009000	天河街道	330324111000	沙头镇	330329100000	罗阳镇
330282116000	崇寿镇	330303010000	灵昆街道	330324112000	鹤盛镇	330329101000	司前畲族镇
330282118000	庵东镇	330303011000	星海街道	330324400000	县特产场场区	330329102000	百丈镇
330282120000	长河镇	330304000000	瓯海区	330324401000	四海山林场	330329103000	筱村镇
330282121000	周巷镇	330304001000	景山街道	330324402000	正江山林场	330329104000	泗溪镇
330282123000	龙山镇	330304002000	梧田街道	330326000000	平阳县	330329105000	彭溪镇
330282400000	慈溪市农垦场	330304003000	南白象街道	330326100000	昆阳镇	330329106000	雅阳镇
330282401000	慈溪市林场	330304004000	茶山街道	330326101000	鳌江镇	330329107000	仕阳镇
330282402000	慈东工业区	330304005000	娄桥街道	330326102000	水头镇	330329109000	三魁镇
330283000000	奉化市	330304006000	新桥街道	330326103000	萧江镇	330329204000	竹里畲族乡

330329400000	乌岩岭自然保护区	330402010000	南湖街道	330481001000	硖石街道	330502004000	飞英街道
330381000000	瑞安市	330402011000	新兴街道	330481002000	海洲街道	330502005000	龙泉街道
330381001000	安阳街道	330402012000	城南街道	330481003000	海昌街道	330502006000	凤凰街道
330381002000	玉海街道	330402013000	东栅街道	330481004000	马桥街道	330502007000	康山街道
330381003000	锦湖街道	330402014000	长水街道	330481101000	许村镇	330502008000	仁皇山街道
330381004000	东山街道	330402100000	凤桥镇	330481103000	长安镇	330502009000	滨湖街道
330381005000	上望街道	330402101000	余新镇	330481105000	周王庙镇	330502010000	龙溪街道
330381007000	莘塍街道	330402103000	新丰镇	330481106000	丁桥镇	330502011000	杨家埠街道
330381008000	汀田街道	330402104000	七星镇	330481107000	斜桥镇	330502012000	环渚街道
330381009000	飞云街道	330402105000	大桥镇	330481108000	黄湾镇	330502100000	织里镇
330381010000	仙降街道	330411000000	秀洲区	330481110000	盐官镇	330502101000	八里店镇
330381011000	南滨街道	330411002000	新城街道	330481112000	袁花镇	330502102000	妙西镇
330381101000	塘下镇	330411003000	嘉北街道	330482000000	平湖市	330502104000	埭溪镇
330381116000	马屿镇	330411004000	塘汇街道	330482001000	当湖街道	330502105000	东林镇
330381120000	陶山镇	330411005000	高照街道	330482002000	钟埭街道	330502200000	道场乡
330381122000	湖岭镇	330411101000	王江泾镇	330482003000	曹桥街道	330503000000	南浔区
330381125000	高楼镇	330411103000	油车港镇	330482101000	乍浦镇	330503100000	南浔镇
330382000000	乐清市	330411104000	新塍镇	330482102000	新埭镇	330503101000	双林镇
330382001000	城东街道	330411105000	王店镇	330482103000	新仓镇	330503102000	练市镇
330382002000	乐成街道	330411106000	洪合镇	330482106000	广陈镇	330503103000	善琏镇
330382003000	城南街道	330421000000	嘉善县	330482107000	林埭镇	330503104000	旧馆镇
330382004000	盐盆街道	330421001000	魏塘街道	330482108000	独山港镇	330503105000	菱湖镇
330382005000	翁垟街道	330421002000	罗星街道	330483000000	桐乡市	330503106000	和孚镇
330382006000	白石街道	330421003000	惠民街道	330483001000	梧桐街道	330503107000	千金镇
330382007000	石帆街道	330421102000	大云镇	330483002000	龙翔街道	330503108000	石淙镇
330382008000	天成街道	330421103000	西塘镇	330483003000	凤鸣街道	330521000000	德清县
330382101000	大荆镇	330421105000	干窑镇	330483100000	乌镇镇	330521100000	武康镇
330382102000	仙溪镇	330421107000	陶庄镇	330483101000	濮院镇	330521101000	乾元镇
330382104000	雁荡镇	330421111000	姚庄镇	330483102000	屠甸镇	330521102000	新市镇
330382105000	芙蓉镇	330421112000	天凝镇	330483103000	石门镇	330521103000	洛舍镇
330382106000	清江镇	330424000000	海盐县	330483104000	河山镇	330521104000	钟管镇
330382108000	虹桥镇	330424001000	武原街道	330483105000	洲泉镇	330521105000	莫干山镇
330382111000	淡溪镇	330424002000	西塘桥街道	330483106000	大麻镇	330521110000	雷甸镇
330382114000	柳市镇	330424003000	元通街道	330483107000	崇福镇	330521113000	禹越镇
330382115000	北白象镇	330424004000	秦山街道	330483108000	高桥镇	330521114000	新安镇
330400000000	嘉兴市	330424101000	沈荡镇	330500000000	湖州市	330521201000	筏头乡
330401000000	市辖区	330424102000	百步镇	330501000000	市辖区	330521202000	三合乡
330402000000	南湖区	330424103000	于城镇	330502000000	吴兴区	330522000000	长兴县
330402007000	建设街道	330424105000	澉浦镇	330502001000	月河街道	330522001000	雉城街道
330402008000	解放街道	330424106000	通元镇	330502002000	朝阳街道	330522002000	画溪街道
330402009000	新嘉街道	330481000000	海宁市	330502003000	爱山街道	330522003000	太湖街道

330522101000	洪桥镇	330602104000	皋埠镇	330681001000	暨阳街道	330682110000	小越镇
330522102000	李家巷镇	330602105000	马山镇	330681002000	浣东街道	330682111000	谢塘镇
330522103000	夹浦镇	330602106000	斗门镇	330681003000	陶朱街道	330682112000	盖北镇
330522104000	林城镇	330621000000	绍兴县	330681101000	大唐镇	330682113000	崧厦镇
330522106000	虹星桥镇	330621001000	柯桥街道	330681102000	应店街镇	330682114000	沥海镇
330522108000	小浦镇	330621002000	柯岩街道	330681103000	次坞镇	330682200000	岭南乡
330522109000	煤山镇	330621003000	华舍街道	330681104000	店口镇	330682201000	陈溪乡
330522110000	和平镇	330621004000	湖塘街道	330681105000	阮市镇	330682202000	丁宅乡
330522111000	泗安镇	330621100000	齐贤镇	330681106000	直埠镇	330683000000	嵊州市
330522200000	水口乡	330621101000	钱清镇	330681107000	江藻镇	330683001000	剡湖街道
330522202000	吕山乡	330621102000	孙端镇	330681108000	山下湖镇	330683002000	三江街道
330522204000	白岘乡	330621103000	福全镇	330681109000	枫桥镇	330683003000	鹿山街道
330522205000	槐坎乡	330621104000	马鞍镇	330681110000	赵家镇	330683004000	浦口街道
330523000000	安吉县	330621105000	平水镇	330681111000	马剑镇	330683100000	甘霖镇
330523100000	递铺镇	330621106000	安昌镇	330681112000	五泄镇	330683101000	长乐镇
330523103000	鄣吴镇	330621107000	王坛镇	330681113000	草塔镇	330683102000	崇仁镇
330523104000	杭垓镇	330621108000	兰亭镇	330681114000	王家井镇	330683103000	黄泽镇
330523105000	孝丰镇	330621109000	稽东镇	330681115000	牌头镇	330683104000	三界镇
330523106000	报福镇	330621110000	杨汛桥镇	330681116000	同山镇	330683105000	石璜镇
330523107000	章村镇	330621111000	漓渚镇	330681117000	安华镇	330683106000	谷来镇
330523108000	天荒坪镇	330621112000	富盛镇	330681118000	街亭镇	330683107000	仙岩镇
330523110000	梅溪镇	330621113000	陶堰镇	330681119000	璜山镇	330683108000	金庭镇
330523111000	天子湖镇	330621114000	夏履镇	330681120000	陈宅镇	330683109000	北漳镇
330523201000	溪龙乡	330624000000	新昌县	330681121000	岭北镇	330683110000	下王镇
330523204000	皈山乡	330624001000	羽林街道	330681122000	浬浦镇	330683200000	贵门乡
330523205000	上墅乡	330624002000	南明街道	330681124000	东白湖镇	330683201000	里南乡
330523206000	山川乡	330624003000	七星街道	330681201000	东和乡	330683202000	竹溪乡
330600000000	绍兴市	330624101000	澄潭镇	330682000000	上虞市	330683203000	雅璜乡
330601000000	市辖区	330624102000	梅渚镇	330682001000	百官街道	330683204000	王院乡
330602000000	越城区	330624104000	回山镇	330682002000	曹娥街道	330683205000	通源乡
330602001000	塔山街道	330624106000	大市聚镇	330682003000	东关街道	330683400000	嵊州经济开发区
330602002000	府山街道	330624107000	小将镇	330682100000	道墟镇	330700000000	金华市
330602003000	蕺山街道	330624108000	沙溪镇	330682101000	长塘镇	330701000000	市辖区
330602004000	北海街道	330624109000	镜岭镇	330682102000	上浦镇	330702000000	婺城区
330602005000	城南街道	330624110000	儒岙镇	330682103000	汤浦镇	330702001000	城东街道
330602006000	稽山街道	330624200000	城南乡	330682104000	章镇镇	330702002000	城中街道
330602007000	迪荡街道	330624201000	东茗乡	330682105000	下管镇	330702003000	城西街道
330602100000	东湖镇	330624203000	双彩乡	330682106000	丰惠镇	330702004000	城北街道
330602101000	灵芝镇	330624205000	新林乡	330682107000	永和镇	330702005000	江南街道
330602102000	东浦镇	330624206000	巧英乡	330682108000	梁湖镇	330702006000	三江街道
330602103000	鉴湖镇	330681000000	诸暨市	330682109000	驿亭镇	330702007000	西关街道

330702008000	秋滨街道
330702009000	新狮街道
330702100000	罗店镇
330702101000	雅畈镇
330702102000	安地镇
330702103000	白龙桥镇
330702104000	琅琊镇
330702105000	蒋堂镇
330702106000	汤溪镇
330702107000	罗埠镇
330702108000	洋埠镇
330702201000	乾西乡
330702202000	竹马乡
330702203000	长山乡
330702204000	箬阳乡
330702205000	沙畈乡
330702206000	塔石乡
330702207000	岭上乡
330702208000	莘畈乡
330702209000	苏孟乡
330703000000	金东区
330703001000	多湖街道
330703002000	东孝街道
330703101000	孝顺镇
330703102000	傅村镇
330703103000	曹宅镇
330703104000	澧浦镇
330703105000	岭下镇
330703106000	江东镇
330703107000	塘雅镇
330703108000	赤松镇
330703200000	源东乡
330723000000	武义县
330723001000	白洋街道
330723002000	壶山街道
330723003000	熟溪街道
330723100000	柳城畲族镇
330723101000	履坦镇
330723102000	桐琴镇
330723103000	泉溪镇
330723104000	新宅镇
330723105000	王宅镇
330723106000	桃溪镇
330723107000	茭道镇
330723200000	大田乡
330723201000	白姆乡
330723202000	俞源乡
330723203000	坦洪乡
330723204000	西联乡
330723205000	三港乡
330723206000	大溪口乡
330726000000	浦江县
330726001000	浦南街道
330726002000	仙华街道
330726003000	浦阳街道
330726101000	黄宅镇
330726102000	白马镇
330726103000	郑家坞镇
330726104000	郑宅镇
330726105000	岩头镇
330726106000	檀溪镇
330726107000	杭坪镇
330726200000	大畈乡
330726201000	中余乡
330726202000	前吴乡
330726203000	花桥乡
330726204000	虞宅乡
330727000000	磐安县
330727100000	安文镇
330727101000	新渥镇
330727102000	尖山镇
330727103000	仁川镇
330727104000	大盘镇
330727105000	方前镇
330727106000	玉山镇
330727107000	尚湖镇
330727108000	冷水镇
330727200000	深泽乡
330727201000	双峰乡
330727203000	双溪乡
330727205000	窈川乡
330727206000	盘峰乡
330727207000	高二乡
330727208000	维新乡
330727209000	胡宅乡
330727210000	万苍乡
330727211000	九和乡
330781000000	兰溪市
330781001000	兰江街道
330781002000	云山街道
330781004000	永昌街道
330781005000	赤溪街道
330781006000	女埠街道
330781007000	上华街道
330781102000	游埠镇
330781104000	诸葛镇
330781106000	黄店镇
330781108000	香溪镇
330781109000	马涧镇
330781111000	梅江镇
330781112000	横溪镇
330781200000	灵洞乡
330781203000	水亭畲族乡
330781209000	柏社乡
330782000000	义乌市
330782001000	稠城街道
330782002000	江东街道
330782003000	稠江街道
330782004000	北苑街道
330782005000	后宅街道
330782006000	城西街道
330782007000	廿三里街道
330782100000	佛堂镇
330782101000	赤岸镇
330782102000	义亭镇
330782104000	上溪镇
330782105000	苏溪镇
330782106000	大陈镇
330783000000	东阳市
330783001000	吴宁街道
330783003000	南市街道
330783004000	白云街道
330783005000	江北街道
330783006000	城东街道
330783007000	六石街道
330783106000	巍山镇
330783107000	虎鹿镇
330783108000	歌山镇
330783109000	佐村镇
330783110000	东阳江镇
330783112000	湖溪镇
330783114000	马宅镇
330783116000	千祥镇
330783118000	南马镇
330783122000	画水镇
330783123000	横店镇
330783201000	三单乡
330784000000	永康市
330784001000	东城街道
330784002000	西城街道
330784003000	江南街道
330784105000	石柱镇
330784106000	前仓镇
330784107000	舟山镇
330784108000	古山镇
330784109000	方岩镇
330784110000	龙山镇
330784111000	西溪镇
330784112000	象珠镇
330784113000	唐先镇
330784114000	花街镇
330784115000	芝英镇
330800000000	衢州市
330801000000	市辖区
330802000000	柯城区
330802005000	新新街道
330802006000	府山街道
330802007000	荷花街道
330802008000	信安街道
330802009000	白云街道
330802010000	双港街道
330802011000	花园街道
330802100000	石梁镇
330802101000	航埠镇

330802205000	黄家乡
330802209000	七里乡
330802210000	九华乡
330802211000	沟溪乡
330802212000	华墅乡
330802213000	姜家山乡
330802214000	万田乡
330802215000	石室乡
330803000000	衢江区
330803001000	樟潭街道
330803002000	浮石街道
330803100000	上方镇
330803101000	峡川镇
330803103000	莲花镇
330803109000	全旺镇
330803110000	大洲镇
330803111000	后溪镇
330803112000	廿里镇
330803113000	湖南镇
330803114000	高家镇
330803115000	杜泽镇
330803200000	灰坪乡
330803202000	太真乡
330803203000	双桥乡
330803206000	周家乡
330803207000	云溪乡
330803213000	举村乡
330803218000	岭洋乡
330803219000	黄坛口乡
330822000000	常山县
330822001000	天马街道
330822002000	紫港街道
330822003000	金川街道
330822104000	白石镇
330822108000	招贤镇
330822109000	青石镇
330822111000	球川镇
330822115000	辉埠镇
330822116000	芳村镇
330822200000	何家乡
330822211000	同弓乡
330822213000	大桥头乡
330822219000	新昌乡
330822221000	东案乡
330824000000	开化县
330824106000	桐村镇
330824107000	杨林镇
330824108000	苏庄镇
330824109000	齐溪镇
330824110000	城关镇
330824111000	华埠镇
330824112000	马金镇
330824113000	村头镇
330824114000	池淮镇
330824202000	中村乡
330824205000	长虹乡
330824206000	张湾乡
330824208000	何田乡
330824209000	塘坞乡
330824216000	林山乡
330824217000	音坑乡
330824218000	大溪边乡
330824219000	金村乡
330825000000	龙游县
330825001000	龙洲街道
330825002000	东华街道
330825101000	湖镇镇
330825102000	小南海镇
330825106000	詹家镇
330825109000	溪口镇
330825110000	横山镇
330825111000	塔石镇
330825201000	罗家乡
330825203000	庙下乡
330825207000	石佛乡
330825209000	社阳乡
330825211000	大街乡
330825212000	沐尘畲族乡
330825213000	模环乡
330881000000	江山市
330881001000	双塔街道
330881002000	虎山街道
330881102000	四都镇
330881104000	清湖镇
330881105000	坛石镇
330881106000	大桥镇
330881109000	新塘边镇
330881112000	廿八都镇
330881113000	长台镇
330881116000	上余镇
330881118000	凤林镇
330881119000	峡口镇
330881120000	石门镇
330881121000	贺村镇
330881201000	大陈乡
330881203000	碗窑乡
330881207000	保安乡
330881211000	双溪口乡
330881212000	张村乡
330881213000	塘源口乡
330900000000	舟山市
330901000000	市辖区
330902000000	定海区
330902002000	昌国街道
330902003000	环南街道
330902004000	城东街道
330902005000	盐仓街道
330902006000	临城街道
330902007000	岑港街道
330902008000	马岙街道
330902009000	双桥街道
330902010000	小沙街道
330902100000	金塘镇
330902104000	白泉镇
330902105000	干览镇
330903000000	普陀区
330903001000	沈家门街道
330903003000	东港街道
330903004000	朱家尖街道
330903005000	展茅街道
330903100000	六横镇
330903102000	虾峙镇
330903104000	桃花镇
330903105000	东极镇
330903106000	普陀山镇
330921000000	岱山县
330921100000	高亭镇
330921101000	东沙镇
330921102000	岱东镇
330921103000	岱西镇
330921105000	长涂镇
330921106000	衢山镇
330921200000	秀山乡
330922000000	嵊泗县
330922100000	菜园镇
330922101000	嵊山镇
330922102000	洋山镇
330922200000	五龙乡
330922201000	黄龙乡
330922202000	枸杞乡
330922203000	花鸟乡
331000000000	台州市
331001000000	市辖区
331002000000	椒江区
331002001000	海门街道
331002002000	白云街道
331002003000	葭沚街道
331002004000	洪家街道
331002005000	三甲街道
331002006000	下陈街道
331002007000	前所街道
331002008000	章安街道
331002101000	大陈镇
331002400000	椒江农场
331002401000	滨海工业区
331002402000	月湖新城
331003000000	黄岩区
331003001000	东城街道
331003002000	南城街道
331003003000	西城街道
331003004000	北城街道
331003005000	新前街道
331003006000	澄江街道
331003007000	江口街道

331003008000	高桥街道
331003101000	宁溪镇
331003102000	北洋镇
331003103000	头陀镇
331003107000	院桥镇
331003108000	沙埠镇
331003200000	屿头乡
331003201000	上郑乡
331003202000	富山乡
331003203000	茅畲乡
331003204000	上垟乡
331003205000	平田乡
331004000000	路桥区
331004001000	路南街道
331004002000	路桥街道
331004003000	路北街道
331004004000	螺洋街道
331004005000	桐屿街道
331004006000	峰江街道
331004103000	新桥镇
331004104000	横街镇
331004106000	金清镇
331004107000	蓬街镇
331004400000	滨海工业城
331004401000	滨海新区
331021000000	玉环县
331021001000	玉城街道
331021002000	坎门街道
331021003000	大麦屿街道
331021101000	清港镇
331021102000	楚门镇
331021103000	干江镇
331021105000	沙门镇
331021106000	芦浦镇
331021200000	龙溪乡
331021201000	鸡山乡
331021202000	海山乡
331022000000	三门县
331022100000	海游镇
331022101000	沙柳镇
331022102000	珠岙镇
331022103000	亭旁镇
331022104000	六敖镇
331022105000	健跳镇
331022106000	横渡镇
331022107000	浬浦镇
331022108000	花桥镇
331022109000	小雄镇
331022200000	高枧乡
331022203000	沿赤乡
331022204000	泗淋乡
331022205000	蛇蟠乡
331023000000	天台县
331023001000	赤城街道
331023002000	始丰街道
331023003000	福溪街道
331023101000	白鹤镇
331023102000	石梁镇
331023104000	街头镇
331023105000	平桥镇
331023106000	坦头镇
331023107000	三合镇
331023108000	洪畴镇
331023200000	三州乡
331023203000	龙溪乡
331023204000	雷峰乡
331023207000	南屏乡
331023209000	泳溪乡
331024000000	仙居县
331024001000	安洲街道
331024002000	南峰街道
331024003000	福应街道
331024101000	横溪镇
331024102000	埠头镇
331024103000	白塔镇
331024104000	田市镇
331024105000	官路镇
331024106000	下各镇
331024107000	朱溪镇
331024200000	安岭乡
331024201000	溪港乡
331024202000	湫山乡
331024203000	淡竹乡
331024204000	皤滩乡
331024205000	上张乡
331024206000	步路乡
331024207000	广度乡
331024209000	大战乡
331024210000	双庙乡
331081000000	温岭市
331081001000	太平街道
331081002000	城东街道
331081003000	城西街道
331081004000	城北街道
331081005000	横峰街道
331081100000	泽国镇
331081101000	大溪镇
331081102000	松门镇
331081103000	箬横镇
331081104000	新河镇
331081105000	石塘镇
331081106000	滨海镇
331081107000	温峤镇
331081108000	城南镇
331081109000	石桥头镇
331081110000	坞根镇
331081400000	东部新区
331082000000	临海市
331082001000	古城街道
331082002000	大洋街道
331082003000	江南街道
331082004000	大田街道
331082005000	邵家渡街道
331082100000	汛桥镇
331082101000	东塍镇
331082103000	汇溪镇
331082104000	小芝镇
331082105000	河头镇
331082106000	白水洋镇
331082107000	括苍镇
331082108000	永丰镇
331082109000	尤溪镇
331082110000	涌泉镇
331082111000	沿江镇
331082112000	杜桥镇
331082113000	上盘镇
331082114000	桃渚镇
331100000000	丽水市
331101000000	市辖区
331102000000	莲都区
331102001000	紫金街道
331102002000	岩泉街道
331102003000	万象街道
331102004000	白云街道
331102005000	水阁街道
331102006000	富岭街道
331102007000	联城街道
331102100000	碧湖镇
331102102000	大港头镇
331102103000	老竹畲族镇
331102104000	雅溪镇
331102200000	太平乡
331102201000	仙渡乡
331102202000	峰源乡
331102204000	丽新畲族乡
331102206000	黄村乡
331121000000	青田县
331121001000	鹤城街道
331121002000	瓯南街道
331121003000	油竹街道
331121101000	温溪镇
331121102000	东源镇
331121103000	高湖镇
331121104000	船寮镇
331121105000	海口镇
331121106000	腊口镇
331121107000	北山镇
331121108000	山口镇
331121109000	仁庄镇
331121200000	万山乡
331121201000	黄垟乡
331121202000	季宅乡
331121203000	高市乡
331121204000	海溪乡

331121205000	章村乡
331121206000	祯旺乡
331121207000	祯埠乡
331121208000	舒桥乡
331121209000	巨浦乡
331121211000	万阜乡
331121212000	方山乡
331121213000	汤垟乡
331121214000	贵岙乡
331121215000	小舟山乡
331121216000	吴坑乡
331121217000	仁宫乡
331121218000	章旦乡
331121219000	阜山乡
331121220000	石溪乡
331122000000	缙云县
331122001000	五云街道
331122002000	新碧街道
331122003000	仙都街道
331122101000	壶镇镇
331122102000	新建镇
331122103000	舒洪镇
331122105000	大洋镇
331122106000	东渡镇
331122107000	东方镇
331122108000	大源镇
331122203000	七里乡
331122206000	前路乡
331122207000	三溪乡
331122208000	溶江乡
331122209000	双溪口乡
331122210000	胡源乡
331122211000	方溪乡
331122212000	石笕乡
331123000000	遂昌县
331123001000	妙高街道
331123002000	云峰街道
331123102000	新路湾镇
331123103000	北界镇
331123104000	金竹镇
331123105000	大柘镇
331123106000	石练镇
331123107000	王村口镇
331123108000	黄沙腰镇
331123200000	三仁畲族乡
331123201000	濂竹乡
331123202000	应村乡
331123203000	高坪乡
331123204000	湖山乡
331123205000	蔡源乡
331123206000	焦滩乡
331123207000	龙洋乡
331123208000	柘岱口乡
331123209000	西畈乡
331123210000	垵口乡
331124000000	松阳县
331124001000	西屏街道
331124002000	水南街道
331124003000	望松街道
331124101000	古市镇
331124102000	玉岩镇
331124103000	象溪镇
331124104000	大东坝镇
331124105000	新兴镇
331124201000	叶村乡
331124202000	斋坛乡
331124203000	三都乡
331124204000	竹源乡
331124205000	四都乡
331124206000	赤寿乡
331124208000	樟溪乡
331124211000	枫坪乡
331124212000	板桥畲族乡
331124213000	裕溪乡
331124214000	安民乡
331125000000	云和县
331125001000	浮云街道
331125002000	元和街道
331125003000	白龙山街道
331125004000	凤凰山街道
331125105000	崇头镇
331125106000	石塘镇
331125107000	紧水滩镇
331125201000	雾溪畲族乡
331125202000	安溪畲族乡
331125206000	赤石乡
331126000000	庆元县
331126001000	松源街道
331126002000	濛洲街道
331126003000	屏都街道
331126101000	黄田镇
331126102000	竹口镇
331126104000	荷地镇
331126105000	左溪镇
331126106000	贤良镇
331126107000	百山祖镇
331126200000	岭头乡
331126201000	五大堡乡
331126202000	淤上乡
331126203000	安南乡
331126204000	张村乡
331126205000	隆宫乡
331126206000	举水乡
331126207000	江根乡
331126209000	龙溪乡
331126211000	官塘乡
331127000000	景宁畲族自治县
331127001000	红星街道
331127002000	鹤溪街道
331127101000	渤海镇
331127102000	东坑镇
331127103000	英川镇
331127104000	沙湾镇
331127201000	大均乡
331127202000	澄照乡
331127203000	梅岐乡
331127205000	郑坑乡
331127208000	大漈乡
331127209000	景南乡
331127210000	雁溪乡
331127212000	鸬鹚乡
331127213000	梧桐乡
331127214000	标溪乡
331127215000	毛垟乡
331127216000	秋炉乡
331127217000	大地乡
331127218000	家地乡
331127219000	九龙乡
331181000000	龙泉市
331181001000	龙渊街道
331181002000	西街街道
331181003000	剑池街道
331181004000	石达石街道
331181100000	八都镇
331181101000	上垟镇
331181102000	小梅镇
331181103000	查田镇
331181104000	安仁镇
331181105000	锦溪镇
331181106000	住龙镇
331181107000	屏南镇
331181200000	兰巨乡
331181202000	宝溪乡
331181203000	竹垟畲族乡
331181204000	道太乡
331181205000	岩樟乡
331181206000	城北乡
331181207000	龙南乡

浙/江/统/计/年/鉴

主要统计指标解释

■ 景气指数

又称景气度，是对企业景气调查中定性指标的定量描述，以直观地反映经济所处的状态。景气指数的数值介于0和200之间，100为景气指数的临界值。当景气指数大于100点时，表明经济状况趋于上升或改善，处于景气状态；当景气指数小于100点时，表明经济状况趋于下降或恶化，处于不景气状态。

■ 企业家信心指数

亦称宏观经济景气指数，是根据企业决策者对企业外部市场经济环境与宏观政策的认识、看法、判断与预期（对“乐观”、“一般”、“不乐观”的选择）而编制的指数，反映企业决策者对国家宏观经济发展的信心和预期，是企业决策者对当前宏观经济状况及未来走势的一种感受、体验与期望。

■ 企业景气指数

亦称企业综合生产经营景气指数，是根据企业决策者对本企业当前生产经营情况的判断及未来企业生产经营状况的预期（对“好”、“一般”、“不佳”的选择）而编制的指数，是企业决策者对企业生产经营现状及未来景气动向的一种综合评价和判断。

■ 企业生产经营状况景气指数

是在企业生产经营状况的各指标，如生产、销售、产品订货、利润等名称之后加“景气指数”的方法，如“产品订货”指标称之为“产品订货景气指数”，其余类推。

■ 总产出

是我省常住单位在一定时期内生产的所有货物和服务的价值，既包括新增价值，也包括转移价值。它反映常住单位生产活动的总规划。总产出按生产者价格计算。常住单位是指在我国的经济领土内具有经济利益中心的单位。

■ 中间使用

指常住单位在本期生产活动中消耗和使用的非固定资产货物和服务的价值，其中包括国内生产和国外进口的各类货物和服务的价值。

■ 最终使用

指已退出或暂时退出本期生产活动而为最终需求所提供的货物和服务。

■ 总投入

指一定时期内我省常住单位进行生产活动所投入的总费用。

■ 中间投入

指常住单位在生产或提供货物和服务过程中，消耗和使用的所有非固定资产货物和服务的价值。

■ 增加值

指常住单位生产过程创造的新增价值和固定资产的转移价值。它包括固定资产折旧、劳动者报酬、生产税净额和营业盈余。

■ 直接消耗系数

也称为投入系数，记为 $a_{ij}(i,j=1,2,\cdots,n)$，它是指在生产经营过程中第j部门（或产品）的单位总产出所直接消耗的第i部门（或产品）的数量。直接消耗系数的计算主法为：用第j部门的总投入 X_j 去除该部门生产经营中所直接消耗的第i部门的货换或服务的数量 χ_{ij}，用公式表示为：

$$a_{ij}=\frac{\chi_{ij}}{X_j}\qquad(i,j=1,2,\cdots,n)$$

■ 完全消耗系数

通常记为 b_{ij}，它是指第j部门每提供一个单位最终使用时，对第i部门货物或服务的直接消耗和间接消耗之和。利用直接消耗系数矩阵A计算完全消耗系数矩阵B的公式为：

$$B=(I-A)^{-1}-I$$

2013 年部分大中型工业企业基本情况

单位名称	法人代表	电话号码	网　址	生产主要产品
杭州锅炉集团股份有限公司	吴南平	0571－85387288	www.chinaboilers.com	电站锅炉、工业锅
杭州科明电子有限公司	菊池详	0571－63160676		电子零部件（可变电阻类电位器、开关、微型开关）
杭州老板实业集团有限公司	任建华	0571－86187079		吸油烟机、燃气灶、消毒碗柜、电压力煲、电磁炉、电热水壶
杭州中亚布艺有限公司	高继生	0571－86172300	www.zhongyabuyi.com	装饰布
浙江中烟工业有限责任公司杭州卷烟厂	刘建设	0571－81188118	http://zjgy.tobacco.com	卷烟
宁波杜亚机电技术有限公司	孙宜培	0574－86571666	www.dooya.com	微电机、（智能家居系列）
中国石油化工股份有限公司镇海炼化分公司	张玉明	0574－86444213	www.zhlh.sinopcc.com	汽、煤、柴油、化工轻油、万科油，沥青、石油焦、乙烯、乙二醇、环氧乙烷、芳烃、聚烯烃等
宁波三星电气股份有限公司	郑坚江	0574－88072121		仪器、仪表、电能表、变压器、开关柜、配电自动化设备等
宁波乐金甬兴化工有限公司	孙玉东	0574－86377046		ABS、SAN、EP 塑料粒子和 SBL 系列乳胶
中海石油宁波大榭石化有限公司	何仲文	0574－86749938		重交通道路沥青及其它沥青制品，化工轻油、工业燃料油等

单位名称	法人代表	电话号码	网 址	生产主要产品
浙江国华浙能发电有限公司	宋 畅	0574－65061828	www. ghnd. com. cn	火力发电
宁波天邦股份有限公司	张邦辉	0574－62817777	www. tianbang. com	饲料及饲料原料养殖及食品加工、生物制品、生物柴油及化工油脂
浙江诚意药业股份有限公司	颜贻意	0577－63489509	www. chengyiPharma. com	抗病毒类药物－利巴韦林原料药、胶囊和针剂系列产品，以及抗肿瘤类药物－硫唑嘌呤、巯嘌呤等原料药
温州宏丰电工合金股份有限公司	陈 晓	0577－62876858	www. wzhf. com	颗粒及纤维增强电接触功能复合材料及元件、层状复合电接触功能复合材料及元件、一体化电接触组件
致远控股集团有限公司	林明光	0577－61317777		光亮铜丝、电解铜
浙江景兴纸业股份有限公司	朱在龙	0573－85966256	www. zjjxjt. com	牛皮箱板纸、白面牛卡、瓦楞原纸
桐昆集团股份有限公司	陈士良	0573－88187853	www. zjtkgf. com	涤纶长丝、聚酯切片、PTA
浙江中山化工集团股份有限公司	李步高	0572－6121385		农药
九盛地板有限公司	张恩玖	0572－3050338	www. jiushengboard. com	木地板
露笑科技股份有限公司	鲁小均	0575－89006888	www. roshowtech. com	漆包线

单位名称	法人代表	电话号码	网　址	生产主要产品
达利丝绸（浙江）有限公司	林　平	0575－86288011		丝织品、丝制品
浙江京新药业股份有限公司	吕　钢	0575－86176505	www.jingxinpharm.com	京诺（瑞舒伐他汀钙）、康复新液、京常乐（地衣芽孢杆菌活菌胶囊）、京必舒新（辛伐他汀）、唯他停（盐酸舍曲林）
万丰奥特控股集团有限公司	陈爱莲	0575－86298359	www.wfjt.com	汽车零部件、机械设备、金融投资、新能新材
绍兴县华南纺织印染有限公司	王仙花	0575－85625612		化纤布染色
浙江新亚实业有限公司	金常青	0579－86015988	www.zjxy.com.cn	纺织服装
兰溪自立铜业有限公司	张金铭	0579－89012128		电解铜、金、纸、钯等
浙江金华康恩贝生物制药有限公司	金　斌	0579－82273922	www.jhcarba.com	金奥康、阿乐欣、汉防已甲素片、大观霉素、硫酸阿米卡星、已酰半胱酸泡腾片等
永高股份有限公司	张建均	0576－84277388		塑料管、塑料管子接头、塑料异型材
浙江九洲药业股份有限公司	花轩德	0576－88827501	www.jiuzhoupharma.com	卡马西平、酮洛芬、格列齐特、柳氮磺吡啶

2013 年部分建筑业企业基本情况

单位名称	法人代表	资质等级	电话号码	邮政编码
杭　州　市				
浙江省建工集团有限责任公司	吴　飞	总承包特级	88236012	310012
浙江省交通工程建设集团有限公司	程　涛	总承包特级	85177765	310051
五洋建设集团股份有限公司	陈志樟	总承包特级	87252316	310009
浙江省第一水电建设集团股份有限公司	蒋文龙	总承包一级	86683716	310051
利越集团有限公司	葛德法	总承包一级	86688261	310053
浙江振丰建设有限公司	徐祖雷	总承包一级	88609918	310000
杭州兴宇建设有限公司	李德洪	总承包一级	88552843	311115
杭州恒鼎园林建设集团有限公司	陈灿松	总承包一级	86623558	310052
杭州二建建设有限公司	李宝良	总承包一级	88079640	310005
浙江省地质矿产工程公司	汪晓亮	总承包一级	28916793	310012
浙江江南春建设集团有限公司	沈关宝	总承包一级	82589980	311243
浙江宝盛建设集团有限公司	诸黎明	总承包一级	82815169	311203
浙江华临建设有限公司	金中民	总承包一级	86158699	311100
中国水利水电第十二工程局有限公司	孙　阳	总承包一级	86829055	310004
浙江贝利建设集团有限公司	寿明灿	总承包一级	89269172	311100
浙江富成建设集团有限公司	徐建祥	总承包一级	56565589	310053
杭州市交通工程集团有限公司	吴伟荣	总承包一级	87963330	310007
建伟建设有限公司	沈　建	总承包一级	22802265	311215
浙江富水建设有限公司	何文强	总承包二级	63329407	311400
杭州萧山头蓬建筑有限公司	高六一	总承包二级	82181739	311225
杭州交联电气工程有限公司	叶普境	总承包二级	88409183	310011
杭州禹航建设工程有限公司	黄志林	市政一级	88660637	311121
宁　波　市				
宁波市华欣建设工程有限公司	吴惠杰	总承包一级	86551834	315206
宁波市新亚建设有限公司	杨菊素	总承包一级	87317760	315000
浙江良和交通建设有限公司	王良明	总承包一级	87285960	315201

单位名称	法人代表	资质等级	电话号码	邮政编码
浙江跃龙园林建设有限公司	朱永银	总承包一级	65588476	315600
浙江东航建设集团有限公司	吉忠达	总承包一级	63987982	315300
中慈国际建设集团有限公司	冯永泉	总承包一级	63072505	315300
浙江新曙光建设有限公司	陈福根	总承包一级	87310818	315010
浙江恒立交通工程有限公司	周行春	市政一级	87411765	315192
温　州　市				
鸿厦建设有限公司	张以国	总承包一级	88919082	325011
温州宏源水电建设有限公司	林勇军	总承包一级	85551556	325000
浙江温州城乡建筑工程有限公司	姜文华	总承包一级	86878998	325024
温州市瓯海建筑工程公司	陈福兴	总承包一级	88535492	325005
温州建设集团有限公司	邵奇杰	总承包一级	88827433	325003
温州广城建筑工程有限公司	许灵杰	总承包一级	88505627	325000
中纬建设工程有限公司	仇道清	总承包一级	88639300	325000
浙江成泰建筑工程有限公司	陆臣明	总承包一级	61607203	325600
浙江兴华建筑工程有限公司	许永亮	总承包一级	62552692	325600
永嘉县交通工程公司	朱国成	总承包二级	67333925	325102
温州市龙湾区市政工程公司	周宪芬	市政一级	86380848	325011
浙江一洲建筑装饰工程有限公司	王龙洲	装修一级	88380548	325000
浙江拓海建设有限公司	曾文贵	矿山二级	88283710	325024
嘉　兴　市				
浙江嘉宇建设有限公司	王建明	总承包一级	83167240	314009
浙江兴土桥梁临时钢结构工程有限公司	朱兴土	总承包二级	83972663	314000
湖　州　市				
浙江乔兴建设集团有限公司	徐钱江	总承包一级	2715590	313000
浙江天力建设集团有限公司	钱国良	总承包一级	2820500	313000
浙江佳成建设有限公司	陆晓英	总承包一级	2596008	313000
中铁十六局集团第三工程有限公司	王勤荣	总承包一级	2097167	313000

单位名称	法人代表	资质等级	电话号码	邮政编码
恒德建设有限公司	郑仁明	总承包一级	8068603	313200
绍　兴　市				
浙江八达建设集团有限公司	周雪峰	总承包特级	87215228	311800
浙江宝业建设集团有限公司	王荣富	总承包特级	84574483	312028
浙江中联建设集团有限公司	王　形	总承包特级	85137238	312000
中设建工集团有限公司	陈永根	总承包特级	85101396	312072
浙江省水电建筑基础工程有限公司	陈和中	总承包一级	88643059	312000
彩建控股集团有限公司	梁永挺	总承包一级	86289280	312500
浙江一庆建设有限公司	戴天中	总承包一级	88376517	312000
浙江禹建建设集团有限公司	凌月根	总承包一级	88686666	312000
浙江万润建设有限公司	张月光	总承包一级	87213713	311800
浙江诸安建设集团有限公司	周晓明	总承包一级	87012671	311800
浙江亿厦建设有限公司	周如方	总承包二级	83335686	312400
浙江通达路桥工程有限公司	郭　明	总承包二级	83350882	312400
绍兴大明电力建设有限公司	张立平	总承包二级	88392162	312030
浙江圣鑫建设有限公司	王狄龙	总承包二级	82215270	312300
浙江振越建设集团有限公司	何越楚	总承包二级	87175050	311800
浙江盛业建设有限公司	徐月萍	市政一级	85108765	312072
金　华　市				
中广建设集团有限公司	王旭通	总承包一级	83922999	321000
晟元集团有限公司	应金良	总承包一级	82686408	321001
浙江八咏公路工程有限公司	徐宇光	总承包一级	82918803	321000
浙江金城建设集团有限公司	傅桂丰	总承包一级	83181118	321017
浙江宏成建设有限公司	楼仲世	总承包一级	86962178	322109
义乌市恒风路桥有限公司	刘方园	总承包一级	83817219	322000
浙江华伟建设有限公司	吴伟强	总承包二级	86735735	322100
浙江金顺路桥建设有限公司	王　挺	总承包二级	86625274	322100

单位名称	法人代表	资质等级	电话号码	邮政编码
浙江川卓建设工程有限公司	朱月萍	市政一级	85329366	322008
衢　州　市				
浙江创宇建设有限公司	姜克宇	总承包一级	7880158	324400
浙江广胜集团有限公司	朱志光	总承包一级	8017778	324000
浙江泰立建筑工程有限公司	徐高斌	总承包一级	3863978	324002
浙江泰宇建设有限公司	骆　群	总承包一级	7211316	324400
浙江衢盛建设有限公司	叶金水	总承包二级	8758905	324012
浙江培华建设有限公司	李荣华	总承包二级	7211086	324400
凌云环境建设集团有限公司	姚志云	市政一级	6023400	324500
台　州　市				
浙江五联建设有限公司	郑道南	总承包一级	88221567	318000
宇杰集团股份有限公司	吴勇杰	总承包一级	87756999	317300
国强建设集团有限公司	陈林国	总承包一级	88707575	318000
浙江天长建设有限公司	应汉林	总承包二级	85313333	317000
临海市第七建筑工程有限公司	杨广能	总承包二级	85225160	317000
台州鑫洋市政建筑有限公司	叶未蓬	总承包二级	83368838	317100
浙江鼎兴建设有限公司	陈建军	总承包二级	86114657	317500
温岭市大通市政工程有限公司	陈云才	市政二级	86185319	317500
浙江恒基钢结构工程有限公司	曾恩才	专业承包一级	86623030	317511
舟　山　市				
浙江宝晟建设有限公司	陈国成	总承包一级	4880186	316200
丽　水　市				
浙江中邦建设工程有限公司	蔡发远	总承包二级	8808066	323400
浙江国光建筑工程有限公司	周国标	总承包二级	7125095	323700

中国统计出版社最新图书简目

(仅供参考，以最后出书为准)

统计资料

综合类：中国统计年鉴　中国统计摘要　中国发展报告

国际资料类：国际统计年鉴　金砖国家联合统计手册　世界能源资源年鉴

区域资料类：中国区域经济统计年鉴　中国县域统计年鉴　中国城市统计年鉴

中国农村统计年鉴　中国地区经济监测报告

经贸与投资类：中国贸易外经统计年鉴　中国对外直接投资统计公报　中国商品交易市场统计年鉴

大中型批发零售和住宿餐饮企业统计年鉴　中国零售和餐饮连锁企业统计年鉴

住户与物价类：中国住户调查年鉴　中国价格统计年鉴　中国农产品价格调查年鉴

全国农产品成本收益资料汇编

资源与环境类：中国环境统计年鉴　中国能源统计年鉴

产业类：中国工业统计年鉴　中国建筑业统计年鉴　中国房地产统计年鉴

中国第三产业统计年鉴　中国证券期货统计年鉴

科技类：中国科技统计年鉴　中国高技术产业统计年鉴　工业企业科技活动资料

人口与就业类：中国劳动统计年鉴　中国人口和就业统计年鉴　中国人才资源统计报告

社会与文化类：中国社会统计年鉴　中国文化及相关产业统计年鉴

公共管理类：中国民政统计年鉴　中国民族统计年鉴　中国乡镇街道行政区域简册

省级综合统计年鉴系列

北京 天津 河北 山西 内蒙古　辽宁 吉林 黑龙江 上海 江苏　浙江 安徽 福建 江西 山东

河南 湖北 湖南 广东 广西 海南　重庆 四川 贵州 云南 西藏 陕西　甘肃 青海 宁夏 新疆

新疆生产建设兵团

市(县)级综合统计年鉴系列

天津滨海新区 石家庄 唐山 邯郸　太原 大同 阳泉 长治 晋城 朔州　晋中 运城 忻州 临汾 呼和浩特

鄂尔多斯 包头 沈阳 大连 长春　吉林市 四平 哈尔滨 黑龙江垦区　上海浦东新区 南京 无锡 徐州

常州 苏州 南通 连云港 淮安 盐城　扬州 镇江 泰州 宿迁 江阴 丹阳　杭州 宁波 温州 嘉兴 绍兴 金华

衢州 舟山 台州 丽水 合肥 福州　厦门 宁德 福州经济技术开发区　南昌 济南 青岛 郑州 洛阳 平顶山

三门峡 南阳 武汉 十堰 荆州 宜昌　荆门 咸宁 长沙 广州 深圳 惠州　东莞 南宁 柳州 桂林 来宾 海口

三亚 成都 贵阳 昆明 西安 兰州　庆阳 银川 乌鲁木齐 兵团一师　兵团十师

调查年鉴系列

山西 内蒙古 吉林 辽宁 上海　福建 湖北 广西 重庆 四川 云南　甘肃 宁夏 新疆 南宁 桂林

"十二五"规划教材

统计学（经济管理类专业本科适用，单薇 等）　抽样调查理论与方法（冯士雍 等）

贝叶斯统计（茆诗松 等）　统计学（黄良文 等）　试验设计（茆诗松 等）

统计学：从数据到结论（吴喜之）　医学统计学（于浩）　统计学（经济、管理类专业基础教材，张小斐）

概率论与数理统计三十三讲（魏振军）　概率论与数理统计三十三：学习指导与习题解答（魏振军）

非参数统计（吴喜之 等）　统计学：经济与管理中的数据分析（李慧云 等）

卫生管理统计学（新编医学院校基础课教材，尚磊）医院统计学（新编医学院校基础课教材，徐天和 等）

社会统计学（蒋萍 等）　现代金融投资统计分析（李腊生 等）

国民经济核算初级教程（经济类、统计类、管理类专业适用，蒋萍 等）

重点图书

新中国65年　新编英汉汉英统计大词典　中华医学统计百科全书

挑大学选专业2014—考研择校指南　挑大学选专业2014—高考志愿填报指南

中国统计出版社发行部电话：（010）63376907, 63376908　同棍行书店电话：68783171, 68783172

通讯地址：北京市西城区三里河月坛南街57号　邮政编码：100826

网址：http://csp.stats.gov.cn